“博学而笃志，切问而近思。”

（《论语》）

博晓古今，可立一家之说；
学贯中西，或成经国之才。

本书由上海财经大学教材建设资助计划、上海市理论经济学高峰Ⅱ学科建设计划、上海财经大学经济学院理论经济学高峰Ⅱ学科建设计划资助

复旦博学 · 经济学系列
ECONOMICS SERIES

社会主义经济理论

伍 装 主 编
马 艳 冒佩华 陈 波 副主编

复旦大学出版社

ECONOMICS SERIES

内容提要

《社会主义经济理论》一书全面论述了社会主义经济思想、理论的产生、发展的过程，从全球视角论述了社会主义经济理论的各个方面，全面阐述了社会主义经济建设中的重大理论问题，以及社会主义经济理论在中国的探索成果，并力图构建一个完整的逻辑结构。

本书作者均为国内同行中研究社会主义经济理论和政治经济学领域的专家学者，具有多年在高等院校从事本课程及相关课程教学的丰富教学经验，有些章节是直接根据作者的上课讲稿和发表的论文修改而成的。第一版出版以后在教学实践中反映良好，本书可作为高等院校研究生教材，也可供大学生及经济理论研究者参考。

前言

社会主义经济理论是研究社会主义经济问题的理论经济学，社会主义经济理论的研究内容及相应的分析范式仍处在不断探索和完善之中，作为一门开放的经济理论体系，它会随着实践的发展而不断发展。本书重点对社会主义经济理论中的关键问题和疑难问题进行分析和探讨，并试图形成社会主义经济理论相对完整的分析框架和逻辑体系。

全书共分为十二章。第一章介绍社会主义经济思想和理论的发展过程，梳理了社会主义经济思想理论发展的基本脉络，分析了中国特色社会主义经济理论的探索过程和探索成果；第二章分析社会主义经济制度的基本内涵，在吸收制度经济学等学科研究成果的基础上，介绍社会主义经济制度的基本框架，社会主义经济制度是社会主义生产关系的具体形式，社会主义公有制是社会主义生产关系的基础；第三章和第四章分析社会主义经济体制改革和经济转型以及社会主义经济转型的内在逻辑；第五章论述社会主义市场经济体制，阐述社会主义市场经济运行机制及体制问题；第六章分析社会主义国家中政府与市场关系，这是社会主义经济运行机制及体制中一个带有全局性的问题，重点论述社会主义国家中政府与市场关系的一般和具体；第七章分析社会主义产权理论，通过梳理马克思的产权理论，以及与新制度经济学的产权理论比较，分析社会主义产权理论与所有制关系；第八章探讨社会主义国有企业改革，对社会主义经济微观基础进行分析；第九章分析社会主义经济发展方式的转变，区分经济增长与经济发展的概念，解释如何从传统的粗放型经济增长模式向现代集约型经济增长模式转变；第十章分析社会主义收入分配与贫富差距问题，同时论述了社会主义共享利益制度和共同富裕道路；第十一章，社会主义国家的城乡地区差别及城市化问题，这是社会主义经济理论必须面对的发展中国家经济理论问题；第十二章，社会主义国家的对外开放，从社会主义国家所处的国际环境和世界经济政治秩序出发，论述社会主义国家对外开放的必然性、必要性和“一带一路”实践及其相应的理论基础。

本书力图全面反映社会主义经济理论内容，并具有探索性和开放性。在每章的开始对特定的专题进行文献综述，以便能够给读者提供该问题的研究线索和理论前沿，同时运用社会主义经济理论对相关理论问题进行评价。中国是正处在发展中的社会主义国家，从外延上看，社会主义经济理论并不完全等同于中国社会主义经济理论或中国经济理论，因此在本书编写过程中，笔者也注意到其他国家学者对社会主义经济理论的研究文献。既区分社会主义经济理论与中国经济理论，又正确处理社会主义经济理论与马克思经济学的关系，以使不同学科的研究对象、研究内容和研究重点既相互联系，又有所分别。

本书是编著者在高校社会主义经济理论教学实践和理论研究的基础上，经过梳理、思考和研究而写成的，既可以作为高等院校社会主义经济理论课程的研究生用书，又可以满足那些关注和研究中国经济问题、社会主义经济理论问题以及马克思主义经济学的读者需要。

目　　录

第一章　社会主义经济思想和理论发展历程

研究文献综述

社会主义经济理论来源于马克思经济思想体系，在《1844年经济学手稿》《资本论》和《哥达纲领批判》等著作中，马克思阐述了关于社会主义经济的基本构想。通过苏联[①]和中国的社会主义经济实践[②]，特别是通过中国改革开放的实践，社会主义经济理论经历了曲折的发展过程[③④⑤]。“斯大林模式”是典型的高度集中的计划经济模式[⑥⑦]，中国从传统的高度集中的计划经济到社会主义市场经济的发展[⑧]，与遵循思想解放和实事求是的原则[⑨]的理论研究相一致[⑩]。需要指出的是，马克思主义经济学的整体研究进展与社会主义经济理论的研究密切相关[⑪⑫⑬]。马克思关于“卡夫丁峡谷”的论述也引起了中国学者的极大关注，马克思晚年提出的俄国社会农村在公社基础上跨越资本主义“卡夫丁峡谷”的预言具有重要意义，它提出了在不发达国家如何建设社会主义的道路[⑭]，

① 斯大林：《苏联社会主义经济问题》，人民出版社1980年版。
② 高放：《社会主义的过去、现在和未来》，北京出版社1982年版。
③ 薛暮桥：《中国社会主义经济问题研究》，广东经济出版社1999年版。
④ 于光远：《中国社会主义初级阶段的经济》，广东经济出版社1998年版。
⑤ 孙冶方：《社会主义经济的若干理论问题(续集)》，人民出版社1983年版。
⑥ 陆南泉：《对斯大林模式的再思考》，《当代世界社会主义问题》2007年第3期。
⑦ 樊纲：《苏联范式批判》，《经济研究》1995年第10期；李震中：《论社会主义计划经济的特点》，《教学与研究》1982年第4期。
⑧ 孙尚清：《试论孙冶方的社会主义经济理论体系》，《中国社会科学》1983年第3期。
⑨ 顾准：《顾准文集》，贵州人民出版社1994年版。
⑩ 杨圣明：《社会主义市场经济基本理论问题研究》，经济科学出版社2008年版。
⑪ 程恩富：《中国马克思主义理论研究60年》，《马克思主义研究》2010年第1期。《现代马克思主义政治经济学的四大假设》，《中国社会科学》2007年第1期。
⑫ 马艳：《马克思主义经济学中国化的发展轨迹》，《学术月刊》2008年3月；《中国马克思主义经济学的主流地位与创新》，《上海财经大学学报》2005年2月。
⑬ 卫兴华：《社会主义经济理论中的几个是非界限探讨》，《财经问题研究》2000年7月。
⑭ 张凌云：《马克思的跨越“卡夫丁峡谷”理论与中国特色社会主义》，《学术研究》1994年第4期。

同时,中国学者深入探讨了符合中国特点的社会主义经济体制模式[①②],对社会主义经济制度[③]、经济体制以及经济运行[④]等方面的研究具有重要的理论探索价值。《资本论》作为马克思主义经济学的经典著作,对于社会主义经济理论的意义是不言而喻的[⑤⑥⑦]。

从马克思、恩格斯对社会主义经济的预测和设想,到苏联和中国社会主义经济理论和实践的探索,社会主义经济理论的发展经历了曲折的过程[⑧],社会主义经济理论无论是在思想来源、逻辑结构还是在分析范式和思想观念上都仍然处在不断丰富和发展之中[⑨⑩]。

第一节　社会主义从空想到科学的发展

一、科学社会主义的直接思想来源

从一般意义上说,任何时代具有重要价值的思想理论,不仅是那个时代社会经济发展的产物,而且也都是在继承前人已有的思想材料和理论成果的基础上产生的。社会主义经济思想理论也是如此。“同任何新的学说一样,它必须首先从已有的思想材料出发,虽然它的根子深深扎在物质的经济的事实中。”[⑪]

在《社会主义从空想到科学的发展》中,恩格斯论述了三大空想社会主义者的学说产生的历史条件及其思想理论贡献。三大空想社会主义者是圣西门、傅立叶和欧文,他们的学说是在资本主义生产方式的矛盾、无产阶级与资

---

① 程恩富:《中国特色社会主义的内涵及其经济制度》,《中国城市经济》2007 年第 10 期。
② 刘国光:《中国经济体制改革的模式研究》,中国社会科学出版社 1988 年版。
③ 董辅礽:《社会主义经济制度及其优越性》,北京大学出版社 1981 年版。
④ 吴敬琏、刘吉瑞:《论竞争性市场体制》,中国财政经济出版社 1991 年版。
⑤ 张薰华:《资本论脉络》,复旦大学出版社 1999 年版;《资本论与当代》,《上海行政学院学报》2007 年第 11 期。
⑥ 洪远朋:《新编资本论教程》,复旦大学出版社 2003 年版。
⑦ 马艳:《经济全球化的发展趋势与我国的策略选择》,《马克思主义研究》2007 年 4 月。
⑧ 顾海良:《马克思恩格斯经典著作与中国特色社会主义理论体系的形成》,《教学与研究》2011 年第 6 期。
⑨ 顾钰民:《论坚持和完善社会主义基本经济制度的理论内涵》,《教学与研究》2004 年第 1 期。
⑩ 参见郑红亮:《从计划经济到市场经济:改革开放 30 年的理论探索与争鸣》,《中共宁波市委党校学报》2004 年第 8 期。
⑪ 恩格斯:《社会主义从空想到科学的发展》,人民出版社 1997 年版。

产阶级的对立已有所暴露而又没有充分发展的历史条件下产生的。从他们的著作和社会实践活动中可以看出，他们已经敏锐地觉察到了资本主义制度的严重缺陷和不合理性，并且对人们深感失望的现实制度进行了猛烈的抨击，企图建立一个符合理性和正义要求的新社会。三大空想社会主义者在社会主义思想发展史上深刻揭露和无情批判资本主义制度的弊端与罪恶，提供了启发工人阶级觉悟和研究资本主义的极为宝贵的材料；三大空想社会主义者在他们的社会历史观中包含着唯物主义和辩证法因素，并且对未来社会进行了某些天才预测，为唯物史观的形成和科学社会主义的创立做好了准备。

应该指出的是，19 世纪三大空想社会主义者的理论有着明显的缺陷。他们只是揭露和抨击资本主义社会的弊端，却没有进一步洞察资本主义的本质、把握社会历史发展的客观规律；他们像启蒙学者一样，认为理性是现存事物的唯一裁判，把社会主义看成理性、正义的体现，只有天才人物才能认识、发现它，而不是能够从资本主义社会基本矛盾的运动中发现历史必然性；他们仅仅把无产阶级看成"受苦的阶级"与同情的对象，而不是实现破旧创新的社会力量；他们寄希望于社会上层和富人，以为通过宣传、呼吁、试验就可以实现社会主义理想，因而没有找到实现社会理想的正确道路。然而，要使社会主义从空想变为科学，就必须首先把它置于现实的基础之上，否则就仅仅是空想而已。

二、两个伟大发现使社会主义成为科学①

马克思、恩格斯在批判继承人类思想文化优秀成果的基础上，实现了哲学、经济学的革命性变革，创立了唯物史观和剩余价值学说。正是由于这两个伟大发现，社会主义被置于现实的基础之上，从而走出乌托邦的天地，变成了科学。唯物史观和剩余价值学说是科学社会主义的两大理论基石。

在马克思看来，以往的全部历史，除原始状态外，都是阶级斗争的历史；这些互相斗争的社会阶级在任何时候都是生产关系和交换关系的产物，或者说，都是自己时代的经济关系的产物；因而每一时代的社会经济结构形成现实基础，每一个历史时期的由法律、政治以及宗教的、哲学的和其他的观念形式所构成的全部上层建筑，归根到底都是由这个基础来说明。唯物主义历史观从下述原理出发：生产以及随生产而来的产品交换是一切社会制度的基础；在每个历史地出现的社会中，产品分配以及和它相伴随的社会阶级或等级划分，

① 恩格斯：《社会主义从空想到科学的发展》，人民出版社 1997 年版。

是由生产什么、怎样生产以及怎样交换产品来决定的。所以,一切社会变迁和政治变革的终极原因,不应当到人们的头脑中,到人们对永恒的真理和正义的日益增进的认识领域中去寻找,而应当到生产方式和交换方式的变更中去寻找;不应当到有关时代的哲学中去寻找,而应当到有关时代的经济中去寻找。这是马克思唯物史观的基本原理。

那么,唯物史观是如何使社会主义从空想变为科学的呢?首先,唯物史观关于社会基本矛盾的学说,揭示了社会生产力是人类全部历史的基础,生产力与生产关系的矛盾运动构成了社会发展的内在动因,一切社会变革都来自生产方式的变化,从而科学地论证了社会主义代替资本主义是现代生产力发展的客观要求,是资本主义社会基本矛盾运动的必然结果,批判和纠正了空想社会主义者仅仅从抽象的理性、正义原则谴责资本主义制度的缺陷。其次,唯物史观关于阶级斗争是阶级社会发展的直接动力的学说,提出了从经济关系和阶级关系中去寻找解决社会冲突的途径,指明了变革资本主义制度的正确道路,社会主义则是无产阶级反对资产阶级斗争的必然结局,批判和纠正了空想社会主义者从人的头脑中构思社会改革的蓝图、寄希望于统治者的善心、以和平方式实现社会主义的幻想。最后,唯物史观关于人民群众是历史创造者的学说,指明历史活动是人民群众的事业,无产阶级和劳动群众是改造旧世界、建设新世界的社会主体和动力,能够而且必须依靠自己的力量去解放自己和全人类,批判和纠正了空想社会主义者把无产阶级仅仅看成一个受苦受难的人群,批判和纠正了把历史进步和社会更替的希望寄托在个别天才人物出现的理论局限性。

空想社会主义理论固然批判了资本主义生产方式的罪恶,但是不能揭露这种罪恶的经济根源;他们激烈地反对资本主义对工人阶级的剥削,却搞不明白这种剥削是怎么回事、它是怎样产生的。马克思运用唯物史观,分析了资本主义生产关系和经济运动的规律,创立了剩余价值学说,彻底揭示了资本主义剥削的实质。实际的情形是,在资本主义制度下,工人用自己出卖的劳动力创造出来的价值量,要比工人以工资形式从资本家那里得到的价值量大得多;这个多出来剩余的部分就是被资本家无偿占有的剩余价值。随着资本主义的发展,资产阶级占有的剩余价值越来越多,这就形成两极的积累:一极是资产阶级的财富不断积累,一极是无产阶级日益贫困的积累。无产阶级和资产阶级的矛盾日益加剧,而这种矛盾斗争必然导致无产阶级革命和无产阶级专政。正如恩格斯所指出的,这个问题的解决是马克思著作的划时代的功绩。它使明亮的阳光照进了经济学领域，而在这个领域中，从前社会主义者像资产阶级经济学家一样曾在深沉的黑暗中摸索。科学社会主义就是以此为起点、以此为中心发展起来的。总之，剩余价值学说揭示了资本剥削劳动的秘密，阐明了无产阶级和资产阶级矛盾对立的经济根源，指明了资本主义制度的本质和必然灭亡的内在逻辑，并且找到了推翻资本主义、实现社会主义这一伟大历史使命的承担者，从而为科学社会主义提供了系统的经济学论证。

唯物史观和剩余价值学说这两个伟大的发现，使社会主义奠定在坚实的科学理论基础之上。一百多年以后的今天，这些宝贵的思想财富并没有过时，它仍然是共产党人——科学社会主义的实践者和继承者手中锐利的思想武器。所以，需要认真学习掌握唯物史观和剩余价值学说的科学内容与精髓，用以观察、分析世界格局和发展趋势，制定相应的战略方针和对策。

第二节 社会制度发展的历史内在逻辑

历史是已经发生事件的过程，它联结着现在和未来。无论是现实世界的变迁还是人类思想认识的改变，我们都有必要搞清楚它们，历史是怎样的，历史是从哪里走过来的。

马克思的思想是随着时代的变化而不断发展的。在《资本论》中，马克思曾经提出自由人联合体的概念，即简明地把社会主义和共产主义称为自由人联合体，是比资本主义社会更高级的、以每个人的全面而自由的发展为基本原则的社会形式。在马克思晚年，他将目光投向俄国和东方，又对亚细亚生产方式进行了讨论，亚细亚生产方式是马克思在 1859 年发表的《政治经济学批判·序言》中首次提出的，即大体说来，亚细亚的、古代的、封建的和现代资产阶级的生产方式可以看作社会经济形态演进的几个时代。马克思把亚洲社会看作一种独立于欧洲之外的特殊社会："不存在土地私有制"，没有内在发展的动力，只有当外国殖民者入侵后，这才有了发展生机。在这里，马克思研究的是整个人类历史上依次更替的不同社会经济形态，而且每一个社会经济形态代表的是不同的历史时代。在这里，亚细亚生产方式具有两个明显的特点：一是它的原始性，指的是人类历史上最初的一个社会经济形态，属于人类历史的发轫期；二是它的普遍性，即它是全人类历史发展的必经阶段，绝不因有"亚细亚”之名而局限于某一特定地域，诸如亚洲，或者东方，或者欧洲以外的地区。这里的“亚细亚”绝不是什么地理名称，而是基于对世界历史深刻研究抽象出来的一个形容词，用以概括地指一切文明民族在其历史初期都经历过的一个阶段。马克思还引用“卡夫丁峡谷”的概念，指资本主义生产发展的过程，即所谓可以不通过资本主义制度的卡夫丁峡谷，就可以超越资本主义生产发展的整个阶段，由前资本主义的生产方式直接进入以公有制为基础的社会主义生产方式阶段[①]。马克思晚年认为在比西欧落后的俄国，有可能首先发生无产阶级取得政权的事情，后来列宁成功地领导了十月革命，证明了马克思的理论判断。

资本主义的基本矛盾就是生产的社会化和资本主义私人占有之间的矛盾。生产的社会化是资本主义生产区别于以往时代生产活动的一个显著特点，是人类社会的一种巨大进步，但这种历史的进步是在资本主义私人占有制的基础上实现的。与以往简单商品生产条件下的私有制不同的是，资本主义的私人占有者已不是那些真正使用生产资料和真正生产出产品的劳动者，而是把社会化的生产资料集中在自己手里、不劳而获、占有了别人劳动产品的资本家。这样，生产的社会化便与资本主义的私人占有之间发生了对抗性的冲突，实际上这是生产力与生产关系的矛盾在资本主义制度下的具体体现，这个矛盾已经包含着现代的一切冲突的萌芽。资本主义生产方式越是占统治地位，社会化的生产和资本主义占有的不相容性也必然越加鲜明地表现出来。具体说来：

(1) 资本主义生产方式在它与生俱来的基本矛盾的两种表现形式中毫无出路地运动着。一是在阶级关系上，表现为无产阶级和资产阶级的对立；二是在生产上，表现为个别工厂中生产的组织性和整个社会中生产的无政府状态的对立。

(2) 资本主义基本矛盾的发展必然导致经济危机。竞争和社会生产的无政府状态促使资本家不断改进机器和扩大生产规模，结果是机器排挤了工人，进一步加深了劳动者的贫困化，市场的扩张赶不上生产的扩张，生产无限扩大和劳动群众购买力相对缩小的矛盾，造成生产的相对过剩和经常性的比例失调，导致经济危机。经济危机是资本主义制度的必然产物和伴侣。

(3) 资本主义经济危机周期性爆发。从历史上看，经济危机差不多每隔

---

① 孙来斌：《跨越资本主义“卡夫丁峡谷”20年研究述评》，《当代世界与社会主义》2004年第2期。

十年重复一次，正是资本主义基本矛盾恶性循环的结果。经济危机使社会生产力遭到巨大破坏，给无产阶级和劳动人民带来极大的灾难和痛苦，引起了阶级斗争的尖锐化。经济危机的发生表明了资本主义生产方式无法继续驾驭这种生产力，这种生产力本身以日益增长的威力要求消除这种矛盾，要求摆脱它作为资本的那种属性，要求在事实上承认它作为社会生产力的那种性质。从这个逻辑出发，废除资本主义私有制、建立社会主义公有制、实现生产资料和产品的社会占有，便成为现代生产力发展和生产社会化的必然要求。

(4) 无产阶级革命将导致矛盾的解决，这种解决的途径是，无产阶级将取得国家政权，并且首先把生产资料变为国家财产，通过这个行动，无产阶级使生产资料摆脱了它们迄今具有的资本属性，使它们的社会性有充分的自由得以实现。

第三节　马克思、恩格斯对未来社会基本特征的论述

马克思、恩格斯在分析资本主义社会的基本矛盾和发展趋势的过程中，科学地预测了未来社会主义和共产主义社会的一些基本特征。

(1) 国家以社会的名义占有生产资料，以生产资料公有制取代私有制。

(2) 从资本主义生产方式桎梏下解放出来的生产力不断加速发展、无限增长。

(3) 按照社会总体和每个成员的需要对生产进行有计划的调节。

(4) 商品生产将被消除，而产品对生产者的统治也将随之消除。

(5) 产品占有方式：一方面由社会直接占有，作为维持和扩大生产的资料；另一方面由个人直接占有，作为生活资料和享受资料。

(6) 消灭一切阶级差别和阶级对立。

(7) 保证一切社会成员有富足的和一天比一天充裕的物质生活，保证他们的体力和智力获得充分的自由发展和运用。

(8) 对人的统治将由对物的管理和对生产过程的领导所代替，国家将自行消亡。

(9) 人最终脱离了动物界，第一次成为自然界自觉的和真正的主人，实现

了人类从必然王国向自由王国的飞跃。

(10) 未来社会将是自由人联合体和个人自由全面发展的社会。

(11) 在社会主义和共产主义两个阶段分别实行按劳分配和按需分配。

马克思、恩格斯这些对未来社会基本特征的设想,不是凭空的预测,而是以发达的资本主义社会经济为出发点,从与资本主义制度相对立的角度分析得出来的,在这种意义上,应该说都是有科学根据的预测。这些科学预测集中地表达了先进的人们长期以来对人类未来社会的美好愿望与理想追求,也是共产党人为之不懈奋斗的崇高目标。必须指出的是,不应该以当代生产力水平和思维方法为尺度,去评判它们的现实意义;更不应该任意、轻率、武断地去否定或嘲讽其中某些论断。科学社会主义是无产阶级运动的理论表现,它的任务就是考察解放世界这一伟大事业的历史条件及其性质,从而使无产阶级认识到自己行动的条件和性质。

第四节 社会主义实践和理论的发展①

一、社会主义在俄国的诞生及实践过程

社会主义理论的第一次全面而具体的实践是在俄国进行的,十月革命前,列宁在其著作《国家与革命》中就根据马克思和恩格斯关于未来社会的设想,对即将建立的社会主义做出概述,这种新社会的主要特征有:

(1) 把生产资料变为公有财产,由国家以社会的名义直接占有这些生产资料;

(2) 由国家计算和监督全民的生产和分配,全体公民必须在国家统一制定的工作标准条件下同等地工作,同等地领取报酬;

(3) 把国家建设成一个管理处,建成一个劳动平等、报酬平等的工厂,实行自上而下高度集中的管理体制。

十月革命后,列宁按照这一构想着手改造和重建俄国社会,短短几个月内就颁布了土地国有化等法令,将一切大的工矿企业、银行、铁路等收归国有,规定"在工人和职员(共计)人数不少于 5 人,或年周转额不少于 1 万卢布的一切工业、商业、银行、农业等企业中,对一切产品和原材料的生产、储藏和买卖事

① 张友仁、李克纲:《社会主义经济理论发展史》,北京大学出版社 1991 年版。

宜应实行工人监督”,实行了以粮食为核心的国内贸易和对外贸易的垄断体制。虽然列宁此时也意识到俄国经济存在发展水平高低不同的五个阶梯,要求把国家资本主义经济作为其他经济向社会主义经济过渡的中间环节,但是由于当时处在战争爆发阶段,阶级斗争形势日趋严峻,从而以国家资本主义作为中间环节的构想并未真正实施,而是在战争环境中将以前设想的以国家为核心的社会主义模式推到了顶点,推行了战时共产主义政策。

战时共产主义的主要内容有:(1) 余粮收集制;(2) 工业国有化;(3) 禁止自由贸易;(4) 居民供应配给制;(5) 劳动义务制。战时共产主义实质上是列宁早期设想的国家社会主义在特殊环境下的具体实施,虽然为赢得战争做出了贡献,但也使俄国社会建设遭受了严重挫折,特别是 1920 年到 1921 年初的经济政治危机使列宁认识到原来计划“用无产阶级国家直接下命令的办法在一个国家里按共产主义原则来调整国家的产品生产和分配”的做法严重脱离了实际,实践证明这些政策是错误的和不可行的。这就促使了战时共产主义政策向新经济政策的转变。

理论来自实践。为了摆脱危机、寻找适合俄国特点的社会主义建设道路,列宁在 1921 年初阅读了许多农民的来信和申诉,亲自接见了来自各地的农民代表,深入研究了农民问题,于 1921 年 2 月 8 日在政治局发表了《农民问题提纲初稿》,提出了用粮食税代替余粮收集制的建议,俄共(布)根据列宁的建议于 1921 年 3 月通过相应的决议,改行新经济政策,退回到采用国家资本主义的经营手段、经营方式和经营方法,即从战时共产主义政策转向新经济政策。一开始,列宁将新经济政策看作社会主义经济建设中的妥协和退让,是作为向以前设想的以国家为核心的社会主义社会过渡的“迂回”曲折的准备阶段。然而,随着新经济政策的逐步实行,列宁认识到实行新经济政策绝不是用粮食税取代余粮收集制等个别政策的调整,而是从此开始走上了一条通过新的途径建设社会主义的道路,列宁还将在解决经济建设领域里的社会主义任务分为两个时期,一个大致是从 1918 年初到 1921 年春的时期,另一个是从 1921 年春开始的现在这个时期。那么,新经济政策实施以来,苏联的政策在哪些方面做出了重大调整改革呢?第一,用粮食税代替了余粮收集制,允许农民纳税后将剩余的粮食、农副产品拿到市场交换,换取所需的商品,放开了农贸市场。第二,改变国有企业的经营管理体制,要求国有企业实行经济核算和独立的会计制度,按商业化原则办事,自负盈亏。第三,改革单一的公有经济,鼓励个体经济、私营经济、租让经济、合作社经济、国家资本主义经济共同发展。改革高度集中的计划管理体制,调动地方各级政府的积极性。第四,产业政策上,坚持发展大工业的同时,注重农业、手工业和其他行业的发展。第五,对外实行开放政策,要求大力引进和吸收西方国家的先进技术和管理方法,聘请和雇用外国专家和管理人员,大力引进外资,搞租让制,举办合营企业。新经济政策的实施使俄国经济得到了迅速的恢复和发展,使列宁逐步认识到在俄国建设社会主义必须从农民占人口多数的实际出发,建设带有小农特点的社会主义社会。在列宁晚年的沉思中,对如何建设带有小农特点的社会主义有了进一步的认识,就是应大力发展合作社经济。为了更好地发展合作社经济,列宁要求必须完成两个划时代的任务,即进行政治体制改革和文化革命。

列宁通过新经济政策实践经验总结,开始突破社会主义理论的初定模式,第一次揭示了没有经过典型的资本主义社会发展的介于东西方之间的经济文化较为落后的俄国如何建设社会主义的问题,在思想上产生了质的飞跃,得出了"我们不得不承认对社会主义整个看法根本改变了"的结论,并且找到了将国家利益和私人利益结合起来的以合作社为表现形式的社会主义建设道路,可惜的是,由于列宁的早逝,没来得及对根本改变了的社会主义社会做深入的论述,而当时大多数俄共领导并未达到与列宁的思想同步发展的程度,并没有认识到列宁对社会主义社会看法根本改变了的含义,没有认识到列宁要求的商业正是我们无产阶级国家政权、我们居于领导地位的共产党必须全力抓住的环节的深远意义,没有达到通过新经济政策来建设社会主义社会的认识高度,也就不可能从已有的社会主义模式的束缚中解放出来,依然把新经济政策看作社会主义建设中的妥协和退让,看作向以国家为核心的社会主义模式过渡的迂回曲折的准备阶段,正因如此,虽然列宁从思想上实现了从旧的社会主义模式向新的社会主义模式发展的飞跃,然而,这种飞跃在当时特殊的历史环境下只能停留在少数人的思想上,不可能转变为大多数人思想上和实践上的飞跃,从而导致了后来社会主义建设的曲折发展。

1. 列宁时期

十月革命后,苏俄进入艰苦的国内战争时期。为战胜国内外敌人,苏维埃政权推行战时共产主义政策,这一政策尽管保障了国内战争的胜利,巩固了苏维埃政权,但政策的弊端引起工人、农民的强烈不满,实践证明并不是向社会主义过渡的正确途径。1921 年,苏俄开始实行新经济政策,利用市场和商品货币关系发展生产,促进了经济的迅速恢复,并为经济文化落后的俄国向社会主义过渡探索出了一条正确的道路。

2. 斯大林时期

列宁去世后，斯大林提出了优先发展重工业的方针，并开展农业集体化运动，在此基础上形成了高度集中的政治经济体制，即斯大林模式，这一体制使苏联在较短时间里实现了经济的迅速发展，迅速成为世界工业化强国，但这种模式也存在着严重的弊端，成为以后苏联解体的一个重要原因。应该指出的是，在斯大林模式形成过程中也存在不同的争论，布哈林[①]认为新经济政策的基本任务是振兴和发展社会主义大工业，社会主义工业化过程应该也是工农联盟的巩固过程，而社会主义工业化的资金不应该来自对农民的剥削而应该来自劳动生产率的提高，等等。

3. 第二次世界大战后的经济改革

斯大林去世后，赫鲁晓夫和勃列日涅夫先后对斯大林模式进行了改革，但都未能从根本上突破高度集中的经济政治体制，改革收效甚微。

戈尔巴乔夫上台后，首先进行经济改革，但由于缺少宏观决策和相应的配套措施，经济改革没有取得预期效果，再加上政治改革的失败，最终导致国内局势的失控和苏联的解体。戈尔巴乔夫的改革与赫鲁晓夫、勃列日涅夫改革存在着根本不同：首先，赫鲁晓夫和勃列日涅夫改革都只是对原有经济体制的小修小补，没有从根本上破除以公有制和计划经济为主要特征的高度集中的经济模式；戈尔巴乔夫则对经济体制进行了根本性变革，要求国家主要用经济手段管理经济，打破单一的公有制经济，允许个体经济存在。其次，赫鲁晓夫和勃列日涅夫改革要政治上坚持党的领导，坚持社会主义道路；而戈尔巴乔夫改革则最终放弃了党的领导，使苏联回到资本主义道路，并且导致苏联解体。赫鲁晓夫和勃列日涅夫改革都没有突破斯大林模式，对斯大林模式的延续多于改革、继承多于批判，因而都失败了。然而戈尔巴乔夫的改革却背离了社会主义方向，导致苏联解体。回顾这些历史事件，我们应该看到：社会主义制度是优越的，但还不成熟，需要一个探索过程，随着国内外局势的变动应及时调整政策、进行改革是必要的，但不能背离社会主义方向。需要指出的是，东欧国家如匈牙利、南斯拉夫、波兰等国家也对斯大林模式进行了改革的尝试，并提出市场社会主义经济模式[②][③]。

---

① 布哈林：《布哈林文选》，人民出版社 1981 年版。

② 余文烈：《市场社会主义：历史、理论与模式》，经济日报出版社 2008 年版。

③ 张宇：《市场社会主义的反思》，北京出版社 1999 年版。

二、中国社会主义初级阶段理论的探索[1]

社会主义初级阶段理论的形成和发展,大体上经历了三个阶段[2]。

(一) 理论酝酿阶段(党的十一届三中全会到十二届六中全会)

1981 年党的十一届六中全会通过了《关于建国以来党的若干历史问题的决议》(以下简称《决议》),第一次明确提出我国处于“社会主义初级阶段”的论断。《决议》指出:“尽管我们的社会主义制度还是处于初级的阶段,但是毫无疑问,我国已经建立了社会主义制度,进入了社会主义社会,任何否认这个基本事实的观点都是错误的。”这里虽然提出了我国的社会主义制度处于初级阶段,但联系上下文来看,这段话是批判那些对中国的社会主义制度持怀疑论者,强调的重点是我国已经建立了社会主义制度,已经进入了社会主义社会。对于社会主义初级阶段则没有展开更详细的论述。党的十二大会议报告指出,我国的社会主义社会现在还处在初级发展阶段,物质文明还不发达。这里实际上已经描述了社会主义初级阶段的一个重要特征,就是物质文明不发达,但没有对此展开充分论述。1986 年党的十二届六中全会通过的《中共中央关于社会主义精神文明建设指导方针的决议》,重申了我国正处于社会主义初级阶段,并简要概括了初级阶段的经济特征,阐述了初级阶段的精神文化状态。这表明我们党对于社会主义初级阶段的认识在进一步深化,但这份决议对于社会主义初级阶段的内涵仍然没有展开论述。在这一时期,尽管我们党提出了我国正处于社会主义初级阶段的论断,并在党的若干重要文献中多次重申,对社会主义初级阶段的某些特征,特别是经济方面的特征也有了基本的认识,但这些判断和认识尚未上升到系统理论的高度。因此,这段时期只能说是社会主义初级阶段理论的酝酿时期。

(二) 系统形成阶段(党的十二届六中全会到十三大)

尽管我们党通过对历史经验的反思和总结,已经形成了社会主义初级阶段理论的基本思想,但这个重要问题当时尚未引起理论界的充分重视,围绕它的深入研究和探讨并不多见。中共十三大报告的起草工作大大推进了对社会主义初级阶段理论的研究进程。此后,理论界围绕社会主义初级阶段问题展开了热烈的讨论,并取得了一些成果。党的十三大报告集中了全党的智慧,吸收了理论界的研究成果,第一次完整阐述了社会主义初级阶段理论。十三大

① 程恩富、侯为民:《准确认识社会主义初级阶段基本经济制度》,《光明日报》2011 年 9 月 29 日。
② 张卓元:《中国经济学 60 年》,中国社会科学出版社 2011 年版。

报告将我国还处在社会主义初级阶段作为立论的基础，比较系统地阐述了社会主义初级阶段的基本含义、基本特征、主要矛盾和历史任务。报告指出，社会主义初级阶段是我国在生产力落后、商品经济不发达的条件下建设社会主义必然要经历的特定阶段。在这个阶段，我们所面临的主要矛盾是人民日益增长的物质文化需要同落后的社会生产之间的矛盾。为了解决这个矛盾，就必须大力发展商品经济，提高劳动生产率，逐步实现工业、农业、国防和科学技术的现代化，同时还需要改革生产关系和上层建筑中不适应生产力发展的部分。在此基础上，报告阐明了党在社会主义初级阶段的基本路线和奋斗目标："领导和团结全国各族人民，以经济建设为中心，坚持四项基本原则，坚持改革开放，自力更生，艰苦创业，为把我国建设成为富强、民主、文明的社会主义现代化国家而奋斗。"报告还提出了"三步走"的经济社会发展战略。社会主义初级阶段理论的提出，是中国共产党对马克思主义的创造性贡献。在党的纲领中明确提出社会主义初级阶段的科学概念，这在马克思主义历史上是第一次。

(三) 发展完善阶段(党的十三大到现在)

自从党的十三大确立社会主义初级阶段理论以来，我们党在建设中国特色社会主义的伟大实践中，不断地总结新的实践经验、吸收新的理论成果，用新的思想和观点丰富和发展着社会主义初级阶段理论。党的十四大报告从社会主义初级阶段的实际出发，在计划与市场关系问题上的认识有了新的重大突破，明确提出我国经济体制改革的目标是建立社会主义市场经济体制。党的十五大报告再次集中论述了社会主义初级阶段理论，并首次提出了党在社会主义初级阶段的基本纲领。报告提出了"中国现在处于并将长时期处于社会主义初级阶段"的新论断，强调社会主义初级阶段是一个相当长的历史时期，要充分认识社会主义初级阶段的长期性和不可逾越性，从而树立起长期艰苦奋斗的思想。报告阐明了社会主义初级阶段的基本经济制度，提出了建设有中国特色社会主义的经济、政治、文化的基本目标和基本政策，这些基本目标和基本政策构成了党在社会主义初级阶段的基本纲领。基本纲领是党的基本路线在经济、政治、文化方面的进一步具体展开，是改革开放以来最主要经验的总结。党的十六大报告对改革开放以来取得的成就进行了客观的评价，指出我国正处于并将长期处于社会主义初级阶段，虽然现在已经进入小康社会，但达到的小康还是低水平的、不全面的、发展很不平衡的小康。在此基础上，报告系统地阐述了全面建设小康社会的构想。党的十七大报告全面分析了当前我国发展的一系列阶段性特征，赋予了社会主义初级阶段理论以新的内涵。报告从经济发展、经济体制、人民生活、发展的协调性、民主政治建设、文化建设、社会建设、对外开放八个方面,论述了进入21世纪以来,我国经济社会发展呈现出的新的阶段性特征。报告指出,尽管发展的成就举世瞩目,但我国仍处于并将长期处于社会主义初级阶段的基本国情没有变,人民日益增长的物质文化需要同落后的社会生产之间的矛盾这一社会主要矛盾没有变。当前我国发展的阶段性特征,是社会主义初级阶段基本国情在新世纪新阶段的具体表现。报告专门论述了科学发展观,指出科学发展观"是立足社会主义初级阶段基本国情,总结我国发展实践,借鉴国外发展经验,适应新的发展要求提出来的",是我国经济社会发展的重要指导思想,是发展中国特色社会主义必须坚持和贯彻的重大战略思想。报告还提出了全面建设小康社会奋斗目标的新要求,要将中国建设成为富强、民主、文明、和谐的社会主义现代化国家。党的十七大报告表明,我们党对中国基本国情的认识,已经从人口多、底子薄、生产力不发达等经济特征,扩展到经济、政治、文化、社会等各个方面;我们党对社会主义初级阶段奋斗目标的认识,已经从"富强、民主、文明"的"三位一体"扩展到"富强、民主、文明、和谐"的"四位一体";我们党对社会主义初级阶段发展规律的认识,已经从推动经济发展上升到全面发展、科学发展,这些新的内容使社会主义初级阶段理论成为内涵更丰富、认识更深刻的科学理论。社会主义初级阶段理论的形成和发展过程,表明我们党对社会主义本质的认识越来越深刻,对中国国情的了解越来越全面,对中国特色社会主义发展道路的探索越来越深入。改革开放和社会主义建设的伟大实践,还将继续赋予社会主义初级阶段理论以新的内涵。

第五节　中国改革开放以来社会主义经济理论的探索[①]

一、从计划经济到有计划的商品经济

传统政治经济学理论一般认为,计划经济是社会主义经济的基本特征和社会主义制度优越性的表现之一。因此,对经济体制的反思和改革首先源于对传统计划经济体制的弊病以及所存在问题的症结的分析,然后才提出并逐

① 参见郑红亮:《从计划经济到市场经济:改革开放30年的理论探索与争鸣》,《中共宁波市委党校学报》2004年第8期。

步确立社会主义经济是有计划的商品经济的命题。我国经济管理体制最大的弊病和集权、分权关系问题的症结，正是在于没有把国家与企业的关系处理好。国家把本来应该由企业管的事情包揽起来，既管不好，也管不了，陷于烦琐的事务之中；而作为社会生产基本单位的企业，在产供销、人财物等应由企业自主管理的问题上，又无权根据实际情况做出处理，严重束缚了生产力。改革经济管理体制，必须从扩大企业自主权入手。1984 年 10 月中共十二届三中全会通过的《关于经济体制改革的决定》，肯定了社会主义经济是在公有制基础上的有计划的商品经济。1987 年中共十三大报告提出新的运行机制的目标模式是“国家调节市场，市场引导企业”，这既是对前一阶段讨论的总结，又进一步推动了新的讨论。在讨论中，多数学者认为计划与市场两者是可以结合的，而具体的结合方式有所谓的“板块结合说”“渗透结合说”“胶体结合说”“宏观微观结合说”“板块-渗透多层次结合说”“两次调节说”“重叠立体结合说”等。

二、私营经济的研究[①]

我国私营经济发展经历了以下阶段。

(1) 私营经济理论的萌生阶段。这一阶段从 1978 年党的十一届三中全会的召开到 1987 年党的十三大召开之前。党的十一届三中全会的召开，揭开了中国改革的序幕，标志着中国历史进入了一个新的发展时期。中国改革首先从农村推进联产承包责任制开始，家庭联产承包责任制实施的直接结果就是个体、私营经济得到恢复和发展。1982 年党的十二大提出“社会主义公有制是我国经济的基本经济制度”，个体、私营经济是“公有制经济必要的、有益的补充”。同年 12 月，五届人大五次会议通过的宪法，肯定了个体、私营经济的合法地位，从此，城乡个体经济和私营经济迅速发展起来。1984 年党的十二届三中全会提出“坚持多种经济形式和经营形式的共同发展，是我们长期的方针”，这就为建立以公有制为主体、多种经济成分并存的宏观所有制结构，利用资本主义包括土生土长的私营经济建设社会主义提供了前提条件和理论准备。

(2) 私营经济理论的发展阶段。这一阶段从 1987 年党的十三大召开到 1997 年党的十五大召开前夕。中国共产党在对前一阶段私营经济进行大量调查研究的基础上，总结实践经验，第一次在理论上确立了私营经济在社会主义

---

① 参见熊吕茂：《近十年来我国私营经济理论研究综述》，《常德师范学院学报(社会科学版)》2002 年第 9 期。

经济中的地位和作用。1987年党的十三大报告明确提出“私营经济一定程度的发展,有利于促进生产,活跃市场,扩大就业,更好地满足人民多方面的生活需求,是公有制经济必要的和有益的补充”。1992年党的十四大报告又进一步指出,我国所有制结构的特征是“以公有制包括全民所有制和集体所有制经济为主体,个体经济、私营经济、外资经济为补充,多种经济成分长期共同发展”。

关于私营经济理论研究也经过了几个阶段。

(1) 由“公私相互对立”的观念转向“公私相互渗透”的观念。随着私营经济由“政策经济”向“制度经济”转变,私营经济与公有制经济在市场中的地位日趋平等,因此,将人们头脑中“公私对立”的观念转变成“公私渗透”的观念,就成为21世纪初的主要任务。

(2) 由宏观的一般性理论阐述转向微观的实证性研究。所谓私营经济的微观实证性研究,主要是指对私营企业生存与发展的外部环境系统和内部组织系统的实证性进行研究。前者主要包括社会保障机制、信息输导网络、行业准入、融资环境、法律环境、国际国内市场的开拓等,后者主要包括产权制度创新、技术创新、管理创新和观念创新、私营企业家的培养、员工的教育训练及企业精神的培育等。

(3) 由侧重于私营经济的物质价值研究转向物质文化等多方面价值的研究。过去我们侧重于私营经济在满足社会需求、增加税收、缓解社会就业压力等方面的物质价值研究,今后我们应将侧重点转向私营经济对全国统一市场的形成、政治体制改革、社会文化、风俗习惯及伦理道德等方面影响的研究。

(4) 由面向工业经济时代转变为面向工业与知识经济时代并重。进入21世纪,世界经济将迈向知识经济的时代。由于私营企业没有体制的束缚,加上国家鼓励科研部门及科研人员投资办企业,这就为高新技术领域中私营企业的产生和发展创造了必要的条件,也为私营经济的理论研究拓展了新的空间。

三、社会主义市场经济目标体制的确立

在有关社会主义经济中商品生产和价值规律的讨论以及计划与市场关系的讨论中,有关市场经济的概念也开始出现在一些讨论之中,尽管当时这一概念很大程度上是作为商品经济、市场、市场调节的同义语使用的。1985年9月初在长江“巴山号”轮船上召开的“宏观经济管理国际讨论会”对此进行了有益的讨论。在这次会议上,匈牙利经济学家科尔奈·亚诺什从经济协调机制角

度对社会主义经济模式进行了分类，并根据匈牙利等东欧国家经济改革的实践对经济改革的目标模式问题提出了新的见解。在科尔奈看来，经济运行的协调机制可以分为行政协调和市场协调两类。每一类协调机制又各有两种具体形态：直接的行政协调、间接的行政协调、无控制的市场协调和有宏观控制的市场协调。一直到1992年邓小平南方谈话和同年10月党的十四大正式宣布“我国经济体制改革的目标是建立社会主义市场经济体制”，有关计划与市场问题的争论及我国经济体制改革的目标模式的讨论宣告结束，讨论的重点转向什么是社会主义市场经济以及如何建立社会主义市场经济等方面。

四、社会主义市场经济体制的建立和完善

自1993年党的十四届三中全会通过《关于建立社会主义市场经济体制若干问题的决定》，到2003年党的十六届三中全会通过《关于完善社会主义市场经济体制若干问题的决定》，十年时间改革最大的成就就是初步建立了社会主义市场经济体制。《中共中央关于完善社会主义市场经济体制若干问题的决定》为我国新世纪新阶段市场经济体制建设和制度创新指明了方向。其中，股份制和混合所有制成为公有制的主要实现形式，表明我国公有制特别是国有制逐步找到了一个与市场经济相结合的形式和途径。

五、党的十八大以来社会主义经济理论的创新①

（一）让市场在资源配置中起决定性作用

《中共中央关于全面深化改革若干重大问题的决定》（以下简称《决定》）指出，全面深化改革的重点是经济体制改革，核心问题是处理好政府和市场的关系，使市场在资源配置中起决定性作用，更好地发挥政府作用。这是社会主义经济理论的一大突破和创新。

众所周知，我国的经济体制改革始终是围绕着如何处理好政府和市场关系展开的。马克思认为，商品经济的基本矛盾是私人劳动与社会劳动的矛盾，这一矛盾在资本主义商品经济中表现为生产的社会化与生产资料私人占有之间的矛盾。资本主义商品经济的基本矛盾只能通过用社会主义公有制代替资本主义私有制才能解决，而一旦生产资料由全社会共同占有，商品经济就会消亡，整个社会的生产就会在全社会范围内有组织、有计划地进行。所以，在马

① 参见蔡继明：《十八大以来两大理论创新的独特价值》，《人民论坛》2015年3月20日。

克思主义经典作家看来，计划经济作为市场经济的替代物，无疑是社会主义经济制度的一个本质特征，而在许多后来的马克思主义经济学家的眼中（当然也包括诸多西方经济学家），计划经济＝社会主义，市场经济＝资本主义，似乎已成为一个固定的思维模式。

正因如此，当国内一些经济学家提出市场化取向改革的主张时，立即被认定是走资本主义道路。而中国的经济体制改革不得不起始于对计划经济体制修修补补：试图把高度的中央集权的计划经济体制改革为中央与地方分权的计划经济体制，把单一的指令性计划改革为指令性与指导性相结合的计划。

然而，单纯的计划经济体制改革并不足以消除现实生产关系中阻碍社会生产力发展和扭曲资源配置的各个环节。为此，党的十二大报告明确指出："正确贯彻计划经济为主、市场调节为辅的原则，是经济体制改革中的一个根本性的问题。"在中央的这一改革思想指导下，在众多经济学者推动下，经济生活中很快引入了计划和市场并行的"价格双轨制"。而当现实中的"市场轨"与"计划轨"旗鼓相当时，理论界就出现了"计划经济与市场调节相结合"的提法。而当市场在配置资源中的作用逐步超过计划时，1984 年《中共中央关于经济体制改革的决定》便第一次明确提出：社会主义经济"是在公有制基础上的有计划的商品经济"。这是一次认识上的飞跃，商品经济成了主词，而"计划"则由主词变成了商品经济的形容词。

1992 年，党的十四大提出了我国经济体制改革的目标是建立社会主义市场经济体制，使市场在国家宏观调控下对资源配置起基础性作用。这是对传统计划经济思想的重大突破。

尽管经过 20 多年实践，我国社会主义市场经济体制已经初步建立，但生产要素市场发展严重滞后，即使是产品市场也由于政府的行政垄断而存在着许多不公平竞争，以至于几乎所有发达国家都不承认我国的完全市场经济地位。有鉴于此，党的十五大提出"使市场在国家宏观调控下对资源配置起基础性作用"，党的十六大提出"在更大程度上发挥市场在资源配置中的基础性作用"，党的十七大提出"从制度上更好发挥市场在资源配置中的基础性作用"，党的十八大提出"更大程度更广范围发挥市场在资源配置中的基础性作用"。

正是在上述有关市场和政府关系的认识不断深化的基础上，党的十八届三中全会的《决定》把市场在资源配置中的"基础性作用"修改为"决定性作用"。虽然只有两字之差，却反映了新一届党中央对市场经济的认识产生了一个质的飞跃。

市场对资源配置起决定性作用意味着凡是依靠市场机制能够带来较高效率和效益,并且不会损害社会公平和正义的,都要交给市场,政府和社会组织不要干预。各个市场主体在遵从市场规则的范围内,根据市场价格信号,通过技术进步、管理、创新来努力提高产品和服务质量,降低成本,在公平的市场竞争中求生存求发展,优胜劣汰。

要让市场在资源配置中起决定性作用,就必须建设统一开放、竞争有序的市场体系,形成企业自主经营、公平竞争,消费者自由选择、自主消费,商品和要素自由流动、平等交换的现代市场体系,着力清除市场壁垒,提高资源配置效率和公平性,推进水、石油、天然气、电力、交通、电信等领域的价格改革。由于土地是最基本的资源之一,按照《决定》的精神,市场在土地资源配置中同样要起决定性作用。《决定》关于土地制度改革和土地市场建设也有重大突破,特别强调要"建立城乡统一的建设用地市场,在符合规划和用途管制前提下,允许农村集体经营性建设用地出让、租赁、入股,实行与国有土地同等入市、同权同价"。关于农村宅基地流转,《决定》指出:"保障农户宅基地用益物权,改革完善农村宅基地制度,选择若干试点,慎重稳妥推进农民住房财产权抵押、担保、转让,探索农民增加财产性收入渠道。"我们相信,在《决定》提出的市场化改革精神的指导下,我国社会主义市场体系的发展和完善必将进入一个新的历史阶段,而包括土地在内的要素市场的建立将加快步伐,一场深刻的土地制度改革也将接踵而来。

让市场在资源配置中起决定性作用,并非完全排除而是要更好地发挥政府作用。其中包括:搞好宏观调控,保持宏观经济稳定运行,防止大起大落;加强市场监管,维护市场公平竞争秩序,政府主要是裁判员而不是运动员,即使对国有企业也要实行政企分开、政资分开;做好公共服务,这方面现在做得很不到位,需要加快补上去;加强社会管理,搞好社会治理,促进社会和谐和全面进步。

要更好地发挥政府的上述作用,必须加快政府职能转变,从全能政府转向有限政府,从管制型政府转向调控型政府,从发展型政府转向服务型政府,从人治政府转向法治政府。如何像《决定》所强调的,在土地资源配置中"更好发挥政府的作用"呢?土地资源是否有更特殊的属性以至于要求政府在土地资源配置中发挥不同于其他资源配置的特殊作用呢?

即使在完全市场经济中,无论是在资源配置中起决定性作用的产品市场还是任何其他要素市场,都不是万能的,也不是完美无缺的,垄断势力、信息不对称以及外部性等因素的存在都会导致市场失灵，而在市场这只看不见的手失灵的情况下，就需要政府这只看得见的手出手相助。但政府对微观经济活动的介入，只限于弥补市场的缺陷，校正市场的偏差，而不是取代市场配置资源的决定性作用。以大家都熟悉的最高限价或最低限价政策而言，不仅都是以完全竞争市场形成的均衡价格为基础的，而且对于由此形成的供求缺口还必须参照市场价格采取相应的弥补措施。而其他诸如对垄断的管制、公共物品的供给以及污染的治理等，也都尽可能采取经济手段，利用市场机制，如碳交易、政府采购、授权经营、BOT 等。

当然，相对于其他资源，土地资源配置的外部性可能更加明显，对土地的公益性需求范围可能更宽，因此政府在校正土地市场失灵方面所发挥的作用可能更大，这集中表现在政府的土地利用规划和用途管制上。比如，近年来，我国政府就先后制定了“全国主体功能区规划”“国家城镇化规划”。为了保证国家的粮食安全，我国实行了严格的保护耕地制度，严格控制农地转用。但是，正如政府介入一般的资源配置仅仅是为了弥补市场的缺陷而不是取代市场的决定性作用，政府的土地利用规划和用途管制也仅仅是为了保证公共利益的实现，对土地市场配置产生的负的外部性加以限制，对正的外部性给予补偿，而绝不是或不应该从根本上取代市场在土地资源配置中的决定性作用。

(二) 混合所有制经济是社会主义基本经济制度的重要实现形式

《决定》的第二个经济理论创新，就是确认“混合所有制经济是社会主义基本经济制度的重要实现形式”。众所周知，我国经济体制改革围绕展开的另一个重大问题是公有制经济与非公有制经济的关系。

改革开放前的 30 年间，非公经济始终被当作公有制经济的对立物受到限制乃至被取缔。改革开放以来，私有制经济在执政党的纲领性文件中，从作为公有制经济的对立面被绝对禁止，逐步成为公有制经济的必要补充，最终作为社会主义市场经济的重要组成部分，与公有制经济一起成为社会主义初级阶段基本经济制度，公民的合法私有财产也得到了宪法的保护。我国所有制结构逐步调整，公有制经济和非公有制经济在发展经济、促进就业等方面的比重不断变化。截至 2012 年底，私营企业已达 1 086 万户，从业人员超过 1.2 亿人，注册资金超过 31 万亿元。2012 年，非公有制经济税收占全部税收比例已达 73.1%，固定资产投资占全社会固定资产投资比例已达 61.3%。现在，非公有制经济对 GDP 的贡献率已超过一半，占新增就业岗位的 80%以上，且已成为技术创新的生力军。

然而，我国非公经济的发展，仍然面临融资难、进入难、税负重、产权保护不力的环境，从根本上并没有完全摆脱传统意识形态的束缚，认为私有制必然导致剥削，保护私有财产也只能是权宜之计。特别是作为公有制与非公有制混合而成的股份制，在我国近半个世纪也经历了一个否定之否定的过程。

改革开放前，股份制企业连同其他任何非公有制企业一律被取缔。改革开放初期，股份制也一度被当作资本主义私有制企业而受到排斥。即使在中央的一系列重要文件中已经把股份制作为国有企业改革的重要形式加以肯定，有关股份制的性质仍然存在着姓“公”姓“私”和姓“社”姓“资”的争论。主张大力发展股份制的学者认为股份制是公有制(或新公有制)，反对者则认为股份制是私有制，双方的观点虽然不同，但有一个共同点，就是都只强调公有制与私有制之间的对立(水火不相容)，而忽略了二者之间的统一(同一)。实际上，如果以产权是否可分以及财产收益是否可以量化到个人作为区分公有产权和私有产权的标准，那么，股份制在性质上既是一种财产组织形式，也是一种特殊的产权形式(所有制形式)。它既不是纯粹的私有制，也不是纯粹的公有制，而是介于二者之间的中介，是公私两种产权制度的有机融合，是对私有产权和公有产权的扬弃。它既是社会主义初级阶段公有制的主要实现形式，也是非公有制的主要实现形式。

《决定》指出，坚持和完善公有制为主体、多种所有制经济共同发展的基本经济制度，是中国特色社会主义制度的重要支柱，提出要积极发展混合所有制经济，强调国有资本、集体资本、非公有资本等交叉持股、相互融合的混合所有制经济，是基本经济制度的重要实现形式，有利于国有资本放大功能、保值增值、提高竞争力。把公私融合的混合所有制企业确定为我国基本经济制度的重要实现形式，不仅标志着在基本经济制度层面上完成了对非公有制以及股份制的否定之否定，而且意味着在意识形态层面上长期以来围绕股份制“姓资姓社”的争论似乎也该终止了。

进一步说，判断一种制度是不是社会主义，不能单纯以哪种所有制经济为主作为标准。马克思主义所追求的人类社会的最终目的是人类的解放和自由全面的发展，这一目的也许可以通过多种途径和多种手段而实现。我们不能把最终目的与实现目的的手段混淆起来，特别是在实现目的的手段不是唯一的情况下。有些人以为消灭私有制是目的，搞计划经济就是目的，搞按劳分配就是目的，搞公有制就是目的，其实这些都是手段。实际上，私有制在自身发展过程中不断完善，也在不断地否定之否定。现在的私有制已不是100多年前的私有制，更不是原始社会、奴隶社会的私有制。公有制也在不断完善，现在的公有制也不是马克思当年所设想的公有制。不管哪一种所有制形式，只要更有助于我们实现共同富裕以及人类的解放和自由全面发展这一目标，就应该毫不动摇地坚持、巩固和发展。《决定》有关混合所有制经济的理论创新，不仅将为我国非公经济的发展开辟更广阔的空间，而且将为增强国有经济活力、控制力、影响力开辟有效的途径。

第六节　马克思经济学与社会主义经济理论

一、马克思经济学的终极价值判断特征[①]

（一）对西方经济学实证规范两分法的评价

实证规范两分法在西方经济学中最早可追溯到西尼尔和约翰·穆勒。虽然在此之前，萨伊曾将政治经济学看作纯经济学，是实验科学的一部分，但他并未有意识地区分规范和实证。西尼尔可以看作西方经济学中实证经济学的创始人，他首先试图避开对经济现象的价值判断，摆脱政策议论，以纯粹的理论来建立经济学科。他认为经济学所讨论的主题是财富而不是福利，他还提出四个基本命题作为经济学的公理。约翰·穆勒在《政治经济学原理》中将生产与分配割裂开来，认为生产规律具有永恒的自然规律的性质，财富的生产规律与条件具有物理学真理的性质，其中没有任意选择的要素[②]。而财富的分配是社会制度问题，依存于社会的习惯和法律。在西尼尔和穆勒那里，实证经济学和规范经济学采用所谓科学和政治经济学艺术的划分方式，科学即指实证经济学，政治经济学艺术即指规范经济学。他们认为，随着从科学向艺术的转移，超科学的伦理成分会越来越多，这种伦理道德成分是提出有意义的政策建议不可少的。所以，经济学家不能以经济学家的身份提出任何政策建议。

在讨论实证、规范两分法时，不能不提到大卫·休谟，他的命题是：人们不可能从“是”中推导出“应当”，即事实性的陈述说明不能产生规范性的伦理说明。“休谟的铡刀”一直引起很大的争论。

---

① 伍装、张薰华：《现代经济学中的两种价值判断理论》，《经济学家》1999年第5期，《新华文摘》2000年第2期。

② 约翰·穆勒：《政治经济学原理》，商务印书馆1936年版。

后来的凯恩斯又提出三分法，将经济学区分为：(1) 实证经济学；(2) 规范经济学；(3) 政治经济学艺术，即为达到一定的目的必须遵循的规则体系。

英国的大多数经济学家接受西尼尔的二分法；而在欧洲大陆，经济学家以瓦尔拉斯和帕累托为代表，不是区分实证经济学和规范经济学，而是区分纯粹经济学和实用经济学。总括起来，关于实证规范两分法争论的焦点在于：西尼尔-穆勒的二分法和以帕累托最优为核心的福利经济采用的是实证经济分析还是规范经济分析。

从以上的简要叙述中可以看出，在西方经济学说发展史上，企图将经济学变成一门像自然科学那样纯粹的科学的做法由来已久，西方主流经济学总是排斥价值判断，排斥规范经济学，主张实证经济学。马克思曾经对这种现象做了分析，认为资产阶级政治经济学将资本主义生产方式视为自然的永恒的前提是具有辩护性的，或者说是具有很强的价值判断性的。马克思认为，他们撇开人与人之间生产关系的研究，而专门研究物的关系，以物的关系掩盖人与人之间的关系，充满着拜物教气息。在马克思看来，经济学的研究不可避免地要涉及经济基础与社会伦理之间的关系，不可避免地要涉及社会伦理对经济的反作用，即不可避免地涉及价值判断。实证规范两分法，一方面反映了人类追求单向度理性的倾向，另一方面也反映了经济学家面对解释经济现象时多元价值判断的困惑。从某种意义上说，实证规范两分法是一个陷阱。价值判断的幽灵是无所不在的，你永远也无法摆脱价值判断。不仅规范经济分析是由价值判断构成的，而且实证经济分析也先验地存在或隐或现的价值判断。例如，对一个客观经济现象或事实的描绘，具有不同价值取向的人会有不同的说法，这是不可避免的。

反对休谟判别法的尼格尔主张在社会科学中区分两种价值判断，即描绘性价值判断和评价性价值判断。描绘性价值判断包括判定新理论的有效性所应遵循的标准以及按一定的可靠性标准对资料进行选择及题材的选择等，而评价性价值判断是指对社会状况的评价。尼格尔认为，在社会科学中不可能没有描绘性价值判断(一种方法论判断)，它至少在理论上可以摆脱评价性价值判断即规范性价值判断。但是应该看到，在社会科学中，任何判断都必须遵守一些公认的法则。

从尼格尔的两种价值判断中可以引出另一种区分，即纯粹价值判断和非纯粹价值判断。所谓纯粹价值判断，是指适用于所有场合的价值判断，不符合这一条件的价值判断则属于非纯粹价值判断。但是这种分法同尼格尔的分法一样,也是为了将规范性价值判断从社会科学中驱逐出去。

马克斯·韦伯倡导非价值判断社会科学,但他并不否认社会科学充满政治倾向,也不否认对人类行为的意向进行合理的分析,他认为社会科学的非价值论不仅是可能的,而且是很重要的。罗伯特·海尔布伦纳对韦伯的价值自由论进行了反击。他指出,经济学研究的困难之处在于确定经济学的潜在前提。他否认经济学家应当重视非价值分析,否认单纯依靠自然科学的方法即可研究经济学。自然科学家可以精确地检验其研究前提,进行实验推理并得出结论,但经济学家却不能采用此法,因为经济学家不能在实验室里做重复实验。

缪尔达尔也反对价值自由论,他认为区分实证经济学和规范经济学是不可能的,不公开求助于人们的希望和意向就不可能验证经济假说的真伪。他反对将价值判断隐匿在科学论证中,主张将价值判断看作经济分析的前提,这样反而可以加强经济分析结果的客观性。

海尔布伦纳和缪尔达尔强调经济学研究中价值判断存在的普遍性是有其道理的,但是他们并未能更深入地研究不同的价值判断问题。在库恩的范式理论中,经济学更符合艺术模式而非科学模式。当常规科学功能不佳时,范式的替代不可避免。虽然不同范式之间存在交流失灵和翻译困难,但经济学范式较量的结局是接受新的但不毁坏旧的。所以从某种意义上说,经济学范式的替代是一组价值体系的屈服和另一组价值体系的胜利。既然经济学的研究不能摆脱价值判断,开展对经济学价值判断问题的研究就成为研究现代经济学方法论中的迫切课题。

(二) 现世性价值判断和终极性价值判断

经济学从本质上说是研究人类行为的学问。我们认为在经济学研究中存在着两种基本的价值判断:一种是终极性价值判断,一种是现世性价值判断。所谓终极性价值判断,是指在物质资料生产中,以人的自由、全面发展为核心,以制度安排对人存在的意义为标准的判别方法。它认为制度的变迁或替代是必然的。所谓现世性价值判断,是指以稀缺资源配置和物质财富的生产和分配为核心,以自然形成的既定制度是永恒合理的作为标准的判别方法。它以理性和实用主义为基础。在经济学中不采用现世性价值判断就不可能真正构建起经济学理论的大厦,但是经济学还必须以终极性价值判断为导向,使其敞开对人类的终极关怀,使其富有人文精神。只有将这两种价值判断方法结合起来,才能使经济学真正成为一门成熟的科学。

终极性价值判断与马克思主义经济学的关系如下：

(1) 从经济制度上说，马克思认为资本主义的私有产权制度是充满矛盾的，是一种野蛮制度。由于资本主义的生产关系与它的巨大的生产力的外壳不相容，所以它具有历史暂时性，必定要被一个更美好的自由人联合体的社会所取代。

(2) 从劳动价值论上说，马克思将凝结在商品中的抽象劳动看作价值的实体。这体现了尊重劳动、崇尚劳动、反对剥削的精神。

(3) 从对资本主义生产过程的分析看，马克思运用劳动二重性原理，剖析了生产过程的二重性，在劳动价值论的基础上创立了剩余价值论，揭示了工人受剥削的根源。在论述资本积累的一般规律时，预见了资本主义制度将被社会主义制度取代的必然趋势。

(4) 从对资本主义的流通过程和生产总过程的分析来看，由于对剩余价值的追求，使得这个社会的流通和再生产过程充满矛盾，通过对总生产过程呈现出来的各种现象的分析，认为资本主义的生产关系和分配关系是极端不合理、不公平的。马克思的经济学以社会的生产关系为研究对象，以判断工人阶级在这种不合理制度下生存的命运为标准，它采用的是一种具有终极关怀性质的终极性价值判断方法。

现世性价值判断和西方经济学的关系如下：

(1) 西方经济学以资本主义制度是自然合理的制度为其理论前提，它是在这种最符合人性的既定制度条件下来开展经济学研究的。斯密认为经济学应以研究国民财富的性质、原因和增长为对象，而资本主义的经济制度是最适合促进物质财富增长的。后来的西方经济学家也基本遵循了这一传统(虽然新制度经济学也研究产权、交易费用等制度问题，但其使用的仍是新古典主义的分析框架，也是以资本主义制度为既定的前提的)。

(2) 西方经济学认为，完全竞争、一般均衡的市场会导致资源配置效率的帕累托最优状态。按照社会福利函数论者的说法，经济效率是最大福利的必要条件，合理分配是最大福利的充分条件。但福利经济学抽象掉了制度因素，否认了人与人之间存在着利益的直接矛盾。所谓的帕累托改善，就是没有人受到损害，却有部分人的利益得到提高。这是与资本主义积累的一般规律相矛盾的。

(3) 西方经济学中的价值理论实际上是一种价格理论。它否认价值实体客观性的存在，从主观的边际效用出发来描述价值，并以生产要素的报酬作为分配的依据，在既定的制度前提下构建价值论和分配论。

(4) 无论是主张自由放任，还是主张国家干预，西方经济学都谈论个人自由、平等和社会福利的增进。

(5) 而主张国家干预的经济学家认为，宏观经济理论和政策的任务就是要通过国家来控制和调节一个国家的收入、就业和价格，把失业和通货膨胀控制在人们所能容忍的范围内，以使资本主义制度成为一个永恒和谐的经济社会制度。

从这里可以看出西方经济学将人的自由全面发展问题与资本主义制度天然地联系在一起，认为资本主义的私有财产制度最能保证人的自由、全面发展，有了私有制就有了一切。这样，对人类的终极关怀和制度存在对人的意义等问题就从西方经济学家的视野里消失了，或者说把人的自由全面发展也当作一个既定的前提，在这个前提下来研究物质财富的生产和分配。无论是哈耶克、奈特、布坎南还是弗里德曼，在谈论人的自由、平等、和发展等问题时，只不过是在论证资本主义制度的永久合理性。而在使用终极价值判断的马克思主义经济学看来，这些是具有很强的辩护性的。资本主义制度不是永久合理的制度，而是具有历史的暂时性，是终究会被替代的制度。

从以上的分析可以看出，西方经济学是一种以现世性价值判断为基础的经济学，两种价值判断理论是从价值观角度来看的方法论。马克思主义经济学是以终极性价值判断为导向的经济学，这是就其总体框架结构说的，或者说是从元经济学的意义上说的，并不等于它在研究具体问题时就不使用现世性价值判断，更不等于说马克思主义经济学就不研究具体的经济问题。使用现世性价值判断便于认识和实证各种经济现象之间的联系，描述经济运行的状态。同样，西方经济学是以现世性价值判断为基础的经济学，这不等于说它就不研究经济学中带有终极意义的问题。只是它将这一类问题限制在纯经济学或新古典经济学的范围内。比如，西方经济学对于社会福利函数、外部性或环境问题的研究，始终坚持理性人、完全竞争等假设，在资本主义私有财产制度下研究社会福利的增长、分配，将外部性问题内在化等。它始终坚持经济学的领域或范围限制，将经济学与政治学、社会学、哲学和宗教学等分割开来。从这种意义上说，正是因为西方经济学坚持其范围限制，坚持以现世性价值判断为基础，才使其成为一门狭隘但相对精细的学问。而马克思主义经济学则是一门更广义的、更有发展前途的科学。针对人类经济发展所面临的各种困境，如全球资源濒临枯竭、环境污染、道德沦丧、强权政治和制度变迁等问题，马克思主义经济学将更具解释力和生命力。需要说明的是，我们说马克思主义经济学具有终极性价值判断的方法论的总体特征，并不否认唯物辩证法的方法论意义。唯物辩证法是从研究问题的思辨方法论角度说的，而这里所指的价值判断的方法论则是从判断事物的价值观念上说的。

（三）构建中国经济学的方法论

经济学的发展也需要寻找路径依赖。经济学的发展往往伴随着方法论的革新并以新的方法论作为先导。在中国经济学的发展中，首先碰到的问题就是如何对待马克思主义经济学，如何对待西方经济学。在这方面，经济学界存在着激烈的争论。下面我们将对其中的两种主要观点加以分析并提出自己的看法。

第一种观点认为，马克思主义经济学研究的是经济运动的实质，它以社会的生产关系为研究对象，揭示了经济现象背后的本质。而西方经济学研究的则是经济运动的形式即生产的物质关系，它只是描述了经济的形态。这种观点可称之为层次论。这种观点的主要错误在于：认为研究社会生产关系就能揭示经济运动的本质，而研究物质关系则就只能描述经济运动的现象。我们认为这两者是不可分割的。以生产关系为研究对象，如果脱离了研究生产力或物质生产技术关系，就会流于形式和空谈，反而不能揭示经济运行的本质。而在研究物质关系或人与物关系的过程中必然会涉及社会的生产关系或制度。目前，西方新制度经济学的兴起即是明证。如果不研究稀缺资源的配置、供求和价值、效用函数和偏好、国民收入和货币政策的传导机制以及经济增长等，如何能揭示经济运动的本质？同时，按照马克思的说法，人的物质需要和物质生产活动同样是经济活动的一个基本方面，甚至是人与人之间经济交往的动因和前提。社会的生产关系最终是由社会的物质生产活动和条件决定的。

第二种观点可称为角度论，它认为马克思主义经济学与西方经济学在理论内容上的基本区别与相互关系在于它们对多侧面、具有多重规定性的社会经济活动进行研究时，角度和侧重点不同。马克思主义经济学将物质生产或人与物的关系作为社会生产关系的物质承担者加以肯定，然后则着重考察人与人之间的社会生产关系以及这种社会生产关系在决定经济变量和经济发展中的内在作用。而西方经济学（主要指主流经济学）则将社会经济制度当作既定的背景和前提，着重分析人们的物质偏好、物质生产及稀缺资源的配置，并用人与物的关系来解释经济运动的现象。由于这两种理论的差别在于研究角度和分析侧面不同，它们具有一定的互补性，可以综合起来，并提出马克思主义的新综合①。

这种观点表面上看有道理，实际上是似是而非的。

(1) 马克思主义经济学和西方经济学对同一经济现象的观察和解释确实存在不同的角度。问题在于何以会有不同的角度。这种观点并未能提出一种能综合马克思主义经济学和西方经济学的方法论。对于任何一种经济现象的解释都会存在不同的角度，这是由于经济生活的不确定性和人的主观性即我们所戴的理论眼镜决定的。但是用角度的不同来概括两大经济体系之间的分歧仅仅是一种直觉的感性认识。换句话说，把马克思主义经济学和西方经济学之间的区别说成研究角度不同，等于什么也没说。无论是在马克思主义经济学内部或是西方经济学内部，即使对同一细小的问题也存在不同的角度分析。如马克思主义经济学中的重建个人所有制问题，西方经济学中对理性预期问题的争论。不仅如此，对于同一经济现象的认识，马克思主义经济学与西方经济学之间在看法上也存在交叉。

(2) 马克思主义经济学和西方经济学分属两个不同的理论框架或分析体系，一般来说这是可以肯定的。在某一分析框架内部，就某一具体问题有不同的看法，说它是分析角度不同是可以的。把马克思主义经济学和西方经济学这两大基本分析框架说成是角度不同并加以综合，这种综合难免是拼凑。经济学研究的任务是揭示经济现象背后的本质或规律性(包括不同层次的规律性)。在这研究过程中，两大体系为什么会存在不同的研究角度和侧重点呢?这主要是因为它们是以不同的价值判断为导向或基础的。这样认识才能抓住这两大体系的基本特征。

(3) 马克思为什么将人与物的关系作为物质的承担者而着重研究人与人的关系？马克思研究社会生产关系的目的是为了剖析资本主义制度的剥削实质和揭示它的产生、发展和灭亡的规律。他并不认为现存的制度安排是合理的和永久的，而认为它是野蛮的，注定会被取代。他对经济现象和资本主义的分析采用的是终极性价值判断。而西方经济学认为资本主义制度是符合人性的、最利于人的自由发展的。经济学需要研究的只是在此前提下揭示稀缺资源的配置、物质技术生产关系和经济运行的规律。换句话说，它是以现世性价值判断作为分析标准的。中国经济学的创立和发展必须采用一种新的方法

① 樊纲：《现代三大经济理论体系的比较与综合》，上海三联书店 1994 年版。

论，这种方法论就是两种价值判断理论。理论综合可分为内部综合和外部综合。理论内部的综合往往是某一大的分析框架内的阶段性的发展。这一理论框架内部的反常和不连续逐渐走向连续与和谐一致。西方经济学内部四次综合即是理论内部综合的例子。从斯密、穆勒、马歇尔到萨缪尔逊，他们对同一理论框架进行不断的修正、补充和综合。但是从总体上看，他们都是在现世性价值判断的分析框架内进行的。马克思主义经济学与西方经济学之间的综合则属于理论外部的综合，或者说是一种大综合。它不是不同范式的替代，而是当今世界上两个独立平行发展的经济理论体系的综合。中国经济学应成为这个大综合的结果，它以具有终极性价值判断导向的马克思主义经济学为指导，并吸收西方经济学中有用的方法和内容，使其成为更成熟、更科学的经济学。

中国经济学应包括效率和公平两大主题。效率主题是指以促进和发展生产力为主要研究任务，研究稀缺资源的最佳配置。它包括生产理论、消费理论、市场理论以及宏观经济运行规律和经济增长理论等。它不仅追求内部效率，而且要注意外部不经济和环境经济效率等问题，它不仅研究经济的运行效率，而且还要研究制度变迁和制度绩效等问题。在研究效率的过程中，要以现世性价值判断为基础，重视经济学的实证、计量分析。引入多种科学的分析工具，努力促进中国经济学的现代化。公平主题不仅包括收入分配的公平性，而且还包括在生产关系中人的自由、机会均等和全面发展，制度安排对人存在的意义以及人栖居在自然环境中的可持续发展问题，使中国经济学充满着对人类的终极关怀。在研究公平时，要以终极性价值判断为导向，重视经济制度、体制转型的研究，重视人与人之间物质利益关系的研究，重视中国传统伦理文化在经济发展中的作用等问题的研究。经济学并不奢望也不可能囊括所有的社会科学，但是，经济学既然也是一门研究人类行为的科学，为什么不能将其置于更广阔的研究背景下呢？为什么不能在经济学中重新唤回对人类的终极关怀呢？

二、从经典马克思经济学到现代马克思经济学

（一）正确评价经典马克思经济学的分析体系

对于马克思经济学遗产，不同的经济学家给予不同的评价。国外反对马克思主义经济学的人仅仅将马克思看作资本主义商业文明的批评家，认为他对资本主义大灾难和世界通过革命得到拯救的预言性幻想表面上植根于严格的科学，实际上却包含了许多拒绝科学检验的因素，使他的观点有了一种可做

各种不同解释的特征，可以被解释为某种戏剧性的观点，某种充满魔鬼和英雄的神话或者某种特殊的现世宗教。马克思的观点是要唤起无产阶级并引起革命，但它对资产阶级也有影响，使之因此做了让步和改革，回避了革命的威胁。马克思不属于丰裕的现代世界及和平的经济变动的建筑师之列，但是他的毁灭性威胁促使这些建筑师去工作。换言之，马克思的力量只在于他的毁灭性的批判，而不在于他的建设性思想。① 有的经济学家则否认马克思对历史的经济解释，否定马克思经济学辩证唯物史观的研究方法，而强调了马克思经济学中的人道主义成分。现代马克思主义者显然重新聚集于马克思思想中人道主义基本内核的周围。大规模生产的复杂性和使马克思所描述的异化对于社会的在部分而言似乎是真实的。甚至那些诋毁暴力革命对于有意义的社会变革的必要性的人，也经常受到马克思之类人道主义的鞭策，以寻求不同的社会改革形式。最终，这可能证明是马克思留给世界的遗产的最持久部分。② 法兰克福学派的阿尔都塞则从结构主义出发对马克思经济学进行了解释。他在《读资本论》一书中认为，马克思经济学具有以下特征：第一，反经验主义，古典经济学从配第、重农学派、斯密到李嘉图都没有能摆脱经验主义的认识论，都以"经济事实"作为政治经济学研究对象，而马克思政治经济学则是一种理论实践，理论实践像生产实践、政治实践一样，具有原料、加工、产品这三个要素，它也是一种实践；第二，反还原主义和反历史主义，即马克思经济学中的经济概念和经济范畴都是历史的、具体的，按照马克思的整体观念，经济现象是一种复杂而深刻的空间，而这种空间又是另一个复杂空间的组成部分，只有明确经济领域在整体结构中所占的位置，明确存在于这一领域和其他领域（政治的以及意识形态的上层建筑）之间的联系，我们才能理解经济实质，或者说，政治经济学不能将资本主义生产过程还原成一般生产过程，把生产关系和社会关系还原成主体间关系。阿尔都塞认为马克思历史观的核心是结构，在马克思看来，社会整体的每一个层次都有自己的相对独立的历史，不仅有经济结构的历史，还有上层建筑的历史、意识形态的历史等，即马克思反对历史主义将历史解释为时间上连续发生的同质过程，把历史的变化归结为一种内在发展逻辑的逐渐显露。第三，反对政治经济学将过去、现在和未来的一切社会形式看作绝对的、永恒的，反对将经济现象研究建立在人有主体需要的基础上。马克思

① 亨利·威廉·斯皮格尔：《经济思想的成长》（上），中国社会科学出版社 1999 年版。

② 小罗伯特·B. 埃克伦德、罗伯特·F. 赫伯特：《经济理论和方法史》，中国人民大学出版社 2001 年版。

将消费划分为生产消费和个人消费，在此基础上规定了生产的物质性，证明生产是经济的真正规定，生产支配消费和分配，马克思用生产关系和生产力统一的经济学对象结构代替了古典经济学关于经济现象的同质的“平面空间”的对象结构。换言之，马克思政治经济学的最大成就在于将资本主义理解为“没有主体的过程”，马克思着眼点在于生产关系，而不是人的主观需要，他用社会发展规律而不是人的需要来说明经济发展和历史变化[①]。

马克思经济学诞生一百多年来，经历了沉默、诋毁、谩骂和曲解，无数次的荣辱，无数次的历史验证，恰恰证明了马克思经济学的容量、价值和生命力。斯皮格尔仅仅将马克思经济学看作一种批判资本主义商业文明的理论，并没有看到马克思在对资本主义生产方式的生理解剖中发现了一般经济规律并对未来社会进行了科学的预测。埃克伦德和赫伯特则抽象地肯定了马克思经济学中的人道主义成分，而实际上则否定了马克思辩证唯物史观的研究方法以及据此对资本主义经济发展的科学解释。阿尔都塞则从结构主义出发来解析马克思经济学，生硬地将马克思经济学纳入其结构主义分析框架，实际上是以结构主义替代马克思政治经济学中的辩证唯物主义分析方法。那么，应该如何看待马克思经济学的遗产，正确评价经典马克思经济学？这应该从马克思经济学提出的问题和马克思经济学研究这些问题所用的方法这两方面着手。

马克思经济学提出的问题是，一个社会中人们之间的利益关系可以被总合为生产关系，那么，生产关系的产生、发展和变化是由什么决定的，处于既定生产方式之中的生产关系产生、发展和变化的规律性是什么。在资本主义生产方式条件下，生产关系表现为雇佣劳动关系，在这种生产关系中，剩余价值规律支配着这种生产关系的产生、发展和变化，在这个过程中，人们之间的利益关系表现为无产阶级与资产阶级剥削与被剥削的利益对立关系，而在社会主义生产方式下，人们之间的利益关系表现为联合劳动基础上利益一致的关系。通过对生产关系的研究，马克思经济学揭示了资本主义制度的内存机理及其经济运行方式的特征，并对未来社会主义制度的基本特征和经济方式做出了科学预测。马克思对生产关系问题的提出立足于资本主义生产方式的事实，基于资本主义生产力的扩张与生产关系外壳不相容的事实，从资本主义生产关系出发研究了一个社会生产关系的内在发展规律，并从生产、流通、分配

① 参见路易·阿尔都塞等：《读〈资本论〉》，中央编译出版社 2001 年版。

和消费四个环节对资本主义生产过程进行了解剖。

马克思经济学的研究方法说到底是唯物辩证法，是一种源于德国思维并被马克思革命性地改造过的科学方法[①]。从经济学方法论来说，辩证唯物主义和历史唯物主义方法可分为：

(1) 矛盾分析法。马克思在《资本论》中，从商品的价值与使用价值、具体劳动与抽象劳动、私有劳动与社会劳动的矛盾运行出发分析资本主义商品和货币，从而建立了劳动价值论，从不变资本与可变资本、劳动过程和价值增殖过程、绝对剩余价值与相对剩余价值等的矛盾运行出发解析了社会主义的直接生产过程，从而建立了剩余价值理论。

(2) 从具体到抽象，再从抽象到具体的方法。从具体到抽象是唯物主义分析方法，再从抽象回到具体，又体现了辩证的分析和综合的方法。《资本论》的研究方法就是一种从具体到抽象，从简单到复杂，从现象到本质的研究方法，即必须充分占有材料，分析这些材料的各种发展形式，探寻这些形式的内在联系；而《资本论》的逻辑结构又体现了从抽象到具体的叙述方法。

(3) 逻辑与历史相统一的分析方法。历史从哪里开始，逻辑思维进程就从哪里开始，但这种逻辑与历史又并非要求完全一致，这一点同样从《资本论》对资本主义生产方式的研究方法和逻辑结构顺序中展示出来。

马克思经济学提出问题的方法、研究问题的方法及其价值判断是统一的，这就是运用辩证唯物主义和历史唯物主义方法论构建起来的经济学范式。这种经济学范式从未曾被历史的经验和事实在整体上否证过，也从未曾被哪一种理论逻辑在整体上驳倒过；恰恰相反，马克思经济学以其宏大的理论体系结构、科学的分析方法和正确的价值判断，以及它对人们经济利益关系和社会生产方式运动的内在、本质规律性的揭示而彰显出强大的生命力。

(二) 现代马克思主义经济学的分析体系特征

现代马克思主义经济学显然是与经典马克思主义经济学和传统马克思主义经济学相比较而言的，它不能脱离经典马克思主义经济学和传统马克思主

---

① 林岗、张宇曾提出马克思主义经济学的五个方法论命题：(1) 从生产力与生产关系的矛盾运动中解释社会经济制度变迁；(2) 在历史形成的社会经济结构的整体制约中分析个体经济行为；(3) 以生产资料所有制为基础确定整个社会经济制度的性质；(4) 依据经济关系来理解和说明政治法律制度和伦理规范；(5) 通过社会实践实现社会经济发展合乎规律与合乎目的的统一。参见林岗、张宇主编：《马克思主义与制度分析》，经济科学出版社 2001 年版，第 5—6 页。

义经济学而存在，尤其是体系结构内价值判断的一脉相承，但同时又具有新的特征。[①]

从整体上看，马克思主义经济学一方面具有永久的科学性，这主要在于其提出的问题和研究问题的方法具有永久性；另一方面，马克思主义经济学又需要在实践中不断地丰富和发展，是一种发展科学。所谓发展科学，是指一种开放的、自我更新的科学。经过苏联社会主义和中国社会主义的革命和建设实践，马克思主义经济学不断地获得丰富和发展，这些丰富和发展主要表现在以下几个方面：第一，生产资料所有制理论的丰富和发展；第二，社会主义经济运行机制理论的丰富和发展；第三，社会主义经济增长和经济发展理论的丰富和发展；第四，当代资本主义理论的丰富和发展。探讨现代马克思主义经济学的基本特征，应该从两个维度出发：一个是从整个经济学发展史来看，现代马克思主义经济学所处的科学地位和基本特征；二是从世界范围内的经济学学科体系来看，马克思主义经济学所处的科学地位和基本特征。综合这两个维度，现代马克思主义经济学应该具有以下两个基本的范式特征。

1. 现代马克思主义经济学的思想性、指导性和终极价值判断观念

现代马克思主义经济学并非只是对经典马克思主义经济学在形式上的现代化，而是指马克思主义经济学在摈除误解和廓清各种迷雾之后，所呈现出来的现代性和理论的发展。从马克思主义经济学所提出的问题来说，现代马克思主义所具有的思想性、指导性以及终极价值判断观念是其第一个基本的范式特征。马克思主义经济学给人们的一个印象似乎是它属于规范经济学或只注重定性分析，一些马克思主义者往往立即辩驳说，马克思主义也重视定量分析，并举出马克思在《资本论》中的定量分析为例加以佐证，马克思主义经济学也注重实证分析，如对资本主义经济运行机制的分析。其实，这种辩驳是没有多少说服力的，与经验主义为基础的西方经济学相比，马克思主义经济学确实存在着实证分析偏少和定量分析偏少的情形，然而，这并不是马克思主义经济学的缺陷和不足之处，而恰恰是马克思主义经济学的优势之所在。西方新古典经济学以“内在逻辑的一致和逻辑推论与经验事实的一致”，以及“理论假设的一致性，理论模型中的限制条件和实证检验”[②]为其基本特征，实际上，它始

---

① 参见张宇、孟捷：《马克思主义经济学从经典到现代的发展》，《政治经济学评论》2002 年第 1 辑。参见林岗、张宇：《探索马克思主义经济学的现代形式》，《教学与研究》2000 年第 9 期。

② 林毅夫：《经济学研究方法与中国经济学科发展》，《经济研究》2001 年第 4 期。

终未能超出经验主义的范畴。马克思主义不仅超出经济学的经验主义，还反对仅仅将经济学局限于经验主义范畴。现代马克思主义经济学的特点在于其思想性、指导性和终极价值判断观念，这也正是马克思主义经济学为什么实证分析和定量分析偏少的原因。

（1）现代马克思主义经济学的思想性。尽管现代马克思主义经济学也引入了一些实证分析和定量分析内容来说明具体问题[①]，但这只是形式上的变化，不是马克思主义经济学的特质。所谓思想性，是指马克思主义经济学并不满足对经济变量联系的描述，也并不满足于经济学只回答事实如何，而是要发挥人的主观能动性和人类特有的创造性来思考更深一层次的问题，从而让演进理性与构建理性结合起来。比如，马克思发现了资本主义生产方式下人的物化和异化现象，就去竭力寻找人类摆脱物化和异化，从而走向人的自由全面发展的道路。所以，现代马克思主义经济学不能抛弃这种思想性传统，努力探讨在新的经济环境和历史条件下，即在新的生产方式下，人的自由全面发展问题。

（2）现代马克思主义经济学的指导性。所谓指导性是指马克思主义经济学超出经验主义经济学的束缚，在更高的视野和更深刻的内涵上对现代经济学发展方向和重大经济战略，以及经济政策问题做出规范和定性分析，如经济学中理性人的假设问题，形式主义经济学问题，以及人口、资源、环境可持续发展问题等。马克思主义经济学长处不在于细致入微地刻画具体的经济运行机制，它不是技术经济学，要通过对生产关系或人们利益关系的经济学研究，对特定生产方式下人类的经济行为做出分析和判断，并进一步提出指导性意见和实现未来社会的正确路径。现代马克思主义经济学引入一些新古典经济学对市场机制的分析技术是必要的，但这也只是形式上的转换和变化，现代马克思主义经济学一个重要使命是在现实的市场经济制度与未来更完美的社会经济制度之间寻找一条正确的路径。

（3）现代马克思主义经济学的终极价值判断观念。从经济学范式的价值判断来说，西方新古典经济学采用的是现世性价值判断导向，而马克思主义经济学的特点在于采用终极性价值判断导向，所谓终极性价值判断，是指在物质生产中，以人的自由全面发展为核心，以制度安排对人存在的意义为标准的判

---

① 程恩富：《现代政治经济学》，上海财经大学出版社 2000 年版。

别方法[①]。马克思主义经济学是以终极性价值判断为导向的经济学,这是就总体框架结构来说的,并不是说马克思主义经济学就不研究具体的经济问题。现代马克思主义经济学也引入西方新古典经济学中的现世性价值判断方法来分析市场运行机制和要素分配等具体问题,但这不是马克思主义经济学的特质,现代马克思主义经济学更应该关注人的生存状态和发展趋势,经济条件和制度对于人类自由的约束,以及对未来美好社会经济制度的设计。[②]

2. 现代马克思主义经济学完整的、长时段的和自主性的分析框架

从经典马克思经济学到现代马克思主义经济学,它们的研究方法的基本特征是一致的,这就是"生产力与生产关系,经济基础与上层建筑"的分析框架。马克思政治经济学的历史唯物主义研究方法是通过改造德国的古典哲学(黑格尔和费尔巴哈),并研究英国的政治经济学(亚当・斯密和大卫・李嘉图)、法国科学社会主义理论(圣西门、傅立叶和欧文)而最后形成和确立的。现代马克思主义经济学的这种分析框架具有完整性、长时段性和自主性三个基本特征。

(1) 完整性。与西方新古典经济学坚持学科的狭隘性和严格的学科内部形式逻辑一致性不同,马克思主义经济学从一开始就打破了学科的限制,广泛地引用不同学科的研究方法,这包括社会学、政治学、哲学和数学等,这种研究方法完整性取决于经济学所研究问题的复杂性和广泛性。现代马克思主义经济学继续了这种研究方法的传统,在采用经济学特有的研究方法,如抽象法和数量方法之外,还应该广泛采用经济学的不同流派的研究方法、社会科学的不同研究方法甚至自然科学的科学方法。这包括制度经济学的历史演进方法、系统分析方法,新古典经济学的均衡分析方法和模型分析方法;实验经济学的实证研究方法;社会学、人类学的调查研究方法;哲学的本体论思考方法;政治学的结构主义研究方法等。现代马克思主义研究方法的完整性强调的不是经济学内部逻辑的形式上一致性,而要强调经济学学科内部辩证逻辑的统一,即往往形式逻辑相反的方法,在辩证逻辑上则是相反相成的。

---

① 伍装、张薰华:《现代经济学中的两种价值判断理论》,《经济学家》1999年第5期。

② 勃朗科・霍尔瓦特主张社会科学家应该设计社会制度——如果我们生活在其中的社会是非常糟糕的,如果我们有向着更美好社会前进的愿望和选择社会制度的能力,那么,对未来社会的设计就非常重要。如果我们拒绝做这样工作,我们就可能失去改善社会和自我的可能性,而永远成为异化和物化社会的牺牲品。参见霍尔瓦特:《社会主义政治经济学:一种马克思主义的社会理论》,吉林人民出版社2001年版。

(2) 长时段性。新古典经济学方法论的基本特征是马歇尔奠定的均衡分析法,从马歇尔的局部均衡分析法到瓦尔拉斯的一般均衡分析法,从单一均衡分析法到引入时间因素的动态分析法,不能离开对经济现象和经济问题的"横截面式"的精确解剖,这是均衡分析的优点,也是其缺点。凡勃伦和熊彼特等人都曾对新古典经济学的这种均衡分析法做出了批评。在熊彼特看来,任何企图解释科学现状的论述,实在是在解释为历史所限定的方法、问题和结果,"如果一个人不掌握历史事实,不具备适当的历史感或所谓历史经验,他就不能指望理解任何时代的经济现象"①。马克思经济学历史唯物主义的分析框架既是结构性分析方法,又是历史分析方法,更重要的是马克思经济学是一种长时段分析法。所谓长时段分析,是指它超越了结构分析法和历史分析法,从各种社会经济形态中找出其中经济增长和经济发展变化的一般规律,进而找出社会历史发展的一般规律。现代马克思主义经济学同样需要继承这种长时段分析法,但还需要引入现代经济学的分析技术(如演进经济学方法、新制度经济学方法等),以更具体、更精确地刻画经济过程和经济现象,解剖各种经济变量之间具体的联系和作用机理。

(3) 自主性。马克思经济学方法论的自主性是指它不依赖于任何经济分析法,更不是从任何经济分析法中派生出来,它是马克思在前人思想基础上独创的经济学方法论。从另一种意义上说,马克思主义经济学方法不是经济分析的具体技术方法,而是一种带有"元经济学"性质的方法论。正如葛兰西所说,马克思主义是自足的,它自身包含着建构一个全面而完整的世界观所需要的一切基本要素,它是一个自主而独立的思想结构②。现代马克思主义经济学需要在这种自主性方法论基础上,不断地自我吸收不同经济学流派、其他社会科学和自然科学中有用的分析方法。从这种意义上说,现代马克思主义经济学方法论既是自主性的,又是开放性。

三、《资本论》与中国社会主义经济理论

(一)《资本论》的方法论与对中国社会主义经济发展历史进程的把握

《资本论》问世一百多年来,虽然遭受各种质疑,但它逻辑的力量和思想的穿透力仍然在不同历史时代撞击出重重的回声。《资本论》作为一种科学理论的完整表达,在经济思想史上的意义自不待说。《资本论》对于思考和分析中

---

① 熊彼特:《经济分析史》第一卷,商务印书馆 1993 年版,第 29 页。

② 参见 Gramsci, A., *Selections from the Prison Notebooks*, New York: Internation Publishers.

国经济问题的现实意义首先在于它有助于我们从总体上分析中国经济发展的趋势,有助于我们把握中国经济发展的历史进程。

《资本论》以其宏大的结构阐述了资本主义产生、发展直至灭亡的内在逻辑,它采用历史唯物主义的方法论细致地解剖了资本主义的生产过程、流通过程和生产总过程,以无可辩驳的逻辑向我们展示了资本主义经济发展历史进程的全貌。从这个方面来说,我们分析中国经济问题不能仅仅满足于个别具体问题的分析,而应该从总体上把握中国经济发展的历史进程和趋势。从生产力与生产关系相互作用原理来看,中国经济改革是社会主义生产关系的自我完善和发展,从这个思路分析下去,中国经济转型应该是从传统的、高度集中的计划经济体制向社会主义市场经济体制转变的过程,而不是从社会主义向资本主义转变的过程。中国的制度变迁应该是社会主义市场经济体制的建立和完善过程。中国经济发展过程是一个受多种历史因素和现实因素约束的过程,在这个过程中,科技进步和社会生产力扩张始终是积极的活跃的因素,它不断地推动社会生产关系的变革。从中国经济发展的历史进程来看,中国将从传统的农业社会走向现代工业社会,虽然中国仍然处于社会主义初级阶段,但国家的综合国力将不断增强,人民生活水平不断提高。

在分析中国经济发展的历史进程中,我们需要防止两种历史倾向:一种是西方化或资本主义化,另一种是封闭化或封建主义化。中国的经济发展从社会主义原始积累出发,经过改革开放已经走过曲折却富有成效的过程,但在生产关系的变革和社会生产力高度发展的条件下,西方的价值观念和意识形态,以及与价值观念和意识形态相一致的、以私有产权为基础的自由竞争的市场经济制度都可能对中国经济发展的选择产生影响。应该说,资本主义经济制度具有自然演进的特征,但它是不合理的制度,这在本质上否定人类对制度和制度变迁的理性构建作用,尤其否定人类对理想社会制度的选择和追求的可能性。所以,走资本主义发展道路是一种很便捷的选择,然而这种便捷的选择就是中国放弃对人类理想社会制度的追求,更重要的是,资本主义化不适合中国人口众多、发展水平差异性大等特点,可能会导致中国社会经济发展陷入长期的动荡和无序或者沦为资本主义世界的附庸。中国应该选择具有中国特色的社会主义现代化道路。中国经济发展历史进程中的另一种趋势便是封闭化或封建主义化。应该知道,在经济全球化的背景下,不同国家的经济发展既存在世界经济一体化趋向,又存在区域化甚至国别化的趋向,在国际贸易中就表现为自由贸易主义与保守贸易主义的并存。中国作为世界上唯一的社会主义大国，面对经济全球化，面对资本主义世界的压力，可能会促使一些人选择通过加强对外来势力的封锁和加强中央集权的方式解决中国经济发展中的矛盾。这种倾向往往带有强烈的民族主义色彩，也容易获得很多中国人的支持。然而，毫无疑问，这种倾向实际上是中国经济发展历史进程的倒退，也是一条死路。从社会主义制度的确立、完善到社会主义初级阶段的发展和完成，是社会主义经济发展的完整历史进程。中国经济发展历史进程的总趋势应该是通过不断探索中国特色的社会主义经济发展道路，最终实现社会主义经济发展的历史任务。

分析中国经济发展历史进程，我们仍然需要采用《资本论》所贯彻的唯物论和辩证法的方法论，从社会主义生产关系完善和社会生产力扩张相互作用的高度把握中国经济发展历史进程的内在冲突、阶段性和总体趋势。

（二）运用《资本论》逻辑来思考经济体制改革中存在的差异与冲突

《资本论》所采用的抽象法、矛盾分析法和历史与逻辑相统一的分析方法对于分析中国经济转型过程存在的各种差异与冲突具有指导性意义。中国经济转型是社会主义生产关系的完善和社会主义市场经济体制建立的过程，也是中国经济崛起的过程，在这个过程中，必然会存在各种差异与冲突，这些差异与冲突有些是具体的和表象的，需要通过从具体到抽象的分析方法来加以研究，一些差异与冲突存在于经济发展过程的内部，需要通过矛盾分析法加以解剖，理解和把握这些差异与冲突过程还需要通过逻辑与历史相统一的分析来阐述和验证。这种差异与冲突主要表现在以下几个方面。

(1) 不同利益主体之间的利益差异与冲突。从本质上，经济转型过程是不同利益主体之间利益格局的重新调整过程，在这个过程中，必然会出现利益受益者和利益受损者，甚至还会出现贫困化群体和垄断利益集团，生产关系在本质上也是一种利益关系，所以，我们应该从社会主义生产关系不断完善的角度，通过政府干预和市场机制来调整不同利益主体之间的利益关系，从而促进社会主义经济发展。在某种意义上，这种利益差异与冲突过程也构成制度变迁和经济发展的动力机制。虽然这些利益差异和冲突并非总是具有对抗性，但它们却可以转化成对抗性的矛盾，所以，我们应该区分各种差异和冲突的性质，并采用正确的对策和政策来解决利益差异和冲突。在《资本论》看来，分配关系是生产关系的背面，从这种意义上说，社会主义国家解决不同利益主体之间的利益差异和冲突也是社会主义生产关系调整和完善的迫切需要。

(2) 不同制度形式之间的差异与冲突。社会主义经济制度是多种经济形式并存的制度，即使在公有制和国有经济中也应该采用多种制度形式，在不同的经济制度形式共存的制度结构中总会存在不同制度形式之间的冲突。私有经济是社会主义经济重要组成部分，但私有经济对自身利润最大化的追求，以及市场竞争可能导致的无政府状态对社会主义公有经济或国有经济的冲击将难以避免，这就需要优化制度结构，协调不同制度形式之间的差异和冲突。无论是国有经济还是私有经济都应该平等地参与市场竞争，让不同的制度形式与不同层次的生产力发展水平相适应，通过社会主义生产关系的调整和完善促进生产力发展。《资本论》所提出的"自由人联合体"社会是对资本主义私有产权制度的批判和扬弃，虽然社会主义发展仍然处在初级阶段，但以公有制为主体、以国有经济为主导的原则是不改变的，这也是社会主义国家处理不同制度形式差异和冲突的基本原则。

(3) 政府作用与市场作用之间的差异与冲突。政府与市场具有不同的功能强点和功能弱点，政府在提供公共产品、解决市场失灵和推动制度变迁等方面具有不可替代的作用，而市场在提高资源配置效率、自动协调利益关系和推动企业科技创新等方面也具有显著的优势。然而，政府作用与市场作用存在着差异与冲突，政府过度干预市场会破坏市场机制的内在联系，而市场的自发作用也会导致盲目性和诸多的市场失灵。在处理政府作用与市场作用相互关系的过程中，除了需要遵循一般性原则之外，还需要具体分析不同条件下政府与市场各自作用的优势、劣势和各自的边界，但是在这里存在一个前提，这就是解决政府作用与市场作用之间的差异与冲突必须建立在不断完善的社会主义市场经济体制基础之上。《资本论》分析了资本主义国家作为资产阶级根本利益的代表者，在私有产权确立和资本主义经济基础中发挥了重要作用。社会主义国家作为上层建筑应该为它的经济基础服务，这也是社会主义处理政府与市场关系的一个原则。

(4) 不同价值观念和意识形态之间的差异与冲突。资本主义市场经济文化精神带有明显的、西方国家的价值观念和意识形态色彩，它与中国传统文化精神和社会主义意识形态存在着诸多的差异和冲突。作为上层建筑的价值观念和意识形态必然会对它的经济基础产生反作用，从这种意义上说，不同价值观念和意识形态的差异和冲突实际上反映了不同经济基础及其相应的利益关系的差异和冲突。只有这样理解问题，我们才能掌握不同价值观念和意识形态之间差异和冲突的本质，这也《资本论》所倡导的历史唯物主义的分析方法。

(5) 经济增长与分配公平之间的差异与冲突。随着中国经济的快速增长,国家综合经济实力不断增强,社会主义经济基础也不断获得加强,但社会主义市场经济发展必然会带有市场经济本身的烙印,市场机制内部存在着不断扩大贫富差距的趋势,所以,在经济增长的同时可能会出现不同利益主体、不同社会阶层和不同地区之间收入差距和贫富差距的扩大,以使改革开放和经济发展的成果不能为广大人民群众所共同分享,这是与社会主义的本质要求所不相容的,社会主义经济发展的一个基本目标是要实现共同富裕,这也是社会主义生产关系内部不存在根本冲突的原因。《资本论》所分析的资本主义生产方式内在矛盾冲突正在于其生产关系与生产力之间的不相适应,这在利益关系上表现为无产阶级与资产阶级之间的对立和斗争。社会主义国家经济增长和生产扩张的同时,应该不断调整自身的生产关系,不同利益主体和不同社会阶层之间收入差距和贫富差距的调整正是社会主义生产关系调整和完善的表现。

运用《资本论》来思考中国经济转型中的差异和冲突,我们会发现中国经济转型所存在的这些差异和冲突是完全可以通过不断地调整和完善社会主义生产关系来获得解决,这其中的根本原因在于:社会主义生产方式不像资本主义生产方式那样在其内部存在着根本的、不可调和的矛盾和冲突。尽管如此,如果我们不能在经济转型中坚持社会主义目标体制,如果在经济转型中以资本主义市场经济体制为目标体制,那么,我们不仅不能解决中国经济转型中存在着的这些差异和冲突,而且还会走向发展的停滞和社会政治的动荡,最终使中国成为资本主义世界的附庸。

(三)《资本论》对创立中国社会主义经济学的典范作用

中国经济学在本质上是产生于中国社会主义实践的社会主义经济学,《资本论》对于构建中国经济学不仅具有方法论意义,而且还具有范式指导意义。从经济思想和经济理论渊源上说,中国经济学应该脱胎于《资本论》所代表的马克思经济学,而绝不是所谓西方经济学。中国经济学作为反映社会主义经济发展实践的理论体系同属于马克思经济学范式,西方经济学在范式意义上是资本主义市场经济发展的实践经验总结。毫无疑问,中国所进行的社会主义经济发展实践给中国经济学构建提供了丰厚的土壤。《资本论》对于构建中国经济学的思想指导意义和理论典范作用表现在以下三个方面:其一,中国经济学应该始终采用社会主义的价值判断。《资本论》所体现的价值判断是清楚的,它在批判资本主义生产方式的同时,也提出过对未来社会的价值导向,这就是在批判、否定和借鉴资本主义生产方式历史经验的基础上创立一个全新的社会制度，实际上是一种社会主义价值导向，中国经济学既然在本质上是一种社会主义经济学，那么，它就不能离开社会主义的价值判断，如社会主义价值观念和意识形态中存在的集体主义和共产主义精神，如社会主义国家代表广大人民群众的根本利益、倡导劳动光荣、反对不劳而获的剥削等。中国经济学本身作为一种意识形态也是不能超越阶级性的，它只能是劳动人民的经济学。这一点是根本不同于代表资产阶级根本利益的西方经济学。其二，中国经济学应该以社会主义生产方式作为研究对象。《资本论》的研究对象是资本主义生产方式，它通过对资本主义生产过程、流通过程和总过程的分析构筑其理论体系，并将生产过程及其所有制的分析置于核心位置。中国经济学也应该以社会主义生产方式作为研究对象，并以阐述中国社会主义产生、发展直至进入更高社会阶段的内在逻辑作为自己的研究任务。需要指出的是，由于中国仍然处在社会主义初级阶段，社会主义生产关系还不够完善，社会生产力水平还不够发达，所以，市场经济仍然是社会主义经济发展的基本经济形式，即市场应该在资源配置中起决定性作用。中国经济学应该重视对社会主义市场经济运行和发展的规律性的探索。其三，中国经济学应该坚持历史唯物主义的总体方法论。历史唯物主义不仅是一种方法论，也是一种经济学的基本价值判断，中国经济学的理论框架应该是历史唯物主义的，中国经济学范式中的基本观念也应该是历史唯物主义的，这也是中国经济学区别于西方经济学的基本准则。然而，这并不意味着中国经济学排斥其他经济学分析方法，恰恰相反，中国经济学在坚持历史唯物主义的总体方法论的前提下，要尽可能地吸收不同经济学分析方法和分析工具，尤其需要注意吸收现代经济学的科学分析方法。

我们重视《资本论》对于构建中国经济学的典范作用并不意味着照搬照抄《资本论》的理论结构和逻辑顺序，而应该主要学习《资本论》的总体方法论和基本的价值判断。从这种意义上，《资本论》对于构建中国社会主义经济学的典范作用主要是范式意义上的。

四、马克思主义经济学与社会主义经济理论

现代马克思主义经济学概念的提出与中国经济改革开放的实践是分不开的，中国社会主义经济建设极大地丰富和发展了马克思主义经济学，从经典马克思经济学到现代马克思主义经济学，马克思经典作家所提出的问题、研究问

题的方法和所采用的价值判断仍然展示出旺盛的生命力，这正是经典经济学的魅力之所在，现代马克思主义经济学既包括正确价值判断的继承、形式上的现代化，更包括内容上的拓展、理论体系的不断更新和创造性发展。现代马克思主义经济学并不拒绝数理分析，也不是说只有对马克思主义经济学进行数理化改造才算得上现代马克思主义经济学；同样，马克思主义经济学也不拒绝实证研究，但也并非只有事事进行经验主义的研究才称得上是现代马克思主义经济学。问题在于：马克思主义经济学思想性、指导性和终极价值导向特征决定了马克思主义经济学不可能像新古典经济学那样运用数理方式来重写经济学，马克思主义经济学中那些规范性命题也不可能像新古典经济学那样都采用逻辑与经验相一致的验证方式。马克思主义经济学不可能穷尽一切经济学原理，它是一种更宏大的经济学分析体系，提供了经济学研究的一般方法论和正确的研究路径，现代马克思主义经济学还需要不断地吸收现代经济学不同流派中的科学的分析技术和研究方法，需要从社会主义经济实践中不断地总结经验，丰富和发展自己。现代马克思主义经济学的最终形成尚需要一个相当长的过程，这主要是由于社会主义经济制度还不成熟，社会主义生产方式尚未在世界范围展示其比较优势。所以，现代马克思主义经济学形成初期阶段的基本特征是：面对现代科学技术革命和世界经济一体化过程，现代马克思主义经济学基于经典马克思经济学基本思想、价值判断和分析方法，形成了一种自我吸收的机制、不断创新的机制和全面开放的理论体系。

马克思主义经济学包括经典著作《资本论》、对马克思经济学原理进行阐述和运用的政治经济学和运用马克思主义经济学解释社会主义经济实践的社会主义经济理论。社会主义经济理论的研究应当纳入马克思主义经济学的分析框架，社会主义理论应当研究社会主义经济性质的问题以及社会主义经济实践中遇到的新情况和新问题，对这些问题的研究在总体上不能脱离马克思主义经济学的分析范式，并且注意运用马克思主义经济学的价值判断和分析方法。毫无疑问，马克思主义经济学作为一种开放的经济学体系，在研究社会主义经济理论的过程中必须注意吸收一切有利于社会主义理论和马克思主义经济学丰富和发展的科学分析工具、分析技术和分析方法。从经济思想史的角度来看，社会主义经济理论最初来源于马克思经济学，它是对马克思主义经济学指导下的社会主义经济实践活动经验的总结，并且会随着社会主义经济实践活动的发展而丰富和发展。

一、复习思考题

1. 论述科学社会主义的直接思想来源。
2. 什么是“自由人联合体”?
3. 什么是亚细亚生产方式?
4. 如何理解马克思关于“卡夫丁峡谷”的理论?
5. 比较战时共产主义政策与新经济政策。
6. 论述中国社会主义初级阶段理论的形成和发展过程。
7. 论述党的十八大以来,社会主义经济理论的主要创新。
8. 评价马克思《1844年经济学哲学手稿》。
9.《资本论》对社会主义经济理论和实践的指导作用体现在哪里?
10. 现代经济学中存在哪两种价值判断理论?
11. 如何评价“市场社会主义模式”理论?
12. 马克思经济学与社会主义经济理论之间的关系如何?

二、课堂讨论题

1. 苏联社会主义经济实践有哪些成功的经验和失败的教训?
2. 通过中国的实践,社会主义经济理论获得了哪些丰富和发展?

第二章　社会主义经济制度的基本内涵

研究文献综述

社会主义经济制度可以分为正式制度和非正式制度①，无论是正式制度还是非正式制度，社会主义经济制度与资本主义经济制度都存在着重要区别②。在实践中，社会主义国家进行了社会主义经济制度改革的探索，在理论上，对于社会主义经济制度的理解也有一个认识的过程，中国社会主义经济实践给科学地理解社会主义经济制度提供了丰富的经验，特别是中国社会主义经济改革开放的历史经验，极大地推动、丰富了社会主义基本经济制度方面的研究和创新③④。随着西方新制度经济学被介绍到中国，学者们对马克思制度经济学的思想理论进行了系统研究并与新制度经济学进行比较⑤，以阐释马克思制度经济学的基本特征⑥⑦，另外学者们还从不同的角度来阐释社会主义经济制度的基本内涵，对社会主义初级阶段的经济制度内涵进行了深入的探索⑧。

关于社会主义经济制度的研究不能脱离社会生产力的发展阶段⑨，社会主义经济制度的研究经历了从传统的高度集中的计划经济时代的"一大二公"所

---

① 伍装：《非正式制度论》，上海财经大学出版社 2011 年版。
② 董辅礽：《社会主义经济制度及其优越性》，北京大学出版社 1981 年版。
③ 张宇：《论社会主义基本经济制度的创新》，《中国特色社会主义研究》2001 年第 3 期。
④ 程恩富等：《中国特色社会主义经济制度研究》，经济科学出版社 2013 年版。
⑤ 伍装：《西方经济学中制度变迁理论的演变》，《经济学动态》1999 年第 8 期；《试析马克思制度经济学的新综合》，《黑龙江社会科学》2006 年第 3 期。
⑥ 顾钰民：《马克思与西方新制度经济学假设前提的比较》，《同济大学学报(社会科学版)》2005 年第 2 期；《马克思主义经济学与新制度经济学的所有制理论比较研究》，《经济纵横》2010 年第 7 期。
⑦ 林岗、张宇：《马克思主义与制度分析》，经济科学出版社 2003 年版。
⑧ 卫兴华：《探索、改革、振兴——社会主义初级阶段的经济》，中国人民大学出版社 1988 年版。
⑨ 张薰华：《生产力与经济规律》，复旦大学出版社 1989 年版；《经济规律的探索》，复旦大学出版社 2001 年版。

有制理论，公有制为主体、多种所有制共同发展的基本经济制度理论[①]，到寻找公有制实现形式多样化理论[②]等几个不同的发展阶段[③④⑤]。

第一节 马克思制度经济学与新制度经济学

一、不同的分析范式

西方新制度经济学属于新古典经济学的分析范式，它将制度变量纳入新古典模型，并对"经济人"假设前提做了修正，从而将制度或交易费用作为一组约束条件以求出资源配置目标函数的最大值。马克思制度经济学从马克思创立的社会历史观出发，反对在经济学分析中使用抽象的"经济人"假说，认为人是一定社会关系中的具体的历史的人，经济学的任务是研究经济现象背后的本质和规律性，从而揭示出社会历史发展的一般规律性。新制度经济学在研究资源配置制度方面具有科学性，马克思制度经济学是关于社会经济发展的一般规律的科学。虽然在这些方面两者有一定的互补性。但无论是从价值判断标准、分析框架还是方法论来看，马克思制度经济学与新制度经济学都具有不同的特征。

(一) 资源配置效率与人的自由全面发展

从表面上看，新制度经济学是以制度作为研究对象的，其实，新制度经济学的研究重心是稀缺资源的配置，新古典经济学理论体系是建立在关于经济人行为的两大基本假定基础上的，即经济人追求自身利益最大化和经济人具有充分理性。新古典模型中的经济人是一种脱离现实的观念的人。新制度经济学[⑥]正是通过对新古典模型中经济人假定的修正才扩展了经济学对现实生活的解释能力。"当代制度经济学应该从人的实际出发来研究人"[⑦]，于是新制

① 卫兴华、洪银兴、刘伟、黄泰岩：《新常态下的中国经济》，经济科学出版社 2014 年版。
② 程恩富、董宇坤：《大力发展公有资本为主体的混合所有制经济》，《政治经济学评论》2015 年第 1 期。
③ 卫兴华、洪银兴、李慧中、黄泰岩：《社会主义经济理论研究集萃》，经济科学出版社 2008 年版。
④ 杨瑞龙：《国有企业股份制改造的理论思考》，《经济研究》1995 年第 2 期。
⑤ 荣兆梓：《公有制实现形式多样化通论》，经济科学出版社 2001 年版。
⑥ 科斯、阿尔钦等：《财产权利与制度变迁——产权学派与新制度学派译文集》，上海三联书店 1994 年版。
⑦ 科斯：《企业、市场与法律》，上海三联书店 1990 年版。

度经济学提出了经济人行为的有限理性假定和机会主义行为倾向假定，采用了比新古典模型更逼近现实层次的人的行为假定，从而增强了对现实经济问题的解释能力。新制度经济学的这个成功与科斯创造性并典范地运用交易费用的概念是分不开的。在新古典模型中，有一个暗含的假定是交易费用为零。在新制度经济学中，交易费用为零的假定修正为交易费用为正。这就使得新古典经济学获得了对现实问题的新的解释能力。以上的分析表明，新制度经济学来源于新古典经济学，并对新古典经济学进行了补充和发展。新古典经济学的研究对象是稀缺资源的配置，新制度经济学仍坚持这一研究对象，只是加上了资源配置目标函数的一组制度约束条件。因为新古典经济学假定经济制度的运行是不存在交易费用的，所以新制度经济学研究制度的目的或标准在于提高资源配置效率。马克思制度经济学来源于其创立的唯物史观和剩余价值学说，其研究任务是揭示资本主义社会生命历程的一般规律性。一个社会制度的产生、发展是由该社会特定的生产力所决定的，马克思将制度的形成归结为一定生产关系以及与这种生产关系相适应并维护这种生产关系的社会机构和规则的确立过程。社会中的人不是单个的抽象物，而是特定社会生产关系的总和，马克思制度经济学研究制度的目的在于揭示在特定社会制度下人的生存状态。在资本主义制度下存在着工人阶级受压迫、不自由的现状，为了改变这种现状就必须革命，重新建立一种崭新的社会主义制度，从而使人获得自由、全面的发展。在这里，一定社会制度中的人是马克思制度经济学的直接关注对象。属于代表先进生产力的社会集团和阶级的多数人，为了响应生产力发展而变革制度，推动社会前进，将获得自由、全面的发展。同样是制度经济学，新制度经济学关注的是制度背后的资源配置效率；而马克思制度经济学则关注制度背后自由、全面发展的人。这是两个不同的标准，从范式的意义上说，新制度经济学采用的是一种现世性价值判断，即以稀缺资源的配置和物质财富的生产、分配为核心，以“自然形成”的既定制度是永恒合理的为标准的判别方法，以理性和实用主义为基础。而马克思制度经济学采用的是一种终极性价值判断，即在物质资料生产中，以人的自由、全面发展为核心，以制度安排对人存在的意义为标准的判别方法，认为制度的变迁或替代是必然的。正是由于新制度经济学与马克思制度经济学采用的价值判断标准不同，才产生了两者的研究宗旨或标准不同：新制度经济学采用现世性价值判断，研究制度的目的自然是为了“资源的配置效率”；而马克思制度经济学采用的是终极性价值判断，研究制度的目的自然是为了“人的自由、全面发展”。

(二) 制度的“供给-需求”分析框架与“生产力-生产关系”分析框架

新制度经济学来源于新古典模型，其分析框架也承袭了新古典模型“供给-需求”的经典分析框架。

在制度形成上，新制度经济学揭示了交易费用与制度形成的内在联系。交易费用的存在必然会导致制度的产生[①]，制度的运作又有利于降低交易费用。科斯正是从新古典模型分析经济体系运转的“供给-需求”框架中找出新古典经济学认为在经济体系运转中不存在的交易费用的。他将制度的形成归结为交易费用并将制度变量正式纳入新古典模型。科斯定理即是明证。

在制度变迁上，新制度经济学认为，制度均衡是指人们对既定制度安排和制度结构的一种满意状态，人们无意改变也无力改变现行制度，或者说此时的制度供给适应制度需求。从某种意义上说，制度变迁的过程就是一种制度均衡与制度非均衡的交替过程。而影响制度均衡或非均衡的因素可以从制度的供给和需求两方面来分析。从制度的需求方面来说，影响制度需求方面的因素有：(1) 相对产品和要素价格。相对价格的变化改变了人们之间的激励结构，进而改变了人们之间讨价还价的能力，从而导致重新缔结契约的激励。所以，相对产品和要素价格的变化是制度变迁的源泉。(2) 宪法秩序。宪法秩序的改变就是制度环境或基本规则的改变，它能极大地影响创立新的制度安排的预期成本和收益，从而也极大地影响了对新的制度安排的需求。(3) 技术。技术的变化决定制度结构的变化。它通过降低交易费用、降低产权的排他性费用等来影响制度变迁的需求。(4) 市场规模。市场规模越大，社会分工越细，它通过固定成本和运作成本降低以及规模经济等作用来影响制度变迁的需求。从制度的供给方面来说，影响制度供给的因素有：宪法秩序、制度设计成本、现有知识积累及其社会科学知识进步、实施新制度安排的预期成本、现存制度安排规范性行为准则和上层决策者的净收益等。马歇尔承袭了新古典模型的“供给-需求”分析框架来分析各种影响制度和制度变迁的因素。从而，可以使影响制度的一切因素，由于相互适应和相互作用而维持在它们适当的位置上。这标志着制度分析正在走向“制度瓦尔拉斯一般均衡模型”。然而如同新古典模型只满足于对经济现象的描绘与刻画一样，它并未能揭示出制度形成和变迁的根本原因。它是在假定基本制度不变的前提下，认为具体制度安排的形成和发展、供给和需求是由于制度变迁主体的预期成本-收益的比较

---

① 康芒斯：《制度经济学》，华夏出版社 2009 年版。

的推动的结果,从而也难以真正揭示出社会重大制度变迁或变革的根本原因。

(三) 制度分析的个体主义方法论与整体主义方法论

1. 概念

个体主义方法论认为,所有社会科学理论都可归结为人类个体行为理论,所有社会和集体现象都有待内生化,有待用人类个体行为来解释。换句话说,一切社会制度都是一个一个的人创造的,集体主义决策不过是现实的个人决策的抽象,或者认为一切社会科学概念都可归结为心理学概念,方法论的个体主义是一种归纳主义。它包括:(1) 只有个人才有目标和利益。(2) 社会系统及其变迁产生于个人的行为。(3) 所有大规模的社会现象最终都应该根据只考虑个人、考虑他们的气质、资源及相互关系的理论加以解释。整体主义方法论关注对个人行为产生作用的社会影响,个人被看作社会化的人,他已经将自己身处其中的社会规范和价值内生化。

整体主义方法论集中考察社会力量如何制约个人行为。它包括:(1) 社会整体大于其部分之和。(2) 社会整体显著地影响和制约其部分的行为或功能。(3) 个人的行为应该从自成一体并适用于作为整体的社会系统的宏观或社会的法律目的或力量演绎而来,从个人在整体当中的地位或作用演绎而来。

2. 新制度经济学以个体主义方法论为基础来源于新古典经济学经济人假设

经济人是一种个体主义的抽象。亚当·斯密最先奠定了个人主义方法论的基础,他的"经济人"显然是一种个体的抽象,由此出发他提出并分析了个人利益和社会利益的一致性,从而开创了西方经济学采用个体主义方法论的先河。后来的边际效用学派进一步倡导个体主义方法论。门格尔将人类经济生活的本质归结为欲望及其满足,并认为人的本性(追求享乐最大化)是经济生活的动力,社会即是个人的机械总和。由这些观念出发,找出各种经济规律不仅适用于孤独的个人,而且适用于整个社会;不仅适用于一时一地,而且具有超越时空的永恒性和普遍性。新古典经济学完全继承了"经济人"的个体主义方法论的分析和假设前提,这代表着对个人经济行为的一种连贯一致的思想,这种抽象使经济学从抽象的个人到抽象的经济理论都能始终一致地进行严格的论证,而经济世界则可被看作无数市场参与者的动机和行为所决定的结果。声称全面改写现代西方经济学的博弈论也是一种个体主义方法论的翻版。无论是囚徒困境的核心概念,还是重复博弈中简单"针锋相对"战略能够产生合作行为的计算机实验,也只是预示着这一研究有望成为新个人主义方法论的基础。

新制度经济学一开始就运用新古典经济学的分析工具，并将自己纳入正统经济学（新古典经济学）的框架结构。这突出地表现在新制度经济学对新古典经济学的经济人行为基本假设所做的两方面修正：（1）经济人行为的有限理性。按照诺斯的说法，人的有限理性包括两方面，一是环境是复杂的，在非个人交换中，参加者甚众，同一项交易很少重复进行，人们面临着一个复杂的不确定世界，交易越多，不确定性越大，信息也就越不完全；二是人对环境的计算能力和认识能力有限，人们不能完全掌握未来的不确定性，甚至很难给出这些不确定因素一个概率分布函数。这样，在交易过程中，他们不可能在合约中对所有未来可能发生的事件给交易当事人所带来的收益或风险做出详细规定，交易当事人就必须承担未来不确定性、风险以及因不完全契约引起纠纷可能带来的损失。所以就有必要通过设立制度或进行制度创新来降低交易过程中的不确定风险，协调不完全契约引起的利益冲突，规范人的行为，建立良好秩序。（2）人的机会主义倾向。这一假定是以有限理性假定为基础的，“机会主义”这一概念是威廉姆逊在借鉴奈特（Knight）分析保险契约时所使用的“道德危机”一词的基础上形成的。按照威廉姆逊的说法，人在追求自身利益时会采用非常微妙和隐蔽的手段如采用说谎、欺骗、偷窃、毁约等来达到自己的目的，并认为机会主义倾向是人的本性之一（Williamson, S., 1987）。因此，人们需要通过设立各种制度安排来约束人的行为，以便抑制人们的机会主义倾向。换句话，现实的人活动在制度所赋予的制约空间，研究现实中的人就必须研究现实中的制度。新制度经济学正是通过对新古典经济学基本假设前提的修正来拓展正统经济学的研究领域和应用领域，从而将新古典经济学的研究领域从人类的生产活动拓展到人与人之间的交易活动（生产的制度结构），从而使正统经济学获得了对现实经济问题的新的解释力。这些说明，新制度经济学一开始就来源于正统经济学并逐渐成为对正统经济学的一个补充和发展，它被正统经济学所接纳并成为正统经济学的一个组成部分。

3. 马克思制度经济学与整体主义方法论

马克思制度经济学采用的是整体主义方法论，并不抽象地谈论个人，而将人的本质理解为社会关系（生产关系）的总和。人是具体的、历史的，只有将个人放在社会历史中谈论才有意义，它反对当时的资产阶级经济学家在经济学中把鲁宾孙似的个人作为研究的出发点，认为鲁宾孙也不能脱离社会的生产关系。马克思从商品出发开始他的经济学研究，认为商品的本质也是一种社会关系或生产关系。所以,马克思实际上是把人与人之间相互关系的整体——生产关系作为其研究的前提。在马克思的经济学中,经济的发展甚至社会的进步被认为是由生产力的张力和生产关系的适应能力的相互作用所决定的,而在某一个特定的社会形态,经济基础和上层建筑的不断冲突或和解必然会使一个社会的生产活动和经济活动变成无数人的整体向一个既定的终极目标前进的集体行动。显然,马克思的经济学从假设前提、演绎推理直至整个逻辑体系的建构都采用整体主义方法论。

以上比较了马克思制度经济学与西方新制度经济学的体系特征,从这里我们发现,马克思当年批判资产阶级庸俗经济学的致命缺陷依然残存在新制度经济学的血液中。

首先,新制度经济学虽然是以制度作为研究对象,但其研究制度是为了提高资源配置效率,考虑生产关系或制度只是为了计算经济运行的交易费用或成本,只是资源最佳配置效率(生产函数和消费函数最大值)的一个必不可少的约束条件。新制度经济学秉承了西方经济学"见物不见人"的传统,抛弃了对社会生产关系进行规范研究的传统,用实证的方式来研究生产力发展本身。无论是新制度经济学还是新古典经济学都将资本主义的基本制度当作一个不变的永恒的既定前提,认为资本主义制度是最符合"人性"的自然发展的制度。新制度经济学研究制度也只是为了不断地改进和完善具体的制度环境和制度安排。马克思制度经济学则从社会的生产力和生产关系出发,将人的活动放在具体的生产方式中考察,力图说明人类社会发展的一般性规律以及人类如何从必然王国走向自由王国。

其次,新制度经济学的"供给-需求"分析框架对于描述现存制度状况及其对资源配置的影响,并对其进行实证研究是有意义的,然而它难以揭示制度的起源和本质、一个社会制度发展的内在张力以及社会制度变革或变迁的一般性规律。"供给-需求"分析框架往往会使对制度和制度变迁的分析流于精细化或形式化的描述,从而使这种分析远离制度和制度变迁的现实。"生产力-生产关系"分析框架则能用具体的历史的观点来看待制度和制度变迁的本质,从辩证唯物主义和历史唯物主义的高度来揭示制度的起源、本质和社会制度产生、发展直至消亡的真正动力和一般性规律。

最后,新制度经济学的个体主义方法论属于一种历史唯心主义和形而上学的方法论,"经济人"则是没有内容的纯粹抽象,它从心理学的角度来谈论现实地、具体地生活在特定生产关系中的人,将社会关系中具体的、历史的人的丰富性割裂开来，建立在这个假设前提下的理论体系自然难以阐明制度的本质和制度变迁的内在规律性。

马克思制度经济学以其创立的唯物史观和剩余价值学说为基础，运用“生产力-生产关系”的分析框架，来研究制度形成和发展的内在动因。它将制度变迁看作生产力和生产关系之间矛盾相互作用的结果，它用这对矛盾从根本上解释历史上出现的一切制度变迁或重大社会制度变革。“人们在自己生活的社会生产中发生一定的、必然的、不以他们的意志为转移的关系，即同他们的物质生产力的一定发展阶段相适合的生产关系……社会的物质生产力发展到一定阶段，便同它们一直在其中活动的现存生产关系或财产关系（这只是生产关系的法律用语）发生矛盾。于是这些关系便由生产力的发展形式变成生产力的桎梏。那时社会革命的时代就到来了……无论哪一个社会形态，在它们所能容纳的全部生产力发挥出来以前，是决不会灭亡的；而新的更高的生产关系，在它存在的物质条件在旧社会的胎胞里成熟以前，是决不会出现的。”①马克思在其巨著《资本论》中通过对剩余价值生产、流通和分配的分析来揭示资本主义制度由资本家对剩余价值的追逐所推动，一步一步由适合生产力到不适合生产力直至该制度所创造的生产力冲破该制度的外壳，巨大的社会变革到来了。在解释制度的起源时，马克思从人类与自然界的矛盾出发，从生产力的发展导出了第一个层次的制度的起源，即社会生产关系的形成过程；进而又从社会生产关系中不同集团和阶级的利益矛盾出发，从社会生产关系中导出第二个层次的制度的起源，即包括政治、法律、道德规范等在内的上层建筑。马克思的“生产力-生产关系”分析框架注重从事物内部矛盾来分析事物的形成和发展过程，马克思制度经济学不能单从制度或制度变迁的主体对预期成本-收益的影响来分析，尤其不能通过描述制度的实际运行状态来说明制度起源和发展的一般规律。它认为制度的形成和变迁是一个自然的历史过程，这个过程往往不是它表面所呈现出来的样式，作为一种生产关系或上层建筑的制度或这种制度的变革应该由一个社会整体某种内在的张力——生产力与生产关系的相互作用来解释。

“供给-需求”分析框架和“生产力-生产关系”分析框架之间的本质区别在于，两者对于所有制在制度形成和制度变迁中的作用认识不同。在新制度经济学看来，所有制是一个既定的前提，不同的利益主体在既定的所有制前提

① 《马克思恩格斯选集》第二卷，人民出版社1972年版。

下，不断地做着预期收益和预期成本的比较分析。新制度经济学假定人类社会一开始处于一种充满着机会主义、利益相互冲突的“霍布斯丛林”状态，但这种状态不会持久，因为建立制度即缔约可以产生一种合作收益或合作剩余，或者说是一种大于不缔约各方总收益的增量；这个增量开始是潜在的，人们经过多次博弈会发现这个增量，从而缔结合约，形成私有产权制度。制度的形成或变迁过程可以被理解为不同利益主体之间相互博弈的过程。马克思制度经济学则从人类与自然界的矛盾出发，从生产力的发展导出了第一个层次的制度起源，即社会的生产关系的形成过程；进而又从社会生产关系中不同集团和阶级的利益矛盾和冲突出发，从社会生产关系导出第二个层次的制度起源，即包括政治、法律、道德规范等在内的上层建筑。那么，制度变迁的过程则可以理解为生产力的张力与生产关系的适应能力之间的相互作用过程。在马克思制度经济学看来，生产资料所有制是一个关键变量，一方面，它是生产力状态的一种反映；另一方面，正是所有制决定着人们之间的分配关系或利益调整、分配的格局。单个人的预期成本和预期收益比较必然受制于一定社会的生产关系尤其是人们在一定社会生产关系中的地位。无论是制度的起源还是制度的变迁，个人预期收益和预期成本的比较最终由适应特定生产力的某种所有制所决定。因为生产资料所有制和人们在生产过程中的分配关系是一枚硬币的两面。

二、新制度经济学的发展困境

新制度经济学将制度引入经济学研究领域，特别强调制度在经济运行体制中的地位和作用，并运用新古典经济学理论来分析制度的结构和运行，不仅大大完善了原有的正统经济学理论体系，而且还在经济学假设前提、研究路径和研究内容等方面大大推进了西方经济学的发展。纵观新制度经济学的发展历史，按照研究内容的侧重点或理论“硬核”的演变，我们可以将新制度经济学分为三个发展阶段：

(1) 新制度经济学的交易费用理论分析阶段。科斯和诺斯等人运用新古典经济学的均衡分析框架和预期成本-收益分析工具来研究市场经济体制中制度对于促进社会分工和节约交易费用的意义，并将交易费用看作市场经济制度运行的“摩擦力”。

(2) 新制度经济学的博弈均衡分析阶段。20 世纪后半叶，博弈论兴起，并被越来越多地运用到经济学研究领域，新制度经济学也不例外。肖特

(Schotter, 1981)等人不仅运用博弈论来研究制度变迁过程,还将制度看作一种不同利益主体之间博弈均衡的产物。与此同时,演化博弈也被引入对制度的分析,格雷夫(Grief, 1989, 1994)甚至通过制度历史研究方法提出受制于初始约束条件的多重博弈均衡制度的概念。

(3) 新制度经济学的心智共享模型理论分析阶段。在这一阶段,诺斯的制度理论发生了转向,他将制度与认知科学联系起来,认为在不确定条件下,意识形态与制度可以被看作共同心智共享模型的类别(Denzau & North,1994)。

从新制度经济学的三个发展阶段来看,它形式上的发展大于其内容上的发展,或者说,新制度经济学产生之初所面临的困境在其后的发展过程中并未能被摆脱。这个困境实际上是指新制度经济学一直秉承的新古典经济学的心理技术分析的困境,新古典经济学的预期函数不确定性和不可比性所带来的新制度经济学理论基础上的缺陷,并未能被博弈论的改写和心智共享模型的重述所改变。

(一) 博弈论改写了新制度经济学形式,却未能使新制度经济学走出困境

博弈论的出现确实给新制度经济学的数学化表述或形式化重写带来了便利,在科斯那里,制度起源于交易费用的存在,他阐述了交易费用与制度形成的内在联系,认为交易费用的存在必然会导致制度的出现,而制度的运作又能够节约交易费用。早期的诺斯理论将制度的分析与信息成本、不确定性和专业分工的分析结合起来,在诺斯看来,虽然分工及专业化的提高能够使生产费用下降,但另一方面它又会使市场的交易费用增加,即专业化和分工给人们带来的好处可能被增加的交易费用所抵消。所以我们需要制度,因为制度能够规制人们之间的相互关系,减少信息成本和不确定性,将阻碍合作得以进行的因素减少到最低程度。显而易见,新制度经济学在其发展的第一阶段,无论从形式上还是内容上都未能走出正统新古典经济学的分析框架,至多强调了经济体系运行中制度的重要性而已。博弈论出现之后,肖特等人对制度规则的创生机制进行了研究,从囚徒困境博弈的反复(即重复博弈)出发分析了制度的起源,“社会制度最好是被描述为由某种特定成分博弈的反复进行而形成的超博弈的非合作均衡,而不是一次性博弈的特征”,在肖特看来,制度的出现是为了解决人们社会生活中普遍存在的“囚徒困境”博弈和其他协调博弈问题。与此同时,演化博弈论被大量运用到新制度经济学的研究之中,演化博弈论者更注重对社会习俗、行为习惯、价值观念等这些人们生活世界的常规、社会秩序、非正式制度的自发生成机制的理论分析和模型阐释。

毫无疑问,新制度经济学的博弈论分析框架与新古典分析框架相比,不仅使新制度经济学的形式化表述更加精细,还使人们从不同单个利益主体的直接对立中理解制度的形成,它不像新古典阶段那样将不同利益主体的单个利益总括在制度供给和制度需求之中,从而使人们更加清楚制度和制度变迁与人们利益之间的关系。演化博弈论的运用,尤其是多重博弈均衡的演化分析、强调博弈初始条件对制度形成和制度变迁的影响,会让人们对制度变迁的分析从线性过程描述走向非线性过程描述,显然,它们使得新制度经济学更加贴近真实的制度状态和制度变迁过程。

尽管如此,博弈论的引入也并未能使新制度经济学走出困境。其一,制度博弈分析中不同利益个体之间进行博弈的支付效用值仍然需要由不同利益主体的预期效用函数给出,预期效用函数的不确定性和不可比性问题仍然存在。既然非合作博弈均衡中的预期效用值无法确定,也无法比较,那么,博弈论对新制度经济学的理论分析和模型阐释也就无法成立。新制度经济学的新古典阶段与博弈论阶段的区别仅仅在于:科斯等人将预期效用函数、预期收益、预期成本等分析纳入“供给-需求”的新古典框架,而肖特等人的博弈论分析则是将预期效用函数、预期成本、预期收益等纳入博弈矩阵的分析之中。两者并无本质上的差异。其二,新制度经济学的博弈论分析和交易费用经济学分析同样采用了个体主义分析方法,而这种分析方法的隐含假设前提是利益主体的偏好或主观效用内涵不变(或者与外延无关),以及经济资源存在完全可替代性。这将会使制度经济学陷入“单极化本质主义的结构化陷阱”,从而使新制度经济学“无法面临也无法确定经济学知识体系的知识依据和知识体系的完备性问题”。不同利益主体在进行预期和选择时,预期和选择问题所呈现的特定背景和特定过程不同,显然会引起决策者偏好关系的逆转,从而使选择者的预期效用函数发生变化。无论在新古典分析框架中还是在博弈论分析框架中,选择者或决策者似乎可以完全脱离特定的偏好关系来独立地做出预期和选择,并能够给出具有确定性和可比性的博弈支付效用值。实际上,偏好关系具有程序依赖性,并不存在特定的偏好关系,偏好关系是在问题展开过程中被塑造的。从这些分析可以看出,新制度经济学从它一开始产生就存在的基础性缺陷并未能在博弈论改写中得以解决,新制度经济学的发展困境仍然存在。

(二) 心智共享模型的解释使新制度经济学走向心理决定论或文化决定论

诺斯等人将制度与认知科学联系起来之后,进一步提出所谓心智共享模型理论,这种心智共享模型是一种个人认知系统创造的解释外部环境的内部表现，与心智相比，制度则是个人创造的约束和处置环境的外部机制。诺斯等人将不确定性、复杂性和信息带入制度环境的分析之中，并且与个人选择过程的复杂性、动机与信息对应起来，运用心智共享模型去解释环境，强调“学习”的重要性，利益主体根据经验不断反馈。反馈可能会强化和凝固我们的初始性范畴和模型，也可能引导我们对初始性范畴和模型做出修正，这就是学习过程。心智共享模型理论将制度分析与更大科学背景的认知科学联系起来，实际上是企图解决在不确定性条件下，个人决策结构是如何形成的，从而进一步解释制度的起源和形成。在他们看来，“心智共享模型、制度和意识形态都对解释和规制环境的过程做出了贡献。在某种程度上，心智共享模型对于个人来说是唯一的。意识形态和制度被创造出来并且提供了更加相近的共同认知，从而规制了环境。心智共享模型、意识形态和制度的联结严重依赖于宏大事物的重新解释过程及其产物”(Denzau & North，1994)。格雷夫虽然是从博弈均衡的角度来理解制度，但他在热那亚商人和马格里布商人两个历史案例的分析中实际上已引出“心智共享模型”概念，只不过他将这种心智共享模型解释为某种文化信念。格雷夫认为这种理性的文化信念主要是由社会的历史文化传统决定的，所以，不同社会在理性的文化信念上可能有差别，这正是导致社会制度出现分歧的主要原因。行为经济学对心智共享模型理论进行了完善，行为经济学家从不同角度建立了多种由理性和非理性构成的双系统结构模型，如果说传统的新古典经济学和新制度经济学是基于完备的心理偏好结构假设，构建了完全理性的决策理论，那么，行为经济学则从传统经济学给定的心理结构与现实脱离出发，沿着心理现实化的方向充实、完善、修正传统经济学的心理基础，企图使经济学理论与现实差距进一步缩小。行为经济学被引入对制度的分析之后，特别强调不同利益主体在博弈过程中的理性不完全性，并提出“状态-结构-绩效”分析框架(阿兰·斯密德，2003)。然而，在某种意义上，这些只不过是新制度经济学心智共享模型理论的完善而已。

那么，心智共享模型理论的提出有没有解决新制度经济学发展所面临的困境呢？回答是否定的，应该承认，心智共享模型理论的提出深化了人们对于制度博弈分析的理解，使得人们在对制度进行博弈分析的过程中更加注重对社会历史传统和文化价值观念的分析，它强调了历史文化传统和价值观念对于不同利益主体之间博弈均衡或结果的影响。然而，心智共享模型理论仍然未能摆脱新制度经济学发展所面临的困境。

其一，心智共享模型理论仍然建立在博弈论的基础之上，它并没有解决预期效用函数的不确定性和不可比性问题，反而将预期效用函数的分析引向历史文化传统和价值观念。在心智共享模型理论中，制度实际上被概括为关于博弈重复进行的主要方式的“共有信念”的自我维系系统，其实质是博弈均衡的概要表征(信息浓缩)，作为许多可能的表征形式之一起着协调参与人信念的作用。在任何情况下，某些信念被参与人共同分享和维系，由于具备足够的均衡基础而逐渐演化为制度。制度存在于人们的意会之中，存在于某种符号表征中。某种制度具体表现形式只有当参与人相信它时才能成为制度(青木昌彦，2001)。这显然是预期效用函数不确定性和不可比性的另一种表述方式。

其二，心智共享模型理论进一步加深了新制度经济学所面临的困境，从而走向制度的心理决定论和文化决定论。格雷夫采用历史比较制度分析方法(HCIA)研究了马格里布人和热那亚人在历史博弈过程中形成的不同均衡结果或文化信念——集体主义文化和个人主义文化，实际上它们可以被解释为两者具有不同的心智共享模型。在集体主义和个体主义均衡中，均衡结果均可以由代理商的诚实来刻画，但这些结果是来自商人和代理商关于在欺骗的情况下对方将采取的行动的预期。这些预期被格雷夫称为文化信念。所以，新制度经济学关于心智共享模型的研究必然会使其走向制度心理决定论或文化决定论的困境。

(三) 走出单纯的心理技术分析，在社会生产方式中分析制度

随着新的分析工具和分析方法的出现，新制度经济学的发展面貌也随之不断改观。然而，这些改变仅仅是一种研究方法和描述方式的改变，新制度经济学的理论“硬核”并未根本改变，不仅如此，新制度经济学在创立阶段所面临的困境变得更加明显了。在交易费用分析阶段，新制度经济学将制度的形成归因于交易费用的节约，将制度变迁的动力归因于制度变迁主体关于预期收益与预期成本的计较。在新制度经济学的博弈均衡分析阶段，这种预期效用函数变成了不同利益主体之间进行博弈的支付效用值或支付矩阵。在新制度经济学的心智共享模型理论分析阶段，预期效用函数进一步变成行为人的共同预期——受文化价值观念支配的共有信念。行为经济学在描述性转向中企图通过建构双系统结构模型来描述两个心灵的心理图案、通过心理过程现实化拉近经济学理论与现实的距离，但在描述过程中引入有限理性之后，又将人类的心理过程归因为人类理性无法控制的直觉、潜意识或其他类似的神秘过程，这同样会使新制度经济学最终走向心理决定论和文化决定论的陷阱。

实际上，这种从新古典经济学带来的关于预期效用函数的不确定性和不可比性缺陷从一开始就给新制度经济学带来了困境。一方面，新制度经济学需要预期效用函数的概念或范畴来分析制度的形成和变迁；另一方面，预期效用函数的不确定性和不可比性又给新制度经济学的理论基础埋下了致命的缺陷。基于预期函数的心理分析不仅是一种描述性的心理技术分析，还由于其单极化本质主义理论体系的构建而使得关于新制度经济学知识的可靠性缺乏依据。所以，新制度经济学在不断引进新的分析工具和研究方法的同时，却难以解决心理技术分析所面临的困境，即使新制度经济学在形式上符合科学原则，但它对不可观察的心理"黑箱"过程进行不受公度性原则约束的臆想是不可能接近真实的制度状态和真实制度变迁过程的。通过无法按照公度性原则界定选择主体内省的心理偏好，只能使这种理论体系陷入形式主义的循环论证之中，由此，新制度经济学在脱离真实现象和真实过程的同时越来越走向实质的唯心主义和精美的形式主义经济学。

新制度经济学走出其发展困境的正确路径在于放弃其单纯的心理技术分析，走出对封闭心理过程的技术性描述，走向选择主体与环境之间存在的某种"公度关系"的分析。在马克思经济学看来，制度是生产关系的具体形式，是历史的和具体的，总是受制于特定的社会生产力发展水平，制度必须被放置于社会生产方式中进行研究，才有可能揭示制度形成和制度变迁的真实逻辑。从这种意义上说，马克思制度经济学的历史唯物主义分析方法恰恰给新制度经济学发展提供了如何走出困境的正确参照系。这是否值得新制度经济学家们深思呢？

三、马克思制度经济学的新综合

(一) 马克思制度经济学的范式特征

西方新制度经济学的研究基于新古典经济学的分析框架，属于新古典经济学的一个分支，是对新古典经济学的一个必要补充，所以，新制度经济学并不存在进行新综合的需求。马克思制度经济学则是一种宏大的制度经济学理论，揭示了制度的真正起源和制度变迁的真实过程。但由于马克思制度经济学产生于古典经济学时期，既缺乏对制度和制度变迁更深入的微观分析，又未能采用现代分析技术对理论进行精细化的处理和数理分析，因而在现代经济学发展过程中，马克思制度经济学存在着进行新综合的强烈需求。

如果要对马克思制度经济学进行新综合，就需要理解马克思制度经济学的核心或内核。马克思制度经济学的“内核”可以概括如下：第一，宏大的制度经济学体系。马克思制度经济学企图解释整个人类社会发展的内在逻辑，以及不同社会形态之间过渡的客观必然及其各种主、客观条件，并从现存社会制度内在的矛盾推演出未来理想的社会形态。它既体现了人类尊重社会经济发展客观规律，又体现了人类的理性构建能力和对美好社会制度的追求。马克思制度经济学从社会经济历史发展的内部矛盾出发，寻找决定制度变迁的根本原因，认为现代制度起源于私有财产制度，其中阶级和国家在其中起决定性作用。马克思从生产力决定生产关系、经济基础决定上层建筑的历史唯物主义基本分析框架出发来分析制度的形成和制度变迁，马克思制度经济学并不局限于从单纯的经济因素出发来考察制度的起源和制度变迁，其研究服从于从什么样的起点出发、通过什么样的制度分析框架才能揭示制度的本质和制度变迁的真实过程。如果为了理论形式本身的精美而做出不切实际的假设，并从社会经济因素中抽象出所谓一般性概念、范畴，从而推导出具有内在逻辑一致性的理论，那么，这种理论不是“只见树木，不见森林”，就是严重歪曲制度的本质和割裂制度变迁的真实过程。第二，整体主义方法论。马克思制度经济学并不从社会的单一个体出发来研究制度和制度变迁，它认为社会制度是某种生产关系的具体形式，是制度结构变动的整体力量而不是单个主体的需要推动制度变迁。马克思认为制度作为一个经济范畴总是历史的和具体的，在制度经济学的研究中，并不存在适用于一切社会形态的一般经济概念或范畴，经济概念总是一种反映特定社会生产关系的范畴。如果我们非要像自然科学研究那样，从社会经济制度中抽象出普遍适用的经济概念或范畴，并从这些概念和范畴出发来进行前提假设和逻辑推演，将会造成制度经济学理论先天地假设某种社会制度形态是自然合理的，或者从另一种角度看，这将会使经济学理论变成以一般科学理论为借口，而实际上是为某种社会制度（如资本主义制度）进行辩护的理论。马克思制度经济学认为，社会制度的演变总是由特定社会生产力和生产关系相互作用的力量所决定，我们并不能够将所有社会制度变迁过程还原成某种一般性的单一的制度变迁过程。社会中的单一个体及其需要，受制于某种特定的社会生产关系，并不能单独存在，或者说，我们只能从具体生产关系中理解人性以及人的经济行为，而不能像自然科学研究那样，从个体性质和行为直接推导出整体的性质和行为。第三，制度和制度变迁由某种客观力量——生产力扩张力与生产关系适应能力之间相互作用所决定，而不取决于人类主体需要，尤其是不取决于单个人的主体需要。在制度形成和制度变迁过程中,生产力发展水平具有决定性意义,社会制度作为生产关系的具体形式,其产生、形成和变化都与其生产力状况、生产力发展水平相适应。新制度经济学认为,制度变迁主体对制度变迁预期收益与预期成本的计较推动着社会制度的变迁,所以,它重视研究制度变迁的潜在收益及产生,以及人们通过什么样的方式来获取这种制度变迁的潜在收益。马克思制度经济学则认为,社会制度变迁远非受个人需要的影响,恰恰相反,个人的需要受制于特定社会生产关系或社会制度,而社会制度状态则受制于社会生产力发展水平。人们能够选择物品和消费,却不能够选择他所处的社会生产关系及生产力发展状况,所以,研究制度和制度变迁不能从个人需要出发,而应该从生产力发展水平及其与生产关系的相互作用出发,这样,才能揭示社会经济制度变迁的真正动因。

马克思制度经济学是一种独创的理论,它的优势在于通过建立一种宏大的制度经济学理论来从根本上揭示人类社会经济制度形成和变迁的内在逻辑,突破了学科界限和单纯形式逻辑的束缚,突破了单纯从个人需要出发和人性假定方式等个体主义方法论来研究社会经济制度的思路,将人的社会经济活动和需要置于特定的生产关系中加以整体研究,运用独创的辩证唯物主义和历史唯物主义方法来解剖制度和制度变迁,从而将制度的本质和制度变迁的内在过程展示出来。马克思制度经济学将社会经济制度演变看作一种自然的历史过程,然而,对于这种自然历史过程的研究并不能照搬物理学等自然科学的研究方法,而应该运用制度经济学所特有的方法。马克思为了区分这个问题,还将生产关系或社会制度产生的生产过程分为两个方面:(1)一般生产过程——劳动者运用劳动资料作用于劳动对象的过程;(2)特定的生产过程——这种生产过程反映特定社会的生产关系。一般生产过程并非经济学的研究对象,而是技术经济学的研究对象,经济学或制度经济学只研究特定生产过程中的生产关系或社会制度,这样才能揭示社会经济制度及其演变的真实逻辑。

显而易见,马克思制度经济学由于受历史条件局限也并未穷尽真理,从现代经济学的视角来看,它也需要完善、补充和发展。马克思制度经济学存在着两方面不足:一是它在对制度和制度变迁进行微观分析方面显得不够,这或者是马克思太注重建立制度经济学的宏大理论体系,太注重从总体上把握制度起源、本质和制度变迁的基本脉络,而将这种宏大理论体系内部的细节描述和解剖留给后人做出进一步发展和深化;或者是在马克思所处的历史条件下,社会制度及其变迁在人类生活和经济发展中的作用并未能充分地显示出来,从而直接制约着马克思制度经济学更详细、深入地分析。二是马克思制度经济学未能运用现代科学形式来完善其理论体系，尤其在尽可能采用现代数理方法来描述和刻画制度形成及其变迁方面还存在空白。这种情况出现的主要原因在于：一方面，马克思认为单纯的形式逻辑并不能揭示制度起源及其变迁，制度经济学应该使用自己特有的分析工具和分析方法；另一方面，鉴于当时自然科学尤其是数学发展尚处于起步阶段，更谈不上运用现代数学方法来处理经济数据和构建制度经济学模型。

马克思制度经济学产生一百多年以来，人类社会经济制度发生了巨大变化，资本主义生产方式战胜了封建生产方式进入长足进步时期，资本主义生产方式固有的内在矛盾导致数次资本主义经济危机的爆发，并且在人类历史上第一次出现社会主义经济政治制度，社会经济制度的剧烈变化充分展示了它自己的本质和内在过程，尤其是市场制度在社会资源配置中的基础性作用及其优势越来越明显，市场经济制度越来越成熟和稳定。在科学发展方面，各门科学的分化越来越细，对科学研究对象解剖的描述越来越精确和细致，现代数理方法的发展使得经济学包括制度经济学能够通过数理模型来表述，处理经济数据和分析经济运行、经济发展过程。虽然运用数理方法来研究经济学尤其是制度经济学一直被许多经济学家所怀疑和指责，然而，数理方法在使经济学理论形式化，在经济学逻辑的推演，在数学语言表述的精练、清晰和准确等方面的优势是显而易见的。鉴于以上条件，马克思制度经济学已经具备了进行新综合的必要性和可能性。所谓马克思制度经济学的新综合，是指运用马克思制度经济学的分析框架，对马克思制度经济学产生以来的各种制度经济学流派进行吸收、消化和处理，尤其是对西方新制度经济学在分析制度和制度变迁的微观层次上的优势进行吸收和整合，从而使马克思制度经济学获得新的发展。马克思制度经济学本身也是对马克思以前人类在制度领域研究成果的一次总结和创新，运用马克思制度经济学分析框架来统一自马克思以来的制度经济学研究成果，不仅不会破坏马克思制度经济学的精义，反而会有利于更好地发挥马克思制度经济学的优势，使马克思制度经济学在现代科学发展基础上进行形式和内容创新，它是一种经济学价值判断的综合和演变，最终将在宏观层次和微观层次上形成统一的马克思制度经济学。

(二) 如何进行马克思制度经济学新综合

经济学综合并非思想的折中和理论的拼凑，而是基于某种经济学价值判断的思想的深化和理论的创新。马克思制度经济学新综合正是通过对现存各种制度经济学理论进行分析和批判性继承，运用马克思制度经济学分析框架来统一和整合各种制度经济学理论，通过这种思想深化和理论创新来推动马克思制度经济学在新的历史条件下的进一步发展。

马克思制度经济学新综合主要通过以下三个方面表现出来。

(1) 整体方法论和个体方法论。马克思制度经济学的总体分析框架仍然是辩证唯物主义和历史唯物主义方法论，这是揭示制度起源、本质和制度演变真实过程的唯一科学的方法，显然是一种整体方法论。尽管如此，马克思制度经济学是一种开放的理论体系，它不应该排斥个体方法论，尤其是新制度经济学建基于新古典经济学所采用的“成本-收益”分析方法。马克思制度经济学为什么要接纳个体主义方法论呢？这主要是因为个体分析方法在细致描述和刻画制度形成和变迁过程方面，尤其是能够在做出一系列严格假设前提下，运用数理模型来描述和分析具体的制度形成和制度变迁方面，具有不可替代的优势。个体方法论能够容易地采用自然科学的研究工具和分析方法，从而使制度经济学能够使用现代科学的语言和描述方式。需要指出的是，马克思制度经济学新综合采用整体方法论与个体方法论相结合，这并不等于两种方法论的地位是平等的，在这两种方法论中，整体方法论构成马克思制度经济学的基本分析框架，或者说个体方法论并不能构成马克思制度经济学方法论的基础，只是一种有用的研究工具和分析方法，制度经济学要揭示制度起源、本质和制度演变的真实过程还有赖于整体方法论——唯物辩证法。相反，如果我们像新制度经济学那样采用个体方法论为基础，势必会使我们对制度和制度变迁的分析陷入单纯的描述和模型化的形式主义经济学之中，而不可能真正揭示制度的本质和制度变迁的真实过程。实际上，整体方法论与个体方法论除了存在对立的一面之外，还存在内在联系的一面。当我们在解剖具体的制度形成和制度变迁时，采用个体分析方法能够更具体、细致地描述不同制度因素之间的相互作用及其过程，从而有助于我们从总体上更好地把握制度及其变迁的内在逻辑，同时，制度和制度变迁的总体分析也需要对它们采用个体分析方法进行更细致、更具体的描述。然而，个体的简单相加并不等于总体，所以，我们并不需要仅仅服从于形式逻辑的内在一致性原则，从个体推论出一般，而只应该运用辩证逻辑从总体上把握事物的本质和规律性。

(2) 制度变迁的第一种动力和制度变迁的第二种动力。在马克思制度经济学看来，一个社会的生产力的扩张能力和生产关系之间的适应能力之间的相互作用才是制度变迁的根本动力，而新制度经济学则认为制度变迁主体对制度变迁预期收益与预期成本的计较是制度变迁的动力，我们将马克思制度变迁动力称为制度变迁的第一种动力，而将新制度经济学的制度变迁动力称为制度变迁的第二种动力。那么，这两种制度变迁动力的关系如何呢？其一，制度变迁的第一种动力是根本动力，它决定着社会经济制度演变的路径、方向和最终动力源泉，制度变迁的第二种动力是第一种动力的派生动力，它是某种具体制度变迁的动力。在既定的生产力和生产关系作用下，制度变迁主体通过对制度变迁预期收益与预期成本的计较推动着制度变迁。然而，制度变迁第二种动力从根本上受制于第一种动力，即从根本上受制于特定社会生产力扩张和生产关系适应力之间的相互作用。其二，制度变迁两种动力之间存在着某种内在联系，当社会生产力扩张要求生产关系做相应变革时，必定同时存在制度变迁的潜在收益，制度变迁主体会通过预期收益与预期成本比较来努力实现该种制度变迁的潜在收益，换言之，制度变迁潜在收益的产生从根本上说是来源于特定社会生产力扩张和生产关系适应性之间的相互作用。从另一种角度来看，无论是强制性制度变迁还是诱致性制度变迁发生，都是制度变迁第一种动力作用的反映，如果仅仅停留在预期收益与预期成本的比较上分析制度变迁，我们就不能找出制度变迁的真正动因。只有通过制度变迁潜在收益产生过程和制度变迁主体对制度变迁潜在收益的追求来进一步分析社会生产力与生产关系之间的相互作用，才能真正揭示制度变迁的根本动因。正是在这种意义上，我们说，马克思制度变迁理论中的制度变迁动力，或制度变迁第一种动力是根本动力，而新制度经济学中的制度变迁动力——制度变迁主体对制度变迁预期收益与预期成本的比较——是制度变迁的第二种动力，是制度变迁第一种动力的派生动力。其三，如果仅仅停留在制度变迁第一种动力的分析上，而不对制度变迁的具体过程和具体动力做深入细致的分析，我们将难以准确地理解和掌握制度形成的具体步骤、原因以及制度变迁的具体方式和过程，更不能对制度形成和制度变迁进行数理模型描述和定量分析。所以，只有将制度变迁的两种动力分析结合起来，才能真正全面具体地揭示制度变迁的真实过程及制度的起源和本质。

（3）宏观制度经济学和微观制度经济学。马克思制度经济学的新综合将制度经济学分为两个层次：宏观制度经济学和微观制度经济学。就总体而言，马克思制度经济学属于宏观制度经济学，这可以从它的整体方法论，涵盖各门社会科学的分析框架，涉及政治因素、经济因素、社会因素、文化因素等方面的研究内容——这几个方面表现出来；新制度经济学则属于微观制度经济学，这可以从它的个体方法论、严格的假设前提、单纯形式逻辑的内在一致性以及坚持单一的学科研究内容等几个方面表现出来。马克思制度经济学新综合将这两方面内容综合起来是为了更好地揭示制度的起源、本质和制度变迁的真实过程，并以更简洁的现代科学语言和分析技术来实现制度经济学从传统到现代的转换。值得注意的是，马克思制度经济学将宏观制度经济学和微观制度经济学统一起来，这并非简单的拼凑和思想折中，而是制度经济学理论的创新和思想的深化。这主要是由于：我们不能仅仅从形式逻辑的内在一致性角度去理解马克思制度经济学的新综合，更不能像新古典经济学那样从微观经济学去推导出宏观经济学，或寻找所谓宏观经济学的微观基础；而应该既从形式逻辑角度去分析制度和制度变迁，更应该从辩证逻辑角度去理解宏观制度经济学和微观制度经济学的内在统一。从辩证逻辑角度来看，宏观制度经济学和微观制度经济学之间具有内在逻辑一致的方面，但两者所包含的形式逻辑是不相同的，甚至它们在本质上也是两种不同的或相反的形式逻辑，但相反相成正是辩证逻辑的内涵。从这种意义上说，如果我们仅仅从形式逻辑内在一致性出发去沟通马克思制度经济学与新制度经济学之间严格的内在逻辑关系（虽然两者之间存在着逻辑一致性的方面，正如上面分析两种动力的一致性那样），那么注定不能成功。包括制度经济学在内的经济学理论不能像自然科学那样做到单一的形式逻辑的内在一致和科学形式的完美，经济学的理论形式应该服从于能否揭示经济学的内在规律性和它的深刻思想内容，而不应该仅仅追求形式逻辑的完美。

马克思制度经济学的新综合是一种理论的创新和思想的深化，这种综合是经济学价值判断的综合和演变过程。它既是一种方法论的创新、理论研究内容和分析框架的拓展，又是一种关于制度经济学甚至整个经济学思想认识的深化；马克思制度经济学新综合也是一种以马克思经济学分析框架统一整个制度经济学理论的尝试，马克思制度经济学通过自身的理论发展之所以能够承担这个任务，主要是由于马克思制度经济学本身就是一种宏大的理论体系，它不仅具有涵盖或涉及各门社会科学研究内容的理论广度，更重要的是，它具有运用独创的历史唯物主义分析框架来解剖制度本质和制度变迁内在历史逻辑的理论深度。马克思制度经济学的分析框架和理论结构是科学的，它需要综合和补充的是不同制度经济学流派尤其是新制度经济学的新的研究成果，它需要综合和补充的是自身理论框架的进一步拓展和理论体系的进一步完善。不同制度经济学流派的发展为丰富和发展马克思制度经济学提供了营养。马克思制度经济学是一种开放的科学体系，马克思制度经济学的新综合符合科学发展的正常模式。

第二节 社会主义经济制度特征

社会主义制度是一种与资本主义制度相对的制度，社会主义经济制度是社会主义制度的基础，从总体上理解了社会主义制度，可以更全面地理解社会主义经济制度①。

社会主义制度在理论上和实践中都经历了一个发展的过程。从正式制度上说，马克思主义创始人只对社会主义制度做了一些简单的构想，而且马克思通过解剖资本主义生产方式的内在机理过程对社会主义制度的一些基本框架做了一些猜想，并未过多地描述社会主义具体制度结构和秩序状态。马克思设想的社会主义实际上是一种自由人联合体，是一种人类摆脱了物化和异化现象，并能够自由全面发展的社会制度。从经济制度上说，生产资料实现全社会公有的全民所有制；各尽所能、按需分配；实行由社会中心统一管理的计划经济；等等。社会主义在实践中发展，又迫使马克思主义者对社会主义制度做出改进，如社会主义仍然存在商品经济，存在两种公有制——集体所有制和全民所有制，等等。应该承认，对社会主义制度的最大改进是在不同社会主义国家走向改革之后，这种社会主义的完善主要体现在以下三个方面：其一，多元的生产资料所有制结构。在社会主义社会，不仅存在着社会主义国有经济，还存在着集体经济、个体经济和私营经济等。这与马克思主义创始人所设想的社会主义只存在单一的全民所有制存在差别。其二，社会主义经济是市场经济，市场在整个社会资源配置中起决定性作用，这与马克思主义创始人所设想的集中的计划经济体制存在着区别；计划与市场只是调节手段的区别，社会主义也可以搞市场经济，这与马克思主义创始人设想的社会主义计划经济是作为资本主义市场经济对立物而出现的经济运行方式存在着差别。其三，社会主义分配方式遵循按劳分配与按要素分配相结合的原则，遵循效率与公平相结合的原则，这与马克思主义创始人所设想的社会主义只能实行按劳分配原则，并逐步向按需分配原则过渡存在着差别。

---

① 冒佩华：《多种所有制经济共同发展与完善基本经济制度》，《毛泽东邓小平理论研究》2010年第2期。

社会主义公有制是社会主义正式制度的基本特征。虽然社会主义正式制度存在着多元化的结构，但以社会主义公有制为主体、以国有经济为主导的原则不能改变。因为无论从理论上还是从实践中，社会主义公有制都是作为区别于资本主义制度，甚至是作为资本主义对立物而出现的正式制度结构。如果从正式制度上抛弃了公有制，无疑等于抛弃了社会主义。社会主义公有制不仅体现了社会公正、公平的原则，也体现了人类对于未来目标制度的追求和理想。从这种意义上说，任何解构和否定社会主义公有制的改革都是违背社会主义的基本原则的。有一种看法值得商榷，这就是社会主义与资本主义的趋同论。这种观点认为社会主义制度与资本主义制度正在走向一致，因为社会主义存在公有制和国有制，资本主义也同样存在公有制和国有制，社会主义通过国家对经济进行必要的计划，资本主义也存在着计划，所以，社会主义与资本主义存在着趋同现象。这种观点是似是而非的。其一，社会主义公有制是作为资本主义对立物而提出来的，它是通过批判资本主义制度而提出的人类理性构建的制度，是实现共产主义理想的过渡性制度，是资本主义制度内在发展趋势的产物；而资本主义国家存在的国有经济则是为弥补资本主义制度的缺陷而提出和建立的，是对资本主义制度的一种补充形式，主要承担为资本主义国家有效地提供公共产品、维护资本主义制度的稳定等任务。其二，社会主义的公有制和国有制承载着社会主义制度的理想，而资本主义国家存在着的国有经济则承载着资本主义私有财产制度的精神。所以，在本质上，社会主义公有制是社会主义的发展方向（尽管公有制的实现形式可以多种多样），它是社会主义公平与效率相统一原则的体现；而资本主义国家中存在着的国有经济则是被严格限制在私有财产制度范围之内，甚至仅仅是服从于市场经济的效率、弥补市场经济缺陷而建立的。其三，社会主义公有制和国有经济与国家干预经济相结合，充分利用市场经济在资源配置上的优势，努力实现社会主义的理想，这也充分体现了社会主义制度结构和制度变迁中的国家构建特征；而资本主义国家中的国有制则是为了实现资本主义个人自由、民主等理想，国家干预也是垄断资本主义发展的产物，国家垄断也是为垄断资产阶级服务的，资本主义国有制的存在只是为了让自由市场经济更好地发挥作用，它仍然体现着市场自然演进的理性精神。现实制度运行打破了资本主义自由市场经济制度是自然合理制度的神话，当资本主义制度从自由竞争阶段走向垄断阶段，国家不得不干预经济，资本主义社会不得不采用国有经济来缓和资本主义制度内部固有的矛盾。资本主义国有制不仅在范围和程度上远远不如社会主义社会的国有制，而且它是资本主义利用国有制来弥补资本主义缺陷的工具，最终是为了实现少数人富有的现代雇佣劳动制度，实现资本权力等级制度——这些制度在表面上呈现出个人自由、平等、民主等假象，社会主义国有制也在表面上呈现出社会主义因素的假象。

社会主义经济和资本主义经济中都存在着计划，社会主义经济和资本主义经济中都存在着政府干预，这些都已是不争的事实。然而，问题在于：社会主义国家的构建功能和政治经济属性是不同于资本主义国家的，从而政府干预经济也存在着不同。首先，社会主义国家能够代表全体人民的公共利益，而资本主义国家只代表富人阶级的利益。资本主义社会是一种资本权力等级制社会，资本主义国家只代表资本权力者的利益，资本主义国家就是最大的垄断资本，资本主义国家的职能就是为了维护资本主义市场经济制度，以及这种制度下富人的利益，即使国家提供一些公共产品，也只是为了维护资本主义制度稳定的需要。社会主义国家则是无产阶级专政的国家，能够代表最广大人民群众的利益，虽然社会主义国家在实际职能中与这样的目标可能存在差距，但总是在改革中不断地与这种目标接近。资本主义国家与社会主义国家的这种区别是由国家的不同性质决定的。其次，社会主义国家具有构建正式制度的功能，而资本主义国家只是为市场制度的自然演进服务的。社会主义国家是实现社会主义最终目标的工具，要实现未来的目标制度，单靠制度的自然演进是不够的，还需要进行制度的理性构建，这种理性构建表现在政府对不同正式制度的鉴别、比较、分析和选择上：政府不仅仅要考虑单个具体正式制度变迁的成本与收益，更要综合比较、分析制度变迁的整体收益与整体成本；既要考虑正式制度变迁的经济利益，又要考虑正式制度的社会效益；既要考虑正式制度变迁的社会经济效益，又要考虑正式制度变迁所可能带来的环境保护问题；既要考虑正式制度变迁的效率，又要考虑这种正式制度变迁可能带来的社会公平问题；政府努力构建适合本国非正式制度环境和本国国情的正式制度。资本主义国家则不存在这些理性构建功能，它只是为市场经济制度服务的工具。按照资产阶级意识形态，资本主义市场经济制度是自然合理的制度，是一种“自生自发秩序”，不需要任何理性构建，资本主义国家只需要保证资本主义市场经济的正常运行，而不需要干预市场经济的运行，否则就会破坏市场经济制度，是一种理性的自负。最后，虽然社会主义国家和资本主义国家都存在着矫正市场失灵的职能，但社会主义国家不仅矫正和弥补市场失灵，还积极利用市场经济来构建更适合社会公正、公平目标以及满足提高人民生活质量和人的自由全面发展目标的正式制度结构,并努力促成正式制度变迁与本国非正式制度环境相适应。

社会主义制度在促进社会公正、公平目标方面也不同于资本主义制度。社会主义实行按劳分配为主、多种分配方式并存的制度,努力将分配制度与人类的劳动联系起来,这种分配制度既防止社会收入分配差距和贫富差距的拉大,又努力摆脱市场经济条件下人的物化和异化。资本主义国家竭力维护资本权力等级制度,以及这种制度所产生的贫富差距,资本主义社会实行的是按要素分配制度,这种制度既维护了资本权力等级制度,又努力将社会贫富收入差距制度化,在雇佣劳动制度基础上将社会财富分配的不公正长久化和固定化。社会主义按劳分配制度在分配领域体现出社会主义的制度特征。

第三节　如何全面理解社会主义经济制度

社会主义既是一种正式制度,也是一种非正式制度。社会主义既是一种理想的制度结构和秩序,又是一种文化价值观念和意识形态,作为文化价值观念和意识形态,社会主义是一种人类追求的理想。按照马克思对社会主义的设想,在社会主义社会,人获得了自由全面发展,人并非手段而是目的,人们摆脱了物化和异化,社会主义国家虽然存在,但正在趋于消亡,社会生产力极其发达,社会财富充分涌流,人与人之间和谐相处,不再存在阶级剥削和压迫。社会主义作为非正式制度具有以下特征:其一,社会主义作为非正式制度具有构建理想特征,它并非像其他非正式制度那样是长期的自然演进产物。虽然社会主义作为一种思想由来已久,它也曾短暂地在不同国家实践过,但它更是一种理论构想,正在实行的社会主义也只是在探索之中,属于社会主义初级阶段,而并非马克思所设想的那种社会主义,所以,社会主义作为一种非正式制度比其他非正式制度更具有理想色彩。然而,社会主义毕竟已经走过了它的空想阶段,进入实践阶段,作为一种理想的目标制度正在成为社会主义初级阶段国家追求的目标。它作为一种非正式制度正在引导和构建社会主义的制度变迁。其二,与其他非正式制度相比,社会主义更具有系统性、完整性,更具有理论性和科学性。其他的非正式制度作为一种文化观念往往渗透在人们的日常行为之中,虽然也存在着儒家学说那样相对完整的理论体系,但与社会主义相比,仍然缺乏完整的社会制度构想和科学分析结构。社会主义不仅来源于对资本主义的批判,也建立在科学理性分析基础之上,经过马克思的努力,它已经从空想社会主义阶段进入科学社会主义阶段。其三，社会主义作为一种非正式制度曾经和正在进行大规模的社会实践，而其他非正式制度不是仅仅停留在人们的价值观念上，就是仅仅作为意识形态服务于某种经济基础和上层建筑。社会主义作为非正式制度与正式制度相适应正处于实践之中。

作为非正式制度，历史文化传统和社会习俗、意识形态等对一个国家现存的社会经济制度会产生深远的影响，而这种影响会直接作用于整个社会经济制度的变迁。托克维尔通过对大量史实的分析，揭示了旧制度与大革命的内在联系。在托克维尔看来，改革的后果是引起人们要求进一步改革，但改革却又无法满足无限度的改革要求，因而造成民众不满情绪加剧，最终可能酿成革命。法国大革命似乎要摧毁一切旧制度，然而大革命却不知不觉中从旧制度继承了大部分情感、习惯、思想，一些原以为是大革命成就的制度其实是旧制度的继承和发展①。

社会主义意识形态对于保证社会主义革命和建设的性质具有重要作用。理论毕竟不同于实践，实践中的社会主义制度总是处于不断的探索之中，无论是经济建设、经济发展还是体制改革，都有可能偏离社会主义道路，尤其是社会主义市场经济发展，极有可能使社会主义经济体制改革走向资本主义市场经济制度。社会主义意识形态在社会主义的经济发展和经济改革中起引导和规范作用，它帮助人们弄清什么样的改革和发展是社会主义性质的，什么样的改革和发展是资本主义性质的。在社会主义市场经济中，市场在整个资源配置中起决定性作用，市场经济的价值观念也必然会反映到人们的意识形态中，它将让人们难以分辨社会主义制度与资本主义制度的区别，社会主义意识形态将帮助人们理解这种区别。在制度变迁过程中，社会主义意识形态对未来制度变迁的预期和对具体制度安排的选择起着重要作用，社会主义公平与效率相统一的原则将限制国家在选择制度时不能仅仅将制度变迁的预期收益大于预期成本作为唯一原则。社会主义共同富裕原则使得社会主义国家不仅重视经济增长绩效，更要注意防止贫富收入差距的拉大，在经济改革和经济增长的同时，要让人民能够共同分享改革和发展的成果。社会主义公有制性质决定了社会主义国家在国有经济改革时应该遵循“改革是通过引进竞争机制提高国有经济效率，而不是直接改掉国有经济”的基本原则。显然，社会主义意识形态对于规范和引导社会主义经济改革和经济发展方向具有不可或缺的作用。

---

① 托克维尔：《旧制度与大革命》，商务印书馆 1992 年版。

社会主义作为一种价值观念渗透到人们的日常行为中，并引导和规范人们做社会主义的新人。在社会主义市场经济中，人们受个人利益的诱导容易走向极端个人主义，市场经济所固有的对人的物化和异化倾向，也极大地限制着人的自由全面发展。社会主义作为一种价值观念倡导人与人之间的互助合作，倡导集体主义和共产主义精神，倡导关心他人、互助互爱、自我奉献的精神，这种社会主义价值观念将能够有效扼制伴随市场经济而来的个人主义文化价值观念，社会主义制度最终要靠具有社会主义价值观念和意识形态的社会主义来实现，虽然在社会主义初级阶段，人们对自身利益必然是关心的，市场经济中的“经济人”也必然会存在，社会主义市场经济还必须实行按要素分配原则，从而必然会导致人们收入分配水平差距，社会主义初级阶段也必然存在着除公有制之外的个体经济、私营经济等非公有制成分，这些都会极大地影响到人们的价值观念，但是社会主义作为一种价值观念和意识形态的非正式制度必然会对市场经济的负面效应起到有效的扼制作用。

社会主义作为一种理想的目标制度必然有助于构建、规范、引导、反射和塑造着一个社会的现实制度状态和秩序结构。社会主义是一种建构的社会理想，它必然吸引更多的人去追求这种理想，虽然现实中存在着的制度结构和秩序与社会主义所需求的制度和秩序存在着差距，但缩小这种差距正是需要人们去努力的，社会主义像一颗指路明星指引着人们不断地完善和变革制度。

社会主义作为一种非正式制度集中体现在意识形态上，毫无疑问，社会主义的意识形态也是为社会主义的经济基础和上层建筑服务的，集体主义精神是社会主义意识形态的核心，这种意识形态在经济基础上体现为社会主义公有制，在上层建筑上体现为国家代表着全体人民的利益。从这种意义上说，社会主义意识形态与市场经济的文化价值观念之间存在着矛盾，因为市场经济文化价值观念强调的是个人主义的文化精神，经济人追求个人效用和企业收益的最大化是市场经济的基本要求，市场经济的合作也是基于个人利益的双赢合作。社会主义意识形态更多地强调利他精神，而市场经济的意识形态则更多地强调利己精神。在社会主义初级阶段，市场经济是必然要经过的阶段，那么，如何解决社会主义意识形态与市场经济文化价值观念之间的冲突呢？在这里存在着两种错误的观点：一种观点认为，社会主义是空中楼阁，市场经济价值观念才是真实的、符合人的本性的；另一种观点则认为市场经济文化价值观念与社会主义意识形态之间存在着冲突，应该尽量限制市场经济价值观念。实际上，这两种观点都存在着偏颇。其一，在社会主义初级阶段，实行市场经济是必然的，从而也必然会出现市场经济的个人主义的文化价值观念，社会主义应该利用市场在资源配置方面的优势，而要充分发挥市场作用，就不能限制市场经济文化价值观念。在社会主义初级阶段，社会主义生产力水平还不发达，社会主义所有制还存在多种形式，分配方式也存在多元格局，在这种条件下，承认甚至适当提倡市场经济文化价值观念（如诚信、合法经营、竞争、敬业等）不仅不会损害社会主义事业，还会有助于社会主义事业发展。其二，社会主义意识形态与市场经济文化价值观念之间的冲突，只能通过两者的不断融合和社会主义制度的不断完善来解决。这种冲突实际上来源于两个方面：一方面，社会主义的观念意识可能存在着过于纯粹、过于理想化的成分，它与现实中存在着的人的行为和人性存在着距离；另一方面，市场经济文化价值观念也存在着过于强调个人理性、私有产权和个人自由等方面。这两种极端的意识形态必然会产生冲突。实际上，社会主义虽然是一种社会理想，但它也是现实中存在的制度，过于理想化的社会主义只能是一种宗教，尤其是在社会主义初级阶段，社会主义还必然带有旧社会的痕迹和市场经济文化价值观念，同样，我们也不能过分宣扬市场经济文化价值观念，对市场经济的过分崇拜也会导致一种市场宗教。社会主义意识形态与市场文化价值观念之间存在着相结合的经济基础，如社会主义多元所有制结构、按劳分配与按要素分配相结合、国家与市场相结合等。其三，社会主义并非空中楼阁，不能从抽象的人类本性来解释市场经济的存在。社会主义不仅在理论上是科学分析的产物，在实践中也曾取得过成功的经验，它毕竟不同于早期的空想社会主义，只是由于社会主义目标过于远大，需要经过相当长历史时期的努力，才能够实现，高级阶段社会主义与现实世界的过大差距使人们产生“社会主义过于理想化”的观念。在社会主义初级阶段，市场经济存在具有其客观必然性，但如果我们由此就推论出一般结论——只有市场经济的人的行为才是真实的，只有市场经济才符合人类的本性，那就大错特错了。人的本性是由特定的社会生产关系制约的，并不存在抽象的一般的人类本性，市场经济中人的行为方式和价值观念，也是由市场经济制度存在着这种现实生产关系决定的。

第四节　社会主义经济制度过程

社会主义不仅是一种现实的制度结构，也是一种运动过程，是一种制度变迁的过程。

由于社会主义存在时间不长,制度变迁过程的连续性不强,呈现出间断性。社会主义一开始就产生于资本主义制度的包围之中,它面临着各种敌对势力的扼杀和颠覆,所以社会主义制度结构和秩序状态并未能经历一个长时期的自发演进过程;而且社会主义作为一种现实制度也曾经较短时间地存在于一些国家,它在现实中经历了一种曲线过程,不时地被各种外在和内在因素所打断。社会主义制度变迁过程的间断性主要来源于:社会主义制度一直不存在一种和平稳定的发展环境,从另一方面看,社会主义制度变迁在艰难环境中的曲线发展过程也体现了社会主义的生命力。从中国社会主义实践来看,社会主义制度变迁也经历了两个明显不同的过程:计划经济制度时期和社会主义市场经济时期、中国从社会主义计划经济到社会主义市场经济过渡是社会主义运动史上社会主义制度变迁最具连续性的阶段,这种连续平稳的过渡自然存在着有待总结的成功经验,这些经验主要有:其一,保持社会主义政党的连续过渡和新老交替。这是保持社会主义制度稳定过渡的关键,社会主义可以被看作一种集体行动,集体行动过程中的领导和统一意志是重要的,从经济学上说,它不仅可以节约交易费用,也可以大大减少不同利益主体之间利益冲突所可能带来的阶级、阶层冲突,团结统一的政治集团能够及时调整制度变迁过程中利益格局调整所出现的利益冲突。如果政党内部存在着不统一,必然会形成代表不同集团利益的社会代理人,这将大大加剧整个社会阶级、阶层之间的利益冲突。具有连续性的政党的领导是中国社会主义制度变迁的主要成功经验。其二,社会主义制度变迁的渐进式过程。社会主义尚处于探索中,当社会主义面临新的情况、新问题时,应该积极主动地进行制度变迁,以适应社会主义在新条件下的发展,思想僵化、墨守成规是注定要灭亡的,但这种制度变迁也必须谨慎而有序地进行,既要抓住机会、迎接挑战,又要始终坚持这种改革的社会主义方向。中国的社会主义经济体制改革采用了渐进式改革道路,避免了像苏联社会主义那种激进式改革方式,苏联的激进式改革方式实际放弃了社会主义道路而大规模走向私有化,而中国的社会主义经济体制改革则既积极推进市场化改革,又在这种市场化改革中坚持社会主义方向,既避免了社会制度的震荡,又促进了经济增长、提高了制度绩效。其三,在社会主义制度变迁过程,防止贫富两极分化,坚持社会公平与效率的统一。在社会主义制度变迁过程中,如果不能较好地解决贫富分化问题,不能解决公平与效率之间的关系,极有可能由此引发社会政治经济的动荡,从而葬送社会主义事业。

中国社会主义制度变迁过程中，正确处理了公平与效率关系问题，在公平与效率关系中，当效率成为主要矛盾时，提出公平与效率兼顾、效率优先原则，而当公平成为社会主要问题时，则提出公平与效率兼顾原则。社会主义制度变迁——从社会主义计划经济到社会主义市场经济——获得了平稳过渡。

社会主义制度变迁过程将是一个长期的、艰巨的过程。一方面，从世界范围来说，社会主义仍然是个新生事物，应该承认，当今世界，资本主义市场经济制度居于主导地位，社会主义仍然处于年轻甚至幼小状态。在社会主义制度变迁过程中，必然还会遇到各种艰难险阻，外在的扼杀和内在的颠覆危险仍然存在。从另一方面来看，社会主义制度在实践中仍然不成熟，需要探索的东西太多，即社会主义不像资本主义那样存在着一种相对成熟的制度框架，所以，社会主义制度变迁过程中的不确定性更多。社会主义所面临的风险主要有：其一，集体行动中的“搭便车”行为。社会主义可以看作大规模的集体行动，这种集体行动规模越大，“搭便车”现象越容易产生，虽然社会主义意识形态灌输能够在一定程度上遏制这种搭便车行为，却受到市场经济价值观念的冲击，所以，如何有效地解决社会主义制度变迁过程中的“搭便车”现象仍然是一项艰巨的任务。其二，如何保持执政党的连续性和创新性。在社会主义集体行动中，执政党的命运往往决定着社会主义的命运，执政党既需要保持其社会主义性质，又要能够在新条件下具有创新能力，这也是一项艰巨任务。在社会主义市场经济条件下，市场经济的各种价值观念必然会反映到人们的头脑中，其中一些资本主义文化价值观念也必然会腐蚀执政党队伍，所以，执政党必须要经常开展党内的批评与自我批评、纯洁党的队伍，但必须保持在一定限度内，否则又会导致“左”倾机会主义。能否有效地处理社会主义运动中所出现的各种危机，如信念危机、社会危机、经济危机、政治危机和文化危机等，是对执政党的一大考验，这些危机如果不能及时地化解，也可能导致否定社会主义制度、否定共产党领导、否定整个社会主义事业的严重后果。其三，社会主义发展过程中的各种外来威胁。从世界范围来看，社会主义国家仍然受到资本主义世界的包围，由于社会主义制度与资本主义制度是两种根本对立的制度，帝国主义国家会通过各种手段来破坏和颠覆社会主义运动，从政治、经济、文化、军事、外交等方面对社会主义进行扼制，尤其值得注意的是，帝国主义会利用社会主义制度变迁中存在着的困难、阻碍和危机等来从社会主义内部瓦解社会主义制度，甚至会从社会主义政治集团内寻找他们的代理人，最终搞垮社会主义事业。只有社会主义内部集团不断地保持连续性和创新性，有效地应付各种可能出现的危机，抓住机遇、迎接挑战，社会主义运动才能够达到预期的目标。

正式制度与非正式制度是否匹配是社会主义制度变迁过程中的重要问题。资本主义制度是从西方国家的非正式制度土壤中自然生长起来的，虽然资本主义制度的产生也离不开国家的干预和构建，但从总体上说，资本主义正式制度与非正式制度从一开始就是合拍的，源于古希腊、罗马文化和新教伦理精神的意识形态或非正式制度环境，与市场经济制度中蕴含的诚信、理性、守约、自由、平等、竞争、民主等相互适应。与此不同，社会主义制度与资本主义制度相比，带有更多的理性构建特征，社会主义制度变迁还存在与本国非正式制度环境相适应的过程，本国传统文化价值观念、社会习俗和意识形态如何与社会主义价值观念和意识形态相适应需要经历长期的历史过程，如果这个问题处理不好，很可能会导致社会主义制度水土不服，社会主义制度必须适应本国国情，才能够生长、发展和成熟。从中国社会主义实践来看，马克思主义和社会主义中国化的过程就经历了相当长的历史时期，并且还在继续进行。社会主义无论是作为正式制度还是作为非正式制度都会与具体国家的具体正式制度和非正式制度产生差异，从这种意义上说，社会主义与本国国情相适应的过程包括以下三种匹配问题：其一，从正式制度上说，存在社会主义制度与本国传统制度的匹配问题。一般来说，社会主义制度并非产生于本国土壤，所以必然会出现本国传统制度与社会主义制度的匹配问题，如中国传统的封建制度、半殖民地半封建制度作为一种过去的“遗产”与社会主义制度之间的匹配，虽然社会主义是通过暴力革命在“空地”上建立起来的，但制度变迁存在“路径依赖性”是不言而喻的，传统制度会像“幽灵”一样徘徊在社会主义制度周围。其二，从非正式制度角度来说，存在社会主义意识形态与本国传统文化价值观念的匹配问题。如果说正式制度变迁存在路径依赖，那么，非正式制度变迁简直就是难以与过去的传统文化隔离开来，社会主义意识形态与本国传统文化价值观念的融合会经历更长的历史时期。在这种融合过程中，社会主义意识形态改造着传统文化价值观念，传统文化价值观念也在改造着社会主义意识形态，这种融合过程实际上就是社会主义意识形态不断形成和丰富的过程。其三，社会主义意识形态与本国正式制度传统匹配，本国传统文化与社会主义正式制度匹配。这是一种正式制度与非正式制度的交叉融合，这种交叉融合将会生长出真正具有根基和土壤的社会主义制度。

以上我们从正式制度、非正式制度和制度变迁过程三个方面对社会主义制度展开分析，使我们能够从正式制度和非正式制度相统一、制度状态和制度变迁过程相统一的角度来正确理解社会主义经济制度的性质。

第五节　发展混合所有制经济[①]

一、发展以公有资本为主体的混合所有制经济的必要性

第一，以公有资本为主体的混合所有制经济是社会主义性质的保证。马克思主义认为，生产资料所有制是一个社会经济和政治制度的基础，在社会制度体系中处于核心地位。我国宪法规定，“社会主义制度是中华人民共和国的根本制度”。社会主义制度、社会主义生产方式的基础是生产资料的公有制。宪法还规定，“中华人民共和国的社会主义经济制度的基础是生产资料的社会主义公有制，即全民所有制和劳动群众集体所有制”，“国家在社会主义初级阶段，坚持公有制为主体、多种所有制经济共同发展的基本经济制度”。生产资料公有制是社会主义生产方式的基础，也是社会主义制度的基础。改革开放以来，我国的所有制结构逐步调整，公有制经济和非公有制经济在发展经济、促进就业等方面的比重不断变化，增强了经济社会发展活力，但也带来了贫富分化和就业困难等不少严重问题。当前，为了多层次地去发展社会生产力，除大力发展公有制经济外，还必须允许个体经济、中外合资经济、独资经济的存在和发展。但无论如何，都应该毫不动摇地巩固和发展公有制经济，坚持公有制主体地位，发挥国有经济主导作用，不断增强国有经济活力、控制力、影响力和竞争力。这是保证社会主义制度不变的有效途径和必然选择。

第二，以公有资本为主体的混合所有制经济是完善社会主义市场经济的必要要求。自 1992 年我国开始建立和发展社会主义市场经济以来，很多领域都引入了市场机制。新的市场机制的引入给经济发展带来活力的同时，也带来了一些市场机制所必有的问题：过于注重对短期利益的追逐，忽视了长期和可持续发展；为了追求经济利润，不惜以破坏环境和生态平衡为代价；市场的盲目性导致资源配置的重复与浪费；收入两极分化；等等。这些问题是与市场机制共生的。坚持发展和壮大公有资本这一国民经济的主体地位，便可以在很大程度上缓解这些问题。公有资本可以兼顾短期利益和长期利益，以可

---

① 程恩富、董宇坤：《大力发展公有资本为主体的混合所有制经济》，《政治经济学评论》2015 年第 1 期。

持续发展为目标;公有资本秉承以人为本的理念,从根本上主张人与自然和谐相处,有利于环境和谐发展;公有资本更加强调经济发展的计划性,可以缓解市场盲目性带来的资源浪费;公有资本可以使重要资源不被少数私人占有,有利于解决两极分化问题,实现共同富裕。混合所有制经济的大发展只有以公有资本为主体,才能真正起到完善社会主义市场经济的作用。

第三,以公有资本为主体的混合所有制经济是维护国家经济安全的重要保障。在经济全球化日益深入的今天,我国身处西方跨国公司的资本全球化环境之中,经济安全形势十分严峻。大量外国资本在我国重要产业领域处于支配和垄断地位。有关资料披露,在中国 28 个主要行业中,外国直接投资占多数资产控制权的已经达到 21 个,每个已经开放行业的前五名几乎都是由外资所控制。

二、增强混合所有制经济中公有资本的控制力和影响力

发展混合所有制经济的终极目标是更好地发展生产资料公有制,更好地发展社会主义生产方式,更好地发展社会主义。在这一目标指引下,我们就能始终保持公有资本的活力、控制力、影响力和竞争力。

第一,我国国有经济的比重越来越低,已低于不少资本主义国家,因而亟须通过主动参股和控股非公经济来推进国有资本控股的混合所有制经济。根据世界贸易组织 2013 年公布的信息数据,国有化经济在世界各国均以不同形式存在着,但程度却又存在着不同,特别是在社会主义国家和资本主义国家中区别明显。需要说明的是,在世界贸易组织统计指标体系中,“国营事业”实际上被解构为所谓“国家资本”“集体所有人资本”以及“国家控股资本成分”,公有资本在关系国家安全、国民经济命脉的重要行业和关键领域居于主导地位在世界范围内是一种常态。世界各国政府都会在国防、水务、电力、石油石化、煤炭、运输等特殊领域拥有较强的管理权,我国也不能例外。公有资本一定要在这些领域占据主导地位,而且是绝对控制地位,这样才能保证我国的国家安全和经济独立。目前,有些地方的这类重点部门丧失了公有资本的主体地位,造成了严重后果。因此,在重要的竞争性领域,发展混合所有制必须由公有资本控股。

第二,公有资本在公共政策性企业拥有控制权的前提下,也可以采取多种方式吸引非公有资本发展混合所有制经济。如医疗卫生、社会养老等,都是极具潜力的市场,完全可以由政府牵头,以公有资本为主导,吸纳非公有资本,通

过混合所有制经济来加快发展。

第三,正如党的十八届三中全会《决定》中所说的,“允许混合所有制经济实行企业员工持股,形成资本所有者和劳动者利益共同体”。按照《决定》精神,允许更多国有经济和其他所有制经济发展成混合所有制经济。这就是说,发展混合所有制是各类不同性质的资本互相参股或控股,既包括非公资本参股或个别控股国有资本等公有资本,也包括国有资本等公有资本参股或个别控股非公资本。

第四,对于现有的大型国有企业而言,并不存在资金匮乏的问题,改革应该更多地从企业经营管理方式入手。当前,社会对于国有企业有很多偏见,“国企”似乎变成了低效率的代名词。可事实是,国有企业是公有制最重要的实现形式,本身就是先进生产力发展要求的代表,是更有效率的企业组织方式。国有企业长远、整体、综合和合法的高绩效源于国家的科学调控、无剥削的产权关系和干部职工的主人翁意识。只有在生产资料公有的前提下,劳动者才能摆脱“异化劳动”及其负面影响,真正具有自主性的联合劳动热情,并自觉配合国家的调控目标。所以,公有制比私有制更适合市场经济,操作得法,便能释放更高的绩效和公平。大中型国有企业的改革不应是化公为私,对社会主义企业进行资本主义的私有化改造或私有股份化改制,而是要做优、做强、做大国有企业,增强公有资本的活力、控制力、影响力和竞争力,更好地为国家发展战略和国计民生服务。

三、发展混合所有制经济是破解经济改革真正难题的关键[①]

企业混合所有制改革,尤其是国有企业在所有制上采取混合结构作为国有制和公有制的新的实现形式,其根本动因是我国社会主义初级阶段生产力发展的历史要求,其直接原因则是适应社会主义市场经济体制改革目标的要求。发展混合所有制经济是我国改革实践中,在社会主义公有制为主体、其他非公有制经济长期共同发展的基本经济制度的基础上,为构建社会主义市场经济体制所做出的艰苦探索,说到底,是在理论和实践上探索如何统一公有制(以其为主体)与市场经济机制这一前所未有的历史难题。

从思想史来看,统一公有制(为主体)与市场(对资源配置起决定作用)的实践,从一开始就面临两方面理论传统的根本否定。在资产阶级正统经济学

---

① 参见刘伟:《发展混合所有制经济是建设社会主义市场经济的根本性制度创新》,《经济理论与经济管理》2015 年第 1 期。

的传统中,市场机制作为配置资源的基本的或决定性的机制,其所有制基础只能是资本主义私有制,不要说公有制不可能兼容市场机制,即使前资本主义的其他历史形式的私有制也不能支撑市场经济机制,否则,就不需要资本主义(资产阶级)革命了。因为市场经济作为彼此让渡所有权交易的经济,要求当事人之间,一方面在所有权上要有排他性的界定,这样才可能发生真正的市场交易,并且这种界定越清晰,其市场交易效率越高(交易成本越低)。不存在私有的相互间所有权的界区,不可能存在所有权让渡意义上的交易,因而一切取消私有制的社会,都不可能存在真正的市场机制。进而,社会主义社会取消了私有产权,是不可能具有市场竞争机制及竞争性效率的,所以也就没有历史前途(20 世纪初,米塞斯、哈耶克等人与兰格的著名论战的要害即在于此)。另一方面,当事人进入市场交易的所有权必须是平等的同样性质的权利,不存在特权及超经济强制,一切特权和不平等都是对市场秩序(法权规则)的根本破坏。资本主义之前的历史,虽然有各种私有制,但私有产权是作为特权存在的,不是可以平等交易的权利,因此市场机制只能历史地与资本主义私有制生产方式相统一(这就是为何资产阶级要对封建主义进行革命的重要原因,就经济制度的变革而言,是以法权战胜特权)。直到当代西方学者的所谓"华盛顿共识",始终坚持否认公有制为主体的制度与市场配置资源机制统一的可能性,坚持纯粹的资本私有化作为市场机制的基础,即私有化和市场化不可分割。马克思经济学说的传统同样根本否定了公有制(社会共同占有制)与市场机制统一的历史可能。尽管马克思的学说与资产阶级正统经济学说在根本上是全面对立的,但在否定公有制这一基本制度与市场机制这一资源配置方式相统一的可能性上却是一致的。马克思的劳动价值理论指出,产生商品、价值、货币、价格、交易、市场等一系列范畴和制度的根本原因,在于人类社会历史发展产生了两个基本历史条件,一是私有制,二是社会分工,从而有了所有权转移意义上的交易的可能性和必要性。这种历史条件的产生使社会生产的性质发生了变化,即使社会生产中的基本矛盾发生了变化,使生产的私人性(私有制决定)与生产的社会性(社会分工要求)之间的矛盾成为决定社会性质生产的基本矛盾。这种社会生产性质的变化进一步要求实现生产的劳动过程的特点发生变化,使之成为具体劳动(私人运用私有生产资料的私人性)与抽象劳动(还原为一般的被社会承认的社会性)的对立统一,即劳动的二重性。这种劳动过程具有两重性的新特点使作为结果的劳动产品的属性发生了变化,不再是单纯的产品,而是使用价值(具体劳动提供的具体有用性)和价值(抽象劳动凝结的社会必要性)的对立统一,进而,产品成为商品,由此形成了货币、交易、市场等一系列制度和范畴。显然,私有制是市场发生的历史逻辑和理论逻辑的起点,人类历史一旦取消了私有制,在未来理想社会,以“社会共同占有制”取代一切私有制,商品、货币、价值、交易、市场等都不可能再存在。并且,马克思还进一步强调,只有在资本主义私有制下才能建立市场机制,因为市场机制要求体现所有制的所有权不仅是私有性质的,还是单纯经济性质的,而不是隶属于任何超经济权利的“奴仆”。而前资本主义社会的私有权是首先服从政治的、行政的、司法的、宗法的一系列超经济性质的权利,因而其首先接受超经济规则的约束,而不可能首先接受市场经济等价交换的竞争规则约束。特别是,马克思从价值取向上强调了商品价值、交换、市场等都是一种对人类社会活动本性的“异化”(商品拜物教),人类创造了商品生产和市场交易,却难以支配它们,反过来被支配。人与人之间社会生产的直接社会性,不仅不能直接形成,在私有制条件下只能通过商品货币的市场交易机制间接实现;在人类未来理想社会(共产主义),这种颠倒和扭曲的“异化”应当被历史地纠正过来。马克思不仅从逻辑上否定了公有制与市场机制统一的可能性,而且从价值取向上否定了在公有制社会市场机制存在的正当性。

对国有企业进一步进行混合所有制经济改造的发展目标是什么?这是进行混合所有制改革必须明确的。否则,改革必然具有盲目性,改革的范围、进程也无从选择。所有改革,作为生产关系的变革,根本上都是为了适应社会生产力发展的要求。如果说,全社会在所有制结构上实现公有制为主体、多种所有制经济共同发展的混合构成,根本目的是为了解放和发展现阶段我国的生产力,那么,国有企业个体在产权结构上进行混合所有制经济改造,目的应当在于提高企业的竞争力和效率,在于提升企业的创新力和发展能力。这就首先要求,进行混合所有制经济改造的国有企业追求的目标必须根本改变,或者说只有适应或需要追求新目标的国有企业,才应当纳入混合所有制经济改造的范围。严格地说,国有企业的发展目标所追求的效率是国民福利最大化,总体上看,若以市场盈利的厂商收益最大化作为衡量标准,国有企业的这种微观效率显然低于非国有企业。之所以举办国有企业,首要目标并非一般的市场盈利目标,而是从国家总体利益目标出发,通过举办国有企业来实现更加广泛的社会发展目标和宏观经济目标等。因此,不能简单地说国有企业必然是低效率的,只能说要看以怎样的“效率”去衡量。或许是出自更大程度地追求市场盈利效率,在世界范围内不断掀起非国有化(私有化)浪潮。

我国现阶段对国有企业特别是大型和特大型企业进行混合所有制经济改革，目的显然是提高其市场竞争性效率，适应社会主义市场经济的竞争要求，否则，单纯的独资或绝对控股的国有企业，在制度上能保证实现国有企业服务社会发展和体现国家总体利益要求的功能。但单纯国有制的企业在制度上难以实现市场竞争性效率最大化目标，并非说实现了企业混合所有制经济改革就必然能保证充分实现市场竞争盈利目标。不进行混合所有制改革，传统国有制企业在所有制上和企业功能定位上难以实现微观盈利最大化的效率目标。国有企业混合所有制经济改革正是在企业所有制上为企业适应市场竞争创造必要的基础。因此，国有企业经改造成为混合所有制经济之后，其企业目标原则上会发生根本性的变化，不再是传统的国有企业以社会发展和国家总体利益需要作为首要目标，而是以适应市场竞争、获取最大盈利作为首要目标，企业服务社会、贡献国家的目标则以其他方式实现。这就要求，对国有企业进行混合所有制改革的根本发展目的是为企业提升市场竞争性、实现盈利最大化创造制度基础，选择进行混合所有制改革的范围应以能否、是否需要由以往国有企业目标转换到市场盈利目标作为界定原则。对国有大型和特大型企业进行混合所有制改革，一方面不能从根本上动摇社会主义初级阶段公有制为主体、多种所有制经济长期共同发展的基本制度，只能进一步巩固发展这一制度，使之成为这一基本制度的有效实现形式；另一方面，必须以此保障企业在所有制和产权结构上适应市场经济对于企业制度的基本要求，既保证企业所有权单纯的经济性质，摆脱各种超经济强制，包括政企不分的行政强制，使之可能首先接受市场经济规则约束，又有明确的排他性的产权界区，包括企业之间以及企业内部不同要素所有者之间的权、责、利的界定。

第六节　社会主义初级阶段的基本经济制度

中国自1978年开始改革开放以来，经济体制的转型和所有制结构的调整极大地推动着我国社会经济的发展。伴随着改革开放的实践，人们对社会主义所有制结构问题上的认识也有所深化。在公有制经济与非公有制经济的相互关系上，完成了从“对立论”到“有益补充论”再到“共同发展论”的飞跃，从而形成了在以公有制为主体的前提下发展多种所有制经济的理论，形成了以公有制为主体，多种经济成分共同发展，以公有制为主体，积极探索公有制经济新的实现形式。在公有制经济与非公有制经济共同发展的条件下,只有坚持以公有制为主体,使公有制经济在整个国民经济中居支配和优势地位,才能保持初级阶段社会主义的性质。在改革开放中,应坚持以公有制为主体和共同富裕这两条社会主义的根本原则。

非公有制经济是社会主义基本经济制度的有机组成部分和社会主义市场经济的重要组成部分,这种所有制结构在整个社会主义初级阶段具有存在、发展的历史必然性。把非公有制经济归入社会主义基本经济制度,是在对社会主义初级阶段生产力状况和市场经济本质深刻认识的基础之上提出来的。毫无疑问,所有制是经济体制系统诸要素中最重要的因素,必须把所有制理论和所有制改革放在十分重要的位置;对所有制的认识要建立在生产力标准之上,社会主义之所以要实行公有制,首先是因为公有制比资本主义私有制更能促进生产力发展;传统的所有制理论之所以不科学,是由于它不是立足于现实社会生产力和基本国情的基础之上得出的科学结论,而是简单摘抄或教条式地理解马克思主义经典作家的个别词句形成的。既要全面认识公有制经济的含义,又要在市场经济条件下努力寻求公有制的有效实现形式,实现社会主义与市场经济相结合。公有制的基本形式是国有经济和集体经济,还包括把国有经济和集体经济以投资、参股等形式投入混合所有制经济。公有资产占优势,要有量的优势,更要注重质的提高;公有制为主体主要是就全国而言的,不同地方和不同部门可以有所差别;国有经济起主导作用,主要体现在控制力上。在市场经济中坚持公有制主体地位,可以通过国有经济的战略性调整和国有企业的战略性改组,增强国有经济的控制力和竞争力,坚持其对国民经济的主导作用,并且不断地通过社会主义实践寻找社会主义公有制的有效实现形式。

1997年,党的十五大报告提出,“公有制为主体,多种所有制经济共同发展,是我国社会主义初级阶段的一项基本经济制度”,“非公有制经济是我国社会主义市场经济的重要组成部分”。这是一种新的提法,是进一步提升非公有制经济地位的新论断,使非公有制经济由体制外进入体制内,又从制度外进入制度内。它进一步表明我国发展非公有制经济,不是短时期内的权宜之计和适应眼前需要的政策措施,而是长期的、构成社会主义市场经济和现阶段基本经济制度内容的战略性选择。这里没有再提“补充”一词,表示不再只当配角,所占比例可以提高。

社会主义初级阶段的基本经济制度以及确立这一制度的依据是:第一,

公有制为主体、多种所有制经济共同发展，是我国社会主义初级阶段的一项基本经济制度。这一制度的确立，是由社会主义性质和初级阶段国情决定的；第二，我国是社会主义国家，必须坚持公有制作为社会主义经济制度的基础。公有制是社会主义制度的本质特征，是社会主义经济制度的基础。离开了公有制经济的主体地位，就不能体现社会主义与资本主义的本质区别。第三，我国处在社会主义初级阶段，需要在公有制为主体的条件下发展多种所有制经济。首先我国多层次、不平衡的生产力水平决定了必须发展多种所有制经济，其次公有制经济本身不完善、不成熟，没有能力包罗社会经济的一切领域，决定了必须发展多种所有制经济。第四，一切符合"三个有利于"的所有制形式都可以而且应该用来为社会主义服务。第五，社会主义的分配方式是与社会主义生产关系相适应的。

必须全面理解社会主义公有制，公有制经济包括国有经济、集体经济以及混合所有制经济中的国有成分和集体成分。公有制经济的主体地位主要体现在：公有资产在国有资产中占优势；国有经济控制国民经济命脉，对经济发展起主导作用。

坚持和完善社会主义经济制度必须毫不动摇地巩固和发展公有制经济。公有制是社会主义经济制度的基础。公有制是国家引导推动经济和社会发展的基本力量，是实现最广大人民根本利益和共同富裕的重要保证。巩固和发展公有制经济，首先要坚持公有制为主体。公有制为主体，首先体现在国有资产和集体资产在社会总资产中占优势，这是公有制为主体的前提。公有资产在社会总资产中占优势，主要体现在公有资产"质"的优势上，即体现在产业属性、技术构成、科技含量、规模经济、资本的增值能力和市场的竞争力等方面。其次要发挥国有经济的主导作用。国有经济在经济发展中起主导作用，主要体现为控制力，即控制国民经济和经济制度的发展方向、经济运行的整体态势、重要的稀缺资源的能力。为提高国有经济的控制力，要在战略上调整国有经济布局。对关系国民经济命脉的重要行业和关键领域，国有经济必须占支配地位。在其他领域，可以通过资产重组和结构调整，加强重点，提高资产的整体质量。再次，要支持和帮助集体经济的发展。集体经济是公有制经济的重要组成部分，是我国城乡经济和社会事业发展的重要推动力量，尤其乡镇企业迅猛发展，成为整个国民经济发展中极富活力的新增长点，是近年来增加农民收入和吸纳农村富余劳动力的主力。

必须毫不动摇地鼓励、支持和引导非公有制经济发展。个体和私营等各种形式的非公有制经济是社会主义市场经济的重要组成部分，积极支持其发展，有利于繁荣城乡经济、增加财政收入，有利于扩大社会就业、改善人民生活，有利于优化经济结构、促进经济发展，对全面建设小康社会和加快社会主义现代化进程具有重大的战略意义。坚持公有制为主体和促进非公有制经济发展统一于社会主义现代化建设的进程中，不能把这两者对立起来。要积极探索公有制实现形式的多样化：公有制可以采取独资企业、股份合作制、合作社和股份公司等形式，在经营方式上可以实行公有公营、公有民营、租赁或承包经营等方式。同一性质的公有制可以有不同的实现形式，同一实现形式也可以为不同的公有制所采用。公有制实现形式属于生产关系范围，这些应由生产力的发展状况来决定。基于社会主义初级阶段多层次的生产力状况、不同企业具有的特点、以及投资主体多元化与投资方式多样化的发展，公有制实现形式可以而且应当多样化，一切反映社会化大生产规律的经营方式和组织形式都可以大胆利用。公有制实现形式多样化，为社会主义与市场经济的有机兼容奠定了坚实的理论基石。

一、复习思考题

1. 比较社会主义经济制度与资本主义经济制度的不同特征。

2. 比较马克思制度经济学与新制度经济学的方法论。

3. 新制度经济学的发展困境是什么？

4. 托克维尔关于“旧制度”与“新制度”之间关系的论述对于理解社会主义经济制度的建立和完善有何借鉴意义？

5. 马克思、科斯、康芒斯关于制度含义的理解有何不同？

6. 为什么说所有制是整个生产关系的基础？

7. 社会主义经济制度有哪些非正式制度特征？

8. 社会主义公有制实现形式多样化的途径有哪些？

9. 为什么把社会主义经济制度理解为一种过程？

10. 社会主义初级阶段基本经济制度的内涵是什么？

11. 为什么要发展混合所有制经济？如何发展混合所有制经济？

二、课堂讨论题

1. 如何进行马克思主义制度经济学的新综合？

2. 如何理解社会主义公有制？社会主义经济制度具有哪些优势？

第三章　社会主义经济体制改革与经济转型

研究文献综述

社会主义计划经济在实践中遭遇挫折，以斯大林模式为代表的高度集中的计划经济体制存在着诸多问题：政企职责不分，条块分割，国家对企业统得过多过死，忽视商品生产、价值规律的作用；分配中存在着严重的平均主义现象，经济形式和经营方式单一化，企业缺乏应有的自主权，企业吃国家的"大锅饭"，职工吃企业的"大锅饭"，企业和职工都缺乏生产的积极性和创造性，使本来应该生机盎然的社会主义经济在很大程度上失去了活力。

社会主义经济转型开始于苏联和东欧国家，但中国经济转型取得令世人瞩目的成就，学者们对中国经验进行了理论解释和理论构造①②。关于中国经济转型的方式、道路和目标，学者们通过与计划经济体制的比较进行了深入的研究③，提出了不同的实践模式和理论范式④，如政府主导型制度变迁理论⑤、经济体制改革的三阶段理论⑥、增量改革理论⑦以及双轨制理论⑧、市场取向的改革理论⑨等，并对社会主义经济体制改革的方向⑩和目标进行了探索⑪⑫。

---

① 盛洪：《中国的过渡经济学》，上海人民出版社2006年版。
② 伍装：《中国经济转型分析导论》，上海财经大学出版社2005年版。
③ 张宇：《转型政治经济学》，中华书局2009年版。
④ 吕炜：《转轨的实践模式与理论范式》，经济科学出版社2006年版。
⑤ 程恩富、何玉长：《国家主导型市场经济论》，上海远东出版社1995年版。
⑥ 杨瑞龙：《社会主义经济理论》，中国人民大学2008年版。
⑦ 樊纲：《渐进式改革的政治经济学分析》，上海远东出版社1996年版。
⑧ 张军：《双轨制经济学》，上海人民出版社2006年版。
⑨ 吴敬琏：《当代中国经济改革教程》，上海远东出版社2010年版。
⑩ 毛增余：《斯蒂格利茨与转轨经济学》，中国经济出版社2005年版。
⑪ 刘国光：《试谈我国经济体制改革的正确方向——略论"市场化改革"》，《南京理工大学学报(社会科学版)》2006年第4期。
⑫ 伍装：《两种价值判断与改革目标的选择》，《经济经纬》2005年第1期。

中国经济转型是以社会主义公有制为主体的经济改革,这与俄罗斯的经济转型不同[①②],这种经济转型是社会主义经济制度的具体表现形式——经济体制的变革,同时,中国经济转型还具有中国特点并与中国的改革开放相联系。社会主义经济体制改革的初始条件是计划经济体制,社会主义经济转型可以看作从计划经济体制向社会主义市场经济体制的大规模制度变迁过程。

第一节 计划经济体制的形成、特征和评价

一、中国为什么选择计划经济体制[③]

从初期传统计划经济体制建立的历史背景可以看出,新中国成立初期面临的国际环境和经济发展水平是决定我国传统计划经济体制形成的主要因素。林毅夫等用重工业优先发展战略来作为我国传统经济体制建立的起点,这个分析只说明了一半。在这里,我们可以进一步溯源来探讨这样一个问题,新中国为什么要选择重工业优先发展战略?或者说,重工业优先发展战略形成的客观条件是什么?

新中国实现工业化目标导向下的重工业优先发展战略的确立,具体体现在1954年制定、1955年正式批准施行的发展国民经济的第一个五年计划(1953~1957年)。"一五"计划实施的结果奠定了我国工业化体系的初步框架,也逐渐改变了我国的产业结构,重工业优先发展战略由此开端。实现工业化,不仅是新中国领导人为了实现富民强国的伟大目标,建设一个民主、繁荣的社会主义国家,是实现社会主义救中国的一个政治选择,也是中国这个半封建半殖民地的农业国家在实现社会制度变革后走向现代化的经济发展的必由之路。经过百年抗争终于赢得民族解放和国家主权的中国人民,在20世纪50年代初期面临实现国家现代化和赶超其他国家,从而实现中华民族复兴的巨大压力和挑战。而要达到现代化的目标,对中国这样的发展中国家来说,除了进行工业化,别无他途。因此,在研究中国传统计划经济体制的形成条件时,

① 林双林:《中国与俄罗斯经济改革比较》,中国社会科学出版社2007年版。
② 程恩富、李新、B. 梁赞诺夫等:《中俄经济学家论中俄经济改革》,经济科学出版社2000年版。
③ 陈甬军:《中国为什么在50年代选择了计划经济体制》,《厦门大学学报(哲学社会科学版)》2001年第2期。

必须注意到工业化目标提出的历史背景。实现工业化目标表现在经济结构上就是提高第二次产业(以制造业为代表)在全社会产业劳动力配置和国民收入的相对比重,扩大工业的份额。但这并不意味着一定要实行重工业优先发展战略,事实上,世界上也有一些发展中国家采取了以轻工业为主的外向发展战略并取得了成功。有以下几个因素决定了我国在工业化进程中要采取计划经济体制。首先,为了迅速恢复国民经济、实现对生产资料私有制的社会主义改造、有计划地建设社会主义,需要建立起集中统一的经济体制。为了统一财政、稳定物价,也需要建立全国统一的经济管理体制。经过三年经济恢复,以及在此期间进行的生产关系调整(如没收官僚资本、调整公私关系)和统一财经、稳定物价的工作,实际上已形成了我国计划经济体制的雏形。其次,为了建立独立的工业体系,需要建立全国集中统一的经济体制,以实现从新民主主义向社会主义制度的过渡。从更广阔的背景来看,新中国成立初期还面临着如何彻底摧毁旧中国存在的帝国主义和封建主义的经济基础,改组半殖民地半封建的经济,由新民主主义社会过渡到社会主义社会,使我国由农业国转变为一个工业国的重大历史课题。建立独立的工业体系是当时我国工业化的中心目标,也是建立集中统一的经济体制、实行重工业优先发展战略的主要因素。再次,从更深远的历史背景来看,建立独立的工业体系既是中国人民从一百多年来遭受帝国主义列强侵略的事实中得出的教训,也是当时国际国内环境的产物。在这样的历史条件下,建立独立的工业体系是中国走向工业化过程中的首要目标,并且只有通过内部循环走优先发展重工业的道路来达到这一目标。而要建立独立的工业体系、优先发展重工业,在资本极度匮乏和生产要素不足的国情中,通过建立高度集中的计划经济体制,以集中全国有限的人才(技术力量)、资金和投资品(生产资料)进行重点建设是一个合乎历史逻辑的选择。最后,社会主义实行计划经济的理论要求和当时苏联社会主义建设的成功经验,也成为缺乏经济管理经验的中国向苏联学习、逐步形成计划经济体制的理论来源和现实途径。总之,新中国在建立初期逐步形成的传统计划经济体制,是在特定历史条件下形成的。

二、中国计划经济体制的形成阶段

中国经济转型的初始条件是传统的计划经济体制。计划经济的思想、体制结构和行为方式等都约束着中国经济转型过程。

计划经济或计划经济体制,又称指令性经济,是对生产、资源分配以及产品消费事先进行计划的经济体制。由于几乎所有计划经济体制都依赖于指令性计划,因此计划经济也被称为指令性经济。中国计划经济体制的形成可分为三个阶段。

第一阶段(1949 年 10 月—1950 年 6 月)是计划经济体制的萌生阶段。1949 年底,我们没收了 2 858 个官僚资本主义的工业企业,建立了国营工业(占全国工业资金的 78.3%),掌握了国民经济命脉,开始建立了社会主义公有制。不久,对非公有制的私营工商业实行了调整,使私营企业初步纳入了计划生产的轨道。在组织机构方面,1949 年 10 月建立了中央财政经济委员会。以后,又相继成立了其他专门性的负责计划管理的中央机构,如全国编制委员会、全国仓库物资清理调配委员会,指定中国人民银行为国家现金调度的总机构等。通过这些机构,国家开始对经济活动实行行政指令的直接管理。1949 年冬,中央确定实行全国财政经济统一管理的方针,并通过 1950 年 2 月召开的全国财政会议,以指令性方式提出了“六个统一”:财政收支统一、公粮统一、税收统一、编制统一、贸易统一、银行统一。这一时期已开始提出发展国民经济的某些计划和措施。对粮食、皮棉、煤炭等安排了 1950 年生产的计划指标。在此期间,还进行了某些年度计划的试编工作。如 1949 年年底编制出《1950 年全国财政收入概算草案》,1950 年 5 月又试编了包括农业、工业、文教卫生等 20 多项内容的《1950 年国民经济计划概要》,为后来编制中、长期的国民经济计划摸索了经验。1950 年 6 月举行的党的七届三中全会认为,这一时期在对旧的社会经济结构进行不同程度的重新改组的同时,老解放区“特别是东北,已经开始了有计划的经济建设”。但在新解放区“还没有获得有计划地进行经济建设的条件”。

第二阶段(1950 年 6 月—1952 年 8 月)是计划经济体制的初步形成阶段。党的七届三中全会以后,开始在全国范围内创造有计划地进行经济建设的条件。1950 年 8 月,中央召开了第一次全国计划工作会议,讨论编制 1951 年计划和 3 年奋斗目标。要求各部门先订出 3 年奋斗目标和 1 年计划,然后由中央综合拟出全国计划纲要。会后,3 年奋斗目标虽然没有形成计划文件,但已初步形成了我国计划经济体制决策等级结构的雏形,即决策权归国家,决策权力的分配采取行政方式形成条块分割的等级结构。之后,中央首先加强了对国营工业生产和基本建设的计划管理。“在工厂内,以实行生产计划为中心,实行党政工团的统一领导”。在基本建设方面,把建设单位划分为“限额以上”和“限额以下”两种具体投资额,并确定把重点放在交通运输设施的建设上。

其次，在对农业、手工业的计划领导方面，在1951年9月召开的第一次互助合作会议上，提出在完成土改的地区通过开展互助合作运动克服农民分散经营中的困难，以保证国家农业生产计划的实现；并积极地推广生产互助组与供销合作社“结合合同”制度的经验，使互助组有计划地生产和消费，供销社实现有计划地经营。对手工业生产，中央要求各地将组织和发展手工业生产合作社的计划纳入地方工业计划，并以国家和上级合作社的订货作为发展手工业生产的关键。再次，在1950年调整私营工商业的基础上，要求私营工商业遵照执行政府制定的产销计划。当时开展的“五反”斗争的目的之一，就是为了“彻底查明私人工商业的情况，以利团结和控制资产阶级，进行国家的计划经济。情况不明，是无法进行计划经济的。”最后，在市场管理方面，国家指令要求国营贸易公司正确地执行价格政策。总之，在党的七届三中全会之后初步形成了我国计划经济体制的决策结构，在国家的集中统一领导下，以制定指令性的经济发展计划的形式，对国民经济各方面开始实行全面的计划管理，计划经济体制已初步形成。到1952年8月，七届三中全会提出的任务已提前完成。毛泽东在政协第一届全国委员会常务委员会上宣布：“经过两年半的奋斗，现在国民经济已经恢复，而且已经开始有计划的建设了。”

第三阶段(1952年9月—1956年12月)是即计划经济体制的基本形成阶段。1952年9月，毛泽东提出了“10年到15年基本上完成社会主义”的目标。为了实现这一目标，计划经济体制进一步健全并得到法律的确认，在已建立的各种专门性的计划管理机构的基础上，1952年11月成立了国家计划委员会，1954年4月又成立了编制五年计划纲要草案的工作小组。该小组在1951年以来几次试编的基础上，以过渡时期总路线为指导，形成了第一个五年计划草案(初稿)。经过法定的审批程序之后，“一五”计划由国务院以命令形式颁布，要求各地各部门遵照执行。1954年我国制定和颁布了第一部宪法，其第十五条规定：“国家用经济计划指导国民经济的发展和改造，使生产力不断提高，以改进人民的物质生活和文化生活，巩固国家的独立和安全。”这表明，计划经济体制已成为我国法定的经济体制。

总之，新中国成立初期，在产权方面，经过社会主义改造，基本实现了对社会主义公有制目标的追求；在对经济活动的管理形式方面，以行政命令方式制定颁布了发展国民经济的第一个五年计划并于1956年底提前完成了“一五”计划中预定的大部分指标。在实际经济生活中运行的这种计划经济体制已被

《中华人民共和国宪法》明文确认为国家法定的经济体制。

三、计划经济体制的基本特征

计划经济体制具有以下重要特征(Brus, 1972; Ellman, 1989)。

(1) 公有制经济在所有制结构中占据主导地位。基于经典马克思主义对于社会主义生产资料所有制的描述,公有制一直被认为是社会主义经济的主要财产形态。各个社会主义国家建立计划经济体制的过程,本质上就是生产资料公有化和国有化的过程。

(2) 国家对经济活动采取直接指令性行政管理。中央计划经济体制的一个主要标志是国家或中央政府成为经济运行中的核心主体,而企业由于只执行既定的生产计划成为政府的附属物,国家主要通过一定阶段的经济发展计划实施对经济运行的调控和管理。

(3) 经济决策权高度集中。国家不仅要负责宏观方面的资源配置,还对微观的企业和个人的收入和支出都做出计划,以实现资源在微观主体间的配置,导致在国家和政府之外并不存在实际的微观经济主体。

(4) 社会资源的计划配置。计划配置资源的一个核心机制在于以行政命令替代价格机制。在中央计划经济体制下,市场通过价格机制对资源的配置作用被压低到最小的范围。在经济运行的各个层面都充斥着政府的计划和指令。

(5) 交易活动的非价格特征。按照制度经济学关于交易的观点,交易是人类经济行为中最一般的经济活动。市场经济的核心特征在于通过价格机制来实现交易,而计划体制下的交易活动则被行政指令所替代,交易对象被消除了商品本性。

(6) 采取按劳分配的分配方式。依据马克思主义的经典理论,社会主义社会的分配方式应当以按劳分配为主。这种分配方式的核心在于,根据单个劳动者的贡献大小决定其分配数额,按照多劳多得、少劳少得、有劳动能力却不劳动者不得的原则,在社会主义公民之间进行分配。

(7) 经济结构呈现明显的城乡分化和二元结构。由于计划经济体制出于战略考虑采取赶超型发展战略,对城市工业和重工业发展投入较大,政府投资和资源配置等优先保证城市和重工业发展,造成城市对农村的挤压,以及工业对农业的抑制。农村和农业发展明显受到城市和工业发展的压制,这一结构导致后期经济增长中产业链条的断裂,是造成后期改革最初发端于农村的根本原因。

(8) 对外封闭型经济。社会主义对资本主义两大社会制度的冲突明显存在。尽管新政权表示希望与包括西方国家在内的国家进行正常的贸易往来，并提出过“自力更生为主，外援为辅”的指导方针，但由于国际冷战格局的形成，多数社会主义国家的计划经济体制本质上都是封闭型的。改革之前计划体制下的对外贸易规模十分有限。

(9) 行政分权程度不断提高的中央与地方政府关系。从苏联和中国实行计划经济体制的实践来看，两国都表现出地区经济发展非均衡的特征，在中央和地方政府关系以及权力职能划分方面的问题一直是经济体制运行的主要内容。传统计划经济体制是以贯彻和执行中央政府的计划和指令为前提的，但是经济运行决策权力高度集中于中央政府不利于地方政府发挥积极作用。

(10) 经济生活政治化。在社会主义国家的计划经济时代，一个明显的特征是：国家的工作重心一直未能成功地从革命斗争、阶级斗争和政治运动转移到经济建设上来。长期的政治运动使得计划体制下的经济生活带有明显的政治化特征。

四、如何评价计划经济体制

计划经济体制来源于苏联的斯大林模式，所谓斯大林模式，就是以国家垄断全部或大部分生产资料，并以高度集中的行政指令系统调整国民经济的一种社会主义制度模式。对斯大林模式的形成原因进行系统考察，对于正确评价斯大林模式的历史地位、明确社会主义的改革目标及社会主义的发展方向无疑是大有裨益的(朱晓煜，1990)。

如果我们回顾一下苏维埃政权诞生前后俄国的历史状况以及新生的苏维埃国家为巩固新生的革命政权而进行的艰苦卓绝的努力，就不难发现促成斯大林模式形成的一系列客观原因：(1) 苏联作为第一个社会主义国家，是无法获得必要的外援的，只能依靠自力更生，依靠革命热情和献身精神；(2) 作为第一个社会主义国家，要改变国民经济落后的面貌，必须加速度推进工业化进程而不能用常规方法跟在别人后面亦步亦趋；(3) 当时帝国主义妄图将这新生的社会主义政权扼杀于摇篮中的形势以及国际资本主义联合镇压的处境也迫使新生的苏维埃国家在“一切为了前线”的口号下必须高度集中决策权，全面动员有限的资金、资源和人力建设国家最急需的经济部门；(4) 国内资本主义势力的顽强抵抗促使苏维埃政权用行政手段加速对资本主义经济的改造。

除上述原因外，我们还需在更深层次上探寻形成斯大林模式的机理。斯大林模式的形成与当时的理论导向有关。首先，与排斥商品货币关系的产品经济理论有关。马克思、恩格斯、列宁都把商品经济视为资本主义的连体胎儿，认为它是导致周期性经济危机的根源。因此，在他们笔下的社会主义社会里，商品生产、商品交换以及货币关系都已不复存在；社会生产按照经过深思熟虑的包罗万象的计划有条不紊地进行；个人劳动不再经过迂回曲折的道路而是作为社会总劳动的构成部分存在，每个生产者仅凭一张用来证明他向社会提供了多少劳动的证书就可以从社会储存中领到自己的消费资料。这种由社会中心对社会经济实行自觉调节以避免生产的无政府状态的机制就成为斯大林模式当然的出发点。

应该说，斯大林在社会主义商品货币理论上对马克思主义是有所发展与贡献的。首先，斯大林是社会主义商品货币论者。新经济政策时期，许多苏联学者认为商品货币形成对社会主义来说是外加的、非固有的，随着过渡时期的结束，应着手消灭商品货币关系。斯大林批判了这种教条主义观点，进一步发展了列宁的商品货币理论。在《苏联社会主义经济问题》一书中，斯大林指出，社会主义制度下之所以还存在商品货币关系，是因为存在着全民所有制和集体农庄两种公有制形式，并由此产生经济利益的差别性和等价交换的必要性。因此，为了保证城市和农村、工业和农业的经济结合，要在一定时期内保持商品生产（通过买卖的交换）这个为农民唯一可以接受的与城市进行经济联系的形式。他用两种公有制形式解释社会主义商品生产存在的原因，从而推断出在全民所有制内部流通的生产资料本质上不是商品而只具有商品“外壳”的逻辑结论，造成理论的不彻底性。显然，未能在商品货币关系上彻底突破前人的理论框架是形成高度集权模式的意识形态原因。加之当时经济关系简单，也为高度集权的斯大林模式的存在提供了可能性。其次，与过早地实现单一所有制有关。马克思认为，社会主义与资本主义的本质区别就在于实行全部生产资料的公有制，即社会所有制。这一结论乃是基于生产力发展水平决定生产资料的所有制形成这一基本原理。列宁逝世后，斯大林发展了列宁战时共产主义时期的二元公有化理论，指出无产阶级夺取政权以后不可能一步实行全部生产资料的全民所有制，而在相当长的时期内存在“国家的即全民的形式”和“集体农庄形式”的“社会主义生产的两种形式”。

斯大林模式的形成与经济从属于政治目的有关。经济体制与政治体制是社会机体的两大构成要素。二者各有自己的运行原理和运行机制。政治运行体制在组织结构上呈金字塔状，每一下层组织都是上层组织的派生机构，其职责与权限均由上层组织决定，其运动机制是上层组织下达行政指令，并全部或部分地提供执行指令的条件，下层组织必须按上层组织的指令行事，行为后果由上层组织承担。因此，政治运行机制严格遵循统一性法则（统一决策、统一指挥、统一管理等）、等级制法则、分口把关法则、纵向联系法则（指令由上到下下达，信息由下向上反馈）、利益服从法则（下级服从上级、局部服从全局）等。任何一个下层组织都是上级指令的被动执行者，其主观能动作用受到极大的压抑。与此相反，经济运行机制在组织结构上呈原子（或细胞）结合状态，每一个经济组织不论其能量与规模大小，都是一个独立自主的活动主体，其权力、利益和职责都是内生的，而非别人赐予；在运行机制上贯彻理性基础上的平等竞争、自愿互利、自我负责原则，任一经济组织都无权干涉其他经济组织的活动。因此，经济运行机制严格贯彻平等性法则、自主性法则、关联性法则、变动性法则等。由此观之，政治体制与经济体制的运行机制和运行法则的本质区别决定了二者是相互关联又相互独立的社会分系统，不可相互取代。然而，当时苏俄面临的严酷局势迫使其把巩固与发展新生的无产阶级政权作为压倒一切的首要政治任务，其他一切活动都沦为服务于政治目的的手段。即使优先发展重工业、农业全盘集体化等经济发展模式的着眼点也在巩固政权上，而不在经济发展本身。在这种非常规条件约束下，别无选择的苏维埃国家只能运用政权力量强制性地把政治体制的运行法则与机制直接移植到经济体制中，不允许经济体制自身一系列属性与特征得到充分而从容的展开，进而形成了与按经济规律活动的“自主经济”截然不同的按政权组织原则、政治活动标准、政治运行机制进行活动的“政权经济”。因此，斯大林模式乃是在政权框架中运行、以满足政治需要为第一目标的经济体制，是完成特定政治使命的产物。而在多年革命战争中形成的一整套军事管理方法与军事管理传统使得以“政权经济”为特征的斯大林模式的建立更是驾轻就熟、唾手可得。

斯大林模式本身并不代表马克思主义创始人所憧憬的社会模式，实践也证明斯大林模式的运作机制产生了若干背离社会主义价值目标的结果。那么，一旦主客观环境发生了变化，对斯大林模式进行改革也就是顺理成章的事情了。以改革为借口，企图从根本上改变社会主义的价值取向，无疑是马克思主义者所不能接受的。同样，以坚持社会主义道路为理由，把斯大林模式当作万古不变的教条，拒绝任何有进步意义的改革试验，也不是马克思主义者的态度。在改革中完善社会主义制度、恢复社会主义的本来面目,这就是当代马克思主义者的神圣使命①。

一种普遍被接受的看法是,高度集中的计划经济体制是低绩效的,政府管理过于集中,企业和地方缺乏积极性,束缚了生产力的扩张和经济发展。对资金和实物进行统一分配和调拨,生产要素得不到合理流动和配置,既不能有效地增加适销对路产品的供给,更不能有效地控制日益膨胀的需求;部门、地方、企业、个人都希望无偿分配到更多资金和物质,造成投资短缺、物资短缺、贷款短缺,同时又伴随着投资浪费、物资浪费、贷款浪费等;计划、财政、金融等综合经济部门和经济主管部门多头决策、相互掣肘,影响了宏观经济质量和水平,不利于国民经济持续稳定的发展。计划经济体制由于忽视了商品经济、价值规律和市场的作用,不能够调动企业、个人等各方面积极性,导致条块分割、单一的所有制结构以及分配中存在着平均主义现象等。所以计划经济体制是一种供给短缺的僵化的经济体制,它不仅是低绩效的,而且还将国民经济带向崩溃的边缘。然而,计划经济体制曾经有过高速经济增长和经济发展历史,它所具有的高绩效的经验更值得我们研究。它在什么条件下会具有高绩效?它为什么会从高绩效走向低绩效?

一般来说,计划经济体制的绩效轨迹呈现出倒U形,即在计划经济体制确立初期,制度绩效呈现迅速上升趋势,直至顶点然后开始下降。就新中国成立初期的情况看,在1953年至1956年中国经济迅速增长,在中国的社会主义改造完成和计划经济经济体制被正式建立之后不久,计划经济体制的弊端开始逐渐显露出来,虽然其中经过多次调整和改革,特别是改革一些照搬苏联的错误做法,但高度集中的计划经济体制的绩效在总体上开始呈现下降的趋势。那么如何解释这些经验事实和绩效曲线轨迹呢?

首先,在计划经济体制建立初期,计划经济体制的信息传输机制、激励机制和约束机制能够正常地发挥作用,主要原因在于政治强势和意识形态强势与公众的主动性和积极性相一致。从信息传输机制来看,指令性的单向传输能够被公众所接受,由于经济结构简单、经济发展处于起步阶段,此时的信息传输也较为简单,公众也能够积极主动地完成指令性计划目标;从激励机制和约束机制来看,在计划经济体制建立初期,由于政治利益集团所营造的意识形态和政治运动强势,公众有强烈的主动性和积极性,在非计划经济体制下普遍

① 朱晓煜:《斯大林模式探源》,《华东经济管理》1990年第3期。

存在的“搭便车”现象被政治和意识形态所瓦解和驱逐，经济性的激励机制和约束机制被非经济性的政治文化等弹性机制所取代。这种弹性的激励机制和约束机制在特定的历史条件下，能够很好地充当市场经济体制下的刚性激励机制和约束机制，甚至能够发挥比刚性机制更大的效能。既然在计划经济体制建立初期，通过意识形态强势和政治运动强势能够很好地解决信息传输机制、激励机制和约束机制，那么出现经济迅速增长和经济发展也就是情理之中的事了。然而，这种弹性机制具有一种缺点，即它具有逐渐疲软和逐渐分化的趋势，而在短期内，重新更替或调整新的意识形态和政治强势是不可能，即使可能也不一定能够奏效。所以，在经济增长和经济发展达到某个顶点时，经济体制绩效出现下降趋势就不可避免了。

其次，公众的预期与国家预期相一致。这一点也可以用来解释上一点所提及的“为什么公众主动执行计划经济体制指令，具有强烈的自我激励机制和约束机制”的问题。在计划经济体制建立初期，为什么存在着这两者预期的一致性？这有两个方面原因：一是目标的共同召唤，即当人们为一个共同目标所吸引时，个体之间的合作欲望克服了他们的分歧或自利性；二是预期中的虚幻成分，人类总是生活在现实与梦想之间，即使在一个理性和科学盛行的年代也不例外，人性中具有一种不愿意正视现实和接受现实的弱点。在意识形态强势和政治运动强势下，人们愿意相信，通过无私的行为和共同的努力能够实现一种已被描述的美好的前景和梦想。当一种宗教般童话梦想弥漫和渗透到社会的各个领域和肌体时，人类的自利性会被克服，而为公众谋福利的无私奉献精神会发挥到极致，从而在全社会形成一种不可思议的一致性预期，以至渐次塑造出一种替代刚性激励机制和约束机制的弹性约束机制。至于一个社会是多元化的还是集中化的，这是一个不确定性命题，取决于社会运行和发展过程中无数个因素所构成的某种混沌的力量，对于这个问题的讨论也许超出本书的范畴，但在人类历史上确实屡屡出现过规模巨大的集体行动。这在目前只是一个确定性事实命题和不确定性理论命题。

最后，公众预期的消失推动社会经济运行和经济发展的机制僵化。公众预期之所以消失，是因为对于公众的激励机制、约束机制是一种非利益弹性机制，也是一种瞬时机制，它更多地与非物质的非理性相联系，而与物质利益的理性相脱离。一方面公众的预期难以通过长期的非物质利益来支持，特别是在生活消费水平低下，供给短缺的情况下尤其如此，另一方面，这种幻觉的预期必定难以实现，长此以往，公众的初期预期会消失。一旦公众预期消失，这种激励机制和约束机制会从最初的弹性机制立刻变成一种弹性很小甚至毫无弹性的僵化机制和体制。从另一个角度来看,经济体制和经济运行机制僵化,其体制绩效就从顶点迅速下降,直至国民经济崩溃的边缘。

新中国成立初期选择的计划经济体制实质是一种高度集中、带有军事共产主义性质的经济体制。具体体现在:第一,过度集中的国家决策体系,企业没有权力;第二,直接控制的经济调节体系,也就是指令性计划;第三,分配上统收统支、统负盈亏、吃大锅饭的平均分配体系;第四,政企不分、条块分割的组织体系,以垂直的行政联系为主,缺乏横向的市场联系。

这种经济体制在我们经济生活比较简单、生产力水平比较低而人民群众的要求又不高的情况下,对于集中力量搞建设以及奠定独立、完整的工业体系,还是起了作用的。但从物质利益和经济发展规律的要求方面看,它不能调动广大群众积极性(当时是靠政治来调动积极性的),也不能按照市场的需求来安排生产,更不能提高经济效率。所以,从效率上说它是失败的,至少是不成功的。

从中国社会主义经济发展历史过程来看,传统计划经济体制的主要弊端是:政企职责不分,条块分割,国家对企业统得过多过死,权力过于集中,忽视商品生产、价值规律和市场机制的作用,分配中平均主义严重。这就造成了企业缺乏应有的自主权,企业吃国家"大锅饭"和职工吃企业"大锅饭"的局面,严重压抑了企业和广大职工群众的积极性、主动性、创造性,使本来应该生机盎然的社会主义经济在很大程度上失去了活力。从另一方面来说,计划经济能够高度有效地集中人力、物力和财力进行重点建设,集中有限的资金发展重点产业,保证按预期计划目标实现国民经济发展的总体战略;计划经济有利于实现国民经济重大比例关系合理化,尤其是通过有计划的收入分配保证总供求的平衡,避免经济发展中的剧烈波动所导致的资源浪费,还能保证国计民生必需品的生产和供应,有利于解决人民最紧迫的生活需要(虽然计划经济的结果造成"短缺经济"①),实现收入均等化,稳定经济,从而稳定社会。计划经济体制在新中国成立初期适应了追求高速工业化和建立独立工业体系的需要,具有市场经济体制在短期内无能为力的作用,特别是对于集中力量搞建设、奠定独立和完整的工业体系起到不可替代的重要作用。计划经济与社会主义公有

① 雅诺什·科尔纳认为社会主义经济基本上是资源限制型的,生产资源受到限制,上层决策者、企业经营者和消费者的行为必然受到物质短缺的约束,从而出现求过于供,而短缺的根源来自国家与企业之间的"父子关系"。参见雅诺什·科尔纳:《短缺经济学》,经济科学出版社1986年版。

制相联系,有计划地发展经济是由社会主义公有制性质决定的。在某种意义上,计划经济体制是特定历史条件的产物,所以必须要全面地、历史地理解传统的计划经济体制。

第二节　社会主义经济转型理论

一、从改革经济学到转型经济学①

转型经济学产生的历史不长,却成为中国经济学界的热点理论。这里,我们首先要区分经济体制和经济制度这两个概念。我们可以把经济体制看成经济制度的具体表现形式,而经济制度则是指一个国家的基本制度结构,如公有制或私有制。在这种意义上,经济体制与直接经济运行方式相关,如采用市场经济还是计划经济。总体上,社会主义经济转型被看作社会主义经济制度的自我完善和发展,所以,大多数学者将经济转型视为经济体制的变革,只有少数学者将经济转型看作经济制度的转换,通常他们用“转轨”这个词。

我们可将转型经济理论发展分为两个阶段。从中国的情况来看,从社会主义经济改革到1992年是第一阶段,而从1992年至今则可以看作第二阶段,这样划分的根据是:从理论上说,20世纪90年代以前的改革是以市场社会主义理论为基石的。其核心思想是探索计划与市场、公有制与商品经济的兼容性。20世纪90年代以后,转型经济学被纳入西方主流经济学的分析框架,改革经济学就变成转型经济学。

根据改革的速度,我们可以将经济转型的方式分为两种:激进式改革与渐进式改革。激进式改革也被称为“休克疗法”或“震荡疗法”(shock therapy),是一种大爆炸式(big bang)的跳跃性的制度变迁方式,即在较短时间内完成大规模的整体性制度变革。它以迅速私有化、市场化、自由化战略为主要特征,以新古典经济学为基础,以贸易自由化、市场定价(使价格合理化)、消除通货膨胀(宏观经济稳定)和私有化为基本原则,把社会看成资源配置的手段,因此涉及了理想的配置体系,希望一步到位。渐进式改革是一种演进式的分步走的改革方式,具有在时间、速度和次序选择上的渐进特征。一般指中

① 张宇:《中国的转型模式:反思与创新》,经济科学出版社2006年版。

国的改革方式，是相对于激进式改革的一种改革方式。渐进式改革把社会看成信息加工的手段，认为社会信息量有一个累积的过程，任何改革方案最初都是以旧体制下获得的信息为基础的，对于未来，只能走一步看一步。

我们可以比较两种改革方式的成本，激进式改革的主要成本是实施成本。它是指制度变迁开始后一切由信息不完备、知识不完全和制度预期不稳定所造成的经济效率损失，是完成传统体制下各种正式和非正式制度、规则、习惯等向新制度过渡所必须付出的成本。在制度变迁的初始阶段出现较大的社会震荡从而引发较大的改革阻力，但是若能在较短时间内完成制度变迁和经济转轨，则损失会迅速缩小。

渐进式改革的主要成本是摩擦成本。所谓摩擦成本，是指由于制度变迁的非帕累托改进性质造成的利益重新分配，从而使某些社会利益集团抵触和反对所引起的经济损失，是非经济领域的混乱、摩擦和动荡影响到生产领域引起的损失。渐进式改革在整个制度变迁过程中一直注重过程的可控性和稳健性，强调各社会利益集团之间的利益均等和利益补偿机制，使得各社会利益集团在整个制度变迁过程中基本达到其福利的帕累托改进。

中国选择的是渐进式改革道路，在改革初期成本较小并且成本增长较为缓和，但随着时间的推移，当改革进入后期时，改革成本会不断增大，使得进一步改革的难度不断增加，整个改革的历时较长。这其中也存在着改革失败的可能性，即若国家经济无法承担改革后期的巨大成本，则改革容易发生停滞或倒退。中国之所选择渐进式改革道路，是基于自己的改革初始条件，也由于不同的传统文化、意识形态等原因。

二、不同范式的转型经济学①

由于理论流派和经验事实的不同，形成了不同的转型经济学。

(一) 新古典经济学的转型范式

以新古典经济学为基础的华盛顿共识在转型经济理论和政策研究中一度占据统治地位，其主张有：放松管制、贸易自由化、产权私有化、价格市场化。改革方式就是“休克疗法”。新古典经济学是关于市场运作的理论，不是关于市场发展的理论，它抽象掉了时间、制度以及政治和文化等重要因素的作用，因而无法对制度变迁的复杂过程做出系统的解释。以萨克斯为代表的新古典

① 张宇：《转型政治经济学》，中国人民大学出版社2008年版。

经济学家认为,中国改革的成功主要得益于一系列有利的初始条件,如落后的经济结构、传统体制的松散性等,不具有普遍意义,他们强调,中国改革的成功是十分有限的,而这种困境正是没有完全遵循自由主义造成的。

(二) 演进主义的转型观

渐进式改革的成功和激进式改革的挫折为演进主义提供了事实依据。演进主义理论可分为三个部分:演化经济学、保守主义政治学、哲学上的不可知论。其基本思想是主张渐进主义,反对大规模变革。计划经济之所以缺乏效率,在于计划者不能获得充分和准确的信息,而在市场经济中,生产决策所必需的信息都集中在市场价格中了。在计划经济向市场经济过渡过程中,根据一个预定的时间表进行一揽子改革时,设计人和执行人同样面临着信息不足的难题。激进式改革观把社会看成一种资源配置手段,因此这种理想的配置体制希望一步到位;渐进式改革观则将社会看作一种信息加工手段,认为社会信息量有一个累积过程,任何改革方案最初都是以旧体制下获得的信息为基础。青木昌彦认为,经济体制是一个复杂的进化系统,其内部具有自我强化的机制,不同制度之间存在着互补性。互补性越强,改革成本越高。进行大规模经济改革时,即使总的方向已经确定,改革的结果和过程也会有很大的不确定性,制度发展过程中还会出现各种各样的利益集团,给体制改革的推进带来困难,因此,渐进式改革更为可取。从进化论观点来看,没有多样性,就没有选择,制度和组织的快速变化,往往会牺牲长期的效率;相反,旧体制的存在和制度变迁中的摩擦保留了制度的多样性,为新制度的选择和产生提供了空间,从而促进了制度的成长。

(三) 制度经济学和新政治经济学转型观

制度经济学和新政治经济学转型观认为,经济问题的一个基本条件是政治制度的根本变化。转轨的核心是宪政规则的大规模改变,只有宪政制度的转轨才是衡量改革成功的最终标志。而经济转轨则只是转轨的一个部分。在他们看来,能够改造和能够选择的是制度,不能够改变和不能够选择的是人性(极端自由主义思潮)。新制度经济学分析中国经济转型时,提出双轨制过渡论和增量改革论。渐进式改革的基本特征就是在旧体制阻力较大时,先在周围发展起新体制,并随着新体制的壮大逐步改革旧体制。

(四) 市场社会主义的转型观

它共经历五个发展阶段:第一个阶段,社会主义经济中的资源配置不能够使用自然单位,而必须借助于某种价值符号;第二个阶段,认识到需要通过计算方程式来达到一般均衡;第三个阶段,提出了用竞争的方法解决社会主义经济中的资源配置问题;第四个阶段,是社会主义国家市场化改革的理论和实践;第五个阶段,认识到必须把社会主义的目的和手段分开,改革传统的公有制形式。

(五)马克思主义的经济转型观[①]

自1978年以来,中国改革采用渐进方式,选择社会主义市场经济体制为目标模式,形成一条中国特色的改革路径。中国的经济体制改革和发展过程始终是在坚持马克思主义经济理论的指导下和坚持社会主义制度的前提下,改革社会主义生产关系中不适应社会生产力发展状况的一些环节和方面,借鉴国外合理的管理经验和先进技术为我所用。改革既不是改变社会主义制度的性质,发展也不是照抄、照搬国外的发展模式。中国要建立和完善的社会主义市场经济体制,是要把社会主义基本制度和市场经济结合起来,充分发挥社会主义制度和市场经济二者的优势,这正是中国取得巨大成就的重要原因。中国通过改革,突破了西方资产阶级经济学认为只有资本主义私有制才能与市场经济相结合的理念,实行社会主义基本制度与市场经济相结合的社会主义市场经济体制,是科学社会主义发展史上的伟大创举,是马克思主义政治经济学的重大理论创新。因此,如果把中国经济发展的模式说成"中国模式",这种模式无疑是社会主义的发展模式。因其具有中国特色,可以称为中国特色社会主义的经济发展模式(与政治发展、文化发展和社会发展相对应,还有中国特色社会主义的政治发展模式、文化发展模式和社会发展模式,统称为中国特色社会主义发展模式)。考虑到这种模式的显著特征即公有资本与市场经济相结合,经济发展的中国模式又可以称为中国特色社会主义市场经济模式。

三、改革路径的理论

如何说明中国渐进式改革的内在逻辑和未来趋势,这是转型经济学的焦点问题。(1)初始条件论(Jeffre Sachs, Wing Ting Woo, 1994)。以萨克斯为代表的新古典经济学家认为,中国的成功主要得益于一系列有利的初始条件,如落后的经济结构和松散的传统体制;他们还认为,中国经济改革的成功是十分有限的,不具有普遍意义,中国改革面临的许多困境正是由于私有化不彻底

① 程恩富:《中国模式的经济体制特征和内涵》,《经济学动态》2009年第12期。

造成的。(2) 增量改革论(樊纲,1993)。渐进式改革的基本特征就是在旧体制因阻力较大改不动时,先在周围发展起新体制,并随着新体制的壮大逐步改革旧体制,可称为"边际改革"或"增量改革"。(3) 双轨制改革论(张军,1997)。以价格双轨制为特征的"边界改革"的经验在于国有部门在计划外边界上通过对价格信号做出反应去捕捉获利机会要比突然被私有化的国有部门去对经济扭曲和短缺做出反应更加迅速,中国经济改革的最重要特点不是一步放开价格和对国有企业实行私有化,而是逐步放开价格并在经济转型过程中出现大量非国有经济,从而在经济生活中引入竞争机制,产生硬预算约束和足够的供给反映,使短缺逐步消失,并迫使国有企业改变其行为方式,推动经济增长。(4) 多因素论(Barry Naughton, 1994)。诺顿认为中国改革的成功主要有几个方面:在保留旧的行政体制的条件下实现宏观经济的稳定和进行工业结构的调整;农村改革很快获得成功;政府垄断部门逐步放松进入控制;建立了价格双轨制;在计划规模绝对不变时,允许经济在计划外增长。(5) 国家转型战略论(大卫·科茨,2005)。中国的改革战略采用了与新自由主义政策相反的国家指导下的转型战略,包括价格控制的逐步放开,保留国有企业,政府在国有企业和基础设施上投资,以及一般情况下的扩张货币政策和国家银行系统的持续控制等。

第三节 渐进式经济体制改革的一种描述

一、制度变迁的演化理论

制度均衡是人们对既定制度安排和制度结构的一种满足状态,此时人们无意也无力改变现行制度,这里存在着两次成本收益分析,制度净收益大于零是制度安排的前提和制度选择的必要条件,但这不是充分条件,因为在同一条件下一般都存在一个制度选择的集合,在这个集合中有许多制度安排的净收益可能均大于零。把不同制度安排和制度结构的净收益加以比较,从而进行第二个成本收益分析以选择净收益最大的那项制度。制度变迁是对制度非均衡的反应,由于制度的供给与制度需求出现了不一致,现行制度安排的制度结构的净收益小于另一种可供选择的制度安排和制度结构,出现了一个新的盈利机会,制度变迁因此开始,而从制度非均衡到制度的均衡循环过程实际上是一种演化的过程。

制度变迁中的均衡/非均衡不同于技术或企业的变迁，它一般不是突然的跃进或突然的死亡而更强调制度的惯例以及搜寻中的自然选择过程，虽然演化道路上的意外事故和偶发事件在相对简单和不定型的开端向以后复杂结构的转变过程中也起着重要作用(理查德·R. 纳尔逊和悉尼·G. 温特，1982)。制度变迁的演化过程是一个技巧的学习过程，技巧是一个光滑序列的协调一致的行为能力，是程序化的，在很大程度上是一种说不出来的知识，并且往往是自动进行的选择。波拉尼举游泳的例子说明遵守一套规则达到有技巧地完成一件事的目的，而这套规则是遵守它的人所不知道的。游泳者保持他身体漂浮的决定因素是他调节自己呼吸的方式。他呼吸时不把肺排空，吸气时使肺比平时膨胀，在增高的水平上保持他的浮力。可是，这不是游泳者普遍知道的(K. Polanyi, 1962)。制度变迁并非人们理性设计的结果，而是类似于技巧的熟悉和运用过程，是一种演化过程。这种演化过程分两种方式：主动的"自然选择"和被动的"自然选择"。我国的制度变迁采取"双轨制"，它其实是一种"自然选择"的演化过程。从改革的顺序上看，首先采取增量改革的方式，将国有经济置于稳定不变的境地，大力发展非国有经济，从容易获得制度变迁绩效的农村体制开始改革，然后逐渐包围城市中的国有经济，国有经济从非国有经济和农村的改革中逐渐熟悉和获得了"改革"的技巧，当然这个过程是逐渐的，正如一个游泳者和一个骑自行车者是逐步熟能生巧一样。从改革中"破"与"立"的问题上看，现存的各经济组织以及经济主体在其不断的演化中，原有的信息量仍会发挥很大的效用。随着改革的深化，原有的信息不断被校正，新的更具效率的制度逐渐孕育。首先开放多种消费品市场和生产要素市场进行调放结合的价格改革，然后转入产权制度改革上来。从改革的可逆性上说，改革的过程是个"边学边干"(learning by doing)的过程，即所谓"摸着石头过河"。从改革的速度上看，不是一种"大爆炸"的方式，而是维系原有经济体制的联系和信息存量，政府采取"自然选择"态度的地方往往容易取得成功。另外，体制改革的试验规模由小到大，重视制度变迁实践中的智慧和技巧的存量，现存的信息倾向于旧体制，而新组织的信息倾向于新体制，因而一方面原有的制度必须保留，另一方面又大力鼓励边界企业进入，这是一种利益的调整和改进过程，也是一种"生存竞争"的自然选择过程。

一个经济体制中激励个人和集团的产权界定更多时候是逐步的，即虽是一次进行但是逐步被接受或不被接受。新中国成立初期所进行大跃进和改革开放初期在农村所进行的联产承包责任制的改革是经济制度演化过程被接受或不被接受的例证。中国的新政策是土生土长的,绝不是苏联确立和追求的"过渡"的秘方。中国从计划经济体制向市场经济体制的转型是一种惯例操作的演化,虽然表面上看是政府主导所提供的制度安排。技术制度惯例的特点是在市场竞争中迅速地、"习惯性"地反应,竞争是一种非均衡的动态过程,技术制度的决策可以看作企业过去的一种遗产,遗传类型的相对适合程度(惯例盈利的可解性)决定哪些遗传类型(惯例)将随时间的推移而趋向于占主导地位,而适应的程度又取决于物种(具有相似惯例的企业集体)所面临的环境(市场价格)的特点。技术本身的发展是相互影响并在前人知识积累的基础上逐步发展,而这些原有的知识也决定着发明和技术制度变迁的方向。

制度变迁的演化过程是一种随机的搜寻过程,它与评价现有的惯例有关并可能导致惯例的修改或急剧的变化,甚至取代惯例。搜寻与惯例的不同在于,在获得信息方面,它本质上是一个不可逆过程,并具有偶然性和不确定性,制度变迁的演化过程类似于地形学上的搜寻战略的实施。中国在改革开放前,权力在中央和地方之间的反复统分过程是一种搜寻,在改革开放之后长期存在的双轨制并存的过渡时期,其摩擦成本和实施成本的总和可以看作搜寻的成本。除此之外,搜寻成本还应该包括在不确定性、不可逆性和偶然性条件下的搜寻的休战成本,这部分成本不同于摩擦成本和实施成本的地方在于,它既不是一种"多次签约"的学习成本,也不是来自改革阻力的成本,而是一种保持在惯例道路上的静止的制度状态所付出的成本。制度的静态选择的均衡状态也是动态的制度演化过程中的特殊状态,而摩擦成本和实施成本正是从制度变迁的动态角度考察而产生的成本,由于制度的休战会产生双方共有的一种特殊符号,因而通常会节约制度演化成本,但休战期过长会产生一种维持制度静止均衡的费用,构成休战成本。一个组织的惯例发挥功能能够有助于创新出现的一种方式是,有用的问题以与现行惯例有关的谜或不正常情况的形式出现,即以现有惯例作为目标开始的解决问题的努力通过启发式方法反而可能导致创新。启发式方法是指任何一种有助于减少对解决办法的平均搜寻的原理或方法。在搜寻过程中或通过搜寻之后产生的自然选择从制度的环境范围来说可分为市场环境选择和非市场环境选择,从方式上说有主动的自然选择和被动的自然选择,我国的制度变迁是两种自然选择方式的互补。政府提供一种环境或氛围,然后自然选择,这种制度自然选择方式明显区别于理性设计一种制度构成制度供给的方式。另一种自然选择方式是被动的自然选择,它是通过一种非正式的制度规则的逐步发展壮大,尔后被动地被社会接受和承认的。国有经济的改革主要采用主动的自然选择方式,非国有经济的改革主要采用被动的自然选择方式。

二、进化博弈论

进化博弈论认为,经济中稳定的均衡状态是指不可能正确地知道自己所处的利害状况且发现最佳行动的能力也有限的经济主体通过对被认为最有利的战略逐渐模仿下去而最终所达到的状态。进化博弈论的模型包括:(1) 随机组合博弈。进化博弈论假定一个社会中存在着许多参与者,根据分析框架的不同,参与者有时是有限的,有时是无限的,而且每一回都是对参与者集合随机抽样,由被选出来的参与者进行预先规定好的博弈(要素博弈),获得在要素博弈中所得的利益。上述过程重复进行,时间既可以是离散性的也可以是连续性的。(2) 惯性。在进化博弈中,参与者每一次都要以某种特定战略参加要素博弈。由于战略的变更会伴随着成本的附加,所以难以认为所有的人每次都会改变自己的战略,从而社会中的战略分布逐渐地被调整。这种过程称为惯性。(3)"近视眼"。当有人变更战略时,总是将现在的战略分布作为已知条件,然后变更到与此相对应的一种最佳战略中。进化博弈这样的游戏如果具有稳定的均衡点,可以解释为社会中自发形成的习惯或制度;如果存在着多重的均衡,还可以分析根据历史初期条件向着不同均衡点收敛的历史依存性或路径依赖性。(4) 试错法实验。社会中具有革新意识的人们也许会尝试各种各样的战略,并且每一次都会有一部分人发生替换,甚至会出现新战略的新生代。这种历次打乱既存战略分布的因子就是试错法实验。如果该模型不考虑试错,当人们的策略反而因为惯性和"近视眼"而进化时,这种动力被称为最佳反应动力。

我们假定:第一,目前中国经济分为两大类型——国有经济部分和非国有经济部分,可称为S经济和N经济。第二,经济体制自身得到进化的方法有:政府介入、实验和与异文化的接触(青木昌彦,1996)。第三,社会主义市场经济目标体制为一种更有效率的制度或规范。一个隐含前提假设是中国经济改革方式属于渐进式的改革方式。

三、中国经济改革的初始条件

中国在经济改革前,推行的是重工业优先增长的赶超战略,全面排斥市场机制的作用,人为地扭曲生产要素和产品的相对价格,实行资源的计划配置制度。微观经营机制的特征是国有经济占绝对主导地位的工业所有制结构和农业经营的人民公社化。这种高度集中的计划经济体制从信息机制上说,属于单一共享型;从决策机制上说,属于集权型,但有一定的分权;从激励机制上说,缺乏有选择的激励,属于平均主义分配体制。

改革开始时,中国有80%的劳动力处于极度保守的国有经济之外。1978年,国有企业职工在就业劳动力中的比重占18%,与国有企业接近的城市集体部门职工比重占5%,而农村人民公社却占据劳动力比重的70%之上。中国的社会保障体系包括劳动保障、社会福利、社会救济以及公费医疗等。在整个20世纪80年代,这项保障支出都相当稳定。受益者占劳动力人数的23%左右,基本上是国有企业的职工,农村的劳动力则未包括在内(Sachs and Woo, 1994a, b)。从工资水平上说,从1956年起,全国实行统一的国家机关、企事业工资标准,这种统一规定的工资水平是十分低下的,一直到1978年,大多数年份的职工年平均货币工资都在600元以下。虽然如此,国有企业平均工资水平仍一直高于非国有企业平均工资水平,且差距最大时前者是后者的近两倍。改革前,尽管在数量上国有工业企业只占所有工业企业的1/4左右,但其拥有全国绝大多数的机器设备和其他制造业中使用的固定资产。国有企业在建筑业、运输业和其他服务业中也占主导地位。如1980年,城市3/4的建筑业工人在国有建筑业中就业。国有企业的主导作用还表现在国家预算财政拨款方面,改革前,国有企业预算支出相当于经济产值的1/3,而中国大部分固定资产和流动资金都是通过财政预算来筹集的。

国有经济中的从业人员与非国有经济中的从业人员相差不大,1978年国有企业从业人员3 139万人,其他企业从业人员2 952万人,而到1996年国有企业从业人员4 277万人,而非国有企业从业人员达6 661万人。但是国有经济的重要地位不仅是通过从业人员数来表现,更重要的是通过其在整个国民经济中的关键作用来体现的。从人均产值方面来说,改革初期国有企业从业人员的人均产值也远远大于非国有企业,这些是我们在分析改革初始条件和路径依赖时必须予以充分注意的。国有经济不仅在整个国民经济中占据主导地位,而且国有经济部门从业人员享有较多的优越性;相比之下,非国有经济则是在体制外生长和扩展它的地盘的,虽然它没有国有经济那么多的优越感,但它是在参与市场竞争中发展起来的,具有较强的适应度。经过四十多年的改革开放,虽然国有经济仍在国民经济的重要部门和关键领域起主导作用,但其许多优越地位正在逐步丧失，这不仅表现在国有经济的产值比重下降、亏损面增大、就业人数降低和传统的社会保障体系的瓦解，更表现为非国有经济的蓬勃发展。

虽然自20世纪80年代以来非国有部门获得迅速的增长，但国有部门对工业总产出增量的贡献份额仍能维持在差不多一半的水平上，国有经济与非国有经济在总体上势均力敌。

在中国的改革初始条件中，国有经济与非国有经济的结构、地位、政府市场化改革的取向，使得“渐进式”改革极有可能步入另一种纳什均衡的制度陷阱。从总体上说，中国改革的初始条件是高度集中的计划经济体制，国有经济一统天下是它的特征，而非国有经济的改革是以计划外增长为特征的，它一开始受到怀疑，且作为变异缓慢地提高了适应度，但由于产权的障碍，它不可能取得支配战略地位。在这种情况下，中国渐进式改革由于受历史初始条件的制约，即使环境发生变化，也将会出现最佳反应动力的结果难以从帕累托劣位的社会传统中摆脱出来这样一种调整失败。

四、渐进式改革的进化安定战略

(一) “鸽子-老鹰”博弈模型①

	H	D
H	1/2(V−C)	V
D	0	1/2V

图 3-1

注：H 代表老鹰战略，D 代表鸽子战略。

考虑有如图3-1所示的要素博弈，这是一个对称博弈。如果我们用$U_i(a, b)$来表示当参与者1选择a、参与者2选择b时，那么$U_1(a, b)=U_2(b, a)$是成立的。

再考察一个集体内人口为无限时的情况：首先设定集体内采取老鹰战略的比率为P，采取鸽子战略的比率为$1-P$，那么具有采取老鹰战略的遗传因子的个体的期望收益为：

$$EU_H = 1/2P(V-C)+(1-P)V$$

而采取鸽子战略的遗传因子的个体的期望收益为：

$$EU_D = 1/2(1-P)V$$

(1) 当$V>C$时，无论P值为多少，老鹰战略均为支配战略，所有的个体

① Maynard Smith, J. (1982d). *Evolution and the Theory of Games*. Cambridge University Press.

均采用老鹰战略的形态形成均衡。

(2) 当$V<C$时,则会因集体内采取老鹰战略者的比率的不同,采取老鹰战略或者采取鸽子战略将更有利于发生何种变化,用图 3-2 表示。

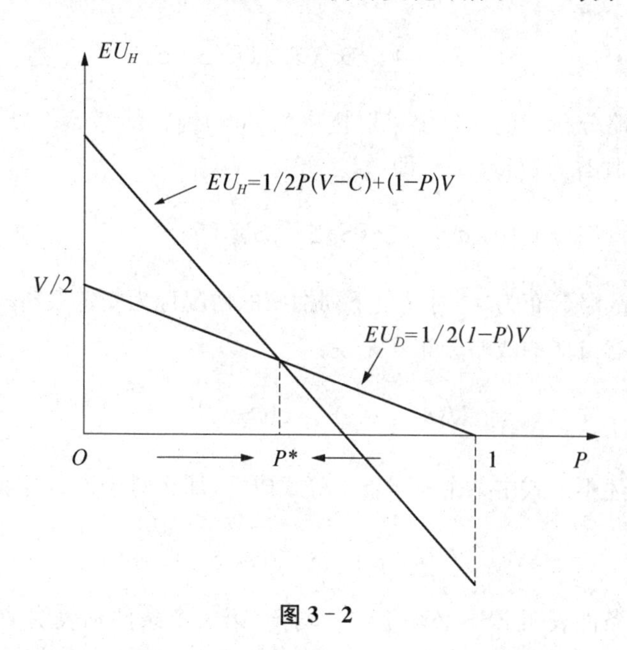

图 3-2

当P比P^*小时,则$EU_H>EU_D$,那么采取老鹰战略者将获得更高的利益,从而采取老鹰战略的人口增加;相反,当P比P^*大时,$EU_H<EU_D$,则采取鸽子战略者获得更高利益,从而采取鸽子战略的人口增加。换句话说,可以将P^*视为集体中采取老鹰战略的个体的稳定比率且$P^*=V/C$。当我们从最佳反应动力学的角度来看社会中的战略分布时,无论从哪一点出发,采取老鹰战略的比率都将最终收敛到P^*上来,从这个意义上说,P^*具有稳定性。实际上,在这个要素博弈中,$P=P^*$与图 3-1 的要素博弈中的混合战略的纳什均衡相一致。

(二) 进化安定战略①

作为分析随机组合博弈时社会将呈现何种战略分布的有效概念,梅纳多·史密斯提出了进化安定战略(Evolutionarily Stable Strategies, ESS)。在对称博弈中,我们将对方采取纯粹战略S'、己方采取纯粹战略S时的收益表

① 青木昌彦等:《经济体制的比较制度分析》,中国发展出版社 1999 年版。

示为(S',S)，将纯粹战略的集合表示为M，我们将战略分布为σ'、采取纯粹战略M时的期望收益写作$U(S, \sigma')$；即战略分布为σ'的情况下，将采取战略S'的比率写为$\sigma'(S')$，则：

$$U(S, \sigma')=\Sigma\sigma'(S')\,U\,(S, S')$$

设在战略分布σ'的人口中采取概率为$\sigma(S)$纯粹战略$S\in M$的混合战略$\sigma(S)$的期望收益为$U(\sigma, \sigma')$，即：

$$U(\sigma, \sigma')=\Sigma\sigma(S)\Sigma\sigma'(S')\,U\,(S, S')$$

我们将战略分布为σ^*时满足下列性质的情况称为安定战略。

对于所有可能的战略分布δ来说：

$$U(\sigma^*, \sigma^*)\geqslant U(S, S^*)$$

如果上述不等式中某个$\sigma\neq S^*$等式成立，那么对于该S来说：

$$U(\sigma^*, \sigma)>U(S, S^*)$$

第一个条件表明ESS必须是纳什均衡，第二个条件则表明纳什均衡未必都是ESS的结论。

再考虑上面的鸽子-老鹰博弈模型。$P=P^*$为ESS，这与纳什均衡是一致的。但是正如ESS的定义所示，这并不是总能成立。下面我们用奥野正宽(1996a)的图例来说明进化安定战略情况下的安定均衡点问题。

在图3-3(a)中，博弈具有(L, L)和(R, R)两个纳什均衡。当社会中P比例的人口采取L战略时，那么采取L与R战略时的期望收益分别为$EU_L=1+P$，$EU_R=1-P$，这样我们便得出图3-3(b)。当$P=0$时，$EU_R=EU_L$，R与L均为最佳反应，所以将不会发生偏离，因此在最佳反应动力中，$P=0$为定常均衡点。它同样也是纳什均衡，但并不是安定的点。这是因为一旦发生突然变异，哪怕P值稍稍增大一点，战略L就会优于R，P值上升，最终达到$P=1$这一结果。$P=1$即所有的人均采取L战略的状态为ESS。这个例子说明，在对安定均衡点的社会性探讨中，考虑突然变异或在更为社会性的脉络中研究其对应物时可以理解，注重对创新或实验等的考察是很重要的。

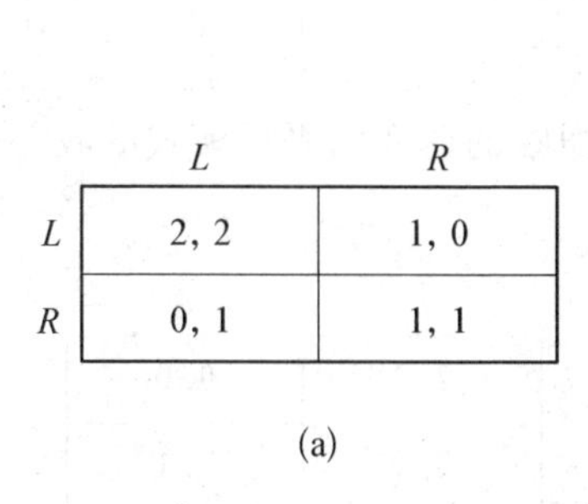

	L	R
L	2, 2	1, 0
R	0, 1	1, 1

(a)

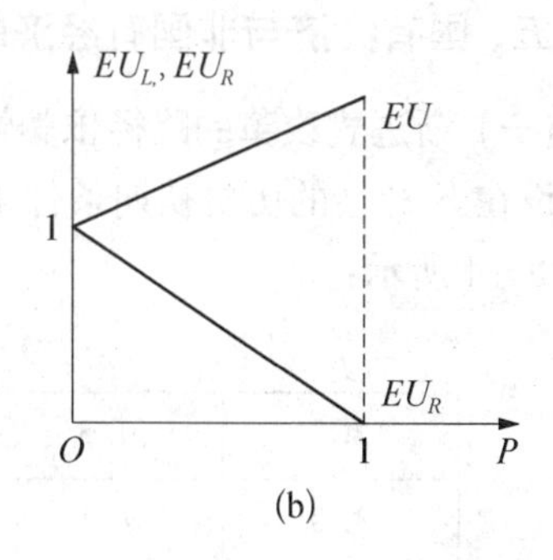

(b)

图 3-3

(三) 讨论渐进式改革的“安定均衡点”

若令 S 为国有经济，其采取鸽子战略，N 为非国有经济，其采取老鹰战略，则中国渐进式改革目前正处于 $P=P^*$ 的进化安定均衡点上。从上面的分析可知，这个稳定的均衡点 P^* 是一个稳定的比率。第一，经过四十多年的渐进式改革，非国有经济已经有了迅速发展。无论是产值、全要素生产率或从业人口比率都有显著增长。与此相反，国有经济特别是国有企业却出现了盈利率下降、亏损额增加和亏损面扩大的倾向。这样就逐渐使得非国有经济占据了中国经济的半壁江山。国有经济效益下降而非国有经济的效益上升使得从事老鹰战略的个体趋向稳定的比率。第二，虽然出现了 N 的效益上升和从业人员的增加，并且使采取老鹰战略者与采取鸽子战略者的利益相当甚至前者超过后者，S 的地盘也在不断缩小，但是 S 仍控制着国民经济的命脉和关键领域，尽管国有企业对产出的贡献相对减少，但国有企业仍不成比例地充当大雇主的角色并拥有稀缺的社会投资资源(Lardy, 1998)。不仅如此，政府对其优惠的照顾也难以避免。第三，从改革的路径依赖上看，从改革初期一直到现在，在人们的观念或偏好上，国有经济仍处于优势地位，无论是在技术创新、掌握关键技术，还是在保持宏观经济稳定甚至政治稳定方面，有不可替代的作用。第四，$V<C$ 是上述论证的前提条件。渐进式改革进入攻坚阶段，政府利用政策来释放体制中的能量已殆尽，并且利益集团利益格局的调整带来的矛盾使改革的成本大大上升，国有经济效益下降；与国有经济相比，非国有经济在财政税收、外贸金融等政策环境上仍处于劣势，这些都使得适应度提高的 V 的值大大减少，而适应度降低的 C 的值大大增加。所以 $V<C$ 的条件是成立的。

五、国有经济与非国有经济的协调进化机制

(一) 渐进式改革的路径依赖性

设在 S 社会的历史初期条件下,人们面临的博弈的平均模式的收益矩阵如图 3-4 所示:

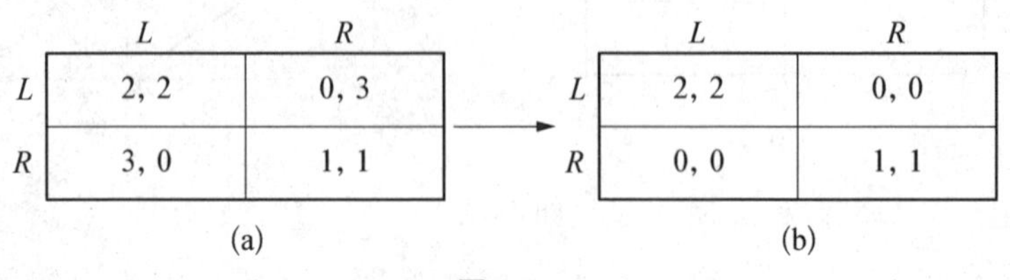

图 3-4

图 3-4(a)的博弈是一种囚徒困境,其中,R 是支配战略,所以该社会中的人们通过随机组合实施此博弈时要保持均衡的条件是所有人都采取 R 战略,这是一个 ESS。在该社会历史初期条件中,采取 R 行动成为习惯、规范。如果社会产生了环境变化,平均收益矩阵也随时间发生变化。但是因为在 S 社会中受历史初期条件制约,其他所有人都采取 R 行动是给定的条件,最佳反应也只能是 R。换句话说,社会的历史初期条件将会使最佳反应动力的结果难以从帕累托劣势的社会传统中摆脱出来,这种社会体制进化的路径依赖性表明进化过程不一定能带来最佳的传统和制度。

(二) 体制向更优均衡进化的方法

经济体制作为一个自我约束的体制有赖于每一个行动主体的支持。为了顺利实现经济体制的改革和转型,必须努力构筑能使人们支持新制度的刺激机制。按照青木昌彦等人的说法,使经济体制自身获得进化的方法至少有三种:创新与实验,政府的介入和不同经济体制的接触(与异文化接触)。第一种方法是通过革新、创造、实验使社会从帕累托劣势状态中摆脱出来,向更优制度均衡进化。在中国改革的目前阶段,产权结构变革的障碍和特殊的政治环境等,使得社会中的创意和实验的回报率低,即缺乏实验创新的激励机制或激励机制较弱。这就使得制度系统中出现突然变异成为"小概率事件"。第二种方法是通过政府的政策性介入,将人们的行动从 R 转换到 L。目前,这种方法收效甚微。主要原因在于:一方面,利益集团的利益刚性使得政府难以采取有利于向更优体制进化的新政策;另一方面,中国目前的非国有经济和国有经济势均力敌,政府采取每一项政策的效应往往会被对它的预期作用所

抵消。本文认为,目前中国体制向更优均衡进化的方法是非国有经济和国有经济的协调进化。下面根据奥野-松井(1995)模型来讨论这一问题。

设 S 社会与 N 社会人口总数中,S 社会所占人口比率为 n,并将该两种社会的接触、交流状况格式化:当 n 小时,则表示 S 社会相对小些;当 n 大时,则表示 S 社会相对大些。图 3-5 表示的是两个社会的人们相互遭遇的概率。这里 β 表示 S 社会与 N 社会一体化程度的参数。当 $\beta=0$ 时,两种社会处于封闭状态;当 $\beta=1$ 时,两种社会处于完全一体化状态。

	S	N
S	n	$\beta(1-n)$
N	βn	$1-n$

图 3-5

设 S 社会与 N 社会当初的社会习惯分别为 R、L。因为 (L, L) 和 (R, R) 对于参数 (n, β) 的任何一个值都存在,如果将 (R, L) 作为初期状态,对 S 社会的人来说,R 成为最佳反应的条件是:

$$2(1-n)\geqslant \beta n \longleftrightarrow \beta \leqslant 2(1-n)/n$$

所以,在图 3-6 的区域 (R, L) 中可能存在均衡 (R, L)。

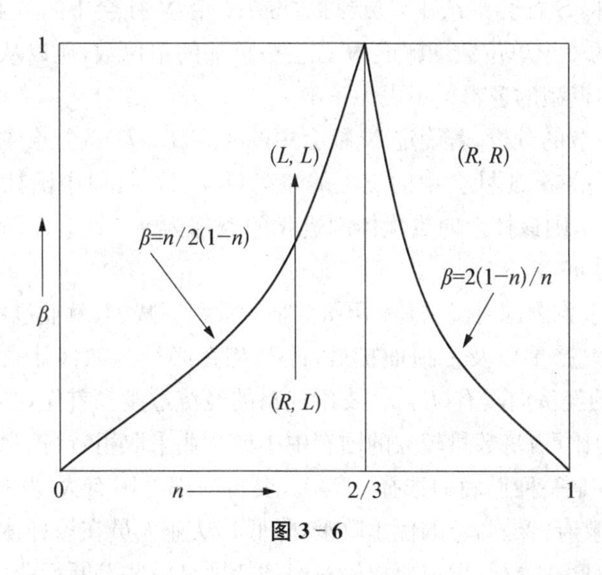

图 3-6

假定 $n<2/3$,当 β 从 0 开始逐渐增大并接近 1 时,在 S 社会中使 R 成为最佳反应的条件式已不成立。N 社会中采取 L 的人口慢慢增加,R 和 L 同时存在。与此相对,在 N 社会中 L 仍为最佳反应,因而 N 社会中的传统没有变

化，其结果是最终两个社会向服从 L 的均衡过渡，即比较小的社会 S 在向比较大的社会过渡时，S 的社会习惯发生变化。同时，当 $n>2/3$ 时，两种社会均向服从于 R 的均衡过渡。

上述考察表明，当受历史初期条件规定而形成不同习惯的两种社会相互加深交流时，具有形成更佳习惯的可能性。

(三) 国有经济(S)和非国有经济(N)协调向更优均衡的进化

这里有两个问题需要说明：(1) 假如国有经济和非国有经济同处一国内，但并非处于一体化的程度，可以将 S 和 N 视为具有不同制度、规范和习惯的两种社会，这是符合现有体制事实的。若将 S 和 N 表示为两种不同体制的社会，则两种社会(体制)一体化的程度为 $0<\beta<1$。(2) 奥野-松井模型的一个缺陷是，它只注重或分析了一个社会中人口数在协调进化中的作用，而没有考虑人口质量在进化中的影响。我国改革初期，国有企业的从业人员数并不比非国有企业从业人员数多，但其战略却在进化中处于支配战略位置，这除了产权、政治等因素的解释外，从进化博弈论的角度看，改革初期国有企业从业人员具有较高的支付效用值，适应度较高，从而使其战略处于支配战略地位。其实，因为可以将 S 社会中从业人员数折算成 X 倍 N 社会中的从业人员数，即将 S 社会中的一个单位数理解成 N 社会中倍加的单位数，所以从这个意义上说，奥野-松井模型的逻辑仍不失为正确。

根据上一节的分析，若确定 N 社会中的战略(L, L)为社会主义市场经济体制中的支配战略，S 社会中的支配战略为(R, R)，目前中国社会中的支配战略为(R, L)，则该社会向更优体制进化的条件为 $n<2/3$，而渐进式改革可逆性的条件为 $n>2/3$。

目前，由于我国国有经济体制不活、非正常利润减少、就业过度、社会支出过大、资产流失严重以及亏损面扩展，改革势在必行。如何让目前具有(R, L)支配战略的经济向具有(L, L)支配战略的经济过渡？首先，必须进一步缩小国有经济的比重，将数量较大的国有中小型企业采取租赁、拍卖等方式转化为非国有企业是一种正确的选择。其次，要将一部分国有大型企业推向竞争性市场，取消政府“保姆式”的优惠政策，降低其从业人员在该种体制下的支付效用值或适应度。最后，国家要放松对经济特别是一些垄断行业的管制，使其保护性的博弈收益降低，以促使其一部分从业人员向非国有经济转移。这些政策都将增大 n 的比率，使 N 社会成为较大的社会，从而增大较小的 S 社会向更优体制、规范和习惯进化的可能性。同时政府放松管制也会提高 N 社会的适应度。当然，渐进式改革的目标是建立社会主义市场经济体制，所以对于少数大型骨干企业、掌握国民经济命脉的部门或关键领域，国家在技术创新、产品开发等方面予以重点支持和保护是必要的。这应该更多是从非经济因素来考虑的。

以上运用梅那多·史密斯和奥野等人的进化博弈模型考察了中国渐进式改革中的路径依赖、进化安定和协调进化等问题，并对"双轨制"的过渡给出一个安定均衡点和变异的解释。它特别强调国有经济和非国有经济的协调进化机制，认为在目前国家放松对经济的管制和降低国有经济在整个国民经济中的比重是一个理性选择。本书在考察过程中有一个隐含的结论，即中国渐进式改革将经历一个较长的时期。因为中国经济改革的初始条件所决定的路径依赖性将导致制度变迁的博弈向不同体制、习惯和规范进化的可能性、反复性和可逆性。

第四节　两种价值判断与两种改革目标选择[①]

一、经济改革中的价值判断与目标选择

如果我们将经济体制改革过程看作一种制度变迁过程，那么，这种制度变迁过程并非仅仅是一种自然演进过程，而是一种自然演进过程和人类理性建构过程的统一。社会现象、社会过程不同于自然现象、自然过程，社会活动中的主体是人，不是物，社会制度变迁的主体同样也不是物，而是能够预期自身利益的利益主体，所以，制度变迁会受到人的主观意志或人的行为的影响，而不仅仅是一种自然演进过程。当我们说制度变迁是一种自然演进过程时，并不能排除它同时也是一种人类理性的构建过程。制度的自然演进过程是指这样一种过程：制度变迁本身是有规律性的，这种规律是不能违背的，人类理性构建作用也同样不能违背这种自然过程。然而，人类理性的构建作用必然会对制度变迁产生很大的影响，制度的选择、目标制度的确定和现实制度的形成都具有理性构建的成分，正是从这种意义上说，制度变迁过程同时也是人类理性的构建过程。

既然制度变迁过程渗透着人类构建理性，而人类理性是与价值判断紧密

---

① 伍装：《两种价值判断与改革目标选择——论新马克思经济学综合创新学派和新自由主义经济学派》，《经济经纬》2005年第1期。

联系在一起的,所以,制度变迁过程也就不可能排除人类的价值判断。基于不同的价值判断,人们对制度的选择和目标制度的确定不尽相同,制度对理性人的预期效用会产生不同的影响。中国的经济转型过程同样不能排除价值判断,虽然它也必须遵循制度演进的规律性,但中国经济转型过程并非存在着某种既定的、先验的过程和目标,更不是仅仅存在着西方国家制度变迁的过程和目标。这是因为:其一,不同国家的具体社会历史条件不同,从而制度变迁的目标和演进过程也不相同;其二,生活在不同社会历史条件下,人的价值观念不同,对于人的理性的影响也不同,从而对于制度变迁构建过程的影响也不同。

就中国经济转型来说,价值判断对于经济改革的影响主要表现在:第一,经济转型目标体制的选择。至于中国经济转型需要建立一个什么样的经济体制,具有不同价值判断的人会得出不同的结论,虽然目标制度是社会主义市场经济体制,但对于什么是社会主义市场经济体制,具有不同价值判断的人也存在着不同的理解。以张五常、张维迎等为代表的中国新自由主义经济学派的学者选择西方资本主义国家的市场经济体制作为中国经济转型的目标体制;而以程恩富、张薰华等为代表的新马克思主义经济学家则坚持强调社会主义市场经济体制中的“社会主义性质”。第二,经济转型的方式。中国经济转型具体采用什么方式,具有不同价值判断和价值观念的人也存在着不同的看法,这最突出地体现在关于公平和效率关系的处理上,“效率优先,兼顾公平”“公平与效率交互同向”和“公平优先,效率兼顾”,这三种观点背后实际上存在着三种不同的价值判断作为支撑。一般来说,新自由主义经济学派更强调市场机会公平和效率,而新马克思经济学综合创新学派则更强调整个社会的制度、权利、机会和结果的整体公平。在经济转型过程中,有的转型方式更多地指向公平,而有的转型方式则更多地指向效率。这其中必然会发生价值观念的碰撞,这一点也与上一点紧密相连,采用激进式改革方式的迅速私有化方案实际上是以西方发达资本主义国家市场经济体制作为经济转型的目标体制,而采用渐进式改革方式的中国式改革方式实际上是以社会主义市场经济体制作为目标体制的。第三,经济转型的具体过程。在经济转型的具体过程中,采用不同价值判断的人对于同一制度安排和同一改革方案存在着不同的预期。关于国有企业改革,新自由主义经济学派认为国有企业产权改革是核心问题,在这一过程中,国有资产流失是不可避免的,关键在于能否迅速建立起以私有产权为基础的市场制度;而新马克思经济学综合创新学派则认为,国家应该控制大型国有企业，政府应该在社会主义市场经济运行和发展中起重要作用，从而体现社会主义市场经济体制中的社会主义性质，并认为国有企业改革的关键问题并非产权问题，而是如何管理的问题。国有企业产权私有化会导致国有资产的大量流失，从而导致一部分人暴富，而另一部分人沦为赤贫，这种严重的社会不公正最终会影响改革的成果，甚至会由于贫富差距拉大而引起社会动荡。

在经济转型过程中，价值判断和价值观念渗透并有力地影响着经济转型过程，这不仅存在着理论逻辑的依据，也一再被中国经济转型的经验所支持。关于中国经济性质的争论、关于中国改革方式的争论、关于国有企业改革的争论，以及关于经济转型中公平与效率的争论等都是例证。总体上说，在中国经济转型过程中存在着两种基本的价值判断，这就是新自由主义经济学派的价值判断和马克思主义经济学派的价值判断，在这两种价值判断支撑下出现了对于中国改革路径的不同选择，新自由主义经济学派主张以新古典经济学为指导思想来进行中国经济改革，而马克思主义经济学派则主张以马克思主义经济学为指导思想来进行中国经济改革。值得指出的是，那种认为否认和排除中国经济改革中存在着价值判断的人，实际上是在自觉或不自觉地贯彻着某种既定的价值判断。新自由主义经济学派总是主张在关于中国经济转型的理论研究中排除价值判断，实际上，他们在思想观念中已经先验地假定新古典经济学是唯一正确的科学理论，是中国经济转型中指导性的经济理论，西方资本主义市场经济体制是中国经济转型唯一可供选择的目标体制。这种理论本身实际上已暗含着价值判断。

二、新自由主义经济学派视野下的改革目标和方式

对于中国的经济转型，一开始就存在着不同的观点，这是正常的。一方面，社会主义国家经济转型并无成功的经验可供借鉴；另一方面，人们对于社会主义计划经济体制对立面的市场经济制度存有先天的戒心。中国经济改革的推进，尤其是市场机制的引入，使人们渐渐认清了市场在资源配置方面的优势，虽然人们对于社会主义市场经济体制存在着不同的理解，但对于经济转型的市场取向逐渐达成一致意见。然而，对于改革方式和改革目标仍然存在着不同甚至相反的观点，这主要表现在：其一，中国的转型应该采用什么方式？是采用渐进式改革方式，即保留公有产权尤其是国有经济坚持社会主义经济改革方式？还是采用激进式改革方式？或者虽然采用渐进式改革方式但必须

采用以私有化的产权改革为核心的改革方式？其二，虽然社会主义市场经济体制的目标已经确立，但至于什么是社会主义市场经济体制却存在着不同观点，或者更强调西方发达国家的市场经济模式，或者更强调市场经济的社会主义性质。与此同时，由于对中国经济转型的路径和目标制度的分歧，也逐步形成两种主要的不同派别，这就是新自由主义的改革观和新马克思主义的改革观。

在中国经济改革的目标和方式上，新自由主义改革观的典型表现就是萨克斯对苏联提出的“一揽子”改革方案或所谓的“华盛顿共识”，产权私有化、价格（金融）自由化和宏观经济稳定化是其精髓。中国的新自由主义改革派虽然与“华盛顿共识”存在着非本质区别，如不认为中国改革可以采用激进方式，而只能采用渐进式道路，主张经济改革和经济增长具有中国特色等，但其精神实质与“华盛顿共识”是一脉相承的。

首先，他们认为中国经济改革的核心问题是产权问题。国有企业效率不高的根本原因在于其公有产权，即国有企业缺乏明确的产权代表者。国有企业摆脱困境存在两种选择：回到垄断或民营化。基于中国经济转型的条件，民营化是唯一出路。最优所有权安排并不包含价值判断，一个人作为企业所有者并不意味着比不是企业所有者时的处境更好。这里所说的“国有企业民营化”实际上是指国有企业产权私有化。新自由主义经济学派一方面排斥改革中存在着不同的价值判断，另一方面将产权私有化作为改革的根本路径。这种改革路径的选择实际上是基于这样一种价值判断和价值观念：中国经济转型是从计划经济向市场经济过渡，而市场经济的典型形式正是西方发达国家的市场体制，这种市场体制的核心和基础是私有产权制度，没有私有产权制度就没有市场经济；换言之，在公有产权制度的基础上不可能建立成熟的市场经济制度，这里并不存在什么不同市场经济制度的选择，以资本主义私有制为基础的市场经济制度是人类唯一自然合理的制度。它在否认制度方面的价值判断的同时，实际上是自觉或不自觉地贯彻着这样的价值观念，或者是基于这样的价值观念来考察中国经济的改革方式。

其次，公有制效率必定低于私有制效率。他们从新古典经济学出发，指出公有制的低效率不仅在于其缺乏产权激励，还在于公有制不可能构成成熟的市场经济的制度基础。中国的新自由主义经济学派积极主张产权私有化的一个隐含前提和内在逻辑是：公有产权的效率必定低于私有产权的效率。这种判断主要基于一种信念：资本主义制度是自然合理的制度，是最符合人性的永恒的制度。从理论逻辑上说，新古典经济学证明完全竞争的市场经济制度是一种能够使资源配置效率达到帕累托最优的制度，然而这种市场经济也只能是一种形式主义的理念，因为这种推理还需要一些“不言自明”的隐含逻辑和理论上严格的假设前提——资本主义制度是最符合人性的自然演进的制度，以及西方的自私经济人假设和完全竞争市场假设等（很明显，这种假设是建立在某种先验的观念基础上的），所以，从这种意义上说，私有产权制度效率高于公有产权效率的命题仅仅是一种关于信念和理想的命题。不仅如此，私有产权制度效率高于公有产权效率的判断和理论逻辑也并未获得经济发展经验的支撑。资本主义私有产权制度既存在着像工业革命时期那样的经济迅速增长，也存在着像20世纪30年代世界经济危机那样的经济大幅度下降；公有产权制度既存在着像中国“文化大革命”时期那样的经济下降和停滞，也同样存在着像中国“一五计划”时期那样的经济迅速增长。中国的新自由主义经济学派是基于某种既定信念基础上的价值判断来排斥和批判公有制，从而选择产权私有化的改革路径。

最后，产权改革过程中所出现的国有资产流失以及相应出现的贫富差距拉大属于正常现象，是改革必须付出的成本。新古典经济学以及随后的新自由主义经济学派是西方中心主义文化的产物，是对资本主义的产生、发展和成熟过程的一种经济理论抽象和概括。资本主义在经济增长经验上的成功更加强了这种理论在经济学界的支配地位。资本主义生产方式是伴随着资本原始积累和资本积累一起出现的，而资本原始积累过程是生产资料与劳动力被强行分离的过程，资本积累过程则是资本家与工人之间贫富分化日益加剧的过程。从这种意义上说，资本主义生产方式确立是以贫富差距拉大，或者说是以一极是贫困的积累而另一极是财富的积累为代价的。同样，在中国经济转型过程中，国有资产流失也是在中国建立私有产权制度的代价。按照新自由主义经济学派的逻辑，市场经济制度本身就是建立在贫富差距之上的，它强调产权改革是一种财富增长和财富创造的过程，国有资产流失和贫富差距拉大可以被看作中国经济转型或公有产权私有化必须要付出的成本。还需要指出的是，中国新自由主义经济学派未摆脱其理论研究中的价值判断，且这种价值判断并非中立，显然与现阶段中国某些既得利益集团的价值判断相吻合，却不能代表中国最大多数中下层人民的利益。

三、新马克思经济学综合创新学派的改革观

中国新马克思经济学综合创新学派坚持马克思主义经济学基本原理与中

国新的具体实践相结合,力图超越传统马克思主义经济学与西方经济学,进行马克思经济学的新综合与创新。

新马克思经济学综合创新学派认为中国的经济改革是社会主义制度的自我完善和发展,经济体制改革并非向资本主义市场经济体制转型,而是建立具有中国特色的社会主义市场经济体制,这种社会主义市场经济体制实际上是要在社会主义根本经济制度基础上完成用市场机制置换原有计划经济的任务。

新马克思经济学综合创新学派否认私有化产权改革是改革的"独步单方",认为公有制与市场经济能够有机地结合起来,实现公平与效率的统一。按劳分配的平等与商品交换的平等结合后,市场竞争会影响按劳分配的实现方式和程度,但若不与大私有制相结合,其本身无法带来两极分化,妨碍共同富裕。因而该学派坚决反对国有产权的私有化道路,坚决反对在改革过程中出现的大量国有资产流失,反对以国有资产换取特权,支持郎咸平关于产权和国有经济的某些观点。基于"公有制未必是低效率"的价值判断与实证分析,该学派强调坚持以国有经济为主导、以公有制为主体的社会主义基本经济制度,强调产权改革不是国有资产私有化和将国有资产量化到个人,产权改革和加强管理并行不悖,社会主义国有经济具有高效率与高公平的双重功能。

新马克思经济学综合创新学派主张汲取苏东社会主义国家、拉美国家和菲律宾等推行西方新自由主义即新保守主义经济学理论和政策的失败教训,反对美国主导下的经济全球化过程中一味淡化国家调节的作用,不注重国家经济安全和民族产业的发展。简言之,新马克思经济学综合创新学派主张"四主型"的市场经济改革观,认为必须完善社会主义市场经济体制,建设中国特色的社会主义。其初级阶段社会主义经济公式是"四主型"的:(1)公有主体型的多种类产权改革观,强调在以公有制为主体的前提下发展中外私有制经济;(2)劳动主体型的多要素分配改革观,主张按劳分配为主体,多要素所有者可凭产权参与分配,经济公平与经济效率是交互同向和并重关系;(3)国家主导型的多结构市场改革观,提出多结构地发展市场体系和发挥市场在配置资源中的基础性作用(十九大党章修正案修改为"决定性作用"),同时在廉洁、廉价、民主和高效的基础上发挥国家调节的主导性作用;(4)自立主导型的多方位开放改革观,主张处理好多方位开放并引进国外技术及资本同自力更生地发展自主知识产权且高效利用本国资本等关系[①]。

① 程恩富:《国家主导型市场经济论》,上海远东出版社1995年版。

从以上的分析可以看出，中国新马克思经济学综合创新学派的改革观同样也是一种价值判断，这种价值判断基于马克思主义经济学的基本观念和基本思想，中国的经济改革不是步苏东国家的后尘，退回资本主义生产方式，而是通过社会主义制度的自我完善和发展来促进社会主义生产力发展，从而从社会主义的初级阶段过渡到更高阶段；它秉承马克思主义经济学科学性和党派性相统一的观点，在改革中始终代表最广大人民群众的利益。这是中国新马克思经济学综合创新学派与新自由主义经济学派在改革目标和路径选择上的根本分歧。

第五节　关于过渡性制度安排理论的讨论①

过渡性制度安排是在转型理论研究从模式比较向过程分析转变的背景下提出的，是转型经济研究从表观现象层面深入到动力机制分析的重要标志之一，是转型经济理论发展深化的必然结果。

一、过渡性制度安排概念的提出及其在体制转型中产生的原因

国外一些支持渐进主义改革策略的学者研究了过渡性制度安排(transitional institution)，对中国学者的研究产生了深远的影响。罗兰是国外学者中系统研究过渡性制度安排的学者，他认为过渡性制度安排是资本主义市场体系下制度的各种变形，可能是通向市场制度的必要步骤，在让市场发展的同时维持现存的既得利益，避免了混乱。作者主要通过数理模型来分析各种可能条件下渐进主义会比大爆炸策略占优，而过渡性制度安排是作为渐进主义策略的一个工具，所以他重点讨论的只是在什么条件下需要渐进转型，以及两种不同的转型策略的经济绩效。由于他的研究方法比较规范，从而引起了国内外学术界对过渡性制度安排研究的重视，但过渡性制度安排本身仍是一个黑箱。穆瑞尔(Peter Murrell，2008)在新古典均衡分析的框架下探讨了过渡性制度安排问题，认为过渡性制度安排虽有利于降低改革成本，但经济绩效却不如均衡制度。也就是说，过渡性制度是低效的，只不过因为特定主体在选择制度时考虑的是改革成本而不是效率。

真正对过渡性制度安排本身展开研究的是中国学者。盛洪(1996)最早提

① 参见周冰、钟玉文：《过渡性制度安排理论研究综述》，《经济学动态》2011年第6期。

出了过渡性制度安排的概念。他在《外汇额度的交易：一个计划权利交易的案例》一文中率先提出并使用了这一概念。他认为，过渡性制度安排是衔接两种不同制度安排的中介形态，其自身的性质决定了在运行和发展的过程中会在较短的时间内导致对自身的否定；并且认为，对过渡性制度的研究比对稳定的制度安排的研究更为重要。曹远征(1996)在评论中指出盛洪所提出的"过渡性的制度安排"是研究中国体制渐进变迁的核心。因为体制的转型或过渡不只是一个时间过程，还是制度形式的变化过程。他还进一步详细总结了盛洪所提出的过渡性制度安排的特点，认为它具有兼容性，不是一种稳定形式，有创新能力和演进等性质；过渡性制度安排在渐进转型过程中的作用是，有效地降低了制度变迁特别是其发端时的社会成本，为制度变迁提供了一个学习过程。

但是多数研究者并没有从学理上对过渡性制度安排进行严谨的界定，往往仅从字面上来理解和使用它，把过渡性等同于不稳定性，对过渡性制度安排所使用的术语也不统一，包括过渡性的中间制度安排(张红宇，2009；相勇、章晶，2003)、过渡性杂种(樊纲、陈瑜，2005)、过渡制度等。因此，过渡性制度安排还没有真正成为一个严谨而规范的分析性概念，在中国平滑转型中的作用和理论价值还没有充分显示出来。

周冰及其学术团队对过渡性制度安排进行了系统的研究。周冰(周冰，2001；周冰等，2007；周冰等，2008)认为，过渡性制度安排是与正式制度相对应的一类特殊的制度安排。它是体制结构中的一种或一些非均衡的制度安排，或者是在体制结构中各个制度安排之间出现的不协调状态。从改革决策者或者说制度供给者的角度来看，它是试验性、尝试性、暂时性的制度安排；在客观上，即从事后观察的角度来看，它是不稳定的、短期的并且朝着改革前进方向演化着的制度安排。总的来看，不稳定性、短期性及兼具新旧两种制度的性质因而具有演化的方向性是过渡性制度安排的三个主要特征。周冰还通过案例研究得出中国在改革过程中所采取的过渡性制度安排，根据主观预测和事后结果的确定性程度分为四种主要类型：作为对改革目标搜寻机制的搜寻型过渡性制度安排；由于未能预见到后来的发展而作为改革目标推出但后来却演化成为过渡性制度安排的目标型过渡性制度安排；作为一项大的改革措施，化整为零分步骤推出的阶段型过渡性制度安排；为了缓和改革中的矛盾，采取以退为进的迂回策略而实行的策略型过渡性制度安排。为什么体制转型过程中会出现过渡性制度安排？主要有三种不同的理论解释：第一种是由钱颖一

(1998)提出来的,可以称为宏观体制动态论。钱颖一利用过渡性制度分析我国转型中的企业产权制度与完善的市场经济体制下企业制度不同的原因。他认为,转型国家的政府和市场制度等(他称之为的)宏观体制在不断演变,这决定了特定时期所出现的非驴非马的微观制度并不是静态不变的,而是动态可变的,即过渡性的。因此,他的观点实际上是宏观体制的动态性导致了微观制度的过渡性。第二种是由樊纲、陈瑜(2005)提出的,可以称为效率变动决定论。他们认为,制度的过渡性特征不仅是由外在的制度环境决定的,还由制度本身的效率随时间的变化而变化的内在特征决定,因此本质上是由过渡性制度安排本身的效率下降决定的。第三种是由周冰等人(2007)提出的,可以称为权利结构非均衡论。他们认为,转型是一个社会的权利结构不断调整和变化的过程,从原有权利结构的基础出发,社会各方展开利益博弈,当各方的策略暂时达到一个均衡结果时就形成一种新的权利结构,规定了一种新的制度安排。但是转型中的新制度安排往往是不稳定的,很容易发生进一步变迁,因为社会主体在新形成的权利结构基础上再次展开利益博弈时,又会寻求新的策略以使自己处于有利地位,此前刚形成的策略均衡很快就会被新的均衡所取代,转型也就表现为一系列过渡性制度安排不断被替代的过程。社会主体的博弈策略均衡不稳定,原因基本上可分为两类:一类是双方的妥协策略造成的均衡不稳定,另一类是有限理性下预期的不确定(或不准确)造成的均衡不稳定。参与改革博弈的决策者的有限理性和风险控制策略是产生过渡性制度安排的主观原因,改革过程中的社会权利结构非均衡则是更深层的客观原因。

二、过渡性制度安排不稳定的原因和持续变革的动力

由于理论来源的不同,这个问题从开始就形成了两条不同的研究路线。

第一条研究路线主要受新制度经济学的制度变迁方式和类型划分的理论启发,着眼于中国转型过程的长期性和其中各个阶段将会呈现不同特征展开探讨。杨瑞龙(杨瑞龙,1998;杨瑞龙等,2000)以中央治国者、地方政府和微观主体谁在制度变迁中充当“第一行动集团”,将制度变迁方式划分为供给主导型、中间扩散型和需求诱致型三种类型,认为中国的转型呈现出阶梯状的制度变迁方式转换的三个阶段,因为在改革不同阶段的特定约束条件下,三个主体分别扮演着改革主导者的角色。黄少安(1999)通过对其理论分析中的逻辑缺陷的批评指出,中国制度变迁主体角色的转换并不存在规律性的转移和由此

形成的分明的阶段，变迁过程总是多元利益主体的合力作用，不同主体扮演的角色、所起的作用不同，在转型的不同阶段或不同方面，主导角色不同且会转换并且可逆转。他从行为主体利益的角度来解释渐进转型的过渡性制度持续改革的动力，深化了人们对政府，特别是地方政府的利益最大化行为对推动改革的作用的认识。

第二条研究路线继承了哈耶克的自发秩序扩展的演化理论。哈耶克基于知识和信息的主观性、分散性，认为制度的变革是人们对经验和传统不断适应的结果，制度演化是微观主体在利益的驱动下通过自发扩展秩序的自组织机制来完成的。周业安(2000)利用哈耶克知识分散性和主观性的假设，认为中国制度变迁的演进(即过渡性制度安排的持续变革)是由政府组织制定的外部规则与微观个体之间主观、自发形成的内部规则不断地协调和冲突推动的，即政府和微观个体对利益和制度知识的协调与分歧构成了持续变革的基本动力。

三、过渡性制度安排演化的方向和路径

理论界对于过渡性制度安排在体制转型中的地位和作用的认识存在着很大的差异，这通常与他们对过渡性制度安排演化方向的看法联系在一起，而后者又往往是与学者们对于过渡性制度安排演化机制的研究相关的。这方面的文献在观点上存在着显著的不同，大体可分为四种。

第一种是对中国式的渐进改革能否以更低的成本转变为现代市场经济制度持否定或怀疑的观点。前者如萨克斯、杨小凯(萨克斯，2000；杨小凯，2003)等，后者如科尔奈(Kornai，2000，2005)等。从严格的意义上来说，以萨克斯和科尔奈为代表的这些学者探讨的并不是过渡性制度安排的演化问题，而是以西方自由市场制度为转型目标的既定前提来讨论渐进改革下诸如过渡性制度安排能否推进的问题。他们否认转型国家在建立市场制度上其他可能的创新，并且认为经济运行制度与政治制度的组合关系也都是单一的。他们基本上是以目标来衡量转型方式、转型路径的优劣，否认经济增长与过渡性制度之间的紧密关系。他们对中国渐进改革中先经济改革而后政治改革、重视即时经济绩效而轻宪政规则的模式是持否定态度的。也就是说，对于通过过渡性制度安排和中国所选择的改革顺序进行渐进改革能否把中国带入西方市场制度表示怀疑。

第二种观点虽然也把转型看成从一个确定的起点到一个先验给定的终

点，即把西方发达国家成熟的市场经济作为体制转型既定的前提和目标，但是由于他们赞成渐进的改革方式，因此主要探讨的是改革过程的路径。在罗兰(2002)的研究框架下，过渡性制度并不是一个关键的解释变量，这导致作者主要是从确定恰当的改革顺序的角度来解释改革的不断推进。至于这是一个什么样的顺序，他认为在不确定的条件下，并没有具体的路线图，过渡性制度安排的选择只是对意外事件和压力的一种即兴反应。樊纲、胡永泰(2005)则提出，在转型过程中的各项改革措施与过渡性制度安排的演化是平行推进的，而非改完一个领域后再改革另一个领域的循序渐进。

第三种观点强调市场体制的多元化。如周冰(周冰等，2007；周冰，2008)认为现有的市场经济制度模式是多样的，成功的市场经济体制既存在共性的规则，但也存在一些与各国历史、文化等相关的特性制度。由此认为过渡性制度演化的方向并不是照搬某一个或几个国家现存的市场制度的模型，而要根据现代市场制度的基本特征进行创新，以创造出更加适应本国国情和更能促进生产力发展的先进体制。豪斯曼、怀默庭(Hausmann et al, 2008; Martin King Whyte, 2009)等则从经济发展的角度提出类似的观点，反对简单照搬他国模式，主张根据国家自身所面临的约束条件等进行市场导向的制度创新。赵志峰(2007)通过最高(政治)决策者、主管政府和企业的三元博弈来解释国有企业的演化机制，从主管政府的腐败行为等角度来说明演化方向的多元性或难以达到彻底的私有产权制度。钟玉文(2010)认为，转型中滞后的风险转移是推动国有企业产权制度持续演变的直接原因，其核心动力来自最高(政治)决策者，并试图通过把主管政府进一步细分为地方政府和主管部门来解释国有企业改革过程中出现的改革方向的多元性和与社会公众目标相背离的可能性。

第四种观点一方面强调以经济增长目标来评价过渡性制度、决定过渡性制度变革方向，另一方面强调过渡性制度安排演化趋势的不确定性。罗德里克主编的论文集《探索经济繁荣》(2010)是一个主要代表。他们通过国别研究得出：虽然政治民主和产权清晰是实现经济持续增长的重要力量，但转型国家的经济增长取决于多方面的因素，单一的市场制度并不一定能带来持续的经济增长，如印度；然而缺乏良好的公共制度(如政治民主、清晰的产权制度)时，经济即使有一定的增长，也非常脆弱，如1997年以后的印度尼西亚；虽然可以把经济增长的目标作为评价和决定过渡性制度变革的标准，但这只是一种价值诉求，经济增长与向市场制度方向的变革并不是一回事，二者之间也不存在必然关系，如巴基斯坦；过渡性制度变革的目标并不是照抄现有的模式，而是需要反复尝试，针对当地具体条件探索适合自己的完善制度，并强调了探索过程中主观选择的重要性。王玉海(2007)认为，过渡性制度安排的演化是通过三个层次来实现的，即利益主体的适应性调整、契约的适应性调整和制度的适应性调整。其中利益主体为追求自身收益增加而做出的适应性调整又有两个层次，一个层次是在既有制度给定的选择集内的偏好调整，另一个层次是扩大选择集的调整。利益主体扩展选择集的适应性调整是借助契约进行的。因为利益主体的行为既有生产性行为又有分配性行为，而通过契约形成的合作组织既有创利集团又有分利集团，还存在创利集团蜕变为分利集团的倾向，因此，总体经济剩余的获得要以制度的适应性调整为保障。

一、复习思考题

1. 计划经济体制是如何形成的？
2. 中国经济体制改革的初始条件是什么？
3. 简述社会主义计划经济体制的基本特征。
4. 计划经济体制的弊端是什么？如何评价计划经济的绩效？
5. 新中国为什么选择计划经济体制？
6. 什么是“增量改革”和“双轨制改革”？
7. 如何理解渐进式改革的“安定均衡点”？
8. 对中国经济转型的经验存在哪些不同的解释？
9. 中国为什么选择渐进式改革方式？
10. 如何理解国有经济与非国有经济共同发展？
11. 评价雅诺什·科尔纳论述社会主义计划经济导致短缺经济的理论逻辑。
12. 简述新马克思经济学综合创新学派的改革观。
13. 简述过渡性制度安排理论的基本内涵。

二、课堂讨论题

1. 比较计划经济体制与市场经济体制形成的不同条件。
2. 在中国经济转型过程中存在哪两种价值判断？存在哪两种改革目标选择？

第四章　社会主义经济转型的内在逻辑

研究文献综述

社会主义经济转型模式是人们对社会主义实践经验的总结，丰富和发展了社会主义经济理论。学者们从不同的角度对中国经验进行解释，而中国经济转型的经验和理论还关乎中国的现代化过程和中国的崛起。一般来说，学界将经济转型方式分为激进式改革和渐进式改革[①②③]，并将俄罗斯的改革方式与中国的改革方式相对比[④]，从不同的视角来对中国经济改革过程进行描述，预期利益一致性理论即为其中之一[⑤]。学者们还运用新制度经济学的理论分析工具来分析中国的经济转型，并从政府供给主导型制度变迁和市场需求诱致型制度变迁的区分出发，进一步分析中国经济转型具有中间扩散型制度变迁的特征[⑥⑦]。

对于中国的经济改革，既可以从横向截面的角度来进行比较分析，也可以从中国历史进程进行纵向过程分析，从而由“中国之谜”引出“李约瑟之谜”的命题解答[⑧]。学者们认为，中国模式的优越之处在于，它把别国成功的经验纳入自己的模式[⑨]，并且努力建设符合自身特点的经济政治制度[⑩]。

---

① 李新：《中俄经济学家论中俄经济改革》，经济科学出版社2000年版。

② 盛洪：《中国的过渡经济学》，上海人民出版社2006年版。

③ 张宇：《过渡之路——中国渐进式改革的政治经济学分析》，中国社会科学出版社1997年版。

④ 李绍荣、程磊：《渐进式与休克疗法式改革的比较分析》，《北京大学学报（哲学社会科学版）》2009年第6期。

⑤ 伍装：《中国经济转型分析导论》，上海财经大学出版社2005年版。

⑥ 杨瑞龙：《社会主义经济理论》，中国人民大学出版社2008年版。

⑦ 杨瑞龙：《我国制度变迁方式转换的三阶段论——兼论地方政府的制度创新行为》，《经济研究》1998年第1期。

⑧ 林毅夫：《李约瑟之谜、韦伯疑问和中国的衰落》，《书摘》2007年第12期。

⑨ 程恩富、胡乐明、刘志明：《关于中国模式研究的若干难点问题探析》，《河北经贸大学学报》2011年第1期。

⑩ 张彧、徐建龙：《“中国模式”与“中国特色社会主义”的比较研究》，《科学社会主义》2007年第2期。

社会主义经济转型过程，从转型的速度和方式可以分为激进式改革与渐进式改革[1]；从经济转型主体的不同可以分为政府主导型制度变迁和需求诱致型制度变迁；从国别比较的角度，可以将俄罗斯的改革[2]看作放弃原有宪法制度框架的改革，而中国则属于坚持原有宪法制度框架不变条件下的改革，即坚持社会主义基本经济制度不变条件下的改革。社会主义经济改革必须考虑到不同国家的具体国情和改革条件，中国的经济转型需要考虑到中国的历史文化传统和制度传统等因素。社会主义经济转型可以从不同的视角加以考察和分析，从制度管制的角度，则可以将中国社会主义经济转型看作放松管制（与此同时还存在社会主义制度创新的过程）的制度变迁过程，而不同利益主体预期利益一致则是这种制度变迁过程背后的原因。

第一节　全面制度管制的形成

只要人类社会不出现“霍布斯丛林”状态，管制的现象总是存在的。管制可分为政治管制、经济管制和法律管制等。所谓全面制度管制，是指以经济管制为核心，包括政治管制、经济管制、法律管制甚至文化管制在内的全面管制，是通过一整套完整的制度体系来实现的。历史上出现的高度集中的计划经济体制就是这种全面制度管制的典型。从这种意义上说，中国进行的渐进式经济体制改革就可以被理解为政府逐步地、有控制地放松管制的过程。

那么，为什么会出现全面制度管制呢？政府为什么又要逐步放松这种管制呢？本来，制度是一种涉及社会、政治及经济行为的行为规则，当管制行为覆盖全社会并且这种管制的权力集中于政府一身时，就会出现所谓的全面制度管制。而政府又要重新放松这种管制时，这往往是由于政府和社会经济出现了危机，使得这种全面制度管制难以为继。在这里，我们以经济管制为中心，并以管制的“供给-需求”框架来分析这种全面制度管制。

如果将管制当作一个内生变量，它就像一种特殊商品，也是供求相互作用的结果。全面制度管制的形成也是由管制的需求者对管制的假性需求和管制的供给者的过量供给造成的。在这里，管制的需求者是居民（个人）、企业（单

① 樊纲：《渐进改革的政治经济学分析》，上海远东出版社1996年版。
② 李新：《向市场经济过渡：俄罗斯与中国》，上海财经大学出版社2001年版。

位),管制的供给者是政府。

(1) 从管制的需求方面说(以农村改革为例),改革之前,农民对管制的需求是一种假性需求,具有双重性:一方面,农民有发展个体经济的需求;另一方面,由于当时中国的生产力水平低下、市场狭小,农民有相互协作和组织起来的需求。农民需求的管制是在自愿基础上的联合,这种联合的倡导和组织者只能是政府,这样才会有激励和效率,但这种需求后来被政府诱导成农民对管制的强烈需求。

农民对政府管制的需求是双重的:发展个体经济的需求和政府组织联合劳动的需求。土地改革后,广大农民的最大愿望是在属于自己的土地上通过自己的勤劳发家致富、过上好日子。在农村人口中占绝大多数的中农当中,一些具有独立经营能力和扩大再生产能力者,“对组织起来发展生产不习惯,也不感兴趣”,“不想与无驴户组织起来出租卖出土地”。他们认为“参加换工组不如单干雇工发财快”,“想单干、想雇工、想当富农”。另一些人则因农具等不齐,又看到互助组能增加生产,因而希望通过换工来扩大生产。贫农也迫切要求摆脱贫困,“上升为中农”。他们或因劳力缺乏,或因缺乏生产工具,迫切要求组织起来,“能增加收入,维持生活”。

在企业方面,国有企业产生于战争年代的根据地,一开始就是由国家直接经营的,政府对其实行管制是天经地义的。国家通过政权的力量强行没收或接管原来控制国民经济命脉的官僚资本,征用或征购、代管、收购了外国资本的在华企业。这种通过国家政权建立起来的国有企业,集中了近代化的大企业,确立了其在国民经济中的主导地位。中央政府又通过对个体手工业的社会主义改造和对资本主义工商业的社会主义改造方式,将它们转变成社会主义全民所有制和集体所有制,在这个转变过程中,政府的政权是一个杠杆。无论是采取过渡、赎买和帮助,还是采取政治运动的方式,在这个转变过程中,政府始终是主角,在经济生活中,政权的力量是太强大了。

工商体制的建立直接是国家权力作用的产物,在这个过程中,我们完全可以将其看作国家权力在另一种形式上的分解。在这种情况下,工商企业对政府管制的需求几乎是惯性的,这种类型的企业也没有能力选择体制。尽管在新中国成立初期,由于物价不稳、市场混乱,一些企业希望政府出面管制物价、确立市场规范,但这种企业对正常秩序规范的管制需求被政府引导和误解成没有政府对经济的全面管制将会造成经济生活的全面混乱和新生政权的不稳。

农村中农民的假性管制需求和城市中企业的惯性管制需求被政府错误地判断成社会经济生活中存在着一种强烈的对制度管制的需求,最终形成了全面制度管制。

(2) 从制度管制的供给方面上说,政府有过剩的管制供给愿望和能力。① 政府将全面制度管制的计划经济制度等同于社会主义、共产主义,认为不断地提供管制的供给能为政府甚至全体人民带来最大的潜在利益,低估或并未计算提供这种制度安排的成本。根据马克思、恩格斯的论述,社会主义是与资本主义相对的一种经济形态,它的一个基本特征是克服社会经济的无政府状态而进行有组织、有计划的发展,列宁甚至把社会主义经济制度概括为计划经济。马克思列宁主义是中国共产党的指导思想,所以全面制度管制的计划经济便成了共产党政府压倒一切的效用偏好。代表政府声音的《人民日报》在1950年2月6日发表了著名的社论《学会管理企业》,指出新民主主义计划经济应首先从国营经济开始并强调各管理机关的首要任务不仅是根据需要和客观可能将工厂企业的管理统一起来,而且要赶紧制定可能实行的各方面的统一制度,以便制定全国统一的经济计划。按照毛泽东的说法,"民主主义革命是社会主义革命的必要准备,社会主义革命是民主主义革命的必然趋势","完成中国资产阶级民主主义革命(新民主主义革命),并准备在一切必要条件具备的时候,把它转变到社会主义革命的阶段上去,绝不能半途而废"。当时的主要领导者很快又将计划经济与社会主义画上等号。1949年,政府制定的起临时宪法作用的《共同纲领》规定,中央人民政府应争取早日制定恢复和发展全国公私经济和各重要部门的总计划,规定中央和地方在经济建设上分工合作的范围,统一调剂中央各经济部门和地方各经济部门的相互联系。这表明,政府已将实现全面的制度管制看作自己的最大潜在利益。② 当时的制度环境(历史和现状)决定了实行全面制度管制最能节省制度交易费用或者说最有效率。中国经过长期的战争,经济基础被严重破坏,人民积弱积贫,新生的政权处于威胁之中,大陆尚未全部解放,解放战争还在进行,五六百万主力部队与大行政区直属部队必须按月由中央开支经费,战争的需要成为财经工作的核心,军事所代表的政治变量成为确定制度的主要变量。在特定时期,政治效用成为政府的无穷大效用或利益。在物质严重缺乏的情况下,只有采取消费品的集中计划才能保障人民基本生活需要,只有对生产要素进行统一配置才能进行经济恢复和重点建设,政府还要依靠集中掌握和调配的财力、物力,在市场上与投机商人斗争并改造私有经济等。在这些制度的初始约束条件下,政府建立的全面制度管制的收益大大超过成本。政府大量提供制度的制度安排是理性的选择。③ 苏联制度的示范效应制约着中国政府的有限理性。一方面，苏联的援助影响甚至主导着中国政府的效用偏好。中华人民共和国成立后，苏联政府的援助对我们的经济恢复和经济建设起了很大的作用，苏联派了很多专家来我国在生产上进行设计和指导，在高校进行理论教学，在经济管理部门帮助工作，中国也派了很多人去苏联学习，这些都大大改变着中国政府的效用偏好。另一方面，由于社会科学知识的局限和政府的有限理性，政府将苏联的计划经济体制当作唯一真正的社会主义经济体制。当时实行的计划编制与管制、基本建设管理、物质流通、工业企业管理等机构和制度的建立都参照了苏联的做法，这种经济体制切合当时政府的愿望和需求，而且照搬别国的模式建立全面管制的制度具有很低廉的成本。④ 政府提供全面管制制度的路径依赖性。战争期间形成的政治、经济、军事体制比较易于与全面的管制制度接轨。在长期的战争年代，为了保证战争的胜利，在共产党领导的根据地，逐步建立了一套带有军事共产主义供给制特征的制度体系，这种制度体系和经济管理经验作为一种路径依赖对后来的计划经济体制的形成产生了深远的影响。初始制度的选择会强化现存制度变迁的惯性，因为沿着原有制度变迁的路径和既定方向前进的成本总比另辟蹊径的成本低得多。

以上通过管制的供给-需求分析框架说明了全面制度管制的形成是两方面因素共同作用的结果：一方面，中华人民共和国成立以后，居民（个人）、企业（单位）存在着假性的管制需求和惯性的制度需求；另一方面，政府存在着过剩的制度供给愿望、能力和惯性的制度供给。在一个政府的政治力量与资源配置权力均处于绝对垄断地位的社会中，在一个居民和企业对管制的需求弹性几乎为零而政府又有过剩的管制供给愿望和能力的社会中，建立一种全面的制度管制体系是最自然不过的事情。

第二节　从制度管制到制度竞争

一、制度管制

（一）经济管制的理论基础

国家拥有一个在纯理论上即使是最有势力的公民也不能分享的资源——强制权。管制就是一种强制权，是国家或政府的职能之一。经济管制理论的中心任务是，解释谁从管制中得益、谁因管制受损，管制会采取什么形式以及管制对资源配置的影响（斯蒂格勒，1958）。虽然从某种意义上说，管制是一种政治过程，经济学家们习惯于将政府管制看作外生变量。管制是个人或集团成员从事经济活动的环境，而构成这种经营环境会发生成本，如果要求政府管制，会从政府的管制中获得较高的报酬，但政府管制不是免费提供的，政府管制的需求者必须向供给者支付价格。所以，在整个经济中，某些集团要求并得到政府的保护，但另一些集团则不要求或未能得到政府的保护，一些集团保护多一些，一些集团则少一些。这样，管制就可被看作经济系统的一个内生变量，并可将其纳入“供给-需求”的框架下展开分析。管制如同一种特殊商品，也是供求相互作用的结果。

公共管制的理想主义观念已深深地扎根于经济学界。它们认为管制主要是为保护全体公众或一些人数众多的社会集团，是为他们的利益制定的。所以损害了公众的管制是为达到某一社会目标（如国防、环保等）必须支付的代价，或者是管制者（政府）偶尔犯下的错误，没有正确地贯彻管制的原则。其实，如果将管制作为经济系统的内生变量并将其纳入“供给-需求”的分析框架分析之后，其结论并非总是如此。除非我们已经揭示了政治生活的基本机制，否则改革者将在缺乏有关知识的情况下去利用国家进行改革。这样，那些由于特殊集团无孔不入地利用国家支持而受损害的人，仍然没有希望保护自己的利益。

中国渐进式经济改革是一种从计划经济向市场经济的过渡。中国原有的集中计划经济体制可以被看作一种极端的经济管制或管制的绝对过剩，而成熟的市场经济体制则应是管制的供求均衡。从这种意义上说，中国渐进式改革过程就是一种政府逐步放松经济管制的过程。

（二）改革实践的昭示

改革是为了解决管制的供求均衡，促进资源的有效配置。改革之前，管制的供给大大超过管制的需求或称管制的绝对过剩。管制的供给者是政府，管制的需求者是企业、单位和个人。当时的管制供求严重失衡，社会资源配置严重低下。在1958年之前的农业合作化时期，各制度利益主体处于博弈的合作均衡阶段，此时管制的供求处于均衡。1952—1958年，农业生产连年增长，中国农业合作化运动避免了苏联在1929年集体化所导致的灾难性后果。然而，1958年人民公社化之后，农民退社的自由权被剥夺。从博弈论的角度看，组织形式的这种转变使合作社的性质从一种重复博弈变为一次博弈，一个合作社的成功最终取决于一个自我实施的协议，而在一次博弈中，一个自我强制实施的协议是无法维持的，从而使原先的合作均衡走向非合作均衡（林毅夫，1994）。从管制经济学的角度看，用人民公社化取代农业合作化，农民退社自由权被剥夺，这是管制程度的加强，结果导致管制供给超过需求。此时政府提供的制度安排并非需求者所推动的。1958 年的农村人民公社化运动是在当年掀起的大跃进的基础上进行的。它不仅把农民的生产资料变为公有财产，甚至将一些生活资料也变成公有财产，把公社看作具有全民所有制成分的组织，用管理国营企业的办法来管理公社，实行三级所有（公社、大队、生产小队），并在部分地区实行“穷过渡”。管制的供给过剩也表现在工业部门，如国家对企业统得过多过死，分配上实行平均主义。所以，1958—1978 年，中国经济制度上的总体特征表现为管制供给的绝对过剩，从而使社会主义经济体制缺乏内在的激励机制而变成僵化的经济体制，致使资源配置效率严重低下。

渐进式改革的过程表现为政府逐步放松管制的过程，即市场化改革完全可以被解释为逐步放松计划性政府管制的过程。在改革之前，曾出现过几次包产到户的尝试，都因为政府的强制措施而被压制了（唐宗昆，1998），此时，如果管制的需求者要求取消一些制度安排，操作的成本太高甚至是不可能成本。在 20 世纪 70 年代末，中国政府肯定了联产承包责任制，由于实行制度变迁的潜在成本大大降低，极大地提高了管制需求者进行制度变迁的积极性。潜在的制度变迁的收益不仅吸引着管制的需求者，也吸引着管制的供给者。政府推行的放松管制的政策大大缓解了管制供给过剩的状况。在国有企业改革方面，政府推行的一系列改革措施实际上也是放松管制的措施：放权让利、利改税、承包经营责任制、股份制试行以及国有企业抓大放小等。价格体制更是主要表现在政府放弃对价格的控制权，逐步建立市场价格体制。中国渐进式改革中的双轨制表现为管制与非管制的并存。从广义上说，管制可以被理解为政府对市场的干预。管制是由行政机构制定并执行的直接干预市场配给机制或间接改变企业和消费者的供求决策的一般规则或特殊行为（史普博，1989）。由于管制者是依靠对市场机制的过度干预来实现其目标的，因而必然会导致资源配置的失效。从这些意义上说，渐进式改革过程又可被理解为非管制逐步取代管制的过程。管制绝对过剩是原有计划经济体制的基本特征，政府逐步放松管制则构成渐进式双轨制过渡的基本脉络。

（三）放松管制与政府职能

从改革的实践经验看，放松管制促进了资源的优化配置。但是解决管制的绝对过剩、恢复其供求均衡，靠简单地减少管制供给或放松管制不行，这里还有一个管制供给和管制需求的结构性失调问题。在中国经济改革的目前阶段，出现了政府该管的未能管起来而不该管的又管得过多的现象，在一些行业或地区，管制的供给大于需求，在另一些行业或地区，又存在管制的供给小于需求的情况。

调整管制供给和需求的结构涉及改革中不同利益主体之间利益格局的重新组合。政府决策具有强制普遍性，政治决策过程和市场决策过程是根本不同的。政治利益的限制和获得立法成本的存在，使得这种管制结构的调整变得十分困难，要说明对经济事务（及社会事务）的管制，只能在两种对立的理论间选择，要么管制是为特殊利益集团服务，要么管制是为公共利益服务（波斯纳，1974）。假定政治体制是被理性地建立起来并被理性地使用的，这并不意味着国家服从任何一个人的公共利益，而只说明，我们应该在此假定前提下找出一个利益集团在何时、因何故能操纵国家以实现它的目的，或反过来被国家控制，实现不同的目标。如果我们假定一个利益集团的政治力量是准备用于某一政治-经济问题的资源量的函数，资源的决定取决于该集团能得到的利润、由较低购买价格引起的成本下降、追求其他目标的欲望程度。最终的政治均衡并不是哪一方力量强，哪一方便获胜，而是在一个中间点两方的力量相等。经济管制论的重点是决定能界说集团政治力量的函数的性质和依据（斯蒂格勒，1988）。

管制经济学分析说明了调整管制供给和需求的结构为什么以及如何使一方受损而一方得益或两方利益均衡。虽然中国双轨制渐进式过渡期间的政治机理的特殊性并不一定完全符合上述一般原理所需的初始条件和约束条件，但推行以下两项改革措施显然是明智的选择。(1) 政府机构改革势在必行。如果想调整管制结构，而又不想触动政治利益集团，这是逻辑上的自相矛盾。政府是一个社会中每个利益集团潜在的资源和潜在的威胁。在改革成本不断增加而影响制度变迁绩效的主要因素是政府管制时，政府自身的改革必定能促使管制供给和需求总量上的平衡、结构上的合理，从而大大提高资源配置水平。(2) 双向调整。在一些行业或领域增加管制的供给，如政府制定无序市场的竞争规则、工业化过程中的环境保护政策的制定和实施等。在另一些行业或领域则应减少管制的供给，如进一步开放金融和贸易市场、拆除地区和行业间的壁垒等，其中特别重要的是放松政府对产权的集中管制。

从总体上说，目前中国经济改革中的总量供给仍大于总量需求，放松管制仍是双轨制渐进式改革的主流，但管制供求中的结构性矛盾已成为进一步推行经济转型的障碍。所以，在继续放开政府对经济管制的同时，配合解决好管制供求中的结构性失衡是我们当前改革的主要任务。

二、制度竞争

（一）制度利益利用曲线

一般来说，制度是一种公共物品，即一个人消费这些物品或服务不会损害其他任何人的消费，因为制度是一种公共规则。然而，制度作为公共物品具有其特殊性，在特定时期，制度会具有排他性或非相容性。中国经济改革采用的是双轨制渐进过渡的方式。在双轨制经济中，政府出台一项改革政策或提供一项制度安排会有益于一些人，而对另一些人的利益产生损害（如既得利益者）。这就产生了双轨制中的制度利益和制度成本。制度利益是指某项改革措施的推进会给一些人带来好处或收益，而制度成本是指某项改革措施的出台会给一些利益个体带来额外损失或费用。

为做进一步研究，本书特做如下基本假设：(1) 在特定的制度环境下（双轨制经济），制度利益的总容量为 N，并将利益总容量分为 n_1 和 n_2。n_1 代表国有经济领域的群体利益，而 n_2 代表非国有经济领域的群体利益，其中，$N=n_1+n_2$。(2) 各利益个体能自由地进入两个领域，或虽在短时期内不能自由进入但在一个较长时期内能逐渐进入，并将各利益个体在各领域之间流动的转移成本忽略不计。(3) 不同领域对竞争者的适合度各不相同且每个竞争者都将进入可望获得最大利益的领域，即本书接受新古典经济学关于“经济人”的假说。(4) n_2 体制（市场经济）效率高于 n_1 体制（计划经济）的效率。

那么，在特定的制度环境下，随着某个领域内竞争者数量增加，会导致该领域内利益被瓜分，且现行体制会限制其利益的继续增长，所以任一竞争者的适用度（平均收益率）总会随着竞争者数量增加而呈下降趋势（见图 4－1）。

(a)图表示所有利益个体的适用度都简单地随着竞争者个体数量的增加而下降。(b)图假定一个领域的所有个体都生活在一个组织单一化的社群中，在某些情况下，社群较大（有一定限度）会给每个个体带来一些好处。在这两个图中，领域 1 内的社群（群体）成员都是在达到 6 时个体适用度才达到最大值。在(b)图中，第一个到来的个体选择在领域 1 中生活，因为 $W_1(1)>W_2(2)$。由于开始时，个体适用度是随着社群大小的增加而增加的，所以接着到来的几个个体也选择了在领域 1 中生活。虽然最优社群大小是 $n_1=6$，但后

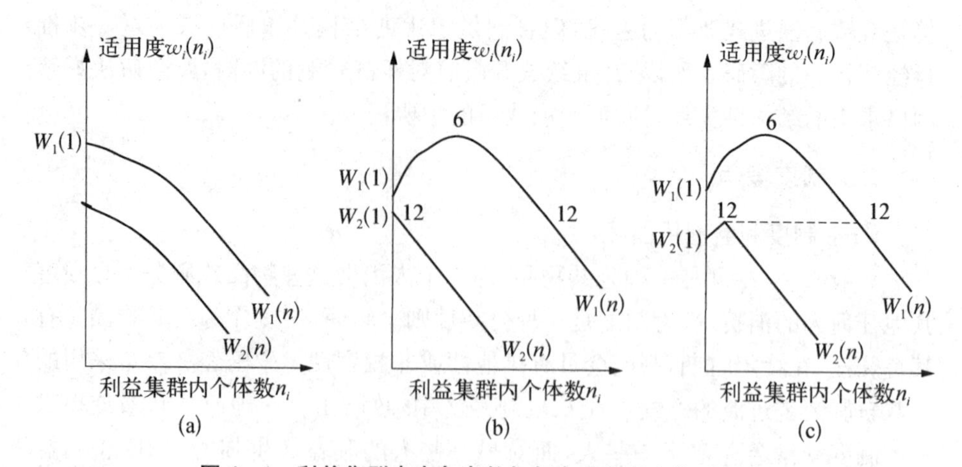

图 4－1　利益集群内竞争者数与每个竞争者个体适用度

注：$W_i(n_i)$表示在利益集群领域 $i(i=1,2)$内 n 个集群成员的适用度。

面的几个个体还是选择了在领域 1 生活，这是因为 $W_1(X)>W_2(1)(X=1,11)$，又因为 $W_2(1)>W_1(12)$，所以直到第 12 个个体到来时，才开始选择在领域 2 中生活，此后利益个体便交替地选择领域 1 和领域 2，主要是取决于当它们到来时哪个领域相对地会带来更多利益。在(c)图中，前 11 个个体是在领域 1 中生活的，这是因为 $W_1(X)>W_2(1)(X=1,11)$，又因为 $W_2(1)>W_1(12)$，所以第 12 个个体便选择了领域 2。一旦第 12 个个体在领域 2 生活下来，情况就会发生变化，此时将有利于领域 1 中的一个个体向领域 2 转移[见(c)图中的虚线]，因 $W_2(2)>W_1(1)$，发生这种转移的条件是：(1) 转移者尚在领域 2 做任何投入；(2) 转移者从进入领域(集群)1 时起，它预期的适用度已有所变化；(3) 转移者在做出加入集群的决策后，仍继续监视着其他集群的质量。

从以上对制度利益集群(领域)的分析中，我们可以描绘出制度利益在不同领域被各个竞争者所利用的制度利益利用曲线。在一定限度内，集群越大会给每个利益个体带来越多好处，而在一定的资源(利益)容量条件下，随着某一集群内竞争者数量增加，其个体的适用度呈下降趋势。在中国转型经济中，“双轨制”的目前特征表现为国有经济和非国有经济并存。

如果将国有经济领域的群体利益 n_1 看作(c)图中的领域 1，而将非国有经济领域的群体利益 n_2 看作(c)图中的领域 2，那么，双轨制经济中的制度利益曲线可看作近似于服从一个正态分布。制度利益利用曲线说明当出现一个利益领域时，竞争者个体增加，则个体适用度增加，直至顶点，又开始下降。它的一般意义是，采取某行为对策的个体所获得的收益随着其他个体增加到一定数量时，由于制度利益（资源）总量的限制或现行体制（制度）的制约而趋于下降。

（二）理想自由分布规则的应用

弗雷特韦尔（Fretwell，1972）曾提出过一个生境选择模型（见图 4－2），假设动物个体总是选择在当时来说最好的生境，随着两个生境中的一个被逐渐填满，其质量也会随之下降，直到下降到与另一个生境质量相等时为止，随着居住密度的进一步增加，新来个体就会继续在这两个生境内定居，但总是能大体上保持这两个生境在质量上相等，动物在生境中的这种定居过程叫理想自由分布（Ideal Free Distribution）。这种分布实际上是代表着生境选择博弈中的一种 ESS（进化安定战略）。因为一个个体对生境的最优选择总是依赖于其他个体怎样选择，因此，生境选择可以被看作几个个体的博弈过程，在这个博弈过程中，只要不再有个体能够靠改变生境来增加自己的适用度，就达到了纳什均衡。在纳什均衡下，所有个体的适用度一样大，而各个体在各生境分布则是一种 ESS。

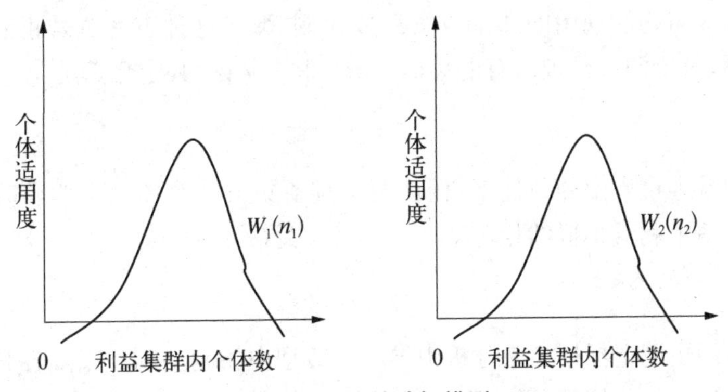

图 4－2　生境选择模型

假定 N 个个体是以这样一种方式在各集群内分布的，即在集群之内分布有 n_i 个个体，且 $\Sigma n_i = N$，个体在各集群之间移动时的成本忽略不计，当集群 i 已被 n_i 个个体占有时，对 $W_i(n_i)$ 来说：

$$\frac{\partial W_i(n_i)}{\partial n_i} < 0$$

上式可用来表示集群之内任一个体的适用度，利益集群质量将随 n_i 的增加而下降，即如果每个个体选择利益集群的标准总是选择当时最好的，而且所有集群都已按此标准被选择，则可用向量 $n = (n_1, n_2, n_3, \cdots)$ 表示结果，此结果将满足：(1) 在一个集群内的所有个体的适用度一样大；(2) 这种集群选择方式可确保所有已被占有的领域，其质量大体相等，所以，对任何两个已被占有的领域 i 和 j 来说：

$$W_i(n_i)=W_j(n_j)$$

由于 $\frac{\partial W_i(n_i)}{\partial n_i}<0$，因而对集群 i 和 j 来说：

$$W_i(n_i)>W_j(n_j+1)$$

此条件可确保不会有任何一个个体能够靠从一个领域转移到另一个领域而增加自己的适用度，因此，向量 n 是一种纳什均衡。由于该模型假定集群内和集群间的所有个体的适用度相等，因而个体在各集群的均衡分布就是一种ESS分布。在理想自由分布的特定情况下，同一集群内每个个体的适用度可写作 $W_i(n_i)=k_i/n_i$。如果一个集群的利益资源是有限的，并且一个个体的适用度直接与它所利用的那部分资源成比例，那么这种表达法是正确的。在此条件下，对于两个已被占有的集群领域 i 和 j 来说，必定会满足：

$$k_i/n_i=k_j/n_j$$

所以在利益容量有限的条件下，任何两个利益集群的个体处于均衡时的相对数量与这两个利益集群的相对生产力呈对应关系，即：

$$n_i/n_j=k_i/k_j$$

在运用生境选择模型来分析中国经济转型中的制度利益以及各利益个体在各利益集群的适用度(平均收益率)时，需对“各利益个体能自由地进入两个领域”的前提假设做如下说明：(1) 各利益个体在各利益集群间可自由转移的假设一般与事实不符。利益本身具有专制性、独占性，一旦一个利益个体进入某个利益领域，它会采用攻击等竞争策略来保卫自己的领域，阻止其他利益个体来“均沾”其利益，这样就会出现利益集群的专制分布状况。(2) 虽然如此，各利益个体在各利益集群间的自由流动也是确实存在的，并构成一种趋势或内在平均数规律。特别是在中国经济转型期间，原属于 n_1 领域的利益个体大量参与 n_2 领域的竞争，向 n_2 领域转移。因为在改革期间，n_2 领域的市场机制会给 n_1 领域的利益个体带来更多的利益。换句话说，它们在 n_2 领域比在 n_1 领域更能提高自身的适用度。如公务员下海经商、一些中小型国有企业转制参与市场竞争。反之，一些个体或私营企业也积极向 n_1 领域进军，向国有经济领域投资，购买中小型国有企业等。另外，每年新增的人力资本和新注册的企业会根据两利益集群对其适用度（平均收益率）的大小而选择进入 n_1 或 n_2。(3) 生境选择模型的分析指出了当两个不同领域对各利益个体具有不同的适用度时，假定利益个体是“经济人”，那么，个体在各利益集群间的流动是一种趋势，虽然这种转移或流动是有阻碍的。经济转型或市场化改革完全可以被解释成逐步放松计划性政府管制的过程，这种撤“篱笆”和利益个体的流动是转型经济的主要特征之一。以上模型也说明了管制对于经济转型或制度变迁的意义：① 如果管制程度加强，则利益个体在各利益集群间转移困难，制度变迁变得不可能或制度变迁绩效下降，因此，从这种意义上说，制度变迁绩效是管制放松程度的函数。② 如果政府放松管制，随着利益个体在两个利益集群之间转移，会逼近理想自由分布状态，那么制度变迁将出现一段稳定停止阶段（制度均衡），因为此时参与博弈的各利益个体处于 ESS 状态。如果此时政府加大改革力度（作为“突变基因”），增加市场经济领域（n_2）的利益容量，则会导致利益个体在 n_1 和 n_2 之间重新流动，从而推动制度变迁、增加制度变迁绩效，也会增加社会总产出和政府税金。

(三) 不完全制度替代

1. 利益集群的相似性

从本质上说，制度竞争是利益的竞争、适用度的竞争。每条制度利益利用曲线代表每一个利益集群中各利益个体适用度的分布情况。让我们来研究两个利益集群（n_1 和 n_2）在既定的总体制度环境下（双轨制经济）共同争夺制度利益。总容量 $N = n_1 + n_2$。可以设想三种情况：(1) 两条制度利益利用曲线完全分隔，这表明在 n_1 和 n_2 领域之外，还存在另外的利益领域，这相当于两种体制过渡时出现的所谓制度“真空”状态。除非有其他限制条件的影响，这种状况将吸引两个利益集群来争夺这部分真空状态的利益，如图 4－3(a)所示。(2) 两条制度利益利用曲线部分重叠，在这小部分重叠领域内，制度竞争的结果是 n_2 领域内制度取胜，n_2 的制度成为一种真正的“公共物品”且不具有排他性，如图 4－3(b)所示。(3) 两条制度利益利用曲线几乎完全重叠（制度的完全替代是不可能的）。在市场经济体制的效率和利益个体的适用度均高于传统计划经济体制的条件下，两种制度在其中竞争的结果是 n_2 领域制度将逐步不完全取代 n_1 领域制度而成为一种不具有排他性的“公共物品”，社会主义市场经济体制最终确立。以上三种情况大致描述了中国双轨制经济转型的全过程。

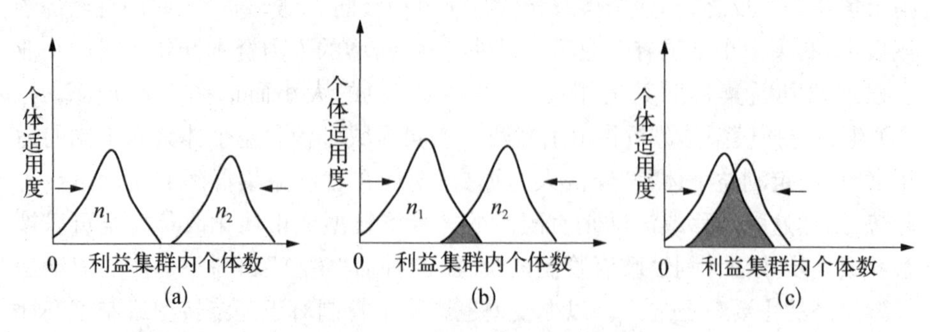

图 4 - 3　制度利益集群的相似性

确定两种体制的相似程度对于我们确定转型经济的现状、性质以及把握改革的方向都具有重要意义。梅(May, 1974, 1976)对于竞争物种共存的极限相似性做了研究。现运用其模型对制度利益中利益集群的相似性(两制度利益利用曲线的重叠度)做分析,假设两个利益集群的制度利益(资源)利用曲线的位置之间距离为 d,w 表示每一利益集群在制度利益利用曲线周围的变异程度。将 α 定义为竞争效应,则两曲线的重叠度大,表示 α 值大;两曲线的重叠度小,表示 α 值较小。它们之间的关系为:

$$\alpha = \exp^{-\frac{d^2}{4w^2}}$$

当 $d/w > 1$ 时,即两制度利益利用曲线的位置分离很大时,α 极小;

当 $d/w < 1$ 时,即两制度利益利用曲线重叠很大时,α 将增大。

由图 4 - 4 可知,当 d/w 较低而 α 较高时,共存是难以维持的,两曲线的重叠度较大;而当 d/w 的值接近或超过 1 时,稳定共存是可能的,两曲线的重叠度较小。这说明,在同一既定的总体制度环境下能够共存的两个不同的制度利益集群,其相似性(曲线重叠度)必定是有限的。当它们的相似性(曲线重叠度)增大时,则说明两种制度竞争激烈,并将逐步导致市场经济制度最终取代或几乎取代计划经济制度。

2. 制度替代方法

中国经济转型期间的制度特点是:两种体制并存,或者说两种制度利益利用曲线处于部分重叠状态。政府大力推进改革,其改革的任务就在于不断地用市场经济体制取代计划经济体制,从这种意义上说,中国的经济改革过程就是一种制度替代过程。目前的困难在于:当改革进入攻坚阶段后,各利益

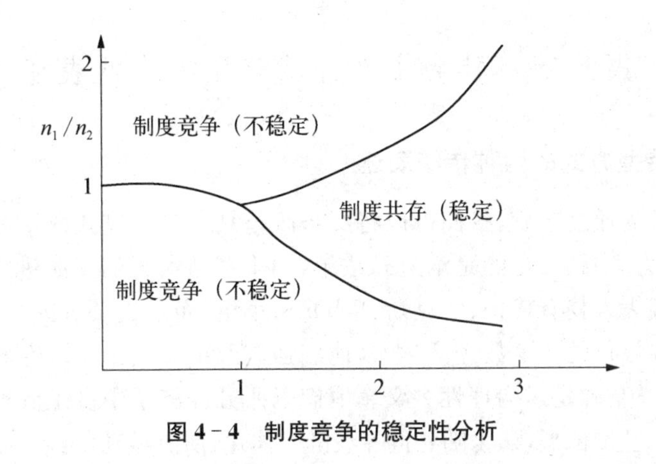

图 4-4　制度竞争的稳定性分析

个体无论是处于 n_1 领域还是处于 n_2 领域，它们获得的适用度相等，即各利益主体在改革的过程中处于一种 ESS 状态。在 n_1 领域内，由于政府的管制和保护性政策，使其利益个体在不参与市场竞争的条件下，也能获得与其在 n_2 领域一样高的适用度；在 n_2 领域内，由于现行体制的限制，使其利益个体不可能获得比其在 n_1 领域更大的适用度。这样就使双轨制经济转型处于一种理想自由分布状态，从而出现制度的刚性结构状态，这也是渐进式改革步履维艰的制度性原因。

那么，什么是制度处于 ESS 状态时的"突变基因"呢？前面提到过"增加市场经济领域的利益容量"会提高 n_2 领域对各个利益个体的适用度。这包括两个方面：第一，政府在产权变革和管制方面的改革迈出实质性步伐。因为进一步清晰界定产权、放松管制会增加 n_2 领域制度利益集群的利益容量，提高 n_2 领域对各利益个体的适用度，培育出新的参与市场竞争的主体，从而扩大了 n_2 领域侵占 n_1 领域的面积，最终完成双轨制过渡。第二，政府机构改革。这不仅降低了 n_1 领域对各利益个体的适用度和缩小其领域的范围，还能增强政府自身在制度变迁 ESS 中作为"突变基因"的变迁能力。

以上运用进化博弈论的有关原理考察了中国经济转型中两个制度利益集群 n_1 和 n_2 的制度竞争。目前中国经济的渐进式改革正处于各利益个体在每个利益集群都有相同的适用度，或者说它们都处于具有平均收益率的 ESS 状态中，渐进式改革步履维艰的根本原因就在于这种制度的刚性结构，而打破这种制度刚性结构的制度均衡的"突变基因"在于政府所推行的产权改革、放松经济管制以及政府机构自身的改革。

第三节 社会主义经济转型方式的表述

一、转型方式的两种传统表述

从改革的速度来看，我们可以将经济改革划分为激进式改革和渐进式改革，一般认为，中国实行的是渐进式改革，而俄罗斯实行的是激进式改革。激进学派的代表人物有普顿、萨克斯、WIDER小组（布兰查德等人）、费雪、纽伯里以及世界银行的大多数经济学家，他们强调改革的逻辑一致性和资源配置效率，其哲学基础是建构理性主义。他们以西方经济学中占主流地位的新古典经济学为理论依据，认为随着世界经济一体化，所有成功的经济都在向大致相同的经济制度迈进，即共同以市场、可兑换货币、私有制、股份制、开放性贸易等基本内容为基础。这种制度趋同性表现在宏观经济稳定、制度改革、结构调整三个方面。激进式改革的三个核心内容是：稳定宏观经济、经济自由化和私有化。激进学派的理论前提假设是，人们对新的环境和信号能进行调整并做出相应改变，人们在不同的社会、文化和历史环境中都同样遵循“追求自身利益最大化”的原则。如果资源不受国家控制，市场就会将资源配置到使用效率最高的部门。在激进学派看来，经济体制是一个相互紧密联系的有机整体，因此改革是一个严密的网络体系，牵一发而动全身，任何局部的改革都不会收到效果，一旦改革开始，原有体系就会有崩溃性反应，整个经济形势将十分严峻，民众生活水平将大幅度下降，并承受巨大的痛苦。因此，必须快速完成体制转换。渐进式改革理论来源于演进经济学和保守政治学，以演进理性主义为哲学基础，代表人物是科尔纳、麦金农、默雷尔等人。演进经济学的现代早期代表人物是熊彼特，经过纳尔逊和温特而大大获得发展。该理论强调经济过程的分析并将信息问题置于中心位置。保守政治学的代表人物是肖柏克、奥克·肖特和波普。他们注重规范性政治问题特别是社会变化的方式，认为做出政治选择时必须考虑到人们无力把握社会变革完整过程这一事实。

渐进学派假定人类理性知识的有限性，即个人的知识能力是有限的，这种有限性限制了体制和组织结构和功能，从经济学角度看，理性的有限性意味着不能将组织看作可以对环境变化做出迅速反应的理性单元，经济行为的僵化必须从个人知识能力的有限性和这种有限性对组织行为的影响角度去理解；从政治学角度看，理性有限性意味着个人无法理解大规模的社会革新计划，特别是那些涉及转换整个社会体制的革新。渐进学派还假定人类知识是通过技术知识和实践性、个人性知识获得的，一个社会的个人知识储存是通过漫长的历史过程获得的，是由那个特定的社会体制与组织塑造的。演进经济学认为，一个社会的成就主要取决于其对外部条件做出反应和进行建设性社会变革的实力。对于经济系统，革新和适应是成功的关键，所以渐进式改革的第一步是通过鼓舞新生的私有部门成长来取代旧的体制，并且考虑到改革最初的政策在很大程度上依赖于旧知识，不可能令人满意，必须随时具有改变不正确政策的能力，因此，改革必须具有可逆性。从保守政治学的角度看，乌托邦式的激进改革因为忽视人的知识是在旧秩序下获得的并构成对寻找新秩序的限制这一点而造成灾难，必须认清社会内部最紧迫的问题并通过解决这些问题而不是重新设计整个制度来实行变革。

渐进学派认为，改革应先进行小规模实验，一旦失败，不会影响大多经济领域，它强调市场过程，市场本身是创新社会经济联系的最成功的工具。随着改革的进行，市场过程既能破坏又能组织与个人之间的联系。市场过程的特征是现存体制应该被逐渐地、缓慢地代替，现存政府企业的迅速私有化并不符合经济规律，政府应该鼓励新的私有成分成长。在私有部门中会出现一个可行的选择最佳组织的过程。某些现存组织必须保留，变革过程必须缓慢到足以避免生产组织崩溃的程度，必须刺激私有部门中体制的形成，从而形成双重经济体制。在经济转轨期间，拥有一个具有权威性的政府是一个很大的优势。根据默雷尔（Murrell, 1990, 1991）的研究，渐进学派的理论依据是根据演进经济学和保守政治学世界观推演出的“社会变迁的边际生产力递减”这个基本假说。因为现存的组织总是产生于特殊的历史阶段，它正常发挥功能同样依赖于相应的社会环境，改变的力度越大，割断组织之间原有联系就越多，每个组织就会丢失其生存以及反应的信息，妨碍功能的正常发挥，因而避免信息和组织资源的突然破坏就可降低改革成本（组织成本和信息成本）。

二、“松绑式”改革方式[①]

（一）中国的渐进式改革方式

中国经济学界一般认为中国的改革采取的是一种渐进式改革方式，有三个特征：一是增量改革，即在资产增量的配置上引入越来越多的市场机制改

① 伍装：《中国经济转型分析导论》，上海财经大学出版社2005年版。

革方式；二是试验推广，中国的经济改革大多不是在全国范围内同时推出，而是每项改革措施都从较小范围内的试验开始，在取得成果并进行总结经验的基础上加以局部推广，由点及面，不断总结、观察，进而扩大其实行的范围；三是非激进改革。充分利用已有的组织资源，保持制度创新过程中制度的相对稳定性和有效焊接，避免社会大的震荡和资源的浪费，避免资产存量再分配过程中出现的不公平以及由此产生的冲突。

用渐进式改革来概括中国改革方式的基本特征并不准确。首先，中国的改革既有渐进式特征，又有激进式特征。其渐进式特征是它强调新、旧体制的联系，强调信息的连续性，依据的是演进主义理性基础。其激进式特征表现在，改革一开始就是在政府领导和推行下进行的一项战略或系统工程，强调改革的内在逻辑一致性，既注重体制改革，又注重经济发展，既注重市场演进，又注重改革的重点突破，既注重物质文明建设，又注重精神文明建设。这其中含有明显的建构理性主义成分。其次，改革的速度是“渐进-激进”两分法的标准。激进式改革又称“休克疗法”或“一揽子改革”，改革的速度快、在很短的时间内完成是激进式方式的显著特征。渐进式改革则需要较长时间，强调改革是一个长期的演进过程。虽然没有人能说出渐进式改革究竟需要多长时间作为标准，但渐进式改革不是一个无限制的过程，这一点是可以肯定的。如果将渐进式改革理解为一个无限连续的过程，可能给改革的可逆性留下空间。渐进式改革只是一个与激进式改革相比而言采取的方式较为缓和、强调改革有一个适应过程的改革方式，它绝不包括假改革、不改革和无休止拖下去的成分。渐进式改革是一个与激进式改革对称的概念。最后，中国的经济改革是一种兼具渐进式改革和激进式改革两种方式特征的松绑式改革。所谓松绑式改革，是指政府有控制地放松制度管制的改革方式。

(二) 松绑式改革的特征

松绑式改革既遵循演进理性主义原则又遵循建构理性主义原则，既有渐进式改革成分又有激进式改革成分，是一种与自由式改革方式相对的一种改革方式。自由式改革方式是指萨克斯(Sachs, 1992, 1993, 1994)所提出的激进式改革纲领在俄罗斯实际进行的改革方式。由于休克疗法在俄罗斯的实践不断受挫，不得不一再在实践中修正，换言之，俄罗斯的改革并未完全实践“激进改革纲领”，实际上进行的是一场自由式改革。自由式改革方式是理想的休克疗法或激进式改革在俄罗斯实践中的运用。它不仅包括激进式改革，还包括渐进式改革，在实践中也持续了相当长的时间。新体制在俄罗斯的建立确实经历了一个过程，起先激进式改革拖了很长时间，后来“一部分体制和工厂处在只休克、不治疗的状态”。

松绑式改革的主线是垄断性政府权力的演变。政府在放松全面制度管制的过程中时而采取激进式改革，时而采取渐进式改革，这取决于政府预期的效用偏好。中国的改革之所以会持续如此长的时间，是因为政府不愿放弃政治对经济生活的干预，使得市场化过程一直拖下去。政府权力从经济生活的全面退出是完全建成社会主义市场经济体制的前提条件。

松绑式改革一开始能保持经济体制的平稳过渡，迅速形成一种双轨制并存的局面，它不仅完成了价格改革、产业结构调整等内容，而且迅速建立起市场经济体制，这是由于政府放松全面制度管制的结果，在这一过程中，政府权力的运作和改变是其灵魂。至于中国在实现市场化改革的同时，又实现了经济的持续快速增长即出现所谓“中国奇迹”，则是由政府的利益预期与居民（个人）、企业（单位）的利益预期的一致性造成的。在某种意义上，中国与俄罗斯改革的根本区别在于：中国是在宪法制度框架下的改革，而俄罗斯是打破宪法制度框架的自由化改革，显然，以改革的速度，即以激进式改革与渐进式改革来区分中俄改革并不恰当。

三、政府供给主导型制度变迁

在中国经济转型中，社会主义国家的政府处于强势地位，在某种意义上，整个经济转型过程都是在政府的控制下进行的。总体上说，中国经济转型属于政府供给主导型的制度变迁方式而不属于需求诱致型的制度变迁方式（虽然在整个转型过程中，需求诱致型制度变迁也起着相当的作用，或者说政府也会根据公众和市场的需求来提供制度安排），还从“华盛顿共识”与“北京共识”的角度来理解不同的经济转型方式的特点[①]。

根据主体不同可以将制度变迁分为政府强制型制度变迁和需求诱致型制度变迁。中国的制度变迁具有政府供给主导型制度变迁的特征，并经历着从供给主导型制度变迁向中间扩散型制度变迁再到需求诱致型制度变迁的过程[②]。供给主导型制度变迁是指在一定的宪法秩序和行为的伦理道德规范下，以权力中心推进新制度安排的能力与意愿作为主导因素的制度变迁。在这种制度

---

① 黄平、崔之元：《中国与全球化：华盛顿共识还是北京共识》，社会科学文献出版社 2005 年版。

② 杨瑞龙：《我国制度变迁方式转换的三阶段论——兼论地方政府的制度创新行为》，《经济研究》1998 年第 1 期。

变迁方式下,权力中心具有推进制度变迁的强制性,这种强制性是以权力中心的能力和意愿为基础的,而这种能力和意愿又取决于一个社会中各既得利益集团的权力结构与力量对比。所谓中间扩散型制度变迁,是指在微观主体自愿契约与权力中心制度供给行为之间的一种可以满足双重目标的制度变迁方式。在这种制度变迁方式中,地方政府发挥着重要作用,这种作用在我们以往的分析中常常被忽略,但它却是解释中国经济改革的关键因素。需求诱致型制度变迁就是个人或一群人在给定的约束条件下,为确立预期能导致自身利益最大化的制度安排和权利界定而自发组织实施的制度创新。显而易见,在这种制度变迁方式下,推动制度变迁的主导因素就是微观主体。所以,一个中央集权型计划国家有可能成功地向市场经济体制渐进过渡的途径是,改革之初的供给主导型制度变迁方式逐步向中间扩散型制度变迁方式转变,并随着排他性产权的逐步确立,最终过渡到与市场经济内在要求相一致的需求诱致型制度变迁方式,从而完成体制模式的转变。

第四节　中国经济改革过程分析

一、传统制度变迁模型的局限

新制度经济学将制度变迁的模型分为两类:一类是诱致性制度变迁,即一群(个)人在响应由制度不均衡引致的获利机会时所进行的自发性变迁;另一类是强制性制度变迁,即由政府法令引起的变迁。这两类制度变迁的主体是不同的,诱致性变迁的主体是一个人、一群人或一个团体,而强制性变迁的主体是国家或政府。无论哪一类制度变迁,它们共同的前提是制度变迁的预期收益大于预期成本。新制度经济学在考虑每一类制度变迁的预期成本和预期收益时,只计算此方制度变迁的成本和收益,并未考虑对方变迁主体的成本-收益。它只是将对方的行为总结在此方的成本-收益函数里,实际上,这两类变迁主体的行为是一个整体,它们的选择是相互作用的,诱致性变迁主体选择的效用函数不仅依赖于其自己的选择,而且依赖于强制性制度变迁主体的选择;反之亦然,每一类制度变迁主体的最优选择是对方选择的函数。一个人、一群人或一个团体在计算制度变迁的成本-收益时必须考虑制度供给者即政府的反应;反之,国家或政府在计算制度变迁的预期成本-收益时必须考虑个人、群体或团体的反应。换言之,新制度经济学在分析两类制度变迁模型时，并未能深入分析这两类制度变迁主体之间存在的博弈关系。以下试图以不同利益主体之间利益行为的对立、和解为核心来解释中国的经济转型过程，并以博弈论或进化博弈论对其作形式化的处理。

二、预期利益行为不一致性

我们可以将中国经济改革的过程看作正在进行的制度变迁过程，强制性制度变迁的主体是政府，诱致性制度变迁的主体是个人（群体或团体），可称为公众。令政府的预期收益为 Gr、预期成本为 Gc，公众预期收益为 Ir、预期成本为 Ic，则预期的不一致性包括以下两种情况：

$$\begin{aligned} Gr &> Gc \\ Ir &< Ic \end{aligned} \tag{1}$$

$$\begin{aligned} Gr &< Gc \\ Ir &> Ic \end{aligned} \tag{2}$$

先讨论(1)式的情况。当政府的制度变迁预期收益大于预期成本，而公众的制度变迁预期收益小于预期成本时，将会出现政府愿意进行制度变迁、愿意提供大量的制度安排，而公众则因为预期收益小于预期成本而不愿意进行制度变迁，即并不存在诱致性制度变迁，其结果只能是出现制度非均衡即制度供给大于需求。中国经济改革如果处于此阶段将会出现：(1) 改革的政策归于无效。1998 年，中央政府在一年内三次降息，结果并未达成拉动国内需求的目标，这是存款人对经济前景预期不高而导致即期支出下降。存款人既包括机构也包括居民个人。1998 年上半年，中国面临着经济增长下滑、通货紧缩的局面，外部的金融危机对我国的影响日益增大，再加上国内相关的改革措施滞后以及普遍的国有企业困难、下岗等问题存在，机构和居民不敢花钱，都把存钱作为最重要的选择。个人储蓄稳定增加，上半年达到 4 158 亿元，其中定期储蓄增加 3 350 亿元，活期存款增加 651 亿元。这说明由于政府和公众的预期不同，该项制度安排（政策）归于无效或收效甚微。(2) 出现“穷过渡”。公众对新制度安排并未有预期的收益而政府对该项制度安排却有较高的预期收益，可能导致在制度安排或生产关系上的“穷过渡”。中国合作化从 1952 年开始，在最初几年取得了非常显著的成功，1952 年到 1958 年间农业生产连年增长；但从 1959 年起，中国农业生产连续三年剧烈滑坡，谷物产量在 1959 年下降了 15%，1960 年和 1961 年的谷物产量只及 1958 年的 70%。用预期一致性原理来分析，则在1952—1958年，农业生产连年增长，此时，制度供给等于制度需求。后来出现农业生产大幅度下降，则是由于制度供给逐渐大大超过需求，农民本来对未来的制度变迁并无预期收益，但政府由于认识上的局限性或主观上的偏差，对未来的制度变迁(生产关系的变革)做了过高的预期收益，急于共产主义过渡。政府的预期效用函数的选择并未考虑农民的预期效用函数，政府强行推动制度变迁导致了不良后果。

以上的分析说明，当$Gr > Gc$、$Ir < Ic$时，如果政府强行推动制度变迁，则会导致穷过渡；如果政府非强行推动制度变迁，则会导致制度安排无效。当然，政府的预期效用函数和公众的预期效用函数是相互影响的。当$Gr > Gc$、$Ir < Ic$时，由于政府提供的大量制度安排可能会改变公众预期，从而会出现$Ir > Ic$，致使制度变迁得以进行，然而这是一种例外情形。实际上，政府推行人民公社化运动在某种程度上也改变或扭曲了公众对制度变迁的预期，使他们产生一种虚幻的预期利益，从而积极参加了人民公社化运动，但这种虚幻的预期利益很快就破灭了。

再讨论(2)式的情形。当政府推行制度变迁的预期收益小于预期成本而公众进行制度变迁的预期收益大于预期成本时，如果政府是竞争性的民主政府，则该公式可能会通过公共选择的方式转变成其他模式；如果政府是垄断性的集中政府，则会出现制度变迁停滞时期的寻租现象。泰国的灌溉案例中，工程师与政府官员的冲突即是一个典型(Feeny, D., 1982)。1882—1975年，泰国政府官员认为进行灌溉投资的制度安排不能获得利益，宁愿不进行制度变迁，在保持现状中获取租金。中国经济改革的攻坚阶段，国有企业改革步履维艰，这也可以通过预期一致性原理获得解释。国有企业向来被认为是中国国民经济的主导和支柱，改革前，国有企业产值占制造业的4/5，国有企业就业工人达3 000万人，占工业就业人数的2/3以上。尽管国有企业数量只占所有工业企业的1/4左右，但它们拥有绝大多数的机器、设备和其他制造业中使用的固定资产。国有企业在建筑业、运输业和其他服务业中也占主导地位。1980年，城市中3/4的建筑业工人在国有建筑企业就业，并且按价值计算，国有建筑企业差不多承建了所有工程的4/5。国有运输企业差不多全由铁道部和交通部直接控制，基本上承担了铁路、陆路和水路的全部货物运输。在零售业中，国有企业的主导特别显著，在1978年改革开始时，尽管数量上国有企业只占所有零售商店的1/3，就业人员占一半多一点，但创造的零售价值却占全部零售价值的90%以上。国有企业在国家预算财政拨款中占有较大份额，改革前,预算支出占经济产值的1/3(Lardy, 1998)。这些数据说明,国有企业是政府的命根子,是政府的根本利益所在。但改革前,国有企业体制僵化、效益低下是尽人皆知的事实,政府对国有企业的改革也有很高的预期收益。由于社会公众(国企员工)在改革开始对国有企业改革的预期收益也超过了预期成本,所以这种改革一度取得了成功,应该说,经过了二十多年的改革,国有企业改革取得了一些成就,虽然国有企业的比重有所下降,但其产出水平有较大提高。截至1996年底,中国29.1万家国有工商企业的法人资产总额达9.6万亿元,1990—1995年国有工业企业的总产值从13 064亿元增加到31 220亿元,平均每年增长18.4%,而且国有企业占用的社会经济资源达60%—70%,国有企业的资产总额约占全社会经营性资产总额的65%,国家每年的新增贷款中有70%—80%也是贷给国有企业的[①]。既然国有企业代表着政府的主要利益,所以对国有企业进行产权改革,一般来说不是政府及其官员的利益所在。一方面,从政治的预期成本-收益分析,国有企业是政权稳固的基础,对传统的政府和官员来说,国有企业改革的预期收益小于成本,这是政府官员利益与国家利益相冲突的一面;另一方面,政府如不对国有企业进行实质性改革,又会出现大幅度亏损,1990年以后亏损企业比例有所减少,但1993年亏损额又开始大幅增加,1994年有所减少,1995年再次增大。政府对国企改革存在着两难选择:一方面,政府想通过改革来减少国有企业的亏损,这是政府的根本利益所在,其预期的收益大于成本;另一方面,政府又不敢进行实质性的改革,因其害怕动摇国有企业的地位,这也是政府的根本利益所在。从公众方面来说,政府预期的不确定性导致了公众对未来制度变迁(国企改革)预期的不确定性,静观其变是他们的最佳选择。政府的有限理性和对权力的固执,加上社会科学知识的局限性(国企改革少有成功的先例),产生了国有企业改革的裹足不前和大量政府官员的寻租。

三、预期的一致性

政府和公众对制度变迁预期利益的一致性是指以下两种情况:两者对制度变迁的预期收益都大于预期成本,两者对制度变迁的预期收益均小于预期成本。

$$Gr < Gc$$
$$Ir < Ic \tag{3}$$

---

① 吴敬琏等:《国有经济的战略性改组》,中国发展出版社1998年版。

$$Gr > Gc$$
$$Ir > Ic \tag{4}$$

先讨论公式(3)的情形(见图 4-5)。当政府和公众对制度变迁的预期收益均小于预期成本时,制度处于纳什均衡状态,双方都不愿改变制度现状,这是一个制度稳定时期。

	改 革 者	不改革者
改 革 者	1,1	0,2
不改革者	2,0	3,3

图 4-5

从中国经济转型的全过程来看,这种制度纳什均衡可分为两种状态:(1) 低水平制度纳什均衡;(2) 高水平制度纳什均衡(见图 4-6 和图 4-7)。

转型初始阶段的制度纳什均衡是一种低水平均衡陷阱。它持续了相当长的时间(1958—1978)。在这个阶段,政府进行穷过渡式的制度变迁效果不明显甚至是负效果,政府也逐渐停下来维持制度现状,而公众对制度变迁的预期收益也小于预期成本,这主要是因为政府压制这种制度变迁从而使这种制度变迁的成本太高。事实上,在 1978 年以前,从 1958 年开始就出现过三次从下到上的包产到户的尝试,皆因政府特别是最高领导者的批评而被制止了。所以从这种意义上说,这种制度纳什均衡状态是一种主观上的“均衡水平陷阱”。本来,如果政府对制度变迁(市场化改革)的预期收益超过预期成本,则肯定会启动制度变迁,但由于政府预期的效用值中政治理想的比值占绝对比重,导致其预期的改革成本过高(改革在某种意义上意味着放弃其原先的政治理想)。政府的这种成本-收益预期必将压制改革行为,从而导致公众和政府对制度变迁的预期收益均小于预期成本,从而出现维持制度现状的现象。

	改 革 者	不改革者
改 革 者	4,4	0,2
不改革者	2,0	3,3

图 4-6

⟶

	改 革 者	不改革者
改 革 者	−1,−1	0,2
不改革者	2,0	3,3

图 4-7

低水平均衡陷阱出现的一个必要条件是闭关锁国政策的实施,只有在一个被分割的“岛国”环境中,低水平均衡陷阱才可能较长时间维持,这是因为在一个封闭的环境中，政府和公众的预期效用值才能保持稳定，一旦打开国门，相互交流，现代文明的传播不仅会影响公众、政府的预期效用函数，也会拓展他们的有限理性，使他们认识到原先并未认识到的制度变迁的潜力和利益。当然在这里，政府的预期效用偏好和效用值仍是决定性因素。如果意识到制度变迁会减少其预期的效用值，甚至威胁其统治地位，政府宁愿不进行这种制度变迁。这里还有一个制约因素是长期低水平均衡陷阱的存在所导致的低产出、低效益，也会减少其税收收入和政治支持，从而不仅影响其预期效用值，还动摇其根本利益——政权，这也是迫使政府启动制度变迁的最重要因素。当出现了国内和国外两种影响政府效用值和效用偏好的因素时，政府对制度变迁的预期收益大于预期成本，也使公众对制度变迁的预期收益大于预期成本，即出现 $Gr > Gc$、$Ir > Ic$，打破低水平均衡陷阱的时刻到来了。

从某种意义上说，转型初期出现的 $Gr < Gc$、$Ir < Ic$ 的制度纳什均衡是由政府的行为一手造成的，是一种政府主观上的纳什均衡。因为在这种政治经济体制下，政府的行为可以改变公众的预期效用值，从而改变双方的博弈结构(游戏规则)，低水平均衡陷阱是制度变迁过程中表现出来的现象，它背后的深层结构的原因是政府稳定的预期效用函数。博弈论是研究人们决策行为相互影响的学问，是产生于平等竞争环境——成熟的市场经济体制背景的一种方法论，当博弈双方力量悬殊，甚至一方能完全决定另一方的前途和命运时，博弈论的解说则大大打了折扣，用博弈论来解释转型初始阶段的低水平均衡陷阱，只能说明事物呈现出的一种现象，因为它背后的变迁主体的力量并不构成对称的互动影响，在某种意义上，公众的预期完全由政府的预期所决定，而政府的预期可以完全不考虑公众的预期。这可能是中国特色的博弈事实所呈现出的非博弈课题——预期一致性问题。

四、完成阶段的制度纳什均衡

这应该是一种高水平的制度均衡阶段。由于我们无法预测将来的高水平制度均衡阶段的情形，我们来研究一下在中国历史上出现过的一个高水平均衡陷阱的模型，这不仅是试图对“李约瑟之谜”给出我自己的解释，也是为未来的制度均衡提供一个可资比较的参考系。

所谓“李约瑟之谜”，是指英国历史学家李约瑟提出的问题：在14世纪，为什么中国没有发生工业革命？那些被经济学家和历史学家认作是产生了18世纪末英国工业革命的所有条件，在14世纪的中国几乎都已存在了。对于

“李约瑟之谜”的解释很多,本书试图用预期一致性原理来解释。

已出现的对“李约瑟之谜”的解释可分为两类：技术需求不足论和技术供给不足论。

技术供给不足论也有两种代表性的观点：一是李约瑟的解释。中国是官僚体制,该制度的存在主要是为了维护灌溉体系的需要;而欧洲是贵族式封建体制,非常有利于商人阶层的产生,当贵族衰落之后,资本主义和现代科技便诞生了。中国的官僚体制最初非常适合科技成长,却阻碍了重商主义价值观的形成,所以没有能力把工匠的技艺与学者们发明的数学和逻辑推理方法结合在一起。因此在现代自然科学的发展过程中,中国没有成功地实现从维多利亚时代向伽利略时代的过渡,也许根本就没有这种过渡的可能性(Needham，1969)。另一种供给不足论的观点是中国经济学家林毅夫的观点。他从人口、科学和发明的关系入手,认为在前现代时期,技术的发明基本上源于实践经验。而在现代,技术发明主要是从科学和实验中得到的。中国早期在技术上独领风骚,其原因在于,在以经验为基础的技术发展过程中,人口规模是技术发明率的主要决定因素。中国在现代时期落后于西方世界,则是由于中国并没有从以经验为基础的发明方式转换到基于科学和实验的创新上来,而同期的欧洲,至少经由 18 世纪的科学革命已经成功地实现了这种转换。他进而认为,科学革命没有发生在中国是由于中国的激励结构使知识分子无心从事科学事业,尤其是做可控实验或有关的自然假设,进而数学化。因而既不是儒家伦理、政治意识形态的统一,也不是科举制度本身抑制了中国的天才们发起一场科学革命,真正起阻碍作用的是科举考试的课程设置及激励结构。

李约瑟和林毅夫从制度供给导致技术供给不足来说明工业革命为什么没有发源于中国。供给不足也许是其中的重要因素,然而技术变迁的根本原因不在于供给方面,而在于需求方面。人类对物质的欲望追求导致的技术需求才是技术变迁的根本原因。人类欲望的没有止境似乎是一个不言自明的公理,然而在一个特定的社会历史阶段,人类的欲望又是相对稳定的,封建时代的生活方式不同于资本主义时代的生活方式就是一个明证,而这种相对稳定的生活方式所导致的相对稳定的物质欲望和技术需求才是“李约瑟之谜”的正确解释。

首先,人类的物质欲望和技术需求是导致技术变迁的根本原因。李约瑟的解释强调了中国当时的官僚体制,然而如果官僚甚至皇帝的物质欲望和技术需求发生变化,公众的物质偏好和技术需求也发生变化,这种官僚体制的存在也是摇摇欲坠、缺乏根基的。印第安民族和其他森林部落及其制度在很短的时间内崩溃,并非由于其制度供给方面的原因,而是因为新的物质和技术的需求产生了,殖民者所带来的大量的科技文化和观念对印第安人原有的物质欲望的瓦解、新的欲望的诱导以及技术需求的变化才是这个民族及其制度崩溃的根本原因。如果没有外来入侵者所带来的新物质和技术的需求,印第安民族及其制度也许今天还保持原样。这也说明了外来因素对本民族统治者和人民需求偏好的改变起着多么大的作用。尽管当初印第安民族不想改变自己的生活方式,力图保持自己的效用偏好,但只要需求发生变化,则技术和制度的变化变得不可避免。自鸦片战争以来,由于打破了闭关锁国状态,中国人原有的效用偏好被迫改变,原有的制度和技术的瓦解和替代变得不可避免。尽管清朝统治者力图维持原有的制度和技术的供给,但人们的生活方式在发生变化,人们(包括统治者)正在使用西方人制造的产品和技术,西方先进的科学技术和现代文明在中国这个古老的大地引起的冲击及其对人们效用偏好的改变是不可阻挡的。它从人们的心灵唤起了"魔鬼",改变原有的制度和技术只是早晚的事。人类内心的欲望或需求是人类文明前进的动力。

其次,人类对物质和技术的需求导致技术和制度变迁,并且这种需求永不止息,那么为什么这种需求没有导致14世纪的中国发生工业革命呢?这是由于有着几千年传统文化的中国逐步形成了一种稳定的制度和生活方式,从而形成人们内心相对稳定的物质和技术需求。虽然"人的欲望是没有止境的",然而在一个特定社会文化制度背景或特定的历史时期,人们的欲望又是有止境的(包括客观存在的欲望)。封建社会的人不会对大麻和电脑有强烈的需求,即使有这种冲动,这种欲望也是不持久、无效的需求。李约瑟的解释并未能理解所谓制度从根本上说是人类内心欲望博弈的产物。当供给制度的政府和需求制度的公众都有相同的欲望或需求,即当$Gr>Gc$、$Ir>Ic$时,原有的制度就会土崩瓦解。林毅夫的立论来自舒尔茨的一段话,给定一系列的要素投入,一项技术创新必然带来产出增加,只要人类的物质欲望没有满足,对新的更好的更有成本效益的技术的需求就会永远存在,一国经济中劳动力和土地的相对稀缺程度的变化也许会引起发明类型的改变,如果技术并没有发生,那么问题的根源并不来自需求的缺乏,而是来自供给方的失败(Schultz,1964)。林毅夫也认为,为了解析李约瑟之谜,我们必须要把注意力转向技术的供给方(Lin,1994)。舒尔茨和林毅夫从人类的欲望没有止境推论出技术没有发生变化是由于供给方的失败,逻辑是脆弱的。他们忘记了,虽然人类的欲望没有止境,但在某一特定时期,人的物质欲望又是相对稳定的。从理论上说,人类的物质欲望没有止境,它是一个连续性的过程。然而实际中存在的人类物质欲望又是分阶段性的,这种现实中有效的物质欲望又是一个离散性过程。我们研究问题不能从抽象的人类一般欲望开始,而应从人类某一特定时期的具体欲望开始,从人类的物质欲望没有止境这个抽象的前提是不能直接导出技术变迁没有发生是源自供给方失败这个结论的。

在这里,我们还必须避免一个无意义的游戏,即制度或技术的存在是由供给和需求两个因素共同决定的。一方面强调供给,另一方面又强调需求,这无疑是"鸡生蛋、蛋生鸡"的游戏。分析经济现象和经济规律需要分清层次,供给-需求分析是第一个层次的描述,而分析决定供给和需求内部的深层结构是第二个层次的描述或本质的揭示。我们的任务是寻找决定供给和需求背后的原因,即无论是供给还是需求都是由供给和需求背后的某一特定社会历史阶段现实的物质欲望和技术需求决定和推动的。人类特定的物质欲望是理解特定社会历史阶段制度、技术的供给和需求的钥匙。虽然这个特定的物质欲望也是一个流动的过程,但我们可以通过科学理性均衡分析法来分析它,否则就会流于不可知论。

技术需求不足论是由埃尔文和赵纲(Elvin and Chao, 1973)提出来的,后经唐宋明(1979)、赵纲(1986)和其他一些学者进一步阐述。埃尔文假说的思想是:中国早期建立的一些"现代"制度,如家庭耕作制度,不限制具有一定身份的人才能继承土地的所有权制度和市场制度,为技术的创新和扩散提供了有效的激励。因此,中国初期的科技进步是非常快的,而同期的欧洲速度要慢得多,可是中国由男嗣传宗接代的思想根深蒂固,鼓励了早婚和人口高出生率,从而造成了人口急剧膨胀、经济条件恶化,而可耕地面积不断扩大的可能性是十分有限的,所以到了最后,中国处于一种十分被动的局面,一方面,生活水平只能维持生计,另一方面,人口太多,技术潜力已挖掘殆尽,以至于产生的任何增加都只能依靠人口和消费的增加,而后者往往要超出相应的食物供给的增加(Tang, 1979)。人地比率的上升意味着劳动力越来越便宜,资源和资本越来越昂贵,对劳动替代型技术的需求也因之降低,再者,人地比率的提高也暗含着人均剩余在减少。结果,中国积累不出足够的剩余来持续工业化,尽管在14世纪,中国就已经接近了工业革命的门槛,可是那时人口的数量已经多到再也不需要任何节约人力的装置了(Chao, 1986)。相比之下,欧洲却由于封建世袭制度，条件优越得多，人口和土地的比例合理且还有一份遗产，就是存在许多未加利用的传统的经济和技术潜力。在前现代时期，欧洲的科技发展落后于中国，等到了知识的积累足以冲破工业革命大门时，节约劳动的需求仍然十分强烈，并且还存在大量剩余作为工业化的主要资金、技术（Tang，1979；Chao，1986）。

林毅夫首先提出埃尔文假说中人地比率与技术创新的关系缺乏逻辑联系，认为农业潜力是技术的函数，发明创新能力的缺乏并非是人地比率上升的结果，并用事实证明了这一点。林毅夫认为，“较高的人地比率耗尽了作为资本形成的一个重要来源的农业剩余”这一断语也是经不起事实检验的。结论是，中国在12世纪之后创新速度的放慢并不源于缺乏对节省劳动装置的需求，14世纪中国没有发生工业革命，其失败的原因并不像高水平均衡陷阱假说所断言的那样是由于缺乏对劳动替代型技术的需求（Lin，1994）。

林毅夫对埃尔文假说缺陷提出的批评也许是正确的，然而这并不表明技术需求不足论是不正确的。埃尔文的高水平均衡陷阱假说的确存在缺陷，但这个缺陷不是像林毅夫所指出的那样是假说本身有问题，而是埃尔文的假说并未能将其“缺乏对劳动替代型技术需求”的观点贯彻到底。

缺乏对劳动替代型技术的需求并非是人地比率上升或者说人口数量增多的结果，而是由于当时的统治者和公众对这种替代或变迁的预期收益小于预期成本，即$Gr < Gc$、$Ir < Ic$。之所以产生这样的预期是由于特定社会历史时期人们相对稳定的物质欲望或偏好所形成的相对稳定的生活模式，而这种相对稳定的生活模式惯性又形成了一种相对稳定的制度结构；反过来，这种相对稳定的制度结构又加强了这种生活模式的稳定性。而同期的欧洲国家并未形成这种稳定的物质欲望和生活模式的惯性，它们从中世纪末就形成一种追求个性理想、个性自由、发财致富等新教伦理的资本主义精神，加上欧洲各国之间的竞争和融合，更加剧了人们对物质欲望追求的累积性动力（从而也未能形成像当时中国那样相对稳定的生活模式）。进入资本主义社会之后，市场经济制度是一种鼓励人们追求物质欲望、强调自由竞争的开放的制度。虽然资本主义制度是相对稳定的制度，然而其追求的物质欲望和生活模式却始终处于变化和动荡之中。中国是一个五千年文明古国，具有完整的文明传承和几千年稳定的封建制度，且其始终处于与外界隔绝的大一统的中央集权的制度之下，这些都易于形成一种生活方式的惯性和较稳定的物质欲望追求。在这里虽然强调了制度，但这不是技术需求不足的根本原因，因为一旦生活模式和

物质欲望改变，制度迟早会改变。当然，这并没有否认制度供给的重要性（供求是相互作用的，但在这里需求是决定性因素）。在一定制度环境下形成的生活方式和稳定的物质欲望具有一种惯性，最终决定了虽然14世纪的中国几乎具备了18世纪末英国工业革命的所有条件，但仍不能发生工业革命。正是这种累积性惯性决定了人们对技术变迁的预期收益小于预期成本。

中国传统文化一直强调天人合一的价值观（而技术在某种意义上是反自然的），它教化人们节制欲望、为国为民、财富平均分配等思想，灌输仁、礼、廉、耻、忠、孝、节、义等观念。这些文化伦理和政治的效用价值在某一特定时期远远超过了物质财富的效用价值。它将一些技术发明视作"奇技淫巧"的歪门邪道而大加鞭笞、排斥和压制，技术工具理性在伦理道德面前是大大贬值的。无论是在统治者的效用函数中还是在公众的效用函数中，物质财富的效用价值是很低的，而技术变迁主要是带来物质财富的增长，当然它反过来也会改变占主导地位的伦理价值体系。当在一个社会中，无论是统治者还是公众都不认可、贬低甚至消灭物质财富和技术的效用价值时，技术变迁的发生是不可想象的事情。古代中国人认为当时稳定的生活模式是最理想的（当然这与当时中国是世界上最发达、鼎盛的国家有关）。即使是一些生活在社会底层的人也认可当时流行的价值观和生活方式，政府的意识形态和传统文化也激励和铸造了平民的生活方式。他们孜孜以求的也是当时上层社会的生活方式而非选择另外一种生活方式，这种封建社会的稳定生活方式恰恰是一种不得不节制欲望的生活方式，尽管他们的欲望同样是没有止境和流动的，但这种生活方式却形成了一种惯性和未来行为的指标。在这种情形下，人们对技术变迁的预期收益小于预期成本是很自然的，特别是一些技术发明危及统治者认可的道德体系时，政府会加以压制和消灭，从而使一些公众的技术革新发明的成本变得很高甚至成为可能成本。因此，劳动替代型技术发明的需求缺乏只是表面现象，其深层的结构和原因是传统文化环境下人们对技术变迁的预期收益小于预期成本，即 $Gr < Gc$、$Ir < Ic$。

林毅夫所提出的科举考核的课程设置及激励结构使知识分子无心从事科学事业，尤其是可控实验或有关的自然假说、进行数学化这类事情，恰恰说明了中国当时缺乏劳动替代技术的需求或者说缺乏技术变迁的需求。因为公众或知识分子对技术变迁的预期收益小于预期成本，政府对制度和技术变迁的预期收益也小于预期成本。政府设置的科举考试科目多是灌输封建伦理道德的儒家的四书五经、历史、哲学、诗词歌赋和作文等而无科学技术文献和科研能力的测试。政府科举考试的课程导向一方面表明政府对科技变迁缺乏需求，另一方面更加剧了公众或知识分子对科技变迁兴趣和激励的缺乏，知识分子进行技术变迁或变革的回报率极低甚至为负，而进行技术创新的成本一般来说却极高，反过来，舍弃技术变迁去获取功名却有着极高的回报率，所谓“十年寒窗无人知，一举成名天下扬”。总而言之，政府和公众预期的一致性（$Gr < Gc$、$Ir < Ic$）正是从技术需求缺乏角度很好地解释了所谓的“李约瑟之谜”。

李约瑟认为，中国人的头脑中并没有什么先天的东西会阻碍一个严谨、准确、逻辑化知识体系的建立（Neednam，1954），如果欧美和中国的环境条件调换一下，那么所有的其他方面也随之调换——历史上所有伟大的名字像伽利略、哈维和波义耳等人全都是中国人而不是西方人，为了分享科技遗产西方人也必须学习方块字，就像今天中国人学习拼音字一样，因为许多现代科技文献都是用中文字写的（Neednam，1969）。李约瑟并未能理解这个关键的“中国环境”是如何形成的，这种环境即官僚体制并不是先天形成的而是人们（公众和统治者）在长期的社会实践中自己理性选择的结果。有利于政府的一脉相承的传统文化所铸造的相对稳定的物质欲望和生活方式成为这种制度的内在动力和惯性。如果说中国人的头脑中有什么先天的东西阻碍着中国人发动一场科技革命，那么这种先天性的东西就是保存在中国人头脑中的社会遗传基因——中国传统文化。从这种意义上说，只要前现代时期中国的传统文化及其反映或者说与这种文化相匹配的封建制度不改变，则中国发生科技革命是不可能的，而要改变这种环境无疑要换掉中国人血脉中的血液，谈何容易，这需要一个冲击过程。李约瑟博士热情大胆的假设是过于乐观了。庆幸的是，中国正在进行的市场化改革就是这样一个冲击过程。中国传统文化的伦理道德观、价值观与现代科技所代表的工具理性主义是格格不入的。韦伯（Weber M.，1946）也曾看到中国传统文化中有阻碍经济和科技发展的内容，缺乏像西方基督教、新教伦理中一些有利于现代经济和科技发展的因素，可惜他并未能对此做科学化的分析，他的哲学文化的语言叙述也使习惯于规范模型和实证分析的经济学家产生歧义。

这里使用的叙述逻辑是：工业革命没有发生于中国是由于统治者、公众、知识分子对技术变迁的预期收益均小于预期成本（$Gr < Gc$、$Ir < Ic$）。这种预期的形成是由于中国人相对稳定的物质欲望和生活模式，而这种相对稳定的物质欲望和生活模式的形成是由于在一个大一统的封闭国家内存在着几千年一脉相承的传统文化，这种传统文化严重影响着人们（统治者、公众，包括知

识分子)的预期成本和预期收益。这使得当时的制度和技术变迁无从发生。本书虽然是解释“李约瑟之谜”的“技术需求不足论”的一种,但并不满足于对需求和供给的表面分析,而是探究了其深层次原因,即决定这种技术需求不足的背后原因。

以上提供了高水平均衡陷阱的一个典型案例。当然这种案例出现的机会是罕有的。这不仅需要几千年独特的传统文化,而且它还是一个处于鼎盛时期、几乎一切方面在世界上都处领先地位并且也几乎完全处于封闭的环境之中。从这种意义上说,中国经济转型阶段的制度纳什均衡的特点是,制度(体制)相对稳定、技术水平先进、经济发展水平高。由于市场经济体制是一个不断激励人们进行制度和技术创新的制度,所以 $Gr < Gc$、$Ir < Ic$ 的条件会不断遭到破坏,中国经济也会不断融入世界经济一体化之中。因此,这种制度纳什均衡也不会形成或出现高水平均衡陷阱现象,转型完成阶段的制度纳什均衡只是一个制度相对稳定、科学技术和经济发展水平较高的“高水平经济、技术发展阶段”。

五、相持阶段的制度纳什均衡

相持阶段的制度纳什均衡是一种处于高水平均衡和低水平均衡之间的状态。就中国现阶段的经济转型来说,国有经济和非国有经济势均力敌、共同发展。它既不同于低水平均衡阶段完全处于一个封闭的体系之内,也不同于高水平均衡阶段完全处于世界经济一体化之中。一方面,政府的效用偏好摇摆不定,其对政治变量和经济变量的不同计较导致其对进一步改革的预期收益并非总是大于预期成本。$Gr<Gc$ 是改革步履维艰的原因,也是其常态;另一方面,公众的预期也因政府预期的波动而呈波动状,但政府的预期 $Gr<Gc$ 常态也决定了公众的预期 $Ir<Ic$ 的常态,但每次 $Gr<Gc$、$Ir<Ic$ 时的相持时间总不会太久。相持阶段的制度纳什均衡状态并非一个连续的过程,而是一个间断的离散型过程。它可能导致的一般均衡水平陷阱就是一种国有经济和非国有经济、计划经济和市场经济的长期对峙状态。然而当代经济是世界经济一体化的经济,产生这种一般均衡水平陷阱的必要条件并不存在。在这个过渡阶段,由于经历过改革的人们对旧体制的否定,即 $Gr>Gc$、$Ir>Ic$(其中,Gr、Gc 分别为改革前政府的预期收益和预期成本,Ir、Ic 分别为改革前公众的预期收益和预期成本),虽然改革前 $Gr<Gc$、$Ir<Ic$。但改革后 $Gr>Gc$、$Ir>Ic$,因此,改革的可逆性不能成立。如果国家或政府在政治上不出现倒行逆施或者说国家或政府不出现从松绑式改革到捆绑式（集权经济）管制的“返祖”现象，则从相持阶段的制度纳什均衡过渡到转型完成阶段的制度纳什均衡是一种必然趋势。如果重新出现政治上的倒行逆施，则政府预期效用函数中政治或权力效用值变大，经济变量的效用值变小，同时公众的预期也随着政府预期的改变而改变，从而 $Gr<Gc$、$Ir<Ic \longrightarrow Gr<Gc$、$Ir<Ic \longrightarrow Gr<Gc$、$Ir<Ic$……

此时，改革的可逆性出现了。

其实，制度本身就可以被解释为制度变迁主体之间进行的一系列博弈所形成的稳定的均衡点。我们之所以将经济转型的全过程分为低水平均衡阶段、一般水平均衡阶段和风吹草动水平均衡阶段，是为了分析每一阶段政府和公众预期一致性的特征，并指出了在中国经济转型过程中政府预期效用偏好或预期收益对于整个经济转型具有决定作用，它在一定意义上决定了中国经济转型的可逆性和必然性。正是从这个角度，我们将中国经济转型或改革过程理解为政府有控制地放松管制的过程。

六、预期一致性

当政府的预期收益大于预期成本，而公众的预期收益也大于预期成本时，制度变迁或经济转型发生。$Gr>Gc$、$Ir>Ic$ 可以被看作中国四十多年经济转型成功的源泉和原因。当 $Gr>Gc$ 时，改革属于强制性制度变迁；而当 $Ir>Ic$ 时，改革属于诱致性制度变迁。实际上改革同时满足上述条件。当我们用预期一致性原理来解读中国改革为何取得成功的逻辑，也就了解了彼得·诺兰（Nolan, 1933）所谓“中国之谜”的逻辑。

对于解说中国改革为何取得成功，存在两种代表性的观点：一种观点认为是由于中国采取了不同于苏联的渐进式改革方式，具有优越性，可称为“改革方式论”（Murrell, 1993; Mcmillan and Naughton, 1992; Mckinnon, 1994）；另一种观点认为，中国改革特殊的初始条件是中国渐进式改革成功的原因（Sachs and Woo, 1994a & b），可称为“改革初始条件论”。改革方式论的中心论点是，它将演进经济学的认识论用于支持渐进式改革而反对激进式改革，从信息和知识存量的连续性假设推导出改革的演进性特征，认为改革是一个帕累托改进。由于预期在改革中利益将要受损的社会集团必然对这种改革采取抵制行动，因而改革的摩擦和震荡将会加大，而着眼于“做大蛋糕”的渐进式改革可以在改革过程中不断扩大资源总量，从而扩大可供在各利益集团间分配的份额，使改革尽可能有帕累托改进的性质，把改革成本和风险控制在尽可能小的程度上（林毅夫等，1994）。麦金农分析了中国改革初期实行了“价格双轨制”是改革成功的重要原因。在20世纪80年代初自由化刚开始时，并不允许国有企业彼此之间自由竞争国内的稀缺资源或在公开市场上无节制地竞争外汇，国有企业内部交易的生产资料继续受到集中控制，只是随着时间推移而逐渐放松，然而政府允许一个双轨的定价体制发展起来，一旦国有企业彼此之间按照中央控制价格完成了它们的上缴任务，它们便可以在边际上按市场决定的价格——通常是比较高的价格——将多余的生产品出售给迅速成长的非国有企业（Mckinnon, 1994）。

诺顿将中国改革方式的特点概括为九个方面：(1) 计划和市场两种协调机制并存，并且与价格双轨制相配合，对于同一种产品，官方决定的计划价格低于市场交易价格。(2) 增长集中在市场轨道，使得经济逐步从计划外获得增长。(3) 中央政府放松对工业部门的垄断以及新兴工业部门（非国有部门）的进入相对自由导致了国内竞争的加剧。(4) 对于计划外的生产资料首先引进市场价格，对消费品进行类似的调整。(5) 衡量国有企业经营绩效的重要指标逐步从数量计划指标转变为盈利能力指标，从改善国有企业效率来说，不断增强的竞争压力取代了大规模的私有化。(6) 允许中国经济不断偏离计划约束，这种偏离最初从落后贫穷地区和经济特区开始。(7) 最初的宏观稳定化不是通过市场而是通过计划实现的。(8) 整个改革过程中宏观波动不断，对经济的长期市场化起了推波助澜的作用。(9) 在改革过程中，公共部门的储蓄虽然不断下降，但经济增长使私人储蓄不断增加，从而使储蓄和投资得以维持较高的水平（Naughton, 1994b）。

改革初始条件论的中心思想是：(1) 改革初期，中国和苏联有着基本的差别，中国有80%的劳动力处于相对保守的国有部门之外，而苏联、东欧地区的国有部门却涵盖了全部人口。(2) 苏联的国有农场和集体农庄是预算软约束的国有企业的典型表现形式，这与改革前中国的人民公社有很大区别。苏联农场工人领取有保证的工资收入，就业有保障并受益于适用城市工人的广泛的社会福利体系。(3) 其社会保障体系采用“包揽一切”的方式，而中国的社会保障体系仅包括劳动保障、有限的社会福利、社会救济及公费医疗等。经济计划在苏联、东欧地区比在中国渗透得深得多，在苏联多数劳动力在国有企业就职，而在中国多数劳动力不在国有企业工作，在苏联东欧地区，国家计划的集中程度也比中国高得多，苏联经济计划涉及的商品约有2 500万种，而中国的计划仅包括 1 200 种商品。在中国，地方政府比在苏联、东欧地区有更大的自主权，可以在中央计划外建立小规模的乡镇企业。由于以上这些初始条件差异，在俄罗斯允许非国有经济活动与国有企业共同发展以后，即便非国有部门的经济活动有更高生产率，也难以引起劳动力、资金和生产物资从国有部门流向非国有部门，因为政府对国有部门补贴就会足以抵消国有部门和非国有部门的生产率差异，而中国的初始条件则决定了这种流动的可行性。

改革方式论从比较两种改革优势入手，认为渐进式改革的优势是中国改革道路成功的主要因素，它提出的几点理由是正确的，但并未能理解是什么决定着中国改革采取这种较为成功的改革方式，而苏联为什么会采取另外一种改革方式。改革初始条件论指出了选择改革方式的现实基础或出发点，但并未能理解中国改革初始条件为什么以及通过什么转化成选择渐进式改革方式的依据，改革初始条件只是“自然存在”的改革起点，它不会自然演化成一条成功的改革道路，中国改革获得比较成功的主要因素既不是改革方式，也不是改革的初始条件，而是中国政府正确地把握了“预期一致性原理”原则（$Gr>Gc$、$Ir>Ic$），有控制地推动改革进程的结果。

在农村改革方面，由于原先的人民公社体制效率低下，农民收入低、生活贫困。据统计，从 1957 年到 1978 年的 21 年间，按全国人口平均的主要农产品产量除粮食由 306 千克增加到 320 千克（平均每年增加 0.67 千克）和猪、牛、羊肉由 6.25 千克增加到 9 千克（平均每年增加 0.13 千克）以外，棉花由 2.58 千克减少到 2.28 千克，油料由 6.59 千克减至 5.49 千克，水产品则持平（4.9 千克）。广大农民在 1957 年、1959 年、1962 年以比较集中的退社行为和实行包产到户表示对这种体制的不满，说明农民对这种制度的改革和变迁的预期收益远远大于预期成本（$Ir>Ic$）。1978 年，政府的效用偏好发生改变，在其效用函数中加大了经济变量的效用值，并且逐渐认识到让农民搞联产承包责任制不会动摇其努力维护的基本制度，反而能增加税收和获得最大化的支持。所以，政府对制度变迁的预期收益也大于预期成本（$Gr>Gc$）。联产承包责任制调动了农民的积极性，使农业生产快速增长，农业总产值在 1980 年达到 1 922.6 亿元的历史记录之上又创新高，一举突破 2 000 亿元大关达到 2 180.62 亿元，在粮食作物播种面积因农业结构调整而减少约 2%的情况下，粮食总产量增加了 466 万吨，棉花、油料等作物产量增长更快[①]。农村实行联产承包责任制以后，

① 董辅礽：《中华人民共和国史（下）》，经济科学出版社 1999 年版。

形成了社区合作经济组织和家庭承包经营相结合的有统有分的双层经营体制。随着商品生产和商品交换的发展,市场经济运行机制也逐步发展起来。

在价格体制改革方面,采用双轨制过渡各行其是也是$Gr>Gc$、$Ir>Ic$所起的作用。价格改革会影响和改变原有的利益分配格局和生产结构,是当时最有阻力的改革领域,然而在进行收入分配问题的改革之后,价格改革势在必行。政府对价格改革的预期收益也进行了权衡,最后采取了双轨制,这是政府从高度集中的计划经济向市场经济过渡的认识不断变化和发展的一个阶段。一方面,要推行市场化改革就必须放开市场价格;另一方面,在改革初期,当市场制度还不具备、非国有部门还未壮大到相当份额、一些重要投入品还十分紧缺的时候,继续实行对国有部门进行价格控制,继续在国有部门内部执行生产资料或其他重要资源(如外汇)的计划分配,禁止软预算约束的国有企业彼此竞争稀缺资源,对于保障传统国有部门的平稳过渡,从而保障经济的平稳增长,避免突发性通货膨胀都是十分重要的(张军,1998)。从这种意义上说,价格双轨制的实行是政府对计划派和市场派两种主张的一种折中,既能推进市场化改革进程,又能保障国有经济不动和宏观经济稳定。这说明双轨制价格的实行是政府对制度变迁的预期成本和预期收益进行仔细权衡之后推行的强制性制度变迁。值得庆幸的是,政府的这种风险投资最后取得了较好的回报。在1979年国务院颁布《扩大企业经营管理自主权的若干规定》和1984年国务院颁布《关于进一步扩大国营企业自主权的决定》之后,企业自主权扩大,生产能力有了很大增长,企业也希望能扩大自销产品的比重,打破价格全面管制的局面,公众对价格改革的预期收益也大于成本。事实证明,价格双轨制改革促进了企业产出的增长,也推进了市场化进程。

在乡镇企业发展方面,政府和公众的预期与农村实行承包制改革时政府和公众的预期相类似。起初,乡镇企业在夹缝中生长,随着其逐步扩大,政府也曾担心乡镇企业的发展会动摇政府的权力和经济基础,但后来政府认识到乡镇企业的发展不仅带动了整个国家的经济增长,使国家获得更多的税收,吸纳了农村的剩余劳动力,还促进了市场化进程的发展。乡镇企业本身在政府放松制度管制之后,有了生长和发展的空间,因为其有效率的机制和体制使其有较强的生存和发展能力。国家和公众对乡镇企业发展的预期收益均大于预期成本,即$Gr>Gc$、$Ir>Ic$。乡镇企业逐步成为整个国民经济的重要组成部分。以1995年为例,乡镇企业总产值为1 495.2亿元,占GDP的25.5%,是农、林、牧、渔业总产值的3.4倍,乡镇企业从业人员数占全国劳动力总人数的

20%，占农业劳动力总数的28.6%。乡镇企业是国家计划外生长的部分，它积极参与市场竞争。无论是家庭经营体制，还是集体所有制，乡镇企业都是按照市场经济运行机制运行的。

政府对国有企业改革的预期是两难的：一方面，国有企业是政府权力保障和保持宏观经济稳定以及把握改革走向、力度和偏好的关键。所以政府对国有企业的控制或不改革具有很高的预期收益；另一方面，国有企业负担过重、体制僵化、机制不活、大面积亏损又迫使政府必须进行国有企业改革，否则，政府对其控制的费用或成本越来越高。政府对国有企业控制得最严也最为谨慎，国有企业改革步履维艰、效果不明显的主要原因在于政府对于国有产权的放松所可能导致的政治收益的丧失预期过高，国家出台的国有企业改革措施最多而改革的进程又最慢反映了政府对国有企业改革的预期的不确定性。只要国有企业的亏损和维持费用不超过国家对国有企业的预期收益，国有企业改革的实质性推进是不可能发生的。由于国有企业及其员工（公众）直接隶属于政府，他们对国有企业没有独立的预期效用函数，他们对国有企业的预期效用函数是被政府预期效用函数所决定的。国有企业一部分从业人员和小型国有企业的员工可以选择退出，他们进行着保留国有以便在国有企业从业和出卖（破产）国有企业即离开国有企业之间的成本-收益比较，从而选择其中的收益最大者，这决定了他们对改革的态度。从我国政企关系从合一走向逐步分离的全过程看，无论是以政府为主进行的管理权限的再分配，还是以新体制运作的企业推动为主的跨地区产权关系的调整，都是政府预期以及由政府预期所决定的公众（企业和个人）预期之间的一致性所推动的。在这里，虽然公众的预期 $Ir > Ic$ 徒具形式，但随着政府对国有企业改革的推动，公众对国有企业改革的预期收益较大时，也会影响政府的预期，增大政府改革的信心，从而形成强制性制度变迁和诱致性制度变迁交互作用共同推进的局面。中国改革能否在实现经济增长的同时又能完成经济转型，使经济按照市场经济法则运行，国有企业改革的成功是焦点所在。国有企业改革的成功的过程也会表现出 $Gr>Gc$、$Ir>Ic$ 的预期一致性的过程，只不过在这里，政府的预期作用表现得更为突出罢了。

以上的分析说明，中国改革的成功不仅仅在于选择了正确的改革方式，也不在于其改革的初始条件优越，而在于中国不完全放开政府对国民经济的控制，从而不断创造 $Gr>Gc$、$Ir>Ic$ 的预期一致性的条件，在政府掌握权力对经济控制权的前提下，按照预期一致性原理，逐步地放松政府的制度管制，从而创造了“中国的奇迹”。渐进式改革方式的选择能使改革在较长的时期内满足预期一致性的条件，较优越的改革初始条件为政府选择渐进式改革方式提供了基础，从而也为满足预期一致性创造了有利条件，只要在中国改革的每一步骤或阶段保证和创造预期一致性的条件，中国经济改革的成功是必然的。与此相对照，俄罗斯采取过于激进的“休克疗法”和其改革初期所酝酿的社会震荡，完全打破了政府预期和公众预期，政府预期效用函数和公众预期效用函数都变得如此不确定，以至于很难满足预期一致性的条件（$Gr>Gc$、$Ir>Ic$）。它的政府完全放弃政治对经济的控制权，使改革迷失在多元变迁主体混乱的预期之中，无序的经济关系使得经济增长和市场体制与机制的确立无从谈起，俄罗斯在改革之初为激进式改革付出惨重代价也就不足为奇了。可以设想，如果俄罗斯的激进式改革和初始条件使其始终能满足预期一致性的条件，而中国的渐进式改革和其初始条件始终不能满足预期一致性的条件，那么，改革取得成功的应该是俄罗斯而不是中国。

第五节　中国经济转型三阶段理论[①]

中国经济体制改革的一个显著特征是权力中心成为改革的倡导者和组织者，权力中心的制度供给能力和意愿是决定制度变迁方向、形式的主导因素。这样一种供给主导型制度变迁方式在以较低的摩擦成本启动中国市场化改革方面发挥了重要的作用。但由于这种制度变迁方式的内在规定性，从理论上说，它在完成向市场经济体制过渡方面存在着一系列难以逾越的障碍。然而，事实上中国的市场化改革在不断深化。

前面提到过中间扩散型制度变迁方式，通过进一步讨论我们也可以将中国经济转型看作包括中间扩散型制度变迁三个阶段的完整过程。第一，在自上而下的制度变迁方式因面临竞争和交易费用约束而难以进一步推进市场化改革时，由地方政府扮演制度创新的“第一行动集团”角色，可大大弱化政府在保护有效率产权结构时所陷入的“诺斯悖论”，从而能加快向市场经济的过渡。当地方政府经济利益独立化后，由于中央与地方的财政收入分享比例一定，不仅地方政府追求可支配财政收入最大化目标依赖于企业利润最大化目标的实

① 参见杨瑞龙：《我国制度变迁方式转换的三阶段论——兼论地方政府的制度创新行为》，《经济研究》1998 年第 1 期。

现，而且政府的垄断租金最大化目标（主要表现为职位的升迁、权力的稳定性、对资源的支配力及灰色收入等）的实现也与本地的经济发展水平息息相关（本地经济上不去就会丢官），这就大大弱化了可导致地方政府垄断租金最大化的所有权结构与降低交易费用、促进经济增长的有效率体制之间的冲突，即地方政府在界定和保护产权时更偏重于效率。从企业的角度来分析，由于单个企业谈判实力的弱小等原因，它没有能力通过突破进入壁垒来获得潜在制度收益，而必须借助本地政府的力量在不规范的市场竞争中占据有利位置。因此，地方政府与企业在自发的制度创新过程中合作多于冲突，走的是一条政府与企业合作共同与权力中心讨价还价突破进入壁垒的道路。第二，地方政府制度创新出现效率导向。第三，权力中心在多大程度上能容忍乃至追认地方政府在正式规则边际上的制度创新行为，一方面与权威扩散化程度有关。一般来说，权威扩散化程度越高，地方政府利益目标越独立，越有可能利用上级政府授予的权威去做并未授权它去做的事情，正式制度规则的变通余地越大。另一方面还取决于地方政府为追求潜在制度收益而逐渐改变的制度结构中，权力中心从中获得的收益是否大于执行正式规则的成本。当权力中心为保护旧的产权结构的成本大于其从新产权关系中获得的收益时，就会容忍地方政府为追求更多的生产性利润所从事的制度创新活动，从而使权力中心的垄断租金最大化与保护新产权之间达成一致。第四，当制度变迁由命令控制转变为谈判协调时，地方政府在我国向市场经济体制过渡过程中事实上起到了中间扩散新制度规则的功能，即一方面，地方政府从发展本地经济的目标出发，通过从下接收信息、向上传递信息沟通权力中心的制度供给意愿与微观主体的制度创新需求；另一方面，地方政府效率导向的制度创新活动推动了当地经济的市场化进程。

对中国经济转型过程可以做如下描述。第一，放权让利改革战略及分灶吃饭财政体制的推行，使拥有相当大资源配置权力的地方政府可分享剩余索取权。由于分享比例已预先确定，地方政府的财政收入留成额与当地的经济发展水平正相关，所以地方政府已不再是纯粹提供公共产品的行政性组织，它实际上已同时成为一个追求本地经济利益最大化的经济组织，其行为已经具有鲜明的市场化倾向。即使实行了分税制，也没改变这一基本格局。因为“小型”集团的成员具有较强的组织集体行动的能力（奥尔森，1993），从而越是处于下层的地方政府，其经济功能越强，行为越是市场化。第二，具有以上特征的地方政府不仅成为沟通微观主体制度创新需求与权力中心制度供给意愿的桥梁,而且可凭借权力中心的行政代理人身份,从有利于本地经济发展的角度去理解与实施正式制度规则;或者通过讨价还价诱使权力中心做出有利于其分享垄断租金的制度安排,竞争制度创新的进入权;或者在正式规则的边际上进行自发的制度创新活动,突破"进入壁垒"。地方政府以行政手段实施的市场化行为既有助于解释改革开放以来中国的经济增长之谜,也有助于解释中国的渐进式改革为什么有可能实现向市场经济体制的过渡。第三,解开制度变迁中"诺斯悖论"的可能性主要不是依赖于单个行为人的自由选择,而在于超越个体水平的集体行动,实施这一集体行动的主体是组织。当地方政府扮演体制转换中的"第一行动集团"角色时,这种具有效率导向性质的制度创新既可能导致有效率的产权结构,又可能使权力中心从新产权结构中的获益超过保护旧产权关系的成本。于是,权力中心就会采取容忍乃至事后追认的态度,从而通过重组新合约使权力中心的垄断租金最大化与保护新产权之间达成一致,逐步化解向市场经济过渡中的"诺斯悖论"。第四,地方政府的效率导向制度创新有助于企业对利润最大化目标的追求,企业在非平衡改革战略中追逐潜在制度收益又依赖于政府的一臂之力,因此,地方政府与企业的合作多于冲突。可见自发的制度创新走的是一条地方政府与企业联合突破由权力中心设置的进入壁垒的道路。第五,由地方政府扮演制度创新的"第一行动集团"角色也可能产生若干负效应。如地方政府在界定和保护产权时也不同程度地面临分利集团内的"诺斯悖论",从而使市场化改革具有不彻底性,地方政府之间恶性竞争导致地方保护主义与国家利益的受损,容易滋生权钱交易的腐败行为等。因此,为了完成向市场经济的过渡,客观上要求由供给主导型制度变迁方式向需求诱致型制度变迁方式的转变。第六,制度创新的"中间扩散"有可能实现这种制度变迁方式的转变。地方政府为刺激本地经济发展所从事的效率导向的制度创新活动有可能导致一个相对有效率的产权结构,有助于培育出自主经营、自负盈亏的市场竞争主体,而产权关系明晰化又会反过来限制政府的干预行为,使之主要提供公共产品。改革先行地区大多实行"小政府、大社会"的政府管理体制正是这种趋势的反映。由此可见,在向市场经济的过渡过程中,地方政府的经济功能及制度创新功能呈现出由弱到强、再由强到弱的倒 U 形的变化态势。

一个中央集权型计划经济的国家有可能成功地向市场经济渐进过渡的现实路径是:改革之初的供给主导型制度变迁方式逐步向中间扩散型制度变迁方式转变,最终过渡到与市场经济内在要求相一致的需求诱致型制度变迁方式。

第六节　关于"中国模式"的争论[①]

中国模式是随着中国经济的崛起而产生，一般来说，中国模式包括以下内容：(1) 积极回应和参与全球化；(2) 从计划经济向市场经济转型；(3) 强调经济、政治、文化、社会、生态协调发展；(4) 以人的全面需求和全面发展为目标；(5) 关注社会功能、挖掘社会潜力、发挥社会作用；(6) 坚持社会主义、强调民族特色，同时又倡导不同社会制度和意识形态"共处竞争、对话合作"。[②]

关于中国模式的讨论可分三个层面。第一个层面是以探讨中国模式的内涵、特点、性质、意义为侧重点，力图解决中国模式是什么的问题；第二个层面和第一个层面相比，更具有方法论的意义，研究者关注的重点是我们应当以什么样的方法和视角去讨论、审视中国模式；第三个层面的研究着眼于在更高的层面上反省我们对于自我文明、文化的认知态度，不论是创立中国学派以及社会科学本土化的倡议，还是文化独立的诉求，都大抵可以归入此类，它们直接指向中国人自身对中华民族的文化认同与文化自觉。

随着中国模式研究成果的大量涌现，引起人们反思的不只是中国模式，还有中国模式研究本身。需要特别指出的是，学者们关于中国模式研究的反思，大都和社会主义、意识形态等概念或因素联系在了一起，这些反思把社会主义、意识形态这些最具中国特色的要素摆在我们的面前，同时，也在另一个侧面促使我们思考中国模式未来的发展方向[③]。

杨煌指出，社会主义的原则、方向和价值观是中国模式所必须坚持的，那

---

① 关于中国模式的研究综述和述评可参见郭盛：《"中国模式"研究综述》，《红旗文稿》2011 年第 2 期；杨新铭：《"中国模式"：缘起、争论与特征》，《徐州师范大学学报(哲学社会科学版)》2011 年第 9 期；钮维敢、蔡瑞艳：《国内外关于"中国模式"研究视角进展述评》，《南京政治学院学报》2011 年第 5 期；杜艳华：《学界关于"中国模式"讨论观点述要》，《高校理论战线》2011 年第 1 期；吴波：《近年来国内外中国模式研究述评》，《山东社会科学》2011 年第 5 期；徐丹丹、孟潇、王芮：《对"中国模式"问题的研究综述》，《经济学动态》2010 年第 9 期；冯玺：《近几年来国内外对"中国模式"的研究述评》，《2010 年度中国现代经济史研究动态及前沿问题讨论会》入选论文；胡键：《争论中的中国模式：内涵、特点和意义》，《社会科学》2010 年第 4 期；刘文革、刘聪睿：《关于"中国模式"研究观点述评》，《政治经济学评论》2010 年第 4 期；中央党校科社部社会制度比较教研室：《2005 年以来学术界关于"中国模式"问题研究综述》，《科学社会主义》2010 年第 3 期；郑云天：《国内外关于"中国模式"研究述评》，《社会主义研究》2009 年第 4 期；庄俊举、张西立：《近期有关"中国模式"研究观点综述》，《红旗文稿》2009 年第 2 期。

② 蔡拓：《探索中的"中国模式"》，载于俞可平、黄平等《中国模式与"北京共识"——超越"华盛顿共识"》社会科学文献出版社 2006 年版。李建国：《中国模式之争》，中国社会科学出版社 2013 年版。

③ 王丹莉：《中国模式研究之新动向与再认识》，《中国经济史研究》2012 年第 2 期。

么对中国模式的研究就不能缺少社会主义的视角①。程恩富②认为，中国模式的经济、政治、文化和社会的体制内涵指的是社会主义本质在中国当代的实现形式，所以，对中国模式的研究必须与社会主义、与中国特色社会主义道路紧密地联系起来③。谢忠文、李倩提出，关于中国模式的研究，其渊源、发生和发展都表现出强烈的意识形态色彩，这一维度的缺失，或者说，去意识形态化却将导致中国模式产生身份认同危机④。

中国模式提出的意义在于：(1) 发展中国家看重中国高速发展的经验；(2) 转型国家看重中国有效转型的经验；(3) 大国看重中国和平崛起的经验；(4)“苏东剧变”后世界社会主义处于低潮，社会主义各国艰难探索，“中国模式”对这些国家既是鼓舞，也提供了一些经验。(5) 在内外条件的约束下，中国维持经济增长并将经济增长的益处转化为实际社会发展的驱动力，国家与社会为抵制新自由主义方案付出了明显而又有效的努力；(6) 启示了一个国家应该独立自主地走有本国特色的发展之路；(7) 启示一个国家应该在发展中大胆创新、勇于实践；(8) 中国的发展是对世界现代化和人类文明做出的真正贡献⑤⑥。

第七节　中国奇迹的政治经济学分析

一、关于东亚模式⑦

什么是东亚模式？综观第二次世界大战后的世界经济发展，只有东亚地区的日本与中国香港、中国台湾、新加坡和韩国（“亚洲四小龙”）成功实现了经济赶超，进入了高收入国家（地区）的行列。因此，研究东亚模式对于推动理论经济发展和制定公共政策都具有重要的意义。讨论东亚模式的文献可以说汗牛充栋。尤其是，世界银行在1993年出版了《东亚的奇迹：经济增长和公共政策》一书，专门讨论这几个国家的经济奇迹，总结这些国家的发展经验，并试图从中提炼出更加适合其他发展中经济体的普遍经验。世界银行主要强调了如

---

① 杨煌：《中国模式与社会主义》，《红旗文稿》2011年第18期。
② 程恩富、胡乐明、刘志明：《关于中国模式研究的若干难点问题探析》，《河北经贸大学学报》2011年第1期。
③ 程恩富：《中国模式的经济体制特征和内涵》，《经济学动态》2009年第12期。
④ 谢忠文、李倩：《中国模式研究中的意识形态因素》，《探索》2011年第2期。
⑤ 舒亚·库珢·雷默等：《中国形象：外国学者眼中的中国》，社会科学文献出版社2006年版。
⑥ 郑云天：《国内关于中国模式研究述评》，《社会主义研究》2009年第4期。
⑦ 王永钦：《发展的政治经济学：一个东亚模式的理论框架》，《学术月刊》2015年第4期。

下四点经验：(1) 坚持宏观管理的重要性，保证稳定的商业环境和低通货膨胀率，有利于鼓励固定资产投资，实施谨慎的财政政策，并辅之以共享经济发展成果的其他措施等；(2) 建立强有力的政府管理体系，保证长期增长意愿的实现，追求产出与就业的快速增长以及工商业与政府之间的互动；(3) 实施政府积极干预的工业化政策，增加出口中的工业产品份额，并采取其他配套的金融、财政、外贸政策来促进出口；(4) 政府清楚地表明企业获得政策支持的条件，并在目标不能完成的时候废止这些支持。

从发展模式和制度层面来看，东亚各经济体的共性主要表现为以下五个特征：(1) 第二次世界大战后，在经济发展起飞阶段，威权主义的政府都在经济发展的过程中起了很重要的作用，政府在经济发展的过程中采取了广泛的产业政策来干预经济；(2) 与西方国家相比，法律等显性规则在社会经济生活中的作用并不是很大，而依赖长期博弈的关系却起了很大的作用，并且渗透到社会生活的很多层面；(3) 从经济组织的层面来看，经济发展初期的经济结构都比较集权，经济往往由少数几个大的企业(财团)所控制，金融体系也比较集权，往往由少数几家大的银行主导，银行与企业有着长期的关系，银行融资在大企业的融资中占主导地位；(4) 从经济发展的阶段来看，初期的经济发展都非常成功，曾经创造了"亚洲奇迹"，但是到了 20 世纪 90 年代末期，很多经济体都遭遇了经济危机，日本则早在 20 世纪 90 年代初就陷入了长期的经济停滞；(5) 从政治转型的角度看，在经济快速发展三十年左右之后，都比较成功地进行了经济自由化和政治民主化。

用经济发展与合约形式的理论来解释东亚模式，即有效的合约形式(制度)是市场范围的函数。在分工程度较低的发展中经济体中，两个经济主体之间的交易可能跨越多个市场，这被称为"互联的市场"。一个典型的例子是，在发展中经济体的农业中，地主和佃农不仅在产品市场上发生交易(如佃农会购买地主的粮食)，还会在劳动力市场(地主雇用佃农)、信贷市场(如地主提供借贷给佃农)和保险市场(如分成租佃制)上同时发生互动。而在社会分工程度高的经济中，人们会在不同的专业化市场(specialized market)上跟不同的主体进行交易。在一定程度上，互联的市场会使得在单一的市场上无利可图的关系型合约在互联的情况下变得可行，所以，市场的互联性扩大了可行的关系型合约集合。经济的发展是一个过程的两种体现：在市场形态上表现为专业化的市场替代互联市场的过程，在制度形态上则表现为规则型的合约替代互联的关系型合约的过程。市场形态和制度形态的匹配对于理解经济的发展至关重要。

二、中国奇迹[①]

中国经济发展奇迹的取得，一方面是由于经济学讨论的经济因素，另一方面是由于坚持社会主义价值取向、坚持中国共产党的领导，以及政治建设、文化建设、社会建设、生态文明建设、党的建设与经济建设形成协调和相互促进态势。这是马克思主义关于生产力与生产关系、经济基础与上层建筑关系论断在中国的实践、进一步验证和发展创新。

（一）社会主义价值取向的坚持和践行成为经济发展的动力

1. 以人为本，谋求人的全面发展，并为此推进改革发展，解放和发展生产力，是社会主义的重要价值取向

这一人民利益高于一切的价值取向，渗透到中国特色社会主义事业总体布局的各个方面，经济建设、政治建设、文化建设、社会建设、生态文明建设、党的建设都以人民利益的维护为出发点和落脚点，相互间良性互动、共同作用，为经济发展提供不竭的动力。

2. 坚持社会主义价值取向，不断探索完善社会主义初级阶段的基本经济制度，促进有利于经济发展的人、财、物支撑且推动历史发展的决定力量是人民群众

中国经济发展奇迹实现的合力来自人民群众最深厚的伟力，其中最突出的是集中力量办大事。当然，在改革开放前后两个历史时期，集中力量办大事的建设内容和实现机制有所不同。以财政为例，改革开放前主要是通过实施建设财政和群众性生产运动方式来实现集中力量办大事的目标；改革开放以来，特别是进入新世纪后，我国将建设财政转变为制度化的公共财政。以公有制为主体、多种所有制经济共同发展的基本经济制度为基础的中国政府，一方面将有限的人、财、物用于重点建设项目，另一方面通过发展公有制经济实施国家在国计民生方面的意志，而这些又不受党派和私人财团的左右，从而成为顺利集中人力、物力、财力的重要保障，为国家经济的起飞和发展提供了必要的支撑。

3. 坚持社会主义价值取向，从国家和人民的根本和长远利益出发构建政策体系，促进经济发展合力的形成

在实践中，中国也存在着部门利益、地方利益，因而中央也多次主动调整

---

① 郑有贵：《关于中国经济奇迹的政治经济学分析》，《毛泽东邓小平理论研究》2015 年第 12 期。

中央与地方的关系。在中央的统一领导和统筹协调下,部门和地方基本上做到了服从国家和人民的根本和长远利益,共同协作,克服诸多困难,合力推动国家发展战略的实施。以改革开放前实施的服务于国家工业化战略的政策为例,国家政策的核心是高积累和高投入,为此,一方面对城市职工实施低工资、低消费政策;另一方面把大量农民留在农村,以保障整个国家消费增长不至于过快,并通过工农产品价格"剪刀差"的方式实现农业剩余向工业转移,通过农产品统派购制度保障工业原料和城镇居民食物的供应。这种高积累、高投入、低工资、低消费的政策在实践中能够得到顺利实施,缘于社会主义价值取向下形成的全国人民共同实现发展战略目标的合力。社会主义价值取向凝聚人心的优势,源于中国共产党代表中国最广大人民的根本利益,在制定政策时,能够从国家和人民的根本和长远利益出发。

(二) 中国共产党的领导和政治文明建设保障了国家发展战略目标的有效整合与实施

中华人民共和国成立后,中国共产党成为执政党,人民开始当家做主,开启了新的政治体系的构建。其间,尽管具体的政治制度有诸多变化,但实质没有变,即实行中国共产党的领导没有变,人民当家做主没有变,并在实践的发展进程中不断促进党的领导、人民当家做主、依法治国的有机统一。中国特色社会主义政治发展道路的形成和不断完善是不断适应经济基础的进程,也是对经济发展起积极作用的过程。

(三) 文化建设引领时代风气之先,催生、凝聚经济发展力量

当代中国在促进经济发展时,不是把经济发展孤立起来,而是把经济发展与文化发展联系起来,注重使物质文明建设和精神文明建设相辅相成。新中国成立伊始,以马克思主义为指导,以文艺为人民大众为方针,着力改造旧文化,发展社会主义新文化,爱国主义、集体主义随之深入人心。

(四) 社会建设为经济发展奠定了和谐进步的社会基础

经济发展与社会结构及其治理密切相关。中国经济发展不仅有一个和谐的社会基础,更是形成了有利于人的成长发展的机制。社会主义制度的建立激发社会活力。当代中国建立起与封建社会、资本主义社会有着根本不同的全新的社会主义制度,构建起人人平等、人民当家做主的社会,公有制的建立又实现了生产要素与劳动者的有机统一,这些都促进了各利益主体公平发展政策体系的形成,使各主体都有成长和发展的机会,极大地激发了各利益主体的积极性和创造性。

一、复习思考题

1. 如何理解社会主义经济转型过程?

2. 试述社会主义经济转型方式。

3. 什么是松绑式经济改革?

4. 试述中国经济改革模式的主要特征。

5. 中国和俄罗斯经济改革的根本区别是什么?

6. 试述从制度管制到制度竞争的过程。

7. 什么是预期利益一致性原理?

8. 试述制度变革与技术变革之间的关系。

9. 如何理解中国模式的内容及意义?

10. 什么是中间扩散型制度变迁?

11. 什么是我国经济转型的三阶段理论?

12. 试述社会主义国家或政府在经济体制改革中的作用。

二、课堂讨论题

1. 讨论中国社会主义经济改革取得成功的原因。

2. 为什么社会主义经济改革要基于不同国家的具体国情? 如何看待“李约瑟之谜”?

第五章　社会主义市场经济体制

研究文献综述

中国社会主义经济经历了从计划经济到市场经济的转变[①]，这一转变过程是艰辛而复杂的[②]，社会主义市场经济是同社会主义基本社会制度结合在一起的，它能够使市场在资源配置中起决定性作用。学者们从不同角度论述了中国社会主义市场经济理论的形成过程[③④⑤]，并在研究这一理论产生的过程中强调中国特色社会主义市场经济理论的基本特征[⑥]，从《资本论》出发来论述社会主义市场经济应该具有的特征[⑦]，从经济秩序角度来研究社会主义市场经济体制[⑧]，都可以发现社会主义市场经济体制具有与资本主义市场经济体制不同的特征。社会主义市场经济体制是一种新型的经济秩序[⑨]。针对社会主义市场经济体制的理解，有的强调引入市场经济运行机制[⑩]，有的强调市场化取向的经济体制[⑪]，有的强调市场经济的社会主义属性[⑫]，有的强调社会主义市场经济体系[⑬]，有的强调市场经济体制的中国特色[⑭]。

---

① 杨玉生：《社会主义市场经济理论史》，山东人民出版社 1999 年版。

② 顾准：《试论社会主义制度下的商品生产和价值规律》，《经济研究》1957 年第 3 期。

③ 汪涛：《关于社会主义市场理论的形成机制》，《改革与开放》2015 年第 2 期。

④ 何玉长：《新中国社会主义经济理论四论》1999 年第 11 期。

⑤ 王诚、李鑫：《中国特色社会主义经济理论的产生和发展——市场取向改革以来学术界相关理论探索》，《经济研究》2014 年第 6 期。

⑥ 史继红：《社会主义市场经济理论体系创新研究》，西南交通大学出版社 2009 年版。

⑦ 张文元：《资本论与中国社会主义市场经济研究》，东南大学出版社 1996 年版。

⑧ 洪银兴：《经济转型阶段的市场秩序建设》，《江苏社会科学》2004 年第 6 期；洪银兴：《论市场规则及其相关的制度安排》，《西北大学学报(哲学社会科学)》2005 年第 3 期。

⑨ 伍装：《国家经济政策秩序原理》，上海财经大学出版社 2006 年版。

⑩ 卫兴华：《经济运行机制概论》，人民出版社 1989 年版。

⑪ 吴敬琏、刘吉瑞：《论竞争性市场体制》，中国财政经济出版社 1991 年版。

⑫ 卫兴华：《社会主义经济理论中的几个是非界限探讨》，《财经问题研究》2000 年第 6 期。

⑬ 刘诗白：《论社会主义市场经济》，《经济学家》1992 年第 5 期。

⑭ 黄范章：《探索、建设社会主义市场经济体制的三十年——兼论创立中国特色的转轨经济学和社会主义市场经济学》，《经济社会体制比较》2008 年第 4 期。

社会经济制度与经济体制或经济模式是不同的，社会经济制度是生产关系决定的并反映了生产关系，而经济体制或经济模式则是经济的运行原则和方式的具体表现①。从传统的高度集中的计划经济理论到计划经济为主、市场调节为辅的理论，从有计划的商品经济理论到社会主义市场经济理论②，中国社会主义市场经济体制理论的形成经历了曲折的发展过程，并且仍然处在不断的深入研究和探索之中③。

第一节 如何理解市场经济体制

市场经济是一种经济体系，在这种体系下，产品和服务的生产及销售完全由自由市场的自由价格机制来引导。市场经济也可以看作一种经济运行机制，是经济资源通过市场机制来配置的一种运行方式。市场经济是社会化的商品经济，是市场在资源配置中起基础性作用的经济。市场经济具有平等性、竞争性、法治性和开放性等一般特征。市场经济通过市场可以有效地调节社会资源的分配，引导企业按照社会的需要组织生产经营，并且可以对商品生产者实行优胜劣汰的选择。市场经济体制是建立在高度发达的商品经济基础上的，或者说它是高度发达的、与社会化大生产相联系的发达的商品经济体系。市场经济体制是指以市场机制作为配置社会资源基本手段的一种经济体系，其最基本的特征是经济资源商品化、经济关系货币化、市场价格自由化和经济系统开放化。市场经济是实现资源优化配置的一种有效形式，市场经济体制是一种通过人们对自身利益的计较和追求而实现自动调节的经济体系结构。

人类社会是不是也存在一种像自然秩序那样存在的社会秩序状态及其变动规律性？亚当·斯密以"看不见的手原理"对这个问题给予最初的回答。这种思想经过马歇尔和瓦尔拉斯等人的努力，变成了一种精致的理论逻辑形式，并通过现代数学语言表达出来，经济学俨然与物理学和生物学等自然科学相提并论。然而，以新古典经济学为基础建立起来的现代经济学的基础是脆弱的，它一再受到各种质疑（如假设前提过于武断、形式主义经济学等）也不是没

① W. 布鲁斯：《社会主义的政治与经济》，中国社会科学出版社 1981 年版。
② 杨圣明：《社会主义市场经济基本理论问题研究》，经济科学出版社 2008 年版。
③ 刘国光：《社会主义市场经济理论问题》，中国社会科学出版社 2013 年版。

有道理的。那么,问题的关键在哪里呢?这就需要从斯密确立这门科学的思想基础开始寻找。实际上,斯密理想的核心在于,人类社会与自然界一样存在着不可违背的规律性,这种差别仅仅在于人类既定的道德情操可能会制约着这种秩序规律性。斯密的思想通过两条线索被片面地发展到极致,之所以是片面地发展,是因为它们去除了斯密思想的丰富性,而只将斯密"看不见的手原理"当作既定前提来展开分析和研究:第一条线索是马歇尔、瓦尔拉斯和阿罗、德布鲁等人完成的数理化与精致化的方向,第二条线索是米塞斯和哈耶克等人从超越经济学的整个社会哲学层次上对斯密思想的进一步开拓和深化。

首先,斯密的"看不见的手原理"将市场秩序等同于自然秩序,然而,这需要许多严格的假设前提条件。应该说,斯密的思想是深刻的,它指出了人类社会秩序存在着某种规律性,这种规律性是不能违背的。即使如此,我们也不能将市场秩序等同于自然秩序,市场秩序处于均衡状态需要两个基本条件:(1)具有完全理性的经济人;(2)市场是完全竞争的。这两个条件显然是抽象的,那么,斯密所谓的"看不见的手原理"也只能是一种对虚拟的市场秩序的描述,而斯密及其后继者正是将这种虚拟的市场秩序等同于自然秩序。如此,新古典经济学将人们分析问题的方法引入这样一种逻辑:从自然界秩序逻辑出发,通过严格假设前提引出市场秩序,再从市场秩序引出社会秩序的逻辑。其次,源于斯密脆弱理论基础的新古典经济学进一步导出市场自发演进的经济学理论。哈耶克着重发掘了这方面的思想,从哲学的高度论述了作为一种自生自发秩序的市场经济秩序原理,强调人类理性的自负和理性的边界,强调市场秩序的形成和变迁并非人类理性构建的产物,而是自然演进的结果。实际上,在某种意义上,哈耶克将斯密"看不见的手原理"提升到哲学意义上来认识并加以系统化和知识化,从而为西方市场经济理论奠定了坚实的基础。最后,发端于斯密的社会秩序理论的致命缺陷在于它否定了人类在社会秩序形成和演变过程中的构建功能和作用,尤其是否定了人类在社会秩序形成和演变中的创新意识和主观能动性。市场秩序和社会秩序不同于自然秩序的一个基本点在于:活动于社会秩序之中的主体是人而不是自然物,人不会完全听从于自然秩序的安排,尤其是人不会完全屈从于社会秩序的自生自灭。人类理性的不断延拓和人类追求理想社会生活的强大动力,促使人类不断地探索和创造更加完善的社会秩序;同样,基于人类理性的有限性、理性与情感的冲突和预期的不确定性等决定了社会秩序的形成和演变的非线性过程及多元状态。如果我们将人类社会秩序还原于市场秩序,再将市场秩序还为自然秩序,这显然有利于我们运用现代科学理性逻辑来分析人类社会秩序，甚至可以将经济学当作物理学那样来描述和分析。然而，起源于斯密“看不见的手理论”的新古典经济学将会走入困境：其一，它只能是一种抽象概念和逻辑结构构成的形式主义经济学，与实际经济社会现象和经济过程相去甚远；其二，它将人类社会形成和演变的逻辑等同于自然界形成和发展的逻辑，这不仅贬低了人类理性的构建功能，也是一种哲学本体论上的不可知论。如果我们人类只能遵从自生自发秩序，那么，人类将永远也不能摆脱市场经济的诸多负面效应，如人与人关系的物化和异化、外部性问题的存在导致对自然环境的灾难性破坏，以及社会资源的周期性巨大浪费等。从另一方面看，人类社会秩序正是人类理性构建的产物，从最初原始人类对严酷自然环境的抗争而组成的原始共产主义社会秩序，到封建社会秩序所反映的那种人类对土地依赖，直到资本雇佣劳动关系所推动的现代科学技术进步所导致的社会生产力的剧烈扩张，这些都反映了人类对更完善社会秩序的追求和构建功能。从这种意义上说，人类社会秩序总是不断变化发展的，是历史的、具体的，从来就不存在什么永恒的像自然界秩序那样的社会秩序。

通过以上的分析，我们可以看出自然秩序、市场秩序和社会秩序三者关系：第一，三者具有内在的联系，这种联系表现在秩序的形成和变化受某种规律支配，而并非是随意的。自然秩序按照食物链规则和适者生存原则形成内在规则，市场秩序按照博弈均衡或利益均衡的原则形成内在规则，而社会秩序则既遵循社会各种因素结构性变动的原则，也遵循市场秩序规则而形成某种社会秩序的内在规则。第二、三种秩序的区别主要表现在自然秩序遵循自然界的规律，而市场秩序和社会秩序则遵循社会规律，两者是不同的。自然秩序的主体是自然界或不具有主观能动性的对象，并不存在人参与其中而能够改变其秩序的规律性的条件；市场秩序和社会秩序的主体是人，人的理性具有构建功能和基于对理想追求而体现出的创造性，人类可以主动地选择某种更为完善的社会秩序；虽然市场秩序也是社会秩序，但它不能等同于社会秩序，只是社会秩序的一部分。市场秩序与社会秩序的区别在于，市场秩序中存在着的是受最大化利益驱使的“经济人”，而社会秩序的形成还要考虑非经济利益，受到社会政治规律的支配。我们在这里将自然秩序、市场秩序和社会秩序区分开来，不仅仅指出新古典经济学所依据的“自生自发社会秩序”的致命缺陷，而且也为下面对过渡形态的市场秩序分析奠定理论基础。在一个社会经济的过渡或转型期间，三种秩序的原型总是以各种方式交织在一起，从而表现出典型的过渡形态的市场秩序。

第二节　市场经济体制与国家经济政策

一、两种社会经济秩序：可自我实施的和需要管理的

人类社会秩序的形成可分为两种过程：自然演进过程和理性构造过程。哈耶克曾提出社会秩序规则的二元观，将规则区分为内部规则和外部规则。内部规则是指社会在长期的文化进化过程中自发形成的规则，外部规则则是指只适用于特定人或服务于统治者目的的规则，是一种组织规则[①]。虽然自然演进过程可以被看作一种内部规则形成过程，但人类理性的构建过程并非仅仅是一种外部规则形成过程，而是人类遵循内部规则并构建秩序规则的过程。人类秩序中的内部规则是一种可自我实施的秩序规则，而需要管理的秩序规则不仅仅包括不可自我实施、要管理的秩序规则，也包括可自我实施的规则，因为可自我实施的秩序规则可能会存在致命缺陷。所谓可自我实施的社会秩序，是指社会秩序中的主体受到某种利益的驱使而自愿采取的行动，而这种行动会自动导致某种社会秩序的形成。从这种意义上说，可自我实施的秩序正是市场上通过“看不见的手”作用而形成的社会秩序。显然，可自我实施社会秩序的形成需要具备一系列条件，如理性人假设、市场是完全竞争的等，所以，这种属于内部规则的可自我实施的社会秩序也同样离不开人类理性的构建功能和作用，而这种功能、作用的发挥往往是通过政府的职能来实现的。需要管理的社会秩序既包括这种可自我实施的社会秩序，更包括社会秩序和政治秩序等非市场秩序，这些都充分体现了人类社会秩序中的理性构建特征。

在社会制度理性建构上，在中国从计划经济向市场经济的转型时期或过渡时期，社会秩序的典型形态是过渡形态的市场秩序，这种过渡形态的市场秩序又通过自然秩序、市场秩序和社会秩序这三种典型的秩序表现出来。在一定意义上，这种过渡形态的市场秩序是社会秩序和自然秩序相交融的产物，自然秩序的形成力量表现为单纯的市场自生自发秩序的形成，即可自我管理秩序的形成力量；而社会秩序的形成力量则表现为一种需要管理的自生自发的市场秩序和非市场秩序。所以，过渡形态的市场秩序就是一种需要管理的市

---

① 哈耶克：《法律、立法与自由》第一卷，中国大百科全书出版社 2000 年版。

场秩序。之所以需要管理，是因为这种市场秩序不是也不可能是纯粹的市场秩序或自生自发秩序，而是一种受到非市场秩序影响并受到政府干预的市场秩序。过渡形态的市场秩序具有以下基本特征：第一，无序和有序共存的市场结构。在过渡时期，旧的秩序被破坏的同时，新的秩序规则尚未建立起来，这样会出现秩序规则的真空状态，这种真空状态即是无序的市场状态。过渡形态的市场秩序既不同于原有的秩序，又不同于将要建立的新的社会秩序，在这种条件下，追求最大化利益的经济人将不存在遵守秩序规则的激励，往往会以较低的成本获取较高的收益方式来决定是遵循旧秩序规则还是遵循新秩序规则。在过渡时期，政府既需要不断地破除旧秩序规则，又需要推动建立新秩序规则，所以，政府对市场的干预较多，权力与市场交易产生腐败难以消除。如果居于支配地位的政治集团不能够有效地解决权力寻租问题，将可能使这种过渡跌入长期的陷阱，即过渡时期可能会无限期地延续下去。第二，过渡时期混合的市场秩序会导致价格扭曲、信息不对称以及社会不公正等，这就使得公众尤其是政府对于经济过渡存在着两难的选择：一种是确立新秩序规则的改革目标，迅速推进旧秩序向新秩序的转变，如此可以尽快缩短混乱秩序存在的时期，迅速完成新、旧秩序的过渡，然而，这种做法可能会在短期内付出过高的成本，甚至可能会导致社会秩序的震荡；另一种选择是在过渡时期逐步解决秩序混乱问题，尤其是逐步解决过渡期不同利益主体之间的利益均衡问题，以减少社会秩序的震荡，然而，这种做法可能会使过渡时间拉长，甚至可能会陷入腐败的陷阱。前一种过渡常常被称为激进式改革，而后一种过渡则常常被称之渐进式改革。鉴于过渡时期市场秩序的混合性，强势政府的存在是必须的，这是因为过渡时期出现的市场从无序到有序的状态并非能够自动实现。那么，如何实现从过渡形态的市场秩序向目标市场秩序转换呢？

首先，培育、规范和发挥可自我实施社会秩序的功能，使其成为向目标体制或目标社会秩序过渡的基础。可自我实施社会秩序具有自动调节功能，同时存在着强烈的激励机制和约束机制。这种自我实施社会秩序的扩大不仅可以提高资源配置效率、促进经济增长，而且可以大大降低过渡成本。在这类秩序的形成和发展过程中，既需要遵循斯密“看不见的手原理”和哈耶克的自生自发秩序演变规律，又需要政府的促进、规范和引导，使其向健康的轨道前进，因为这种秩序的运作和演变同样存在着负面效应，如外部性存在、周期性的经济危机和贫富收入差距的拉大等。所以，即使是过渡时期的可自我实施的秩序也应该纳入需要管理的社会秩序之内，然而，这种可自我实施秩序的管理不同于其他社会秩序，政府的管理不能通过直接干预的方式，而只能通过保护产权、规范市场秩序和正确引导等手段来进行管理。

其次，需要管理的社会秩序公平、有效地运转的基础是社会各种利益主体之间利益的均衡。社会秩序的运转需要遵循一定的规则，社会秩序的转换实际上正是这种规则或制度的变迁，而制度变迁或规则转换从本质上说又是一个社会利益格局的转换，所以，社会秩序的运转和演变涉及不同利益主体和利益关系。同样，这种利益格局的转换和制度变迁也可以通过两种方式或渠道来进行：第一种是可自我实施的秩序转换方式，这种秩序转换虽然需要管理，但政府的管理是间接的、外在的；另一种则通过对非市场秩序的需要管理的秩序的转换来实现。这两种秩序规则转换和演变方式所涉及的利益格局的调整方式也不相同。第一种方式是通过市场来完成利益格局的调整，它服从于市场和资本的逻辑，是利益格局的自动调整方式；第二种则需要政府通过权力干预方式来对利益格局进行人为的调整。这两种利益格局调整方式都涉及在过渡时期如何正确地处理好公平与效率的关系。

最后，现阶段仍需要居于支配地位的政治集团自身的创新和公众对政府的约束机制的生成。无论是可自我实施的社会秩序，还是非市场秩序的需要管理的社会秩序都离不开人类理性的构建功能和作用，而人类理性构建功能和作用在现阶段只能通过政府的职能来实现，那么，组成一个正常运转、高效廉洁的政府就显得至关重要，这个政府必须是一个能够代表绝大多数人利益、公正的政治集团。我们将如此重大的责任和寄托大多数人理想的事业交给政府，不能不说是一种冒险的事业，然而，我们又没有别的办法，只要国家和政府还存在，只要自生自发的市场秩序还不能够解决问题，只要人类社会秩序的形成和演变还离开不开人类理性的构建功能和作用，我们便没有别的选择，只能通过政府这种组织形式来从事这样的事业，实现我们的理想。所以，现在的问题不是要不要政府或如何限制政府的作用问题，而是如何建立一个公正、廉洁和高效的政府。尤其对于一个过渡时期的市场秩序来说，政府的功能和作用更是不可缺少。解决这一问题是人类长期的任务，它分为两个方面：一个是居于支配地位的政治集团或政府自身的创新，另一个是如何建立公众对政府的约束机制。在这里，建立一个法治的社会尤其重要，不仅公众需要遵守法律法规，而政府也同样需要遵守法律法规，不存在超越法律法规的特权。

可自我实施秩序是不同利益主体在市场上公平博弈的产物，但其负面效应通过市场失灵的方式充分表现出来，所以，它也属于需要管理的社会秩序。

在过渡形态的市场秩序中,强势政府的存在显得尤其不可缺少。尽管国家作为一种暴力机构给人类带来太多的灾难和不幸,但它同样也推动经济增长和制度创新,诺斯曾将其称为“国家悖论”。我们不能总是对国家或政府采取限制和排斥的态度,问题在于,既然国家或政府的功能和作用不可缺少,那么,我们就应该努力避免国家的负面作用而发挥其积极作用。在自生自发秩序形成过程中,参与博弈的不同利益主体所处的位置也不可能相同。不同的个体所受的教育背景、智力水平,以及所掌握的信息不可能完全相同,他们对同一事物状态及其过程的判断分析也不相同;不同人的知识水平和视野不同,他们对事物状态及其发展趋势的掌握程度也不尽相同,甚至一些人在遭受剥削和压迫的秩序下会从理性走向非理性,直接取消或退出游戏,通过牺牲自身来破坏现存的游戏规则。这些都是市场秩序中的不稳定因素,市场秩序企图通过自生自发方式建立永久的社会秩序也只能是一厢情愿。如果听任自生自发秩序的演变,可能会导致周期性的秩序混乱。没有人能够否认政府在市场秩序形成中的作用,但许多人对国家或政府能否担当起人类理性的构建功能持怀疑态度,这也确实值得怀疑。国家或政府作为一种居于支配地位的政治集团一旦形成,会产生某种暴力潜能,无论它是由公众支持或公众选举出来的,它形成后可能会不受公众的约束,政府中的成员可能会利用他们手中的权力进行权钱交易,政府可能会成为少数人谋取私人利益的工具,即政府由公众支持用来代表大多数人利益的组织变成用来侵害公众利益的组织。政府对市场秩序的干预可能不是为了维护和规范市场秩序的正常运行而是直接破坏了自生自发市场秩序,从而使可自我实施的秩序变得不可自我实施,增加制度变迁和经济增长的成本。一个担当人类理性构建重任的政府,不仅仅是一个强势政府、有能力的政府、精英政府,更应该是一个能够维护广大人民群众整体利益、根本利益和长远利益的政府。这样的政府才能够承担将过渡形态的市场秩序公平、有效率地过渡到目标社会体制的重任。既然完善的社会秩序不能够自生自发地生成,那么,政府的职能和作用就是关键,或者说,要想获得一个完善的社会秩序,就需要建立一个完善的政府。

二、有能力的政府、公正的政府以及公众对政府的约束机制

(一) 过渡形态的市场秩序与政府的有限理性的延拓

过渡形态的市场秩序是一种混合形态的社会秩序,在这里,不仅存在信息不对称、价格信号扭曲、产权不清,更重要的是政府职能的缺位。在过渡时期,

不同地区、不同行业和领域，市场秩序的完善程度也不尽相同。在经济发达地区，在竞争较充分的行业和领域，市场秩序更为完善。那么，接下来的问题是：一方面，通过不同利益主体的博弈会生成自生自发市场秩序；另一方面，这种自生自发秩序并不能覆盖一切领域、一切过程，并不能离开政府的规范和引导，政府的干预必不可少。为什么会出现政府职能的缺位呢？这是因为自生自发市场秩序的演进不是万能的，政府的理性构建功能也同样不是万能的，政府存在着有限的理性。

关于人类理性的有限性和人类理性的自负，哈耶克已经作了较充分的论述[①]。政府不可能是万能的神，对于过渡形态的市场秩序，政府职能的发挥注定难以弥补混合秩序的缺陷，经常的情形不是政府职能缺位，就是政府干预始料未及。经济自由主义的一个看法是，政府干预反而破坏了自生自发秩序的生成，只要政府不干预市场，不同利益主体之间的博弈会自动达到均衡，或者说自生自发秩序会自动形成。对于这种观点之前已经做了批判，但我们并不主张政府能够解决过渡形态市场秩序的一切问题，政府的理性是有限的。现在我们要讨论的问题是，如何对政府的有限理性进行延拓，建立一个有能力的、公正的政府，以使过渡形态的市场秩序公平、有效地过渡到目标市场秩序和社会秩序。其一，政府作为居于支配地位的政治集团应具有创新能力。这种创新能力是指政府所具有的自我更新的机制，其内部成员间既存在竞争又存在合作；政府既存在预期收益与预期成本的计较，又存在对人类自由发展、人类美好社会理想的不懈追求。中国的民主集中制是获得这种自我更新机制的有益尝试。其二，应建立公众对政府的约束机制。政府是人民的政府，人民群众应该有参与政府管理和监督的权利，其中的一个关键在于建立一个法治社会，政府与客观存在的公众个人一样必须接受法律法规的约束。在这方面，民主制度是一种有益的尝试。其三，应建立政府吸纳社会精英的制度。这种制度要将那些有能力、有理想和有正义感的人及时地吸纳到居于支配地位的政治集团，这些精英人才应该不断地从广大群众中获得补充，并能够淘汰那些不适合在政府部门工作的人在其他领域重新选择工作，这种制度实际上是一种吐故纳新的制度。所以，一个有能力、有正义感的政府必须是既有创新能力又能代表广大人民群众整体利益、根本利益和长远利益的政府。从这种意义上说，通过这些方式建立的政府才能够最大限度地延拓自身的理性边界。在

---

① 哈耶克：《致命的自负》，冯克利等译，中国社会科学出版社 2000 年版。

过渡时期,有能力、有正义感的政府成为一种强势政府,不仅仅能够解决过渡形态市场秩序中的各种不稳定因素,而且能够不断完善那些包括可自我实施秩序在内的所有需要管理的社会秩序,从而使目标社会秩序变得既公平又有效率。

(二) 公众的约束能力和政府的自主能力

政府理性的延拓需要与政府自主能力相结合,这样才能充分发挥它在社会秩序构建中的作用,政府的自主能力是指政府基于自身的信息、智力等方面的优势,独立地不受约束地处理事务的能力。政府之所以需要这种能力,是因为政府是由精英组成的,它的理性边界大于单个人的理性边界,不仅能够综合各方面的智慧、比较各种备选方案,还可以避免各种枝节因素的干扰、果断迅速地进行决策,从而以较低的总成本获取最大化的总收益。如果人人对重大事务的决策都产生影响,则实际上不可能产生决策,更不用说正确的决策。这种人与人之间意见的纷争,不仅会延误决策的时间,而且还会导致群龙无首的局面。阿罗等人已经证明,从个人的有理性往往会推导出社会的无理性。这里存在一个决策悖论:如果人人都参与决策管理,将导致人与人之间陷入不同见解的争论之中,从而一事无成;相反,如果不采纳大多数人意见,少数人的决策可能会脱离实际。一个正确的办法就是,既要民主又要集中。考虑到过渡形态市场秩序的基本特征,政府的自主性或集中显得尤其重要。如果没有一个强势政府的存在,过渡形态市场秩序的混合状态就难以解决,甚至会陷入长期的“无序陷阱”。

然而,这只是问题的一方面,问题的另一方面是政府必须要受到公众的约束,否则将难以保证建立一个有能力的、公平的政府。政府作为一个垄断性组织,如果不受到必要的约束,必然会走向腐朽。抛开政府官员是否是经济人不谈,一个居于支配地位的政治集团如果不存在监督和约束,将增强其惯性而逐步失去创新性,从而对公平和效率构成直接的威胁。公众对政府的约束必须建立在法治的基础上,而基于过渡形态的市场秩序,这种法治状态的社会秩序所需要的法律、法规不能很快建立起来,在这种情形下,“政府悖论”将较充分地表现出来。一方面,过渡形态市场秩序的混合状态需要一个强势政府的存在;另一方面,在法制尚不健全的条件下,强势政府的存在可能会使政府由于失去约束而变得腐败盛行。如何解释和解决“政府悖论”,与其说是一个理论逻辑问题,倒不如说是一个实践的问题,这是一个需要在实践中不断探索、具体问题具体分析的过程,并不存在一般性的定律。

对于人类社会生活的复杂性和不确定性,以及人类理性的有限性,经济学家们存在着共同的看法,区别在于,哈耶克等人将这个问题的解决交给自生自发秩序或纯粹的市场秩序,强调人在市场面前的"不作为",而这种自生自发市场秩序是一种类似于自然界中通过"物竞天择,适者生存"原则建立起来的"弱肉强食"的社会秩序。然而,人类对于包括政府悖论在内的社会秩序形成中的复杂性和不确定性,并非是无所作为的,这些问题都可以通过人类在实践中的不断努力而逐步获得解决,难道人类能够听任社会秩序自生自发地走向解体吗？由于各种各样难以避免的既得利益集团的存在,由于难以完全消除的垄断组织的存在,由于市场自身难以避免的盲目性,过渡形态的市场秩序并不存在一种必然趋向于均衡的自生自发市场秩序的可能性,倒是可能会跌入无序市场的陷阱。

(三) 过渡形态市场秩序中的政府

过渡形态的市场秩序既不同于自然秩序也不同于正常的社会秩序,它是一种混合状态的市场社会秩序,市场秩序与非市场秩序并存。在这种情形下,政府的自主能力和创新能力是过渡形态的市场秩序走向目标市场秩序和社会秩序的关键因素,而政府的自主能力和创新能力来源于:(1) 居于支配地位的政治集团内部成员预期收益的一致性,集团内存在着某种向心力和凝聚力,这种向心力和凝聚力往往通过其中的领袖人物表现出来;(2) 极高的政治支持率,尤其基层广大人民群众的拥护和支持;(3) 一元化的意识形态和统一终极理想目标;(4) 高效率的运转机制和政治集团吐故纳新的机制;(5) 面对各种复杂环境所具有的自我更新机制;(6) 这种政治集团所赖以生长的社会文化传统的土壤;等等。然而,作为这样政治集团的政府并非是一种集权式的政府,而是一种能够代表最广大人民群众利益的具有正义感的有能力的核心政府。核心政府与集权政府最大的不同在于:核心政府具有自主能力、创新能力,它会受到各种约束机制的约束。从表面上看,公众对政府的约束机制是通过法治的形式来实现的,政府和公众个人同样在法律的框架内活动。实际上,从本质上看,政府所受的约束是一种社会结构性的约束,即政府是社会经济结构中的主导力量,但它不能离开社会经济结构而单独作用于社会秩序的形成和发展。如果我们将社会秩序的转换看作各种社会经济因素结构性变动的产物,那么,政府在其中是受到其他因素约束的一种能够体现人类构建理性功能的主体力量。市场秩序不等于自然秩序,过渡形态的市场秩序并非是向并不存在的纯粹自然秩序过渡,而是向最适宜于特定社会、特定国家的某种特定社会秩序过渡。

应该承认市场秩序和社会秩序中的自然秩序成分及其规律性，这种自然秩序的规律性从根本上说是来源于人的自然属性和人类所生存和发展的自然环境的客观实在性，人类社会秩序的形成和演变也必须服从于这些客观规律性。如果我们过分夸大社会秩序形成和演变中人类理性的构建功能和作用，脱离整体社会结构去谈论政府在社会秩序中的理性构建功能，认为政府可以随意地设计、规划和实现任何社会秩序，也是极端错误的。按照这种逻辑，我们建立起来的社会秩序将可能既是僵化、无效率的，又是不公平的等级制。就中国过渡形态的市场秩序而言，研究政府和社会经济结构之间相互作用的轨迹具有一般经济学意义。

第三节　自由市场的秩序危机

一、问题的提出和初步讨论

(一) 经济危机与市场秩序危机

马克思经济危机理论找到了造成资本主义生产过程内部产生危机的可能性的力量；在这一理论中，对于造成危机可能性的资本主义特征的分析，与对于使这些潜在可能性转化为现实性的条件的分析之间有着明确的区别①。在马克思那里，经济危机并非是指某种来自外部的冲击（如自然灾害等）所造成的经济现象，而是存在于资本主义生产方式内部的资本主义生产方式矛盾的一种反映。马克思不仅从资本主义生产过程内部分析了经济危机可能性向现实性的转变、经济危机的周期性特征，还分析了资本主义经济危机的实质和产生的根源。从社会秩序的意义上说，马克思所分析的经济危机实际上是指资本主义特定市场经济制度下的市场秩序危机，在这种特定的生产方式下，由其内在矛盾所引发的市场秩序的混乱和破坏。应该说，马克思的经济危机理论是从他自己的视角和理论逻辑出发而做出的一种研究体系，鉴于马克思经济学唯物辩证法的方法论特征，马克思经济危机理论是具体地、历史地分析资本主义制度下的特定市场秩序危机。换言之，马克思研究经济危机是为了分析资本主义生产方式的内在矛盾及其规律性，他并未能从社会秩序一般意义上

① 约翰·伊特威尔等：《新帕尔格雷夫经济学大辞典》第一卷（A－D），第783页。

来研究市场秩序危机。

市场秩序危机并非天然地与资本主义制度联系在一起,只与一般市场经济制度联系在一起。所谓市场秩序危机,是指市场经济在其运行和发展过程中所出现的市场秩序陷入混乱和破坏,以及这种混乱和破坏所导致的整个社会秩序既无公平又无效率的状态。市场秩序危机理论与经济危机理论之间的关系在于:首先,两者研究方法不同。经济危机是特定生产方式下的一种特殊经济现象,而市场秩序危机则是人类社会秩序采用市场形式所产生的一般社会现象。经济危机是马克思从劳动价值理论和剩余价值理论出发,从资本主义生产过程所概括出的特定经济现象;而社会秩序危机则是从人类社会秩序一般原理出发,分析出社会秩序如果采用市场形式,将会出现某种社会秩序运转和变迁的后果。马克思研究经济危机采用唯物辩证法,市场秩序危机的研究将采用一种综合分析方法。其次,两者的研究任务不同。经济危机是马克思从资本主义生产过程角度来考察该种生产方式内在矛盾所产生的一种经济现象,通过对经济危机特征、周期性和根源等的分析揭示了资本主义生产方式内在矛盾将导致该经济制度的解体;而市场秩序危机则从人类社会秩序形成和演变的内在逻辑出发,揭示市场秩序所可能导致的无序、低效率和不公正等,通过秩序的自然演进过程和理性构建过程的分析,我们可能会找出并建立一种符合人类自由全面发展的理想的人类社会秩序。最后,两者的理论结构不同。经济危机分析将我们引向其产生和解决的经济制度根源,即只有消除资本主义经济制度,才可能消除经济危机产生的根源,进而预示着某种理想的社会经济制度,这种理论结构仍然服从于马克思《资本论》所确立的资本和剩余价值理论主线;而社会秩序危机的分析则将我们引向避免可能发生的秩序危机,并从经济、政治、社会等多种制度结构的分析来直接寻找并建立一种更符合人性的、理想的社会秩序,这种理论结构服从于制度结构理论和制度范式。

(二) 市场秩序危机的特征

第一,市场秩序内部的张力。秩序中的张力是指市场经济制度中存在着的竞争机制的作用和影响,虽然竞争中存在着合作和双赢,但竞争的过程是你死我活的,这种竞争机制在既定制度的约束下会极大地激发人们的积极性和创造性,从而促进社会秩序从低效率状态到高效率状态转换。在某种意义上,市场秩序中的这种竞争机制或张力构成了社会秩序转换和发展的动力机制。显然,不可否认这种张力或竞争机制也具有破坏性,这种破坏性张力正是引发市场秩序危机的萌芽,尽管这种张力仅仅具有引发市场秩序危机的可能性,但这种张力如果累积到一定程度,超出制度本身的容量,这种可能将演变成现实的市场秩序危机。所以,一个市场经济社会必须存在着能够及时协调和调整市场秩序的组织和机制,这就需要通过政府对经济的干预来实现。市场竞争机制内部存在着扩大收入差距和贫富差距的内在趋势,这就是市场秩序内部的张力,如果听任市场竞争机制作用不断地制造收入差距和贫富差距,这种张力累积到一定程度,超出了社会的承受能力,就会引发市场秩序危机和整个社会秩序危机。第二,市场秩序危机的扩散和传递机制。无论是政治权力等级制社会,还是资本权力等级制社会,社会秩序是依据一定规则构成的相互联系和相互作用的网络状的极其复杂的结构,如果一种秩序或局部秩序遭到破坏,将可能在整个社会秩序中传递和扩散。市场秩序危机将以多米诺式传递方式进行传递,以累积式爆发方式进行扩散。市场秩序危机传递方式将可能在生产、分配、交换和消费——社会生产各个环节内传递,从市场内传递到市场外、从经济传递到政治和社会等,这种"多米诺"连锁反应方式破坏了整个社会秩序结构和状态。社会秩序危机的扩散往往具有累积性特征,即只有社会秩序的个别和局部危机累积到一定程度才会"一发而不可收拾"——彻底摧毁整个社会秩序,造成整个社会的动荡、战乱等灾难性后果。需要指出的是,这种市场秩序危机的传递和扩散也同样存在着阻碍的因素和力量,如信息的不对称、不同文化传统和生产习俗等的分割,以及政府强制设置的制度障碍等,都会在不同程度上阻碍这种危机的传递和扩散。这就是为什么一些不公正的秩序——权力寻租所遵循的潜规则能够被控制在一定范围内的原因。第三,社会秩序中不同集团之间的非合作均衡博弈和对抗。市场秩序危机很少采用"一切人反对一切人"的霍布斯丛林方式出现,即市场秩序危机往往并不是通过个人与个人之间的对抗形式表现出来,而是以集团、阶层、阶级对抗的形式出现。这是因为个人无力对抗社会制度,并且制度的"半公共产品"属性——排他性也决定了每项制度安排可能会有利于一部分人而不利于另一部分人,市场制度也是如此。这必然会使具有共同利益的个体站在同一立场,直至组成具有共容利益的集团来维护自身利益,而反对与自身利益相排斥的集团或个人。一旦在社会秩序中,组成了不同的共容利益集团,并且不同利益集团相互排斥甚至对抗,这种社会秩序中的张力已经严重扩散了,如果不能够及时化解这种不同利益集团的非合作均衡博弈和对抗,就会引发市场秩序危机和整个社会秩序危机。第四,秩序危机的最后阶段是旧秩序的瓦解和新秩序的形成。当市场制度和某种社会制度作为外壳,已经容不下这种秩序张力时,该种秩序就瓦解了。而在旧秩序瓦解的同时,虽然可能会出现制度的暂时真空状态,社会秩序陷入极度混乱,但与此同时,新的秩序也在形成之中,这是因为公众对于新制度或新市场秩序的预期收益大于预期成本。

毫无疑问,市场秩序危机中存在着国家的干预作用,所以,市场秩序危机并非一定呈现出周期性。但在市场秩序危机整个过程中,危机形成、产生和发展的阶段性则是明显的,这说明了市场秩序危机中的多米诺式传递机制和累积式爆发的扩散机制的存在,但由于国家干预作用,这种危机阶段性也会改变其形式,市场秩序危机在产生和形成过程中会由于国家干预或调整,并未能进一步发展到某种市场秩序的瓦解过程。假定不存在国家或政府的干预作用,市场秩序危机必定会经过一个完整的周期,呈现出清晰的阶段性。实际上,在市场秩序的形成和演进过程中,始终存在着两种力量的相互作用,这就是人类理性的构建力量和自然演进力量,所以市场秩序危机的基本特征也主要受制于这两种力量。

二、市场秩序危机的触发机制和冲击机制

市场秩序危机是如何引起的?从深层次上说,这是市场经济制度本身所固有的,或者说,市场经济制度本身就存在着秩序危机的可能和现实性。市场秩序危机的爆发只不过是市场制度内在矛盾的一种反映,当市场制度内在矛盾发展到一定程度时,或自发地,或在外在因素影响下,就会触发市场秩序危机。市场秩序危机可分为两种:内在触发机制和外在冲击机制。

(一) 市场秩序的内在触发机制

自动触发机制产生于市场经济制度本身。其一,市场经济制度内部存在着将人与人区别开来,将“玩游戏规则的高手”筛选出来而淘汰“失败者”的机制,这就是市场竞争机制。在市场竞争机制内部存在着迫使社会成员贫富两极分化的内在趋势,随着这种内在趋势的发展,市场秩序内的张力逐渐增加,最终酿成市场秩序危机。这种触发机制可能会通过某项公共政策的制定,或政府提供的某项制度安排引发社会危机。从表面上看,这种危机是一种针对某种制度安排而出现的偶然议论,实际上,是由于社会收入差距过大而引发的人们对于现行制度不满的一种发泄。随着市场经济发展,如果不注意贫富差距和收入差距扩大的现实,人们迟早会对这种秩序所造成的结果感到不满并通过各种形式表达出来,所谓“不平则鸣”。需要指出的是,市场制度是一种迫

使每个参与游戏规则者都必须遵守的游戏规则，抛开这种制度并非是“一致同意”的产物不谈，单说制度本身内部如果张力过大，不论是正式制度还是非正式制度，都不可能长期压制一部分人而让另一部分人坐享其成。制度对一部分的过分压制会激起其退出游戏，甚至根本上取消游戏规则，暴力行为和恐怖主义正是这样产生的。所以，当市场竞争机制在社会秩序内部不断制造张力时，问题的关键在于如何通过改革从社会秩序中释放这种张力，而不是继续维持这种制度现状。实际上，市场秩序的这种内在触发机制的形式本身并不重要，重要的是寻找出这种秩序危机发生的内在原因，触发点到处存在，它可以围绕收入差距和贫富差距的议论和相应行为的本身而出现，也可能通过看起来与贫富差距并不相关的其他事件的爆发而出现。从另一种角度来看，市场经济制度内的这种竞争机制恰恰是产生创新力和制造绩效的原因，然而，这种制度在制造绩效和创新力的同时也在制造秩序内的非均衡和张力，这就是问题的逻辑。所以，社会秩序危机的内在触发机制的研究应该聚焦于市场制度制造的非均衡和张力的分析上。其二，市场制度内部存在着秩序失灵的必然性。市场运转需要严格的条件，如完全竞争、信息充分等，而现实社会不可能完全符合这些条件，这就容易触发市场秩序危机。马克思曾经通过对资本主义市场经济制度条件下经济危机的分析，实际上就是对这种市场制度内部存在着的秩序失灵的分析，揭示出这种秩序危机的根源在于资本主义生产方式内在矛盾——生产社会化和生产资料的资本主义私人占有之间的矛盾，以及由此而导致的个别企业的有组织与整个社会无政府状态的矛盾，生产无限扩大与劳动人民消费能力日益缩小之间的矛盾，这些矛盾在社会层面上又表现为无产阶级与资产阶级之间的矛盾。马克思得出的结论是通过消除私有制，建立一种自由人联合体制度来从根本上解决这种秩序危机。然而，社会主义历史经验和资本主义的发展过程都表明，一种既有效率又有公平的健康社会秩序还是离不开市场这种经济形式。如果单纯采用市场制度那种所谓的自生自发秩序，或者单纯采用高度集中的计划经济形式，社会秩序的危机很快就会到来。单纯的市场演进和单纯的理性构建都不能够建立一种健康的社会秩序。单纯的理性构建会形成某种权力等级制社会秩序，这种秩序将陷入僵化和无效率状态；单纯的自生自发市场秩序的运转，常常会由于某种秩序失灵，通过传递和扩散机制，通过一系列逐步累积过程，最终触发市场秩序危机。如果对自生自发市场秩序不加以规范和管理，它时时存在着失灵——滑出运行轨道、外部性、信息不对称、垄断的出现等，这些秩序失灵足以导致市场秩序危机。

(二) 市场秩序的外在冲击机制

外在因素的冲击也会导致市场秩序危机,这也从另一方面说明了市场秩序危机的脆弱,这些外在冲击因素或是造成市场秩序的变形,或是破坏了市场秩序中的某些关键环节,从而触发市场秩序危机。

其一,非经济因素对市场秩序的外在冲击。这些非经济因素包括社会、政治、文化等,市场经济的运行需要一些既定的制度前提,如民主制度、法律制度环境、社会权力等级制度的消除等。新古典经济学从来都是以经济学的方法和视点来考察社会政治文化问题,殊不知,经济学是有其自身边界的,运用经济学来分析非经济问题显然是经济学帝国主义的表现。实际上,非经济领域,如政治文化和社会等存在着自身的逻辑性,虽然社会政治文化等也受制于经济基础,但毕竟与市场经济逻辑不相同(如国家的暴力潜能,市场经济中有吗?)。至少这些非经济因素具有相对独立性,它们可能会作为外在因素反过来对市场秩序形成外在冲击,而且这种外在冲击也可能会触发市场秩序危机。一次政治动乱很容易摧毁一种不成熟的市场秩序,一次文化运动或意识形态危机可能会让市场秩序变形,社会的不平等和社会的不公正可能会损坏市场经济制度的产权基础。非经济因素对市场秩序的冲击既可能是通过引发秩序内在缺陷的传递和扩张方式来间接实现,又可能是通过其对市场秩序的外在直接冲击来实现。人类选择某种社会经济秩序最终以“人的自由全面发展”作为目标,但这种目标的实现是一个长期的过程,在这个过程中,不仅仅市场秩序是不完善的,而且社会政治文化秩序也是不完善的,当非市场秩序出现某种震荡和破坏时,势必对市场秩序产生冲击。这其中利益的分配是一个关键,而利益分配则取决于强者与弱者之间的博弈。显然,在这里,强者与弱者是处于特定生产关系和制度环境中的强者和弱者,如果强者或弱者认为某种市场秩序不能获得自身的利益,会试图改变这种市场秩序,如强者可能会希望通过集权或独裁方式来获取自身利益最大化,也可能希望通过某种直接分配方式取得生存资料,从这种意义上说,市场经济制度并非是获得“一致同意”的制度形式,只不过由于市场经济在资源配置效率上的优势,能够通过做大蛋糕的方式暂时缓和不同利益集团之间的利益冲突,市场秩序才会被选择。如果人与人之间,强者与弱者之间的利益冲突格局存在着比市场秩序更好的方式,尤其是强者认为非市场秩序更优,他就会通过社会、政治、法律、文化等非经济因素去改变市场秩序,通过外在冲击的方式来触发市场秩序危机,从而破坏和消除市场秩序的制度基础。那么,究竟是否存在着一种比市场秩序更好的选择呢,答案是肯定的。实际上,即使不存在这样的秩序,人类也会尝试做不同于市场秩序的其他选择。如果说市场秩序通过严格而缜密的制度、规则束缚和分解丰富的人性的话,那么社会政治和文化秩序则可能是这种分解和束缚的一种外在冲击,显然,这种外在冲击可能同样来自经济人行为。一般来说,这种非经济因素外在冲击触发市场秩序危机需要具有一系列条件:经济落后,分配和利益冲突构成社会的焦点;建立在非民主制度基础上的集权统治;外在冲击与市场秩序自身缺陷相互作用;等等。

其二,自然灾害和战争等突发性事件对市场秩序的外在冲击。虽然在现代科学技术面前,人类抗御自然灾害的能力大大增强,自然灾害几乎已经不可能从根本上动摇人类社会秩序,但在相对封闭、相对落后的国家或地区,给人以毁灭性打击的自然灾害仍然可以改变人们的生存方式和生活秩序。这个道理十分明显,当生存问题成为第一问题时,在灾难面前,资源严重匮乏,通过政府和集中的政治权力来分配资源的生存方式就成为理性的选择,这就是对市场秩序的一种否定,当自然灾害到来时,触发市场秩序危机具有可能性。部落、群体、国家之间的战争也可能作为外在冲击因素触发市场秩序危机。战争期间,遵循市场规则的自由贸易显然已不能维持,战争可以看作不同利益主体之间利益冲突的最高形式,所以,在战争突然爆发时,市场秩序规则注定服从于战争规则,从而市场秩序不能正常运转,甚至会出现市场秩序危机。

一般来说,市场秩序的外在冲击机制会以某种非经济因素作为触发点,通过市场秩序的传递和扩散机制引发秩序危机。

三、市场秩序与社会秩序——防范机制

以上我们分析了市场秩序危机的扩散机制、传递机制、内在触发机制和外在冲击机制。实际上,市场秩序危机的发生往往是多种因素综合作用的结果,是这些因素结构性变动的产物,秩序危机的内在机理也可能会受到不确定性因素的影响而呈现非线性变动的过程。从这种意义上说,基于市场制度本身的缺陷,基于人类心理和行为的不确定性,市场秩序危机是难以完全避免的。问题在于,公众通过国家或政府如何尽量避免灾难性市场秩序危机的发生,以及如何通过人类理性构建功能来建立这种秩序危机的防范机制。

(一) 市场秩序的边界

所谓市场秩序的边界,是指可能导致利益主体偏离理性计算的经济领域

和非经济领域，是市场不起作用的边界。虽然我们不能在市场秩序与非市场秩序之间划分出一条严格的界限，但一般来说，市场秩序是经济领域的秩序，而非市场秩序通行于非经济领域。这主要是由于，在经济领域，利益主体理性地计算收益-成本属于常态；而在非经济领域，利益主体往往不能或难以遵循成本-收益原则来从事非经济活动。换言之，这不排除在经济领域存在着市场秩序边界，在非经济领域存在着市场秩序。除了市场秩序本身存在的缺陷，非市场秩序对市场秩序的约束和冲击也是导致市场秩序危机的重要原因。明确了市场秩序的边界，我们就可以知道，市场应该做什么，不应该做什么；政府应该做什么，不应该做什么。然而，由于市场边界与非市场边界并不容易划分，所以，政府与市场界限也并不容易划分，尽管如此，我们仍然可以找出确定市场秩序与非市场秩序边界的原则：其一，市场应该在整个社会资源配置中起基础性作用。在社会秩序形成和演变过程中，由于不确定性影响因素过多，只能通过市场来解决信息不完全和不对称问题，社会主义计划经济实践也表明，人类难以完全通过理性构建出整个社会秩序、市场秩序的自然演进方式，既能在相当程度上解决效率问题，也能在一定程度上解决公平问题。其二，政府职能的无限扩展是危险的，市场作用边界的无限扩张同样是危险的，所以，政府边界与市场边界的划分要视具体的社会经济发展历史和现状而定。政府职能的任意扩大可能会导致集权政治制度、经济控制和最坏者当政。集权体制下的当权者，“不管他们愿意与否，他们都得做这些事情；不喜欢掌握和运用权力的人能够当权的可能性，是和一个心地非常善良的人在一个奴隶种植园里担任监工的工作的可能性是一样的”①。从这种意义上说，政府权力的任意扩大同样可能导致市场秩序的危机。与此相适应，市场边界的任意扩大也可能会引发社会秩序危机，“市场的发展过程破坏了传统价值观和社会结构。当个人追求私人利益时，通过商品的消费和占有来满足的追求便取代了具有内聚力的共同体和共同的目标。这种个人主义损害了对社会秩序至关重要的自我约束和善的观念。市场只有在以尊重伦理规则和个人权利为基础的社会环境中才能良好运转。当自利行为恶化为放纵的自私时，社会约束就会崩溃”②。其三，通过理性构建和自然演进两种力量来形成政府与市场各自的边界。市场秩序和社会秩序是自然演进力量和理性构建力量共同作用的结果，从一方面

① 弗兰克·H. 奈特：《政治经济学杂志》1938 年 12 月，第 869 页，转引自哈耶克：《通向奴役之路》，中国社会科学出版社 1998 年版，第 145 页。

② 巴里·克拉克：《政治经济学——比较的观点》，经济科学出版社 2001 年版。

来看,秩序是自然演进的产物,从另一方面看,秩序无不是人类理性构建的结果。所以,市场的边界在哪儿,这既要能够让市场自己去选择,又要通过国家或政府来分析研究,提供相应的制度安排。

(二) 市场秩序危机的两种防范机制

市场秩序危机的触发点既可能来自市场秩序内部,也可能来源于市场秩序外部,而且通过传递机制和扩散机制存在着市场秩序和社会秩序崩溃的可能性。防范市场秩序危机不能只从市场秩序本身着手,更不能只从非市场秩序——政治秩序和政府单方面着手,而应该从市场秩序与政治的相互作用出发。市场秩序危机的防范机制可分两类:第一类防范机制是指政治秩序与市场秩序的相互适应,即在市场秩序基础上建立相应的民主政治秩序。市场经济中的等价交换原则与政治民主制度中的自由平等精神是一致的,民主政治的权力运作规则与市场经济中的资本运作规则也有相通之处,如果没有民主政治制度,健全的市场经济制度也是无法建立起来的。民主政治制度出现问题可以通过市场秩序来制约它,市场经济制度出了问题也可通过民主政治制度来制约它,在政治秩序与市场秩序之间形成某种互相促进、互相补充的机制。第二类防范机制是市场秩序与政治秩序相互分离的机制,即政治秩序与市场秩序相对独立。政治秩序的相对独立性是指国家或政府应该发挥其理性构建功能和作用来发现和解决市场秩序中存在的问题,市场秩序的相对独立性是指市场制度本身应该发挥其自然演进的功能和作用。政府市场应该保持各自相对独立性的关键原因在于市场秩序与政治秩序之间具有不同的运作规则和逻辑,既不能以市场的运作来替代政府的运作,也不能以政府的运作来替代市场的运作,只有保持各自的相对独立性,才能真正做到发挥两者优势而去除两者的劣势。当市场秩序出现危机时,如果仅仅通过建立在这种市场秩序基础上的民主制度加以约束,并不真正奏效,因为西方式民主政治制度与市场秩序是按照同一规则建立起来的,只有让国家和政府保持相对独立性,才可能真正去除市场秩序自身的缺陷,而发挥其优势。同样当政治秩序出现问题时,如果我们仅仅通过与其一致的市场秩序来制约它,也不能真正解决问题,因为市场秩序与民主政治是按照同一规则建立起来的。只有市场秩序保持相对独立性(如法治化),才能从根本上约束政治秩序可能出现的缺陷(如集权政治)。这就是说,我们既要承认政治秩序与市场秩序之间一致性的一面,又要承认政治秩序与市场秩序之间不一致的地方,从而既要通过两者之间的内在联系来相互适应、相互约束,又要通过两者之间的相对独立性来相互作用、相互制约。

从形式逻辑来看，这两种防范机制似乎存在着内在逻辑的不一致性，然而，如果我们从辩证逻辑的角度来看，这种相互矛盾的两种机制又是相反相成的。

对于像政府与市场、政治秩序与市场秩序这样一般性的问题，从来就不会存在一劳永逸的解决方案，在这里，我们既要遵循形式逻辑，更要遵循辩证逻辑。人类秩序正是在人类不断地处理和解决这些矛盾的过程中获得进步的，正是在这种理性构建与自然演进的相互作用中获得进步的。

研究市场秩序及其危机，既要从市场秩序的内在机理展开，又要考虑到市场秩序的外部约束因素，既要考虑理性博弈的成本-收益法则，又要分析非经济因素对市场秩序的制约，这样，才能真正搞清市场秩序危机触发机制、传递机制和防范机制。我们研究市场秩序危机，不能仅仅着眼于市场秩序危机的内在逻辑一致性，更要考虑不同国家具体制度环境和历史文化传统对特定市场秩序的影响，从辩证逻辑的视角考察市场秩序危机产生、形成和发展的真实逻辑，那种企图一劳永逸地分析和解决市场秩序危机的理论只能是一种形而上学的幻想。

第四节　市场经济中的平等与不平等

一、市场至上主义的由来

市场至上主义是一种极端崇尚市场的意识形态或教条。自从资本主义生产方式建立以来，以生产资料私有制为基础的市场经济大行其道。在这种生产方式和经济形式下，经济自由主义成为经济学和政治学中的一种主导思潮并盛行不衰，这种思潮的开山鼻祖当然是亚当·斯密。斯密在其代表作《国富论》中所论述的基本思想即是倡导经济自由的“看不见的手原理”，产生这种思想并不奇怪，因为它是为资本主义生产方式和市场经济鸣锣开道的理论经典。奇怪的是，这种极端崇尚市场的思潮竟然一直统治着西方的经济学，从斯密的看不见的手原理到马歇尔的均衡价格，一直到采用严谨数学表达式的阿罗-德布鲁模型，一脉相承，就连被称作凯恩斯革命的凯恩斯主义也自称新古典经济学只是其理论的一个特例。从理论渊源上来说，市场至上主义或经济自由主义思想完美，其主要内容适合用数学形式表达，这两个条件是市场至上主义或经济自由主义能够统治西方经济学界的两个主要原因。说其深刻而经典是由于“看不见的手原理”揭示了为什么每一个在市场上追逐自己利益最大化的经济人，在市场上相互交换或互相发生经济关系，反而能够增进社会整体的福利。就像斯密说的，每一个人在市场上追求个人私利比每一个人追求公利，更能够增进整体社会利益。应该说，这个思想是深刻而经典的。说其适合用数学形式表达，是从马歇尔开始的，马歇尔将经典物理学中的均衡概念引入经济学，并认为市场中的供求双方力量达至均衡，从而决定市场上的价格。虽然马歇尔论述的是局部市场均衡原理，但其最重要的意义在于，他将物理学引入经济学，这种方法论上的革命使得经济学者们可以像物理学家研究自然科学那样来研究经济学。这在一个自从中世纪后自然科学和技术科学逐步成为一个替代中世纪宗教的"新宗教"的时代背景下，对于一些有志于探讨经济规律的学者们来说，不能不说是一种极大的诱惑和安慰。经济学家们总有一种幻觉，感觉从经济学那种精巧的逻辑表达式中发现了真理。

然而，市场至上主义盛行不衰的真正原因不能仅仅从理论渊源上去探讨，产生这种现象的更重要也是更基本的原因在于，资本主义生产方式和自由竞争市场经济。自从资本主义生产方式确立以来，资本主义的私有产权制度和自由竞争的市场经济形式一直居于主导地位，资本主义制度的这种相对稳定性是导致市场至上主义思潮盛行不衰的真正原因所在。这似乎印证了马克思关于经济基础决定上层建筑进而支配意识形态的经典论述。但无论如何，资本主义制度实践为市场至上主义不断提供经验支持不能不说是一个基本原因。在私有产权制度的基础上，每个追求利润最大化的企业或个人都是经济人，参与市场竞争，在国家法律框架和市场游戏规则下通过自由竞争去实现个人效用的最大化和企业利润的最大化，通过这种自由竞争的市场制度，资源会自动流向能给其带来最大报酬的经济领域和经济环节，其收入分配的原则是按要素分配，即土地获取地租、劳动力获取工资、资本获取利润，这是一种和谐合理的制度，在这种制度下，市场经济自动运行机制所致的一般均衡还能够实现资源配置效率最优。从这种意义上说，市场真正是一个好东西，用马克思的话说，在这里存在着"市场拜物教"的经济基础。实际上，以上所述也仅仅是资本主义市场经济表面所呈现出的经济现象，应该承认，市场机制是一个好的机制，但是如果深入分析下去，资本主义自由竞争的市场经济并非如此，马克思经济学在这方面有其独到的见解。我们也将分析市场经济有关资源配置效率和自由民主等的虚假性的另一面。

市场至上主义是所谓经济自由主义的集中体现。市场是有效的资源配置方式。经济自由主义者常常声称，市场是有缺陷的，如垄断和外部性问题等，但市场是人类迄今为止所能发明的最好机制，绝无另外一种机制能够取代这种天然的机制。这种论述似乎客观公正，不存在市场崇拜。其实不然，这种观点虽然承认市场是有缺陷的，但其仍认为这种有缺陷的市场是值得崇拜的，因为它是最好的。在这种观点背后实际上隐藏着自然演进主义的思想，即市场作为一种自动运行的机制也是人类社会自然演进的产物，是任何人为机制或掺杂人为因素的机制所不能够替代的。市场经济是一种公平、公正、公开的经济形式。市场总是在某种市场游戏规则下运行的，而这种游戏规则对于每一个参与市场的人来说都是一样的，只要你愿意参与并服从游戏规则，那么，你也必须要接受在这种游戏规则下产生的结果。市场是一种快速传递信息的机制，游戏规则是公开的，市场信息也相对透明，在这种意义上，市场经济形式是一种公正的经济形式。实际上，市场经济的公正、公平、公开只是表面现象，其机制的内部显然存在着众多不公正、不公平、不公开的东西。正如马克思所说，工人与资本家在市场上是平等的，但一离开市场，进入生产过程之后，由于工人和资本家处于资本主义生产关系的不同地位，实际上存在着资本家剥削工人剩余价值的事实；在市场经济中，实行按要素分配的原则，工人获得工资，土地获得地租，资本获得利润，表面上公平合理，实际上不仅存在着如马克思所说的剥削关系，而且由于人们对于生产资料占有关系上的不平等，市场经济发展的一个经常结果就是，分配收入差距的扩大。所以，市场至上主义者所推崇的市场公正、公平和公开原则也只不过是一种表面上的东西。市场的天然性与私有制的天然性相一致。市场至上主义者推崇市场的一个隐含前提是财产私有制度，在西方的文化传统和法律制度中，有“私有财产神圣不可侵犯”的定律。在产权私有制的基础上，市场经济是一种必然选择，由此可推导出市场经济也是神圣不可侵犯的，那么，私有产权的神圣天然性与市场经济的神圣天然性是一致的。这一点也揭示出市场至上主义的经济基础。

市场至上主义业已成为我们这个时代思潮的主流，不仅发展中国家的经济体制改革一般都以市场化为取向，而且市场文化价值观念和意识形态也变成一国经济发展中不可缺少的一部分。市场成为时代的“宠儿”，它不仅与经济增长和经济发展联系在一起，也深深地影响和左右着政治领域、文化领域甚至社会生活领域。其实，与其他任何事物一样，市场不是万能的，不仅市场机制自身存在着一些致命的缺陷，而且市场作用能够充分发挥也取决于一个国家具体的社会、政治、经济、文化等环境。就中国的经济增长和经济发展来说，市场必须在政府的引导和管理下，才有可能达到充分发挥其资源配置效率和推动经济增长的目标。

二、经济平等的两层含义

经济民主是一种经济上的公平竞争和自由选择。人们总是喜欢将经济民主与市场经济联系在一起，认为市场经济充分体现了一种经济民主的精神。市场强调公平竞争，人们对职业偏好和商品具有自由选择的权利，在市场竞争中，机会均等，不像计划经济那样，职业地位分成不同的等级，人们不能自由选择职业，连商品也实行配给制，一个人被分配到单位和岗位上充当整个社会和经济机器上的一颗螺丝钉，在这里，也不存在公平竞争或自由升迁的机会。然而，正如上面所指出的，市场经济所体现的经济民主也只是一种表面或浅层意义上的民主，在它的背后确实存在着由这种表层经济民主下的不公平、不自由，即表面经济民主下的经济不民主。实际上，经济民主分为两种或两层含义：一种现世性经济民主，另一种是终极性经济民主。在讨论经济民主时，只有区分这两层意义上的民主，才能全面、准确地理解经济民主的含义。

(一) 现世性经济民主

所谓现世性经济民主，是指在既定的基本政治经济制度下，在各种具体约束条件下所可能采用的经济民主形式，市场经济所体现的经济民主就是一种现世性经济民主。在这种经济民主下，人们在既定的制度或规则下进行着公平竞争和自由选择，但是，基本的制度和游戏规则不存在公平或不公平、民主或不民主的问题，只有在这种既定的制度规则进行的竞争和选择才算得上公平和自由以及民主与否。如果你承认市场经济既定的制度前提和市场游戏规则，那么，你就不能否认市场经济确实体现了一种经济民主。大家在同一起跑线上起跑，机会均等；人人必须遵守市场游戏规则，违背市场游戏规则必将受到惩罚；在遵守市场游戏规则的前提下，人人都有自由选择职业的权利，人人可以在市场上进行公平的交换等。现世性经济民主是一种既定条件下的经济民主，那么，为什么现世性经济民主要强调既定的条件呢？这是因为如果将这个既定的条件考虑进去，这种所谓的经济民主可能就变得不民主了。在考察资本主义市场经济的经济民主性时，如果加入私有财产制度，那么，由于工人和资本家在资本主义生产关系中处于不平等地位，资本家占有生产资料，工人不占有或基本上不占有生产资料，资本家占有工人创造的剩余劳动，则这种生产关系不平等就被隐藏在市场经济公正与平等的背后，这种财产占有关系的不平等并未能在市场交换和市场经济关系中表现出来，市场经济关系表现出来的是一种公平交接、自由竞争和自由选择的经济民主现象。现世性经济民主具有现实的可行性，它是在既定的游戏规则下玩一种公平的游戏，这种游戏的过程充分体现了经济民主的基本特性。正是由于现世性经济民主的这种极端民主的外在形式，使得在既定生产关系条件下（私有产权）占优的生产资料占有者及其代言人竭力鼓吹市场经济中的这种现世性经济民主，一些不明就里的人也自觉或不自觉地接受了这种市场经济的现世性经济民主。

现世性经济民主的简单实用性也是人们乐于接受的一个原因，市场经济的游戏规则是公开的，其游戏程序也简单明了、一学就会，谁不会计算一项活动和一种投资的成本和收益呢？只要你能够在市场上降低成本、增加收益，就有获取利润的可能性，至于公平不公平、公正不公正，谁去管它呢？那也许是别人的事或者是爱好空谈的哲学家们的事，只要自己在市场上公平竞争获取利润，就是公平合理的。没有人阻止你去参加竞争，你在市场上具有充分自由选择的权利。不要想得太复杂了，这个规则简单明了，没有什么不公正和不民主的事情。现世性经济民主被人们接受的另一个重要原因在于它的欺骗性。在市场经济中，似乎人人都有发财的机会，人人都可以当“皇帝”，人人都有机会和权利去参与社会经济活动。你去给别人打工为别人服务，你赚了钱后也可以购买到这种服务，让别人为你提供服务，似乎社会关系是一种互相服务的关系，有什么不公正和不民主的呢？如果一个人从局部的或个体的角度看待问题，那么，市场经济中确实存在着经济民主。

现世性经济民主能够被普遍接受并盛行的根本原因在于市场经济制度的普遍建立，市场经济机制的运行总是在一定的既定条件下进行，而资本主义制度的长期相对稳定又为市场经济正常运行奠定了前提条件，在这种前提条件下，人们理所当然地接受了市场经济的民主原则。从更广泛的意义上说，资本主义发展所伴随的科学技术革命以及由此所产生的技术和理性精神的盛行也是现世性经济民主被接受的文化精神原因，技术理性主义与实用主义相结合，摈弃了西方文明中的人本主义精神。人本主义精神在技术理性主义的挤压下逐步退缩，人们逐渐养成了这样一种思维方式，存在着的东西自有其合理性，理想主义的空谈是无济于事的，人们懒于去建立一个更理想、更完美的社会，也许既定条件下的经济民主就是最理想的，至少从形式上看，市场经济充分体现了经济民主的精髓。在这里必须指出的是，人们失去对于建立一个更理想社会的兴趣也与人类从中世纪后探索建立理想国度实践屡遭失败有关，或者说，人类建立理想国度的努力至今为止就没有真正成功过，在理论上，虽然幻想建立"乌托邦"社会的思想早已有之,但在理论上的论述并不成功,它不像西方市场经济社会理论那样论述严谨而具有现实可行性。这从理论和实践两方面都给予人们对于建立更好社会信念的巨大打击。在这种理论背景和现实存在着社会制度实践的条件下,人们当然乐于接受一个简单实用而又具有经济民主形式的民主——现世性经济民主。应该承认,市场经济首先承认人的现实性一面,即人是自利的,总是在追求自己欲望的满足,追求个人效用的最大化,而一个企业总是追求利润最大化。经济人是市场经济不变的假设前提,市场经济与经济人之间也是双向互动的关系:一方面,市场经济运行机制迫使参与者具有经济人属性,因为经济人才能在市场经济的残酷竞争中生存下来;另一方面,经济人的存在又加剧了市场经济运行机制的不可逆性。在既定条件下的具有现实可行性的民主——现世性经济民主被普遍接受和承认是再自然不过的事了。

(二)终极性经济民主

所谓终极性经济民主,是指从一般公理层次上考察的经济民主,它不仅要考察既定条件下公平、公正与自由选择等经济民主,而且更注重考察这些既定条件本身是否具有经济民主性。换言之,终极性经济民主是将现世性经济民主的既定条件也作为一个变量加进来考察,以判定一种经济民主从最终意义上看是否具有经济民主性。

我们从市场所体现的经济民主性方面来分析。

首先,生产资料占有关系不平等。在现世性经济民主中,不存在生产资料占有关系上的平等与否,私有产权的界定和保护是一个假定的前提,现世性民主只考察在这个前提下的市场运行是否具有民主性;而终极性民主则认为,生产资料占有关系上的平等与否这个前提是必须加以考察的,因为它直接影响到市场经济运行规则从根本上是否具有公正性和平等性,即是否具有经济民主性。从资本主义生产方式来看,资本家占有生产资料或资本,而雇用工人只占有其自身和劳动力,而实际上是资本雇用劳动力。正如马克思在《资本论》中所分析的,这样就存在着资本家占有工人创造的剩余价值的情形,那么,在这里就出现了现世性经济民主与终极性经济民主不一致的情形,在市场交换中,工人运用自身的劳动力交换资本家支付工人的工资,这是按照市场规则进行的,其中双方都具有公平公正和自由选择的权利,即具有充分的经济民主性。资本家出售生产的产品时,也在按照市场游戏规则进行,也具有经济民主性。然而,这些都是一种现世性经济民主性,因为如果再深入分析下去,这种现世性经济民主就变得没有民主性了。在生产过程中，资本家凭借着对生产资料或资本的占有关系，剥削了工人在生产过程中所创造的剩余价值，如果考虑到这种生产关系，那么工人与资本家之间的交换就是一种不平等的交换关系，公正公平和自由选择权利更无从谈起。虽然工人可以选择被不同的资本家雇用，但是由于工人除了自身劳动力外一无所有，所以工人实际上没有自由选择的权利，从而也更谈不上所谓经济民主性。这里存在着的是资本家在经济上的独裁，工人实际上是没有说话的权利，因为他不占有生产资料和资本，被资本家雇用存在着诸多的被迫的成分。

那么，如何实现终极性经济民主呢？应该说，这是人类在经济领域一直追求的理想和目标，人类一直在为此做出努力。这是一个长期甚至无限的过程，不是一蹴而就的事。但是，这不等于终极性经济民主是不可能实现的，只是这种终极性经济民主的实现有一个过程。从市场经济方面来看，可从以下两方面做出努力：让生产资料公有产权占有相当比重，在公有产权内部实现生产资料占有关系的平等；政府充当公共利益的代表者，政府通过对市场经济的适度干预以实现市场经济游戏规则的最终公平、公正性。

其次，产品分配关系不平等。从产品分配上说，资本主义生产方式下的市场经济实行的是按要素分配原则，每一种生产要素通过市场竞争获得相应的要素报酬，市场通过自由竞争导致一般均衡，从而劳动力获得相应的工资或人力资本获得相应报酬，土地获得相应的地租，资本通过市场自由获得相应的利润和利息；这种分配原则从表面上看是公平合理、公正公开的，每一个生产要素所有者可以自由选择生产要素的使用方向和使用模式以获取相应报酬；每一个投资者可以自由地选择投资组合来进行投资，并在竞争性市场中获取相应利润或报酬。至于生产要素所有者最初的生产要素和人力资本从何而来，这种分配原则是不予考虑的。那么，在市场经济运行过程中必然产生这样一种情形，那些自然禀赋高、能力强且最初拥有生产要素数量多、质量好的人，就可能在市场竞争中获取较多的收益，相反，那些自然禀赋低且最初不拥有生产要素或拥有生产要素较少的人，则在市场竞争中所获报酬较低。这种市场经济过程具有一种累积效应，即自然禀赋强且拥有生产要素多、质量好的人，在市场竞争中会越来越富有；相反，那些自然禀赋差且拥有较少或不拥有生产要素的人会收入越来越低，甚至贫困破产和一无所有。社会收入分配差距的拉大和贫富严重不均是一种事实上的分配不公平，而且在按照生产要素分配原则规律支配下，那些拥有较少或不拥有生产要素的人实际上也不存在什么自由选择的权利,从而也就谈不上什么经济民主。在这里,为什么又会出现分配上的现世性经济民主与终极性经济民主之间的差距呢?关键在于是否考虑在一定具体条件下的分配原则的公平公正和自由选择等经济民主。按生产要素分配原则是在承认私有产权制度和人的能力差距的前提下所实行的一种分配原则,按照这种分配原则,最初占有生产要素的数量和质量属于私有产权,一个人拥有的自然禀赋能力也属于一种人力资本产权,这两者是一个既定的前提条件,不存在公平与否和民主不民主的问题。应该说,在这种既定前提条件下所实行的生产要素分配原则应该说是符合市场经济的公平、公正、公开和自由选择等现世性经济民主性的。然而,一旦将既定的前提条件考虑进来,按生产要素分配原则就是一种不具有经济民主性的分配原则,因为其中并不存在着真正的公平公正和自由选择的权利。

最后,市场经济游戏规则具有隐性专制性。在现象上或者在显性层面上,市场经济游戏规则充满着公平、公正、公开和自由选择的权利,然而,在这种现世性民主背后却隐藏着某种专制性,或者说,从终极性经济民主的观点来看,市场经济的民主背后隐藏着专制。在显性层面上,市场经济充满着自由选择的权利。实际上,这里面却充满着资本的专制性,被金钱所驱使的人往往并非自愿,而是被迫的,在以私有产权为基础的市场经济中,掌握生产资料和资本要素的人统治着那些没有生产资料和资本而只有劳动力的人;每个人所掌握的财富的多少也决定其在市场经济中机会的多少,拥有财富的人可以享受较好的教育机会,在人力资本上投资更多,从而更有竞争能力,而没有财富的人却往往难以获得教育或难以获得较好的教育,从而在市场中竞争力就较弱;一个拥有财富的人在市场中可以有更多的投资机会,从而可以获得更多的投资回报,而一个没有财富的人在市场中很难有投资机会,只有靠自己的能力“白手起家”,很明显,与拥有财富的人相比,不拥有财富的人在市场经济中实际上是处于不公平、不公正的竞争机会的位置上;一个拥有财富的人实际上有更多选择的自由,而没有财富的人则几乎没有或仅有少得可怜的选择自由。在以私有产权为基础的市场经济虽然在表面上拥有现世性的经济民主,但从终极性经济民主角度看来,只不过是一种有钱人统治没钱人的专制,虽然这种专制是以隐藏的形式存在着的。

以上我们分别讨论了现世性经济民主与终极性经济民主,它们分别具有不同的约束条件且呈现不同的特征。从一般意义上,经济民主总要受到一定条件的制约,问题在于如何尽可能地改善这些约束条件,以使人们获得更多的经济民主，不能以经济民主的条件为借口而无条件地肯定现世性经济民主的唯一性和不可替代性。正确的做法应该是，以终极性经济民主为目标，不断地改进现世性经济民主，从而不断地向终极性经济民主逼近，并最终实现终极性经济民主。

三、社会平等的经济基础

社会主义必须要发挥民主政治的经济作用，诺夫认为，经济民主，即公民能够作为一个生产者和消费者对社会经济发生影响，这是社会主义意识形态的一个实质部分，让劳动者自由选择消费品从而影响社会生产是最民主的方法。工人可以有选择就业的自由，可以在合作社工作，也可自己负责[①]。从市场化与民主化的关系来说，市场化打破了封建的等级制度和人身依附关系，奠定了独立政治人格的经济基础，造就了平等、自由的社会经济关系；市场化以分散决策为特征，因而市场化的发展扩大了分权的范围，减少了集权和专制的可能性；市场化的发展培养和造就了多元化的利益主体和利益结构，这表现在政治体制上就是要求权力的制衡；市场化改变了社会的价值标准，用货币本位代替了官本位，用货币拜物教代替了权力拜物教；市场化创造了竞争开放和不断变化与创新的生产和生活方式，使传统社会赖以存在的封闭、保守和狭隘的生产和生活方式被瓦解[②]。

从一般意义上说，政治民主是经济民主的一种反映，经济民主是政治民主的基础。换言之，政治民主最终是由经济民主所决定的；然而，政治民主也具有一种相对的独立性，政治民主既可超前于经济民主，也可以落后于经济民主。政治民主的这种性质也可能造成如下情形：一个国家或社会经济民主具有相当的水平，而政治民主却相当落后甚至处于某种专制状态。尽管如此，政治民主制度的建立确实需要一定的经济基础。有一种观点值得思索，即认为欧洲的情形是先有经济上的民主，然后再要求政治民主，也就是随着经济水平发展到一定程度，具有一定经济基础的个体和阶层阶级就要求在政治上表达自己的主张，于是在经济民主的基础上进一步要求政治民主；而东方和中国的情形恰恰相反，在中国是先有某种政治制度，建立在该种政治制度的基础上的政治利益集团努力为其构建经济基础。换言之，在中国，某种政治制度的存在似乎并非是从某种经济基础上产生的，而是具有其自身的发展规律，甚至政治

① 诺夫：《可行的社会主义经济学》，华夏出版社 1991 年版。

② 张宇：《中国的转型模式：反思与创新》，经济科学出版社 2006 年版。

制度建立更多地服从于某种权力斗争的需要。就政治民主与经济民主的关系而言，也并不存在经济民主决定政治民主，倒是反过来，往往政治民主决定了经济民主。出现这种情况的原因是复杂的。首先是中国传统制度的路径依赖性。经济基础当然最终会制约政治制度，但是在某一特定时期，政治制度却可以建立在只符合权力运动规律的基础上，而与经济基础保持一定距离。由于政治制度中的政治权力过分集中，造成经济运行、经济制度和经济民主等始终置于政府的控制之下。经济基础和经济民主对政治制度和政治民主的约束始终是存在的，问题在于，这类政治制度和政治民主也是非常富有弹性的，政府完全可以通过对政治制度和政治民主的不断调整以适应经济基础和经济民主的需要，但是，政治制度和政治民主仍然将经济基础和经济民主置于自己控制之下，并由政治民主来决定经济民主。中国传统文化与西方民主思想之间存在着排异性，民主也是一种文化现象，而西方政治民主则是一种西方文明的产物。人们在解释中国经济体制改革不能够深化的原因时，常常将其归结为政治制度的障碍，这种说法虽然还不能够获得有力的支持，但至少表明中国的政治制度、政治民主与经济制度、经济民主并不一致。这种脱节所产生的直接影响主要有：第一，政企难以真正分开。政企不分一直是中国国有经济发展的一个痼疾，如果从最深层次的原因来分析，那么，政治民主化与经济民主化的脱节导致了经济难以真正民主化，经济民主化常常受到政治民主化的干扰。政治权力和政府权力的过于集中使得这些权力变得没有约束，从而也就没有什么法律能够真正阻止政府权力干预经济活动。实际上，这是由于政治制度和政治民主化阻止了经济体制改革的深入，进而阻止了政企分离迈出实质性步伐。第二，经济发展的政治化倾向。经济发展的政治化倾向是一柄“双刃剑”，一方面，它有利于发展中国家充分发挥政治和政府在经济发展中的比较优势，迅速推进一国经济的迅速增长；另一方面，政治制度的集权和经济民主的并存势必产生经济发展的政治化倾向，从而使得经济发展的政治化倾向也制约了市场机制的充分发挥，特别是政治利益集团的变动和创新性的变化，有可能阻碍甚至摧残一国经济的健康、有效发展。第三，政府职能的缺位。政治化政府具有引导和管理市场经济的职能，如果政治民主化和经济民主化脱节，则由于政治制度所造成的政治集权就难以与经济民主化相协调。政治集权不同于政治民主，它有其自身的发展逻辑，一个常见的现象是政治集权根据自己利益凭借自己的权威去压制经济民主，那么，政治化政府就不是引导和管理市场经济，而是容易直接运用政府权力去进行并非市场所需要的行政干预，这实际上是羊群经济中政府职能的缺位。

四、经济平等与社会平等

经济民主与政治民主之间关系究竟如何？简单地说，就是它们之间存在着互动，那么这两者之间互动的机理如何呢？

(一) 经济民主对政治制度的分解作用

经济民主制度是一种市场经济制度，强调在既定条件下的公平、公正、公开性和自由选择权利，这种经济民主制度作为一种参照物，对于政治制度民主化的影响是巨大的，一方面，生活在经济民主化制度下的人们会有一种强烈的要求实现政治民主化的愿望，以继续和永久地保护私有财产权利和自由竞争权利，只有建立一种政治民主制度才能使这些权利永久化和制度化；另一方面，经济民主制度下形成的价值观念和理念会对人们的政治信念和政治行为模式产生巨大的冲击，经济民主中的公开性必然会让人们想到政治民主的公开，经济上的公正、公平理念必然会让人们要求政治民主上的公平、公正，经济上的自由选择权利的实现必然会促使人们要求政治上的自由选择权利等。

首先，经济民主制度中的私有财产权要求政治上民主制度的保护。私有财产权制度是市场经济运行的基础，随着市场经济的发展，必然会产生一个生活富裕的中产阶级和拥有大量资本和财富的富有阶级，这两大阶级的崛起会改变中国的社会阶级结构，进而影响到中国的政治制度结构。经济发展必然会推动政治制度的改革，那些新生的富裕阶级要求政治上的权利，竭力推荐或推举出能够代表本阶级利益的人进入政治利益集团或政治化政府机构，从而推动政治制度向着有利于其财产保护和生存发展的道路前进，这是不以人的意志为转移的。与中国传统的集权政治制度相比，应该说，政治民主制度更能够保护新生富有阶级私有产权和利益，从这种意义上说，经济民主制度的发展必然会大大推动政治民主制度的建立和发展。

其次，经济民主制度上的自由选择权向政治领域扩张。在经济民主制度下，市场经济是一种自动运行机制，活动于市场经济中的个人或企业都有自由选择的权利，个人努力追求个人效用最大化，企业努力追求利润最大化，市场中的各种关系都是通过商品交换和货币流通等联系起来的，企业生产的产品能否销售出去，就看其能否满足消费者需要，即消费者是否愿意拿出货币来购买，只有消费者愿意购买，企业才能补偿成本和实现利润。市场上的“政治选票”就是货币，选民就是参与市场活动的消费者或经济人，在这里，每个参与市场活动的经济人或消费者都有自由选择的权利，包括职业的选择、商品的选择和机会的选择等，这种经济民主制度基础上的自由选择权利实际上也是自由、平等、公正、公平、公开的，自由选择权是市场经济中的一个基本权利，它与专制和权力干预是格格不入的。既然如此，生活在经济民主制度中的人们就要求把这种经济中的自由选择权扩展到政治生活领域，从而要求对政治制度实行改革。市场中具有自由选择权的经济人显然会要求通过政治民主制度上的自由选择权，选出能够代表自己利益并能够保护其产权的人来组成一种民主的政治制度，以使这种政治民主制度与经济民主制度相配合。这也是马克思所论述的经济基础决定上层建筑的基本原理。

最后，经济民主制度下形成的价值观念和理念也会影响政治制度模式。在经济民主制度下，市场经济文化中公平、公正、公开的价值观念会极大地启蒙和激发人们在政治领域也要求实行公正、平等和公开的原则。在政治生活中，公民们的选举权和被选举权方面要求公正平等对待；政治制度和政治民主的公开性原则也会受到市场经济中公开原则的极大推动；一个人在政治生活中，感受到是否被公正、平等对待在很大程度上取决于人们所持有的文化价值观念，在一种文化环境中被认为是公正、平等的事情，在另一种文化价值观念体系下，也许被认为是极端不平等的。虽然从一般抽象的意义上说，公正、平等有其共性的一面，但在特定的社会文化环境下，公正和平等观念总是相对而言的，它总是与特定的社会条件和经济发展水平等联系在一起。换言之，公正、平等是一种既定条件下的公正、平等。既然如此，随着中国经济体制改革的推进和经济市场化程度的加深，公正、平等的观念更加深入人心，这种市场经济文化价值观念的加深必然让人们在政治生活领域对于公正性和平等性提出更高的要求，政治民主制度的建立和政治民主生活方式的形成就呼之欲出。

经济民主制度对政治制度的分解作用是多方面和逐步进行的，这个过程虽然会遇到政治制度代表者的反抗和阻碍，但这个过程将作为一种趋势发挥作用，经济民主制度对政治制度的分解当然是为了建立一种能够与经济民主制度相匹配的政治民主制度和实现政治民主化。然而，正如我们前面所说，经济民主和政治民主是可以分离和独立的，经济民主化制度的加深虽然要求相应的政治民主化制度的建立和改革，但事实上经常出现的情形是，政治民主制度和政治民主化过程大大落后于经济民主制度和经济民主化过程。在中国经济转型过程中，则可能出现一种政治集权制度与有限的民主化并存的局面。

(二) 政治与经济的相互作用

按照马克思经济基础与上层建筑之间相互关系的论述，政治集权制度与经济民主化是难以并存的，因为建立在经济民主制度之上的应该是政治民主制度，政治集权制度往往与封建自然经济或计划经济制度相联系。然而，在中国的经济改革或经济转型中，政治权力集中制度与有限的经济民主化制度却能够很好地并存，这不能不说又是一个"中国之谜"。那么，如何解析中国经济增长和经济发展过程中的这种特殊政治经济现象呢?

首先，放松管制式的经济改革方式。从中国经济改革或经济转型的实践来看，政治化政府的权力是一种支柱，放松管制式的经济改革方式是一种"以我为主"的改革方式。前提条件是，居于支配地位的政治利益集团的权威或政治化政府的权力不允许动摇。在这个前提条件下，对经济市场化进行尽可能的改革。为了使政治化政府权力始终居稳固地位，在经济改革中，政府还谨慎地处理有关公有产权的改革方式以及政府对国有经济的控制等涉及政治化政府利益集团经济基础的一些敏感问题。一旦政府权力与市场化改革遇到矛盾，政治化政府要么寻找一种策略性的临时解决办法，要么就采用一种延缓市场化改革或冻结其各种关系的政策，从而让各种经济关系自己寻找出路，这种民间的解决方式如果不威胁到政治化政府权力，政府则再加以肯定。放松管制式经济改革往往在改革的初期效果十分明显，政府权力一旦放松并引入市场机制，原有集权经济体制中蓄积的能量便大量、迅速地释放出来，在原有集权体制中存在的大量的潜在获利机会便吸引人们通过市场经济形式去寻求该种利润。所以，在改革初期会出现经济迅速增长以及社会安定繁荣等经济发展的黄金时期。然而，这种情形并不能够长久，一旦原有经济体制中的能量释放殆尽，经济体制改革进一步深入之后，政府权力阻碍经济发展的矛盾就会暴露出来，这时，就会出现政府权力与经济市场化改革的矛盾，政府就会通过策略性政策或战略来解决这种矛盾，其前提仍然是"不动摇政治化政府权力和政治利益集团居于支配地位"。但是在这个过程中进行的经济改革就会缓慢和阻力大得多，其效果也不甚明显，这就是人们经常看到的，当经济体制改革推进到一定程度时，深化市场化经济改革就会徘徊不前。放松管制式的经济体制改革虽然中后期绩效差、改革成本加大，但其优势在于，既保持了居于支配地位的政治利益集团的根本利益和政治化政府权力的不动摇，又保持了社会政治经济的稳定，同时实现了改革发展和稳定并存。这种经济改革方式一方面保持了政治集权体制的继续存在，另一方面又引进了市场经济体制，推进了中国经济市场化的进程，即很好地做到了政治集权制度与有限经济民主化的统一。

其次，经济民主化的形式。无论是政治民主还是经济民主都不会是一种抽象的东西，它总是存在于各种具体的经济民主制度和政治民主制度之中，或者说，实际上存在着各种各样经济民主形式，并不存在一个统一的模式。中国经济民主结合了中国具体的政治、经济、社会、文化等具体环境，或者说它是生长在中国环境中的经济民主制度。在经济自由选择权上，中国市场经济中只存在有限的经济选择权，因为中国的公有经济产权仍占较大比重，而在许多公有产权内部是不存在自由选择权利的。比如，中国大型国有企业的主要领导人是由政府机关任命的，而不是通过市场竞争机制产生的，也不存在一个健全的职业化经理阶层；由政府机构直接组织生产和经营的领域不存在市场，也就谈不上所谓经济自由选择权；在市场经济的公正、公平和平等权方面，中国市场经济也不充分具备这些特征，国有经济与私有经济在资金贷款税收和财政支持等方面往往并不处在同一起跑线上，政府为了实现经济发展战略，倾向于重点支持国有大中型骨干企业，私营企业只是凭借其制度和机制上的优势才取得了一定程度的发展；在经济平等方面的问题更为突出，经济改革的实质是不同利益主体之间利益格局的重新调整，必然会使一部分人在改革中受损，另一部分人在改革中得益，在提倡“一部分人、一部分地区先富起来”政策下，一部分政府官员凭借手中的权力大肆寻租、迅速致富，而另一部分人如弱势群体，由于各种条件的限制，特别是各种税费负担，有的生活困难，从地区发展不平衡来说，东部发达地区的平均收入水平是西部贫困地区平均收入水平的几倍甚至十几倍，市场经济发展反而造成了比原来更大的不平等；在市场经济的公开性方面，政府垄断了部分信息，在金融税务财政等方面的信息披露仍需要进一步改进，金融证券市场上的“暗箱操作”和洗黑钱现象屡现于媒体，在政府权力直接插手的领域，自由竞争的透明度更差。这些分析表明，一方面，政府通过实行经济民主化获得经济增长和经济发展；另一方面，采用了适应中国特点的经济民主化形式。

最后，制度的充分弹性。一般认为，政治集权制度是一种刚性的制度，因为它是通过行政命令的方式来运转的，实际上，这种看法是值得商榷的，虽然政治集权制度是一种权力过于集中的制度，但政治化政府特别是最高权力主体可以通过放松管制或者怀柔政策来使本来刚性的制度具有充分的弹性，特别是在经济制度和经济运行方面，只要其不构成对居于支配地位的政治利益集团的威胁，就可以放手让其自由发展。政治化政府在不威胁其支配地位的前提下，还可以通过有限的政治或政府改革来扩大政治集权制度的包容性，如政府适应市场经济发展的需要转变政府职能，实行党政分开，以及政府不直接经营企业等政策。政治集权制度或政府权力过于集中制度通过采取正确的政治经济政策和实行改革大大提高了政治制度的包容性或弹性，这当然有利于经济民主化进程的推进，但是这种政治制度的弹性是有限的，随着经济市场化改革的深入，政治集权制度的包容性和弹性可能会达到最大，当市场发展到一定程度，一种新的政治制度就会诞生，这种新的政治制度可能是一种经过改良的政治民主制度，它既适应中国政治化政府权力集中的特点，又具有较充分的政治民主。

第五节　社会主义市场经济体制的特征和基本框架

一、基本特征

社会主义市场经济体制是市场在国家宏观调控下对资源配置起基础性作用的一种经济体制，是社会主义基本制度与市场经济的结合，既具有与其他市场经济体制的共性，又具有与其他市场经济体制不同的特征。社会主义市场经济特征是指市场经济同社会主义基本制度相结合而形成的制度性特征，主要表现在：第一，在所有制结构上，以公有制为主体，多种所有制经济平等竞争、共同发展。第二，在分配制度上，实行以按劳分配为主体，多种分配方式并存，效率优先、兼顾公平。第三，在宏观调控上，国家能够把人民的当前利益与长远利益、局部利益与整体利益结合起来，更好地发挥计划与市场两种手段的长处。

二、基本框架

社会主义市场经济体制既具有市场经济的一般特征，又是具有社会主义性质的市场经济体制。从一般性来说，市场经济具有产权明确、公平竞争、商品自由流通、价格由供求决定等特征。市场经济的效率来源于市场主体对自身利益的追求，分散决策以解决信息不对称和对经济的自动调节功能。社会主义市场经济是与社会主义基本经济制度相结合的市场经济，以公有制为主体、多种所有制经济共同发展是社会主义初级阶段的基本经济制度和社会主义市场经济存在与发展的根本前提，正是公有制的主体地位保证了市场经济的社会主义性质。社会主义市场经济体制的基本框架主要包括：以公有制为主体的现代企业制度是建立社会主义市场经济的基础和中心环节；开放、竞争、有序的统一市场；健全的宏观调控体系；实行按劳分配为主体的收入分配原则和共同富裕的目标。

三、不断探索社会主义市场经济体制

关于市场经济如何与社会主义公有制相结合，关于社会主义市场经济体制模式，对这些问题的探索自从20世纪30年代国际经济学界的论战就开始了，兰格提出“竞争的社会主义市场经济模式”即著名的“兰格模式”[①]，布鲁斯提出“分权的社会主义市场经济模式”[②]。自从通过对“斯大林模式”的反思，在东欧国家更是出现了各种“市场社会主义模式”的理论和实践，如南斯拉夫模式和匈牙利模式等。这些论战和探索对于人们认识社会主义市场经济体制具有重要的思想史意义。另外诺夫[③]、罗默[④]、皮尔森、米勒[⑤]、韦斯科普夫[⑥]和伊藤诚[⑦]等人都对市场社会主义经济体制模式进行了有益的探索。

中国社会主义市场经济体制发展经历曲折历程可以分为以下四个阶段(陈炎兵，2009)。

第一阶段，冲破计划经济体制的束缚，初步认识市场调节的作用。

从时间上看，这一阶段大致从1978年12月党的十一届三中全会召开到1984年10月党的十二届三中全会做出《中共中央关于经济体制改革的决定》之前。在这一阶段，充分认识到传统计划经济体制的弊端，初步认识了市场机制的作用并对市场机制大胆地进行了尝试。在农村引入市场机制，实行家庭联产承包责任制，极大地调动了农民的积极性，使广大农村在短时期内发生了巨大变化。在增强企业活力、扩大企业自主权方面引入市场竞争机制。最后，在收入分配上也适度引入市场竞争机制，在国家宏观经济调控上适度引入市

---

① 奥斯卡·兰格：《社会主义经济理论》，中国社会科学出版社1981年版。
② 弗·鲁布斯：《社会主义经济的运行问题》，中国社会科学出版社1984年版。
③ 诺夫：《可行的社会主义经济学》，华夏出版社1991年版。
④ 罗默：《未来社会主义》，重庆出版社1997年版。
⑤ 皮尔森：《新市场社会主义》，东方出版社1999年版。
⑥ Bardhan P. On Tackling the Soft Budget Constraint in Market Socialism. In: Bardhan P, Roemer J E, ed. *Market Socialism: The Current Debate*. Oxford University Press, 1993.
⑦ 伊藤诚：《市场经济与社会主义》，中央党校出版社1996年版。

场机制,并强调“以计划经济为主,市场调节为辅”的基本原则。

第二阶段,明确社会主义商品经济性质,加大市场机制在各领域的调节力度。

在这一阶段,开始强调计划与市场的内在统一,要求逐步建立计划经济与市场调节相结合的运行机制,明确了社会主义商品的经济性质,对社会主义初级阶段明确定性。党的十三大提出了社会主义初级阶段的理论,从而准确地阐明了我国现阶段的基本性质,全面加大了市场机制在各个领域的调节力度。例如,逐步健全以间接管理为主的宏观调节体系;在经济所有制方面,发展多种经济成分在这一阶段取得重大突破;从分配制度上来看,在充分肯定分配方式多元化原则的基础上,进一步明确了非劳动收益的合法性和合理性。

第三阶段,结束“社”“资”之争,社会主义市场经济体制初步建立。

以党的十四大为标志,最终实现了理论的升华——明确了我国社会主义经济的性质就是市场经济,即社会主义市场经济。关于社会主义市场经济,1992年10月党的十四大报告做了明确表述:“我国经济体制改革的目标是建立社会主义市场经济体制”,“我们要建立的社会主义市场经济体制就是要使市场在社会主义国家宏观调控下对资源配置起基础性作用”。这是对市场经济理论的重大突破。

第四阶段,进一步完善和发展社会主义市场经济体制。

一是按照科学发展观的要求,更大程度地发挥市场在资源配置中的基础性作用,从而增强了企业活力和竞争力,健全了国家宏观调控体系,初步完善了政府的社会管理职能和公共服务职能。二是进一步完善了以公有制为主体、多种所有制共同发展的基本经济制度。三是建立了有利于逐步改变城乡二元经济结构的体制,形成了促进区域经济协调发展的机制。四是建立了统一开放、竞争有序的现代市场体系,并开始建立社会信用体系。面对经济全球化竞争日趋激烈的发展趋势,仅仅建立传统的商品生产、流通市场和生产要素市场体系还不够,还要面向国际市场建立统一开放、竞争有序的现代市场体系。同时,为了维护市场经济秩序,近年来,我们特别强调建立社会信用体系。五是建立了更加完善的社会保障体系,严厉打击了各种干扰和破坏社会保障体系建设的违法行为,有效地保障了我国社会保障体系的健康发展。

社会主义市场经济除了拥有作为市场经济一般所共有的功能与作用以外,还具有自己的一些新的特点,主要表现在:第一,社会主义市场经济的出现意味着市场经济发展进入一个新的阶段，即社会主义市场经济发展阶段。这个阶段，市场经济的最大特点就是其基础已经不仅与私有制相联系，更是与公有制相联系，而且公有制已成市场经济的主要基础了。正是市场经济基础的这一变化，引起了其运行机制的特征与作用发生了相应的变化。第二，社会主义市场经济运行机制中的双重性，或者说社会主义市场经济双重运行机制的特性凸显出来了。这主要表现在三方面。一是双重调节机制，即市场调节与计划调节的有机结合。市场经济体制是由市场基础即企业、市场体系与社会宏观调控三大部分组成。这里讲的宏观调控，其实就包含了计划的内涵。可以说，在当今世界，没有一个市场经济国家是完全自由放任而不采取任何宏观调控措施的。那么，在社会主义中国，社会主义政府与公有制的基础条件，决定了社会主义市场经济应该拥有比西方国家更合理、更科学的宏观调控方式，这将是社会主义市场经济更富效率的重要保证。当前，我国处在体制转型时期，人们还不太熟悉市场经济环境下应有的宏观调控形式，一旦经济出现某些失衡与混乱，有关政府部门就常常会沿用其习惯的行政方式，因而出现了并不理想的结果。不过，随着社会主义市场经济进一步完善与发展，政府与社会宏观调控艺术的改善，良好的社会宏观调控效益必将显现。二是双重激励机制，即由物质激励与精神激励相结合的双重激励机制。传统计划经济体制只强调精神激励而否定物质激励，这是一种物质虚无主义的极端，其刺激作用只能一时，最后必然会呈现出无数弊端。我国的经济体制改革从某种角度说，也是从恢复与提倡物质利益原则、强调物质利益原则的重要性开始的。从农村"大包干"到城市企业改革，从价格改革到发展沿海经济特区，无不是从物质利益原则出发，与市场激励相关。市场的物质激励调动了各方面的积极性，有力地促进了中国经济的高速增长。但是在这个过程中，我们不能不看到，社会主义精神激励因素的作用被严重地忽视了。其实，即使是西方世界，也讲精神激励，也注意企业文化与团队精神，只不过其出发点和动机与我们的不尽相同。在社会主义社会，精神激励是内生于社会主义公有制本身的，是维护社会利益与集体利益的重要手段。因此，强调社会主义市场经济的双重激励机制，做到物质激励与精神激励的有机结合，必能更好地调动各方面发展社会主义经济的积极性。当然，双重激励机制如何有机结合，在不同的时间、地点与部门会有所差别，因而是一门需要积极探索的重要管理艺术。三是双重决策机制，即在经济的发展过程中，企业的决策与政府的决策共存。在传统计划经济体制时期，可以说只有政府的发展决策而无企业决策。市场经济改革赋予企业以经营自主权与发展决策权，但这并不能否定政府在社会经济发展中的重大决策权力。社会主义公有制的存在，决定了社会主义政府比西方国家政府拥有更大的经济职能，特别表现在主导社会经济发展方面。第三，社会主义市场经济能促使市场经济更好地发挥积极效应，尽可能减少它的消极影响。市场经济是以个人与局部利益主体的存在为基础的，市场机制的核心源于对个人与局部利益的激励与调动，这就决定了市场经济对经济与社会的作用是一把“双刃剑”，即既能对社会经济发展起到重大的促进作用，又会对社会与经济发展产生一定的消极影响。这里特别是与商品、货币与市场经济相伴而生的商品拜物教与金钱拜物教的消极影响，使人们不管社会利益而只图追逐一己私利与小团体的狭隘利益。社会主义市场经济应该运用源于公有制基础的一些特有机制，包括强有力的宏观调控手段，尽可能将市场经济的消极影响降低到最低限度（袁恩桢，2006）。

社会主义市场经济体制是社会主义基本制度与市场经济相结合。社会主义的这个“公有制为主体，多种所有制经济共同发展”的基本制度，其核心部分是“公有制为主体”，没有这个核心部分，社会主义基本经济制度也就不成其为社会主义，仅有其他非公有制经济跟市场经济相结合，那将是资本主义市场经济。这些非公有制经济跟市场经济相结合，从经济体制上讲毫不困难，因为市场经济历来都是建立在资本主义私有制的基础上；社会主义基本经济制度要跟市场经济相结合，其最大的难点就在于它的核心部分——作为经济主体的公有制经济跟市场经济相结合，而要实现这个结合，就必须在公有制经济的基础上建立起为市场经济所须臾不可缺的微观经济基础（黄范章，2008）。

应该全面认识市场的功能和更加自觉地利用市场的作用。一方面应该认识：市场经济是一种富有活力的组织财富生产的形式和体制，它能有效调动主体的积极性，能依靠价格形成机制使产品适销对路，能依靠竞争推动技术创新和提高劳动生产率，能依靠自我积累实现自行发展。较之历史上出现过的自给自足经济、政府统治经济、传统计划经济，市场经济是一个更好的经济组织形式。实行和发展社会主义市场经济，就是为了有效地利用市场调节的功能，服务于社会主义建设事业。但我们也应看到，市场体制拥有发展生产力的积极功能，也有其固有的缺陷：（1）市场机制在分配中存在收入差距拉大效应，在体制转型期，甚至会导致严重分配不公；（2）在市场导向的经济运行中，各种经济失衡的出现是不可避免的，甚至会出现剧烈的运行波动，在资本主义条件下表现为周期性经济危机；（3）市场经济的消极外部性和成本的向外转嫁，会引起环境、生态、资源等的过度耗用甚至破坏；(4) 盈利最大化的生产机制不能提供充分的公共产品(包括公用品、福利品与公益品)，从而不能满足困难群体与低收入者的需要和社会公共需要；(5) 面向市场的竞争性生产与营销，总是激励过度消费，甚至导致浪费资源的畸化生活方式和非理性物质文明(刘诗白，2009)。

从更一般的意义上，社会主义公有制与市场经济相结合还需要做到以下几个结合。

(1) 必须把坚持马克思主义基本原理同推进马克思主义中国化结合起来，解放思想、实事求是、与时俱进，以实践基础上的理论创新为改革开放提供理论指导。

(2) 必须把坚持四项基本原则同坚持改革开放结合起来，牢牢扭住经济建设这个中心，始终保持改革开放的正确方向。

(3) 必须把尊重人民首创精神同加强和改善党的领导结合起来，坚持执政为民、紧紧依靠人民、切实造福人民，在充分发挥人民创造历史作用中体现党的领导核心作用。

(4) 必须把坚持社会主义基本制度同发展市场经济结合起来，发挥社会主义制度的优越性和市场配置资源的有效性，使全社会充满改革发展的创造活力。

(5) 必须把推动经济基础变革同推动上层建筑改革结合起来，不断推进政治体制改革，为改革开放和社会主义现代化建设提供制度保证和法制保障。

(6) 必须把发展社会生产力同提高全民族文明素质结合起来，推动物质文明和精神文明协调发展，更加自觉、更加主动地推动文化大发展、大繁荣。

(7) 必须把提高效率同促进社会公平结合起来，实现在经济发展的基础上由广大人民共享改革发展成果，推动社会主义和谐社会建设。

(8) 必须把坚持独立自主同参与经济全球化结合起来，统筹好国内、国际两个大局，为促进人类和平与发展的崇高事业做出贡献。

(9) 必须把促进改革发展同保持社会稳定结合起来，坚持改革力度、发展速度和社会可承受程度的统一，确保社会安定团结、和谐稳定。

(10) 必须把推进中国特色社会主义伟大事业同推进党的建设新的伟大工程结合起来，加强党的执政能力建设和先进性建设，提高党的领导水平和执政水平、拒腐防变和抵御风险能力。

一、复习思考题

1. 如何理解市场经济?

2. 如何从社会经济秩序角度理解社会主义市场经济?

3. 社会主义市场经济体制有哪些特征?

4. 比较可自我实施的制度与需要管制的制度之异同。

5. 什么是自由市场秩序危机?

6. 诺夫是如何论述社会主义经济民主的?如何理解社会主义经济民主与政治民主之间的关系?

7. 过渡形态的市场秩序有哪些特点?

8. 如何理解布鲁斯的"分权的社会主义市场经济模式"。

9. "兰格模式"的主要内容是什么?"模拟竞争的市场社会主义模式"存在哪些缺陷?

10. 试述社会主义市场经济体制的基本框架。

二、课堂讨论题

1. 为什么说中国的社会主义市场经济属于政府主导型市场经济?比较"小政府,大市场"的市场经济秩序与政府主导型市场经济秩序之异同。

2. 如何完善社会主义市场经济体制?

第六章　社会主义国家中的政府与市场

研究文献综述

政府与市场的关系是经济学的一个传统命题，亚当·斯密以资本主义经济制度为背景曾经对国家与市场之间的关系做过一个经典论述，这一思想一直在西方主流经济学中颇有影响[①]。中国学者一方面对社会主义经济中政府与市场的关系进行梳理[②③④]、从市场失灵和政府失灵的角度论述国家与市场的关系[⑤]、批评市场万能的观点[⑥]，或者从资源配置的角度论述市场的基础性作用[⑦]，另一方面则从中国社会主义经济制度的角度出发，强调中国的市场经济属于国家主导型市场经济[⑧]，进而从社会主义市场经济体系的角度来论述政府与市场的关系[⑨]，或者说在国家主导型市场经济理论框架下考察政府与市场的关系。

政府与市场的关系问题是社会主义市场经济体制中一个带全局性的根本问题。政府与市场关系的分析首先涉及国家起源问题的研究。马克思经济学与西方主流经济学分别在不同的理论体系框架下研究国家的起源问题，无论是逻辑起点、分析过程，还是得出的结论都是不同的。社会主义国家政府与市场关系问题真正突出地表现出来，源于社会主义公有制条件下市场经济体制

---

① 亚当·斯密：《国民财富的性质和原因研究》，商务印书馆 2000 年版。
② 徐向艺：《从马克思到邓小平：政府与市场关系理论探索》，《当代世界社会主义问题》2003 年第 2 期。
③ 胡钧：《政府与市场关系论》，《当代经济研究》2013 年第 8 期。
④ 刘国光、程恩富：《全面准确地理解市场与政府的关系》，《毛泽东邓小平理论研究》2014 年第 2 期。
⑤ 阮滢：《国家与市场关系理论的发展历程及其方法论意义》，《学术交流》2011 年第 3 期。
⑥ 许毅、许安拓：《论政府与市场的关系》，《财政研究》2001 年第 10 期。
⑦ 吴敬琏：《中国：政府在市场经济转型中的作用》，《河北学刊》2004 年第 4 期。
⑧ 伍装：《开放条件下的政府主导型市场经济理论》，《当代经济》2003 年第 9 期。
⑨ 程恩富：《国家主导型市场经济论》，上海远东出版社 1995 年版。

的形成，自从亚当·斯密基于资本主义制度框架提出“守夜人”概念以来，对国家(政府)与市场关系的抽象争论从未停止[①]，而且还将继续下去。实际上，讨论政府与市场的关系需要结合不同国家不同的体制特征来分析[②③]，当然还需要从不同的视角具体探索政府与市场的关系[④]。毫无疑问，社会主义市场经济具有市场经济的共性，从而需要遵循政府与市场关系的一般逻辑[⑤]，但从社会主义经济制度出发，社会主义国家的政府与市场的关系显然具有自身的特点[⑥]。

第一节　马克思经济学与西方主流经济学中的国家理论

一、马克思经济学中的国家理论

马克思从生产力与生产关系相互作用的历史唯物主义原理出发，从“私有制-阶级-国家”的分析路径研究了国家的起源。在马克思主义经典作家看来，国家产生于私有财产制度及其相应的阶级冲突，而这种阶级冲突也是生产力与生产关系相互作用状态的一种反映。按照这个逻辑，只有消灭了私有财产制度，从而消灭了阶级，国家才会消亡，所以国家在本质上是一个阶级压迫另一个阶级的工具。与诺斯从抽象的形式逻辑出发来研究国家起源理论不同，马克思的国家起源秉承历史唯物主义的基本原理，从社会历史发展的内在规律出发，从本质上而不是形式上去研究国家起源。马克思的国家起源理论是一种社会历史实践分析，而不是像诺斯的国家起源那样仅仅是一种缺乏历史经验支撑和社会实践分析的思想实验。应该说，马克思运用历史唯物主义来分析国家起源，是一种创造性的理论活动，而唯物史观和剩余价值学说被认为是马克思一生的最伟大发现。从国家起源理论来看，马克思经典作家抛开从形式逻辑出发所进行的思想实验研究，而是采用历史的、具体的分析方法，从私有制、家庭的起源，从阶级的产生等社会实践出发来研究国家的起源，这样

① 布坎南：《自由、市场与国家》，上海三联书店 1988 年版。
② 毛道根：《发展中国的政府与市场关系》，《当代财经》2000 年第 6 期。
③ 胡象明：《当代中国政府与市场关系变迁的逻辑》，《行政论坛》2014 年第 5 期。
④ 陈元：《政府与市场之间》，中信出版社 2012 年版。
⑤ 盖伊·彼得斯：《未来政府的治理模式》，中国人民大学出版社 2013 年版。
⑥ 洪银兴：《政府干预市场的效率和规则》，《山西大学学报(哲学社会科学)》2003 年第 2 期。

就使得马克思的国家起源理论具有坚实的历史基础和社会实践基础。诺斯等人的国家理论虽然具有形式逻辑完美的优势、对于分析国家的行为及其运动轨迹具有意义,但在本质上并未能解释国家起源的真正原因,仅仅是一种形式描述和思想实验。马克思的国家起源理论还显示出国家的相对独立性对于经济基础的反作用,即国家是统治阶级的工具,统治阶级会利用国家暴力工具来维护自己的经济基础,为自己的根本利益服务。国家不仅是一种节约交易费用的工具,也不仅是一种通过不同利益主体之间缔结合约方式而形成的制度;在不同利益主体的博弈过程中,国家也不是普通的博弈参与者。诺斯等人用契约论、交易费用论或博弈论来理解国家的起源,不仅抹杀了国家及其政治集团对于经济基础的相对独立的、在某些条件下甚至是不受约束的理性构建能力,也从一般意义上否认了人类在自然和社会面前的主动性、积极性和创造性。与此相比,马克思的国家起源理论不仅是唯物的,也是辩证的,是辩证唯物主义与历史唯物主义的统一。

二、古典、新古典经济学中的国家理论

国家理论既是政治学中的一个重要理论问题,也是经济学特别是新制度经济学研究的重要问题。在作为西方正统经济学的新古典经济学产生之前,国家理论就已存在,马基雅维利、卢梭和霍布斯等人对国家起源、职能等问题都有过精辟的论述,霍布斯还将国家称为利维坦(Leviathan)[①],认为利维坦国家在防止人对人的攻击以及保持国家的统合方面是有无限威权的。但真正将国家理论纳入经济学分析框架的当属亚当·斯密,斯密从经济自由主义出发,反对国家干预经济,虽然他从交换关系或契约关系的角度来理解国家起源,但国家这种契约关系又不同于市场中其他的交换关系,国家是一个可能侵害人们经济自由的力量,所以就应该严格限制国家或政府的活动领域,一个国家最好的政策就是自由放任,政府理应奉行不干预政策,以提供尽可能宽松的经济环境,从而让企业或经济人自由自在地从事其所选择的各项经济活动,去追求各自最大化的经济利益。显然,他是将国家看作经济运行和经济发展中的一个外生变量。在斯密看来,政府仅仅是个"守夜人",国家的职能被限制为三项:第一,保护国家安全,使其不受外来侵犯;第二,保护社会上的个人安全,维护良好的社会秩序,解决经济纠纷,进行经济仲裁;第三,建设和维护某些私

---

① 霍布斯:《利维坦》,商务印书馆1985年版。

人无力办或不愿办的公共事业和公共设施。正是因为斯密将国家看作外生变量，所以他的国家理论的着眼点在于如何限制国家的消极作用，只强调了国家有限的积极作用。例如，他认为银行如果发行小额钞票容易扰乱金融市场，因而国家应当将发行钞票最低面额限定为 5 镑；在他看来，国家对经济的必要干预如同建立防火墙，是完全合理的。斯密的国家理论反映了力图清除封建生产关系羁绊以挣脱原始国家主义的约束，以及大力发展资本主义生产力从而最大限度地攫取剩余价值的新兴资本主义的要求。从古典经济学理论的发展来看，他将国家当作一个经济的外生变量，也更便于建立起一套完整而逻辑一致的经济自由主义的理论分析框架。

马歇尔把古典经济学的供给分析与边际效用学派的需求分析加以综合，形成了以生产成本分析为中心的供给理论和以效用分析为中心的需要理论相结合的新经济学体系，从而产生了局部市场均衡理论。在马歇尔的新古典经济学看来，市场自由竞争达到均衡是一种美妙的境界，所以国家或政府对于市场经济的运行和发展来说同样是一个外生的变量。从这种意义上说，新古典经济学是对斯密“看不见的手”作用下的自由市场秩序的一种更为精致的物理学描述，不同的地方在于，新古典经济学发现并论述了市场经济中的“外部性问题”并提出了自己的解决途径。比较起来，虽然同样将国家看作应该被限制的外生变量，但新古典经济学比斯密的古典经济学更进一步强调国家职能或政府干预对于市场经济运行可能的积极作用。马歇尔的外在经济是指一个部门内部各厂商之间的关系，这种关系使产量趋于增加，并使整个部门的长期供给曲线下移，这种外在经济对部门内部的厂商来说是外在的，而对整个部门来说则是内在的。庇古进一步发挥了马歇尔的外在理论，认为在自由竞争条件下，私人成本和社会成本、私人经济福利和社会经济福利并不像斯密的“看不见的手”论所描述的那样完全一致，在外在经济场合，厂商的边际私人成本大于边际社会成本，厂商的边际私人福利小于边际社会福利；外在不经济的场合，厂商的边际私人成本小于边际社会成本，其边际私人经济福利大于整个社会的边际经济福利。所以庇古认为，自由放任的经济政策不能消除外在不经济现象，因此国家应当对市场经济进行干预，以消除外在不经济。庇古提出通过征税的方式解决外部性问题，从新古典经济学的角度来说，这种“庇古税”应该等于受害者边际福利和边际生产的损失，从而使市场资源配置达到最优。

新古典经济学的国家理论与斯密的古典经济学的国家理论是一脉相承的，均从交换的逻辑出发解释国家的起源，即认为国家只不过是人类交换关系中众多契约关系的一种，特别强调国家作为一种压制市场自由竞争的外在力量，所以都将国家看作经济研究中的外生变量。两者的区别仅仅在于：古典经济学的国家理论承担着消除封建制度羁绊和为资本主义发展鸣锣开道的重任，着重点在于如何限制国家的职能；而新古典经济学在描述和剖析市场机制作用运作机理时，触及外部性问题，所以除了继承斯密的“国家限制论”之外，其另一个观点是，国家在消除市场不均衡方面(外部性)应该履行不可替代的职能。

三、新制度经济学和公共选择经济学分析框架中的国家变量

关于国家起源的理论主要有两种：一种是契约论，另一种是掠夺或剥夺理论。新制度经济学将这两种理论有机地统一起来，认为国家带有契约和掠夺的双重性。一方面，国家具有契约属性，在新制度经济学看来，一个具有福利或效用最大化的统治者的国家模型有以下特征：(1) 国家为取得收入而以一组被称为“保护”与“公正”的服务作为交换；(2) 国家为使收入最大化而为每一个不同的集团设定不同的产权；(3) 面临其他国家或潜在统治者的竞争。另一方面，国家又具有“暴力潜能”，新制度经济学把国家看作在暴力方面具有比较优势的组织，“暴力潜能”类似于企业拥有资金、劳动力、技术等生产要素后所具有的“生产能力”，实质上也是一种资源。按照诺斯的国家暴力潜能分配论，若暴力潜能在公民之间进行平等分配，便产生了契约性国家；若这样的分配是不平等的，便产生了掠夺性国家。所以，当诺斯将国家视作一种具有不平等分配功能的暴力潜能组织时，是将国家看作一种外生于市场机制的力量；当他将国家看作一组交换的规则系统并且这种规则系统既约束他人又约束自身时，即暴力潜能能够在公民之间平等分配时，国家却是市场机制中的一个内生变量。

诺斯模型从交易费用角度来解释国家的起源，假定国家是一个获取利益最大化的经济组织，其产生纯粹是出于经济原因。

假定在某种经济中生产一种复合产品 Y，由私人企业提供。劳动力 L 和固定资本存量 K 是仅有的投入。投入-产出关系是传统的生产函数 $f(L, K)$。然而，该经济的产出结果还可以被第三个投入要素提高，我们称此投入为公共秩序 P(由产权体系所提供的服务)。只有国家能有效地提供公共秩序，并且政府工作人员 G 是唯一被使用的投入品。公共秩序的生产函数为 $P(G)$，一个社会由国家提供公共秩序，其总生产函数可表述为：

$$Y=f(L, K)P(G)$$

芬德雷和威尔逊(1984)假设同质劳动力的供给，H 是一常量，并且人们只在公共或私人两部门工作，这样我们得到：

$$H=L+G$$

因为劳动力总供给是一个常数 H，且 $G=H-L$，所以我们写成：$Y=y(G)$。

图 6-1 描述了 Y 与 G 之间的关系。该图显示公共部门扩张最初使国民收入 Y 增加，在经过某点后又使之降低。当公共部门就业水平为 g_1 时，即公共部门和私人部门的劳动者边际产量相等时，产量达到最大，即 y_1。

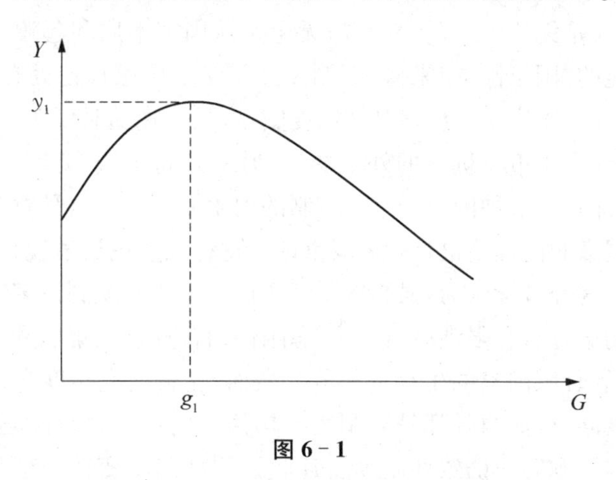

图 6-1

根据芬德雷和威尔逊模型，G 的水平将由一个公共目标决定。我们假定该目标包含在社会共有收入最大化这一目标之内，完成这一目标要求 $G=g_1$，但国家必须征税用以支付公共部门工作人员的工资。

诺斯对国家的定义为：一个在暴力方面有比较优势的组织，在扩大地理范围时，它的界限受其对选民征税权力的限制。

统治者提高垄断利润能力受三个因素约束：(1) 来自国内外的潜在竞争对手，即取决于统治者被替代的可能性；(2) 国家代理人的投机倾向，而国家又不得不雇用他们来提供公共服务和税收；(3) 各种度量成本，特别是度量税基的成本。

诺斯理论的中心论点是：统治者谋求自身利益最大化时要受到生存问题、代理问题及度量成本问题等的限制，因而它所采用的征税方法和建立起来的产权体系很可能会引致经济远离它的技术性生产边界。

从国家的职能上看，新制度经济学的国家理论集中体现在“国家悖论”上。诺斯的国家悖论实际上来源于其国家起源和本质的双重性理论，即国家既是契约性的又是掠夺性的。在诺斯看来，“国家悖论”表现在两个方面：一方面国家权力是保护个人权利的最有效的工具，没有国家就没有产权，国家具有巨大的规模经济效益，国家的出现及其存在的合理性也正是为了保护个人权利和节省交易费用的需要；从另一方面来看，国家权力又是个人权利的最大和最危险的侵害者，国家权力介入产权安排和产权交易，会对个人财产权利造成限制和侵害，造成所有权的残缺，导致无效的产权安排和经济衰落，因为国家权力不仅具有扩张的性质，而且其扩张总是依靠侵蚀个人权利实现的，在国家的权力面前，个人是无能为力的。所以，无论是从国家本质和起源的双重论，还是从国家职能的“国家悖论”来看，新制度经济学的国家理论处在一种矛盾统一体中。一方面，国家是一种强制性制度安排，是一种随时可能侵害市场的组织，即国家是外生于市场机制的外生变量；另一方面，国家又是一组交换的契约关系总和，即它是一种内生于市场机制的内生变量。从这种意义上说，新制度经济学的国家职能理论也是一种双重论。这种双重论还表现在其制度变迁模型中。新制度经济学认为，强制性制度变迁的有效性受到许多因素制约，主要有统治者的偏好和有限理性、意识形态刚性、官僚政治、集团利益冲突、社会科学知识的局限性、国家的生存危机等。然而，比较两类制度变迁的模式，可以发现一些共同点，如两者都是对制度不均衡点的反映，两者都遵循成本-收益比较的基本原则等。诱致性制度变迁和强制性制度变迁是相互联系、相互制约的，共同推动着社会制度变迁。从新制度经济学的制度变迁模型中，我们仍可以看出国家双重论的印痕：一方面在强制性制度变迁中，国家作为制度变迁主体，像诱致性制度变迁主体——个人一样，当制度不均衡时也会对获利机会做出反应，即进行成本-收益比较，从而发动制度变迁，即国家在提供制度安排时要受到制度变迁诸多条件的约束，从这种意义上说，国家是一个内生变量，它是内生于制度变迁的整个过程中的；另一方面，国家又是一种强制性制度安排，强制性制度变迁不同于诱致性制度变迁之处在于它通过国家法令、法律来强制实施，一旦人们把权利的垄断权，也就是确定和保护“所有权”的垄断权交给国家时，国家又变成一种具有强制力或暴力潜能的组织，这种国家组织一经产生可以不受制度变迁过程本身经济因素的制约，而受制于其他外在因素，如国家的生存危机或官僚政治等，即它是一种外生于制度变迁过程的外生变量。

在新制度经济学的经济增长理论方面，国家双重论同样存在，正是因为新制度经济学既将国家看作内生变量又将国家视作外生变量，所以，当它将国家视作外生变量时，总是倾向于将经济增长归因于国家在保护、界定和实施产权方面的职能。在解释“为什么首先实现现代意义上增长的是荷兰和英国，而不是法国和西班牙”时，诺斯的回答是，因为荷兰（前西班牙省份）和英国当时在确定制度和所有权体系——可以有效地发挥个人积极性，保证把资本和精力都用于对社会最有益的活动——方面是走在最前面的两个欧洲国家（诺斯，1981）。与此相同，当新制度经济学将国家看作内生变量时，又在交换契约关系中发现国家的暴力潜能会伤害经济效率和经济增长，此时它倾向于将经济增长的停滞归因于无效率产权。国家的产生被视为内生于整个社会经济契约关系，国家作为第三种当事人，可能会出于财政方面的需要去保护那种阻碍而不是促进经济增长的产权，国家与其他经济主体一样也有自身的利益目标，产权的改变取决于统治集团对现有的产权安排所带来的收益的事前估计与监察、执行权利结构的改变，以及成本和收益的事前或事后估计之间的相互关系。显然，国家也是一种内生于制度变迁和整个经济系统的内生性变量。

如果说新制度经济学将国家变量既当作内生变量又当作内生变量，那么，公共选择经济学则将国家变量仅仅当作内生变量来处理。公共选择理论将经济学中“经济人”的假设引进人们对政治行为的分析中。公共选择学派认为，政府行政部门与私人企业的区别不在于个人在其中的行为动机有所不同，而在于实现个人目标时所受到的制度约束在行政部门中要比私人企业中弱得多。政府是由人组成的，政府的行为规则是由人制定的，政府的行为也需要人去决策，而这些人不可避免地具有经济人特征。在公共选择经济学的投票理论、代议民主理论和利益集团理论中，都将国家变量看作整个经济政治生活中的内生变量来分析并阐述其国家理论。

四、博弈论中的国家理论

与古典、新古典经济学将国家视为外生变量的分析和新制度经济学将国家既视为内生变量又视为外生变量的“双重论”不同，博弈论在改写国家理论时与公共选择理论一样，仅仅将国家视为分析框架中的一个内生变量，只不过博弈论运用自己的分析框架来重新改写国家理论。

青木昌彦用关于博弈是怎样进行的共有信念来概括制度（青木昌彦，2001）。从博弈论的视野来观察国家，国家就可以被概括为“政治域”中一般政治交换博弈的多重稳定均衡,其中,政府和私人之间将达成某种秩序。这样,国家就不仅仅是一种政府组织或它所制定的制度的规则系统(可以被破坏或漠视),还是约束政府本身的秩序。它涉及私人和政府关于偏离均衡行为可能导致后果的稳定的集体信念,这种信念使得他们之间能够维系一种可预期的行为模式。在这种意义上,国家可视为内生性规范秩序的一个方面。我们将国家视为一种内生于整个规范秩序或视为一种均衡现象,显然有助于从比较的角度理解"经济域"国家和各种制度之间关系的性质以及政治经济现象的特征。青木昌彦还讨论了作为稳定博弈结果的三种国家元类型:民主型、剥夺型和勾结型国家。最一般的民主型国家,如果存在的话,对产权的自发秩序侵害最少,但这种民主型国家的出现不是自动的,即不能视为理所当然的事情。在民主型国家,政府遵循法律规则的一个源泉是交易者不具备垄断权力的竞争性市场;反之,以法治为基础的第三方治理机制可以扩大市场交换的域。勾结型国家是指政府与特定私人集团为了自身的利益相互勾结的状态,这种勾结有时可能是稳定的,有时可能是周期性震荡的。即使在20世纪,勾结型国家的某些方面依旧在经济中得以存续,干扰和阻碍着市场和经济的长期发展,但也有不少形式各异的国家演化出一些制度安排,克服和防止了勾结型国家的非对称性和掠夺性。温加斯特(Weingast, B.)用一个简单的政治交换博弈来说明这些国家元类型。假定它有两类参与者——政府及两个参与人 A 和 B;假定博弈只进行一次,而且个人之间不可能事前安排任何有效的私下支付(side payment)。如果 B 和 A 合作,共同抵制政府侵害的成本大于侵害本身导致的效率损失,这时 B 的最优策略是不合作,A 预期到这一点,其最优策略是默认政府侵权,以避免冲突成本,所以,因个人无法协调他们的抵制活动,策略组合{侵权,默认,默认}将成一次性博弈的纳什均衡结果。现假定博弈重复进行,由于静态纳什均衡也是重复博弈的一个解,因此,下述掠夺型国家(predatory state)可能成为自我实施的,即 A 和 B 总被政府选为侵权对象,两人慑于冲突成本均采取默认态度,结果每期都导致社会成本的增加。显然,从这个简单的模型中可以同样导出另外两种国家"元类型"。青木昌彦还讨论了一些国家形态:市场维护型联邦主义国家、自由民主型国家、社会民主社团主义国家、包容乡村的发展型国家和官僚多元主义国家等。

如果我们从博弈的角度来理解国家类型,实际上,也就在某种意义上理解了不同类型国家的起源。

假定国家有两类参与者——政府及两个参与人 A 和 B,如果政府能够将其作用限制在保护私人产权神圣不可侵犯，它可花费成本 $2t$ 做到这一点，$2t$ 必须向个人筹集。这样每个人可享受效用 Γ，但必须承担税收成本 t。当这种状态实现时，可称它为最小国家(Nozick, 1974)，也可称为守夜人国家(亚当·斯密《国富论》)。现假定政府能够超出最小国家限制而增进自身利益(如加固统治地位、积累和消费财富、设置多余官僚人员等)，为了获取 α 单位的额外收益，试图向某参与人如 A 增加税收，转移了他的一部分财富。两人为抵抗政府的这种侵权行为，可选择抵制或默认。

政府侵权时的博弈结果可由下图的支付矩阵表示：

	抵　制	默　认
抵　制	$2t-C,\ \Gamma-c,\ \Gamma-c$	$2t+\alpha,\ \Gamma-\alpha-c-\Delta,\ \Gamma-\Delta$
默　认		$2t+\alpha,\ \Gamma-\alpha-\Delta,\ \Gamma-\Delta$

矩阵每一个空格里第一、第二和第三个数分别代表政府、个人 A、个人 B 的报酬。每人抵制政府的成本为 c，它不依赖另一个人在抵制过程中是否合作。如果 B 与 A 合作，政府侵犯 A 的产权的企图注定要失败，政府因此承担巨额成本 C(如被赶下台)。但如果 B 不合作，A 单独抵制不能奏效，政府从 A 攫取 α 的额外收益的企图得逞。我们暂时假定政府的侵权行为对产权的安全性构成威胁，因而造成私人部分效率损失 2Δ，由 A 和 B 平均分摊。如果 A 不抵制，他能节省冲突成本 c，但每人仍然承受由政府侵权所引起的效率损失 Δ。

假设博弈只进行一次，而且个人之间不可能事前安排任何有效的私下支付。如果 $\Delta-c\leqslant 0$，也就是说，B 和 A 合作共同抵制政府侵权的成本大于侵权本身导致的效率损失，这时，B 的最优策略是不合作，保证 $\Gamma-\Delta\geqslant 0$，A 预期到这一点，其最优策略是默认政府侵权，以避免冲突成本 c。因个人无法协调他们的抵制活动，策略组合{侵权，默认，默认}将成为一次性博弈的纳什均衡结果。现假定博弈重复进行。由于静态纳什均衡同时也是重复博弈的一个解，因此，下述掠夺型国家可能成为自我实施的，即 A 或 B 总被政府选为侵权对象，两人考虑到冲突成本均采取默认态度，结果每期导致社会成本 2Δ。

假定 $\Delta-c>0$，即政府侵权导致效率损失大于 B 和 A 合作抵制的成本。在这种情况下，与 A 合作符合 B 自身利益。但是，如果 $\Delta-c<\alpha$，政府愿意向 B 支付(贿赂)s，其中 $\Delta-c\leqslant s<\alpha$，其福利状态可得到改进。这样一来，$B$ 不愿意和 A 合作，A 也不值得进行抵制。于是，策略组合{侵权和贿赂，默认，接

受贿赂并默认}就构成一次性博弈的纳什均衡结果,其中,报酬组合为{$2t+\alpha-s$,$\Gamma-\alpha-\Delta$,$\Gamma-\Delta+s$}。如果该结果在重复博弈中不断持续,那么,我们就称这种状态为勾结型国家。在勾结型国家,政府和 B 相互勾结,出于双方的共同利益对 A 的产权进行剥夺,导致社会成本 2Δ。

在上述两种情况中,A 和 B 未能就共同抵制政府的侵权行为达成一致,遭受了剥夺产权和损失社会效率的不利后果。那么,什么东西能够促成个人协同抵制侵权的行动自我实施呢?设想下列情形:在任何阶段博弈,政府都无法分辨 A 和 B,只能以同等概率随机选择一人作为侵权对象。下面我们陈述支持该假设的条件。我们暂时将注意力限于政府和个人关系不明朗的这种情况。假定政府侵犯 B 产权的阶段博弈的报酬结构和上述矩阵是对称的,考虑以下策略组合:(1) 政府总是随意侵犯某一个人,当且仅当 A 和(或)B 在过去从未抵制过政府的侵权行为;否则,它将尊重两人的私有产权。(2) 当政府侵权时,个人采取默认态度,当且仅当两人中有一人以前这么做过;否则,他们总是共同抵制政府的侵权行为。我们进一步假定,所有参与人除非观察到偏离上述策略的例外情形,否则均相信其他参与人一直并将继续采取上述策略。在这种策略组合下,显然,政府在任何阶段博弈都没有不尊重私有产权的动机,当且仅当共同抵制的威胁是可信的。所以,我们需要核实,任何个人在别人的产权受到侵犯时参与抵制活动是符合自身利益的。

考虑一下当政府侵犯另一个人的权利时某人决定偏离抵制策略。由于政府在未来时期以 1/2 的概率持续侵犯其中的一个人,不抵制的未来损失之和的现值为 $\dfrac{\delta(\alpha+2\Delta)}{2(1-\delta)}$,而抵制的现期成本为 $c-\Delta$。如果个人担心未来政府随机侵权的成本相对来说大于共同抵制的现期成本,那么,共同抵制的威胁就是可信的。该条件在下述情形将成立,即对于 $\Delta-c\leqslant 0$ 和当 $0<\Delta-c$ 时任何正数的δ,我们有 $\delta>\dfrac{2(c-\Delta)}{2c+\alpha}$。在此条件下,政府将自己限于保护和尊重私人产权符合其自身利益。我们将这种结果称为民主国家。在民主国家,政府对有限权力的承诺是可信的,因为一般认为,政府的任何侵权行为都将受到人们一致反对的惩罚,这里包括直接受害者和非受害者在内的所有人,而不论他们在其他方面的政治偏好有所不同。所以,如果 $\Delta-c\leqslant\alpha$,将存在多重子博弈精炼均衡。民主国家、掠夺型国家或勾结型国家一旦确立,就成为自我实施的。

运用博弈论分析工具描述不同类型国家产生,这有助于我们清楚地理解不同类型国家的行为方式,从而有助于我们进一步分析国家行为背后的经济利益基础。然而,这种分析的一个致命缺陷在于:它基于一种制度自然演进的理论,并未考虑建立在不同阶级基础上的国家性质有什么不同,也未能考虑不同国家代表不同阶级的利益,更不能理解国家的相对独立性和理性构建特性。国家并非普通的利益个体,其特殊性不仅表现在它是一种垄断性的和具有暴力潜能的组织,而且还在于它的性质的区分。国家一旦形成,便具有自身的行为逻辑。我们必须要注意国家性质的区分:国家是少数人的国家,还是大多数人的国家。

西方经济学用博弈论来改写国家理论,显然是将国家视为内生于博弈共有信念下的一个内生变量,即国家或政府是一个追求自身目标但又受到私人策略行为制约的策略参与人。国家对于制度变迁、经济运行和经济发展来说,显然不是既定的和外生的,在假定只有国家和个人两类参与人的博弈模型中,个人为了从事经济活动,需要对其私有产权进行保护,国家因为垄断了暴力手段,可以在一定条件下提供这种产权保护。保护成本将以个人纳税的方式支付,而且除非受到有效制约,政府潜在地具有侵犯某些人或所有人的产权的能力和动机,如征收高额税收、剥夺财产、过度发行货币等。可是,任何个人都无法凭借自身的力量有效地应付政府对权力的滥用。那么,在什么条件下以及怎样才能使国家愿意用受限制的权力保护私人产权这种想法成为自我实施的呢?因为规则可以被政府和私人更改和忽视,颁布的法律条文肯定不可能是问题的答案,尊重和保护产权必须符合政府和私人的自我利益。在博弈论视野下,两个参与人采取共同抵制的策略时,民主国家才可能出现;如果个人担心未来政府随机侵权的成本大于共同抵制的现期成本,那么,共同抵制的威胁就是可信的,在这种条件下,政府将自己限于保护和尊重私人产权符合其自身的利益。

从经济史和经济理论发展过程来看,西方经济学中国家理论的演变反映了市场经济制度的逐步成熟和市场运作机制对国家等政治领域的渗透,在一个成熟完善的市场经济社会,不仅政府是一个受到法治和诸多契约关系制约的政府,而且国家也是一个在界定和保护产权等方面能够促进经济效率提高和推动经济增长的国家;从经济学理论本身的发展来说,这种国家理论的演变说明了西方经济学分析范式的逐步成熟。在古典经济学时期,斯密为了构建经济自由主义理论,竭力抑制国家的作用,在斯密的理论中,国家是一个既定的外生变量,政府只是一个“守夜人”;在新古典经济学分析框架中,国家虽然也被视作一个既定的外生变量,但它却承认国家在解决外部性问题中的作用,即国家可以弥补市场经济的不足;在新制度经济学看来,国家的属性和职能都是双重的,当它将国家视作外生变量时,倾向于强调国家在保护产权等方面对经济增长的积极作用,当它将国家视作内生变量时,倾向于强调国家可能会有自身的利益目标,从而与市场中其他经济主体的利益目标出现矛盾,而国家对权力的滥用可能会损害经济效率和阻碍经济增长,公共选择理论将现代经济学引入对政治生活领域的分析,这理所当然就将国家仅仅看作内生变量。博弈论企图在市场和国家之间找出一个统一的分析框架。在博弈论分析结构中,国家只是一个内生变量,即国家被视作内生性规范秩序的一个方面,因为政府是一个既追求自身目标又受到私人策略行为制约的策略参与人。

五、社会主义经济理论中的国家理论

社会主义国家是一种新型的国家,它是在无产阶级取得政权之后,实行工农联盟的、建立在社会主义公有制基础上的国家。虽然这种国家会遵循上述国家的形式逻辑,但它显然具有自身的特征。其一,社会主义国家是代表大多数人利益的国家。其二,社会主义国家是具有明显理性构建特征的国家,它存在着关于未来社会理想和信念的追求。其三,社会主义国家与先进的政党组织相联系,从而在国家发展过程中,不仅存在着先进意识形态的指导,而且还存在着坚强的政治集团的领导。在某种意义上,国家的兴衰与政治集团的兴衰相联系。因此,社会主义国家的兴衰虽然需要遵循国家兴衰的一般逻辑,但确实存在着自身的轨迹。我们按照"一般与个别相结合"的思路来研究国家的兴衰逻辑,所采用的方法论基础是马克思历史唯物主义的分析框架,但在具体分析国家兴衰问题的过程中却不惮于使用各种现代分析工具。

国家兴衰研究既是一个重要的研究命题,又是一个复杂的研究命题。不同的学科从不同的视角来探索这一命题,即使在经济学学科领域内,不同的经济理论基于不同的分析范式也会对国家兴衰做出不同的解释。在西方经济学范式中,无论是新古典经济学,还是新制度经济学,无论是将国家作为外生变量,还是将国家作为内生变量,它们总是从"以私有制为基础的市场经济属性"的角度来研究国家对市场经济运行和发展的作用,并企图将国家理论统一纳入市场经济理论体系。政治经济学中的国家理论则是从"建立在特定经济基础之上的国家相对独立性"的角度来研究市场经济制度基础上的国家性质、功能、作用及其发展变化,始终将市场作为一种国家可以利用和驾驭的制度形式，并努力寻找国家与市场相结合的具体方式。

新古典经济学分析框架下的国家兴衰研究值得研究，这种研究基于新古典分析框架，并从这种分析框架出发通过寻找国家兴衰中的关键因素来展开对国家兴衰的研究。诺斯是从产权的角度来研究国家兴衰的，他强调产权在国家兴衰中的关键作用，但并未能真正理解国家对于经济发展的意义，只是得出一个所谓的"诺斯悖论"，即国家既可能促进经济增长，又可能阻碍经济增长。在诺斯看来，国家具有双重目标，即垄断利益集团租金最大化和社会产出最大化，而这双重目标并非总是一致的。因此，从国家兴衰的研究来说，诺斯的贡献在于提出问题，而并未能解决问题。诺斯的重要理论贡献①是将国家兴衰问题提出来并运用既定的分析框架整合产权、国家和意识形态。奥尔森同样也从新古典经济学分析框架出发，通过利益集团研究来揭示国家兴衰的原因，与诺斯一样，奥尔森对国家兴衰的研究也囿于新古典分析框架而未能深入下去，从"经济人"假定和成本-收入比较出发，奥尔森竟然得出"像国家行为这种集体行动难以成立"的结论。显然，奥尔森也注意到国家行动或集体行动自古以来都在现实中存在，所以不得不将其理论结论归结为，小集团比大集团更有活力，有选择性激励的集团比没有选择性激励的集团更具有竞争力。奥尔森后来又将国家衰落的原因归结为分利集团对经济增长的阻碍作用，所以，为了社会经济发展，必须限制分利集团的作用。换言之，奥尔森是从分利集团及其影响的角度来展开对国家兴衰原因的探究的②。实际上，作为特定生产力与生产关系相互作用产物的政治集团，尤其是居于支配地位的政治集团，是难以从个体利益的角度来加以深刻分析的，诺斯(D.North)和奥尔森(M.Olson)未能将国家兴衰问题的研究深入下去，未能清楚地揭示国家兴衰的轨迹，主要是由于他们未能走出他们所信奉的新古典经济学分析框架，他们的国家理论只是新古典经济学在国家兴衰研究领域的一次不成功的尝试而已。

国家的研究必须置于生产关系与生产力相互作用的总体框架下展开，如果单纯从个体之间的博弈逻辑来推导国家兴衰的逻辑，这种研究难免会陷入一种抽去历史内容的形式主义。在既定的制度结构条件下，运用现代微观经济学的均衡分析法和成本-收益分析法来研究国家和政治集团内部结构及其运作机理，是十分必要的。它将有助于我们从宏观和微观两个层次来理解国

① 道格拉斯·诺斯：《经济史中的结构与变迁》，上海三联书店 1998 年版。
② 曼库尔·奥尔森：《国家兴衰探源》，商务印书馆 1999 年版。

家兴衰，从而逐步形成国家兴衰的新解释框架。从中国的制度传统和经济发展的现实来看，国家主导型市场经济制度既是一种理性选择，也是一种历史的选择，从经济发展的动力机制来看，推动中国国家崛起的动力应该属于一种集体力，这种集体力既来源于市场经济制度所提供的竞争力和协作力，也来源于国家及其居于支配地位政治集团的组织力和引导力。国家作为上层建筑受制于经济基础，从历史唯物主义一般原理的角度看，国家作为上层建筑与经济基础之间存在相互作用。在中国社会主义现阶段的历史条件下，国家、政治集团对于国家兴衰具有主导的甚至是决定性的作用。

第二节　社会主义经济转型中政府行为规则的演变逻辑

一、问题的提出：政府行为规则为什么会改变

这里的政府行为规则可以视为政府在经济领域活动的准则。政府是一个排他性、独占性的科层组织结构，但政府权力具有强制性或暴力潜能。在一国经济增长中，无论是将政府看作一个外生变量，还是看作一个内生变量，政府的行为规则都不是一成不变的，政府是一个组织或规则系统，当然这种规则也是受到约束的。更进一步说，国家也不仅是一种政府组织或它所制定的规则系统，而且是约束政府本身的秩序。中国市场化改革，一方面，迫使政府不断地改变其行为规则，即在经济领域的活动规则；另一方面，政府自身也主动而适时地改变行为规则来适应经济转型的要求。政府行为规则不同于个人行为规则，一般来说，个人是行为规则的接受者，而政府是行为规则的提供者。两者的共同点在于，无论是政府还是个人，它们在经济领域都遵循利益最大化的原则，这是我们分析问题的前提。

政府行为规则可以看作两层博弈均衡稳定的结果。第一层是政府内部不同利益主体之间的博弈。政府实行什么样的行为规则，直接与政府自身利益有关，而政府是由不同利益主体的官员组成的，这个层次的博弈往往与政府自身的利益动机有关。第二层次的博弈是政府与私人之间的博弈，这个层次的博弈直接决定政府的行为规则，政府行为规则可以视作博弈均衡制度，而这种博弈均衡制度可以看作博弈过程内生稳定的结果。按照温加斯特(Weingast, 1993, 1995)的简单政治交换模型和青木昌彦(2001)的讨论，在博弈论的分析

结构中,政府只是一个追求自身目标但又受到私人策略行为制约的策略参与人。在这种情形下,政府行为规则改变即使有利于经济发展,但如果不利于政府利益,政府行为规则将不会轻易改变。考虑一下当政府侵犯另一个人的利益时某人决定偏离抵制策略,如果个人担心未来政府随机侵权的成本相对来说会大于共同抵制的现期成本,那么共同抵制的威胁就是可信的,在此条件下,政府将自己限于保护和尊重私人产权符合自身利益,这种政府将是民主型的,即政府对于有限权力的承诺是可信的,政府的约束行为也是可实施的。在这种情形下,如果政府行为规则改变有利于经济增长,从而也有利私人利益,但不利于政府利益,政府行为规则可能也会被迫改变。

在中国经济转型过程中,政府行为规则是如何发生改变的呢?考虑两种基本类型:(1)政府出于自身利益考虑主动改变行为规则,而这种行为规则的改变也恰恰符合私人的利益。这就是在历史上出现的统治集团主动“变法”行为,这种政府行为规则的改变,即使符合政府自身和私人的预期利益,但不一定符合某些中间利益集团或某些既得利益集团的利益,所以,不同利益集团之间的斗争成为政府行为规则能否改变的关键。(2)政府在各种约束条件下,被迫进行政府行为规则的变革,这种政府行为规则的改变既可能是政府在约束条件下理性的选择,也可能是公众或私人选择的结果,因为政府选择只有服从公众选择才可能继续维持其统治地位。

在讨论两种制度变迁模式——政府强制性制度变迁和需求诱致性制度变迁时,一个特别需要关注的问题是:不同利益主体(特别是政府和公众)之间预期利益的一致性,不同利益主体之间预期利益一致(如它们的预期收益均大于预期成本),此时,制度变迁或政府行为规则的变革成本最低。显然,不同利益主体之间存在预期一致性是偶然的,而预期利益的不一致则是常态。中国经济转型之初,由于共产党的领导和政府的绝对压制,不同利益主体的共同预期不是如何分配“存量蛋糕”,而是如何“做大蛋糕”,即他们均认为改革的预期收益大于预期成本,此时在存量分配上的不一致服从于增量增加的一致性——通过增量来获取更大的收益。假定体制变革因素与经济增长直接相关,则这种从“分蛋糕”的不一致(非预期一致性)到“做大蛋糕”的一致性(预期一致性)的转变可以看作“中国经济增长之谜”的一个合理解释。然而,在中国经济转型的中后期,即经济体制改革由“体制外”进入到“体制内”之后,还会产生“分蛋糕”的不一致性。其实,“做大蛋糕”的过程并未能从根本上解决“分蛋糕”本身的一致性,甚至还可能加剧这种不一致性,随着不同利益主体预期利益不一致性的累积，“分蛋糕”的不一致性未必服从于“做大蛋糕”的一致性。中国经济改革进入步履维艰阶段，中国经济能否获得持续快速增长，在很大程度上也取决于这种“不一致性”能否获得解决。

从政府行为规则的改变来说，随着这种“不一致性”的增强，政府行为规则的转变方式也进入第二个阶段：从主动改变规则阶段进入被迫改变规则阶段。

二、增量规则如何倒逼存量规则

（一）两种规则的差异

增量规则是指市场竞争规则，即中国体制外规则：个人或企业以追求收益最大化为目标在市场经济活动中应该遵循的游戏规则。存量规则是指传统国有企业的运行规则，即中国体制内规则：国有企业成为行政机构的附属物，它是一种经济运行和经济发展服从于政府权力的运作规则。增量规则与存量规则不同之处在于：第一，增量规则来源于市场规则，虽然目前中国的市场制度尚不完善，但体制外通行的仍是市场规则；存量规则来源于计划经济体制，其基本特征是通过政府权力来配置资源。第二，在增量规则领域，私有产权是其经济运行的主体；在增量规则领域，公有产权是其经济运行的主体。第三，增量规则是中国竞争性领域和行业的基本制度形式，存量规则是中国垄断性行业的基本制度形式。

（二）增量规则替代存量规则的若干种方式

1. 路径Ⅰ：政府权力的退出

政府权力从原来由政府管制或直接管理的领域退出。政府的管制压制了市场机制作用和企业的活力，从而最终降低政府预期收益。审批制度便是一种政府管制的方式，中国的审批制度是计划经济时代的产物，被政府当作配置资源的一种手段，并一直被沿用。虽然政府采用审批制度是为了解决重复建设、产业结构调整、减少投资项目的盲目性和资源浪费，但由于政府无法解决信息不完全和不对称问题，导致政府审批制度不仅未能解决重复建设和生产能力过剩等问题，反而压制了企业的活力和市场适应性。所以，政府在投资行为领域的一些退出是理性选择，政府要适应市场经济发展需要，改变传统行政审批制度。对由于市场机制不能调节好投资行为而需要政府控制或审批的领域，也应该使这种审批有法律和政策依据，尽量缩小审批范围，使审批仅仅成为一种辅助管理方式。对于企业投融资项目，除了环境保护等少数涉及社会和公众利益的事项需要继续审批外，应该采用项目登记制，投融资风险甚至重复建设问题理应交给市场机制去解决，风险自负，自我约束。政府从控制领域的退出虽然是政府基于管制的成本-收益比较之后做出的理性选择，但实际上这是体制外规则对体制内规则的压迫所致。政府权力的另一种退出表现在国有企业改制方面，国家为了提升对整个国有经济的控制力，被迫对国有经济实行战略性改组，一方面提高政府对国有资本的控制能力，另一方面对大量中小型国有企业通过拍卖、改组、兼并、租赁等方式实行改制，实际上是放弃这类国有企业、使这类国有企业民营化。这也是一种政府行为规则的被动改变，因为不这样做，政府将面临两个困境：一是由于政府控制的国有企业数量巨大，反而削弱政府对国有经济的控制力；二是国有企业特别是中小国有企业的亏损面增大也迫使政府放弃这类国有企业。政府权力从这类企业退出，使得这类企业开始服从于增量规则而不是存量规则。

2. 路径Ⅱ：不断被约束的政府权力

一般说来，政府权力受三种方式的约束：公众社会的约束，如舆论、媒体监督；投票规则约束，公众通过投票选举或改组政府；法治的约束，即政府不能凌驾于法律之上，必须在国家法律的框架下活动。在这方面，增量规则倒逼存量规则表现在三方面：第一，私人领域的合法权利抗拒着政府权力的干预。随着市场经济的发展和投资主体的多元化，个人合法选择权利已经从消费领域进入生产经营领域，当个人的合法经营权和其他产权被法律界定并受法律保护之后，政府权力干预不得不有所收敛。在股份制企业，政府股东必须要尊重私人股东的权利，并按照股权的大小分配权利，股权的多元化使得政府部门不能随意干预企业运作，从而不仅弱化了政府行政干预，也使得政府在经济领域同样需要遵循市场规则——增量规则。第二，增量规则进入部分管制领域。这也是政府规则让位于市场规则的重要表现，对于必须要由政府实行管制的公共服务领域，政府行为方式也要实行转换，可以在政府管制下尽可能引进市场机制或市场运作规则，如在自然垄断行业设立多家垄断企业以利于开展竞争，政府在提供公共产品时，可实行拍卖制等。政府在管制领域引入市场规则，不是放弃管制，而是为了更有效率地管制。但是，这种新管制方式与传统管制方式比较起来，实际上是增量规则倒逼存量规则的结果。第三，政府行为的程序化和法制化。计划经济体制下的政府行为规则是一种带有随意性的政府规则，进一步说，政府行为方式主要取决于政府主要官员的主观意志，新企业的设立、项目的上马以及某项规划的制定往往是政府官员“拍脑袋”的产物。

社会主义市场经济是一种法治经济,政府同样必须在国家法律的框架下活动。政府的任意权力引起人们对政府预期的不确定性,不利于经济发展,中国限制政府任意行使权力的法律欠缺,这里有两种情况,“一个是政府给经济人加过多的约束,一个是对政府的任意权力约束不够。它们都会干预有限政府的实现”①。一方面,约束经济人的法律过多会使政府干预有法律依据,这是阻碍市场经济发展的制度性障碍;另一方面,在中国经济转型中,约束政府任意权力的法律却不够,如果政府的行为存在一个法制的环境,就有认定的程序,法治中非常强调的程序的作用就是对政府任意权力的限制,政府行为必须遵循一定的规则,不能随便行事,调查程序、听证程序和决策程序都要有法可依。这样才能约束政府行政垄断权力,从而能够保障公平和透明决策等。政府行为程序化和法制化,并非是政府自身主动进行的变革,而是社会主义市场经济作为法治经济迫使政府采用这样一种行为规则。

3. 路径Ⅲ:政府干预经济方式和政府权力形式的转变

在计划经济体制下,政府干预经济的方式是直接干预,即按照行政管理方式来管理经济,这种管理方式已经被实践证明是低效率的,随着社会主义市场经济发展,政府管理经济方式已从直接管理为主转向间接管理为主。这种转变一方面体现了政府对市场规则的尊重和利用,另一方面更是表明增量规则迫使政府改变原来的行为方式,即增量规则倒逼和替代传统的政府行为规则。政府干预经济方式的改变并非是自愿和主动的,而是被迫的。一是作为增量的非国有经济、非公有制经济生长在市场经济环境中,它只遵守市场规则,是市场经济运行的独立经济实体,接受市场价格的引导而不是服从于政府的行政指令,“增量经济服从增量规则”,政府对经济干预只能通过经济杠杆的作用来引导市场,从而引导增量经济的发展;二是如果政府不改变管理经济方式即采用直接干预经济方式,不仅由于信息的不完全和不对称导致管理成本增高,也不利于经济增长特别是非公有制经济增长,从而最终降低政府的预期收益。

在经济转型中,政府权力由支配型向服务型转变经历一个渐进的过程,这是与社会主义市场经济逐步深入发展相适应的。计划经济是由政府统一配置资源的,而市场经济则是以市场为基础配置资源的,所以市场经济体制的建立和完善必然包括政府职能的转变,正是由于政府职能转变才导致政府权力由支配型向服务型转变。服务型政府的职能主要体现在国家的宏观经济政策方

① 钱颖一:《政府与法治》,载吴敬琏主编:《比较》第5期,第9页,中信出版社2003年版。

面,它包括制定国民经济发展的中长期规划和目标,推动宏观经济持续稳定增长;保证社会总供给和总需求的基本平衡,促进充分就业目标的实现;提供基础设施等公共产品,以此优化产业和产品结构;调节收入分配差距,发展和完善社会保障制度;制定统一的市场运行规则,维持竞争秩序等。政府职能转变和政府权力性质的转变并非是自动实现的,它与整个市场经济中增量规则的扩展密切相关。一个成熟的市场经济体制必然排斥政府权力对经济的直接干预,即排斥政府权力直接配置社会资源,政府只能充当一个为市场制定规则、保护产权和提供公共产品等服务型政府的角色。

三、从"做大蛋糕"到政府行为规则的棘轮效应

在增量规则倒逼存量规则的条件下,虽然也存在政府主动改变行为规则的情形,但政府行为规则的改变多是被迫进行的,并且具有不可逆性,即政府行为越来越多地遵守间接控制的规则而不是回转过来更多地遵守直接控制的规则,这种不可逆性或只向前、不向后的单向运动即是制度的棘轮效应(ratchet effect)[①]。在经济转型过程中,政府行为规则改变会越来越适应市场经济要求,而随着市场经济制度的逐步建立和完善,政府行为规则不仅不可能退回到计划经济时期作为独占一切领域和直接配置资源的制度形式,而且还会更加趋向成熟市场经济条件下的政府行为规则,这样就会出现政府行为规则的棘轮效应。

首先,不同利益主体预期共同"做大蛋糕"的行为启动了制度的棘轮效应。在中国经济转型之初,中央政府考虑的是如何促进经济增长,即通过"做大蛋糕"来摆脱当时的政治、经济危机,这种"做大蛋糕"的举措或经济改革的方式应该满足以下条件:一是经济改革不能动摇居于支配地位的政治集团的统治,所以,起初确定经济改革的性质是"社会主义制度的自我完善和发展";二是"分蛋糕"的矛盾要能通过"做蛋糕"的方式来解决,所以,中央提出"发展生产力是社会主义的根本任务";三是寻找一条成本低、风险小的改革路径。显然,放松管制,开放、搞活以及对企业的放权让利等改革措施能够满足以上条件。中央政府以"做大蛋糕"为预期启动了一系列制度变迁。农村的改革不仅实现了中央政府的预期,也实现了农民的预期;体制外经济增长不仅"做大了

① 在这里,作者借用现代宏观经济学中关于描述消费者行为理论的"棘轮效应"一词,旨在说明政府规则改变的单向前进的运动趋势。实际上,宏观经济学中的"棘轮效应"一词,也是一种譬喻性概念。棘轮机构原是一种机械装置,这种装置防止棘轮做反方向的运动而只做单向转动。

蛋糕”，还更加巩固了政权的基础；逐步放松管制或渐进式改革方式至少在短期内大大降低了改革的成本和风险。改革之初的政府主导型制度变迁保证了居于支配地位的政治集团的利益最大化。然而，中国经济改革和经济转型一旦启动，制度变迁就产生了不可逆性，并且使得这种转型逐步以市场为导向，最终加速度地趋向市场体制这个目标。显然，这种制度变迁的不可逆性是伴随着增量规则倒逼存量规则的过程而实现的。

其次，增量规则的信息机制和比较选择机制优于存量规则，从而不同利益主体制度变迁的预期收益大于预期成本，这是棘轮效应产生的动力机制。从某种意义上说，计划经济体制缺乏效率，其原因在于计划者不能获得充分而准确的必要信息，而在市场经济中，生产经营决策所需要的必要信息都集中在市场价格中了。当中国的经济转型启动之后，不论政府还是公众都发现通过市场获得信息的成本较低，在市场制度环境中，不同利益主体通过对每一项行动的比较选择能够实现收益最大化。中国采用渐进式改革方式也恰恰充分利用了这种信息识别、比较和选择机制。激进式改革将社会看作一种资源配置手段，设计了一个理想的配置体制并希望能够一步到位，在计划经济向市场经济过渡中，根据一个预定的时间表进行“一揽子”改革时，设计人和执行人同样面临信息不足的难题，而渐进式改革理论则将社会看作一种信息加工手段，认为社会的信息量有一个累积的过程，任何改革方案最初都是以旧体制下获得的信息为基础的(Mcnillan and Naubhton, 1992; Peter Murrel, 1994)。既然增量规则中的市场体制存在着较优的信息机制和比较选择机制，而且越是成熟完善的市场制度，这种信息机制和比较选择机制越能降低成本、增加收益，那么，政府和公众就没有理由去“逆向”选择制度、规则。就政府来说，逆向选择规则的成本会越来越高，而进一步推动向服务型、市场型政府行为规则转变的收益则越来越大。制度变迁或政府行为规则转变的棘轮效应不可避免地产生了。

最后，制度的互补性使政府行为规则处于“制度丛林”之中。这是政府行为规则棘轮效应产生的约束机制。按照青木昌彦的说法，经济体制是一个复杂的进化系统，其内部具有自我强化的机制，不同制度之间存在着互补性，互补性越强，改革的成本越高(青木昌彦等,1999)。虽然大规模经济改革的结果和过程会有很大的不确定性，制度变迁过程中还会产生各种各样的利益集团，给体制改革带来政治上的困难，但是只要整个制度环境存在市场制度趋向，处于此种“制度丛林”中的政府行为规则就存在着可逆性的约束机制。在一个经济中，一个制度的存在成为另一个制度存在的理由，我们称两者为制度上的互补关系，实际上，经济体制就是在这种制度互补关系中存在的一系列具体制度形成的复合性制度。如果这种整体的复合制度在某种动力机制推动下存在着市场化趋势，那么，通过“制度丛林”的约束，政府行为规则将产生一种棘轮效应。

如果我们将政府放松管制或放权让利的实质看作将剩余索取权和经营决策权从政府转向企业（张维迎，1999），那么，从现代产权理论角度来考察国有企业在收益分配上的演变，就可以清晰地看出，政府行为规则呈现出越来越适应市场经济要求的棘轮效应。根据《中国财政年鉴（2001）》披露，国家财政税收总额从 2 040.79 亿元增至 12 581.51 亿元，年均增长 12.89%；与此相比，同期的国有企业所得税从 595 084 亿元增至 827 041 亿，年均增长仅为2.21%，大大低于税收总额的增长速度。考察 1985 年至 2000 年期间国有企业所得税占财政税收总额的比重逐步减少（从 1985 年的 29.20% 降至 2000 年的 6.58%[①]），这反映了政府对国有经济的控制逐步减少，说明政府行为规则朝着越来越多地适应市场经济要求的方向演变而不是相反，如表 6－1 所示。

表 6－1　财政与国有企业之间收入分配关系的变化

年　份	国家财政收入总额（亿元）	各项税收收入总额（亿元）	企业收入（亿元）	企业亏损补贴（亿元）	国有企业所得税占财政税收总额比重（%）
1980	1 159.93	571.70	435.24		
1981	1 175.79	629.89	353.68		
1982	1 212.33	700.02	296.47		
1983	1 366.95	775.59	240.52		
1984	1 942.86	947.35	276.77		
1985	2 004.82	2 040.79	43.75	−507.02	29.20
1986	2 122.01	2 090.73	42.04	−324.78	28.48
1987	2 199.35	2 140.36	42.86	−376.43	26.33
1988	2 357.24	2 390.47	51.12	−446.46	23.88

① 这一组数字并非严格地逐年减少，这可能与国有企业的盈亏有关，但逐年下降的总趋势从一个侧面反映了国家对国有经济控制的减少，另一组企业亏损补贴的数字也只是一种趋势，从一个侧面说明国家财政与国有企业盈亏状况的疏离过程。从这种意义上说，政府行为规则的棘轮效应也只是从总趋势上说的，并非严格意义上的只做单向运动。

续 表

年 份	国家财政收入总额(亿元)	各项税收收入总额(亿元)	企业收入(亿元)	企业亏损补贴(亿元)	国有企业所得税占财政税收总额比重(%)
1989	2 664.90	2 727.40	63.60	−598.88	21.40
1990	2 937.10	2 821.86	78.30	−578.88	21.41
1991	3 149.48	2 990.17	74.69	−510.24	20.99
1992	3 483.37	3 296.91	59.97	−444.96	18.95
1993	4 348.95	4 255.30	49.49	−441.29	13.70
1994	5 218.10	5 126.88		−366.22	11.89
1995	6 442.20	6 038.04		−327.77	12.58
1996	7 407.99	6 909.82		−337.40	11.90
1997	8 651.14	8 234.04		−368.49	9.65
1998	9 875.95	9 262.80		333.49	8.03
1999	11 444.08	10 682.58		−290.03	5.98
2000	13 395.23	12 581 051.00		−278.78	6.58

资料来源:《中国财政年鉴(2001)》。

从中国经济转型的全过程来看,政府行为方式和行为规则的演变是以一种“半推半就”方式进行的,即这种演变方式是自愿发动和被迫改变相结合。在改革之初,这种演变以政府主动型为主,而在经济转型的中后期,政府行为规则的演变则是以被迫式为主。从政府自愿改变行为方式和行为规则角度来说,政治利益集团是出于预期收益大于预期成本的考虑;说政府行为方式和行为规则的改变是被迫进行的,这是因为一旦政府启动了制度变迁就会“身不由己”,因为政府行为规则被“嵌入”整个复合式制度变迁之中。政府行为方式和行为规则演变的逻辑包括动力机制和约束机制两个相互联系的方面。政府和公众以“做大蛋糕”的初始预期启动了制度变迁,不同利益主体对于制度变迁预期收益的一致性推动了制度变迁,增量规则中信息机制和比较选择机制的优势进一步加剧了这种预期收益,从而产生政府行为方式和行为规则演变的棘轮效应;处于“制度丛林”中的政府行为规则被整体制度环境的趋势所逼迫,其中特别重要的是增量规则倒逼存量规则,这种互补性制度环境的渐进式改革趋势和约束机制又使得政府行为规则的改变呈现出总体渐进演变的态势。

第三节　政府行为的边界

一、市场失灵与政府失灵

一般来说，政府不相信市场，是因为存在市场失灵，如市场不能有效地提供公共产品、公共资源过度使用、外部性负效应、信息不完全和信息不对称、竞争失败和垄断形成、失业问题、区域经济发展不协调，以及市场不能完全解决社会公平问题和自动保持宏观经济均衡等。市场也不相信政府，因为同样存在着政府失灵，如由于行为能力和其他客观因素制约，政府干预经济活动达不到预期目标；政府干预经济活动达到了预期目标，但效率低下，或者说成本昂贵，导致资源并未得到充分、有效的利用；政府干预经济活动达到了预期目标，也有较高的效率，但都带来不利的事先未曾预料到的副作用；某些外部性问题或国际性经济贸易问题，一国政府无力加以解决[①]。

政府与市场是一对天生的矛盾体，它们处于相互制约而又相互促进的过程中，显然，它们之间的相互联系也是客观存在的。一方面，市场中活动着的主体——企业内部是一种科层制组织结构，类似于政府；另一方面，政府内部政府官员的经济人倾向和属性也使得政治和政府运作具有某种市场的属性和机制。正是由于政府和市场之间存在着的这种内在逻辑联系，为公共选择经济学和计划经济学提供了滋生的土壤，在市场经济社会，公共选择经济学具有更多的支持者，但渗透于政府经济学中的计划经济学思想时有出现。虽然如此，这并非是政府与市场关系的主导方面，政府和市场关系的主导方面是它们的对立面，即政府与市场毕竟是两个具有不同性质和行动的主体，只有弄清了政府与市场之间的反抗与被反抗或者它们之间相互博弈关系，才能真正理解政府和市场的关系。换言之，政府和市场之间的监视和被监视的关系，才是政府和市场关系的真实含义。在这两者关系中，政府并非总是处于监视地位，而市场也并非总是处于被监视地位。只有在一个政府或计划处于绝对主导地位的社会，政府才总是处于监视者的地位，而市场则总是处于被监视者的地位；同样，在一个具有成熟市场经济体制的社会或者在一个自由竞争的市场经济社会，市场则处于一种监视者地位，而政府则处于一种被监视者地位。当政府

① 陈秀山：《政府失灵及其矫正》，《经济学家》1998年第1期。

与市场两者力量均衡时，两者则处于互为监视和被监视的位置。

那么，是什么决定着这两种力量的均衡呢？从最基本的意义上说，这是人类在经济发展过程中理性建构和自然演进内在倾向作用的结果，更进一步地说，这是人类理想与现实之间的矛盾在经济发展过程中的反映。然而，在具体的层面上，则往往是一些利益集团恰到好处地利用了人类的这两种天性而为自身谋利益，在这种意义上，究竟这两者力量均衡如何，就取决于人类天性对于建构和演进的偏好如何。显然这种偏好既取决于生存和财富对人类的诱惑，也取决于政府所灌输的意识形态的诱导。当政府干预能够更好地为某些利益集团特别是那些处于支配地位的利益集团的利益服务时，政府可通过自己掌握的资源来宣传政府干预有助于实现大多数人的理想，如经济增长、充分就业和收入分配更加公平等。反之，当市场自由竞争更有利于该利益集团时，政府往往宣称市场能够做大蛋糕、促进效率和机会均等。政府所推行的意识形态为什么能够诱导人们的偏好呢，这主要是由于人类理性的有限性以及在它们之间存在着的信息不对称。

抽象地研究政府或市场的单独力量是很难弄清两者之间的真正关系的，从一定意义上说，政府与市场之间关系的本质源于人类本性中那些互相矛盾的方面，一方面，人类企图通过理性构建的方式来解决社会经济运动和发展中和问题；另一方面，当人类的有限理性不能够解决这些问题时，人类又企图寻找人类本性相互作用的自然秩序，或者说将其解决方案交与一个“上帝”般存在着的自然逻辑，如斯密所谓的“看不见的手”。一方面，人类充分地认识到了自身的有限理性和智慧，准备听任自然规律或某种冥冥之中的“上帝”支配，也许顺应自然是最好的选择；另一方面，人类又不甘心这种被动式的生存和发展方式，人类作为万物之灵长的自负又推动着其安排社会经济生活的野心。一方面，人类是一个现实或世俗主义者；另一方面，人类又是理想主义或英雄主义者。所以，像斯密、奈特和哈耶克那样去谈论政府和市场（即一味地贬低政府、崇尚市场）是注定不全面的，同样像马克思和计划主义者那样“反市场”和夸大政府在社会经济生活中的作用也同样是偏颇的。必须将人类本性这两方面属性综合起来考察，并作为一种基本的假设前提，才能从根本上揭示政府与市场的真正关系和社会经济运动的一般规律性。因此，当我们将政府与市场的之间关系概括为监视和被监视恰恰是出于将两者作为人类两种不同本性的拟人化的思考或反射模型。与其说是这两者力量的均衡和非均衡的变换，不如说是人类两类本性随着不同环境和心理反射的结果，或者说是人类两种本性不断变化、此起彼伏的产物。

二、关于市场缺陷

社会经济运行和发展的现实状况是，当人类社会文明发展到一定阶段时，单纯的政府经济或单纯的市场经济是不存在的，政府经济和市场经济并存才是一般情形。一个普遍接受的观点是，确定市场作为人类社会经济运行和发展的基本机制，虽然如此，历史的经验证明，政府从来就未曾退出社会经济舞台中的主导角色，市场从来就是一个被政府利用的工具。以市场作为人类社会经济发展的基础，只是体现在以下三个方面：一是市场在资源配置中的基础性作用，这种作用也是被人类不断地规范着的；二是市场经济活动的领域被限制在一定的领域，政治和其他非经济领域不仅从来未曾消失过，甚至凌驾于市场之上独来独往，虽然其不能超越于市场，但却可以围绕它运转或适合其目的运转；第三，市场覆盖全社会的作用，或市场作为人类社会经济运行和发展立脚点的看法在很大程度上也是一种意识形态的导向和灌输，而非可能实现的概念模型。实际上，与“市场作为人类社会经济发展立脚点”观点相反的理论和主张也从未消失过，尤其是在发展中国家，政府经济的主张还相当流行，在这种理论中弥漫着政府推动经济运行和经济发展的理念，至少在他们看来，政府和市场谁能解决经济运行和经济发展还是一个悬而未决的问题，如果这种观点与社会主义的思想相结合，那么就成为“社会主义和资本主义谁战胜谁”的问题了。所以，无论是在理论或实践的意义上，市场作为人类社会经济运行和经济发展的基础作用都只是人类本性之中占据主导地位的一面，而并非全部。从政府的角度来看，市场不仅有部分缺陷甚至根本缺陷，而且也是不值得信任的。既然政府是人类本性的一个主观化身，那么其放大市场缺陷甚至对市场产生某种偏见则是难以避免的。当然，市场也同样会指出政府的致命的缺陷，并对政府在经济运行和经济发展中的作用充满着不信任。这两类信任危机均来自人类本性中不同方面的自相矛盾和冲突。

那么，政府放大市场的缺陷如何表现出来的呢？它会产生哪些后果呢？

首先，市场的盲目性极大地刺激着政府的理性。市场经济运行表面所表现出来的混乱和无序让具有建构能力和理性行为的政府感到不放心，确实，市场的盲目性可能会导致一种有序的均衡，但这种过程是会产生成本的，即市场往往在付出了昂贵的成本之后，才趋向一种有序的均衡，从而结束市场经济的盲目性状态，然而，作为一个社会政治经济秩序规定者和供给者的政府，一旦看到市场经济运行的盲目性之后，一个本能的反应是，不能让这种状况继续下去，加上市场经济运行和发展不确定性，政府所反映的人类的理性会不断地放大市场的缺陷，从而政府有理由出面干预经济。在这里的一个关键问题即是，政府如何看待市场的这种盲目性和无序状态，应该说，市场这种由无序到有序的过程是一种顺应自然的过程或者说是一种人类无所作为的无奈的过程，甚至充满着人类宿命论的色彩，政府对经济干预的理性反映实际上是对人类宿命行为和思想的一种反抗，政府对市场缺陷的放大也是人类自信和尊严的体现，人类理性建构应该能够做更多的事。人类历史的发展和社会经济发展过程的诸多经验事实也证明了人类自身创造历史和众多经济社会伟业的现实性和可能性。过去的历史和文化的传承性从内心深处激励着政府集团的创造欲望和勃勃雄心。在很多方面，人类的理性通过政府的作用能够很好地解决自然本身的无序性和盲目性，并为人类创造了福利，人类文明的发展历程恰恰是这样构建的。所以在这种意义，指责政府不相信市场，是由于自身的理性自负，并无道理，政府不相信市场是人类自身主观能动性的反映，从而也是人类两类本性中理想性和建构理性在社会经济领域内的一种合理而主动的表露和张扬。市场只是“上帝”或自然规律赐予人类的一件礼物，而政府所表现出来的人类主动性和构建行为显然不能够满足于这一件礼物，政府应该有更伟大的创造力。在这种意义上，政府不相信市场是有充足理由的。其次，市场的现实性和世俗性刺激着政府的理想主义。在某种意义上，现代化就是世俗化的论断是正确的，市场经济中的等价交换原则和消费者主权的地位使得一切理想主义和非理性行为、人情都会碰得头破血流，市场经济的这种世俗化是通过一种对人的异化或物化的方式来实现的，人类在市场经济的交往中，一切人与人之间的关系都变得间接了，即人与人关系被物化了，人们仿佛都隐藏在商品的背后通过交易的方式来进行交往，由于商品和货币的等值和可计算，人与之间的社会秩序被商品和财富之间交换的秩序所取代了，而商品和财富等物的交换则是一个斤斤计较和冷冰冰的过程和方式，从而社会经济生活的世俗化则难以避免了，然而人类的主动和创造性，特别是人类主宰一切的欲望、创造性的激情和英雄主义行为是很难被这种市场和物化的秩序所规范和束缚的，政府自然就成为人们摆脱这种规范和束缚的最好工具，因为政府往往能够超越市场的这些缺陷或片面性，当然，政府既可以成为一个社会理想的堡垒，也可以一个社会最现实和理性的场所，但无论如何，不论是民主的政府还是集权的政府，人们总会将与市场暴君相对抗而无助的希望寄托于政府，人们在谴责政府的种种暴力行为和腐败行为等不端行为时，往往忘记了无论是民主政府还是集权政府，都是他们自己自觉或不自觉选择的结果。政府是市场经济社会唯一一个可以公开和入世地承载人类理想的基石，正是因为如此，市场经济的现实性和世俗化恰恰挑起了政府举起理想主义的旗帜。人类理想主义和理性构建的愿望通过政府这种形式找到载体，所以，政府的反市场行为是具有深厚的人类本性根源的。一个经常出现的事实和质疑是，政府的这面旗帜可能会被一小部分人或政治利益集团所利用，是的，只要人类本性中尚存在着理想主义和制造构建的属性，只要市场自身的缺陷不能够根除，那么政府就不能够被其他形式的组织所替代，从而政府被某些利益集团所利用的情形就难以完全避免，问题在于如何寻找制约政府偏离公众目标的约束条件。以上的分析指向了如下一点：既然政府承载着人类的希望和理想，既然政府的产生来自人类的本性，既然政府是一个以自我为中心的主体，那么，它对自身肯定和对市场缺陷的放大则难以避免。最后，市场的平等性和自由性极大地刺激着政府的权威性。市场的交换通过物的形式表现为一种等价交换的平等关系，当然这种平等只是一种物的平等而人的真正平等，更谈不上人类的真正自由。经济自由主义者往往喜欢夸大市场的平等自由性，他们忘记了这种市场条件下的平等和自由也是一种既定条件和既定标准下的平行自由，并且，这种既定条件和既定标准下的平等和自由往往也是与人类真正自由平等的愿望相违背的，这就是人们在市场经济高度发达和物质财富充分涌流的社会中仍感到无助孤独和失去家园的内在原因。市场经济的这种平等性和自由性极大地挑战着政府所具有的权威形式，当然政府总是声称等级和权威是通向真正自由王国的必要手段和方式，即人类由必然王国走向自由王国的必要条件。应该指出的是，市场所给予人们的平等自由并非通过“自由放任”就可以获得，它也是人类通过不断努力、付出昂贵的成本之后，才能获得，并且这类自由平等的约束条件也是十分苛刻的，在一个市场和财富成为“暴君”的社会，内心的自由和幸福被大大打了折扣，收入分配的两极分化更是市场的“拿手好戏”，即真正的社会经济平等是难以获得的，而在一个充满自主性和理想色彩的政府来说，市场的这些缺陷是难以容忍的，所以政府在自己的运作过程中，尤其是在实现某种理想和终极关怀的过程中，不断地放大市场的缺陷是自然的。

显然，市场的缺陷被放大，除了其自身客观存在的致命缺陷，以及在一定意义上人类不能满足于顺应自然秩序等原因外，政府产生中的人类另一重本性，即人类创造性和追求理想等本性的不断被唤醒并且企图通过政府来实现这些创造性和理想也是极其重要的原因,而市场缺陷不断被放大,是政府不相信市场的一种反映,从而也是这种反映不断被加剧的原因所在。

三、政府的理性建构作用

政府在人类社会经济发展过程中,能够充分地体现人类的构建理性特性,这一点已经由哈耶克作了较充分的论证[①]。哈耶克将极权主义政府的产生归因于"人类理性的自负"。实际上,哈耶克的论述中充满着排斥人类构建理性和崇尚人类演进理性的逻辑。这是不够全面的,演进理性并非是十全十美的,建构理性也并非是靠不住的。实际上,在某种意义上,人类社会存在和发展的历史正是由人类自身构建的。所以,人类的演进理性和构建理性,进而人类的现实性和理想性,以及人类对自然秩序的顺从和挑战,创造性的产生、形成和破坏,均属于人类本性中的不同侧面。

从人类理性建构的角度来说,人们甚至认为社会制度也是可以设计的,虽然设计一种社会制度的想法会遭到很大的怀疑,但在逻辑上却是自洽的。霍尔瓦特[②]认为,工程师的任务是设计新机器,社会科学家不一样,没有人指望他们设计新社会,他的任务是批判地分析和解释社会,然而在逻辑上,这两种任务没有什么不同——只是设计新社会更困难而已。社会设计会影响人们的价值观念,而为了这些价值观念,人们愿意奋斗到死。社会理论不仅仅是设计的部分,它还是现实本身的一部分。

政府为什么会产生并被人们所依靠?不论是将其解释为博弈的产物还是将其解释为阶级斗争或者某种社会矛盾的产物,均未能从最根本意义上揭示其来源和基本特征。政府不能够被消灭以及人类总对政府抱有幻想和希望,或者说政府之所以会产生,其最根本的原因是来源于人类两种不同本性(构建和演进,现实和理想,顺从和创造,世俗主义和英雄主义)的矛盾和两个方面的统一。如果能够从这种意义上来理解市场的缺陷为什么会被放大,政府为什么会自负,才算触及了政府和市场关系的本质。

通过前面的论述,我们知道,放大市场缺陷的最重要的后果正是"政府的自负"。那么,政府的自负是如何表现出来的呢?它又会产生什么样的后果呢?

首先,政府推动经济运行和经济发展比市场更为直接。政府对经济干预

① 哈耶克:《致命的自负》,中国社会科学出版社 2000 年版;《通向奴役之路》,商务印书馆 1998 年版。
② 霍尔瓦特:《社会主义政治经济学:一种马克思主义的社会理论》,吉林人民出版社 2001 年版。

和对经济发展战略的制定和实施往往是直接的和看得见的，它不像市场那样往往通过迂回曲折的方式来推动经济运行和经济发展，并且在直接推动经济运行和经济发展过程中，政府所制定的目标和理想构成一种预期收益，这种预期由于有政府的担保而成为稳定的预期收益，从而政府推动经济运行和经济发展具有强大的号召力，甚至产生一种在短期内取代物质利益动力的精神动力。然而不能不承认，政府这种对经济运行和经济发展的推动带有强烈的构建和理想成分，如果这种理想和构建不能与现实社会经济世界相吻合，则会导致经济运行和经济发展的大破坏。

其次，政府将克服市场的侵蚀当作贯彻其指令和实现其目标的条件。政府要想在经济运行和经济发展过程中贯彻自己的意图，必须时刻克服市场对政府机体的侵蚀，因为如果听任市场对政府机体的侵蚀，则政府就会被逐步解体为市场的碎片。然而政府在其自身与市场的相互矛盾中为了不断地克服市场的侵蚀和增强自身的免疫能力，就需要增强自身的主观能动性和自信心，这种努力超过一定程度就会导致政府的自负。人性的弱点和环境的制约使人难以像“神”那样把握好这个“度”，所以，政府往往会陷入一种两难的境地，即政府越是想克服市场的缺陷，就越容易导致政府的自负，而如果政府听任市场对其机体的侵蚀，则就会失去自己而不能履行政府的职能。所以从这种意义上说，政府不断地反抗市场或不相信市场也是其自身生存和发展的需要。

最后，政府总想利用和驾驭市场，而市场常常让政府始料未及，如果政府的某种行为不能够试错，则政府的自负就会变成一种风险投资，甚至是一种盲动。应该说，虽然这也是政府不相信市场的行为和后果，但政府在这种情形下的自负也是一种被迫进行的选择。实际上，市场也具有自负性的一面，它总是绕过政府而寻找自身的路径和贯彻自身的规律性。在这方面，政府的自负主要表现在政府认为它总是能够利用和驾驭市场，或者政府仅仅将市场当作一种可资使用的工具，这种自负并未能理解政府和市场之间监视和被监视关系，实际上，政府也是一直处于一种被市场监视利用甚至瓦解的境地。权钱交易的寻租行为即是一种市场对政府的瓦解，它会改变政府的职能为市场主体所用，所以政府那种利用和驾驭市场为己所用的想法往往只是一厢情愿。

政府自负的产生并非像哈耶克所说的那样只是由于政府对自身理性有界性缺乏认识，从内在原因来说，政府自负产生来源于政府的理想主义精神和企图改造自然的强烈愿望；从外在原因来说，政府自负产生是其正常运作的必然产物，因为政府指令的下达和执行是直接的，其对经济运行和经济发展等的推动也是直接的，不仅如此，政府在其运作过程还会产生一种累积力量或加速力量，这种力量就是政府有一种不断利用、驱使甚至改变市场运行机制的趋势，这种趋势会自我增强。正因为如此，政府的运作具有一种经济的和非经济因素的激励机制，以及其运作和行为上的压力机制，从而使得政府在处理与市场关系方面总处于一种主导和优势地位，然而这种主导和优势地位并非注定会带来一种好的绩效和经济增长。当政府蓄意地破坏市场机制的作用时，往往会令政府的自负变成灾难。

从社会主义市场经济出发，作为“看得见的手”政府和作为“看不见的手”市场都在资源配置中起着重要作用。在社会主义市场经济中，政府的职能至少包括以下几个方面[①]：一是计划统筹。政府从社会的全局和长远利益出发，统筹兼顾各方面的关系，在全社会范围内对经济运行进行自觉的有计划的调节，代替自发的市场调节。二是宏观调节。政府对宏观经济运行中社会供求的矛盾运动进行调控，以实现社会供求在总量上和结构上保持基本平衡，为市场经济的运行创造稳定的宏观环境。三是市场监管。政府依法对市场主体及其行为进行监督和管理，维护公平竞争的秩序，为经济运行提供正常的市场环境。四是制度创新。政府通过自觉推进经济体制改革，培育市场体系和市场主体，建立和完善社会主义市场经济体制。五是公共服务。政府通过提供非营利性的公共产品和服务，满足社会的基本需求，弥补市场失灵。六是保障民生。政府以提高人民物质文化生活水平为目标，努力使全体人民学有所教、劳有所得、病有所医、老有所养、住有所居。七是国有资产管理。政府作为国有经济的所有者，代表全体人民对国有资产进行有效监管，保证国有资产的保值和增值，促进公有制与市场机制的有机结合。八是收入分配调节。政府对收入分配进行调节，实现共同富裕和效率与公平的统一

第四节　政府与市场各自的边界

以上对政府和市场的分析是基于对人性的双重假设而做出的，尽管这种双重假设更接近于经济真实和社会实践，然而对其进行分析则难于对人性的

① 张宇：《科学认识政府和市场的关系：社会主义市场经济的视角》，《光明日报》2013年6月7日。

理性人或经济人的单向假设，因为这种双重假设显然不利于贯彻某种自然逻辑的分析，更不利构建某种数学模型，进一步的分析也可以看到，困难之处也并不在于两重人性假设本身，而在于人性的理想主义和构建理性或者创造冲动的假设，因为你很难用一种简单化的方式来分析渗透在政府中的非理性行为，或者你几乎不可能对一种政府行为只作单纯的经济人分析。以往对政府和市场关系的分析仅仅停留在对政府和市场运动的表面描述上，并未能分析隐藏在政府与市场背后的真正原因，即人性的双重假设的合理性。既然我们已经弄清了政府与市场之间的监视与被监视的关系，以及政府放大市场缺陷和政府自负产生的真正原因来源于人类本性的双重属性，那么，对于如何让政府相信市场的问题则呈现出一种清晰的路径。

虽然当我们离开利益的分析来讲述政府和市场的关系显得有点荒诞不经，但当你明白了任何预期物质利益的获得也仅仅是为了满足人的需要，或者只是人的某种本性的一种表露和需求，那么，你就会认识到这种分析的合理性和深刻性了。以上已经阐述了政府不相信市场的原因，那么，要让政府相信市场就必须从以下两方面入手。

第一，政府的约束机制。虽然在不同的政府治理模式中，政府的约束机制不尽相同，但政府必须像一个人一样有所克制，这一点是相同的。从根本上说，政府的约束机制不仅仅是一种不同主体或不同个人之间相互牵制的格局和过程，而且也是单个人本性不同侧面和不同趋势力之间的制约过程，理性的构建过程只有理性的演进过程才能够扼制其自负性，而理性的演进过程只有加入理性的建构过程才能显示人类的创造性和理想；同样，人类既应该顺应市场经济的现实性趋势，也不应该完全听命于市场，而应该在遵循市场经济规律的基础上充分实现人的自由全面发展，并具有终极关怀的价值导向。从制度层面上来说，政府的约束机制不仅仅是不同理性个人之间博弈的均衡，而且也是人类自身根据社会经济形势的变化而相应设计的产物。在一个民主制的国家中，人们不应该太依赖于通过演进博弈而自然形成的制度结构，来源于人类本性缺陷的市场缺陷将会毁坏我们的生活本质，即市场本身会变成一个不易驾驭的“野马”或一个“暴君”；同样在一个集权制的国家，人们不能够依赖于人为构建出的制度，这种构建出的制度往往由于不能获人性方面的支持而变化一种僵化的制度，自然演进的制度仍不失为人类制度的基础，从某种意义上说，自然演进的制度渗透着更多的人性的基本趋势和力量。一个有效的政府约束机制必然不是某种集权制度，一个个人化的集权政府制度在一定时期内实际上是不存在真正现实有效的约束机制的，即使形式上存在着某种约束机制，也会由于倾向于主观建构的力量而附和集权制度，当然一个集权制度的理性构建力量也存在着上界，任何一个集权的政府也必须要考虑到人民的生存和发展问题，以及社会历史发展规律的制约。尽管如此，集权制政府的危害也是显而易见的，根据以上的分析，政府的自负存在着某种自我加强的趋势和力量，在特定的社会政治条件下，政府的自负可能会导致完全不顾市场的力量而自行其是，市场在政府的眼中变成了一种可以随意加以改变的“建筑物”或者是一个可以任意打扮的小姑娘。在那时，就不是所谓政府不相信市场的问题了，而极有可能演变成为“市场转化为政府的对立面”。所以，一个具有约束机制的政府制度在其基础层次上引入一些市场机制是必要的，即使在居于支配地位的政府利益集团中，通过市场演进而获得的制度的引入也有助于克服政府的自负，从而促使政府更多地相信市场机制的力量。一个政府制度基础上引入市场机制也有助于更全面地在政府制度中渗透人类本性的基础性支持。

第二，市场的“克制”。政府相信市场这个问题应该包括相互联系的两个方面，即政府的克制和市场的克制。人类在进入工业革命之后，市场大行其道的事实和行为后果业已受到过一些有识之士的批评，市场确实如同一位暴君一样取代了中世纪宗教的位置，而市场机制和科学技术的结合又使得这种“新宗教”变得无以替代，任何一个项目如果被认定是非科学的或者不能够取得市场的支持，则很难获得成功。显然，市场也是一柄双刃剑，它在充分发挥其优势的同时，也最大限度地暴露出市场的缺陷。如果市场不能够自我克制而在大行其道的同时不能够摈弃其致命的缺陷，则政府不相信市场就变得难以避免了。

市场的自我克制包括两个方面：市场内部本身存在着的相互制约的克制机制和通过政府外部力量作用而传递到市场内部的约束机制，即市场内部的克制机制和通过政府从外部传递过来的克制机制，简称“市场的第一种克制”和“市场的第二种克制”。

市场的第一种克制曾经由亚当·斯密做过精彩的阐述，他将其概括为“看不见的手原理”，这种市场克制又被哈耶克在更高的哲学意义上加以阐发，并经阿罗-德布鲁加以现代数学化的描述业已成为经典，然而，“市场的第二种克制”却较少被人们注意，只有凯恩斯等少数人对其有过服从其体系的阐述。首先，从根本上说“市场的第二种克制”来自人类两类本性的相互制约。市场机制得以运行是人类本性中的现实性和顺从自然性的反映，当不同经济人或理性人相互追求个人的利益时，就会在他们之间形成一种博弈关系，这种博弈所导致的均衡实际上是不同理性人之间形成了自制或约束的机制，即市场的第一种克制。同样，人类企图避免和改变市场机制的缺陷，这是人类本性中理想性和构建理性的反映，这种愿望和本性通过政府这个载体而发生作用，然而政府又不能不顾人类本性自然形成的秩序而任意地干预市场，所以政府就会通过适当的方式，如通过为市场制定规则和进行管制来干预市场，政府的这种干预本来是一种外部力量，但这种外部力量的作用会通过对市场的作用而传递到市场的内部，并在市场内部重新形成一种自我克制的机制，这就是第二种市场克制，这种市场克制是一种被人类改变过并且符合人类创造性和理想愿望的一种市场约束机制，从而也反映出人类创造性智慧和理想主义精神的力量，与第一种市场克制不同，这不是一种自然形成的内在克制机制，而是一种被人类通过政府而改造甚至创造出的满足于人类理想和创造欲望的一种克制或约束机制。其次，政府与市场间的传递机制——规则和管制。政府制定的市场游戏规则或有意进行的管制是一种特殊的“公共产品”，一项市场规则出台或进行的某种管制虽然要求参与者均要遵循和执行，但在实际上总是有利于一部分而不利另一部分人，即总会在有一部分人受损的情形下另一部分人得益，那么，政府通过改变市场机制作用的性质、方向和程度等来调整不同部分人群的利益关系，反过来当一个国家在经济增长和经济发展过程中出现了诸如收入差距过大、社会不公正以及失业率过高和环境污染等情形下，政府出于政治、社会等其他方面的考虑，就会通过调整市场运行机制来达此目的，即通过第二种市场克制来达到一些人类所需要追求的目标。这是一个相互作用的过程，从另一方面来看，政府之所以能够通过规则和管制来改变市场本来的克制机制而形成一种新的市场克制机制，就是由于政府的所提供的某种制度安排能够通过改变一部分人的利益而实现的。换言之，这是一个问题的两个方面。市场机制的改变会改变人们的利益关系，反之，人们利益关系的改变也会改变市场机制。

从以上的分析可能看出，市场的两种克制本身也折射出人类的两类本质属性，第一类市场克制反映出人类的现实的自然的本性，而第二类市场克制则反映出人类的理想的构建的属性。

第三，政府相信市场的区间。要想使政府相信市场，一方面政府本身要有约束机制，另一方面，市场本身同样也需要有约束机制，即两类市场克制。

那么，应该如何确定政府相信市场的程度或区间呢？显然政府相信市场是存在一个区间的，政府既不能过分依赖和相信市场，也不能过于自负而一点也不相信市场或将市场推向政府的对立面去。当我们说政府和市场是一种监视和被监视的关系时，实际上是指人类的两类本性在相互监视，或者说两者处于互不相信的境地。实际上，在这里存在着两个问题，即政府如何相信市场和市场如何相信政府。虽然我们难以从数量上准确确定政府相信市场或市场相信政府的上限和下限，但这种上限和下限确实是存在的。要想使政府更多地相信市场或要让市场更多地相信政府，首先，两者相互克制是必须的，这在上面我们已经做了阐述，其次，两者信息的沟通和协调也是必需的。政府和市场的沟通和协调包括政府制度的开放和富有弹性，信息的公开披露以及政府制度能够不断地随着市场的变化而做相应调整，以及市场的公开透明和能够对政府提供的制度安排做出积极有效反映，等等。很显然，一个神秘和僵化的政府是难以与市场沟通的，同样一个信息传递不充分和不成熟的市场体制也是难以对政府提供的制度安排做出有效而积极的反映。最后，政府的平等性和市场的平等性。市场本身就是自主、开放和平等的，但如何做到政府的平等性呢？政府的平等性是指政府在其运作过程中应该主动积极地引进市场化的操作方法，并使得政府的制度具有弹性，从而在政府制度的框架内存在着一种公平、公正、公开和平等的竞争环境。要想做到这一点，政府制度自身的不断改革应该是“政府相信市场”这一命题的题中应有之义。

以上从人类的两类本性论述了政府和市场关系的本质。众所周知，运用抽象的人性来论述社会经济问题历来被马克思主义学者诟病甚多，马克思主义认为不能够抽象地谈论人性，人总是处在一定的社会生产关系之中，即人的本质在于其社会性。然而，对于像政府和市场关系这样一类过于抽象的问题，不采用抽象的人性观点来分析之，是断然不能阐释两者关系的真正含义的。就如同我们不能轻易地否定新古典经济学关于经济人的抽象人性假设一样，关于政府和市场关系的两类人性假设也不能够一概被判为非科学，而且这种分析还可能是这种“不能证伪命题”的最有效研究方法。换言之，如果我们不从最基本的人性假设来论证政府和市场的关系，那么对此问题的研究倒反而只能停留在表面现象和具体问题的叙述上。从元经济学的角度来考察，这种分析不仅不会误入歧途，而且也是唯一正确的路径。

第五节　市场经济条件下的政府治理模式

一、不同的经济发展需要不同的政府模式

在不同的发展中国家，由于其经济发展基础，所处的经济发展阶段，面临的经济发展目标和不同的社会市场文化背景，经济发展的道路也多种多样。从一般意义上说，政府模式可分为专制型政府，集权型政府，市场型政府，政府主导型政府以及混合型政府。在市场经济国家，政府治理模式可分为以下四类：市场化政府，参与式政府，弹性化政府，解制型政府（B. Guy Peters，1996）。就中国经济转型时期的政府模式而言，应该采用一种弹性化政府治理模式。

在中国漫长的封建社会，政府权力对经济干预属于一种掠夺方式，无论国家或政府实行休养生息的政策，还是实行兴修水利鼓励移民的政策等，政府权力对经济的干预主要表现为政府权力如何方便地参与社会财富的分配和再分配，即掠夺财富。在中国的封建社会，无论是土地的所有和分配，还是工农商业的发展，都是在政府权力支配下进行的，公共对财产的所有权也是收益性的，而不是权益性的，甚至划分社会阶级结构的标准也是取决于公众与国家权力的关系，而不取决于其经济地位。（Karl Wittfogel，1981）在这里，这种东方专制型的政府模式是否取决于治水社会的国情，无关紧要，关键在于，在专制型政府模式中，经济完全从属于政治，一切经济发展的性质和轨迹都必须从这种政府权力的模式中去寻找。理论的研究和经验的数据甚至可以确定政府权力周期和经济发展周期之间的关系。这种专制型政府模式是由中国封建社会生产关系和政府权力利益集团的特征决定的（伍装，2002）。集权型政府是实行高度集中的计划经济体制的产物。在这种政府模式中，政府权力在整个社会经济资源配置中起基础性作用，政府机构也呈一种明显的等级制，整个社会仿佛就是一个特大型的企业，政府权力直接调拨物资，统一组织生产，实行统一的分配原则，国家下达指令性计划，每个生产单位只需根据这种指令完成或超额生产任务，然后统一分配消费品。集权型政府只在短暂历史上的少数几个国家的特定时期内出现过。它是由历史上少数几个国家在特定的历史条件下，采用一种纯粹运用权力来实行超常规经济发展所必需的。在政府主导型政府模式中，政府既通过转变职能等手段为市场经济的运行和发展服务，又在整个经济发展过程中扮演着主导推动该国经济发展的角色。在以政府为指导

的市场经济国家,政府利用某种经济发展契机,通过制定和实施某种经济发展战略,在这个过程中,政府灵活或有弹性地履行自己的双重职能。混合型政府模式是经济市场化国家某几种模式的变种。

在市场经济的时代和市场经济国家,市场化政府模式受到英美等国家的普遍青睐,这主要与英美等国所奉行的自由竞争市场经济制度有关;在这种政府模式中,尽量将政府企业化,尽可能地将市场运作机制引入政府模式中,其背后的经济学理论就是所谓新自由主义经济学(如公共选择经济学和新制度经济学),它对政府做经济人的假设,认为没有理由假定政府是公共利益的代表者,政府如同自由市场竞争中的经济人一样,也是追求自身利益或效用最大化者。在这种政府模式的背后,不仅蕴含着政府失灵,而且蕴含着政府无用的观点。在欧洲的发达资本主义国家,解制型政府模式(解除政府内部管制)和参与式政府模式较为盛行,这与这些国家推行福利国家和民主国家的政治经济政策有关。在这些国家存在着较多和较大的公共领域,社会福利化水平或程度也较高,与此同时,政府机构内部的官僚主义也较为严重,正是由于存在着这种与英美国家不同的市场经济制度,参与式政府模式和解制型政府模式在这些国家颇受青睐。弹性化政府理论主张虽然在上述一些国家也曾不断地被学者提及和宣传,但由于西方国家已经历几百年的市场经济运行和发展的历史,其经济政治制度均已形成一定的稳定性持久性,弹性政府模式较难在这些国家生根和发展,只是出现过部分发达资本主义国家在市场经济发展中不断地吸收弹性化政府模式的一些优点而进行少量的政府机构改革。弹性化政府模式却不断地受到一些新兴的工业化国家和众多发展中国家的青睐。应该说,在东亚经济崛起的过程中,弹性化政府模式起着相当重要的作用,东亚国家及时地把握了经济发展的契机,根据当时国内国际经济发展的实际情况,坚持并及时地调整经济发展战略并相应地改革政府机构,以适应这种不断变化着的经济发展形势的需要,成功地运用弹性化政府模式并通过政府主导型市场经济实现了高速的经济增长和迅速实现了经济现代化。

中国是一个经济转型期间的发展中国家,又正处于经济全球化的大背景下,政府在市场中的作用自不待多说,事实上,中国经济改革开放以来经济增长和经济发展都遵循着一种政府主导型以市场取向的经济发展之路。在这个过程中,虽然政府权力始终不愿放弃对经济运行和经济发展的各种方式的干预,但政府确也不断地根据生产力扩张和经济发展的需要和世界经济一体化的趋势而灵活或弹性化地作用于经济发展,或经济实行或放松政府管制或推行市场取向的改革或制定修正和实施国家发展战略，并不断适应性地改革政府模式，虽然政治改革或政府机构改革是一个缓慢而艰巨的痛苦过程，但中国通过探索逐渐确立一种适合自身经济发展的弹性化政府模式的方向是正确的。

二、弹性化政府模式的优势和劣势

什么是弹性化的政府模式？弹性化政府模式的基本特征是什么？在确立弹性化政府模式之前，这一个首先要弄清的问题。弹性化政府模式与公共部门管理模式是不同，它是指政府及其机构在法制的基础上有能力根据环境的变化制定相应的政策，而不是用固定的方法回应新的挑战（B. Guy Peters, 1996）。实际上，弹性化政府是指一种遵循一定政府机构运作规律的灵活的适应性的政府。首先，弹性化政府并非是人为地随意地处理和干预经济活动，由于政府活动总有一定的规律性，所以不论如何，政府机构的运作和政府干预经济的范围和方式总是遵守一些基本原则。如效率和公平原则等。弹性化政府不是一个随意的政府，而是一个有一定基本规则、遵守纪律而又变化的政府。一般说来，只有在一个极度专制的政府，才会出现随着独裁者的主观意愿变化而变化的政府运作机制和行为方式。其次，弹性化政府的运行机制和行为方式总是以问题为导向，它根据政府所面对的经济政治社会文化等环境的变化而采用相应的政府措施，它的基本策略是“随机应变”。正是由于其“随机应变”，弹性化政府与其他类型的政府治理模式相比，具有更强的生命力。实际上，政府本身以及政府所面对的环境是不断变化的，一个政府如果过于强调其稳定性持久性，政府的运作机制和行为总是遵循长久以来形成的既定规则，虽然其成本也许是较低的，但其效率和效益可能也是较低的。因为政府的这种运作机制和行为方式极易变成一种僵化的和腐朽的，不能很好地适应所处社会经济环境变化的要求。最后，弹性化政府不存在一个抽象的固定模式，它总指在特定社会经济环境下的灵活应对挑战的政府。虽然在政府行为本身和政治与经济的相互关系上，有一些必须遵守的基本规则，但由于弹性化政府总是不断地面对新情况新问题，不断寻找解决这种新情况新问题的办法，并根据能否公正有效地解决这些新情况新问题而改变政府的运作机制和行为方式，所以难以存在一个固定不变的抽象的弹性化政府治理模式。基于弹性化政府模式所具有的以上一些基本特征，从而与其他类型的政府治理模式相比，该种政府治理模式即存在着其特有的一些劣势和优势。

弹性化政府治理模式的劣势包括：第一，弹性化政府可能会失去一些必要的约束机制。弹性化政府随机应变地处理不断变化环境所带来的问题正是其优势所在，但如果弄不好，这种优势又会变成一种劣势。在政府经济人的假设条件下，政府作为一个权力利益集团可能会为以自身的私利，以政府运作机制和行为方式灵活适应形势变化需要为借口，实际上努力使政府的运作机制和行为方式更有利于为政府官员自身谋取利益，而且真正地采用弹性化政府治理模式来克服全体国民所面临的危机和为全体国民提供福利。虽然本书不完全赞同政府经济人假设前提，但政府治理模式在运行过程中，确也不排除在缺乏必要的约束机制的条件下，存在一些政府权力寻租现象，而弹性化政府模式却恰恰为这种权力寻租提供了有利的环境。从这种意义上说，反腐倡廉是弹性化政府治理模式中的一个长期任务和永恒的主题。第二，弹性政府模式运行的绝对成本可能较高。在弹性化政府模式中，由于不存在一套可资利用的既定规则和经验，在很多情形下，一切都从头开始，这种抛弃了“路径依赖”的政府运行方式，显然大大提高了其绝对成本；为了应付新出现的许多问题，政府规模也存在着扩大的趋势，这也提高了其绝对运行成本。然而，与其他类型政府治理模式相比，弹性化政府模式的相对运行成本不一定较高。因为弹性化政府虽然在初期要投入大量的运作成本，为了应付许多例外情况也必须付出一些额外成本，但由于弹性化政府能够迅速有效地解决所面临的问题和往往能够成功地实施某种经济发展战略，所以其所带来的收益也较高，而且其最有利于培育经济发展发展的契机和制造经济发展的奇迹。总体看来，弹性化政府治理模式的成本不一定高于其他政府治理模式的成本，在成功的弹性治理政府模式下，其相对成本较低，或者说弹性化政府治理模式的运行成本的总成本反而更低。第三，弹性化政府治理模式具有决策风险性。弹性化政府在其运行过程所遇到的新问题多且面临着大量的未知因素，即存在着严重的信息不完全和信息不对称，政府又不断地面对着大量的决策选择，特别是在政府企图制定和实施某种国家经济发展战略时，其决策风险会更大。在一定意义上，弹性化政府模式的风险产生于这种治理模式中人的主观能动性，而其所处环境的不确定性更加剧了这种风险。所以，为了降低弹性化政府模式的风险性，所以，政府在决策时要深入地开展调查研究，在充分掌握信息的基础上按照科学的决策程序进行决策，同时也要不断地提高决策者的素质和决策能力。按照风险与收益相对称的原则，正是由于弹性政府治理模式的高风险性，才使得弹性化政府往往具有高的收益回报。对于一个处于严峻挑战或者说机遇与挑战并存的国家来说，由于弹性化政府模式能够迅速摆脱危机和在短期内取得迅速经济增长和经济发展。在这种意义上，一些发展中国家往往偏爱这种有“弹性的”弹性政府治理模式。

与以上所述的弹性化政府模式的劣势并存，其显而易见的优势正是该种政府模式经常被发展中国家所青睐的主要原因。第一，弹性政府模式的应变能力。弹性化政府的主要优势就在于其对社会经济文化等环境的变化和挑战有很好的应变能力，它以问题为导向，根据所面临问题的性质条件和特点来制定相应的策略，并相应改善政府机构和行为方式，以适应这种挑战的需要。在一个社会经济体制结构不断变化和世界经济一体化的背景下，弹性化政府治理模式能够较好地发挥优势，中国在经济改革过程中提出“摸着石头过河”的改革思路，在某种意义上，就反映了应采用弹性化政府模式的理论和政策主张。当然，在一国经济改革和经济发展的不同阶段，政府治理模式就应作相应的调整，在一个经济变革或经济转型时期，就需要弹性程度较大的政府治理模式，以适应这种迅速变化的社会经济环境的挑战；在一个具有成熟市场经济体制和社会结构较为稳定的背景下，就需要相应采用弹性化程度较小的政府治理模式，这主要是由于政府的运行机制和许多行为方式都可以采用“按章办事”的原则，反之，则只能是“重新开始”制定规范实施和检验经济运行和经济发展的规则和制度安排。第二，弹性化政府治理模式有利于一国经济的超常规发展。如果一国属于常规经济发展模式，则由于其渐进式和非跳跃性的特点，决定了其政府治理模式的固定性和常规性。一般来说，在经济市场化和经济全球化的社会，一个采用超常规经济发展战略的国家往往采用政府主导型市场经济模式；而一个采用常规经济发展战略的国家往往采用非政府主导型或完全市场化经济模式。超常规经济发展需要政府制定和实施一种超常规的经济发展战略，在这个经济发展过程中，政府需要不断地面临和解决发展过程中出现的新情况和新问题。一个僵化的政府治理模式显然是不能适应这种要求的，一般地说，超常规经济发展道路不能照搬照抄别的国家经济发展模式，在经济跳跃式发展过程中，政府必须创造性地利用市场经济来推动经济增长和经济发展，一个弹性化政府模式的灵活适应性正好能够满足这种生产力的急剧扩张和经济的迅速发展。第三，弹性化政府治理模式可能的高绩效。与弹性化政府高风险相适应，弹性化政府治理模式有利于培育经济发展契机和制造经济奇迹的特性即意味着该种模式可能的高绩效。对于一个处于经济转型中的发展中国家来说，市场化政府模式和参与型政府模式由于其分化的政府权力，由于其对整个国民经济发展失去应有的控制力（这对于一个经济转型中的发展中国家来说，可能是绝对必要的），可能极易导致经济和社会的动荡，从而中断经济发展过程甚至葬送经济发展的成果；而解制型政府模式除了在适当的发展阶段适合政府职能的转变之外，与弹性化政府模式相比，也不能完全满足发展中国家超常规经济发展的需要，在发展中国家的超常规经济发展中，政府权力对经济发展的推动作用往往决定着经济发展契机的形成和经济奇迹的出现，在这个过程中，有时需要政府权力对经济的直接干预，以使经济发展的道路和目标适应某种超常规经济发展战略的需要；有时政府权力对经济采用隐性干预的方式，主要通过规范市场经济运行规则和保障市场经济正常运行来促进经济的超常规发展。由于在超常规经济发展中政府的主导作用，使得一个弹性化的政府更易于应付经济发展过程中出现的“超常规”的问题，并可以通过政府的能动作用有意培养和创造有利环境以形成经济发展契机，进而促进经济奇迹的发生。

三、弹性化政府与弹性化经济发展

经济发展过程也并非总是遵循一个固定不变的线性轨迹，它常常是一个弹性化的发展过程，经济发展的周期性和政府利益集团的惯性以及众多不确定性因素的干扰都有可能打乱或中止一国经济发展过程，甚至使一国经济发展出现停滞和倒退；而如果由于资本积累生产力的急剧扩张以及科学技术革命等因素的作用或者是有利的国际经济环境的出现等原因，也可能会导致一国经济在短期内的迅速增长和社会经济跳跃式的发展。在一国经济平稳发展阶段，需要一个稳定和持久的政府机构和正常的行为方式；在一国经济发展的停滞和危机阶段，需要一个具有强有力政府权力干预经济的政府治理模式；在一个经济发展的跳跃式阶段，需要一个有能力的政府或者说能更好地发挥政府作为的政府治理模式。所以，一个弹性化的政府治理模式恰恰能够适应弹性化的经济发展需要。

首先，弹性化政府的扩张力与弹性化经济发展的扩张力相适应。在一国经济发展的扩张阶段，大量先进的科学技术不断地运用到生产过程中，资本积累迅速增加，经济增长率迅速提高，与此同时政府要不断地为科学技术在生产中运用和生产力的急剧扩张服务，政府要主动地规范经济运行过程中的市场经济秩序和游戏规则，不断地创造公平有利的市场竞争环境，在经济基础上层建筑和意识形态等方面推动一国经济增长和经济发展。弹性化政府的扩张力并非一定是指政府规模的扩大，而是指政府适应经济发展需要能力的增加，弹性化政府的扩张能力与弹性化经济发展的扩张能力相适应主要表现在以下方面：第一，弹性化政府的调控能力能较好地适应经济的跳跃式发展在资本积累上的需要。在经济跳跃式发展时期，政府通过财政和货币等方面的宏观经济政策能灵活有效地促进经济的跳跃式发展，由于在弹性化政府治理模式下，政府权力对经济的显性干预和隐性干预具有较大的扩张性，从而能够很好地适应跳跃式经济发展在资本积累方面的需要。经济跳跃式发展需要大量的资本积累支持，这里也包括人力资本积累，一个弹性化政府恰好可以通过大量的公共投资支出和政府财政转移支付以及加大科技教育的投入等方面支持，来满足跳跃式经济发展在资本积累扩张上的需求。第二，弹性化政府的扩张能力能较好地适应跳跃式经济发展在技术扩张上的需要。经济跳跃式发展需要不断的技术进步和技术革新的支撑。特别是重大技术革命已成为推动经济跳跃式发展的杠杆。一个弹性化的政府模式可以在推动企业技术进步和加大在科学技术基础研究领域的投入等方面发挥重要作用，生产技术的扩张有赖于一些基础性前沿科学领域的重要突破，而这些科学领域的进展具有投资规模大和风险性高等特点，而弹性化政府的扩张能力恰恰可以在这些方面加大重点领域的投入推动其迅速扩张。科学技术的发明创造等方面在不同经济发展时期具有很大的不确定性，弹性化政府模式的扩张能力正好能满足科技进步和科技革命在这方面的要求。第三，弹性化政府的扩张能力能较好地满足跳跃式经济发展在产业结构调整和实施战略性贸易政策等方面的扩张需要。当今发展中国家的超常规经济发展处于世界经济一体的背景下，在不同的经济发展阶段，为了实现经济扩张式发展，产业结构的调整和战略性贸易政策的实施在很大程度上依赖于政府在其中的主导作用，有时需要政府权力在这方面更强的显性干预以保护民族工业和维护国家利益，有时需要政府采用更多的权力隐性干预方式，以更好地发挥市场机制对资源配置的基础性作用，从而更好地利用国内和国外两种资源。

其次，弹性化政府的启动能力与经济发展的复苏阶段的启动。一般来说，经济发展中的周期性是难以避免的。当一国经济发展进入经济危机的萧条阶段时，弹性政府处理经济危机的能力正好能够有力地推动经济发展对于经济萧条的克服。在经济萧条阶段，工厂银行纷纷倒闭，大量工人失业，银根紧缩，金融证券市场动荡，对于这种情形，凯恩斯主义和新凯恩斯主义历来都倡导国家对经济的干预。实际上，在经济萧条阶段，政府不仅仅要对付经济危机，而且还要对付社会危机。在经济方面，政府可以通过增加公共投资的投入和政府转移支付方式以及降低利率和发行货币等方式来克服经济危机，一个弹性化政府在制定和执行宏观经济政策方面具有更大的灵活性。在社会政治方面，工人失业等所带来的社会政治动荡可能会导致经济发展的中止甚至经济崩溃，这些都需要政府及时地采用灵活的社会政治措施以处理各阶级各阶层之间的矛盾，减缓市场与社会的冲突。实际上，对付经济危机的策略应包括经济和社会政治两方面，宏观经济政策方面的措施有利于通过政府的作用在经济制度经济运行和经济增长等方面推动经济复苏；在社会政治措施方面，政府通过权力干预可以为经济制度改革经济运行机制和经济增长创造良好的社会环境，维持社会政治的稳定，一个由经济危机所触发的社会政治动荡的社会环境是谈不上走出经济危机的萧条阶段，从而推动经济复苏的。一个处于经济平稳增长时期的政府治理模式显然不同于一个处于经济危机阶段的政府治理模式，一个弹性化的政府模式既能够在经济平稳增长期间发挥政府在规范经济规则和创造良好竞争环境等方面的作用，又能够在经济危机时期发挥政府权力作为一个内生变量干预经济过程以推动经济复苏的作用，以及政府权威在处理社会阶级阶层结构矛盾以维护社会稳定和经济增长良好社会环境方面的作用。只有一个弹性化的政府治理模式才能不断地变换角色适应经济萧条阶段向经济复苏阶段的过渡。

最后，弹性化政府模式有利于应付一国经济发展中出现的意外事件。一国经济发展中，常常会面临意外事件的冲击，这种意外事件的冲击可能来自经济方面，也可能来自灾害方面或者是来自政治方面。一个弹性化的政府能够很好地适应于处理这些意外事件。重大的灾害事件显然会打乱经济发展的进程，一些灾害事件如某些自然灾害事件可能会对扩大需求有作用，但过度的灾害事件会减缓经济发展的步伐，一些人为的灾害事件甚至会破坏社会的稳定和安全，在这种意义上，弹性化政府模式就能够发挥其政府权力对于恢复生产和弥补灾害损失以及维护社会稳定和安全等方面不可替代的作用；政治上的意外事件则更是可能中止和摧毁一国经济发展，特别是对于发展中国家来说，政治的动荡往往会逆转和葬送经济发展的成果，而一个弹性化政府却可以灵活适应这种挑战，在处理政治危机和维持社会经济稳定等方面发挥作用。经济上的意外事件包括国外市场对国内市场的冲击和全球性危机金融危机风暴等的影响，面对这些意外的经济事件，弹性化政府模式更有利于发挥政府权力的权威和主导作用，运用政府的力量解决这些意外经济事件给正常经济运行和经济发展造成的困难。

四、中国政府治理模式的基本特征

确立中国政府的治理模式，首先必须要弄清中国政府所处的社会政治经济背景以及政府所面临的主要任务。中国确立以代表最广大人民根本利益的共产党领导的社会主义国家的基本性质，在经济上表现为以公有制为主体和以国有经济为主导的地位，就目前来说，中国正处于经济转轨期间，政府所面临的主要任务除了维护政权稳定社会健康发展之外，还有经济建设和经济发展，而推动经济发展和实现经济现代化又逐渐成为政府的中心任务。

中国未来政府治理模式的基本特征有以下几个方面：第一，弹性化的政府。中国是一个发展中国家，弹性化政府更适合中国在短期内迅速实现经济现代化。在短期内迅速实现现代化就意味着必须采用超常规的经济发展战略，所以弹性化的政府治理模式是中国政府治理模式的最佳选择。弹性化政府不是一个规模庞大的政府，而是一个精干而有效率的政府，弹性化政府也不是一个集权的政府，而是一个能充分适应市场经济运行和发展的政府，它既能做到统一领导，又能做到分工合理。弹性化政府的两个基本方面是，一方面是它的科学性，即无论机构设置运行机制还是政府行为方式都具有科学合理性；另一方面是它的适应性和灵活性，即该政府能根据社会政治经济环境的变化很好地适应所面临的一个又一个挑战。就经济转型期间的中国政府来说，主要存在着政府规模庞大，机构臃肿且设置不科学以及运转不灵等问题。所以要通过改革，一方面要使其变成一个精简统一效能的政府，另一方面又要增加政府灵活运转以适应世界经济一体化和经济超常规发展的要求。第二，有能力的权威核心。弹性化的政府必须是一个有能力的权威核心。政府能力主要表现在决策能力宏观调控能力和协调能力等方面，而且构成这种政府能力的机构还必须有一个权威的核心，政府能力是保证一个政府有很好适应能力的基础，而需要一个政府权威核心则是由多种因素决定的。中国传统文化是一种以集体主义和爱国主义为其特征的文化精神，在政治上，中国具有长期的集权主义的政治遗产，在经济上，中国确立了以公有制为主体，以国有经济为主导的经济制度结构。有能力的权威核心不仅有利于中国社会经济稳定发展，形成一个众望所归的政府权力机构，而且有利于在面对国内外政治经济挑战时中国政府能很好地维护国家利益并战胜种种危机，从而争取一种对自身有利的国际政治经济新秩序。实际上，在世界经济一体化过程中，那种经济自由主义的论调背后隐藏着某经济霸权。只有一个有能力的政府权威核心才能够既维护国家主权和国家经济利益,又能够充分利用世界范围内经济资源和发挥自身的比较优势。第三,符合现代市场经济发展要求的政府职能机构。经济增长和经济发展是中国政府干预经济的主题,政府今后的主要任务应是以经济建设为核心,所以政府职能机构的设置必须要满足现代经济发展的要求,现代化经济发展必须以发达的市场经济为基础,一般地说,政府对经济的调控以间接调控为主,政府要将更多的精力放在规范市场经济秩序和为市场公平竞争创造良好的环境上来,即使是在一个政府主导型市场经济社会,即使在一个采用超常规经济发展战略的国家,政府也必须充分发挥市场的作用,尽量让市场在整个社会经济资源配置中起基础性作用,要尽量减少政府权力对经济的显性干预,特别在是世界经济一体化过程中,政府权力对经济干预职能也受到了很大的限制,政府权力对经济干预更多地体现在协调民间部门之间的联系上,而不是简单地采用政府替代市场办法来解决市场失灵问题。政府职能机构的设置必须要满足这些要求,在中国经济转型期间,政府职能的这种转变势在必行,其中心内容就在于如何将政府机构从原来为政治服务为主转变成为现代经济发展服务为主,从政府职能机构为封闭的国内市场服务为主转变成为国内和国外两个市场服务为主。政府职能的转变必须使政府权力既能维护国家主权和国家经济利益,又能与国际市场接轨从而能充分地利用国际分工好处,发挥自身的比较优势,并逐步提高国家的综合竞争力和核心竞争力。第四,平衡公平与效率的权力中心。中国是一个发展中的社会主义国家,正确地处理公平和效率的关系将是一个永恒的主题。虽然需要遵循公平与效率关系的一般原理,但实际上,在经济发展的不同阶段,权衡公平和效率的标准各有不同,在经济发展的初期阶段,经济增长率低,经济落后,人民生活水平低,经济效率问题就显著地摆在政府面前,这时应实行效率优先兼顾公平的原则,随着经济的不断发展,经济增长率和经济发展水平迅速提高,人民初步摆脱了贫穷落后的局面,但社会收益分配差距逐渐扩大,突破了基尼系数所能容忍的程度,贫富差距的扩大显然不利于社会政治稳定,那么,在经济发展的这个阶段,应提出效率与公平同等看待的原则。政府如何正确处理公平-效率关系应根据一国经济发展的不同阶段的具体需要来决定,但政府在正确处理公平与效率上的平衡器的作用是不可替代的。

值得指出的是,首先,在中国未来政府治理模式中,提倡弹性化政府治理模式,并不认为弹性化政府与其他政府治理模式相比天生就是一种优越的政府模式，而是从中国具体国情和所处的政治经济社会文化以及经济转轨期间的背景出发得出的结论。其次，在中国政府采用弹性化政府治理模式时，特别要注意防止这种弹性化政府所可能导致的集权化的倾向。既然在弹性化政府治理模式中，政府要随机应变处置众多重大而棘手的问题，它需要一个权威的核心及其核心人物，在这种情形下，往往会出现在处理非常事务时的政府权威机构或中心会在平稳发展期间继续留置，从而逐渐形成集权化的政府机构，因为这种集权化政府符合政府利益集团中少数人利益而并非是经济发展的客观需要。最后，在这里过多地强调了中国在制定和实施超常规经济发展战略过程中，政府作为一个公共利益代表者的身份，特别是强调其公众长远利益和根本利益代表者的角色。实际上，在很多情形下，政府官员经济人的假定也是符合实际的，换言之，在中国经济超常规发展过程中，要时刻警惕和防止权力寻租等政府失灵现象的发生，这种努力可能要伴随中国经济发展的全过程。

第六节　社会主义国家的宏观调控

一般地说，经济学上的宏观调控是由经济学家约翰·梅纳德·凯恩斯创立，是国家综合运用各种手段对国民经济进行的一种调节与控制。市场经济中的宏观调控是不同于计划经济中的国家干预的。市场经济中的宏观调控是在市场基础上的调控，而计划经济中的国家干预则是指令性计划的直接干预，两者的体制基础不同。

国家宏观调控是指政府对国民经济的总体管理，它是一个国家的政府特别是中央政府的经济职能，它是国家在经济运行中，为了促进市场发育、规范市场运行，对社会经济总体的调节与控制。宏观调控的过程是国家依据市场经济的一系列规律，实现总量平衡，保持国民经济持续、稳定、协调增长，而对货币收支总量、财政收支总量、外汇收支总量和主要物资供求的调节与控制的过程。国家宏观调控是国家或政府运用各种调节手段和调节机制，实现资源的优化配置，为微观经济运行提供良性的宏观环境，从而使市场经济得到正常运行和均衡发展的过程。

在社会主义市场经济条件下，政府的主要职能表现在经济调节、市场监管、社会管理和公共服务四个方面。社会主义国家宏观调控手段主要包括经济手段、法律手段和行政手段，而经济手段主要包括财政政策和货币政策。社会主义国家宏观调控的目标主要是保持经济总量平衡、抑制通货膨胀、促进经济结构优化、实现可持续发展、保持经济稳定增长、维持国际收支平衡,具体还包括促进经济健康增长、增加就业、稳定物价等。国家宏观调控目标的四个方面是相互联系、相互制约、相互促进的关系。只有综合运用各种宏观调控手段,统筹安排,才能实现国民经济又好又快发展。

中国社会主义国家经济调节思想经历了一个由经济(计划)控制向经济调节的演变过程[①]。在传统中央集权的计划经济体制下,国家对经济活动进行直接控制,国家是资源配置中心、生产调度中心、价格制定中心、消费配送中心,政府的触角伸向四面八方,无所不能、无所不在。社会主义市场经济的发展,则要求市场在资源配置中发挥基础性作用,国家对经济的调节方式由直接控制向间接调节转变。国家经济调节的目的是为社会主义市场经济的运行创造一个良好的外部环境,为市场、企业及公民等提供服务。在社会主义市场经济条件下,政府的职能是有限的,管理方式必须由直接控制和指挥经济变成为经济主体提供服务,管理的目的在于纠正"市场失灵",在于弥补"市场缺陷"。只有这样,才能保证社会经济持续快速协调健康的发展。在社会主义市场经济条件下,与国家(政府)的两大经济职能(宏观经济调控职能与微观经济管理职能)相对应,国家经济调节可以分为两个层次。从宏观层次上来说,中央政府作为具有象征意义的国家的代表,利用一定的宏观经济政策,借助于一系列诸如财政收支、利率、汇率、货币及信贷供给等宏观经济参数,间接影响或调节微观经济主体的行为,以实现社会总供给与总需求的基本平衡,这就是宏观层次的国家经济调节——宏观调控的基本内涵:从微观层次来说,国家经济调节主要指政府的微观规制(或称为微观管制),是指政府针对微观经济层次上的市场失灵(垄断、外部性、信息不对称等)而制定的公共政策和行政法律制度,是政府为了维护公共利益,依据一定的法律法规限制市场中特定微观经济主体的活动。微观规制的目的是为了维护正常的市场经济秩序,提高资源配置效率,增进社会福利水平。国家宏观调控的作用对象是国民经济运行中的经济总量,而微观规制的作用对象是微观经济主体。前者作用在宏观层次,后者作用在微观层次。宏观调控是政府在宏观经济领域的经济职能,是现代市场经济条件下国家调节或干预经济的特定方式,它是市场经济运行(总供给与总需求)的非均衡性所内在决定的;而微观规制则是政府在微观经济领域的经济

① 昌忠泽:《国家调节经济方式的转变与新取向的选择》,《南开经济研究》2008年第6期。

职能，它是由市场机制本身的缺陷（市场失灵）所决定的。宏观调控并不直接对资源配置发生作用，而是通过提供良好的外部环境为资源配置服务；微观规制则能直接对资源配置发生作用，如通过对垄断企业的干预限制垄断企业的发展规模。宏观调控的目标是要实现经济的持续稳定发展，促进社会总供给和总需求的基本平衡；而微观规制的目标是促进公平竞争（如限制垄断），防止和缓解经济发展中各种社会问题的产生（如外部性导致的环境污染问题、消费者权益受到侵害问题等）。

国家经济调节与市场机制之间的关系是互补关系而非替代关系，两者的作用范围仅限于市场经济领域；国家经济调节方式的转变实质上是从经济控制走向经济调节的过程，宏观调控与微观规制是经济调节的两个重要方面；在经济全球化与全球经济失衡和调整的背景下，国家经济调节方式也日益国际化。

宏观调控这一经济职能并不是与国家共生的，而是在经济发展到一定阶段后才出现的，在自给自足的自然经济的历史长河中，单个经济之间缺乏联系，没能形成彼此互相影响、互相牵制的社会总体经济，因而不存在宏观调控的必要性。宏观调控作为经济发展的客观要求，是以生产高度发展、存在广泛社会分工的社会化大生产的社会为前提的，是以商品经济获得相当充分的发展为前提的。宏观调控的对象范围是宏观经济运行中的经济总量，是总供给和总需求对总量的调节，有可能对不同行业、部门产生程度不同的影响，但是，它的目的并不是针对某些行业或部门，并不是要支持或抑制某些产业的发展。宏观调控的目的是促进总需求和总供给的基本平衡，以保证现有资源得到充分利用。至于这些资源如何按社会的需要分配于各个生产部门，则是由市场来调节，宏观调控并不是代替市场调节的资源配置方式，而只是为市场对资源的优化配置创建必要的条件①。在国家宏观调控过程中，要逐步实现调控目标和政策手段的机制化②。这包括宏观调控决策机制的建立和完善，调控目标确定和排序的机制化安排，是调控政策手段搭配的机制化安排，政策工具选择的机制化安排，以及政策传导渠道的建立和完善。为此，面对宏观调控决策机制面临加强协调的要求，要处理好相机抉择与规则的关系，针对经济结构调整优化的压力更大的情况，要求宏观调控处理好总量平衡与结构优化的关系，基于

① 汤在新：《宏观调控与国家干预》，《当代经济研究》2000 年第 4 期。
② 国家发改委经济研究所课题组：《宏观调控目标和政策手段机制化研究》，《经济研究参考》2014 年第 7 期。

宏观经济面临的内外失衡形势可能更加复杂，要求提升宏观调控应对开放条件下经济失衡的能力，处理好内部平衡与外部平衡的关系，在采用财政政策和货币政策时，要求宏观调控更加注重价格杠杆的运用，处理数量与价格的关系，针对宏观调控面临强化传导机制的要求，要处理好宏观决策环节与中观传导环节的关系。通过健全宏观调控决策机制化的法律保障通过对目标排序及其调整进行机制化安排、加强宏观调控目标与中长期发展目标的衔接、提高目标值设定的科学性以及兼顾内部均衡与外部均衡目标，形成宏观调控目标体系的机制化安排。通过进一步完善财政政策和货币政策间的协调搭配，以及探索其他政策手段与财政货币政策的协调搭配，形成宏观调控政策手段协调搭配的机制化安排。通过形成自动稳定器作用、合理定位行政手段以及提高政策工具运用的精细化程度，形成宏观调控政策工具运用的机制化安排。通过加快推进市场化改革，以及调整中央与地方政府间关系，理顺宏观调控传导机制。

第七节 宏观经济政策问题

一、财政货币政策配合与宏观经济稳定[①]

国内外学者对政府支出对货币政策的影响渠道和实际冲击进行了大量研究。一般认为，政府支出主要通过两条渠道影响货币政策。直接渠道：如果家庭部门和企业根据短期情况决定自己的支出水平，那么当前税收就会影响总需求，从而影响货币政策的有效性；扩张性的财政政策还会形成投资性支出，改变货币供应量，进而影响货币政策有效性。间接渠道：财政政策会影响利率变动，从而间接影响货币政策效率。

目前我国宏观调控体系中，财政政策发挥着主要的作用，货币政策作为配合政策出现。在经济出现下滑态势时，财政政策能够在短期内增加产出，带动经济增长。但同时应该看到的是，由于政府支出多用于国有企业，其对民间投资和消费的挤出效应是很明显的，因此单纯依靠政府支出并不能带来经济持续长期的增长，经济的长期增长主要依靠民间投资增长以及消费的增加。货币政策能够在较长的时期内带动产出的增加，同时宽松的货币政策带来的利

---

① 曹星：《财政货币政策配合效应与宏观经济稳定》，《山东财政学院学报》2013年第1期。

率的下降，能够有效刺激民间投资的增长。因此，宏观调控应该更加注重两种政策的协调配合。在现有的经济体制下，财政政策对货币政策具有非常明显的影响，相应的，货币政策的有效性和独立性都大大降低；相反，货币政策变动对财政政策的影响则相对微弱得多。这既反映了我国财政支配体制的主要特征，也同时表明增强货币政策独立性已非常必要。

从中长期以及经济结构调整的角度看，要保证我国宏观经济增长的持久性，仅仅依靠政府主导行为显然是不够的。虽然扩大政府支出是短期避免经济下滑的必然选择，但这种短期内强力拉动经济增长的政策具有不可持续性。而随着我国资本市场的进一步发展，金融体制的不断完善，货币政策在影响总需求方面的作用日益明显，并且金融国际化步伐加快、国际贸易和国际资金进出规模增长迅速，也要求我国必须重新审视货币政策的地位和作用，以适应新的国际经济环境和中国经济面临的全球化问题。为此，我国有必要在提高货币政策独立性、加强财政货币政策协调配合的问题上加快改革步伐。完善宏观调控体系，从政策制定、实施等方面入手，提高货币政策独立性，减轻财政政策对货币政策的影响。应当创造一个稳定的金融环境，进一步完善市场经济，加快利率的市场化改革步伐，避免为追求短期利益而牺牲货币政策独立性的行为，达到稳定物价水平，促进经济持续、健康、稳定增长的最终目标。应当从体制上完善货币政策体系，消除事实上存在的外汇占款、财政直接投资行为对货币供给的倒逼机制，降低货币供给的内生性，提高货币政策有效性。货币当局必须重视政策协调，充分估计到财政政策对主要经济变量的影响，合理制定货币政策，维持经济稳定增长。在当前条件下，如果忽视财政政策的影响，货币当局就难以调节货币供应量，无法实现货币政策目标。应当适时、适度地提高人民币汇率制度的弹性，阻隔国际贸易顺差对我国货币供应量的影响，提高货币政策独立运作的空间。

二、财政、货币、产业政策配合与宏观调控

从经济发展进程的角度进行思考，从中国近现代经济发展的历程看，作为后发国家，政府在工业化启动和现代经济体系形成中居于发起者、组织者的地位，政府对经济进行宏观干预是非常自然的。在这种背景下，随着经济体制改革，政府逐步解除对经济的一般干预，同时又保留对战略领域的干预，产业政策便大行其道。中国作为后发国家，其工业水平、产业竞争力难以和发达国家抗衡，需要政府保护与扶植，也是产业政策广泛运用的重要原因。即便是在现

阶段，中国工业规模已经很庞大，但从自主创新能力、国际竞争力、企业国际化经营水平等方面看仍难以称为工业强国，中国在全球产业链条中仍处于中下游。中国自身的“二元经济结构”、地域间的巨大差异、工业化进程中的“外部性问题”，从国家利益与国家经济安全角度出发，不得不在政府层面进行的国际博弈，仅仅依靠市场是难以调节的。政府在工业化阶段的历史使命仍未完成。因此，产业政策仍是政府介入经济发展具体进程的“抓手”，也是各级政府在失去指令性计划之后，仍然能够借重干预经济的、尚具有一定“合法性”的“抓手”。如果说后发国家政府采用产业政策进行经济宏观调节具有强烈的“国家战略需求”牵引，那么发达国家实际也一直在进行经济宏观调节（尤其应对危机），把产业政策与财政、货币政策结合起来，就更加发人深省了。实际上自罗斯福“新政”以来，西方国家在每次经济危机、经济周期低谷时，都是财政、货币政策与产业政策并用的。世界主要的经济体都以为经济发展打造所期望的总体结构和方向为目标的战略性产业政策为指导。尽管美国回避一个正式的经济战略，以及任何类型明确的产业政策，但我们是有类似的政策的。实际上我们无法回避这些政策。在全球金融危机中，美日欧推出的挽救经济的政策中都有产业政策，不过他们没有将其称为“产业政策”，其政策也不具有中国产业政策所具有的力度罢了。美国政府向福特、日产以及加州电动汽车制造商提供了数十亿美元低息贷款，生产新一代电动车和其他低能耗汽车，国家财政投入三大汽车公司控制大部分股份。实际上也是把财政政策、货币政策与产业政策结合起来，应对金融危机。经过此次全球金融危机，发达国家政府认识到实体经济是经济繁荣的基础。多数国家应对全球经济危机的政策举措中，前沿科技创新与产业发展受到高度重视。重视实体经济，通过产业政策振兴实体经济，回归制造业，成为发达国家宏观经济政策的主要趋向。既然发展中国家、发达国家都如此重视产业政策，那么产业政策存在和被广泛运用的原因一定存在于经济发展内部，与经济发展规律有较大的契合度。从历史角度看，大经济危机总是促使落后产业、落后产能、落后工艺装备、落后产品加速淘汰，促进了产业结构调整，加速推动新产业、新产品、新企业的诞生。从经济发展的中长周期（尤其是康德拉捷夫周期）看，尤其如此。在创新大量涌现阶段，需要政府通过产业政策，做出一系列政策、制度安排，以保证新技术发明投入获得足够回报与激励，承担产业化初期的风险。从这一角度看，产业政策的使用，与产业兴替内在规律是吻合的；产业政策与财政政策、货币政策相比，更加重要；产业政策参与经济宏观调节具有长期的合理性。

从经济理论视角分析，马克思主义经济学认为，经济周期、经济危机出现的主要问题是，资本为追求高额利润盲目生产，广大生产者处于被剥削的地位，消费能力低下，导致生产相对过剩。西方主流经济学派之一凯恩斯学派认为，经济宏观调节、经济危机遇到的主要问题是，由于边际消费倾向递减，资本边际效率递减，存在着所谓"流动性陷阱"，因而导致生产过剩，市场需求不足。为解决经济危机，应对经济周期，西方主流经济学开出的药方是，通过财政、货币政策，增加总需求。第二次世界大战以来在发达国家进行的广泛政策实践证明，仅仅依靠财政、货币政策是难以进行有效的经济调节的。值得思考的是，无论马克思主义经济学，还是西方主流经济学派之一凯恩斯学派，都认为解决生产过剩、实现经济总体均衡，是解决经济危机、调节经济周期的总体目标。马克思主义经济学认为，通过剥夺资本获得高额利润的权力（改变生产资料所有制），通过两大部类产业均衡发展，使劳动者获得与其付出劳动相匹配的劳动报酬，从而释放消费力，可以使经济发展摆脱经济周期的大起大落。凯恩斯经济学则认为，通过政府介入投资，增加货币供应量，增加就业，扩大消费，从而实现总供给与总需求的平衡，可以避免危机。两者的共同点是：都承认政府干预经济周期宏观调节是必要的；承认市场自身调节的失灵；寻求经济的均衡发展。两者的不同点是：马克思主义经济学提出了通过调整所有制、产业结构，来获得经济的均衡发展；凯恩斯主义经济学则主张通过财政、货币政策实现经济均衡。显然，凯恩斯主义经济学的政策着眼点是，政府干预下实现经济短期均衡，不涉及经济深层矛盾的调节。凯恩斯主义经济学强调以财政政策和金融政策为主要手段，其潜在前提是市场能够自行解决货币资源的正确配置。然而，实践证明，如果没有产业政策的引导，财政与金融政策释放出的大量货币，往往导致出现滞涨。马克思主义经济学的宏观经济调节理论与凯恩斯主义经济学的宏观经济调节理论，在社会主义市场经济体制中，从技术上、工具意义上讲是可以兼容的。马克思主义经济学的宏观经济调节理论在经济政策上的表现形式就是产业政策。通过产业政策介入，影响经济结构，影响经济中长期发展。凯恩斯主义经济学的宏观经济调节理论，已在市场经济运行中被证明是有效的宏观调节的政策工具，尽管有其局限性。两者都强调私人投资与市场需求存在的问题与不足，需要政府公共投资出动予以弥补或干预。实际上都是以政府能够正确地选择公共投资领域，有效地引导产业投资为假定前提。两种宏观经济调节思路的融合，就是通过财政、货币、产业三大政策，进行经济宏观调控。通过产业政策参与宏观调节，既是对以指令性计划简单平衡两大部类的宏观经济调节方式的改革，也是对西方仅依靠财政、货币政策干预经济方式的改进。20世纪80年代中后期，以美国经济学家保罗·克鲁格曼为代表的经济学家提出了“战略性贸易政策”理论，认为存在规模经济和不完全竞争情况下，产业政策可在一定程度上影响国家间的经济竞争。新的观点则提出了战略部门存在的可能性。由于当今经济规模、经验优势以及创新在解释贸易模式中的作用日益重要，则越来越不可能因为竞争而完全消失。也就是说，在一些产业，资本或劳动有时会获得比其他产业高得多的回报。因为技术越来越重要，某些产业将产生重要外部性经济的观点也已经变得越来越有道理。在这种情况下，生产者对社会创造的价值并没有得到完全的报酬。所有这些都说明，极端支持自由贸易的观点——市场已经运作得非常好，不可能对它做如何改进了——是站不住脚的。战略性贸易政策理论在分析实际市场运行基础上，对里根政府以来的“市场原教旨主义”经济政策进行了修正，对产业政策存在合理性进行了探讨。这些修正表明，在西方主流经济学框架内，产业政策也正在获得其地位。从全球经济发展实际进程看，亚洲金融危机、全球金融危机表明，金融资本脱离实体经济相对独立地运行，不仅可以搞乱实体经济，还可以使政府财政、货币政策变形、扭曲。由于金融系统日益全球化，金融机构运作日益脱离政府有效监管；金融机构裹胁了公众利益，并且可要挟政府，因此，金融体系、货币政策内在的不稳定性日益增加。货币政策如果远离产业政策，金融资本如果远离产业资本，就可能导致金融市场过度依赖金融衍生产品的交易，成为投机之地，甚至成为少数人掠夺多数人的途径，导致市场信号失真，难以对实体经济发展起到作用。财政政策受制于国家的财税状况，而且取决于政治博弈。货币政策则受制于基础货币难以直接转化为生产性投资或消费，而是以超额储备的形式沉淀或进行投机。仅仅依靠财政、货币政策进行经济调节，对实体经济可能产生不了明显影响，反而会使大量流动性出现在虚拟经济中，推高通货膨胀，影响实体经济复苏，甚至产生滞胀。目前在西方国家看到的正是这样一种场景。严格地说，财政、货币政策是事后对经济危机、经济周期进行调节的政策。其政策前提是市场经济机制可以使经济资源得到最优配置，按照基本正确的方向运行，政府只需在市场失灵的情况下，进行适当干预。但是，即便是西方主流经济学家也已经证明了“经济人”的“有限理性”，企业家通常是在有限理性状态下决策的。在对利润疯狂追求的诱惑下，生产的盲目性，生产能力的过剩，实际是常态。在市场资源被非对称占有（包括市场信息资源，就如这次金融危机中，强大的金融寡头投机势力那样)的情况下,极少数人根据自身利益最大化做出的决策,既严重影响了市场的资源配置,也使这种资源配置扭曲难以仅仅通过市场来调节。这也是此次危机中,发达国家政府扮演了主要经济危机调节角色的原因。仅仅依靠财政、货币政策,对于解决经济发展中的结构调整、衰退产业的有序推出、新兴产业的启动与发展、经济发展的外部性问题也是作用有限,效果迟缓的。苏联以及中国改革开放前的计划体制,也是一种试图解决经济危机和调节经济周期的方案,这种方案假定政府全知全能,可提供最优生产、需求安排,使资源配置最优化。实践证明,这是乌托邦。这种制度安排的最大问题是:抑制了每个人在追求自身利益最大化基础上,最大程度发挥积极性;假定政府机构与官僚可以脱离自身利益诱惑,全心全意地为公共利益制定决策,同时又具有全知全能地预测经济发展走向和高效地组织生产、需求对接的能力。实际上,目前全球的所有国家的经济体制已在不同程度上演变为计划与市场的混合体,不过,计划与市场的影响程度有所不同。财政、货币政策与产业政策结合,进行经济宏观调节,意味着除传统的财政、货币政策外,又增加了某些政府对经济的干预。由于产业政策包括对产业结构、产业发展、产业退出等方面的干预,因此,使经济宏观调节体系增加了一定的事前调节成分,增加了某些"计划"成分,使政府宏观经济调节政策更加积极,同时又可发挥市场基础作用。

财政、货币政策与产业政策结合,进行经济宏观调节,还意味着政府政策可以比较有效地介入实体经济,引导财政、货币政策更有效、更有针对性地发挥作用。财政、货币政策与产业政策结合,进行经济宏观调节,从技术上看,需要从产业发展的角度,以产业总体发展、产业结构及支柱产业状况的若干定性、定量指标为参数,确定财政、金融政策的方向与规模。产业政策在危机时的出动,要建立在平时对产业状况深入研究基础之上,要突出结构调整重点,战略性发展方向,不能再搞"普惠"的、单纯以刺激经济总量增长为目标的产业政策。

财政、货币政策与产业政策结合,进行经济宏观调节,自然包括政府通过产业政策对第三产业(包括金融服务业)也予以适度管理。从广义的产业政策(不仅考虑第二产业,而且包括第三产业)角度看,产业政策自然包括了政府对金融产业、金融机构的监管,从而有利于协调虚拟经济与实体经济的关系。金融服务业由于其特殊性(替民众管理财富)应当由政府通过政策予以监督、引导,使其服务于实体经济,服务于提高社会、经济运行效率。

一、复习思考题

1. 比较马克思的国家理论与新古典经济学的国家理论。

2. 试述西方经济学中国家理论的演变过程。

3. 霍布斯为什么把国家称为利维坦(Leviathan)? 社会主义国家有哪些职能?

4. 社会主义经济转型中,政府行为规则的演变逻辑是什么?

5. 什么是“增量规则”倒逼“存量规则”?

6. 政府为什么不相信市场?

7. 如何理解霍尔瓦特的“社会主义制度也是可以设计”的逻辑推论?

8. 政府如何相信市场?

9. 如何理解和评价“国家悖论”?

10. 社会主义市场经济中政府的作用有哪些?

11. 试述社会主义国家宏观调控的手段和目标。

12. 财政政策与货币政策如何配合?

13. 试述中国政府治理模式的主要特征。

14. 试述弹性化政府权力与经济发展的关系。

15. 为什么说不同国家的经济发展需要不同的政府治理模式?

二、课堂讨论题

1. 社会主义国家政府必然是公共利益的代表者吗?

2. 社会主义国家的政府与市场关系存在哪些特征?

第七章　社会主义产权制度理论

研究文献综述

马克思是社会主义产权理论的奠基者，从所有制关系出发，通过区分法律上的所有权与经济上的所有权来对产权理论进行深入分析，并进一步论述产权中的所有、占有、支配和使用之间的关系。随着西方新制度经济学产权理论的引入，学者们对马克思的产权理论与西方产权理论进行了比较研究①，并且运用马克思的理论对西方产权理论进行质疑和评析②③。通过对马克思产权理论的梳理和对中国社会主义产权现状的分析④，逐步形成社会主义产权理论的基本框架⑤。

社会主义产权理论既是公有制理论研究的深化，又与社会主义国有企业理论密切相关。社会主义产权理论来源于马克思的所有制理论，马克思的产权理论⑥⑦是与所有制的分析联系在一起的，或者说包含在其所有制的分析框架之中。在建立社会主义市场经济体制的过程中，社会主义多种所有制经济结构逐步形成，国有企业的产权问题引起讨论⑧，学者们提出产权制度变迁与共享经济关系理论⑨⑩⑪。社会主义公有产权的性质、功能和结构等问题再次

---

① 吴宣恭：《马克思主义产权理论与现代西方产权理论的不同》，《经济研究参考》1999 年第 25 期；《马克思主义的企业产权理论》，《当代经济理论》2006 年第 10 期。
② 程恩富：《西方产权理论评析》，当代中国出版社 1997 年版。
③ 何干强：《两种思想体系的产权理论比较》，《上海财经大学学报》2005 年第 5 期。
④ 黄少安：《产权理论比较与中国产权制度变革》，经济科学出版社 2013 年版。
⑤ 刘诗白：《论中国的社会主义产权改革》，《经济学动态》2009 年第 7 期。
⑥ 时珍、韦奇：《马克思的产权理论是社会主义产权理论的源头》，《财经研究》1994 年第 10 期。
⑦ 彭五堂：《马克思主义的产权理论研究》，上海财经大学出版社 2008 年版。
⑧ 吴易风：《马克思的产权理论与国有企业产权改革》，《中国社会科学》2005 年第 1 期；《马克思的产权理论》，《福建论坛》2008 年第 1 期。
⑨ 洪远朋、于金富、叶正茂：《共享利益观：现代社会主义经济学的核心》，《经济经纬》2002 年第 6 期。
⑩ 卢现祥：《共享经济：交易成本最小化、制度变革与制度供给》，《社会科学战线》2016 年第 9 期。
⑪ 陈波：《制度变迁与经济利益关系演变》，《社会科学研究》2005 年第 3 期。

引起马克思主义研究者的研究兴趣[①],无论是从分析方法、研究目的,还是在产权性质、产权功能和产权结构的认识上[②],社会主义产权理论都具有不同于以科斯和诺斯为代表的西方产权理论的特征[③④]。

第一节 马克思产权理论[⑤]与科斯产权理论[⑥]

一、产权与所有制

产权作为主体对财产客体的归属性、排他性的经济权利不仅仅是法律上的所有权,而且是经济权利和经济关系。产权是一个历史范畴,它随着历史的变化而变化,而这种变化也是由所有制的变化决定的。马克思《资本论》研究的核心内容事实上揭示了资本主义私有产权制度与经济增长和收入分配(公正)的矛盾关系,在此基础上寻求实现二者统一的产权制度,形成了产权理论体系。虽然马克思研究的主要是资本主义产权制度,并未对产权制度的一般理论做系统的阐述,然而,通过研究他的相关论述,可以提炼出马克思主义产权理论的基本框架。马克思关于产权的主要观点是:财产关系是生产关系的法律用语;产权是所有制关系的法律观念;财产和产权具有某种历史,采取各种不同的形式;包含产权关系的法权关系是反映经济关系的意志关系。此外,马克思还严格区分了商品生产产权规律和资本主义生产的产权规律。

马克思没有对产权下一个明确的定义,然而根据他的相关阐述,后人将他所论述的产权定义为:人们(主体)围绕或通过财产(客体)而建立和形成的经济权利关系。产权的直接形式虽是人对物的关系,实质上却是产权主体之间的关系。产权主体是指与财产相关的经济责任、权利、利益的担当者,包括不同的阶级、阶层、社会集团和个人,存在着不同的组合。由于产权在实质上是

① 李炳炎、李小刚:《构建中国特色社会主义的现代产权理论》,《学习论坛》2005年第3期。
② 吴振球:《马克思产权理论与西方产权理论的比较研究》,《现代经济探讨》2007年第8期。
③ 王文华、陈文:《马克思主义产权理论与西方产权理论比较分析》,《理论月刊》2007年第6期。
④ 孟祥林:《马克思的产权理论体系分析与现实思考》,《华北电力大学学报(哲学社会科学)》2005年第1期。
⑤ 吴易风:《产权理论:马克思和科斯的比较》,《中国社会科学》2007年第2期;吴宣恭等著:《产权理论比较——马克思主义与西方现代产权学派》,经济学科出版社2000年版。
⑥ 科斯、阿尔钦等:《财产权利与制度变迁——产权学派与新制度学派译文集》,上海三联书店1994年版。

人们的经济关系,马克思不是笼统地谈论产权主体,而是从人们在社会经济关系中的地位和作用来确定不同产权主体及其产权关系的性质和状况。产权理论是马克思主义理论的一个重要内容,在马克思看来,产权并不是一个抽象的、超历史的范畴,其本质是全部生产关系的总和,马克思称之为所有制。这些生产关系是在社会生产过程中兴起的,并最终以国家政治法律制度、道德规范和习俗等上层建筑形式得到确认、保护和体现,马克思称之为所有权。产权是随生产力的发展而不断变化发展的,生产力发展的不同阶段,相应的产权制度也各不相同。因此,研究所有权问题,必须从物质资料生产过程入手,根据生产力水平和由此决定的劳动分工状况,研究人们在劳动过程中结成的社会关系,并进一步研究这些社会关系如何上升为上层建筑,以法权的形式表现出来。只有如此,才能把握产权制度的本质及其发展变化的机制。马克思在《资本论》德文版中多次使用了"eigentum"(既有"财产"之意,又有"财产权利"之意)一词,如何正确理解马克思所说的"财产"和"财产关系"是挖掘和研究马克思产权理论的一个重要前提。第一,财产关系是生产关系的法律用语。经济科学要研究生产关系,法律科学要研究财产关系,这就出现了财产关系与生产关系的关系问题。这是构建科学产权理论首先应解决的根本问题。马克思发现:"财产关系……只是生产关系的法律用语。"[①]法律科学所要研究的财产关系,实质就是经济科学所研究的生产关系。第二,产权是所有制关系的法的观念。所有制是经济范畴,是关于生产资料归属的经济制度;产权是法律范畴,是关于财产归属的法律制度。对于产权和所有制之间的关系,马克思在充分研究的基础上发现,所有制先于产权的存在而存在。只有在私有制产生和保护私有制的法律出现后,才出现产权。马克思发现,法律中的产权是"一定所有制关系所特有的法的观念"[②],"民法不过是所有制发展的一定阶段……的表现"[③]。第三,包括产权关系的法权关系是反映经济关系的意志关系。马克思运用辩证唯物主义和历史唯物主义原理研究了社会经济基础和上层建筑的关系,揭示了法的关系的根源。他指出:"法的关系正像国家的形式一样,既不能从它们本身来理解,也不能从所谓人类精神的一般发展来理解,相反,它们根源于物质的生活关系。"[④]马克思具体分析了商品市场和劳动力市场中包括所

① 《马克思恩格斯全集》第十三卷,人民出版社 1962 年版。
② 《马克思恩格斯全集》第三十卷,人民出版社 1975 年版。
③ 《马克思恩格斯全集》第四卷,人民出版社 1958 年版。
④ 《马克思恩格斯全集》第十三卷,人民出版社 1962 年版。

有权、占有权、转让权、使用权等产权方面的法权关系。他指出,无论是商品市场或劳动力市场,买方和卖方的交易行为都是在双方意志一致的基础上进行的。马克思深入揭示了法权关系、意志关系、经济关系三者之间的关系:"这种具有契约形式的(不管这种契约是不是用法律固定下来的)法权关系,是一种反映着经济关系的意志关系,这种法权关系或意志关系的内容是由这种经济关系本身决定的。"①这样,马克思在社会科学史上第一次发现了包括产权关系的法权关系、经济关系、意志关系三者之间的本质联系,正确地阐明了三者之间的关系,为构建科学的产权理论奠定了坚实的理论基础。

二、马克思产权理论的主要内容

马克思的产权理论从产权主体的性质出发研究产权关系和所有制,研究不同主体的权利、职能、作用以及它们相应带来的利益,研究这些产权关系对生产、交换和分配的影响。首先,马克思研究的产权是与财产有关的一系列法定权利,包含所有权、占有权、使用权、支配权、经营权、索取权、继承权和不可侵犯权等。从最根本的关系上归纳和分类,产权包括狭义的所有权、占有权、支配权和使用权"四权"。此外,这四项权利可以进一步分离和组合,形成经营权、继承权等其他权利。(1) 所有(Ownership),是指产权主体把客体当作自己的专有物,排斥别人随意加以侵夺的权能和作用。这种关系得到社会或法律的承认,使它的担当者成为相关客体的合法主人。具体地说,"所有"二字,第一,表明对客体的归属、领有关系,排斥别人违背他的意志和利益侵犯他的所有物。第二,可在他的所有物上设置法律许可的权利,如决定他的所有物的其他权能是否让渡、让渡给谁、让渡方式、让渡期限等。第三,利用所有者的权能收取一定的经济利益。与财产有关的一系列权利中,决定性的是所有权。在权利统一而不相互分离的情况下,拥有所有权就意味着拥有与财产有关的全部权利,也就是拥有完全产权。所有权是历史的产物。马克思指出,在原始公有制下,家庭和氏族对财产"只是占有,而没有所有权。"(2) 占有(Possession),是指主体实际或直接地掌握、控制或管理客体,并对其施加实际的、物质的影响的职能,即事实上的管领力。(3) 支配,又称处理、处分、处置,包含两个层次:第一,指所有制主体在事实上或法律上决定如何安排、处理客体的权能;第二,指主体安排和决定客体使用方向的权能。(4) 使用(Use),就是产权主体

① 《马克思恩格斯全集》第二十三卷,人民出版社 1972 年版。

利用、改变或消费客体的权能：一是利用、应用而不改变客体的原有状态；二是改变客体的某些状态，而不改变其基本性质或其物质存在形式；三是消费客体，即消灭它的原有物质形态，转换它的存在形式。

马克思主义企业产权理论主要包括以下内容①：(1) 从企业的基本关系来看，企业与其他企业和个体生产者、企业与供应者以及销售者和消费者、企业与包括政府在内的各种组织之间的关系(就股份公司等现代企业而言，还有企业与出资者的关系)，是不同所有者之间经由市场形成的关系。企业内部关系则是在本质上是与市场完全不同的另一种关系。在企业内存在的是资本和雇佣劳动的关系，以它们的人格化的代表来说，就是资本家与各个系列、各个层次的劳动者之间的关系。(2) 从企业的产权结构和成因来看，马克思兼用实证和规范的方法去论证企业的产权关系。他从资本主义的实际出发，以历史和逻辑的高度统一，论述在市场和企业内部存在什么样的产权，以及相关主体在什么条件下、凭借什么力量享有这些产权。在这个基础上，他分析了这种产权关系的发展趋势及其对资本主义经济关系的影响，设想了未来社会的基本轮廓，不仅说明了"应该怎样"而且论证了"为什么这样"。企业的财产不归劳动者所有，他们对企业财产当然不能占有、支配和使用，也得不到实施这些权能带来的利益。劳动力卖给资本家以后，就与其他生产要素一起合并在资本之中，作为资本的能动的要素发挥作用。(3) 从企业产权的分享和让渡来看，股份公司产权关系的特点有：出资者所有权与公司的法人财产权相分离。出资者和股份公司的财产责任有限，以及财产存在形式和运动形式二重化，即同时存在实物形式和虚拟资本形式，分别在一般的市场和证券市场中运行。股份公司的股东、董事会、监事会和经理人员之间的权利、责任、利益关系通过一定形式的法人(公司)治理结构加以规范和实施。

三、马克思产权理论的特征

马克思产权理论认为：(1) 索取权是分配关系的法律表现。马克思指出，索取权的实质是对剩余劳动的要求权。在资本主义经济中，索取权表现为对剩余价值的无偿占有权。职能资本家、货币资本家、土地所有者在法律上都享有对剩余价值的索取权。在索取权的要求下，剩余价值分割为企业主收入、利息、地租等各种不同且相互独立的形式，归不同的人所有。货币资本家和土地

---

① 吴宣恭：《马克思主义的企业产权理论》，《当代经济研究》2006年第10期。

所有者凭借所有权获得索取权，职能资本家凭借对资本的使用权或支配权，从而凭借对劳动力的使用权或支配权获得索取权。(2) 继承权是马克思产权理论研究的又一项重要权利，这种权利的实质是通过法律保证私有产权的世代连续性，从而保证以私有制为基础的生产关系得以维持和继续。马克思指出："继承法最清楚地说明了法对生产关系的依存性。"在资本主义社会，"资产阶级所有权……通过继承权等而长期存在下去，不受单个资本家易逝的影响"。马克思认为，社会主义运动不应把废除继承权而应把为生产资料的公有化创造条件作为社会改造的起点。(3) 产权具有可分离性与组合性。在经济思想史和产权理论史上，马克思是第一位深入研究和科学阐述产权的各种权利统一和分离学说的理论家。即产权所包含的权利可以统一，全属于同一主体；也可以分离，分属于不同的主体。马克思在《资本论》关于产权的分离与组合的具体研究包括所有权和占有权的统一和分离、劳动力所有权和使用权或支配权的统一和分离、土地所有权和经营权或使用权的统一和分离、资本所有权和使用权的统一和分离，从而建立了系统、全面的关于产权统一和分离的理论。通过这一理论，进一步深入揭示了财产关系背后的生产关系和阶级关系。(4) 公共产权与私有产权的相互转化。产权分为公共产权和私有产权，资本原始积累时期出现了变公共产权为私有产权的掠夺和盗窃过程。马克思指出：资本主义原始积累是剥夺者"对国有土地的掠夺，特别是对公有地的不断的盗窃"的过程，是"掠夺人民土地"的过程。在这一掠夺和盗窃过程中，"法律本身现在成了掠夺人民土地的工具"，"公有地圈围法"是使剥夺者"借以把人民的土地当作私有财产赠送给自己的法令"，"是剥夺人民的法令"。[①]

四、马克思产权理论与新制度经济学的产权理论

新制度经济学的产权理论开创于其代表人物科斯，1950 年科斯发表《社会成本问题》，指出产权在经济运行中的重要作用，提出后来被称为"科斯定理"的内容：如果交易费用为零或很低，只要产权清晰界定，那么不论产权归谁所有，都能获得资源配置效率最优。换句话说，只要存在交易费用，权利的界定就会对资源配置产生影响。在存在交易费用的情况下，初始的法律权利配置是重要的；如果它是合理的，就可以避免许多权利调整过程，从而节约调整的交易费用。这是由于通过交易调整权利配置需要费用，只有预期收益大于预

① 《马克思恩格斯全集》第二十三卷，人民出版社 1972 年版。

期成本时,调整才能发生。这就使某些能够优化资源配置的权利调整不能发生。在这种情况下,如果由法律确定的权利调整能降低通过市场进行权利调整的费用,那么显然法律对经济运行具有积极的影响。在新制度经济学看来,产权是一个社会强制实施的选择一种经济品的使用的权利。产权不是指人与人之间的关系,而是指由物的存在及关于它们的使用所引起的人们之间相互认可的行为关系。

科斯在其论文《社会成本问题》中提出产权理论的基本框架,认为交易费用与产权的内在联系在于,在企业产权界定清晰的条件下,运用价格机制实现企业间的联系的摩擦就小,社会的交易费用就较低;反之,交易费用就较高。在其另一篇论文《企业的性质》中,科斯从企业与市场的关系角度,以交易费用为分析工具,说明企业出现和存在的原因、边界的确定,将企业的性质界定为契约。通过德姆塞斯和阿尔钦等人的努力完善了企业产权理论,它分析不同企业产权结构的效率与相应的企业制度的演化。这些理论主要有生产、现代公司、委托代理三种。诺斯还通过对产权、国家和意识形态的分析进一步创立了制度变迁理论。

从以上的叙述我们可以看出马克思产权理论与西方产权经济学的不同:从分析方法上说,马克思研究产权的哲学层次的方法论是唯物辩证法与历史唯物论。新制度经济学产权理论具有唯心性质。该理论从抽象的人性出发,从个人的目的和动机出发,从个人追求利益最大出发,以人的心理和认知结构来评判自我利益,对行为方式、制度或产权制度做出选择,通过比较成本与收益,通过博弈和谈判调整或改变契约,推动社会制度的变迁。从研究目的上说,马克思产权理论立足于揭示产权制度运动的规律,特别是资本主义社会私有产权制度产生、发展和消亡的规律,说明资本主义私有产权制度的虚伪性和不合理性,指出资本主义私有产权制度必将被社会主义公有产权制度所取代,从而为社会物质生产力和人的全面发展,为人类社会找到一种既有效率又公平的产权制度提供理论武器。西方产权经济学家研究产权的目的,是以交易费用的高低为判断依据,揭示人类社会产权制度变迁的规律,提出某些私有产权制度安排的缺陷,提出改进措施,以提高资源配置效率,论证资本主义私有产权制度的优越性与合理性,为资本主义私有产权制度辩护。从产权的功能上说,马克思主义产权理论认为,产权具有生产功能、交换功能与分配功能;西方产权理论认为产权具有交易功能,预期功能、内在化功能、分配功能。应该指出的是,西方现代产权理论主要应用于外部性问题;按照马克思的所有制和产权理论,社会主义国家国有企业产权改革可以实行所有权与经营权相分离的原则,即国家享有所有权而企业享有经营权。从构成国有企业改革的基本思路上说,国有企业产权包括所有、占用支配、使用和收益等权利,国有企业产权与市场经济之间并非天然地结合在一起的。所有权主体的非人格化资本与企业以利润为目标的国有资产经营之间存在着冲突,剩余所有权的不可转让性与企业产权的可交易性之间存在着冲突。这就需要国有企业明晰产权,产权的明晰有利于界定交易界限、稳定交易预期、规范交易行为,降低交易费用,提高合作和交易以及整个资源配置的效率。为了完善社会主义市场经济体制,建立公正、公平的有序竞争的市场秩序,国有企业产权制度改革也是社会主义市场经济体制改革的组成部分[①]。从内容体系上说,马克思主义产权理论研究的切入点是"商品",核心范畴是"资本"和"剩余价值",而新制度经济学的产权理论研究的切入点是"企业",核心范畴是"交易"和"交易费用";马克思产权理论历史地认为产权关系随着经济关系的变迁和经济条件的变化而发展,而新制度经济学的产权理论则认为产权关系是由超历史的法律所决定的[②]。

第二节　企业产权制度的演变特征

一、企业产权制度形成的两种"路径依赖性"

从横截面的角度来看,产权制度仅仅是一种法律、规则,它确定生产资料的所有权、使用权、占有权和支配权,在这种意义上,产权制度似乎在瞬间就可建立起来,它是国家提供的一种正式制度安排,由于产权制度在社会生产关系中居于支配地位,显然,产权制度的变迁会涉及不同利益主体的根本利益,产权制度变革可能会引起整个社会经济的剧烈变革。实际上,产权制度变革并不能完全通过人类的理性构建完成,产权制度的确立和变迁更多的是一种自然演进的过程,即产权制度形成存在着严重的"路径依赖性"。

在连续型制度变迁过程中,产权制度的确立和形成是自然演进的。总体上,这也说明在既定的制度框架下,利益格局的转换是自然演进的。在断裂性制度变迁(如改朝换代或通过革命重新确立产权制度)过程中,产权制度的产

① 杨瑞龙:《社会主义经济理论》,中国人民大学出版社 1998 年版。
② 吕天奇:《马克思与西方学者产权理论的观点综述与分析》,《西南民族大学学报》2004 年第 3 期。

生和形成也存在“路径依赖”。从表面上看,产权制度变迁是断裂的,但实际上,新的产权制度确立也不能与过去割断联系,所以,在断裂性制度变迁过程中,两种不同产权制度之间总会产生一个过渡时期。中国从半殖民地半封建社会制度到社会主义社会制度的断裂性制度变迁就不得不存在一个过渡时期,这种过渡时期的制度变革反映了产权制度变迁的“路径依赖性”。

企业制度的演进取决于这种制度变迁的预期收益大于预期成本。社会生产力扩张和科学技术进步必然会形成制度变迁的潜在收益,企业作为“经济人”自然会去寻求这种制度变迁的潜在收益。如果我们将社会生产力扩张看作一种连续的过程,那么制度变迁也应该是一种连续的过程,从业主制到合伙制再到公司制,清楚地展示了从手工业到现代大工业的发展历程。那么,为什么企业产权制度变迁存在着“路径依赖性”呢?

首先,企业产权制度变迁取决于这种制度变迁的潜在收益,而这种潜在收益的形成具有“路径依赖性”。企业产权制度变迁的潜在收益来源于社会生产力的发展、人口的变动和生产要素价格的变动等条件。从短期来看,这些条件的改变可能是突然出现的,如科学技术的突破性进展等,但从一个较长时期来看,这些条件改变是渐进的、具有路径依赖性的,所以制度变迁潜在收益出现及其相应产权制度变革也存在路径依赖性。社会生产力的扩张和科学技术的进步是一种知识的累积过程。人口的变动和生产要素价格的变动,既存在一个累积的过程,也不可能是无缘无故的。其次,企业产权制度是一种利益关系,这种利益关系格局的转换也存在着路径依赖性。产权制度变迁是一种涉及不同利益主体根本利益变化的过程,如果排除革命、没收等断裂性制度变迁,这种涉及利益主体根本利益关系的变革也存在一个渐进式过程。最后,企业产权制度变迁是社会生产关系的变革,社会生产关系变革最终取决于社会生产力水平,而社会生产力与生产关系相互作用过程也是一种历史的过程,存在着路径依赖性。

研究企业产权制度形成和变迁的路径依赖性,是为了剖析企业产权制度变迁的真实过程。企业产权制度并非一个简单的法律所有权观念,不仅仅是一种涉及财产所有权的法律规定。从根本上说,企业产权制度是一种社会的生产关系,而社会生产关系的变革存在着“路径依赖性”。这种“路径依赖性”涉及更多的影响因素,这些因素主要分为正式制度因素和非正式制度因素。正式制度对企业产权制度影响的关键因素是国家和市场。如果国家提供某种正式制度安排限制或禁止私有产权制度,那么,企业私有产权制度就只能向其他产权变革;相反,如果国家提供某项正式制度安排鼓励私有产权制度企业发展,那么,私有产权将获得更大的发展。显然,国家在限制或鼓励企业产权制度变革方面的政策也不是随意的,国家提供这种正式制度安排也要计算这种强制性制度安排的预期收益和预期成本,也要考虑到这种制度变迁的路径依赖性。市场对企业产权制度变革也存在着至关重要的影响,在一个政府主导型市场经济体制下,公有制产权,尤其是国有产权将占较大的比重,而在一个自由竞争的市场经济制度下,私有产权在整个产权结构中将占绝对的比例。除了正式制度对企业产权制度影响之外,非正式制度也对产权制度存在制约。对于一个具有集体主义价值观念和意识形态的国家,公有产权将占较大比重,国有产权的全盘私有化将是行不通的;而对于一个人主义价值观念和意识形态的国家来说,企业公有产权制度占有较大比重,也是难以想象的。

讨论企业产权制度形成的路径依赖性,实际上是分析影响企业产权制度影响的因素,所以,这种路径依赖性并不仅仅指过去的历史条件对企业产权制度的影响,即历史的路径依赖性,也指在同一时期影响企业制度变革的各种因素,包括各种正式制度(国家和市场)和各种非正式制度(价值观念和意识形态)。从这种意义上说,制度变迁的路径依赖性并非仅仅指纵向过程的历史条件的影响,也应该包括横向的同时期的各种影响因素对制度变迁各种可能路径的影响,或者说,制度变迁除了存在受历史条件影响的“纵向路径依赖性”之外,还存在受同一时期的其他因素影响的“横向路径依赖性”。诺斯(D. North)在论述制度变迁的路径依赖性时,主要是指“纵向的路径依赖性”并未能对制度变迁的“横向路径依赖性”进行分析,这是新制度经济学的不足之处。为什么制度变迁还存在着“横向路径依赖性”呢?这是因为:其一,制度变迁的路径受到同时期的其他因素影响。制度变迁并非单一因素的变动过程,而是多因素演变的非线性过程,在某项制度变迁的同时,其他各种因素不仅会影响制度变迁的各种可能的路径,而且我们甚至可以将制度变迁本身看作这些因素影响的产物。制度变迁路径形成正是这些因素相互作用的结果,即制度变迁不仅仅受纵向的历史条件影响,更受到横向的各种现实条件影响。其二,制度变迁的路径依赖性可以理解为同时期各种其他因素变动路径合力的影响力。不仅某项制度变迁存在着路径依赖性,其他各种因素变动也存在着路径依赖性。更重要的是,某项制度变迁的路径依赖性必定会受到其他因素变动的路径依赖性的影响。其三,如果我们将制度变迁路径依赖性只看作一种历史条件的影响和过程影响,这不仅仅是一种自然演进的线性历史发展观,而且会造成“制度变迁仅仅是一种过去历史的继承”这样一种片面观念。实际上，制度变迁更多地受到同时期各种现实因素的影响，是一种受各种因素影响的多元过程，而“纵向路径依赖性”仅仅是一种对制度变迁单一过程历史条件的强调而已。我们只有将制度变迁的路径依赖性理解为“纵向路径依赖性”和“横向路径依赖性”，才能真实而全面地理解制度变迁的多元过程及其影响因素。

就企业产权制度来说，制度变迁并非是从公有制到私有制，或者从私有制到公有制的线性的单一过程，而是一种受社会、政治、经济、文化等影响的非线性的多元过程。如果我们仅仅承认企业产权制度变迁的历史的、纵向的路径依赖性，不仅难以理解和分析企业产权制度受到什么样的现实条件的影响，也不能够理解和分析企业产权制度究竟受到什么样的历史条件的影响。因为从公有企业制度到私有企业制度变迁，或者从私有企业制度向公有企业制度变迁并不存在单一的线性路径或过程。实际上，产权制度的这种变迁是一种既依赖于历史因素演变，更依赖于现实因素变动的多元的、非线性的过程。

二、非正式制度与公有企业产权制度

非正式制度对于企业产权制度变迁的影响充分体现了两种路径依赖性对制度形成的影响，应该承认，非正式制度本身的变迁存在着较强的、纵向的历史路径依赖性，但就非正式制度对企业产权制度的影响来说，制度变迁的路径依赖性就不仅仅用纵向的、历史路径依赖来解释了，而应该既涉及纵向路径依赖性又涉及横向路径依赖性，因为这种影响所导致的企业产权制度变迁是一个多元的非线性过程。我们只有从纵向历史因素和横向现实因素两个方面来分析企业产权制度及其演变，才能揭示真实过程。

(一) 社会主义意识形态与企业公有产权制度

根据马克思历史唯物主义的理论，社会意识形态是由社会存在决定的，那么，社会主义的意识形态应该是社会主义经济基础的反映。然而，马克思主义也承认意识形态的相对独立性，即社会意识形态对经济基础的反作用。实际上，从制度经济学角度来看，社会主义意识形态作为一种非正式制度显然会对正式制度起着约束和构建作用。

社会主义意识形态对企业公有产权制度的约束表现在：社会主义意识形态对于企业公有产权存在的合理性和合法性起着价值支撑作用。企业公有产权制为什么存在？从正式制度方面说，它提供的公有产品能节省交易费用、存在规模经济效应；从非正式制度方面来说，它更符合社会主义原则和集体主义精神。从这种意义上说，社会主义意识形态能够有效地阻止公有企业产权的大规模私有化。根据社会主义意识形态，公有企业产权制度存在是自然、合理的。相反，如果不存在社会主义意识形态，那么企业产权制度的存在及其变迁只能依据市场的变化和制度变迁的潜在收益的存在与否，以及资源配置效率等标准来决定公有产权存在的合理性，这实际上也是从资本主义的个人主义意识形态出发来判定企业公有产权存在的合理性。从另一方面来看，集体主义意识形态不仅仅是对公有产权制度现实的一种反映，也取决于上层建筑的性质和公众的心理偏好等因素，这种集体主义意识形态的相对独立性更加强了其对企业公有产权存在的支撑和约束作用。

社会主义意识形态对公有产权制度的构建作用体现了非正式制度对公有产权存在及其变迁的影响。其一，国家会在社会主义意识形态指导下建立和倡导公有企业产权制度。意识形态在某种程度上反映了国家或统治阶级的意志，国家会通过建立和倡导企业公有产权来体现这种意志。实际上，企业公有产权制度与企业私有产权制度谁更有效率，并不存在确定性的结论，因为其中既涉及管理的因素和制度是否完善等因素的影响，也会受到约束机制等能否替代等问题。所以，抽象地谈论公有产权与私有产权谁更有效率是没有意义的，这甚至是一个不可证伪的命题。既然如此，一方面，国家愿意建立和有意倡导企业公有产权制度，就不存在一个效率上否证的理由；另一方面，国家通过直接建立和有意倡导企业公有产权制度来体现自己的意志是完全可能的。在这里，问题在于：正式制度或非正式制度是如何和在多大程度上约束国家这种意志的实现。其二，社会主义意识形态促使国家、公众和企业选择公有产权制度。虽然企业制度的变迁取决于制度变迁的潜在收益，但这种对未来制度变迁的预期收益和预期成本存在着很大的不确定性，在这种情形下，社会主义意识形态帮助人们较高地评价企业公有产权制度，对公有产权制度的预期收益较高，从而促使人们选择公有产权制度、放弃私有产权制度。实际上，制度变迁既是一种自然演进的过程，又是一种理性建构过程，而社会主义意识形态恰恰会对人们理性选择企业公有产权制度增加砝码。其三，社会主义意识形态会增加制度变迁的其他预期收益。在国家意识形态的灌输下，人们会增加对企业公有产权制度变迁的其他预期收益，增加人们选择企业私有产权的预期成本。公有产权制度能够有更好的社会公平性，有较好的社会福利制度和主人翁的成就感等，而私有产权制度则会增加人们的风险和危机意识，增加人们失业的威胁和生活的不稳定感等。国家主流意识形态的这种社会主义意识形态灌输显然会增加人们对公有产权制度变迁的预期收益，也相应增加了人们对于私有产权制度变迁的预期成本。

（二）集体主义价值观念对于企业公有产权制度的影响

集体主义价值观念是一种提倡人们互助合作、共担风险、共同收益、共同富裕的价值观念。如果一个社会中普遍存在着集体主义价值观念传统，人们将对企业私有产权制度中的残酷竞争、以邻为壑和资本权力等级制产生恐惧和厌恶心理，增加选择企业私有产权的风险成本。这也就是人们为什么埋怨在经济市场化过程中人们观念落后的原因。与此相反，如果一个社会普遍存在着集体主义价值观念，人们将对公有产权制度产生较高的预期，从心理上很容易接受公有产权制度，这就是企业公有产权制度产生的非正式制度土壤。集体主义价值观念既为企业公有产权的存在提供社会基础，也由于非正式制度约束会增加人们选择企业产权制度的成本，从而迫使人们选择企业公有产权制度。

以上是从非正式制度环境角度分析非正式制度对人们选择企业产权制度的影响。实际上，企业是一个独立的经济实体，企业选择什么样的产权制度涉及企业的财产权关系和企业对预期收益与预期成本的计较。然而，如果我们从产权制度变迁的两种路径依赖性角度来考察企业产权制度，我们就会发现：企业产权制度的形成还存在着更深层次的原因，这些原因包括社会、政治、经济、文化等多个方面。就非正式制度而言，非正式制度会直接影响到企业财产权关系形成和企业对预期成本与预期收益的计较。从制度变迁的纵向路径依赖性上看，企业公有产权制度的形成依赖于一个社会原有财产制度和非正式制度传统；从制度变迁的横向路径依赖性上看，企业公有产权制度的形成依赖于其他现实存在着的各种正式制度变迁过程和非正式制度变迁过程的影响。

三、非正式制度与私有企业产权制度

（一）新教伦理价值观念与私有企业产权制度

马克斯·韦伯在其《新教伦理与资本主义精神》一书中，将西方的新教伦理改革与资本主义的崛起联系在一起，认为新教伦理价值观念中的节俭、诚实、守约、理性和为上帝追求财富等观念，催生了一代资本主义企业家队伍，直

接导致了资本主义世界的崛起。应该承认,韦伯的理论在某种程度上是对马克思社会存在决定社会意识形态理论的一种颠覆,韦伯实际上提出了社会意识可以决定社会存在理论。资本主义生产方式(私有企业产权制度)正是来源于新教伦理价值观念。抛开韦伯理论是否存在坚实的哲学基础不谈,韦伯将新教伦理价值观念与资本主义制度的产生联系在一起,强调非正式制度环境对正式制度形成的作用,这一点应该值得肯定。

西方世界由于宗教改革和新教伦理观念的产生,打破了《圣经·旧约》关于富人不能进天堂的传统教条,从价值观念上解放了人们的思想,当一个企业家将创造财富与为上帝尽职联系在一起时,会产生多么强大的精神动力。从私有企业产权制度的建立来说,新教伦理价值观念无疑为资本主义企业产权私有制度开辟了道路。这种作为非正式制度的价值观念,在某种意义上成为资本主义企业家进行创新活动的精神源泉。新教伦理价值观念、私有企业产权制度与资本原始积累,这三者相统一,成为资本主义制度形成的主要"枝干":新教伦理价值观念和私有企业产权制度结合作为正式制度与非正式制度的相互匹配,构成新制度的结构框架,而资本原始积累和资本积累则成为推动这种新制度框架逐步形成和完善的推动力。新教伦理精神为资本主义生产方式确立之初残酷的资本原始积累提供了价值观念解说和支撑。资本积累财富观念就如同宗教的教义一样是天经地义的。

企业私有产权制度的确立是资本主义市场经济制度确立的前提,资本主义国家积极为资本主义市场经济制度确立法律、政治等制度框架。从正式制度方面来说,私有企业产权制度、市场经济制度和资本主义国家制度构成了整个资本主义制度的结构框架。企业私有产权制度既是资本主义市场经济运行的前提,又是资产阶级国家的经济基础。然而,资本主义制度结构框架的形成是与非正式制度环境直接相关的,如果没有新教伦理等价值观念的支撑,这种资本主义制度结构框架的产生和形成便缺乏合理性和合法性基础,甚至这种制度结构框架本身也难以产生和形成。企业私有产权制度的确立和形成不仅需要国家法律等上层建筑的维护,也需要新教伦理价值观念与天赋人权、私有财产神圣不可侵犯等价值观念的支撑。如果我们不想陷入"历史决定论"的陷阱,企业私有产权制度的确立既来源于新的资本主义价值观念的推动,又是这种新的资本主义精神的实现形式。

私有企业产权制度的确立和形成,不能离开与之相匹配的各种正式制度和非正式制度结构性支撑,但最终离不开社会生产力的扩张和科学技术的进步，如果我们将私有企业产权制度看作社会生产关系，那么，这种社会生产关系的产生最终取决于社会生产力的发展。然而，我们从另一种角度来看，社会生产力扩张和科学技术的进步也离不开人类新价值观念的确立和思想的解放。在某种意义上，新教伦理价值观念也直接导致了现代科学理性精神的开启，人们开始抛弃旧有的传统价值观念和宗教观念，带着极大的热情投身于科学研究和发明创造中去，工业革命不仅是西方科学理性精神在物质上的体现，也使得资本主义的企业私有产权制度最终获得确立。

(二) 私有企业产权制度与市场意识形态

私有企业产权制度是伴随着资本主义市场经济的产生和发展而相应确立的。市场经济制度来源于最初的商品交换制度，在商品的等价交换过程中，不同利益主体对于自己的产品或商品拥有所有权，通过等价交换，使交换双方同时增加效用和收益，这就是马克思所称的商品生产所有权制度。马克思在《资本论》中还详细分析了这种商品生产所有权制度如何向资本主义占有制度转变的过程。正是在这种转变过程中，资本主义的私有企业产权制度不断地获得完善。资本主义私有企业产权制度内部存在着一种通过不断占有剩余价值而逐步进行资本积累的机制，而这种企业产权制度内部的积累机制既不能离开市场经济而单独作用，又是在市场经济等价交换、公平竞争等意识形态的形式下完成的。

市场意识形态是指由资产阶级国家所推行的一整套反映其上层建筑和经济基础要求的价值观念，主要包括：私有产权神圣不可侵犯，个人的自由、独立和理性，等价交换，建立在私有制基础上的市场经济是公平而有效率的等。市场意识形态为企业私有产权制度的确立、形成和巩固提供了最好的非正式制度环境。

第一，“私有财产神圣不可侵犯”给私有企业产权制度提供了理论依据和法律保证。既然私有财产神圣不可侵犯，是一种“天赋人权”，那么，在市场经济运行和发展过程中，私有企业通过资本积累不断发展壮大就无后顾之忧；相反，如果谁侵犯和损害了私有企业财产，就是一种对自由、人权的侵犯，它应该受到法律的惩罚。私有企业产权制度构成了资本主义制度的基础。第二，理性、诚信、守约等价值观念为私有企业的经营管理和制度创新提供了新的理念。私有企业经营管理需要人的理性行为；需要精确地计算成本与收益，这样才能不断地增加企业利润；需要诚信守约，规范企业行为。市场意识形态也推动私有企业不断地在产权私有的基础上进行制度创新，从最初的业主制企业、合伙制企业到股份制企业到现代公司制企业，显然，这些企业制度创新也必须遵循预期收益大于预期成本的原则。私有企业选择什么样的企业制度完全取决于能否节约交易费用，取决于预期收益是否大于预期成本。市场是理性的，企业也必须是理性的。市场意识形态中的理性、守约等观念不仅符合私有制企业内在的资本积累的要求，而且使私有制企业的这种逐利行为规范化和制度化。第三，自由竞争、等价交换为私有企业提高了市场环境。正如资本主义市场经济不能离开私有产权企业制度一样，私有制企业生存和发展也不能离开市场经济环境。如果说私有制企业是鱼，那么，市场经济就是水。市场意识形态所反映的市场经济中的“自由竞争和等价交换”观念，通过制度形式规范了私有制企业的市场行为，私有制企业只有遵循市场规则，才能合法地获利，如果违背这些市场规则，就会受到惩治。如果说私有制企业是某种游戏的参与者或博弈者，那么，市场规则就是这种游戏活动的游戏规则。私有制企业正是有了这些市场规则，才能知道市场是如何运行的，以及企业应该如何在既定的规则下行为并获利。

四、产权制度的约束条件

与资本主义市场经济制度不同，社会主义市场经济制度并非完全建立在私有企业产权制度基础之上，在社会主义市场经济体制下，除了私有企业产权制度外，还存在公有制经济、国有经济、股份制经济等，社会主义生产资料所有制结构(产权结构)是多元的，而且是以公有制为主体、国有经济为主导，与西方国家私有企业产权制度与市场经济“天然”结合不同，社会主义经济体制改革尚需要探索公有制经济如何与市场经济相结合，但社会主义市场经济体制下产权制度的特征正是以公有制经济为主体、以国有经济为主导的多元产权结构。

那么，社会主义非正式制度与社会主义企业多元产权结构是什么关系呢？社会主义非正式制度如何影响这种多元产权结构的呢？其一，社会主义主流意识形态与社会主义产权制度特征。社会主义主流意识形态只能是社会主义意识形态，而不存在多元意识形态。社会主义意识形态的主要内容包括：强调集体主义观念、社会主义原则和共产主义精神。集体主义观念要求个人利益服从集体利益、集体利益服从国家利益、局部利益服从全体利益，人与人关系是根本利益一致基础上的互助合作关系。这种社会主义意识形态是与社会主义公有制相适应的；社会主义原则要求社会公平和共同富裕，这就要求实行按劳分配原则,而按劳分配原则是社会主义公有制的产物;共产主义精神强调助人为乐、公而忘私、舍己为人等,这是与社会主义制度的发展方向相一致的。因此,社会主义主流意识形态既会推动以公有制经济为主体、以国有经济为主导的社会主义产权制度的建立,又必然会要求通过以公有制经济为主体、以国有经济为主导来实现自己。其二,以集体主义价值观念为核心的多元价值观念与社会主义多元产权结构。社会主义经济体制是一种市场经济体制,这就必然会使人们头脑中产生市场经济的价值观念和意识形态,如公平竞争、诚信、守约、理性计算等,这些价值观念与社会主义的主流意识形态往往并不矛盾,即使像产权私有、追求个人效用最大化原则,也会在社会主义初级阶段与社会主义价值观念不断融合。从这种意义上说,以集体主义价值观念为核心的多元价值观念格局与以公有制经济为主体的多元产权结构是相互适应的。

社会主义多元企业产权制度的形成也存在两种路径依赖性。

(1) 从横向路径依赖性看,社会主义企业多元产权制度主要受正式制度变迁的路径约束。虽然社会主义企业多元产权制度形成既受非正式制度约束,又受正式制度约束,但更主要在于其受正式制度的约束。这是因为社会主义企业多元产权制度结构是与社会主义政府主导型市场经济和社会生产力的多层次结构相适应的,这种企业多元产权结构受制于社会主义生产关系,尤其受制于社会主义市场经济制度。企业多元产权制度只是社会主义制度的一种基础制度,它的变动必然要受制国家制度、社会制度、法律制度、市场制度等的约束,或者说社会主义企业多元产权制度的变迁路径直接受其他社会主义政治经济法律等制度变迁路径的约束。

(2) 从纵向路径依赖性看,社会主义企业多元产权制度主要受非正式制度变迁的路径约束。与正式制度变迁不同,作为文化价值观念、社会习俗传统和意识形态的非正式制度存在着更多的纵向的历史路径依赖性。非正式制度变迁不仅会比正式制度变迁缓慢,而且经历的时间会更长。社会主义非正式制度的主体化和多元化变迁过程会不断地构建、引导和塑造着社会主义企业的多元产权制度结构。

从非正式制度视角来说,在社会主义市场经济体制下,社会主义的非正式制度不仅会影响社会主义企业产权制度的外部结构,也会影响社会主义企业产权制度的内部结构。所谓外部结构,是指多元的产权结构;所谓内部的产权结构,是指企业产权制度的组成方式。以上已经分析了社会主义非正式制度对社会主义企业产权制度的外部结构的影响，从社会主义非正式制度对社会主义企业产权制度结构内部的影响来说，社会主义非正式制度中的社会主义意识形态和集体主义价值观念要求尽可能地探索多种多样的社会主义公有制实现形式，鼓励和发展社会主义的股份合作制企业、国有控股企业等企业制度，努力建立现代企业制度。从公有制经济来说，社会主义公有制经济通过更多形式与市场经济相结合，倡导社会主义新型的合作经济；从国有制经济来说，以国有经济为主导并非意味着国有经济比重越大越好。在社会主义市场经济体制下，国有经济的主导作用主要体现在它的控制力上，国有经济应该控制国民经济的重要领域和关键行业，这样，既能体现社会主义原则，又能够充分发挥市场在整个社会资源配置中起基础性作用的优势。

毫无疑问，社会主义非正式制度通过社会主义企业产权制度外部结构（多元产权结构）实现自己，而且也通过社会主义企业产权制度的内部结构（具体企业制度）来实现自己。从某种意义上说，正是社会主义的价值观念、社会传统和意识形态塑造出与之相适应的社会主义企业产权制度，我们也可以将这种正式制度与非正式制度的相互匹配看作社会主义市场经济制度的核心和主要内容。

社会主义市场经济制度不仅是一种具有共性的、单纯的市场制度，更重要的在于它是一种体现社会主义原则和公有制特征的市场经济制度。社会主义非正式制度不仅是社会主义市场经济制度不可缺少的组成部分，而且对于塑造和构建社会主义企业产权制度起着十分重要的作用。

第三节　社会主义公有产权与经济增长

公有产权就是将产权界定给一个特定的共同体，其中的每一个成员都能分享这些权利，它排除了共同体外的成员对共同体内的任何成员行使这些权利的干扰；同时，共同体内的成员只有在得到其他成员或他们的代理人的许可后，才能将他所分享的权利转让给他人。其主要特征[①]包括：(1) 不可分割性，即财产在法律上是全体成员共同所有的，但构成公众的每一个成员都不能对财产声明所有权；(2) 使用的非排他性，即公众都可以为使用这一公共财产而自由竞争，任何人都是无权排斥其他成员使用该财产；(3) 外

① 杨瑞龙：《现代企业产权制度》，中国人民大学出版社 1996 年版。

部性，即每个成员在对公共财产行使权利时会影响其他成员的利益；(4) 剩余索取权的不可转让性，因为权利是不可分的，所以任何成员都不可转让权利。

从诺斯的《西方世界的兴起》和《经济史中的结构与变迁》等著作来看，诺斯强调私有产权的确立极大地推进了西方经济的增长，产权的清晰界定和受政府法律保护是一种有效的激励和创新机制，从而成为推动经济增长的最根本动力。应该说，从诺斯所处的西方经济制度演变背景来看，诺斯的论断是有其道理的。但是由此推而广之，认为只有私有产权才是促进经济增长的唯一法宝，则犯了以偏概全的错误。

私有产权的比较优势在于，它能够很好地满足经济人的自私心理，并运用经济人的自私心来促进经济增长。从这种意义上说，诺斯从经济史角度的论述与斯密的"看不见的手"的论述如出一辙。特别是在市场经济条件下，自由竞争机制的运行是以私有制为基础的，这一点似乎更加验证了诺斯的论述，并由此得出产权的私有化是经济增长唯一选择的结论。实际上，诺斯并没有注意到公有产权与经济增长之间的关系，进一步来说，公有产权更是往往与经济增长和经济奇迹的出现相关联。那么，如何分析在经济市场化和国际化条件下私有产权和公有产权各自的比较优势呢？

一种明显的事实是，苏联在工业化期间，经济曾获迅速增长，在其原有经济基础十分薄弱的条件下建立起独立、完整的工业体系和国民经济体系，并在此基础上迅速地将一个农业国转变成工业国，这个经济增长的事实恰恰与公有产权相联系。在新中国成立初期的一段时间，即"一五"计划期间，中国经济也获得了迅速增长，而这一过程恰恰是中国从私有产权向公有产权转变的过程，所以，从这一事实中，似乎也不能得出只有私有产权才是经济增长唯一法门的结论。在东亚经济崛起的过程中，政府主导型市场经济作用的发挥也是与相当程度的公有产权相联系，虽然韩国和日本的政府主导型市场经济都是一种以私有产权为基础的市场经济，但是其政府通过国有经济或者带有国有经济属性的产权来发挥作用，也恰恰是解释其经济在短期迅速崛起的一个主要原因。由此，我们可以初步推论，公有产权未必都是低效率的，或者说，以公有产权为基础的经济制度或以公有产权为基础的市场经济运行机制也可能获得经济的迅速增长。更进一步说，酝酿经济发展契机和制造经济奇迹正是得益于以公有产权为基础的制度结构。

中国的政治制度和社会文化精神总是与公有产权具有天然的联系，虽然这种公有产权内部的管理和运作带有强烈的家族式制度性质，有时甚至很难区分一个公有产权内的管理与家族内部的管理有什么重要的区别。几千年封建社会制度孕育出中国人家族式管理的传统，公有产权在中国实际上成为一个躯壳，成为中国几千年家族式制度和家族式管理灵魂的一个借宿地。从这种意义上说，中国的公有产权又不同于苏联的公有产权。虽然如此，公有产权的基本性质是相似的，即生产资料归某一部分或全体人民公共所有，对其直接或间接管理属于政府权力的一种职能。从中国的公有产权来说，一个立即会遭到读者质疑的问题就是，这种共有的财产制度和家族式的管理方式怎么可能产生出效率。对于这个问题的回答需要做出具体分析。

首先，公有产权与政治运动之间的天然联系会产生经济增长和经济发展的整体动力。政治运动是一种集体行动的行为方式，需要一种具有凝聚力的意识形态或带有理想主义的意识形态的指导，并在这种理论指导下，公众为着一个共同的目标而努力。如果这种政治运动与经济增长和经济发展的方向相一致，则从政治运动中产生的积极性和创造性无疑会极大地推动经济增长和经济发展。政治运动除了需要意识形态的凝聚力，政党或政治化政府的领导等条件外，其经济基础条件就是公有产权。只有在公有产权的基础上，才有可能组织起如此大规模的集体行动，并从这种大规模集体行动中产生出积极性和创新精神；相反，在分散独立的私有产权基础上不可能低成本地组织起如此大规模的集体行动，因为私有产权的主体没有积极性去参加这样的集体行动，他只有积极地去保护好自己的财产并使之保值和增值的积极性。虽然不能否认单个人在政治运动这种大规模的集体行动中，在公有产权的基础上，有谋取个人私利或“搭便车”的行为，但是这种大规模的集体行动如果引导得当确实能够从中产生促进经济增长和经济发展的强大动力。这些分析可以用来解释苏联工业化初期和我国“一五”计划期间经济的迅速增长。按照马克思主义理论，政治运动属于一种上层建筑对经济基础的反作用，而由于公有产权能够适应现代化大生产发展需要，则作为上层建筑的政治运动和作为生产关系的公有产权因为能够适应和反作用于经济基础和生产力，所以能够推动生产力的扩张和经济发展。无论如何，公有产权基础与政治运动相结合可能会产生一种整体的生产力和经济发展的推动力，已经被经济发展史所证明。

其次，公有产权也在不断地探索具体的制度形式和管理方式。运用政治运动方式去推动经济发展不仅需要特定的历史环境，而且这种方式也存在诸多弊端。政治运动往往发生在历史的转折时期，它是生产关系与生产力之间相互作用在特定时期内的一种解决方式，公有产权的建立和扩大也是人们通过某种政治运动在特定政党的领导下共同选择的结果。它不是政治化政府或政党单方面意愿的产物。由于政治运动往往是阶级之间的斗争，虽然这种方式能够产生某种积极性和创造性，从而推动经济的迅速发展，但政治运动对社会经济发展的破坏作用也是显而易见的。这种破坏性除了前面所论的人与人之间的斗争所造成的内耗外，政治运动往往会按照自身的逻辑发展下去，从而偏离经济发展的轨道。政治运动既然是一种整体的运动，必然具有难以逃脱的惯性，如何避免政治运动惯性所产生的腐败行为也是一个悬而未决的问题。从经济学方面来说，公有产权缺乏长期有效的激励和监督机制，集中计划经济的运行方式由于缺乏灵活性而不能够适应新的经济发展形式的需要。原有的实行集中计划经济体制的国家都曾遭受由社会主义计划经济体制所推动的集体行动失败的威胁，所以纷纷进行了向市场经济体制转型的经济改革。这说明原先实行公有产权的国家也在不断地探索具体的公有产权形式和管理方式。一般来说，这些探索只有与不同国家的具体实践相结合，才可能取得成功。就中国的经济改革和经济发展来说，公有产权制度形式和管理方式的改革是中国经济获得迅速增长的一个基本条件。正是这种改革既能够保持公有产权原有的优势，又能够吸收以私有产权为基础的市场经济制度的优势，才可能出现中国经济增长的奇迹。就目前来说，公有产权的实现形式和管理方式并无统一的模式，在中国经济发展中，曾经历过农村的联产承包责任制、城市的工业生产责任制、股份制和建立现代企业制度以及部分产权私有化等，这些改革的一个基本主旨就是如何找到一条政企分开、经营权与所有权分离的制度形式和管理方式。这些探索无论在理论和实践上都具有相当的难度，但这种改革的方向无疑是正确的。

最后，公有产权是社会主义发展中国家经济发展的一个比较优势。从制度形式上看，以公有产权为基础的制度形式能够为政府在经济运行和经济发展中起主导作用创造有利的制度基础，如果能够结合不同国家的具体经济环境，寻找到一种以公有产权为基础的具体制度形式和运行方式，那么公有产权就未必是低效率的，至少就目前来说，私有产权的效率与公有产权的效率孰高孰低还是一个尚待探讨的问题。如果考虑发展中国家经济发展的实际情况，考虑到发展中国家经济发展中政府主导作用的必要性和必然性，考虑到发展中国家需要实现跨越式经济发展，并需要保护自身的幼稚产业、维护国家经济安全以及需要时时警惕发达资本主义国家的经济侵略等，那么，像中国这样的发展中国家的公有产权形式与西方以私有产权为基础的制度形式相比，不能不说存在一种比较优势。

以上分析使我们得出这样的结论，公有产权形式不仅不是发展中国家经济增长的障碍，而且是发展中国家经济获得迅速增长的一个必须具备的基础性条件。由此推论，我们或许能够找出中国经济之谜的真正原因。

公有产权可能与政治化产权相联系，政治运动是从这两个方面来影响产权分配的。

(1) 政治斗争与产权分配。政治斗争是不同利益集团之间的矛盾引起的，这类斗争的结果是达成某种统一，即均衡，它包括非合作均衡和合作均衡两种，这两种状态实际上是两种力量之间的和解或者一种力量屈服于另一种力量。那么，政治斗争对产权分配的影响是，当居于支配地位的利益集团偏好于公有产权时，取得胜利的一方政治利益集团将极大地推行产权的公有化进程；反之，当居于支配地位的政治利益集团偏好于私有产权时，将会出现推进产权改革或私有化的进程。当然这些情形的出现最终还有赖于社会生产关系与生产力之间相互作用力的发展方向，一般来说，居于支配地位的政治利益集团代表了先进生产力的发展方向，或者说，其顺应了历史发展的潮流时，这种政治斗争对产权分配的影响将是显著和肯定的。当然事实并非如此简单，有时一些代表落后生产力或落后势力的政治利益集团也可能取得胜利，暂时居于支配地位，在这种情形下，居于支配地位的政治利益集团的产权偏好也将影响产权分配，但是其阻力将大得多，甚至不可能推行居于支配地位的政治利益集团偏好的产权样式。

(2) 理性目标建构与产权分配。在大多数情形下，政治运动的目的并非总是排除政治异己，而可能是实现一种建构的具有理想化色彩的政治经济目标，假如居于支配地位的政治利益集团及其核心人物的意图是善良的，其有时甚至是具有救世主意义的社会改造者。由于这种政治运动在不同程度上代表了广大人民群众的利益，所以常常会获得广大人民群众的支持，从而力量也特别强大，对产权分配的影响也最深远和最广泛。在极端的情形下，产权分配甚至完全服从于政治运动的要求。在中国“一五”计划到“文化大革命”结束前的一段时间，各地曾经大搞“穷过渡”，个体经济要强行转变成集体经济,集体经济要强行过渡到全民所有制经济,这种现象的出现是由于当时理性建构走向非理性的狂热,使得居于支配地位的政治利益集团和其核心人物认为,只要主观努力就可以通过政治运动方式迅速实现其理想化的目标,当然,这是事与愿违的。但是这类政治运动对产权分配的影响却是强烈和深远的。中华人民共和国成立后所进行的产权公有化过程充分说明这类政治运动对产权分配影响之大,在仅仅 15 年的时间内,中国政治利益集团或政治化政府通过政治运动方式完成了从私有制产权制度到公有制产权制度的转变。

实际上,产权格局改变或产权分配有两种基本方式:一种是演进方式,另一种是建构方式。随着经济学中"自然主义"的兴起,人们似乎对产权的演变方式颇感兴趣。经济制度变迁的演进方式具有更强的神秘主义色彩,随着近来进化博弈论取得长足的进步,经济制度演进方式引起经济学家们的重视。确实,自然和社会的演进力量如此强大,以致许多人力不能为的事倒可以通过自然和社会演进的力量来办到。但是从实际发生的制度变迁来看,经济制度的演进方式倒不是占主导地位,大部分经济制度的变迁确实是由人为的因素造成的,或者说经济制度的建构方式居于主要地位,这也许是人类社会制度不同于动物界规则的地方。虽然在这个过程中,制度的演进力量经常反抗和矫正着建构性的制度变迁,但就人类经济制度变迁历史和经济发展史来看,这个曲折的过程充满着更多人类的痕迹,或者说这个过程更多地充满人类自身努力和选择的结果。就中国产权分配过程和现有的格局来看,政治运动的"功劳"不容抹杀。在中国 20 世纪 70 年代改革开放以来,虽然在产权分配过程中,政治运动的方式已淡出历史舞台,但其对后来产权分配的影响仍是巨大的,这主要表现在,公有产权分配的政治化色彩,即产权如何分配或产权制度如何变迁在很大程度上取决于政治需要。比如,对于国有企业是通过产权私有化进行改革,还是在保留现有公有产权的基础上只进行管理体制方面的改革,这不仅仅是一个经济效率孰高孰低的问题,更是一个政治问题。

从某种意义上说,社会主义运动就是一场人类的产权分配运动,是一种人类企图达到较高政治经济目标和最终目标的政治运动,但是在这场运动实践的过程中,由于难免会遭到不同政治力量的反对,所以不能够排除会出现一些排除异己性质的政治运动。这些不同的政治力量通过参与政治运动显然会影响产权分配过程和产权格局改变,所谓"资本主义复辟",就是指一种由公有产权向私有产权回流的产权分配现象。

从新中国成立以来的政治经济发展历史来看，产权分配过程和产权格局的变化主要是通过政治运动的方式来完成的，自改革开放以来，这种通过政治运动影响产权分配过程的方式虽然已经结束了，但政治运动分配产权的影响——政治化产权分配的方式仍然存在。

第四节 社会主义经济转型中的财产制度问题

一、中国财产制度演变的初始条件

在1978年改革开放以前，中国的财产制度基本上属于一种国家垄断型的财产制度，这种财产制度的基本特征是：国家直接拥有并经营财产，缺乏产权激励，财富分配相对平均。国家垄断型财产制度所衍生出的僵化的经济运行体制严重地阻碍了中国经济的发展。

财产制度的变迁同样要遵循预期收益大于预期成本的经济学法则，问题在于，为什么国家垄断型财产制度变迁的主体做出了预期收益大于预期成本的预期，这只能用原有财产制度的危机来解释。从财富的存量来说，生产资料公有制使全体社会成员既占有财富又不占有财富，造成经济发展缺乏产权激励；从财富的增量来说，按劳分配和平均主义分配制度使得社会经济运行中缺乏动力机制。国家垄断型财产制度危机可能会导致财富制度的变迁。

第一，经济发展的停滞使得社会财富总量难以增加，加上经过多年的政治斗争消耗了大量的社会财富。仅在“文化大革命”的10年中，由于政治局面动荡，整个国民经济起伏震荡，见表7-1。改革开放前，频繁的政治运动引起的停工、停产、减产，造成大规模的经济损失，更是难以估计。“文化大革命”时期的1967—1976年，各项经济指标的平均年增长速度都大大低于“文化大革命”前的1953—1966年。据估算，由于政治动乱破坏，仅1974—1976年三年间，就损失工业产值1 000万元，损失财政收入400亿元，如按正常年份的增长速度估算，“文化大革命”10年间国民收入的损失达5 000亿元①。

① 参见董辅礽：《中华人民共和国经济史(上)》，经济科学出版社1999年版。

表 7-1

年份	社会总产值		工农业总产值		国民收入		按人口平均的国民收入(元)
	金额(亿元)	指数(%)	金额(亿元)	指数(%)	金额(亿元)	指数(%)	
1966	3 062	116.9	2 534	117.3	1 586	117	216
1967	2 774	90.1	2 306	90.4	1 487	92.8	198
1968	2 648	95.3	2 213	95.3	1 415	93.5	183
1969	3 184	125.3	2 613	125.3	1 617	119.3	203
1970	3 800	124.1	3 138	124.1	1 926	123.3	235
1971	4 203	110.4	3 482	110.4	2 077	107.0	247
1972	4 396	104.4	3 640	104.4	2 136	102.9	248
1973	4 776	108.6	3 967	108.6	2 318	108.3	263
1974	4 859	101.9	4 007	101.9	2 348	101.1	261
1975	5 379	111.5	4 467	111.5	2 503	108.3	273
1976	5 433	101.4	4 536	101.4	2 427	97.3	261

资料来源：根据国家统计局编《中国经济统计年鉴(1984)》有关资料整理。

第二，长期的经济停滞已使得一部分人陷入贫困境地和生存的边缘，而财富的平均分配和社会权力的等级状态可能会再次引发社会内部的全面冲突。处于中国社会底层的农民生活十分艰难。当一个社会的财富是一个相对既定的量，而这个既定量财富通过相对平均分配也不能维持一部分人的温饱时，该社会就已经蕴藏着分配危机。所谓分配危机，是指一个社会即使通过相对平均的分配方式分配财富也会导致一部分人处于生存底线或生存底线之下，从而引起社会动荡的可能性。中国经济转型初始条件的基本特征就是当时整个社会处于分配危机之中，而这种分配危机是与高度集中的计划经济体制相联系的。从基本经济制度来说，国家垄断型财产制度和相对平均分配制度下的分配危机并存；人与人之间在权力等级制下结成表面上平等而实际上不平等的社会关系；从社会经济运行体制或机制来说，高度集中的计划经济体制以行政命令的方式为主来推动社会经济运行并继续复制、积累和扩张着原有的制度模式。纵观整个经济转型的初始条件，经济运行机制缺乏动力是表现，国家垄断型财产制度是根本。一个社会财产制度的直接改变往往是通过革命的方式来实现的，居于支配地位的政治集团不选择革命的方式来改变原有的财产制度，主要原因是存在着革命可能失去自身根本利益的风险成本预期，所以，绕开直接改变财产制度而通过改变经济运行机制来增强原有经济体制活力,并通过引入市场机制来渐进地改变原有国家垄断型财产制度弊端就成为一种理性的选择。整个的改革过程服从于居于支配地位的政治集团的利益最大化和整个社会的利益最大化。这种改变财产制度危机和分配危机的方式被称为渐进式改革。渐进式改革方式并非是政府理性设计的产物,而是源于明智的政府为了寻求生存和发展不断地改变自身以适应变化了的环境。正如汤因比所说,人类文明正是在这种挑战和应战中形成的。对于中国后来的经济改革,随着市场化程度的不断加深,当经济运行机制中的能量释放殆尽,国家垄断型财产制度作为深层次矛盾就逐渐暴露出来,可谓“水落石出”。对于财产制度的改变,无论是政府还是公众,改革初期只能是一种不时闪过的思想深处的猜想,随着经济运行机制改革的深化(经济运行机制改变或多或少会涉及财产制度,如联产承包责任制),公众和政府才逐渐对财产制度的改变存在着这样或那样的预期。从这种意义上说,中国财产制度的变迁实际上是居于支配地位的政治集团不断克服自身危机和公众不断地追求约束条件下的自身利益最大化的过程。

第三,政治权力集团的更新换代为财产制度变迁提供了契机。国家垄断型财产制度变更很可能会导致垄断者失去垄断地位,这也是居于支配地位的政治集团不愿意改变财产制度的根本原因。换言之,这种财产制度的改变可能会导致居于支配地位的政治集团对政权或统治地位的自我否定,所以改革或变法是需要勇气,或者说需要具有强烈的风险意识的。然而,当传统的财产制度已经面临危机而不得不改革,居于支配地位的统治集团又正逢更新换代时,改革的契机出现了,新的领导者选择改革财产制度的理由是:首先,改革可能会化解传统财产制度的危机——解决传统财产制度不适应生产力发展的方面,以促进生产力发展或提高资源配置效率的办法来克服政权的危机和社会危机,因为完全可以通过增大蛋糕的方式解决分蛋糕的矛盾。其次,通过改革传统财产制度施惠于一部分人和一部分阶层,进而可以增加新领导人的支持率。如果改革不能给任何人带来利益,改革就不会发生,即使领导人推进了也会被否定。在这里特别重要的是,居于支配地位利益集团和具有控制能力的领导者是否选择改革至关重要,集权制度不同于民主制度,在集权制度条件下,改革的暂时受损者能够被暂时压制,领导者倡导的改革能够在改革受益者支持下继续推进,当传统财产制度改革带来的收益逐渐增大时,改革的受益面也会逐渐增大,改革的成果也可以用来补偿改革的受损者,改革会进一步推进，新的领导者受到进一步拥护，从而使改革走上良性循环轨道。最后，改革契机的存在只是为改革传统财产制度提供了可能性，改革是否真正发生还取决于有利的政治斗争态势、社会价值观念的引导以及领导者权威、智慧和策略等。

危机总是与契机和机会相联系的，中国财产制度的改革恰恰是以一种摆脱传统财产制度危机的方式进行的，这也说明作为摆脱危机主体的政府建构力量和作为被引进的、用来化解危机的市场演进力量，这两者之间相互作用的过程是理解中国财产制度演变逻辑的基本线索。

二、财产制度演变的模式

(一) 对几种制度演变模式的评价

对中国制度变迁模式的研究可分为两大类：一类是基于林毅夫(1994)早期关于强制性制度变迁与诱致性制度变迁的分析框架，这实际上是一种新古典范式的制度供求分析框架。这类研究存在着两种思路：一种是从制度供给出发的政府主导论，认为通过政府来供给新制度安排实现制度变迁；另一种是从制度需求出发的市场交易观，认为制度变革是经济活动中各当事人面临获利机会而自发从事的制度创新[①]。这两种思路的缺陷在于，前者忽略了社会成员的自发创新活动，因而得不到证据的支持，后者却忽略了政府可能有的积极作用，并且这两种思路所依据的新古典分析框架本身就存在种种弊端(汪丁丁，1995)。另一类是从哈耶克的社会秩序二元观出发，同时借鉴诺斯、熊彼特的演进论思想，立足于内部规则与外部规则的冲突和协调来推演中国制度变迁过程的基本特征和性质[②]。它认为中国制度实际上是内部规则与外部规则不断冲突和协调的演化过程。

以上两类制度变迁模式，无论是横向静态的供求分析框架，还是纵向的动态演进论分析框架，都存在一个共同缺陷：它们都以西方成熟的市场经济制度下抽象和产生出的制度变迁理论来分析中国的制度变迁过程，并未考虑到中国经济转型过程的具体特征。中国经济不是西方式的成熟市场经济，而是一种复杂的过渡型经济。在这个过程中，既有计划经济协调方式，又有市场经济协调方式；既有自然经济的元素，又存在市场机制的作用。中国经济转型不能运用供求分析框架和二元社会秩序演进论来分析，并认为中国经济转型是

① 参见盛洪：《中国的过渡经济学》，上海三联书店、上海人民出版社 1994 年版。
② 参见周业安：《中国制度变迁的演进论解释》，《经济研究》2000 年第 5 期。

政府主导型或市场诱致型制度变迁，或是内部规则与外部规则不断冲突和协调的演化过程。中国制度变迁实际上是一种变法式的过程。所谓变法式过程，是指这种制度变迁是政府以挑战和应战为内容的不断试错过程。在这个过程中，既有政府主导型制度变迁，又有市场诱致型变迁，同时也是一种内部规则与外部规则不断冲突和协调的演化过程。

(二) 财产制度演变的变法模式

中国财产制度变迁并非从直接变更财产制度（产权私有化）开始，而是从财产制度所产生和表现出的最现实的危机开始，这个最现实的危机并非产权公有，而是经济体制缺乏活力。解决这个危机的办法就是在传统的僵化的体制中引入竞争机制，在产权结构中让所有权与经营权分离。中国的做法印证了以解决根本问题为导向的发展、平衡政府与市场关系、处理好改革的先后次序以及循序渐进的重要性。[①] 从这种意义上说，中国财产制度变法模式也是一种问题导向的制度变迁模式。这种问题导向的过程是一种不断地发现问题、分析问题和解决问题的过程，它既可能是自上而下的政府主导型制度变迁，也可能是自下而上的市场诱致型制度变迁；既可能是理性建构过程，也可能是自然演进过程。从财产制度演变的角度来说，这种变法模式具有以下特征：第一，财产制度变迁处于政府的可控状态。虽然财产制度改变既可能是自上而下的，也可能是自下而上的，但总体上，这个过程是在政府的控制下进行的，当然，也不排除在这个总体过程中存在着演进的过程。当政府认为某项改革改不动时，就将这种改不动的部分暂时搁置起来，在这个改不动的外围进行边际改革，或者通过改变改革的先后次序来继续推进改革。随着改革次序的调整和边际改革的推进，整个改革过程实际上又处在不断的自发演进状态之中。第二，财产制度变迁以问题为导向，政府以试错法推进制度变迁。以问题为导向的改革使得中国财产制度改革采用了一种不同于苏联的改革方式，实际上有效地摆脱了经济理论教条的束缚。中国财产制度改革是采用了引入竞争机制而不动财产所有权的方式进行的。在原来财产制度下引入竞争机制，不仅在体制内注入了活力，还在体制外生长出大量非常有活力的非国有经济成分，造成体制外倒逼体制内的情形，这种不直接改变原有财产制度的改革方式实际上起到了逐渐改变原有财产制度的效果。而且在这个过程中，政府指导和市场演进之间的互动形成了一种试错过程，政府的试错过程是在市场试错过

---

① 参见［印度］阿嘎瓦拉：《中国的崛起：威胁还是机遇》，山西经济出版社2004年版。

程的基础上进行的。有时采用以市场试错为主的方式，有时则采用以政府提供制度安排的试错方式进行。无论是什么样的方式都服从于解决原有财产制度的危机并不断地提高经济效率的准则。第三，以挑战和应战，或以不断解决问题为线索，进行财产制度变迁。原有的国家垄断型财产制度存在着"一大二公"和平均主义的弊端，但这个问题的直接解决或产权的直接私有化将可能导致社会动荡和经济增长停滞的后果，中国就绕过这个障碍，即将所有权问题搁置起来，而从财产制度的运行模式上着手进行改革。当财产制度运行模式中引入竞争机制，便促进了经济效率的提高，经济连续获得增长。在这个过程中，非公有经济不断壮大，中国经济逐步进入改变产权制度的阶段。值得注意的是，产权制度是采用公有制还是私有制本身并非改革的目标，改革的目标是建立一种能促进资源配置效率优化的经济体制。同样，随着中国经济增长，收入差距越来越大，当这种收入差距已严重影响改革的进程和社会的发展时，中国毫无疑问地将财产制度改革的重点转向社会公平和可持续协调发展上来。

三、利益共享的财产制度

变法模式何以能运行？在挑战和应战过程中，中国为什么能够以问题为导向不断地正确分析问题和解决问题？从财产制度上说，中国原有的国家垄断财产制度中存在着的单一垄断状态被顺利地转向了多元财产制度下的利益共享状态。这种转换过程恰恰构成了变法模式的运行过程。

首先，在国家垄断型财产制度下，如果一国经济总量不能增加，那么，收入分配的主要特征就是社会各成员之间的利益处于单一的分配状态，解决这个问题的方法有两种：一是直接改变国家垄断型财产制度，实行产权私有化；二是增加经济总量，使人与人之间产生相容利益。第一种方式是行不通的，因为它既不符合居于支配地位的统治者利益，也可能导致社会秩序的失范，从而产生社会动荡，俄罗斯的改革就是例证。中国选择了第二种方式，这种方式的优越性已被实践证明，保持原有的财产制度基本不变，通过增加经济总量来解决人们之间的利益对立，可行的途径是在传统的财产制度框架下增强激励机制和引入竞争机制。制度变迁从根本上说是一种利益关系或利益格局的调整过程，财产制度变迁更是直接涉及人们之间利益的对立或和解。财产制度中人们之间利益的对立是一种常态，但问题在于如何将这种利益的对立控制在一种制度可行的区间内，如何寻找利益对立之中的共同点，并通过增大经济总量的方式来进一步消除利益对立，这正是所谓利益共享的内核。

其次,通过改变国家垄断型财产制度的内部产权结构解决激励机制问题,从而实现利益对立向利益共享的转换。如果直接改变原有的国家垄断型财产制度,实行产权私有化,这是一种激进式改革。无论从信息的连续性,还是从正式制度所赖以生长的社会文化环境来说,都会打乱人们对于未来制度变迁收益和成本的预期,从而引起社会政治的动荡,而在一个社会政治动荡的环境下,经济增长和经济发展就无从谈起;再说直接改变原有的财产制度也不能建立起传统财产中的动力机制和约束机制,因为市场并非一天之中就能够建立和成熟起来,从而产权激励和市场约束也无从谈起。中国采用另一种可行的道路,即保持原有的财产制度不动,而首先着力解决原有财产制度中的激励机制问题,这种改革方式是通过改革传统财产制度的内部结构而实现的,即实行所有权和经营权的分离。国家垄断型财产制度的实质是公有财产权,改革并不直接触及这种财产所有权的实质,而是通过两权分离的方式来增强经营者的激励机制。农村家庭联产承包责任制的实行使我国农业获得连续大幅度增长,国有企业改革也在这个框架下继续探索,并取得一些成功的经验。两权分离以及与此相适应的分配制度改革给中国传统的财产制度注入了新的活力从而促进了经济增长,做大了"蛋糕",而中国经济总量的增加直接缓解了传统财产制度框架下的利益对立状态,使财产制度的变迁走上了从利益对立向利益共享的转变。

最后,通过鼓励非公有经济发展并进而建立市场竞争机制解决财产制度的国家垄断问题,从而实现利益对立向利益共享的转换。从整个社会的财产制度来说,保持传统的国家垄断型财产制度不变,鼓励非公有制经济发展,进而形成不同利益主体之间的竞争格局,这种解决问题的变法模式不仅逐步在整个社会的财产制度中引入竞争机制,促使市场经济制度的形成,而且在事实上也造成了多元财产制度并存的格局,从而也在事实上逐步实现了传统的国家垄断型财产制度的变革。从另一个角度考察,这种模式实际上是将原有财产制度中人们之间的利益对立引出来,一部分人通过发展非公有经济、参与市场竞争而获得更多的利益。从整个社会财产制度来看,一元的财产制度转变成多元的财产制度,人们之间利益对立关系向利益中庸的状态转变。在多元经济主体并存和竞争的条件下,政府逐步提供制度安排,使得社会主义的市场经济制度逐步建立和完善。通过这种变法模式,中国财产制度中的激励机制和约束机制被巧妙地解决了。

值得指出的是,中国体制内的国家垄断型财产制度的问题并未能根本解决,随着中国社会主义市场经济制度的成熟,体制内财产制度的矛盾也日益显示出来。这个问题的焦点是,如何处理好公共产品与私人产品的关系,如何处理好政府与市场的关系。一方面,国有垄断型财产制度在提供公共产品方面具有规模经济优势;另一方面,国家直接提供公共产品又不能像私人产品的提供那样很好地解决"搭便车"问题。一方面,市场经济存在着"市场失灵";另一方面,政府干预经济又可能存在"政府失灵"。中国财产制度变革已经涉及如何处理好这两方面的关系问题。在这里,要避免两种极端的做法和观点:一种是彻底改变原有的国家垄断型财产制度,实行完全的私有化;另一种是将原有的国家垄断型财产制度保持不变。虽然中国财产制度的整体结构究竟如何仍需要进一步探索,但存在着一些基本原则是必须遵守的基本原则:多元化的财产制度并存;财产制度问题的解决服从于能否促进经济增长和社会生产的扩张,以及是否遵循社会公平。

四、约束条件:社会、政治和文化

与财产制度变迁直接相关的问题就是如何正确处理好一个社会的公平与效率关系问题,因为财产制度的每一次变迁都涉及公平和效率问题,财产如何分配本身就是一个公平的问题,而财产制度的确定又是一个效率问题,即什么样的财产制度能够促进经济效率的提高;从另一方面看,公平和效率又构成财产制度变迁的目标体系。既然中国借鉴西方的理论和经验,而又拒绝"华盛顿共识",既然中国没有选择休克疗法改革方式,那么,中国的市场制度和财产制度就是一种有别于西方产权制度和市场制度的中国式的制度,所以,分析中国的财产制度变迁就不能套用西方新古典经济学,以及基于这种分析框架的新制度经济学,尽管这些经济理论也有助于我们分析中国财产制度变迁。中国财产制度变迁的背后存在着一种不同于西方经济学的逻辑,这种财产制度变迁的逻辑就是"变法模式",因为中国财产制度变迁的基本制度前提和社会、政治、文化背景不同于西方国家,或者说,中国财产制度变迁的约束条件完全不同于西方式的财产制度变迁。

政权的统一和巩固是实行变法模式的政治前提。虽然中国财产制度的变法模式是一种自上而下与自下而上相结合的模式,也是一种构建和演进相结合的模式,但如果不存在相对集权的政治制度,或者说如果没有统一和稳固的政治权力,财产制度的改变将会出现不断分析问题和解决问题的主体缺失,或者说财产制度变迁中缺乏解决危机的主体和应付挑战的应战者,其可能的情形是，人们陷于对财产的争夺而无心发展经济，进而导致社会政治危机，中国社会的注意力将集中在财产权分配的政治斗争之中。中国的变法模式以挑战和应战为线索，财产制度的变革中充满着领导的艺术，这些领导艺术包括：采用渐进式改革方式，拒绝接受“华盛顿教义”；根据中国的实际情况精心安排和实施改革的步骤；通过过渡阶段逐步适应改革，或者说进行边际改革、尽量减少社会成本；通过竞争而不是通过改变所有权来提高经济效率；重视社会资本的重要作用。[①] 正是中国政府的领导艺术，政府主导和市场演进的各自优势，自上而下改革和自下而上改革的各自优势被很好地结合了起来。与中国以往的变法不同，中国转型期财产制度的变法中充分发挥了市场的演进作用和自下而上改革的诱致性动力。无论是国家垄断型财产制度内部产权结构的改革，还是鼓励发展非公有制经济和引入市场竞争的改革措施；改革的顺序和步骤还是改革方式的选择，都是在统一的集权政治制度下实现的。与以往变法模式不同的是，集权式政府始终将自己置于市场制度框架的约束之下。

开放社会是实现变法模式的现代社会基础。在一个开放的社会中，居于支配地位的利益集团受到更多的潜在竞争对手的约束，这就迫使集权政府将权力用于变革原有的不合理的财产制度，而不是用来巩固和加强等级制的社会结构。在一个开放的社会中，西方的政治民主制度和市场经济制度，必然约束政府改变国家垄断型财产制度，实现多元化的财产制度，只有多元化的财产制度，才能使得一个社会中各成员之间的利益关系处于中庸状态。不同地区和不同社会背景的人们之间频繁交往，使得处于国家垄断型财产制度条件下的人们对于每一次财产制度变迁的产生更加理性的预期，并从成本与收益的比较中选择更适合的改革方式和改革途径，从而在挑战和应战中，在不断地解决问题的过程中，政府与公众之间更能产生预期利益的一致性，即政府的变法模式更能够获得公众的支持。这种社会环境更有利于“中庸利益机制”发挥作用。当公众和政府对于财产制度的预期收益均大于预期成本时，财产制度变革发生，大大促进经济增长，随着经济总量的增大，人们之间原有利益的状态逐渐转化成利益中庸状态。

中国集体主义文化传统是实现变法模式的文化约束条件。中国是一个集体主义文化十分发达的国家，人们具有很强的尊重家族、尊重国家的观念，人们注重社会成员之间的和谐共处，并自觉地将和谐共处当作生活的基本法则。

① 参见[印度] 阿嘎瓦拉：《中国的崛起：威胁还是机遇》，山西经济出版社 2004 年版。

这一点不同于西方世界关于原罪和获得进步过程中充满冲突的理念,中国人集体主义文化还表现在强调权利与义务的统一,而不是一味地要求权利和争取个性自由。这些文化土壤有利提高政府的权威,并在财产制度变革中对政府行为产生较好的预期。特别是在财产制度处于危机状态、国家贫穷和谋求发展的条件下,中国人能够对财产制度变革承受更高的个人成本和社会成本。

中国的财产制度演变肇始于危机,在挑战和应战过程中,在不断地发现问题、分析问题和解决问题的过程中,中国成功地实现了传统的国家垄断型财产制度背后利益对立状态向多元化财产制度背后利益中庸状态的转变。中国实行了一种变法模式,这种模式既不同于经典的政府强制型制度变迁模式或市场诱致型制度变迁模式,也不同于二元规则演化模式。中国在财产制度上实行变法模式,并非一种想象或主观的任意选择,而是基于中国传统的国家垄断型财产制度危机的初始条件,中国特定的社会、政治、文化等的约束条件,基于从中国经济转型的实际出发,政府与公众共同应对财产制度危机的挑战、共同解决利益冲突和利益中庸问题的求解过程。

五、私有财产权中的"原罪"问题

在马克思的《资本论》和《政治经济学批判大纲》中,原始资本积累是用来表明产生不断前进中的资本积累的先决条件的过程,而这些先决条件的性质是从资本的概念中派生的。通过原始资本积累过程,马克思详细分析了资本主义生产方式产生之初的农业革命、商业积累和市场扩张,以及工业资本的诞生。在马克思看来,资本主义生产方式中的"原罪"概念是指资本原始积累属于暴力掠夺行为,马克思还特别提到掠夺殖民地的作用。美洲金银产地的发现,土著居民的剿灭、奴役和他们在矿坑中的活埋,对东印度开始进行的征服和劫掠,把非洲变为一个商业性黑人猎夺场所的转化:这一切都标志着资本主义生产时代的曙光。这些牧歌式的过程,也就是原始积累的主要要素[①]。资本主义生产方式的产生一开始就是从掠夺开始,只不过资本主义生产方式确立之后,资本的掠夺方式发生了变化——从暴力的直接掠夺过程转向资本对工人的间接掠夺过程。资本原始积累是生产资料和劳动力相分离的过程,资本原始积累的完成即意味着资本主义生产方式的确立,而资本主义制度是一

① 马克思:《资本论》第一卷,人民出版社1963年版。

种雇佣劳动制度,资本原始积累中的“原罪”即是资本主义私有财产权制度中的“原罪”。从这种意义上说,财产所有权中的“原罪”概念深深地扎根于一个社会的生产方式之中。这正是“原罪”概念的经济学意义。

值得注意的是,马克思所论述的私有财产权中的“原罪”是指从一种私有财产向另一种私有财产权转换过程中产生的,即从封建社会经济结构向资本主义社会经济结构转换过程中产生的,这是一种狭义的、经典的财产权“原罪”概念。从广义上说,私有财产权制度,或者以私有制为基础是生产方式的确立,不论是从最初的私有制制度确立还是新的私有财产权制度确立,都是一种直接的、赤裸裸的掠夺过程,这种掠夺方式既可能是血腥的暴力掠夺,也可能是直接践踏法律制度和其他非人道的掠夺方式。这种直接的掠夺过程是为另一种新的生产方式的确立开辟道路的,所以,财产所有权中的“原罪”概念是指私有财产权确立之前——先决条件产生过程中的直接掠夺行为。本书首先在这种意义上研究财产所有权中的“原罪”。

那么,为什么私有财产制度确立之前必然会经历一个直接掠夺过程呢?这种直接掠夺过程深刻地影响着随后到来的生产方式的性质。就资本主义生产方式来说,这种直接掠夺行为在私有财产制度确立之后,转变为资本剥削劳动的合法的间接掠夺方式。第一,以私有财产制度、资本雇佣劳动、市场配置资源等为特征的生产方式或经济运行方式的建立需要一个财富积累的“前过程”。资本积累是这种生产方式的特征。就社会主义生产方式和所有制形式来说,从个体经济向私有经济转换同样也需要一个财富或资本积累的“前过程”,因为只有财富积累和积聚到一定规模时,以私有财产制度、资本雇佣劳动、市场配置资源等为特征的生产方式或经济运行方式才能够最终确立起来。正是通过资本原始积累,大规模的资本雇佣劳动的生产方式才得以确立。问题在于,社会主义经济中存在着的是多元化的生产资料所有制,社会主义市场经济体制也不同于资本主义市场经济,这就必然会使资本雇佣劳动的生产方式在范围和程度上具有自己的特点,因而私有财产权中的“原罪”概念也不同于资本主义。第二,以私有财产制度为特征的新经济结构从原有的经济结构(计划经济体制或封建经济结构)中诞生的,在两种不同的经济运行方式和制度结构转换之间,必然出现一个过渡阶段。在这个过渡阶段,制度的真空状态为直接掠夺财富行为提供了生存的土壤。在新制度尚未能完全建立和市场游戏规则尚存在诸多漏洞的条件下,经济人会存在这样一种预期:直接掠夺行为的预期收益大于预期成本;或者直接掠夺预期收益大于间接掠夺预期收益,而其预期成本反而小于间接掠夺的预期成本。第三,在这个过渡阶段,国家未能及时地制止此种直接掠夺行为的原因是多方面的。在经济转型面前,国家面临着制度供给短缺,社会各利益主体之间的博弈尚未能达到均衡,国家或政府内部存在着寻租行为,政府中存在着既得利益集团,规范市场或提供某些禁止直接掠夺行为的新制度安排可能与政府中的既得利益集团的利益并不一致,等等。

既然私有财产权中的"原罪"是该种财产制度确立之前的一种直接掠夺行为,那么,中国经济转型期间,随着私有经济产生、发展和私有财产制度诞生,必然也会出现一种"前过程"以及伴随这种前过程的原罪,因为在中国从计划经济向市场经济转型期间存在着"原罪"产生的社会经济基础——新的财产制度和经济运行方式的出现,这种生产方式中存在着私有产权制度,资本积累是该种产权制度运行的特征,市场在整个社会资源配置中起基础性作用,经济运行方式转换过程中同样出现政府干预和制度缺位等。

六、财产制度转型中存在的问题

与中国渐进式改革相适应,中国私有财产制度的确立也经历一个渐进式过程,从个体经济到私有经济的发展,从个人生产权利和消费权利的获得到私有财产制度的法律承认和确立,中国"新财产制度"——生产方式中部分私有制的产生无疑也经历过一个"前过程"中的直接掠夺行为以及相应的"原罪"的产生。私营经济虽然被定性为社会主义经济的重要组成部分,从而使社会主义经济条件下的私营经济具有诸多不同的特征(如以公有制为基础,并未能确立"私有财产神圣不可侵犯的准则"等),但是,中国私有经济的产生和发展以及相应的私有财产制度的建立仍然未能逃脱"一般性"——私有财产权中的"原罪"问题,即中国的"新财产制度问题"。私有财产制度确立为什么必须要经历一个具有"原罪"的前过程。这一点并非仅仅用人类对物质财富的贪婪来解释,更主要的原因在于,私有财产制度确立需要一个最初的资本财富的积累和积聚过程,由于私有产权在创造资源配置效率上的比较优势几乎无一例外地受到"转制过程"中政府的保护和纵容,导致在私有财产制度产生和发展过程中政府管理失范、规则缺失。这其中既有政府中既得利益集团阻碍提供新制度安排的因素,又有转制过程中缺乏信息的连续性,以及市场的不完全性和不完善等客观因素的约束。中国经济转型过程中所出现的"新财产制度问题"主要表现在以下几个方面。

(1) 权力掠夺财富。中国经济转型是从传统的高度集中的计划经济体制向社会主义市场经济体制转换,在产权制度上,从原来单一的公有制转向多元化的产权制度,其中最重要的就是私有财产权制度的产生和发展。从政府权力转向市场权力,难免会出现权力与财富的交换,权力寻租条件在于放开市场之后,政府权力的垄断地位并未能也不可能完全失去,政府权力所造成的垄断租金在市场中必然会诱导经济人去寻租。通过权力寻租所造成的私有财产权制度主要存在两种途径:一种是政府官员通过权力获取大量财富之后退出官场,从而成为私有财产权的拥有者;另一种是市场上的寻租者通过购买权力而致富,也成为私有财产权的拥有者。在国有企业转制过程中,一些当权者甚至直接私分国有财产。显然,由此而建立的私有财产权制度具有直接掠夺性质。值得注意的是,经济转型初期的权力掠夺财富并不同于成熟市场体制下的权力寻租行为,这不仅表现在权力寻租的规模较大、较普遍,而且表现在权力掠夺财富更公开、更直接,这一点在俄罗斯私有化改革过程中表现得更加充分,这也是我们能够从转型期的权力掠夺财富中窥见私有财产权中"原罪"的原因。权力并非个人私有财产,然而权力的拥有者将权力作为个人私有财产与财富进行交换,这种行为无疑是直接的掠夺行为,由此建立起来的私有财产制度显然也难逃"原罪"之责。由此进一步推论,私有财产权中的"原罪"并非仅仅产生于一种生产方式诞生之初,从广义上说,只要是通过对财富直接掠夺产生的私有财产权就存在着"原罪"。这种对"原罪"概念的延拓有助于我们更好地理解私有财产权的性质,所以,在中国经济转型期间,并不因为社会主义公有制占据重要甚至主体地位就改变了私有财产权中的"原罪"。

(2) 钻空子掠夺财富。在经济转型过程中,市场经济规则尚未完全建立,而计划经济体制改革已经展开,双重经济体制运行的真空状态为人们直接掠夺财富创造了制度基础。在体制的真空状态,会出现财富的直接掠夺行为,利用制度的缺失和管理的失范一夜暴富者虽然并非都采用暴力手段,但这种致富显然不是通过遵守市场游戏规则的资本积累和积聚,这些暴富者或者通过与权力勾结而暴富,或者利用信息的不对称而聚敛公众财富,或者利用自身所处的得天独厚条件鲸吞国家财富,或者通过既定的不完善制度规则直接占有他人财产等。虽然钻空子掠夺财富方式即使在成熟市场体制下也存在,但在经济转型初期这种行为具有不同的特点:制度不完善、不健全;制度处于真空状态;一些行业、一些领域根本不存在制度约束条件;虽然政府也不断提供新制度安排,但这些制度往往只是"头痛医头,脚痛医脚"。在中国经济转型时期之初两种制度并存的条件下，通过钻空子掠夺财富实际上是对原来属于公众的国家财富的直接掠夺。这并非普通的破坏市场游戏规则的行为，而是在特定时期、特定条件下的一种直接掠夺行为，由此而产生的私有财产权，其“原罪”行为显而易见。虽然这种钻空子掠夺财富的方式存在着被发现和被惩罚的风险，但在双轨制条件下，这种直接掠夺行为的风险成本极小，而收益巨大。在中国经济转型时期，伴随着大量国有企业的转制，一些人通过各种方式变买变卖国有资产，大量国有资产流失转变成私有财产，这其中既有利用权力直接掠夺财富行为，又有钻空子式直接掠夺财富的行为。

（3）公开违法掠夺社会财富。这是通过直接违法而获取财富从而拥有私有产权的类型。违法者为什么选择犯罪呢？这主要有两方面原因：一是在经济转型期经济犯罪被发现和查处的概率低，这除了法制不健全之外，还有政府管理缺失，难以应对转型中出现的新情况、新问题，信息的不对称和缺乏信息的连续性，使得政府难以及时地判断什么是合法行为以及什么是非法行为。由于犯罪者风险成本极低，直接导致其通过违法方式掠夺财富。二是即使被发现和查处，所受惩罚的成本也较低，当犯罪者对于犯罪行为的预期收益大于预期成本时，他会选择犯罪。在中国经济转型过程中，一些人明知道某种行为是违法的，仍然选择这样做，如果被发现和查处，坐了几年牢后，仍然是富翁。一些人通过非法行为直接将国有资产转换成私有财产，然后选择逃往国外，大量的资本外逃和证券、股市中的洗钱行为构成了公开违法、直接掠夺社会财富的主要渠道。

私有财产制度是经济转型中出现的“新财产制度”，在私有财产制度建立的过程中，不排除通过勤劳致富或利用机遇而发展起来的私人资本，以及由此建立起来的私有财产制度，然而，“新财产制度问题”是存在的，从资本主义私有制确立之初的资本原始积累到社会主义市场经济确立之初的私有财产制度确立，私有财产权中的“原罪”从一种“典型暴力”掠夺行为走向“非典型暴力”的直接掠夺行为，这正是社会主义经济中私有财产权中的“原罪”与资本主义私有财产权中的“原罪”的不同之处。私有财产权中“原罪”概念的变化主要基于它们得以确立的不同制度经济环境。中国经济转型是一种政府控制之下进行的渐进式制度变迁，这种转型也并非全盘私有化，私有产权仅仅是社会主义财产权形式之一。社会主义确立私有财产权制度主要基于发展社会生产力和建立社会主义市场经济体制的目标。

七、从历史角度分析

(一) 正确评价中国转型期私有财产权中的“原罪”

从一般意义上说,私有财产权中的“原罪”是指一种对财富的直接掠夺行为,这种掠夺行为无论在资本主义私有财产制度确立之初,还是在社会主义私有财产制度确立之初,都无一例外地存在。不同的是,资本主义私有财产制度确立中的直接掠夺行为属于典型暴力的、血腥的直接掠夺行为,而社会主义私有财产权中的直接掠夺行为则属于非典型暴力的、和平的直接掠夺行为。尽管如此,中国经济转型时期私有财产权确立之初也经历过一个原罪的“前过程”,换言之,社会主义私有财产权中同样存在着“原罪”。承认在这个“前过程”中,国有资产大量转变成私有财产,出现缺乏法律和道德约束的大量犯罪行为,大量国有资本外逃,以及在双轨制经济运行期间对社会财富疯狂掠夺等,并非为了否定私有制,而是为了更好地理解私有经济的性质。虽然“前制度时期”的原始资本积累与资本积累两者之间只存在经验上的联系,并无必然的逻辑联系,但是认清社会主义私有财产权中的“原罪”将有助于理解:只有在法律制度约束下,私有财产权制度的产生和发展才能够通过产权激励和合法的逐利行为实现社会生产力发展和社会主义市场经济体制的目标。在某种意义上,我们从私有产权的“原罪”中恰恰可以找出市场经济自发性、盲目性、破坏性甚至掠夺性产生的根源。

需要强调的是,评价经济转型期“新财产制度问题”——私有财产权中的“原罪”需要遵守一条正确的标准,这就是看它能否推进生产力发展。实际上,私有财产制度在中国的确立具有历史的进步性。这种历史的进步性主要表现在:第一,私有财产制度确立促进了中国市场经济的发展。私有产权制度是市场经济运行和发展的重要基础,私有制经济在市场经济中存在着自我约束机制和激励机制,决策灵活,对市场价格信息灵敏,各个利益主体在市场上的逐利行为促进资源配置效率达至帕累托最优。私有经济的产生和发展有力地推进了中国社会主义市场经济体制走向完善和成熟。第二,私有财产制度推动了中国经济的多元化。在传统的计划经济体制下,社会文化生活是单一的,生产资料是单一公有制,通过经济转型和私有产权制度的确立,多元化的所有制结构适应了多层次的生产力发展要求,社会经济生活充满活力。在政治上,包括私营主在内的各社会阶层参政议政,推动了中国政治民主化进程。私有财产制度的确立也带来市场经济价值观和世界观,从而中国文化变得更加多元化、个性化。这些都推进了中国的社会文明和社会进步。第三，私有财产制度推动了法制化建设。市场经济是法治经济，私营经济产生和发展需要更加健全的法制环境，不仅私营经济需要在法律框架下运行，公有经济和国有经济也需要在法律框架下运行，不仅市场需要法治，政府也同样需要法治。第四，私有财产制度成为推动中国工业化和现代化的重要制度基础。从世界经济发展史来看，私有产权的界定和保护促进了资源配置效率和社会生产力发展，甚至被视为西方世界兴起的秘密。中国作为一个发展中国家，工业化和现代化任务尚未完成，促进经济增长和经济发展将成为中国今后相当长时期的中心任务，私有财产制度确立和私营经济的发展不仅有利于实现社会主义市场经济体制目标，同时有助于实现中国的工业化和现代化。第五，私有财产确立加速了中国经济国际化和一体化的进程。世界经济一体化进程加快将促进中国经济与世界经济接轨，资本主义经济是以私有制为基础的经济，中国私营经济产生和发展将推动中国经济发展走向更加开放，进一步增强中国经济的综合竞争力。

(二) 经济机制与历史机制

评价私有财产权中的"原罪"不能离开特定的社会生产方式，即特定的生产力发展状况和生产关系结构。如果社会主义生产方式下的私有产权制度能够促进社会生产力发展，那么，这种私有财产权中的"原罪"就蕴含着历史的进步性，因为伴随着这种"原罪"，社会生产力获得发展，社会进步了，历史前进了。这就是我们为什么一方面在道德上指责私有财产中存在着"原罪"，另一方面又将这种道德放在历史背景下考察，从而进一步肯定私有财产权的历史进步性。在这种意义上，我们可以将私有财产权中的"原罪"看作历史前进和社会进步的代价。从经济学上说，私有财产制度在中国的确立促进了资源配置效率，推进了社会生产力的进步，经济机制的作用是客观的、不以人的意志为转移的，确立私有财产权制度是遵循客观经济规律，其中的原罪也只能说明建立在私有产权基础上的市场机制从一开始就并非是一种完美的经济机制；从历史观上说，随着私有财产权制度确立和相应的市场经济体制的完善，中国从传统的农业社会转向现代工业社会，历史前进了，所以，私有财产权中的"原罪"也只能是一种新制度的历史局限性，历史发展的内在机制同样是客观的，中国对私有财产权制度的确立同样是顺应了时代和历史的潮流。如果我们脱离特定的生产方式来谈论私有财产权的"原罪"概念，就会使这种谈论变成抽象、空洞和平面的；从经济机制来解析历史机制，从特定的生产方式来解析私有财产权的“原罪”概念，这种“原罪”的解析才是历史的和具体的，这才是历史唯物主义的科学方法。如果我们从人的主观需要和抽象的民主、自由观念来分析中国经济转型期的“新财产制度问题”，不仅是没有意义的，也是十分有害的。马克思在分析资本主义的原始积累时，严厉地指出资本“从头到脚，每个毛孔都滴着血和肮脏的东西”，然而马克思并没有停留在这种抽象的和经验的控诉上，而是以冷静的科学态度分析了这种原始资本积累，同时指出，在这种原始资本积累基础上建立起来的资本主义生产方式与封建生产方式相比，具有历史的进步性。从这种意义上说，政治经济学的分析方法是“冷血的”，却是科学的。

中国经济转型期私有财产权中的“原罪”问题是不容回避的，无论出于好意去隐瞒，还是出于恶意去揭露，它都是历史事实，正如原始资本积累的“原罪”对于资本主义生产方式的确立是历史事实一样。问题在于，我们只有从历史唯物主义方法出发，以经济机制解析历史机制，经济转型期私有财产权中的“原罪”才是真实的，对这种真实原罪的分析才具有真正的人文关怀，也使我们正确面对这种历史进步的代价，从经济学中发现历史，从历史中发现经济学。

第五节 共享经济与制度变革[①]

一、共享经济的实质

共享经济也叫分享经济。共享经济的本质在于降低交易成本，使原来不可交易的资源进入可交易的范围。有些资源虽然既有供给也有需求，但是相互寻找、讨价还价、订立合同的成本太高，导致无法进入市场交易，只能闲置，而移动互联网的出现降低了交易费用，使这些资源变为“可交易的”，从而产生庞大的共享经济规模。如科斯所说，交易费用的水平当然也受到技术因素的影响，一个例子是今天被广泛讨论的网络技术的发展对交易费用及产业组织的影响。交易费用中的大部分是搜集信息的费用，自从网络事实上降低了获取信息的成本后，也就降低了交易费用。共享经济的一个颠覆性影响是互联网及移动互联网的形成导致交易领域的革命，减少了信息不对称，降低了交易成本。基于大数据的信用记录加强了市场主体的信用约束，而社交网络的扩展有利于实现规模效应。这些变化导致企业边界的变化和个人与组织关系的

① 卢现详：《共享经济：交易成本最小化、制度变革与制度供给》，《社会科学战线》2016 年第 9 期。

变化,互联网和云计算在局部上大幅降低了企业间的交易成本;消费者通过互联网和云计算的消费过程创造出新的专业化价值,并带来个体经济的强势回归。

互联网及互联移动减少了获取价格信息的成本、比较的成本,使过去认为不能的潜在交易变成了可交易的,更重要的是它解决了从人格化交换到非人格化交换中的问题,使远距离的陌生人的交易成为可能,解决了信息不对称中的一些问题。共享经济既不是科斯传统意义上的市场,也不是传统意义上的企业,即出现了"科斯地板"下新的商业模式。共享经济是通过制度和经济组织形式的变化来降低交易成本的。没有组织形式的变化,互联网及移动互联网的技术创新难以产生共享经济的商业模式。其商业模式创新的逻辑,一是消费者因为交易费用的下降从过去的"以买为主"转向现在的"以租为主"。二是组织形式上使一部分企业去中介化和再中介化。去中介化和再中介化实质上是把过去的个人与企业的雇佣关系转变为个人与共享平台的合约关系,实际是用一种合约取代另一种合约,新的合约可以降低交易成本。这个过程表明,互联网技术变化需要组织创新去挖掘新技术的潜力。共享经济中的去中介化和再中介化就是通过组织创新去挖掘移动互联网技术的潜力。三是共享经济使一部分经济活动由"劳动者—企业—消费者"的传统商业模式转向"劳动者—共享平台—消费者"的共享模式。

互联网及移动互联网使马克思的"自由人"联合体的构想在一定范围内得以实现,因此共享经济预示着人类经济社会关系的重大变革。

共享经济验证了奥斯特罗姆提出的观点:在有些情况下,社群对资源的使用和管理的交易成本比市场和国家下的交易成本还要低。这是因为社群在不断沟通和协调的基础上所做的制度安排比外部强加(如政府)的制度更有效。互联网营造的无数个或大或小的公共空间为集体行动创造了更好的条件,并且互联网基础上的集体行动还不受时空的限制。

共享经济是通过共享平台来匹配供求双方从而降低交易成本,实现资源的最佳配置。这些共享平台既有市场的功能又突破了传统市场的时空限制,是对传统市场经济配置资源理论的又一种拓展。如前所述,去中介化与再中介化的过程就是建立共享平台,这些共享平台公司并不直接拥有固定资产,而是利用移动设备、互联网支付等技术手段有效地将需求方和供给方进行最优匹配,通过撮合交易获得佣金,从而达到双方收益的最大化。市场交易可分为匿名市场交易与非匿名市场交易。价格机制是匿名市场交易成功的关键,例如,在股票市场上买卖股票不需要知道你是跟谁达成了交易。但是,在劳动力、器官移植等非匿名市场交易中,供求双方都需要了解对方详细的信息。这些交易在对象之间存在很强的单向或双向选择性,价格机制对他们来说不足以解决问题,因此需要非价格机制发挥作用。这就是现代经济学中兴起的匹配和市场设计。例如,可以设计中央匹配程序把医院对学生的排序和学生对医院的排序结合起来,这种机制就是盖尔-沙普利(Gale-Shapley)机制,这种设计机制可以弥补自发匹配的市场的不足,提高市场运行的效率。共享经济中的共享平台实际上是一种匹配程序,是供给者与需求者之间的中央派位制度,它大大地降低了交易费用。而对于共享经济平台而言,规模效应明显。

共享经济的匹配程序不仅降低了交易的成本和价格,更重要的是丰富了购物的意义或买卖双方的关系。沃尔玛、亚马逊曾经是商业模式的代表,如今人们在互联网和移动互联网上对商品的比较比在沃尔玛对商品的比较更方便、范围更广,互联网购物者将会更看重购物的意义而不仅仅是购买商品。互联网带来的不仅是成本和价格的降低,更重要的是带来互联网思维。互联网思维正在渗透到经济、政治、文化、社会等一切领域。互联网思维不同于工业思维,前者是基于关系的思维,而后者是基于事物的思维。基于关系的思维使政治经济学所强调的人与人之间关系的研究得到了升华。这是流通领域的又一场革命,产生了进一步的分工,共享平台就是在买卖双方之间建立关系并分享资源的网络。

这场流通领域的革命首先表现为一种分工的细化,即强调元数据(关系)和出货(供应链)的分工、强调购物的意义。其次,共享经济也是国民消费模式的转变。国民消费模式体现了价值观转变:由注重国家到注重家庭,再到注重个人,最后到注重社会。

共享经济是一场认知盈余的革命。共享经济的产生除了产能过剩这个前提外,另一个重要前提就是认知盈余。在克莱·舍基看来,认知盈余就是受过教育并拥有自由支配时间的人的自由时间的集合体,这些人有丰富的知识背景,同时有强烈的分享欲望。

分享和创造的价值远大于消费。这是消费领域的一场革命,科技的发展——互联网给了人们一个低成本参与全球性大项目的机会。从深层次看,认知盈余是信息时代的剩余价值。信息时代的繁荣有赖于各种商业机构或非营利机构对这种剩余价值的引导和利用。认知盈余的本质是,如果把人当成一个有限社会资源的集合体(时间、智力资源),在传统媒介时代,这种资源在投入谋生目的之外的剩余部分大多用于个人娱乐消耗，而在网络媒介时代，剩余资源通过群体协作和个人行为聚合汇集成公共性的社会资源，进而创造出丰富的文明成果。

从经济学上看，认知盈余价值的实现就是共同生产。传统经济学是把生产者与消费者分开的，而奥斯特罗姆对标准经济理论的重要理论拓展就是共同生产的概念。共享平台就是“消费者—生产者”思想的体现。共同生产就是指一个消费者实际参与了生产的过程，只是他也支付一些成本给“常规生产者”与他合作生产产品。

二、共享经济是一场重大的制度变革

共享经济与其他人类社会的创新一样，能否产生并不仅限于技术层面或经济层面。我们把共享经济分为共享经济的运行特征和共享经济的制度特征，共享经济的运行绩效与制度创新红利的结合推动共享经济的制度变革。制度能否适应共享经济运行层面的需要是共享经济形成的关键。

（一）共享经济的运行特征

共享经济的运行特征不同于传统经济的地方表现在以下三个方面：（1）共享经济通过信息网络和信任搭建共享平台。建立这种共享平台的内在动力机制有：第一，信息技术和网络社会，包括开放数据、网络的普及。共享经济是移动互联网下的产物，包括全民移动化、移动支付等技术创新。第二，人口增长以及城市人口比例的增加为共享资源和服务提供了更多机会。第三，供给者从闲置物品中获得了额外的收益，而消费者通过合理的价格满足了需求，消费者感觉有更大的主动权和透明度，这种共享、共赢是建立共享平台的内在动力。（2）共享经济是暂时转移闲置资源的使用权。共享经济是基于陌生人整合线下的闲散物品或服务者，且存在物品使用权暂时转移的一种商业模式。把闲置的资源提供给真正需要的人、创造新的价值，将成为未来世界经济增长的新动力。（3）共享经济以闲置资源的重复交易和高效利用为表现形式。共享经济分享的规模和使用频次大，并且产权边界相对清晰。共享经济是“一次购买，多次出租”的商业（模式）思维在互联网条件下的体现，不断出现的共享平台将建立一个完整的商业生态系统。共享经济通过重复交易和高效利用大大减少了人类对资源的占用和环境的破坏。

（二）共享经济的制度特征

（1）共享经济是产权领域的一场变革。共享经济要求对产权、规制及制度的设定进行变革，它与传统经济对产权、规制及制度的设定的要求是不一样的。共享经济条件下产权变革主要表现在交易成本越低，使用权越重要。交易成本下降，使产权的经济潜力得到更好的利用。在过去，我们必须要拥有一个物品，才能够使用它；而在今天，所有权和使用权之间的关系就变得非常模糊了。每一个人所拥有的物品多余的产能，都有可能在一个共同的平台上分享。共享经济使产权观念向共享观念转变。(2) 共享经济是租赁合约取代买卖合约，在合约经济学看来，“共享”其实是私产制度下的一种合约安排。从合约选择的角度看，互联网技术的发展会导致租赁合约取代买卖合约。当交易费用为零，是采用租赁还是买卖合约对结果没有什么影响，都会得出相同的资源分配。实现租赁合约和买卖合约都有寻找成本，对于租赁合约来讲，为防止资产出租后使用不当而大幅贬值，就必须有一个监管的问题，租赁涉及的额外监管成本由此而来。当租赁合约的交易费用比买卖合约的交易费用还要高，共享经济就难以产生，并不是所有产品都可以实现共享经济。(3) 共享经济是从人格化交换到非人格化交换的转变。人格化交换就是在熟人圈里有限范围内的交换，它建立在互惠、重复交易以及非正式规范的基础上。人格化交换从本质上将经济活动范围限制在熟人圈里，需要进行重复的面对面的交易。而非人格化交换则是更高级的交易形态，它能在陌生人之间交换，这要求发展经济和政治制度解决陌生人之间的交换问题，处罚那些不守信用的人，为合作行为提供激励机制。

共享经济的发展使从人格化交换到非人格化交换变成现实。非人格化交换是现代市场经济的基础。在传统社会，人们之间就存在共享，但不是共享经济。从共享到共享经济的转变是一种质的飞跃。实现这一转变的关键是从纯粹的无偿共享、信息共享转变为以获得一定报酬为主要目的、基于陌生人且存在物品使用权暂时转移的“共享经济”。共享经济的形成首先要解决陌生人之间的交易问题，而陌生人之间交易的关键是信任和信用问题，也就是非人格化交换问题。非人格化交换与交易成本的降低是一个问题的两个方面，人类历史上不断通过制度和组织创新及激励机制的建立不断扩大交易的范围，实现从人格化交换到非人格交换的转换。在这一过程中，有的国家或地区成功了，也有国家或地区难以实现从人格化交换到非人格交换的转换，而今天互联网的发展为人类解决这个问题创造了技术条件。

(三) 共享经济是技术创新与制度创新有效结合所创造的新经济形态

从世界范围来看，美国的共享经济发展得最快。是不是互联网及互联移动产生以后就自然而然地产生共享经济呢？不一定。那些有制度优势的国家和制度适应性效率高的国家更有利于共享经济的发展。正如诺斯所说，“全球经济”并不是同一水平的竞技场。发达国家在制度/组织框架方面有着重大优势，这一制度/组织框架能够获取整合分散知识所固有的潜在生产率，而分散知识是在一个专业化的世界中有效率地生产所必需的。共享经济的运行（技术）特征与制度特征的相互促进对共享经济的发展至关重要。

互联网技术的发展与制度/组织的关系表现在以下几个方面：(1) 互联网技术创新的同时需要相应的制度/组织创新。共享经济的交易成本最小化从表面上看是互联网技术的结果，实质上是制度/组织变化的结果。共享经济关键要去中介化和再中介化，没有这种组织上的变革，共享经济就难以形成。最优的制度就是交易费用最小化的制度。通过组织形式的创新还可以减少不利的制度环境对经济的影响。互联网技术只是降低与交换的效率有关的交易费用，但是有可能带来监督机会主义行为有关的交易费用的上升，而要降低这类交易费用就需要制度创新。互联网技术带来的交易费用的降低有可能被机会主义行为有关的交易费用的上升所抵消，从而使共享经济难以形成或发展。这可以解释为什么共享经济在美国等国发展较快。这些国家成熟的市场经济体制和完善的法律制度为共享经济的发展提供了制度基础。(2) 互联网技术进步的内容和进程受到制度安排的影响。互联网带给我们的好处是多方面的，互联网也是一把双刃剑，用得好促进生产力的发展，用得不好就阻碍生产力的发展。能否用好互联网的关键在于制度安排。制度创新和组织变迁的功能在于降低这些交易费用，这种制度创新和组织变迁的好处在于知识产权得到更好的界定和保护，使私人收益率等于社会收益率、降低创新成本、扩大市场规模。知识和技术存量规定了人们活动的上限，但它们本身并不能由潜在生产力转化为现实生产力。互联网技术如果不与共享平台（Uber、Airbnb）这些组织方式与制度联系起来，就不可能产生共享经济。共享经济能发展到什么程度取决于制度的跟进和制度的适应性效率。好的制度能促进共享经济发展，而不好的制度不但不利于共享经济的发展，有时甚至起阻碍作用。制度优势将决定共享经济发展的速度和规模。(3) 互联网技术的使用和推广需要制度和组织的协调配套。

为什么工业革命产生在法治国家？其内在逻辑为：分工—交易—合约—承诺（信用）—法治。经济史的研究表明技术知识和组织知识的巨大进步是在工业革命中实现的，这些进步要依赖有利于资本积累和市场交易的制度的逐步演变,影响演变的因素包括个人的公民自由、财产权利、法律对契约的有效保护、受约束的政府等。技术本身并不能说明一系列长期性变化,因为技术变化要促进经济社会的发展必须建立在最根本的组织变化基础上。

三、共享经济形成的关键是制度供给

历史上的重大商业模式变革或重大技术创新的使用都需要相应的制度供给。互联网技术、产能过剩、对共享平台的需求等都是客观存在的,能否把这些转变成共享经济,关键在于制度供给。制度供给中要处理好共享经济运行和制度的关系。共享经济的制度安排能否适应共享经济的运行特征并保证其有效运行将在很大程度上决定共享经济的发展。共享经济既产生于传统经济,但又不同于传统经济。共享经济是对传统经济的替代、补充和竞争。

一、复习思考题

1. 如何区分法律上的所有权与经济上的所有权?
2. 试述马克思产权理论的特征。
3. 试述马克思主义企业产权理论的主要内容。
4. 为什么产权是复数概念?它包括哪些权利?
5. 试述社会主义产权结构和功能。
6. 试述社会主义财产制度变迁过程。
7. 如何理解和评价"科斯定理"?
8. 什么是公有产权?公有产权与经济增长的关系是什么?
9. 试述企业产权制度形成的两种路径依赖。
10. 试述社会主义公有产权制度确立的社会历史条件和过程。
11. 社会主义公有产权具有哪些优势?如何进行中国国有企业的产权改革?
12. 如何评价社会主义经济转型中私有财产"原罪"问题?

二、课堂讨论题

1. 比较马克思的产权理论与科斯的产权理论。
2. 什么是共享经济?共享经济的特征有哪些?

第八章　深化社会主义国有企业改革

研究文献综述

国有经济在社会主义国民经济中起主导作用，其重要地位自不必说。大多数学者从传统计划经济体制下国有经济存在的政企不分、统一所有、分级管理等体制缺陷出发来研究社会主义国有经济的改革起点、方法和道路等问题，并从产权制度的角度进一步分析国有企业的公司治理结构[①②]、国有资产结构调整[③④]、国有资产保值增值[⑤⑥]，以及内部人控制等问题，并通过借鉴西方国有资产管理经验，建设有中国特色的社会主义国有资产管理体制[⑦⑧]。国有企业改革遵循着两条线索：一条是产权改革的道路，在这方面先后进行了租赁、拍卖、股份制和投资主体多元化的试点改革；另一条线索是遵循"两权"分离道路，即不断探索国有企业的所有权与经营权分离，努力使企业成为自主经营、自负盈亏、自我约束和自主发展的社会主义市场经济的主体。

如果说对社会主义国有资产管理体制的研究属于考察国有经济总体的制度结构和分类等宏观层次，那么对国有企业公司治理结构的分析则是对单个国有企业内部的治理结构及相应的激励机制和约束机制的研究，属于微观层次的分析。在社会主义国有经济中，不仅存在着政府对国有经济外部干预问题，还存在着政府对国有企业的内部直接干预问题，国家与企业之间存在着多

---

① 何玉长：《国有公司产权结构与治理结构》，上海财经大学出版社 1997 年版。
② 郑海航：《国有资产管理体制与国有控股公司研究》，经济管理出版社 2010 年版。
③ 王珏：《国有企业改革与国有资产重组》，《中国改革》1996 年第 6 期。
④ 刘怀德：《论国有经济的规模控制》，《经济研究》2001 年第 6 期。
⑤ 郭复初等：《转变国有经济发展方式，实现国有资产保值增值》，《国有资产管理》2008 年第 2 期。
⑥ 陈元：《国有资产管理体制改革研究》，中国财政经济出版社 2004 年版。
⑦ 王彤：《世界各国国有资产管理体制比较》，《经济与管理研究》2006 年第 6 期。
⑧ 魏杰、赵俊超：《构建新的国有资产管理体制》，《新视野》2003 年第 2 期。

重委托-代理关系[①②]，学者们对国有企业的功能结构问题[③]、制度特征[④]、公平与效率问题[⑤⑥]、股份制问题[⑦⑧]、公司化改造问题和内部人控制问题[⑨⑩]进行了理论探索[⑪⑫]，有的学者还从社会主义制度性质的角度来探索中国国有企业的改革逻辑[⑬]，随着新制度经济学中的产权经济学被介绍到中国，有的学者从不同的产权理论角度来分析中国国有企业改革的不同特点[⑭⑮]。

第一节　社会主义国有资产管理体制的改革历程

国有资产管理体制改革可以看作比国有企业内部改革更宏观层次上的改革。在社会主义国家，国有经济是主导，所以国有资产管理体制和国有企业治理结构等的改革就显得尤其重要。国有资产管理体制来源于计划经济体制，计划经济体制的弊端在国有资产管理体制上必然存在不同程度的体现，中国对国有资产管理体制的改革也存在一个逐步探索的过程。

十四届三中全会在明确现代企业制度的基本原则的同时，提出国有资产实行"国家统一所有、政府分级监管、企业自主经营"的原则。十五届四中全会《中共中央关于国有企业改革和发展若干重大问题的决定》进一步提出"国家所有、分级管理、分工监督、授权经营"的国有资产管理体制的十六字方针。党

① 杨瑞龙：《论国有经济中的多级委托-代理关系》，《管理世界》1997年第1期。
② 张维迎：《企业理论与中国国有企业改革》，北京大学出版社1999年版。
③ 汤吉军、陈俊龙：《计划与市场体制下国有经济功能的比较研究》，《经济纵横》2012年第8期。
④ 洪远朋、陈波、李明海：《共享利益制度：一种新的企业制度》，《复旦学报(哲学社会科学)》2001年第3期。
⑤ 吉林大学中国国有经济研究中心：《治理效率：一个深化公司治理的新视角》，《当代经济研究》2002年第12期。
⑥ 陈波：《国有企业高效率论》，《马克思主义研究》2001年第5期。
⑦ 厉以宁：《股份制与现代市场经济》，江苏人民出版社1994年版。
⑧ 卢阳春：《我国国有企业股份制改革三十年制度变迁研究及启示》，《经济体制改革》2008年第4期。
⑨ 吴有昌：《国有企业内部人控制问题的成因及对策》，《改革》1995年第4期。
⑩ 张雪、王潇：《内部人控制与内部人控制问题》，《北方经济》2010年第20期。
⑪ 张银杰：公司治理：《现代企业制度新论》，上海财经大学出版社2012年版。
⑫ 郑红亮：《公司治理理论与中国国有企业改革》，《经济研究》1998年第10期。
⑬ 刘世锦：《中国国有企业的性质与改革逻辑》，《经济研究》1995年第4期。
⑭ 程恩富：《西方产权理论评析》，上海远东出版社1994年版。
⑮ 郭克莎：《国有产权制度改革的模式和途径》，《经济研究》1995年第1期。

的十六大报告又前进一大步，指出："国家要制定法律法规，建立中央政府和地方政府分别代表国家履行出资人职责，享有所有者权益，权利、义务和责任相统一，管资产和管人、管事相结合的国有资产管理体制。"这里主要的创新点是指出了国有资产管理体制的改革方向，要发挥中央和地方两个积极性，让中央政府和地方政府分别代表国家履行出资人职责、享有所有者权益，中央和地方分别成立国有资产管理机构。2003 年 4 月 6 日，国有资产的专门管理机构——国有资产管理委员会成立，国资管理有一定的起色。一是机构的定位是"履行出资人职责"而不管理国有企业，有利于实现所有权与经营权分离。二是从组织上实行政资分离，政府行使国家所有权的部门与行使公共权利的部门分开。三是出资人机构"管资产与管人、管事相结合"，政府是出资人机构，集中、统一行使所有权，形成责权明晰的可追溯责任的产权主体。

从中国国有资产管理体制的改革历程可以看出中国国有资产管理体制经历了哪些变化。第一，从国家管理企业的方式来看，计划经济时期采用的是指令性计划管理方式，之后逐步过渡到指令性计划与指导性计划相结合的方式，进而扩大企业自主权、所有权与经营权分离、政府只负责规划协调，直至实行股份公司制度；第二，从国家与企业之间的利益分配方式来看，计划经济时期采用统收统支的办法，即企业亏损由国家补贴、企业利润全部上交，之后过渡到企业基金制、利润制、利改税，再过渡到承包制、租赁制、资产经营责任制，直到采用股权收益分配的方式；第三，从企业所有权代表来看，国有企业所有权的代表者一直是抽象意义上的国家，只是在产权制度改革阶段变成国有资产管理委员会；第四，从行使企业所有权的部门来看，国有企业一直是由国家行政主管部门主管，后来变成国有资产管理部门；第五，从所有权中的中央和地方关系来看，一直实行"国家统一所有，各级地方分级管理"的体制。

从以上国有资产管理改革历程来看，这些改革产生了一些变化：首先，与计划经济时期相比，改革基本趋势是逐步适应市场经济要求；其次，1988 年之后，国有企业改革已触及企业所有权问题；最后，国家资产管理机构与国家行政机构仍然没有分开。

第二节　国有资产管理体制存在的主要问题

传统的国有资产管理体制与传统的高度集中的计划经济体制相适应，通过经济改革特别是以社会主义市场经济体制为目标的经济体制，中国的国有资产管理体制发生了改变，但仍然存在着体制缺陷。一般来说，国有资产管理体制改革需要解决三大问题：第一，政企分开的难题。改革国有资产管理体制的主要目的就是实现政企分开。政企分开又包括三个层次的问题。第一个层次是政资分开，政府的运营与资产的运营分开；第二个层次是国有资产的监管主体与经营主体分开，需要解决不完全信息、内部人控制、合同不完备等问题；第三个层次是出资者所有人与企业法人财产权分开。第二，"统一所有，分级管理"的内在矛盾。虽然在宪法意义上，国有资产的所有权属于中央，地方政府没有所有权，而国有企业又分为中央所属企业和地方所属企业，地方政府实际上掌握了相当一部分所有权，这极大地助长地方政府从自身利益出发的行为。名义上是"分级管理"，实际上已经形成"分级所有"。第三，国有资产的分类问题。国有企业按照所属的领域可分为竞争性领域、公共服务领域、资源性国有资产领域。现行的国有资产管理体制在这三个领域实行通用的体制，这会造成以下两个问题。(1) 竞争性领域与公共服务领域实行通用体制，导致不同功能的国有企业责任和任务的错位。(2) 把资源性国有资产与经营(竞争)性国有资产的管理体制混为一谈，并依照经营性国有资产的"统一所有，分级管理"，将资源性国有资产管理权力下放到地方，结果造成地方政府对各类国有资源进行掠夺性开发。

总结起来，国有资产管理体制的主要问题包括：产权不明晰；控制权和剩余索取权不匹配；监管困境(我国现已初步形成 1 个中央国有资产监督管理机构，30 个省、自治区、直辖市国有资产监督管理机构，260 多个市级国有资产管理机构，专司国有资产监督管理与运营的"三级国有资产监管体系")；与"谁投资，谁拥有产权"原则相背离(产权界定的基本原则是"谁投资谁所有，谁积累谁所有")；地方政府权责不一致导致地方政府短期行为(侵吞国有资产、利益转移)；国有资产流失(国有企业改制)。

第三节 国有资产管理体制的改革尝试

在继续实行政企分开改革的前提下，可以实行分级所有、分类管理，即可以实行中央政府和地方政府分别代表国家履行出资人职责，享有所有者权益、权利、义务和责任相统一的国有资产管理体制。这种体制的主要优势有：有利于国有资产产权清晰并接近人格化；有利于国有经济的战略调整和整体搞活；有利于提高各级政府的积极性；有利于宏观经济调控和发挥国有经济功能。这种改革是针对国有资产的现有弊端而进行的，而真正改变国有资产的所有权应该是完全可行的。

从国外的国有资产管理体制的经验来看，它们基本上实行国有资产的分级所有和分类管理。所谓分级所有，是指国有资产所有权的归属遵循“谁投资，谁所有”原则。所谓分类管理，是指这些国家的国有企业在管理体制上被分为两类：一类以资本增值为经营目标，主要分布在竞争性领域；另一类以提供特定的社会公共服务或服务于特定的战略目标为基本目标，主要分布在非竞争性行业。

先看美国国有资产管理体制。美国的国有企业产值在国民收入中所占比重大约只有 1.2%～1.3%。国有企业只允许从事公共事业，如邮政、公共交通、自来水、污水处理及环保、博物馆、公园森林、航空管制、部分跨州电力水利及公路铁路、部分港口、部分军事工业、航天，以及老人、穷人、退伍军人养老和医疗保险。各级国有企业只向联邦、州和市镇议会负责，其建立与撤销、经营范围及领域、商品及服务价格制定、拨款贷款、高管任免及薪酬均必须由同级议会审查批准，政府只能严格按议会发布的命令(法案)具体执行对所属企业的监管。为体现“公私官民平等和政府不与民争利”的法律原则，国有企业除享受政府经议会批准的固定拨款(如田纳西河流域管理局每年 1.3 亿美元)，基本没有其他特权，甚至有明文规定国有企业不得上市融资。隶属议会而非政府的联邦审计署对国有企业实行严格监管，国有企业高管一旦失职、渎职，轻则解职，重则吃官司并罚巨款，名声扫地、永难抬头。

再看法国国有资产管理体制。其主要特点是：第一，产权清晰、责任明确。对于资产直接归政府占有的国有企业来说，都有一个上级主管部门，如财政和预算部、运输部、邮电部、能源部或国防部等，法国政府通过任命国有企业领导机构的成员来实现对国有企业的管理。其中财政和预算部更是法国国有资产管理的核心部门，每个国有企业的董事会都有其派出的代表。第二，分类别、分程度管理。法国政府把国有企业，按照企业是否具有竞争性、行业是否存在规模效益或网络效益、是否需要大量基础设施投资三个标准，分为垄断型国有企业和竞争型国有企业两类，实行不同程度的干预、管理与控制。第三，签订合同以明确政府和企业的责权利。法国政府采取国家与企业签订项目合同的方式，从法律上规定双方义务。计划合同以企业自主制订的发展计划为基础,确定企业的中长期发展规划以及国家在财政投资、补贴和外部环境等方面对企业承担的义务。第四,现代的国有企业监督体系。法国政府还摸索出一套较为科学的国有企业监督评价体系,其核心内容就是国家稽查特派员制度。国家稽查特派员的监管业务受财政部部长直接领导,在财政部内专门有一个国家稽查特派员办公室的协调机构。为保证特派员的公正性,其薪金由财政部支付,是公务员中最高的;而派往的机构多为国家战略性领域。

第四节 中国国有资产管理体制的目标模式

一、把分级管理变成分级所有

国外通行"谁投资,谁所有",这是与中国情况不同的。中国实行国有资产分级所有的前提是,中央与地方政府之间要有明确而合理的分工。

统一所有、分类管理造成的严重后果有:(1) 由于地方政府不拥有国有资产的所有权,它们在运用国有资产进行投资时往往只考虑高效益,不考虑或很少考虑高风险,拼命争投资、上项目,一旦投资项目出了问题,又将债务偿还、职工安置等责任推向上级政府。(2) 国有资产流失严重。这主要体现在国有企业的改制过程中,由于地方政府并不是国有资产的真正所有者,因此在国有企业改制过程中关心的是如何通过改制卸掉包袱,而不是在改制过程中维护资产所有者的利益。在地方政府的干预下,国有企业被租赁或拍卖时,资产价格经常被低估,国有资产在破产兼并时通过各种方式,逃欠国有银行的债务。(3) 地方政府缺乏让国有资产增值的积极性。以上地方政府的行为与国有资产"统一所有、分级管理"的体制直接有关。

地方政府作为国有资产所有者有其合理性:(1) 国有资产管理体制应该与地方政府的投资自主权相协调,遵循"谁投资、谁所有、谁受益"原则。从理论上看,国有资产的中央统一所有,是与当时国有资产投资主体一元化和高度集中的计划经济体制相适应的,现在鼓励投资主体多元化,那么地方政府应当拥有所有权。(2) 国有资产统一所有在实践中早已被突破。在中国乡镇企业兴起过程中,有相当一部分乡镇企业是由乡政府以各种形式投资或参与投资兴办的,许多乡政府拥有股权。假如承认乡政府对其投资形成的资产拥有所有权,同时又否认地方政府对其投资所形成的资产拥有所有权,这在逻辑上是自相矛盾的。(3) 国有资产分级所有是市场经济国家通行的。

二、建立有中国特色的“三层次”国有资产管理体制

第一个层次是国有资产归人大还是归国务院。一种观点认为，应该在行政部门之外建立专门的国有资产管理委员会，以行使所有者职能。这个委员会应该属于全国人民代表大会，国资委之下是国有控股公司，国有控股公司之下是国有资产参与企业。另一种观点认为，三层次与上述基本相同，不同的是主张国资委属于国务院或国务院下属的某个部门（如财政部），这种制度安排的理由是国家的社会经济管理职能与国有资产所有者职能是国家管理社会经济活动的两种手段，它们之间只能适当分开而不能绝对分开。这种观点可能会产生如下问题：其一，当国家宏观政策与国有资产参与企业的利益发生矛盾的时候，国务院有可能会通过补贴或管制等手段人为地形成有利于国有企业运作的环境，这就破坏了公平竞争原则；其二，国有企业可能会向国务院施加压力；其三，国务院的双重角色使企业经营者借口宏观政策变动推诿责任。

第二层次是国有控股公司。它是国有资产的产权经营机构，负责国有资产的投资经营以及存量的流动和重组，经营目标是国有资产收益最大化。它是一个法人实体。

第三层次是享有企业法人财产权的国有资产参与企业。企业与控股公司的关系是由公司法来规范企业接受控股公司依据出资额行使股东权利，但不接受政府机构的行政权力，通过建立现代企业制度，自主经营、自负盈亏。

三、对国有资产实行分类管理

按功能可以将国有资产分为经营性国有资产和非经营性国有资产，而经营性国有资产可分：(1) 在非竞争性领域承担社会功能的公共服务型企业，其基本目标是提供特定社会服务，利润目标处于次要地位；(2) 竞争性国有企业，这类企业的首要目标是保值、增值。

(一) 公共领域的国有资产管理体制

公共服务领域大致包括：(1) 自然垄断企业，如电力、电话，机场高速等。(2) 外部性显著、收费困难、经营收益难以弥补支出、在财务上需要财政给予支持的项目，如公路、桥梁等。(3) 经营投资很大、需求价格弹性小且很难提价的公共项目，如部分机场、港口、地铁、煤气、供水等。(4) 大型能源基地开发、部分铁路运输这类可以在一程度上进行商业化经营的项目，但投资巨大、初期收益低，风险较大。

以上四类是国有资产分布的主要领域，分布其中的国有企业大都采用特

殊法人或特殊公司的组织形式。所谓特殊法人，是指该法人即使是经营性，甚至是公司，它的组织及有关关系也不受或不完全受《公司法》或《民法》规范，而是由针对该法人的特定法律或规定来规范。特殊法人有以下规定：(1) 政府是企业的唯一所有者或主要所有者，政府与企业的关系是出资者与使用者的关系；(2) 政府对企业的经营有直接或间接的控制权，政府直接兴办这类企业也是为了实现特定的目标；(3) 政府对企业管理和考核的重点是企业的公共服务内容、质量、战略目标和成本费用，而不仅仅是成本、利润和资产增值，这些企业的财务与政府的财政存在着直接联系；(4) 这些国有企业在人事、董事、决策权限、财务会计制度等方面也应该与普通公司存在差别。一般管理体制存在三种情况：(1) 由财政部代表政府直接或间接控制企业；(2) 由行业主管部门代表政府直接或间接控制企业；(3) 政府成立一个专门管理公司服务领域国有资产的部门，实行统一管理。

(二) 竞争性领域国有资产管理体制改革

简单地说，竞争性领域国有资产的管理适宜采用“三层次”模式。首先设立专门的、独立于其他机构的国有资产管理委员会，行使所有权职能；然后设立隶属于各级人大的国资委，对国有资产进行产权管理。根据新加坡的经验，国资委的开支由预算来解决。国资委应该具有以下性质：(1) 国资委体现所有者的意志，对国有控股公司实行所有者管理，但国资委不应该介入国有控股公司的具体经营决策过程，也不应该介入企业的经营决策，更不应该介入政府产业政策、行业政策的制定和实施。(2) 国资委作为政资分离下的国有资产所有者代表，是“国有经济的董事会”，其成员不应该来源于政府部门，这有利于避免国资委行政化和官僚化。(3) 国资委根据法律设立，受同级人民代表大会监督，每年向同级人大汇报工作和国有资产运营情况。(4) 国资委还必须下设精干的办事机构，为重要的决策做调研和方案准备，并承担决策执行任务，国资委还应该充分利用专业的会计、审计机构等社会中介组织。

国有控股公司是国有资产的产权经营机构，它受国资委的委托具体经营国有资产，经营目标是国有资产最大化。国有控股公司是“三层次”模式的核心。(1) 国有控股公司应该通过多级持股，建立所有权的“嵌套”约束体系。国资委作为国有资产所有者代表机构只对少数企业即一级持股公司直接持股，一级持股公司再对二级持股公司持股，以此类推，形成多级持股体系和所有权“嵌套”。建立多级持股体系应该遵循一些基本原则：国资委直接持股的一级持股机构是独立经营的企业法人，它们可以是金融机构，机构投资者、大型企业集团转变的控股公司应该按照公司法设立。(2) 二级持股机构大体可以分为两类：一类大型企业集团的子公司，其股份由集团的总公司持有；另一类是目前由政府直接管理的企业，其股份可以由拍卖等办法改由一级持股机构或大型企业集团总公司持有。(3) 虽然所有权“嵌套”体系可以起到“隔离带”作用，但政企分开的问题仍没有完全解决。国资委仍然可以通过人事控制干预企业的活动，它也无法解决企业的内部人控制问题。(4) 应该设立多家国有控股公司，形成有效竞争局面。国有资产参与企业接受国有控股公司对自己行使股东权利，但不接受政府行政权力。

在国有企业改革过程中，要积极进行股份制改革的探索，社会主义国有企业股份制改革是公有制实现形式多样化的探索，是社会主义市场经济体制的必然要求，它能够实现公有制特别是国有经济与市场经济的有效结合，能够提高国有经济的效率和增强国有经济在国民经济中的主导地位和作用，从而实现国有经济与非国有经济共同发展的目标。股份制作为混合所有制形式，可以通过国有股权的控制保证其公有制经济的性质，多种途径开展对股份制改革的探索，其基本思路是：第一，大部分国有企业通过股权多元化改革，逐步发展成混合所有制企业；第二，国有企业在发展混合所有制经济中将降低国有股权的比例；第三，大力支持各种非公资本特别是民营资本参与到国有企业的股权多元化改革中；第四，国有企业通过实施股权多元化改革，一方面吸引更多的社会资本，与国有资本共同发展，另一方面促进国有企业进一步完善法人治理结构和内部的运行机制。不仅要吸引社会资本来发展，更要把着力点放在完善现代企业制度和内部的运行机制上。具体来说，对于涉及国家安全的少数国有企业和国有资本投资公司、国有资本运营公司，可以采用国有独资的形式；对于涉及国民经济命脉的重要行业和关键领域的国有企业，可以保持国有绝对控股；对于涉及支柱产业、高新技术产业等行业的重要国有企业，可以保持国有相对控股；对于国有资本不需要控制、可以由社会资本控股的国有企业，可以采取国有参股的形式，或者可以全部退出。

第五节 国有经济的规模、功能和结构调整

政府的宏观经济职能，即维持社会总供给与总需求平衡，主要通过财政政策和货币政策、收入政策和产业政策来实现。它们成为国有企业分布的重要

的领域。实现社会公平目标,可以通过财政政策、社会保障政策、社会福利政策来实现。通过建立和维持国有企业来为一般劳动者提供就业岗位和保证他们的收入,这是实现社会公平和维护社会稳定的手段。通过合同、特许、承包等方式,一些原以为只能由政府直接提供的产品或服务可以转由非国有企业提供。这些领域不一定非要采用国有企业。政府通过规制政策来实现自己的某些功能。反垄断是政府的主要职责之一,但这并不一定要求政府直接经营所有具有垄断性质的企业。政府可以把垄断业务的经营权拍卖给非国有企业,政府自身则承担对这些企业进行规制的责任。有些政府职能只能或者在一定时期内只能通过建立国有企业来履行,这是世界各国普遍存在国有企业的根本原因。为什么要建立国有企业呢?一般来说,政府建立国有企业主要是为了实现各种政治经济目标。一是通过国有企业来弥补市场缺陷,二是通过建立国有企业再分配经济资源,三是通过国有企业实现战略目标。

国有企业是为完成政府经济职能而建立的。国有企业应该分布在政府功能领域。通过建立国有企业来履行政府职能成本很高。只有在其他可供选择的手段无效或不理想时,才考虑采用。国有企业的数量不宜太多,涉及的范围不宜太广。

在西欧,政府主要建立以下几种类型的国有企业。(1) 国家企业。这是由政府部门直接管理的企业,政府直接经营,没有财务独立性,没有法人地位。(2) 国管公司。这种企业从属于某个政府机构,但在管理上具有一定的自主权,具有半法人地位。这种公司或者完全为政府所有,或政府通过特别的方式进行控制。(3) 国有公司。这是根据普通的公司组建的、政府在其中处于控制地位的股份公司。(4) 国有持股公司。在这类公司中,政府持有一定比例的股份,但不一定处于控股地位。

从总体上看,世界各国的国有企业主要分布在以下领域:一是决定国民经济和社会发展的基础设施和公用设施领域,如邮电、交通、港口、供水、供电等。这些领域投资量大、回收速度缓慢,又是整个国民经济发展的重要条件,其收益具有明显的外部性,私人企业不愿进入或进入不足。二是基础工业领域,如矿山、能源、大型水利工程。这些领域投资大、回收慢、服务面广,只靠民间资本难以及时开发和利用。三是国民经济的支柱产业。这些产业需要超前投入,且风险大、投资量大,在一定时期内是国际竞争最激烈的产业,如钢铁、汽车、重化工等。四是某些高科技产业。五是对国民经济起重要调节作用的部门，如中央银行和其他一些金融机构。

从中国的国情来看，中国的国有企业分布领域集中在：(1) 关系国家安全和社会福利的行业，包括军事工业、造币工业、航空工业、医院、教育行政、公安等领域。(2) 大型的基础设施领域，包括城市基础设施、港口、机场、大江大河的治理、防护林工程、国防项目。(3) 特大型不可再生资源，如油田、煤矿等的开发项目，不宜让非国有资本控制。(4) 对国家长期发展具有战略意义的高新技术开发，如大规模集成电路研制、超导技术的研究和开发、生物工程、新材料、重大技术装备。

在社会主义市场经济中，国有企业具有双重功能。一是营利功能或商业功能。企业是社会化大生产和市场经济的产物，是以社会化大生产为基础的市场经济条件下的一种成本较低的生产组织形式。在社会主义市场经济中，同其他非国有企业一样，作为市场经济的微观基础和市场竞争的主体，国有企业也应当通过自己的生产经营活动向市场提供商品和服务，以获取利润，实现国有资产的保值与增值。从这个意义上说，国有企业也具有一般的营利功能或商业功能。二是特殊的非营利功能或非商业功能。国有企业作为政府拥有的或实际控制的经济实体，应当而且必须具有不同于一般企业的特殊的非营利功能或非商业功能。国有企业之所以必须具有非商业功能，其主要原因就在于：(1) 在市场经济中，由于存在着市场失灵和市场功能缺陷，单纯依靠市场机制的作用常常使资源无法得到最优配置；(2) 国有企业作为社会主义经济的主导力量，还要承担国家赋予的某些重要职能，这些重要职能通常是非国有企业无法或无力承担的；(3) 为了使政府能够对宏观经济运行进行有效的调控，国有企业还必须为实现政府的某些政策目标服务。

国有企业的非商业功能应主要包括以下内容：(1) 服务宏观经济，在全社会范围内优化资源配置；(2) 调节经济，稳定经济运行；(3) 创造就业机会，公平收入分配；(4) 进行战略开发，为经济发展提供基础服务；(5) 促进技术进步，优化产业结构，实现产业结构升级；(6) 促进地区经济平衡发展，实现经济合理布局；(7) 控制国民经济命脉及其他重要领域，保障国家经济、政治和军事安全。

从具体意义上说，国有企业的功能有：国有经济与其他公有制经济是社会主义公有制的基础，是社会主义经济内在的必要的构成，是消灭剥削和两极分化、实现共同富裕的制度安排；国有经济是我国国民经济的主导力量，它保证社会主义国家的整体利益和长远利益，保证经济社会发展的社会主义方向；

国有经济是我国社会主义市场经济中国家进行宏观调控、克服市场缺陷的物质手段；国有经济保证我国经济独立自主和国家安全的手段；国有经济是实现国家重大科技创新、实现国有现代化和应对国际竞争的坚强力量，它还是增强我国经济实力、国防实力、增强民族凝聚力的重要力量；以国有经济为核心的公有制经济是共产党执政的经济基础①。

国有经济的结构调整与合理布局的主要目标是通过结构调整，优化资源配置，提高国有经济的整体素质，最终增强国有企业的控制力，发挥国有经济在国民经济中的主导作用。我国的国有经济分布过宽，整体素质不高，资源配置不尽合理，特别是与市场经济的发展越来越不相适应。因此，从战略上对国有经济进行结构调整已是当务之急。国有经济的结构调整包括行业结构调整和地区结构调整两个方面。行业结构调整和地区结构调整是指在各个行业、各个地区之间对国有资产进行再配置，既包括国有增量资产的再配置（国家以投资形式进入某些行业和地区），也包括存量资产在不同行业和地区之间的重新组合与再配置。

第六节　国有资产的保值和增值

国有资产如何保值和增值是一个严峻的话题，因为国有产权的两个致命缺陷就是国有产权经常会受到私人的侵害，以及国有产权是否和如何盈利。国有产权作为一种公有产权，它并不像私有产权那样，具有一种自我监督、自我激励和自我管理的机制，即存在所谓“每个人对自己的财产是看管得最好的”机制，恰恰相反，私人总有一种占有和鲸吞公有财产的激励，这样，国有财产总是处于被私人侵害的境地。私人对国有财产的鲸吞有两种：一种是合法的，另一种是非法的。由于产权界定不清所导致的公有财产损失即是一种合法的侵害国有产权的例子，对于有些产权来说，产权完全清晰界定是不可能实现的，这样就必然会在公有产权和私有产权之间存在着一个“公共领域”，国有产权由于缺乏直接的维护者，其产权的界线是弹性，而私人产权的边界是刚性的，那么，私有产权总是不断地“进攻”公有产权的边界，公有产权又缺乏持久而有激励的维护者，从而必然会出现私人产权一步一步鲸吞和抢占公有产权的现象。在中国农村，由于国有山林、耕地、草场等与私人的林地、耕地和草地

① 卫兴华：《中国特色社会主义经济制度的理论是非需要澄清》，《政治经济学评论》2012 年第 3 期。

之间未能明确划清产权或者清晰地界定产权的成本过高，总会不断发生私人侵占国有产权和鲸吞国有财产的事。另一种私人侵占和鲸吞国有产权和国有财产的方式发生在公有产权内部人员身上，这种对国有产权和财产的侵害不同于寻租行为，而更多地与惯性腐败相联系，寻租行为是一种非法行为，而这种侵占国有财产的方式常常是合法的。这种方式可被称为"隐性或变相侵占方式"。这些腐败行为往往都是在合法的范围内发生，但这些惯性腐败行为却实际上意味着国有产权和国家财产大量被鲸吞，导致国有产权被侵害和国家财产损失。在这方面，公有产权与私有产权相比，私有产权有一种自我约束的机制，其行为人的每个行为都存在收益与成本的比较。

如何防止国有企业亏损或者如何使国有企业盈利是一个正在探索的问题。从体制和机制上说，国有企业不像私人企业那样天然存在着一个自我约束、自我监督、自负盈亏和自我发展的机制，但是国有企业也有自身优势，如资金充足、规模经济、技术力量雄厚以及有政府财政和金融政策的支持等，搞活国有经济的关键还是在于所有权和经营权分开，在国有企业中建立现代企业制度。然而问题的困难之处在于，虽然政府进行了经营权和所有权分离的改革，或者虽然在形式上国有企业的所有权与经营权分开了，但并不能做到"两权"真正分离，其中根本的原因在于，政治权力和政治化政府的等级制权力并未能从国有企业中撤出，无论是国有企业的产权隶属和总经理还是高级管理人员的任免都受某一级行政机关节制，所以在实际中，还是经常出现以所有权代替经营权的情形。由于中央政府下令在有条件的国有企业都要建立现代企业制度，中国国有企业大都已经改制，在形式上建立了现代企业制度，董事长、总经理、董事会、监事会、股东代表大会一应俱全，但这只是"换汤不换药"，徒具躯壳而已。实际上，国有企业在重大决策问题上仍听命于上级权力机关，在形式上，这些国有企业建立了现代企业制度，但是并不是真正意义上的现代企业，不仅其上级主管部门常常干预企业的经营，而且政府各部门——工商、财税、统计、电力、供水甚至治安和社保等都伸手向企业收钱，否则就通过各种方式限制国有企业的生产经营。

那么，国有企业所有权和经营权分不开的原因在哪里呢？其症结在于政府权力未能最终撤出国有企业。政府官员们常常争辩说，既然国有企业的产权属于全体人民所有，则国家或政府代表全体人民管理国有企业天经地义。这种说法确实有其道理，政府权力对其所有权负责也是情理之中的事情，问题在于政府权力如何管理国有企业。应该从法律上规定政府行政权力从国有企业撤出，但保持其最终的所有权；国有企业代理国家或政府专门从事生产经营管理，政府权力干预国有企业经营管理属于非法。政府保持国有企业的最终所有权表现在，收税和监督国有资产的保值增值。国有企业的权利包括，从市场中产生企业领导人和管理人员，运用国有企业资产在市场中经营，进行产权重组和资本市场运作，但国有企业总经理和管理人员应承担相应破产抵债等责任。虽然国有企业的最大股东是政府，但政府除了监督国有资产保值增值外，不参与企业的经营管理。国有企业保持其最终经营权，即企业经营管理受到最大股东——政府的质疑时，国有企业具有最终的经营决定权。

国有资产流失的主要原因有：(1) 在国有资产实际的管理中，初始委托人成为行使管理职能的主要角色，但是由于管理链条过长、管理流程过于复杂，导致委托人行为约束弱化、信息不对称，易造成资产损失。国有资产产权属于共有产权，涉及每一位成员的利益，但是多数成员无法享有监督权，利益所属与权利所属上的矛盾最终造成国有资产的大量流失。(2) 决策失误造成国有资产流失，如在政绩效应的影响下，许多地区都出现了重复建设和盲目引进的现象，这不但造成大量人力、物力上的浪费，也造成大量国有资产的无端浪费。(3) 法人治理结构上的原因。在企业内部，没有建立科学的法人治理结构和严格的管理制度，缺乏所有权的内在约束，使得企业内部管理混乱，没有代表国家保障国有资产权益的责任人，国有资产所有者权益受损。国有企业拥有剩余索取权，承担风险的股东和债权人由于主体缺失，导致其控制权变成为一种廉价的控制权。而内部人作为企业的经营成员，对企业的经营决策有着“自然”的控制权。由于企业外部监督和控制权的弱化，导致内部人控制问题的产生。(4) 目前国有资产管理的各项法律制度存在较为严重的滞后性，在市场经济体制改革和转型的趋势面前，无法发挥应有的作用来监督国有资产，从而导致国有资产流失问题越来越严重。解决国有资产流失的根本途径在于在国有企业建立现代企业制度，即建立“产权清晰、权责分明、政企分开、管理科学”的现代企业制度。

第七节　国有经济为什么要存在[①]

国有经济在世界上任何国家都不同程度和不同规模地存在着，就发展中

① 伍装：《经济学家能超越价值判断吗》，《学术月刊》2004 年第 12 期。

国家尤其是中国这样的发展中国家来说，国有经济的存在有其必要性和客观必然性。

首先，国有经济与政府起到主导作用。如果说在现代社会中，政府不可缺少，那么，国有经济同样也不可缺少。这是由国有经济与政府之间的天然联系所决定的，国有经济是政府的主要经济支柱。一些经济自由主义者总是指责国有经济与政府之间割不断的联系，并认为这是导致国有经济缺乏竞争力的主要原因之一(另一个主要原因是国有企业的公有产权的性质)。实际上，国有经济的这些特性正是国有经济的优势所在，国有经济正是由于政府的支持，所以在一些自然垄断行业和具有特殊风险性行业，优势表现得更为明显。国有经济规模大、技术先进，并且更多地考虑到国家的根本利益和长远利益。在一国经济增长和经济发展中，必然会出现一些行业投资规模巨大，私人资本无力承担；一些行业技术创新的开发性和前瞻性强，从而风险性也大，却是国家提升竞争力所必需的。发展中国家在制定和实施经济发展战略的过程中，必然要体现国家意志和全体民众的利益。由于政府与私人企业之间并无直接联系，政府运用经济手段来调节经济也具有很大的弹性和局限性，未必能够很好地实现政府意图、国家意志以及国家利益，所以政府必须掌握关乎国民经济命脉的一些大型骨干国有企业，保证实现政府意图的必要经济基础。在这里，一个关键的问题是，国家掌握国有经济并非意味着政府要直接经营和管理国有企业，这是两个概念，国家掌握国有经济更多地表现在税收上，表现在通过各种方式和渠道贯彻国家或政府的战略意图以及国有经济对政府各方面的直接、间接支持上。在一般情形下，政府应该像对待私人企业那样对待国有企业，国有企业也应该像私人企业那样参与市场竞争，只有一些特殊情形下，国有经济才会表现出与私人企业不一样的特质。在国家积极参与国际竞争的过程中，涉及一些有损国家利益和国家尊严的问题，国有经济当然应该“听政府的话”。只要引入竞争机制、公平地参与市场竞争，国有经济同样是社会主义市场经济不可缺少的制度基础。

其次，国有经济体现公众的意志和代表公共利益。一般认为，政府体现着公众意志和代表着公共利益，但在经济自由主义者看来，即使政府也难以体现公众意志和代表公共利益，公共选择学派运用新古典经济学的分析框架来分析政府和政治领域，从而假定政府也是经济人，得出政府和政治领域的市场运作法则。实际上，人类的政治经济生活除了私人领域之外，还必须有公共领域，而且公共领域总会推选出一个代表者，这个代表者非政府莫属；另一方面，既然人类不能够消灭政府，那么政府所具有的暴力潜能和超经济意志有意无意甚至必然要充当体现公众意志和代表公共利益的角色。国有经济与政府之间存在着天然的密切联系，国有经济体现着公众意志和公共利益。

政府要充当体现公众意志和代表公共利益的角色，保持社会的公正公平以及维护正义，就必须是有能力的、公正的政府。政府要具备充当这种角色的能力，除了要加强制度化（未必是市场化制度）建设之外，关键在于政府要有维持其独立性和权威性所必需的经济基础，国有经济正是这种经济基础。如果政府失去国有经济或者国有经济退出竞争性领域和行业，政府也就难以具备充当体现公众意志和公共利益代表者角色的能力。国有经济的一些重要特征也是其能够与政府联系在一起充当这种特殊角色的原因。国有经济一般掌握着关乎国民经济命脉的大型骨干企业，占据着自然垄断行业和不适合开展自由竞争的行业，一般也与国家和人民群众的根本利益和长远利益密切相关。在这种意义上，否定国有经济实际上就是否定国家或政府，仇视、反对和否定国有经济在本质上是经济学中的一种无政府主义思潮。

最后，国有经济具有私有经济所不具备的功能。与国有经济相比，私有经济具有诸多缺陷。私有经济的盲目性可能会导致市场经济运行中的无序竞争和恶性竞争，马克思在《资本论》中曾深刻地剖析私有制经济的盲目性可能导致的灾难性后果，私有经济的效率是一种市场均衡条件下的资源配置效率，是一种在渐进过程中取得的效率，但国有经济或公有产权却可能在政府支持下培育某种经济发展契机甚至创造经济奇迹，它是一种构建过程中所获得的超常规的经济发展和效率。也不能说在私有经济中不存在公平，在私有制经济中存在的公平是一种游戏规则式的公平或程序性公平，不承认结果的公平，而公有制或国有经济产权却既承认程序性公平，又强调结果的公平。从更一般意义上说，私有制经济所参与的市场竞争只强调经济增长和经济发展的演进式过程，而公有制产权或国有经济所参与的市场竞争则既承认经济增长和经济发展的演进式过程，又强调经济增长和经济发展是一种注入人类理想因素的建构过程。

在中国经济转型和经济发展过程中，与私有制产权经济相比，公有制经济或国有经济所具有的最大优势和不可替代性是，国有经济的存在是保障社会稳定和经济改革健康进行的最重要的经济基础。应该说，中国的国有经济像一头忍辱负重的牛，承担经济体制改革的大部分成本，是经济体制改革的稳定器。反过来说，如果政府立刻出卖或私有化国有经济，则不仅仅中国的失业率成倍增长,受到生存威胁的人数大量增加,而且政府对宏观经济的调控能力也将大大削弱,从而政府在经济中的主导作用也将难以维持,中国在经济改革中所出现的"改革、稳定和发展"的良好局面将不可能出现。从中国的社会文化传统来说,通过国有经济所表现出来的集体主义精神也是一种支撑中国人的或者说中国人所需要的意识形态和价值观念,由此所产生的精神文化的缺失将使市场经济文化难有立足之地。从这些方面来说,已经存在充分理由和证据说明,中国国有经济为什么要存在。

第八节 国有企业产权的效率和公平

一、国有企业通过市场竞争获取效率

产权结构在公司治理结构中居于基础地位,"三会四权"("三会"指股东会、董事会、监事会,"四权"指出资者所有权、法人财产权、出资者监督权、法人代理权)既是公司产权结构,又是公司治理结构。二者之间的关系表现在:首先,产权结构是治理结构的基础。有了股东会的出资者所有权才会有其最终控制权;有了董事会的法人财产权,才会有其经营决策权;有了经理人的法人代理权,才会有其经营指挥权;有了监事会的出资者监督权,才能实施其监督职权。在这种产权结构的基础上才会有公司治理的健康运作。其次,治理结构是产权结构的实现形式。只有在规范的公司治理结构健康运作的条件下,"三会四权"才能正常发挥功能,产权结构的各项权能才算真正到位[①]。

国有经济的私有化并非拯救国有企业的正确道路,增强国有经济的活力、提高国有经济绩效的有效途径是充分参与市场竞争。健全的市场经济制度和运行机制加上国有企业充分参与市场竞争是解决中国国有经济诸多问题的正确道路。

为什么国有企业投入竞争性的市场环境能够提高经济效率呢?这是一个涉及国有经济市场性的问题、如果将国有经济排除于市场之外,或者国有经济始终依靠政府而在市场中居于垄断地位,则只能使国有经济处于封闭窒息之中,增强国有经济活力和提高国有经济绩效就无从谈起。一般认为,国有经济在市场中缺乏竞争力是由于其产权不清晰而失去激励机制和自我约束机制。

---

① 何玉长著:《国有公司产权结构与治理结构》,上海财经大学出版社 1997 年版。

国有企业的激励机制和约束机制是否一定要通过公有产权的私有化来实现?如果跳出新古典经济学范式的束缚,就会看到,国有经济私有化推理人是得了一种“范式病”,这种“范式病”总是从一个固定的基点来看待国有经济存在的问题,这个固定的基点就是只有私有制产权才可能有市场经济。如果说国有企业存在的问题在于缺乏激励机制和自我约束机制,那么除了公有产权私有化之外,实际上还存在多种途径甚至是更有效的途径,其中一个根本途径就是国有企业参与市场竞争。

(一)最终所有权与最终经营权的分离

参与市场竞争的主体必须具备一些基本条件,能够对市场提供的信号灵敏地做出反应。企业是一个自主经营、自负盈亏的经济实体,具有自约束机制和激励机制,除了产权的激励之外,还应该积极地寻找其他激励方式,国有企业内部的个体利益应该能够在其行为绩效上获得反映。实际上,产权是一个复合的概念,包括所有权、使用权占有权、支配权和收益权等,在现代市场经济发展中,产权一般处于分裂状态,即使对国有企业实行产权私有化,私有化的产权仍处于一种分裂状态。这种产权的分裂不仅表现在产权的外部,即资本所有者与资本经营者之间的分离,也存在于产权的内部,即在一个企业内部也存在所有权与经营权的分离,即代表股东的董事会是企业所有权的代表,而经理阶层则代表企业经营权。那么,对于国有经济来说,公有产权同样应该处于分离状态,即国家或政府代表全体人民,属于国有企业的所有者代表,国有企业则作为市场经营主体享有使用权、经营权、支配权、管理权,或者国有企业也可以将企业的使用权、经营权、支配权、管理权等再度分离。国有企业可以投资参股非国有经济,也可以委托代理人具体地经营国有资产。从产权分裂的角度来说,国有经济的公有产权与非国有经济中的非公有产权的区别仅仅在于,国有经济公有产权中的最终所有权属于代表全体人民的国家或政府,而私有产权中的最终所有权则属于个人或私人。如果对国有经济实行最终所有权与最终经营权的分离,则意味着国有经济中的市场性占据主导地位。国有经济最终所有权与最终经营权分离的最大特点在于,国家或政府一般不直接过问或管理国有经济,或者说,在一般情形下,国有企业在经营管理、投资使用以及参与市场方面,与私有企业享有同等的自由,只有在某些特殊情形(如战争、经济危机以及国家利益受到严重损害)下,国家或政治化政府才出面干预国有经济或运用国有经济来加强政府能力。因为在这些特殊情形下,政府应该更多地考虑社会公正和平等、公共利益以及国家或人民的长远利益和根本利益等，然而这种特殊情形是不常有的。在这里产生的一个问题是，如果国有企业实行最终所有权与最终经营权的分离，政府作为一个政治利益集团会不会从自身利益出发总是以特殊情形为借口不断地干预和管理国有经济？应该说这种可能性是存在的。这个问题可以通过两方面措施来加以解决：一是通过增强居于支配地位的政治利益集团和政治化政府的创新性来扼制政府自身利益的膨胀，二是通过制度化建设来约束政府行为。在这里需要指出的是，政府对于国有经济的管理和指导既是一门科学，也是一门艺术。经济学家们总是喜欢研究经济中那些带有规律性的东西，这是正确的。问题在于，经济学家们不能指望经济规律同物理学规律那样具有重复可试验性，经济规律由于人参与其中而变得更为复杂，在不同经济规律的边缘地带，人们遵循和利用经济规律更多地具有科学和艺术的综合性。政府与国有经济的关系就是如此。就国有企业改革来说，只有对国有经济实行最终所有权与最终经营权的分离，才能在产权制度的内部和外部保持国有经济在市场上的部分竞争性。国有经济存在的诸多问题都可以在市场竞争中获得解决，市场竞争是一种压力，在国有经济实行最终所有权与最终经营权分离的条件下，还需要积极探索国有企业的激励机制和约束机制，使得国有企业既有外在竞争压力又有内在激励动力，从而使国有经济绩效的提高具备充分的条件。

(二) 建立现代企业制度

现代企业制度是一种财产法人制度与科学管理制度的综合，它强调企业适应市场经济运行，这需要运用制度化的经济运行机制，而不是个人的随意性决策。虽然在现代企业制度环境下，企业的决策和管理仍然需要个人的决断行为，但这种个人决断行为却具有一系列的约束机制和激励机制。

现代企业制度既是现代社会化大生产的生产结构形式，又是现代社会化大生产的财产组织形式和市场经济运行的基本单位。不妨对现代企业制度进行如下概念界定：(1) 现代企业制度特指现代市场经济中的法人企业制度，一般也叫现代公司制度；(2) 企业的资产所有权与企业的资产控制权、经营决策权、经济活动的组织管理权相分离。(3) 企业资产所有者和企业经营者之间存在委托代理关系、有限财产责任制度、法人财产制度和法人治理结构。

现代企业制度的基本形式是公司制。马克思曾经在《资本论》中论述企业组织形式，并探讨了从业主制、合伙制到公司制的整个发展过程。在公司制企业中，产权被分解为财产的终极所有权和法人财产权。财产的终极所有权归属于公司的出资者即股东,一般表现为出资者所拥有的股权。股东作为财产的终极所有者,只能运用股东权利通过股东大会或买卖股票对公司进行控制和施加影响,并依据股票份额的多少取得收益,而不能对法人财产中属于自己的部分进行支配,也不能干预公司的经营管理。公司作为独立的法人,拥有法人财产权,因而既可以自主地组织生产经营活动,也可以独立地进行资本运营,对出资者承担保值、增值的责任,并以其全部资产承担与自己的经营活动相关的盈亏责任。公司制不仅具有产权清晰、权责明确和政企分开的特点,而且具有科学的法人治理结构。公司的法人治理结构通常由公司的权力机构(股东会或股东大会)、经营决策机构(董事会)和监督机构(监事会)组成。这些机构相互独立,权责明确,在企业内部相互约束和制衡,为科学地管理企业提供了组织保障。

显而易见,由于公司制的企业制度具有产权清晰、权责明确、政企分开、管理科学的特点,因而更适合现代市场经济发展的要求。中国国有企业在建立现代企业制度中存在以下问题:第一,政府权力直接干预国有经济。从企业制度方面来说,政府权力过于集中且无处不在,政府规模庞大。第二,国有企业主要管理人员实行"政府官员式"的任命方式。企业经理队伍应该从市场竞争中产生,要逐步形成职业经理人市场,从政府任命企业管理者转向由职业经理市场中产生管理者。

(三) 国有企业与其他市场竞争主体的平等性

国有企业由于政府或国家背景,在市场竞争中自觉不自觉地居于垄断地位,除了一些自然垄断行业的国有企业采用垄断形式,国有企业不仅不应该大规模退出竞争性行业和领域,而且要积极参与市场竞争。如果国有企业与非国有企业处于不平等的竞争地位,受损害的不仅仅是非国有企业,受损害最大的恰恰是国有企业,因为这种不公平的市场竞争环境最终会让国有企业失去市场竞争的压力和动力,从而难以增强国有企业的活力和提高国有企业的绩效。

二、国有产权的公平性

国有经济在保证社会稳定和社会公平方面具有核心地位。首先国有经济对于缩小社会收入差距的意义是明显的;其次,国有经济有利于降低一国失业率;最后,国有经济有利于政府进行宏观调节,有效地克服经济危机。以国有经济的效率可以促进社会公平,国有经济的效率本身就意味着公平与效率的统一。从市场经济制度来说，国有企业充分参与市场竞争，有利于市场经济体制的健全，有利于消除国有经济垄断所造成的对市场经济运行和发展的障碍，进而有利于实现市场经济运行规则上的公平。从国有经济的实力和绩效上看，国有经济的高效率直接促进了发展中国家的经济增长和经济发展，也有力地支撑政府实行一些有利于促进社会公平的经济政策。经济增长率提高会做大一国“经济蛋糕”，从而有利于在经济增长和经济发展过程中解决一国经济收入分配差距扩大的问题，由此实现在收入分配上的社会公平。充分发挥国有经济的特殊功能有利于促进社会公平。在发展中国家，国有经济掌握着国民经济的关键行业和重要领域，科技力量最为雄厚；高新技术产业通常具有投资周期长、风险大的特点，但对整个国民经济具有前瞻性和基础性意义，一般来说，私人企业不愿意投资这些项目，而国有企业雄厚的经济实力和强大的科技力量恰好可以承担此重任。国有经济还具有文化和意识形态功能。国有经济积极倡导集体主义和爱国主义文化，也是国家灌输意识形态的重要阵地。

第九节　社会主义国有企业的公司治理结构

现代公司治理结构是现代企业制度的核心。以股东大会、董事会、监事会和经理阶层作为法人治理结构确立了出资所有者、公司法人和经营者之间的责、权、利关系。股东大会选举董事组成董事会，并将自己的资产交给董事会托管，董事会是公司的最高决策机构，拥有对高层经理人员的聘用、奖惩和解雇权，股东大会同时选举监事会负责检查监督公司的财务状况和财务执行情况，高层经理人员组成的执行机构在董事会授权范围内负责公司的日常经营活动。

在计划经济体制下，社会主义国有企业是一种行政型的企业，相当于行政单位，显然不适应社会主义市场经济的需要。为了使社会主义国有企业成为社会主义市场经济运行的微观基础，可以不断进行探索，国有企业的产权代理制即是其中之一。国有产权代理一般存在两种形式：国有产权的行政代理和经济代理。所谓行政代理，即国家把国有产权的控制权授予各级行政机构，由各级行政机构指派经营者代理经营；所谓经济代理，即国家把国有产权的控制权授予国有企业的经营者，并通过确立企业法人财产权使企业成为自主经营、自负盈亏、自我发展、自我约束的市场主体。对国有产权实行经济代理的前提是对国有产权进行分割。在国有产权实行经济代理的各种具体形式中,公司制,包括股份有限公司,是能够使企业成为自主经营、自负盈亏、自我发展和自我约束的市场竞争主体,成为独立法人的适当形式。

我国经济体制改革的中心环节是国有企业改革,国有企业改革的方向是建立现代企业制度。必须按"产权清晰、权责明确、政企分开、管理科学"的要求,对国有大中型企业进行规范的公司制改革。这一改革的关键是确立企业的法人财产权。对一般国有大中型企业进行公司制改革,对公共品和准公共品的国有企业采用国有产权行政代理或其他经济代理方式,对一般小型国有企业可以实行承包经营、租赁经营、股份合作制或出售等。

社会主义国有企业治理的主要任务是,坚持政府的公共管理职能和国有资产出资人职能分开。国有资产监督管理机构的主要职能有:依法维护所有者——国家的权益;按政企分开、所有者与经营者分离的原则,依法维护企业的合法权益。建立国有资本经营预算制度和企业经营业绩考核体系,并积极探索国有资产监管和经营的有效形式。

国有企业治理分为传统计划经济体制下的行政型企业治理和社会主义市场经济条件下的企业治理两种方式。传统的行政型企业治理是计划经济体制的产物。这种国有企业治理结构的突出特征体现在两个方面:(1) 政企不分。企业按部门分别属于某一行政单位。(2) 责、权、利的分离。企业缺乏经营自主权,却要承担经营责任,企业收益也不归企业支配;即企业有责无权无利,政府有权有利无责。政府对企业的干预具有如下特点:一是干预方式的随意性和强制性,二是干预机构的行政直线性,三是干预手段的指令性。从企业来说,国有企业是行政机构的附属物;从政府来说,政府既是行政机构,又是财产组织。作为财产组织,政府集中了全民财产的所有、占有、使用、收益、处置等各项权能;作为行政机构,政府的财产权又借助于行政权来实现,财产权的行使行政化。企业与政府之间是一种行政等级关系。传统体制下国有企业的治理模式属于典型的行政型治理模式,因此中国国有企业的改革进程就是这种企业治理行政化的消解过程。

社会主义国有企业由行政型治理向公司治理经历了一个逐步的改革过程:由放权让利改革阶段到强化经营权试验阶段(1985—1992),再到引入现代企业制度阶段。在这个转变的过程中,公司治理模式存在的问题有:第一,所有权虚置。政府习惯于以行政权力代替财产权利,使得国有企业内的国有资产所有者或其代表缺位。第二,企业经营自主权不到位。一方面,由于国有资产管理体制未建立起来;另一方面,由于政府利用行政权力设置垄断。第三,内部人控制问题。一般来说,内部人控制是出资者和经营者拥有的信息不对称造成的。从极端的角度看,外部人想完全控制内部人是不可能的,内部人控制现象是难以完全避免的。

国有企业的公司制属于一种现代企业制度。中国国有企业公司治理改革的基本思路是,在保持国有制不变的前提下,通过一定的企业组织形式使企业经理人员拥有大小不等的决策权,并促使企业参与市场竞争。在这个思路指导下,形成有别于市场环境下内部人控制的行政干预下的内部人控制。实际上,在国有企业改革中存在着两难境地:一方面企业反映政府干预过多,企业缺乏经营自主权;另一方面,政府却反映对企业失去控制,企业对国有资产的使用不负责任,国有资产大量流失。所以,国有企业就需要按照"共同治理"的原则实现企业结构的创新,建立"产权明晰、权责明确、政企分开、管理科学"的现代企业制度。企业治理结构是一种契约制度,它通过一定的治理手段合理配置剩余索取权与控制权,以形成科学的自我约束机制和相互制衡机制,目的是协调利益相关者之间的利益关系和权力关系。共同治理的核心是:通过公司章程等正式制度安排来确保物质资本所有者和人力资本所有者具有平等参与企业所有权分配的机会,同时又依靠相互监督的机制来制衡所有者、债权人、经理人员、职工等各产权主体的行为。

从西方发达市场经济国家公司治理的经验来看,西方国家主要存在两种公司治理模式。一是以英美为代表的外部控制主导型公司治理模式,投资者通过发达资本市场进行融资。其主要特征有:融资结构决定公司的治理结构,股权资本居于主导地位,资产负债率低,机构投资者占重要地位,股权分散;董事会中独立董事比例较大;经理市场成熟;信息披露完备等。二是以德日为代表内部控制主导型公司治理。投资者通过在股东大会上"用手投票",从而直接参与公司决策来达到约束经营者目的。其主要特征有:在融资结构方面,以金融机构融资为主,资产负债率高,法人股占主导地位;在模式特征方面,董事会与监事会分立,企业与银行共同治理,公司之间交叉持股。

社会主义国有企业的公司治理和现代企业制度的建立离不开社会主义企业家的形成及其作用。经济发展是动态的,是对现存的均衡状况的改变。经济发展不是因为人口、欲望状态、经济和生产组织的变化这些被称为"生产扩张的外部因素",企业家对生产要素的重新组合才是经济增长的基本动力,才是经济增长的内在因素,也就是说,创新是增长的灵魂,创新是公司成长迅速的原因。所谓创新，就是企业家对新产品、新市场、新生产方式、新组织的开拓以及新原材料来源的控制调配。企业家被称为“创新的灵魂”[①]。

从社会主义企业家的激励和监督来看，要建立企业家的选择机制和职业经理市场。企业家应当从职业经理市场中选择，经理是职业化的经营管理专家，经营才能是一种稀缺资源，具有资产专用性。要构建经理市场，必须消除各种行政干预，形成经理市场的制度环境，构建经理的产生机制和评价体系。

从企业家的约束机制和权力制衡来看，对企业家的约束主要来源于财产所有者。所有者对经营者的约束方式主要有两种：一种是“用脚投票”，另一种是“用手投票”。“用脚投票”是一种外部约束机制，“用手投票”则是一种内部约束机制。“用脚投票”是通过股市上的公司接管机制来发挥作用的。外部的约束机制除了“用脚投票”之外，还包括职业经理市场、银行和投资机构等。“用手投票”的实质是对权力的强调，其目标是强化对刚愎自用的经理层的控制，股东撤换董事会，董事会约束经理，而独立董事制度的核心作用是保护中小投资者的利益，在公司内部形成权力制衡机制，保证公司决策的正确性。

从利益相关者共同治理来看，应该形成企业家的激励机制与利益制衡。激励也是约束，是一种利益制衡。企业家的报酬主要来自两个方面：对企业家创新行为的补偿，对企业家承担风险的补偿。现代企业经理激励机制的核心是协调股东和经理之间的利益，以尽可能减少代理成本实现股东利益最大化。在政府扮演所有者角色的条件下，沿着“股东至上主义”的逻辑，改制后的国有企业就形成了有别于内部人控制的“行政干预下的经营者控制型”企业治理结构。这种治理结构使国有企业改革陷入了难以摆脱的困境：一是由于政府追求的目标是多元的，当由政府对企业实施所有权约束时便会陷入管则干预过多、不管则失去控制的两难之中；二是信息不对称，经营者处于谈判的有利地位；三是行使监督权的政府官员可能与经营者“合谋”，侵蚀国有资产；四是职工和小股东难以行使监督权，其利益易受到损害。为克服这些难题，须实现企业治理结构的创新，其核心是扬弃“股东至上主义”的逻辑，遵循既符合我国国情又顺应历史潮流的“共同治理”逻辑。这一逻辑强调，企业不仅要重视股东的权益，而且要重视其他利益相关者对经营者的监控；不仅要强调经营者的权威，还要关注其他利益相关者的实际参与。具体说来，就是在董事会、监事会中要有股东以外的利益相关者的代表，如职工代表、债权人代表等。这种

---

① 熊彼特：《资本主义、社会主义与民主主义》，商务印书馆 1979 年版。

共同治理的逻辑符合现代市场经济的内在要求①。

第十节　国有企业改革中的委托-代理问题

委托-代理关系是这样一种显性或隐性的契约，根据它，一个或多个行为主体（委托人）指定、雇佣另一些行为主体（代理人）为其提供服务，与此同时授予后者一定的决策权力，并根据其提供服务的数量和质量支付相应的薪酬（詹森、麦克林，1976）。改革开放之前，国家，特别是中央政府集国有企业各项权力于一身，国有企业所有权下的各项权能未产生分化，国有企业权力不存在委托-代理关系。1978年后，随着国家对企业放权让利，国有企业的所有权和经营权逐渐分离，到1992年确立社会主义市场经济的发展目标后，国有企业开始了现代企业制度的建立。在这一系列过程中，国有企业才出现了两权分离和委托-代理关系，由此也产生了公司治理的问题。在企业内部，国有企业也存在代理问题，这一点和私有企业没有差别：委托人和代理人之间存在严重的信息不对称，委托人不能完全掌握代理人的条件禀赋，也不能对其工作行为进行全面观察；委托人和代理人的利益可能存在不一致。由此会产生代理人的机会主义行为，包括：事前机会主义，如经营者向委托人隐瞒生产经营信息，使委托人降低其期望从而减轻生产压力；事后机会主义，如代理人为个人谋私利，编造各种理由推卸责任等。总之，国有企业同样存在逆向选择和道德风险问题。

针对这样的风险，委托人可以设计激励和约束机制降低代理人机会主义行为，包括收入激励、在职消费激励和精神激励等，其目的就在于使代理人与委托人利益一致。但在国有企业中存在一个私有企业没有的问题，就是委托人并非企业的实际所有者，其目标有可能与私有企业所有者的目标不同，即对于企业的经济利益没有要求，甚至还会出现委托人和代理人合谋腐败的问题。在这种条件下，委托人缺乏事前识别和事后监督的动力，就难以用一般的激励手段促使经营者尽职。在国有企业委托-代理关系链的第二层级，即行政委托-代理关系中，各委托人和代理人已然不是作为市场竞争参与者的企业了，而是各级政府及其下属部门。而在市场经济中，政府的职能要求其不能直接参与到

① 杨瑞龙：《社会主义经济理论》，中国人民大学出版社2008年版。

市场竞争中，因而政府部门不会将国有企业经营业绩作为其追求的主要目标，由此可能导致政府以行政权力干预企业经营以达到其政治目的。

国有企业的直接委托人，即国有资产管理公司，直接归属于各级国资委，这会导致国资管理公司及其领导在实施日常经营决策时不得不考虑上级行政命令以及自身的政治目的，而对其代理人，也就是国有企业负责人，进行企业经营层面的干预。在政府上级与下级的委托-代理关系中，同样存在信息不对称、信息不完全、合同不完备的问题，主要原因有：第一，国有企业并非完全意义上的所有者缺位，只是作为所有者的全体人民缺乏权利意识，更重要的是缺乏监管国有企业代理人的有效途径和制度保障。第二，政府和企业还存在不合理的联系，作为代理人的企业所对应的委托人是政府，甚至作为国有企业代理人的国有企业高管都有行政职务，这导致企业运行中不能单纯以经济利益作为目标，也就严重削弱了一般激励机制的作用。第三，存在一般企业都可能存在的因出资者所有权和企业法人财产权分开而产生的委托-代理问题。

第十一节　国有企业中存在的内部人控制问题

一、内部人控制的概念

所谓内部人控制，按照青木昌彦[①]的说法，就是从前的国有企业的经理或工人在企业公司化的过程中获得相当大一部分控制权的现象。主要表现为：一是法律上通过正式的授权获得大量剩余索取权和剩余控制权的内部人，二是事实上掌握了相当数量的未经正式授权的剩余控制权的经理人。转型国家在私有化过程中，大量的股权被内部人持有，在企业仍为国有的场合，在企业的重大决策中，内部人的利益得到有力的强调。

二、内部人控制产生的原因分析

内部人控制产生的原因主要有：所有者与经营者之间的目标函数不一致；国有企业存在着多层级复杂的委托-代理关系，即所有者代理链条过长；人力资本的经营控制权强于非人力资本的剩余索取权；委托人与代理人之间的信息不对称。

---

① 青木昌彦：《比较制度分析》，上海远东出版社 2001 年版。

从产权角度来看,全民所有制的资产所有权归人民所有,但是全体人民直接管理国有资产是不具备条件也没有效率的。我国的行政主管部门代表国家管理国有资产,但是国资委是一个机关法人,缺乏国有资本预决算体制,企业的利润基本留在企业,国资委不享有资本收益权。国资委扮演着出资人和监管人双重角色,两个职能相互混淆。政府作为国有企业虚拟代理人的状况并未根本改变。国有企业的最大债权人是国有商业银行,但我国国有商业银行的债务约束功能较弱。理论上,企业的支出不得大于其货币存量与收入之和,如果企业的支出超过收入的限度就会破产,那么这种约束就是硬约束,反之就是软约束。国有银行作为特殊的债权人,自身也没有明晰的产权边界,其资产属于国家,不属于法人;同时,国有企业也不是独立的产权主体,银行和企业之间的债权债务关系实际上体现为同一主体之间的内部借贷关系,在某些情况下,借贷还是在政府的干预下进行的,并不是市场行为。国有企业拥有剩余索取权,承担风险的股东与债权人之间由于主体缺失,导致其控制权变成一种廉价的控制权。而内部人作为企业的经营成员,对企业的经营决策有着"自然"的控制权,由于企业外部监督和控制权的弱化导致内部人控制问题的产生。国有企业的董事长、总经理、监事均是由上级任命,且董事会与经理层较多重叠,使法人治理结构的角色和职责严重不对称,法人治理的权力制衡难以形成。有的董事长兼任总经理,使经营层的权力失去有效的监督。监事会的地位也没有得到相应的重视和体现,不能有效发挥监督职能,反而往往被董事会和经理层控制。

国有企业存在着多层级的委托-代理关系,每增加一层委托-代理关系就会多增加一份委托-代理成本,加上国有企业的经营者对企业经营状况更加熟悉,实际控制着企业,在两权分离的条件下,如果所有者的控制减弱,会导致内部人控制现象的产生。

外部市场机制不完善也是重要原因。市场是现代企业制度的核心,目前缺乏一个充分竞争的产品市场和要素市场、职业经理人市场和资本市场,因而难以发挥市场机制对内部人的有效的约束和激励,造成公司治理结构的扭曲,有效的经理人市场仍未建立,大多数经理人由政府任命,企业管理才能不高,那些不懂企业经营和管理、胡乱决策、以权寻租、独断专行的不合格管理者带给企业严重的资金安全灾难。国务院国资委是国有企业国有股东的代表,而国资委则属于行政管理机构,同时,政企分开不彻底,使得国有企业的运作服从政府的行政目标而不完全是资产所有者的目标。董事会和总经理仍然受到较多的行政化干预。国有企业经理面临的博弈对象不仅仅是企业组织而且还有行政组织，行为选择就是与企业组织、行政组织双重博弈后的均衡。

国有企业中存在的委托-代理关系，即所有者与经营者之间存在的信息不对称，是内部人控制产生的一般原因。在现代经济关系中，由于社会分工和社会化大生产的发展，委托-代理关系越来越普遍，信息不对称现象具有普遍性，所以，委托人和代理人作为不同的利益主体，两者之间的信息不对称要在制度设计的基础上尽可能地加以解决。

第十二节　关于国有企业改革两个问题的争论

首先是关于方向之争。国有企业改革究竟是坚持以公有制为主体、国有经济为主导，还是实行民营化、“国退民进”。一种观点提出，国有企业改革进行民营化是中国多年改革探索出的一条道路，这不是一个由人最初设计的道路，它是被逼出来的。如果所有制不发生根本的改变，改革的目的就达不到。在企业改制过程中，国有资产流失符合资产运营的经济规律。对于一般竞争性企业，国家可以逐步退出，但在目前国有经济退出的进展不大，不少人怀有国有企业情结，所以国有企业应该加快退出步伐，退出竞争性领域。另一种观点认为国有企业改革私有化的方向是极端错误的。社会主义经济基础是生产资料公有制，这是有关我国经济改革方向的问题。总结起来，关于国有企业改革思路主要有以下几种：第一种思路是产权改革方向。它强调产权激励，强调产权私有化或民营化改革的思路，显然，这种改革思路是与社会主义公有制性质相冲突的。第二种思路认为，国有企业改革不是产权问题，而是经营管理问题，是机制问题或者信息问题，只要完善国有企业的经营机制尤其是竞争机制问题就可以解决国有企业活力不强和亏损问题。第三种思路是马克思主义经济学家的改革思路，它认为应该坚持公有制经济为主体、国有经济为主导的“主体-主导”论[①]，通过搞活国有企业，使国有企业成为市场竞争的主体。马克思主义学者坚决反对“普遍民营化的模式”，认为国有企业民营化的实质是私有化，私有化与MBO向少数暴富者倾斜，是全面否定国有企业，助长社会两极分化。

① 程恩富、鄢杰：《评析“国有经济低效论”和“国有企业垄断论”》，《学术研究》2012年第10期。

其次是关于国有资产流失是否存在或者是否存在于合理范围内的争论。第一种观点认为，目前有些人用国有资产流失否定产权改革，实际上是错误的：其一，国有资产流失不是必然的，而是实际运作中的质量问题，不能因质量问题否定整个产权改革方向；其二，国有资产流失不是普遍现象，大部分真正进行产权改革的国有企业获得了生机；其三，完全没有缺陷的改革是不可能的，在改革过程中产生一些国有资产流失，是改革的成本；其四，不改革，国有资产流失会更多。第二种观点认为，国有资产要流动，只有流动才能优化配置，有流动就不可避免会有流失。要权衡“流失”与“坐失”——暗箱操作、国有资产低估送亲友、非法交易等。国有资产交易必须要遵循一定的规则。第三种观点认为，国有企业改革涉及全民资产的处置，属于一个公共政策问题，要公开化。要改革就要依法行事，国有企业法律上属于公共财产，不能偷偷地分掉。马克思主义经济学者认为，为了防止国有资产被侵占，应该有专门的法律规定，国有企业的改制、运行状态和财务报表应该向全社会、全体公民公开。其要点是：其一，国有企业改革要以马克思产权理论为指导，而不能以科斯的产权理论为指导；其二，国有企业改革要坚持国有经济为主导的原则；其三，反对国有资产流失。国有资产是全体人民的财产，这是由全民所有制性质决定。在社会主义经济中，国有经济起主导作用，国有企业的改革必须坚持社会主义方向，否则就不属于社会主义经济体制改革了；国有资产流失是经济体制改革必然伴随的现象，应该从制度、体制、法律和政策等方面采取措施防止这种情况。

第十三节　国有经济的地位、作用和效率问题[①]

一、否定国有经济的观点综述

（一）否定国有经济地位与作用的观点

张维迎认为，国有企业不利于降低收入分配差距和解决就业问题，国有企业越多的地区，收入分配的差距越大，百姓的就业越难，并且国有企业垄断了大部分资源，成为中国最大的寻租场，却创造了很少的价值。国有企业还存在两大负外部性：一是国有企业占据主体位置，严重抑制中国有企业家精神；二

① 参见卫兴华、何召鹏：《近两年关于国有经济的地位、作用和效率的争论与评析》，《经济学动态》2013年第12期。

是国有企业享有特权，导致严重的道德危机。因此要严格限定国有企业的投资边界。国有企业占比过高，造成中国无法形成真正的市场经济，因此，成为中国经济进一步发展的障碍，应当采取私有化的手段，降低其比重。十八届三中全会结束的次日即2018年11月13日，张维迎接受《新京报》的采访时说："国有企业的改革问题，这次并未放在突出位置，有点轻描淡写。还是延续过去的思维，没有新的突破。""国有企业，无论从社会效率，还是收入分配的角度讲，都不利于经济的健康发展。""国有企业起主导性的市场，没有办法去建设一个公平竞争的市场环境。"在劳动力市场上，国有企业的身份高，也会影响大学生就业。如保持强大的国有企业，市场经济不可能完全建立。因为"时机还没有到"，所以国有企业改革就没有大动作。陈清泰认为：20世纪90年代初"姓社姓资"问题的突破大大解放了思想，为建立社会主义市场经济体制扫清了障碍。今天，如果能摘掉企业的"所有制标签"，消除"所有制鸿沟"，突破"姓国姓民"的桎梏，将是生产力的又一次大解放。后来他再次著文提出：在非公有制经济总量已经超过一半的情况下，坚持"公有制为主体"与"促进非公有制经济发展"，两者很难兼顾；"国有经济控制国民经济命脉""占支配地位"，与"发挥市场在资源配置中的基础性作用"的冲突日益明显；各类企业的市场地位是靠竞争来赢得，还是依靠政府力量去推动实现，在两者间面临选择。因此"生产力的发展呼唤新突破"。吴敬琏认为：中国存在"改革停顿甚至倒退的情况"，"中国的改革还只是走在半途"。这表现"政府和国有经济虽然已不再囊括一切，但还是牢牢掌握国民经济的一切'制高点'，主宰着非国有经济命运"。国有企业在石油、电信、铁道、金融等重要行业继续处于垄断地位。他批判"极左势力""蒙骗大众，掀起强化国家权力和行政控制"的"倒退风潮，造成了极严重的后果"，提出一个国家是否具有社会主义的性质，并不是由国有经济所占份额决定的，只要共产党采取正确的政策有效地防止财富分配的两极分化，我们国家的社会主义性质都是有保证的。

（二）国有企业无效率论

有人认为国有企业天然是无效率的，国有企业自身存在效率损失，并且国有企业比重过高会造成整个行业的效率损失。有人赞同新古典主义的传统观点：公有产权必然是无效率的，产权私有化是解决效率问题的关键。吴延兵将企业的效率分为生产效率和创新效率。他认为国有企业的现代企业制度改革在一定程度上实现了剩余索取权与剩余控制权的统一，因此生产效率得到改善；但是，创新活动不同于一般的生产活动，现有的国有企业改革措施无法提升企业的创新效率。除了认为国有企业自身存在效率损失问题，部分学者还提出，国有企业的低效率将导致整个行业的效率损失和降低全社会的整体福利。张红凤、张肇中通过运用 DEA - Malmquist 指数法测算和分解了我国30个工业行业的全要素生产率，认为所有权结构对企业的全要素生产率和技术进步的影响作用为负。以国有企业为主的所有制结构降低了行业效率，因此降低国有企业比重、放松进入规则是提高行业效率的必然选择。刘瑞明认为：国有企业的存在及其无效率导致了中国地区间的市场分割。地方政府通过制造市场分割，对国有企业进行隐性补贴，地区的国有企业比重越高，该地区的市场分割就越严重，国有企业通过市场分割获取的隐性补贴就越多。地区市场分割不利于资源的有效配置和社会福利的提升。

（三）国有企业垄断论

有些观点认为：国有企业的利润主要来源于垄断经营形成的控制力，并且国有企业获取的垄断利润是造成国有企业与非国有企业工资差距扩大的关键因素。周耀东、余晖认为：自2003年第二产业的国有企业产业布局调整以来，国有企业的盈利情况主要与其控制力有关，即行业的垄断程度。国有企业的控制力来源于行业的垄断程度，行业垄断程度越高，国有企业控制力越强，国有企业的盈利能力也就越强。因此，国有企业的高利润主要来自垄断性的国有控制部门，而不是综合要素生产率。邓伟、叶林祥认为：正是国有企业的垄断利润造成了1999年以来国有企业与非国有企业工资差距的扩大。因为国有企业多处在垄断性较强的上游产业，工资除了受边际报酬影响之外，还受垄断利润的影响；而非国有企业多处在竞争性较强的下游产业，工资主要由边际报酬决定，因此国有企业的工资比非国有企业高，并且随着非国有企业比重的增大，两者的工资差距进一步拉大。邓伟通过进一步研究，认为1998年国有企业退出竞争领域之后，主要因为政府偏袒国有企业所在的垄断部门并且放松了国有企业的定价限制，才最终导致两部门的工资差距拉大。褚敏、靳涛认为：收入差距过分扩大的结果并不是因为国有企业垄断，而是源于政府对市场经济的行政干预造成国有企业的行政垄断。地方政府与国有企业的合谋是权力与资本的结合，造成了收入分配差距扩大的事实。减少政府对国有企业的行政垄断才有利于缩小过分拉大的收入差距。吴敬琏认为：当前中国的贫富差距过大是由于政府部门过大以及部分企业的行业垄断造成的，只有通过推进市场化改革打破企业的行业垄断才能缩小贫富差距。高尚全强调要打破国有企业垄断，提出推进垄断企业股权多元化改革，允许非公有制经济进入垄断行业参与竞争。

二、肯定国有经济的重要地位和作用的观点

针对学界对国有经济的指责和批评，不少学者提出了不同观点，坚决不赞同将国有企业私有化。他们维护国有经济的观点可以分为两个层次：第一层次的观点主要集中在论述国有经济的地位及作用；第二层次的观点分别针对“国有经济低效论”及“国有企业垄断论”进行辩驳，通过具体研究、实证分析，提出相反意见。

1. 以国有经济为主导的公有制经济是社会主义经济制度的基础，应继续做大做强国有经济，反对私有化

我国当前的基本经济制度要求坚持公有制和发展国有经济。刘国光提出：要“做优做强做大国有经济和集体经济，发挥国有经济的主导作用和公有制经济的主体作用”。他说，十八大报告再次强调，我们要毫不动摇巩固和发展公有制经济，推动国有资本更多投向关系国家安全和国民经济命脉的重要行业和关键领域，不断增强国有经济活力、控制力、影响力。他强调指出：在社会主义经济中，国有经济不是像在资本主义制度下那样，主要从事私有企业不愿意经营的部门、补充私人企业的不足，而是为了实现国民经济的持续稳定协调发展，为了巩固和完善社会主义经济、政治、文化制度。因此，国有经济理应在关系国民经济命脉的重要行业和关键领域有“绝对的控制力”。我国作为一个社会主义大国，国有经济的数量底线不能以资本主义国家私有化的“国际经验”为依据。程恩富、鄢杰针对“国有企业无效率，全面退出竞争性领域”的观点指出，发展国有企业是巩固和加强我国社会主义经济制度的基础，是发展和完善社会主义市场经济的路径，是中央一贯的方针政策，是我国应对国际经济危机和提高国际竞争力的客观条件，因此，中国特色社会主义国有经济的比重不能以西方国家的国有经济的比重为依据来调整，应当有中国特色。对于国有经济的重要作用，卫兴华归结为七个方面：第一，国有经济与其他公有制经济是社会主义经济制度的基础，是社会主义经济内在的必要的构成，是实现社会主义本质即大力发展生产力、消灭剥削和两极分化，达到共同富裕的制度安排；第二，国有经济是我国国民经济的主导力量，保证社会主义国家的整体利益和长远利益，保证经济社会发展的社会主义方向；第三，国有经济是我国社会主义市场经济中国家进行宏观调控、克服市场经济缺点和市场失灵的物质手段；第四，国有经济是保证我国经济独立自主和国家安全，应对国内外突

发事件如国际金融与经济危机、国外政治动乱、国内严重自然灾害的物质手段;第五,国有经济是实现重大科技创新、科技兴国、实现国家现代化、应对国际竞争的坚强力量;第六,国有经济是增强我国经济实力、国防实力,增强民族凝聚力的重要力量;第七,以国有经济为核心的公有制经济,是共产党执政的经济基础。

2. 对“国有企业低效率论”和“国有企业垄断论”的不同看法

(1) 对“国有企业低效率论”的辩驳。不少学者指出:国有企业通过改制已经大大提升了效率,并且国有企业不同于私营企业,不把经济效率当作唯一目的。刘瑞娜针对“国有企业天然缺乏效率”的新自由主义观点,指出了“国有企业所有者必定虚置”观点的不合理性、“自私人假设”的不科学性以及剩余索取权假说的缺陷。她认为这些错误理论源自私有制优越论,完全不适用于我国社会主义事业的建设。林岗、张晨认为:在传统的计划经济体制下,国有企业确实存在效率不高的问题,但是随着国有企业建立现代企业制度,以及国家社会保障体制的建立为国有企业剥离了政策性负担,国有企业已经成为参与市场竞争的主体,效率也得到明显的提升。程恩富、鄢杰针对当前“国有经济低效率论”,认为国有经济的整体高效已得到历史的检验,重视经济效率或绩效不能限于局部效率和经济效益,还应看到社会效益、生态效益等,对国有经济的局部低效和阶段性亏损应做具体分析:提供公共产品、协调区域平衡发展、保持社会稳定、历史原因以及经营过程政策性亏损等都可能造成国有企业低效率和亏损。

(2) 对其他反对国有企业的观点的辩驳。对学界出现的挑战所有制区分和国有企业的观点,一批学者有针对性地予以辩驳。针对有些人提出“间接所有制”观点,即认为私营企业主的资本由于很少一部分用于消费,大部分为社会所用,因此私有制其实是为整个社会所用的“间接所有制”。吴宣恭指出“间接所有制”弄不清所有制内部产权体系的结构和层次,割裂了“所有”和“使用”的关系,混淆了产权主体,是出于对产权基本理论无知而杜撰的伪范畴,严重背离经济生活的现实,其目的是为了美化资本主义私有经济,贬低社会主义国有经济,为进一步推行私有化制造舆论。针对社会上提出的“淡化所有制”观点,宗寒指出:“淡化所有制”实际上是要取消公有制经济的主体地位和国有经济的主导作用。保持公有制经济的主体地位是建立公平竞争的市场环境的条件。针对“国有企业股权多元化”的观点,蔡万焕、何干强认为:国有企业股权多元化实质上是国有企业私有化、外资化。股权多元化将会降低国有股份比例,最终导致金融垄断资本控制我国经济,并造成国有资产流失、收入差距扩大、政府宏观调控能力减弱等问题。“国有企业股权多元化”是西方新自由主义向中国抛售的错误观点,学界应当看清其实质。针对“国有企业障碍论”,即认为国有企业是市场经济发展的障碍,主张中国的市场化应进一步降低国有企业在国民经济中的比重。有学者指出,持该理论的人试图瓜分国有资产,最终达到瓦解社会主义公有制主体地位的目的。陈亮认为,这种言论是极其错误的,国有企业私有化绝不是我国国有企业改革的出路。许保利也指出,无论国有企业发展的好坏,总有观点认为应当使国有企业退出竞争性领域,这其实是一个伪命题。国有企业改革的取向是市场化而非私有化。程恩富、方兴起认为:外国跨国公司才是我国经济平稳快速发展的真正威胁。当前我国最重要的 21 个行业中,跨国公司已经占据了 1/3 的市场份额,成为国有企业及民营企业最大的竞争者。因此,国有企业与民营企业应合作共进,夺回弱势产业阵地。

三、对争论的评论和见解①

我国作为社会主义国家,是以马克思主义的科学社会主义和中国特色社会主义为旗帜和指导思想的。要不要坚持中国特色社会主义理论,要不要走社会主义道路,要不要建立中国特色社会主义制度,要不要否定和批判新自由主义:有关国有企业的种种争论,是以承认和否定这一基本点为分野的。如果持肯定意见,就不会否定以国有经济为主导的公有制经济。无论马克思、恩格斯、列宁,还是毛泽东、邓小平以及我国宪法和中央有关文件,都明确肯定国有企业是社会主义经济制度的基础性内容。社会主义经济是以公有制为基础的经济,在我国,国有经济或全民所有制经济与集体所有制经济,是构成经济主体的社会主义性质的经济。国有经济是劳动人民取得政权以后必须建立的社会主义经济。这一基本观点在马克思、恩格斯、列宁的经典著作中已有论述。马克思和恩格斯在《共产党宣言》中提出:无产阶级将把全部资本、把一切生产工具集中在国家手中。马克思在《论土地国有化》中也指出:生产资料的全国性集中将成为自由平等的生产者的各联合体所构成的社会的全国性基础。这表明国家掌握生产资料是社会主义国家的经济基础。恩格斯指出,社会主义社会“具有决定意义的在于,实行全部生产资料公有制的基础上组织生

① 参见卫兴华、何召鹏:《近两年关于国有经济的地位、作用和效率的争论与评析》,《经济学动态》2013 年第 12 期。

产”。列宁在《俄国社会民主工党纲领草案》中指出：必须消灭生产资料私有制，把他们变为共有财产。他又在俄共(布)第二个纲领草案初稿中指出：无产阶级专政现时的基本任务是把一切工厂、铁路、银行、船队以及其他生产资料和流通手段转归苏维埃共和国所有。毛泽东在《新民主主义论》中指出：“无产阶级领导下的新民主主义共和国的国营经济是社会主义的性质，是整个国民经济的领导力量。”1945年，他在《论联合政府》中强调“无产阶级领导下的国营经济和合作社经济是社会主义的因素”，并引证孙中山先生的话：要“节制资本”“使私有资本制度不能操纵国民之生计”。毛泽东完全赞同孙中山的主张。邓小平也一再讲，公有制为主体是我们必须坚持的社会主义的根本原则。他在《坚持四项基本原则》的讲话中指出：“社会主义经济是以公有制为基础的。”我国宪法对公有制及国有经济有如下论述：“中华人民共和国的社会主义经济制度的基础是生产资料的社会主义公有制，即全民所有制和劳动群众集体所有制。”“国有经济，即社会主义全民所有制经济，是国民经济的主导力量。国家保障国有经济的巩固和发展。”十八大报告提出，要“推动国有资本更多投向关系国家安全和国民经济命脉的重要行业和关键领域，不断增强国有经济活力、控制力、影响力”。十八届三中全会也指出：“公有制为主体、多种所有制经济共同发展的基本经济制度，是中国特色社会主义制度的重要支柱，也是社会主义市场经济体制的根基。”“必须毫不动摇巩固和发展公有制经济，坚持公有制的主体地位，发挥国有经济的主导作用，不断增强国有经济活力、控制力、影响力。”以上论述明确、系统地论述了国有经济的社会主义性质、重要地位和作用，坚持以国有经济为主导的公有制，就是坚持科学社会主义和中国特色社会主义。可以肯定地说，否定国有经济是社会主义经济，主张私营经济是社会主义经济的观点，是毫无理论与事实依据的。我国当前之所以发展非公有制经济，是与我国的基本国情有关的，并不是因为私营经济具有社会主义的性质。我国处在社会主义初级阶段，生产力发展水平还比较低，为了更好地解放和发展生产力，实行社会主义初级阶段的基本经济制度：以公有制为主体，多种所有制经济共同发展。允许和鼓励私营、外资和个体经济发展，但私营经济和外资经济是资本主义性质的经济。它们是社会主义市场经济的重要组成部分，十八届三中全会通过的《中共中央关于全面深化改革若干重大问题的决定》还提出两个“都是”：“公有制经济和非公有制经济都是社会主义市场经济的重要组成部分，都是我国经济社会发展的重要基础”，进一步肯定了非公有制经济的地位和作用。但非公有制经济的地位和作用与它们的社会经济性质是两回事。非公有制经济不是社会主义性质的经济,因而是“社会主义市场经济”的组成部分,但不是“社会主义经济”的组成部分。非公有制经济不能取代公有制经济。如果不断削弱公有制经济,乃至否定国有经济的地位和作用,会造成两极分化的后果,偏离社会主义共同富裕的目标。有人宣称我国国有经济是被恩格斯批评的“冒牌社会主义”,这一观点曲解了恩格斯的原意。恩格斯提出:有些资本主义国家,随着生产力的发展,需要将邮政、电报和铁路转化为国家财产,但这并没有消除生产力的资本属性。这是因为资本主义国家的国有经济是为资产阶级利益服务的,恩格斯指出:“现代国家,不管它的形式如何,本质上都是资本主义的机器,资本家的国家,理想的总资本家。”俾斯麦的铁路国有化是直接为战争服务的。因此,认为俾斯麦的国有化是社会主义,那是错误的,是“冒牌的社会主义”。我国是由无产阶级和劳动人民掌握政权的国家,国有经济就是社会主义经济,是社会主义经济制度的基础,当然也是无产阶级政党执政的基础。所以,坚持公有制的主体地位、发展国有经济是中国共产党的执政基础。江泽民同志曾明确肯定了这一观点。共产党的名称表明是要共有生产资料的,如果否定公有制,搞全面私有化,还需要共产党吗?如果公有制的经济基础转变为私有制的经济基础、经济基础决定上层建筑,共产党还有存在的必要和可能吗?正因为国有经济是社会主义经济制度的基础性内容,对经济发展起着主导作用,在我国有关改革开放的中央文件中,一再强调经济体制改革的中心环节是要搞好搞活国有企业,而不是不要国有企业和改掉国有企业。否定国有企业对于我国社会主义国家的重要性,主张私有化,只会带来更严重的经济与社会后果。动摇和否定以国有经济为主导的公有制经济,必然动摇和否定社会主义经济制度。有人主张没有国有经济和公有制经济,也可以是社会主义。然而,全盘私有化的“社会主义”,是真正“冒牌的社会主义”。有些人为了否定国有经济,把各种“污水”泼向它,从上述广大学者对其有理有力的辩驳中,可以认清是非。评价我国国有企业的效率状况,不能单纯从微观效率判断,更不能简单地将其处理成单纯市场体系中的一般企业。除了前述国有经济是社会主义制度的支柱外,评价国有企业的地位和作用首先应有宏观视角,我国国有企业的性质及其定位赋予了其更多的战略目标。如国有企业作为宏观调控手段是克服市场失灵的制度安排,具有制度的合理性。从国有企业作为技术扩散和技术赶超的中心、作为转型时期宏观经济的稳定者、作为过渡时期社会福利和公共产品的提供者来看,其在宏观方面是最富有效率的。而针对批评国有企业垄断的观点,笔者认为:垄断作为一种经营方式和市场结构状态，与所有制形式没有直接的关系。资本主义私有制下的市场经济也会形成垄断。我国国有企业大部分不属于垄断行业，对某些存在自然垄断和国家垄断的企业也应进行具体分析。有些垄断是必要的，有些垄断可考虑改革，不必要的垄断需要打破，不能一概骂倒。有人反对国家控制国民经济命脉，将其视作行政垄断要求打破。然而，有关国计民生的国民经济命脉，如果不让国家控制，就会落入私人资本和外国资本之手，社会主义经济会被瓦解。新中国成立前夕的《中国人民政治协商会议共同纲领》也规定，国民经济命脉应由新民主主义国家掌握。社会主义时期的中央文件也一再宣传国家掌握国民经济命脉。十八届三中全会通过的《中共中央关于全面深化改革若干重大问题的决定》再次强调："国有资本投资运营要服务于国家战略目标，要更多投向关系国家安全、国民经济命脉的重要行业和关键领域。"一些关键性行业集中度的提高和国有企业规模的扩大，是面对全球化的挑战和维护国家经济安全的必要选择。如果盲目地放开和放弃国有企业对关系国计民生的关键领域和行业的控制，对于国家的经济安全以及社会主义制度的存在和发展都是极大的损害。有的学者将国有企业垄断作为出现贫富分化的根源，是违反基本事实的。总之，以国有经济为主导的生产资料公有制是解放和发展生产力的根本要求，是实现共同富裕的基本前提，是构建社会主义制度与和谐社会的经济基础，是全球化条件下实现自主发展的重要保障，也是社会主义政治制度的基础。因此，应当毫不动摇地巩固和发展以国有经济为主导的公有制经济。当然，也要看到国有经济自身存在这样那样的问题，需要通过深化改革消除弊端。十八届三中全会对国有经济的改革已提出了具体要求和改革方案的部署，应明确肯定，我国根据自己的国情，既不搞全面私有化，也不搞单一的公有制；既要毫不动摇地发展公有制经济，也要毫不动摇地鼓励、支持和引导非公有制经济的发展。我国新一轮的经济体制改革要为社会主义市场经济的发展与完善、为扫除非公有制经济发展的障碍提供更多的政策支持。在公有制为主体的条件下，公有制和非公有制两种经济平等竞争、共同发展。

一、复习思考题

1. 试述中国国有资产管理体制改革历程。
2. 国有资产管理体制存在的主要问题有哪些？
3. 如何理解政企分开的含义？

4.“统一所有、分级管理”体制有哪些弊端？实行“分级所有、分类管理”有哪些优势？是否可行？

5. 试述社会主义国有资产管理“三层次”模式。

6. 试述社会主义企业家的激励机制和约束机制。

7. 什么是现代企业制度？如何在社会主义国有企业中建立现代企业制度？

8. 社会主义市场经济中国有企业的功能和作用是什么？

9. 什么是内部人控制？内部人控制产生的原因是什么？

10. 信息不完全和信息不对称是否普遍存在？如何解决？

11. 社会主义国有企业中的委托-代理关系是怎样的？

12. 怎样理解国有经济的结构调整与合理布局？

13. 什么是所有权“虚置”？如何评价国资委的功能和作用？

14. 试述中国国有企业治理结构存在的问题及解决的途径。

15. 试述社会主义国有企业股份制改革的意义和基本思路。

16. 什么是逆向选择和道德风险？

17. 试述国有经济的地位、作用和效率。

二、课堂讨论题

1. 试述社会主义国有资产流失的原因和解决的途径。

2. 试述社会主义国有企业的产生、发展、存在的问题和改革的方向。

第九章　社会主义经济发展方式

研究文献综述

马克思在《资本论》的再生产理论中提供了经济增长的模型[①②]，并从社会两大部类协调发展的视角提出社会主义经济发展应该遵照有计划发展的规则。在社会主义经济实践的发展过程中，人们不断转变经济发展观念[③]，并将经济增长与经济发展区别开来[④]，学者们从不同角度探索了经济增长和经济发展问题[⑤⑥]，这些探索是针对中国社会主义经济发展的实践而展开的[⑦]，或者说，以中国社会主义工业化、现代化实践为背景探索经济增长的内在机理、过程，以及中国发展奇迹[⑧]和中国发展模式[⑨]出现的原因。

社会主义国家的经济增长或发展既要遵循经济增长的一般机理，又具有其本身的特点[⑩]。从经济增长的历史来看，推动经济增长的因素是多方面的，包括资本、技术、知识、产权和制度等，在不同经济发展阶段，不同的因素起着不同的作用。中国经济正经历着政策和结构方面的深刻变革，这些变革对于提高中国社会的增长绩效、保持未来中国经济的发展潜力都很有必要。这些变革既全面又深刻，代表了中国经济增长的新模式[⑪⑫]。中国正处在从资源粗

---

① 吴易风：《马克思的经济增长理论模型》，《经济研究》2007 年第 9 期。
② 李广平：《马克思的经济增长理论》，《当代经济研究》2003 年第 6 期。
③ 洪银兴：《可持续发展经济学》，商务印书馆 2000 年版。
④ 徐佩华：《论经济增长与经济发展》，《求实》2007 年第 12 期。
⑤ 陈波：《地方利益、区域经济一体化合作与福祉》，《社会科学》2008 年第 1 期。
⑥ 郑伟林：《马克思的经济增长理论与现代经济增长理论的比较研究》，《云南财经大学学报》2012 年第 4 期。
⑦ 吴光辉：《社会主义经济增长理论》，重庆出版社 1990 年版。
⑧ 林毅夫、蔡昉，李周：《中国的奇迹：发展战略与经济改革》，上海三联书店 1999 年版。
⑨ 程恩富：《中国模式出现的经济体制特征和内涵》，《经济学动态》2009 年第 12 期。
⑩ 胡秋华：《比较优势、竞争优势与我国经济发展战略》，《生产力研究》2009 年第 15 期。
⑪ 郜若素(Ross Garnaut)、蔡昉、宋立刚：《中国经济增长与发展新模式》，社会科学文献出版社 2014 年版。
⑫ 刘伟：《中国市场经济发展研究：市场化进程与经济增长和结构演进》，经济科学出版社 2009 年版。

放型到科技创新驱动集约型的经济增长方式的转变过程中，并在经济新常态和供给侧改革中不断探索经济发展方式的转变①②。经济增长的最终目标是人的自由全面发展，它必然推动人类经济发展观念的转变和经济增长方式的转变③④，并不断寻找适合不同国家自身特点的经济发展模式⑤⑥。

第一节 经济增长与经济发展

一、经济增长与经济发展的概念

什么是经济发展？它是指一个国家或地区随着经济增长而出现的经济、社会和政治的整体性改善⑦。它一般包括三个方面的内容：一是经济数量的增长；二是经济结构的优化；三是经济质量的提高，即一个国家或地区的效益水平、社会和个人的福利水平、居民的生活质量、自然环境的改善和人的素质的提高。从经济增长与经济发展的联系来看，经济增长是手段，经济发展是目的。经济增长是经济发展的基础，经济发展是经济增长的结果。经济增长与经济发展的区别在于经济增长的内容是窄的，它是指单纯的经济效率的提高；而经济发展的内容是宽的，它除了经济增长还包括政治、经济、社会协调发展等方面的指标和内容。

20世纪70年代以前，通常以人均国民生产总值或人均国民收入来划分不同类型的国家。这实际上是一种衡量经济增长的指标。而经济发展的指标体系主要有两类：一类是采用经济、政治、社会因素相互作用的标准来衡量，另一类衡量经济发展的指标就是采用生活质量标准。

从影响经济发展的主要因素来看，一般来说，自然因素、人口数量、科技水平、文化教育等对一国经济发展具有重要影响。在新制度经济学看来，影响经

① 邵慰：《经济发展方式的全面转型：基于政府行为的视角》，《经济与管理研究》2014年第9期。
② 聂浩：《浅析经济新常态思想的理论渊源及现实依据》，《知识文库》第22期。
③ 厉无畏、王振：《转变经济增长方式研究》，学林出版社2006年版。
④ 王振中：《转变经济增长方式-政治经济学研究报告8——转变经济增长方式》，社会科学文献出版社2007年版。
⑤ 胡钧、韩东：《"中国模式"的实质、特点和面临的挑战》，《政治经济学评论》2010年第4期。
⑥ 石磊、张翼、寇宗来：《演进中的"中国模式"：战略、机制与架构》，《社会科学》2010年第3期。
⑦ 郑爱文：《经济增长与经济发展协调互动探索》，《江西社会科学》2005年第10期。

济增长和经济发展的主要因素有三个，即产权、国家和意识形态，而这三个因素都可以归结为制度因素①。发展中国家国民经济中现代部门与传统部门并存。一个是现代的城市工业部门，其主要特征是现代工业和商品经济比较发达，技术水平、劳动生产率和收入较高；另一个是传统的乡村农业部门，其特征是以传统农业和手工业为主，以简单工具和手工劳动为基础，处于自给和半自给的自然经济状态，劳动生产率和收入低。一国经济中现代部门与传统部门并存的状态就是二元经济结构。二元经济结构是发展中国家在经济发展过程中必然会出现的现象，这意味着发展中国家面临着落后的经济技术基础和巨大的外部压力。

二、二元经济结构与经济发展

二元经济结构的积极影响主要包括：(1) 现代部门劳动者的高收入将对传统部门的劳动者产生强大的吸引力，这将有利于在劳动力供给的增加上推动现代部门的发展。(2) 现代部门作为一种新的生产方式和新技术的典范，有助于引导传统部门的现代化。(3) 现代部门还会将自己创造的新技术直接提供给传统部门用于技术变革；同时，通过政府将现代部门所创造的一部分收益以财政转移支付的方式转移给传统部门用于增加投资，有利于推动传统部门的发展和向现代部门演进。

二元经济结构的消极影响是推动以牺牲传统部门发展为代价积累现代部门资金战略，导致二元经济差异不断扩大。(1) 国民经济按比例发展是一条客观规律。农业是传统部门的主体，又是国民经济发展的基础。如果农业过分落后，势必会在粮食、原料、市场、资金等方面限制现代部门的进一步发展。(2) 在现代市场经济条件下，如果二元结构差异过大，必然会造成传统部门越来越用附加值低的大量农业产品来交换现代工业部门附加值高的少量工业品，削弱了农业的积累能力，不利于提高农民的生活水平，限制了农业的发展。(3) 如果二元经济的差异过大，不同部门劳动者收入差距也会扩大，在利益驱动下，必然会产生传统农业部门的劳动力向现代工业部门过度转移。这会造成落后的农业因生产要素过度流失而进一步萎缩，同时产生“城市病”。(4) 二元经济差距过大，势必会转化成地区之间的经济差距过大。

三、农业现代化与经济发展

农业现代化包括农业生产条件的现代化、农业生产技术的现代化、农业生

---

① 诺斯：《经济史中的结构和变迁》，上海三联书店 1994 年版。

产管理的现代化、农业经济体制的现代化和农业生态的现代化。中国农业现代化的基本途径是走有中国特色的社会主义农业现代化道路。首先,多渠道增加农业投入,通过建设重点项目加强农业基础设施,改善农业的生产条件。其次,实施科教兴农战略,提高农业的科技水平。再次,综合发展,形成合理的产业结构,推进农业的产业化、商品化、专业化和社会化。最后,建立支持体系和保障体系。在农业现代化过程中还会出现农村剩余劳动力转移,农业剩余劳动力向非农产业转移必须是多层次、多渠道的,可选择的出路有:(1)"离土不离乡",即到小城镇就业。(2)"不离土也不离乡",即在经营农业的同时兼营家庭工业、家庭运输业等。(3)"离土离乡",即到城市和工业中心就业。另外,还需要注意形成合理的乡村经济布局,引导乡镇经济适当集中,改革户籍制度。

人类经济增长的历史存在着从粗放式经济增长到集约式经济增长的转变。中国面临着经济增长方式的转变,因为传统经济增长方式具有资源消耗大、能源利用率低和环境污染严重的特点,主要以粗放型、劳动密集型和出口导向为主。所谓经济增长方式的转变,是指经济增长主要以数量的扩张到主要通过提高生产要素使用效率的转变过程。实现经济增长方式的转变既需要技术创新,又需要制度创新。技术创新可以直接推动经济增长,在很大程度上又依赖制度创新,制度创新还可以改变收入分配和资源使用效率的潜在可能性,以及影响人们的行为选择和信息的可获得性,从而最终形成有利于经济增长的激励机制和约束机制,从这种意义上说,经济增长依赖于制度创新。当然,技术创新和制度创新是相互影响、相互作用的。从中国的情况来看,经济发展模式的转变需要进行经济增长目标的转变,即从以单纯 GDP 的增加为目标转向以满足人民日益增长的物质文化需要和人的自由全面发展为目标;需要从单纯依赖数量增长向集约式增长转变;需要经济发展战略的转变,即以原先优先发展重工业向三次产业协调发展转变;还需要进行经济发展步骤和经济发展手段的转变,充分发挥市场经济的作用。

经济发展要坚持科学发展观。坚持以人为本,树立全面、协调、可持续的发展观,促进经济社会和人的全面发展,统筹城乡发展、统筹区域发展、统筹经济社会发展、统筹人与自然和谐发展、统筹国内发展和对外开放,为此必须转变发展观念、转变经济增长方式和转变经济体制。经济发展要坚持创新驱动发展战略。实施创新驱动发展战略有利于提升国际竞争力,有利于提升科技实力,有利于形成国际竞争新优势、增强发展的长期动力。创新驱动发展战略对于提高经济增长的质量和效益、加快转变经济发展方式，以及对降低资源能源消耗、改善生态环境都具有长远的意义。

第二节　马克思经济增长理论与新古典经济增长理论

马克思的增长模型是建立在社会再生产理论基础上的，具有高度的理论概括性和科学性。该模型根据劳动价值论把资本分为不变资本和可变资本，如果其他条件不变，资本有机构成提高，那么最终只能对经济增长起抑制作用。如果剩余价值率上升，意味着资本的效果系数已有提高；如果积累率上升，表明有更多的投资用于扩大再生产。剩余价值率和积累率的提高都是促进经济增长的重要因素。马克思的经济增长模型不满足于分析一个经济增长总量，而是把社会生产分为两大部类，先让一个部类确定积累率，再让另一个部类按照扩大再生产实现条件的要求决定一个相应的积累率。所以马克思的经济增长模型以社会再生产的一整套理论为基础。首先，马克思的经济增长理论论述了个别资本再生产和社会资本再生产的关系。其次，社会总资本的两个理论前提是从实物形式将全部社会总产品划分为生产资料与消费资料两个部类，从价值形式将全部社会总产品可划分为不变资本、可变资本和剩余价值三个部分。再次，社会资本简单再生产的实现条件或平衡条件是第一部类的可变资本与剩余价值之和等于第二部类的不变资本。最后，社会资本扩大再生产的实现条件或平衡条件是第一部类原有的可变资本价值、追加的可变资本价值与本部类资本家用于个人消费的剩余价值之和等于第二部类原有的不变资本价值与追加的不变资本价值之和。马克思的经济增长理论是长期的动态增长理论。马克思还对资本主义的资本、劳动、科学技术、制度等因素在经济增长中的作用做了大量研究，得出了资本主义经济增长具有不稳定性的结论。

新古典经济增长理论认为，无论从任何一点出发，经济向平衡增长路径收敛，在平衡增长路径上，每个变量的增长率都是常数。在其他外生变量相似的条件下，人均资本低的经济有更快的提高，有更高的增长率。人均产出的增长来源于人均资本存量和技术进步，但只有技术进步才能够导致人均产出的永久性增长。新古典经济增长模型未能解释长期经济增长的真正来源，把技术进步(劳动的有效性)看成外生给定的,而这恰恰是长期经济增长的关键。

马克思经济增长理论与新古典经济增长理论还在研究的出发点和研究方法的隐含前提上存在区别:(1) 研究的出发点不同[①]。在马克思看来,生产资本的积累和技术进步必然会促进经济增长,然而在经济增长的同时,不断地被复制出来的资本主义的生产关系使资本有机构成不断增高和平均利润率趋于下降,因此,资本主义的生产方式产生了内在的矛盾,一方面是资本追逐利润的本性使资本积累和生产率不断提高,另一方面是资本主义的生关系导致资本有机构成的提高和平均利润率的下降。也就是说,在马克思看来,资本主义的生产关系已经不能容纳生产力的发展,必须进行社会变革。可以说,马克思的经济增长理论是一种危机理论。在马克思看来,经济增长的事实导致了生产的相对过剩,进而引发了经济危机。资本主义社会要想解决这种周期出现的危机,必须从外部打破其内在的动力机制,做出新的制度安排。马克思在构建其经济增长理论的时候,已经在观念上做出了资本主义的生产方式不合理的假定,从"资本有机构成不断提高"和"平均利润率趋于下降"的逻辑出发,推论出资本主义的经济增长不能持续发展的危机理论。而新古典经济学家在研究经济增长理论的时候,基本的隐含假定是资本主义的生产方式是合理的,但是在动态发展的过程中,由于受到投入要素边际效益递减规律的影响,理论上说,资本主义的经济增长应该趋同和收敛于零,但现实是资本主义的经济增长在体现出一定的趋同性的同时还体现出趋异性和无极限增长,而经济增长理论的任务就是找到这些促使经济无限增长的因素或变量,从而解释经济增长的事实。(2) 研究的方法的隐含前提不同。现代经济学研究方法可以区分为两种[②],即实证的方法和规范的方法。实证研究方法描述经济中的事实和行为,即研究"是什么"的问题;规范的方法,对事件做出价值判断,即研究"应该是什么"的问题。马克思在其经济增长理论中所使用的研究工具是政治经济学的劳动价值论以及马克思独创的剩余价值理论,不能否认马克思的经济增长中隐含着一种价值判断,这种带有隐含价值判断的分析方法是一种规范的研究方法,因此,马克思的经济增长理论推导出来的结论是带有价值判断的结论,过多地强调了"应该是什么"的问题。需要指出的是,马克思在研究经济增长问题时是以资本主义经济增长过程的事实为依据的,而新古典经济学

---

① 郑伟林:《马克思的经济增长理论与现代经济增长理论的比较研究》,《云南财经大学学报》2012 年第 4 期。

② 伍装、张薰华:《现代经济学中的两种价值判断理论》,《经济学家》1999 年第 5 期。

则采用边际研究的方法来研究经济增长问题。随着边际革命的兴起，特别是经济资源的“稀缺性”越来越突出，新古典经济学在进行经济分析的时候，越来越多地采用了边际分析的方法。由于边际效益递减和资源稀缺，资本和劳动的增量投入不是无限的，因此，理论上说经济增长是有限的，但事实是增长并没有出现人们担忧的极限。经济研究的目的就是要找到这些促使经济无限增长的因素。毫无疑问，新古典经经济增长理论所采用的边际研究方法在形式上是一种实证研究的方法，但其在假设前提下认为资本主义制度是自然合理的，同样属于一种隐含价值判断。

第三节　经济发展理论的演变[①]

一、形成与发展时期的经济发展理论

在现代经济发展理论的第一个阶段，结构主义分析思路占主导地位，主要内容如下。

（一）计划化理论

结构主义发展经济学家认为，发展中国家的经济具有刚性、短缺、过剩、滞后、低供求弹性等结构上的特征。经济结构的这种特殊性使价格机制及市场调节的均衡作用不能自动地实现，所以，强调经济增长与发展过程中的计划管理和计划指导的作用成为这一阶段发展理论的重要特征。正如澳大利亚经济学家海因茨·沃尔夫冈·阿恩特（Arndt，H.W.）所说：“大部分第一代发展经济学家有一种共同的结构主义观点，怀疑价格机制，深信政府的计划和控制必定能弥补市场失灵。”

（二）唯资本理论

结构主义分析思路认为，在经济发展中，生产要素的投入有三种：自然条件、劳动力和资本。一般而言，自然条件的丰歉会影响一国的经济增长，但并不决定经济增长，历史经验已证明如此；劳动力一般是发展中国家比较丰裕的投入要素，不会成为经济增长的约束因素；这样，物质资本的多寡便成了促进或约束一国经济增长的关键因素。因此，强调物质资本积累对后发国家经济增长的重要性和必要性是这一阶段发展理论的重要特点。这一特点后来被称

① 参见王必达：《经济发展理论的演变：一个文献综述》，《兰州大学学报（哲社版）》2004年第2期。

为唯资本论。唯资本论的观点按利文斯通的总结,可分为:(1) 刘易斯模式,利用农业部门隐蔽性失业劳动去支持现代部门的资本积累;(2) 恶性循环理论,包括平衡增长、大推进和最小临界努力等理论,这些理论涉及投资与国民收入比率的转变,要求在资本形成的开端有一个大的跃进;(3) 哈罗德-多马模型,将后凯恩斯主义的动态分析扩大并应用于发展中国家。

(三)"滴漏"理论

20 世纪 50~60 年代,正统的发展文献很少提及产出如何在社会成员中分配,即谁在增长中受益的问题,其原因在很大程度上来自"滴漏"机制(Trickle-down mechanism)以及储蓄增加对发展的重要性。沃尔特·加伦森(Galenson, W.)和哈维·莱本斯坦(Leibenstein, H.)提出这样一种思想:高度的收入分配不均等对以储蓄促进投资和增长是必要的,因为富人把自己的收入用作高比例的储蓄和投资,而穷人将收入花在消费品上。由于 GNP 增长率是国内收入储蓄比例的函数,这个国家的收入分配越向高收入层倾斜,储蓄和增长率就越高,增长越快,收入越会通过市场机制向低收入层滴漏。如果非均等长期居高不下,就可以通过凯恩斯式的税收和补贴计划来解决这个问题。西蒙·库兹涅茨(Kuznets, S.)强化了这一分析,研究了在经济增长过程中人均收入水平和收入分配的关系,这就是广为人知的库兹涅茨曲线。根据这一曲线,在经济增长的初期,收入分配将可能有恶化的趋势,因为会出现大量的低收入农业部门和高收入的现代工业部门;随着工业化的进展,劳动人口从农业向工业部门转移,收入分配形势将逐渐得到改善。虽然库兹涅茨从少数发达国家的历史经验得出这一推论,但人们普遍认为它也适合于发展中国家。

(四)平衡增长与不平衡增长理论

发展中国家需要什么样的经济增长模式?结构主义发展理论对这一问题的看法有平衡增长和不平衡增长之争。保罗·罗森斯坦-罗丹(Rosenstein-Rodan, P.)早在 1943 年强调"非连续性和外部经济性"在工业发展中的重要性,提出按同一投资率对各个工业部门进行投资的"极端的"平衡增长理论。1952 年,雷格纳·纳克斯(Nurkse, R.)重拾罗森斯坦-罗丹"贫困恶性循环"的主题,并对其进行了更深入的研究,提出同时全面投资和发展一切部门,但并非按同一投资比率(应按各部门产品的需求价格弹性和收入弹性的大小来确定投资比率)投资和发展的"温和的"平衡增长理论。1958 年,阿尔伯特·赫希曼(Hirschman, A.)指出,大多数发展中国家的关键特征是其本国产业关联的脆弱,因此,最佳的增长战略是把资金集中投放到那些有着强关联效应的产业上去，从而形成所谓的不平衡增长理论。

（五）起飞理论

格申克龙（Gerschenkron，A.）认为，国家间经济增长水平不同，可根据落后程度将其分类。一个国家经济越落后，其工业化的启动就越有可能实现井喷式突然起动，并维持相对高速增长。受格申克龙关于欧洲成长经验著作的启发，罗斯托（Rostow，W.W.）把经济增长描述为一条包括五个连贯阶段的直线，并因“起飞”理论而著称。

二、危机与反思时期的经济发展理论

按照第一个阶段的理论做出经济发展决策的发展中国家并未达到预期的目标，奉行计划化和政府多方干预的结果是经济上遭遇种种困难。现实的经验迫使新古典主义发展经济学家对第一个阶段的增长理论和政策主张进行重新评价和修正，并相应地形成如下发展观。

（一）农业发展观

在这方面，美国经济学家舒尔茨做了开创性的工作。他认为：“并不存在使任何一个国家的农业部门不能对经济增长做出重大贡献的原因。”发展中国家的传统农业不能成为经济增长新的源泉是因为传统农业的生产效率太低，而使传统农业生产效率低的原因并不是贫困的农民缺乏资源配置效率，只是因为农民使用的资源的数量和质量都不能得到保证。所以，改造传统农业必须引进新的生产要素，这些新生产要素本身就包含着技术的变化。新的生产要素的开发和供给对于弱小的农民来说是不可能的，因此需要政府和一些非营利企业研究出适于本国条件的生产要素，并通过农业推广站普及到农民中间。除了引进新的生产要素之外，舒尔茨认为对农民进行人力资本投资，使他们能够熟练地运用现代生产要素也是非常重要的。

（二）市场机制观

新古典主义复兴浪潮推进了发展经济学家对市场机制的重新认识，使他们纷纷从不同角度提出了自己的看法。加拿大经济学家约翰逊（Johnson，H.G.）认为，市场按照各个生产要素取得最大报酬的原则，在各种用途中配置生产要素，有利于提高经济增长的质量。不论从产品消费环节看，还是从要素积累过程看，正常发挥作用的市场体系总能为经济增长提供刺激[13]。哈拉·明特（Myint，H.）认为，以市场只能解决资源静态配置而否定市场对经济增长作用的观点是不科学的。因为静态和动态不是绝对分开的，现有资源的配置结构决定了增量资源的配置结构。如果现有资源的配置结构是最优的，那么增量资源的配置结构亦为最优；相反，增量资源就不可能最优。而增量资源的配置正是动态经济发展问题。因此，市场机制在有效解决静态问题的同时，也随之促进了动态问题的解决。美国经济学家爱德华·肖(Shaw, E.)说："一个丧失了边际相对价格灵活性的经济，必定要求助于人为干预政策去平衡市场，但这是行政机构不可能胜任的任务，并且还要为之付出高昂的低效率和贪污腐化的代价。自由化的一个主要目的，就是用市场去代替官僚机构。"印度经济学家拉尔(Lal)在《发展经济学的贫困》一书中认为，市场失败的原因不是市场本身，而是政府的干预。贯穿全书的政策建议是"让价格做应该做的"，即以市场机制去实现资源的有效配置。

(三) 贸易发展观

结构主义发展理论认为国际贸易对发展中国家并非"增长的发动机"，而新古典主义发展理论认为这是一种只有政治吸引力而在经济上并不合乎理性的发展战略，自由贸易对发展中国家的经济增长仍然具有积极意义。哈伯勒(Harberger)认为，新古典经济学强调的价格-市场机制，不仅最有力地调节了国内经济，也最有力地调节了国际经济，因此，国内自由竞争、国外自由放任，应当是统一的原则。明特认为自由贸易可以通过动员发展中国家尚未利用的资源(土地和劳动力)，刺激农民欲望并向他们提供新的投入，从而扩大本国的产出和福利，实现迅速的经济增长。科登(Corden)针对贸易保护主义指出，经济保护应限于某些特定的"幼稚产业"，而且这种保护只是暂时性的，即只有当发展中国家的要素市场还存在一些扭曲时才可行，保护也不是最好或首选的解决办法，最佳的方法是使用税收政策或补贴方式去纠正要素市场的扭曲。利特尔(Little)和米尔斯(Mirrlees)指出，将世界价格作为贸易商品的影响价格，这对一个国家意味着一系列的机遇以及可以借此进行贸易的条件；自由贸易将会使一个国家获得更多的利益。克鲁格(Krueger)和巴格瓦蒂(Bhagwati)通过对10个国家在1952年至1972年贸易自由化的22个经验的研究，批驳了贬值无用论，提出贬值和贸易自由化使产出可能得到提升的观点。

(四) 再分配理论

由于经历了第一阶段发展中国家经济发展的现实，许多发展经济学家摒弃了在低收入水平情况下，经济增长会自动地从最初的受益者向四周扩散的滴漏理论。于是，在收入分配问题变得极为重要的情况下，学术界先后产生了

“先谈增长然后谈分配”与“边增长边再分配”两种发展战略的争论。1973年，阿德尔曼(Adelman)和莫里斯(Morris)通过对43个国家占全国60%最穷的人口的收入分配和该国全部经济记录的研究，发现增长对收入分配的影响是，最穷人口的绝对收入比重和相对收入比重都下降了，但他们几乎没有发现滴漏机制的证据。两年后，阿德尔曼以中国台湾和韩国的经验为基础，研究了增长的结构背景，并提倡增长前的再分配战略。

三、融合与新生时期的经济发展理论

1985年以后，人们开始冷静地对待发展问题和发展经济学。在激烈批评的声浪过去之后，克服了论战片面性的研究成果大量出现，新制度主义发展观、新增长理论、可持续发展观和后发优势假说的产生与发展标志着发展经济学的复兴。

(一) 新制度主义发展观

20世纪80年代以来，许多发展经济学家认识到，要解决发展中国家的经济发展问题，不应只关注资本积累、技术引进、产业结构优化、就业改善、人口控制和出口促进等纯经济因素，而更应该关注制度因素对经济发展的促进或障碍作用。比如，拉坦(Rutran, V.)和速水(Hayami, Y.)将诱致性技术变迁扩展到诱致性制度变迁，试图说明为什么这种变迁和相伴而生的经济发展存在于某些经济中，而不存在于另外的经济中，并尝试着构建了使资源、文化、禀赋和制度作用内生化的经济发展模式。奥尔森认为:“兴盛的市场经济最重要的是那些能够保障个人权利的制度。这些制度包括财产权，因为没有财产权，也就没有人会积极地储蓄和投资。此外，市场经济也要有鉴定各种公平的可实施的契约的权利，它对于发达国家是既定的前提，但对于发展中国家的经济转型则是至关重要的。”新制度主义学者如贝茨(Bates, R. 1994)、奥斯特罗姆(Ostrom, S. 1993)、弗鲁博腾(Furubotn, E. 1991)、诺斯(North, D. 1990)等，越来越多地将制度分析的范畴、观念、模式等运用到经济发展理论中去，可以说，一场“新制度经济学运动”已经在发展经济学领域形成并扩展开来。

(二) 新增长理论

1980年代中期，以罗默(Romer, P.)、卢卡斯(Lucas, R.)等人为代表的一批经济学家，在对新古典增长理论的重新思考的基础上，提出了一组以“内生技术变化”为核心的论文，探讨了长期增长的可能前景，掀起了一股新增长理论的研究潮流。新增长理论的出现，标志着新古典经济增长理论与经济发展理论的融合。这一融合的显著特点是，强调经济增长不是外部力量(如外生技术变化），而是经济体系内的内部力量（如内生技术变化）作用的产物，重视对知识外溢、人力资本投资、开发和研究、收益递增、劳动分工和专业化、边干边学、开放经济和垄断化等新问题的研究，重新阐释了经济增长率和人均收入的广泛的跨国差异。这一融合不仅确定了一幅崭新的长期增长的图景，而且对发展中国家的经济发展富有启发意义和政策建议。

（三）可持续发展观

20 世纪 80 年代初期出现的可持续发展理论作为一种与传统增长模式截然不同的发展观，把经济发展同生态环境、自然资源、人口、制度、文化、技术进步等因素结合起来，加深和拓展了我们对发展的认识和理解，这也是经济发展理论的新发展。爱德华·巴比埃(Barbier,E.)运用环境三功能理论，构造了一个经济-环境相互作用的模型，强调人类生活和生产过程对生态稳定和稀缺环境资源充足性的依赖，认为经济和环境相互作用不仅不断提高着环境提供生产投入和能源相对稀缺的程度，而且随着废气、废料产生引起的不可逆转的生态平衡破坏和环境质量下降的可能性不断增大。所以，从长期看，如果经济过程中断自然生态过程，不断引起环境退化，永久地破坏了人类赖以生存和活动的基本环境功能，环境的绝对限制就会出现；如果把减轻贫困看作经济发展的最高目标，那么有效率、可持续的环境管理就是实现这个目标的必要手段。

（四）后发优势假说

经济上相对落后的国家（地区）在经济发展中具有相对的优势，这一思想最早源于英国古典经济学家大卫·李嘉图及瑞典经济学家赫克歇尔和奥林等提出的“相对有利条件论”。1962 年美国经济史学家格申克龙在其“大冲刺”（或“大突进”）命题中，首次提出了后发国家相对于先发国家在工业化过程中可能取得更高时效的后发优势假说。1980 年代中期，对后发优势假说的理论研究取得长足发展，阿伯拉维茨运用“社会能力”的概念，解释了为什么有些后发国家能够成功追赶先发国家而有些则不能的原因；南亮进、金麟洙通过对日本及韩国等亚洲新兴工业化国家经济高速增长的分析，初步印证了后发优势假说。进入 20 世纪 90 年代，伯利兹、克鲁格曼通过建立“蛙跳”模型说明，后发国家的后发优势不仅体现于跟随性的模仿创新，而且体现于在一定条件下后发国家可以直接进入高科技领域，抢占经济发展的制高点，在某些领域或产业超过先发国家的可能性；范艾肯根据全球化、信息化条件下后发优势的新变化，提出了开放条件下经济追赶的模型，探讨了后进国家基于后发优势与先发国家经济趋同的问题；中国学者陆德明运用后发优势假说解释了中国改革开放后20年经济突飞猛进的主要原因,使后发优势假说在中国得到进一步的验证。

第四节　经济发展观念转变

经济发展观念是指一个国家经济发展的某种理念和价值偏好,一般来说,存在两种类型的经济发展观念:一种是以经济增长率或GDP为核心,强调经济发展即是指GDP的单纯增加,而经济增长自然会惠及或“涓滴于”整个社会。这是一种传统的经济发展观念。这种经济发展观念促进了人类社会生产力的扩张和经济的迅速增长,但它的缺陷是明显的,这种单纯的经济增长观念,或将经济发展增长等同于经济发展的观念,不仅导致了人类资源的耗竭趋势,以及人类的人口、环境和资源不可持续协调发展,而且经济的单纯增长也并非一定能带来人民生活质量的提高。所以,我们将强调人口、资源、环境,以及社会、政治、经济等可持续协调发展的观念称为科学发展观念。

从传统发展观念到科学发展观念,人类经历了曲折的经验教训和痛苦的抉择。应该承认,自从工业革命以来,西方国家经济持续增长和社会生产力进一步扩张极大地推动着人类的社会进步,无论是生活水平、生活质量还是其他人类发展指数都有了很大的提高,然而,单纯的经济增长或GDP增加可能会使经济发展变得不可持续,资源的浪费和枯竭、环境污染、贫富差距的扩大、世界各国矛盾的加剧等都是单纯经济增长所带来的负面效应。从某种意义上说,人类在近代以来,经济的增长迅速与市场经济制度的确立和运行直接相关,市场在资源配置上的优势是明显的,市场经济无论是作为正式制度还是作为非正式制度,都极大地促进了经济增长,新制度经济学甚至将制度创新看作西方世界崛起的原因①。实际上,传统发展观念是一种市场经济的价值观念——追求资源配置效率,计算成本与收益,企业追逐单纯的产值和利润,单纯追求经济利益而不顾社会效益等。转变经济增长方式实际上也应该包括传统发展观念的转变,实现从单纯经济增长到持续、协调的经济发展。首先应该实现从传统发展观念向现代科学发展观念的转换。那么,这种作为价值观念的非正式制度转变应该如何实现呢?第一,树立科学发展观念,走可持续协调发展之路。从一个较长期发展过程来看,经济增长必须是可持续的,不能涸泽

① 诺斯、托马斯:《西方世界的兴起》,华夏出版社2009年版。

而渔、只存在短期观念,如果不转变经济增长方式,仅仅建立以资源消耗为基础的经济增长是难以持续的。经济增长还必须实行人口、资源、环境相互协调发展,如果不实行协调发展,人口剧增、环境被破坏,最终会让人类的经济增长付出代价。协调发展还包括经济、政治和社会等的协调发展,如果经济增长导致社会贫富差距过大,如果政治改革严重落后于经济改革,如果仅仅有经济增长而没有政治生活的进步,单纯的经济增长会由于缺乏协调性而被迫中止。第二,作为非正式制度的经济发展观念的转变必须具有连续性和诱致性。经济发展观念的转变并非一日就可以完成,它是一个渐进的连续过程,传统的经济发展观念也存在合理的成分,它强调经济增长率的提高,强调社会财富的积累和资源配置效率,强调经济增长对其他各项社会事业的推动作用。这些观念即使在科学发展观念中也仍然保留。向现代科学发展观念转变并非意味着将原有传统经济增长观念完全抛弃,而是要继承传统经济发展观念中科学的成分,克服原有传统经济发展观念中不合时宜和非科学的成分,即这种观念的转变要有连续性。从传统经济发展观念向现代科学发展观念转变是一种非正式制度变迁,这种变迁同样也不能违背预期收益大于预期成本的原则。当这种制度变迁的预期收益大于预期成本时,人们自然会转变传统观念;如果违背预期收益大于预期成本原则,即使政府强行命令和发动这种非正式制度变迁,也未必能起到好的效果。这种非正式制度变迁也是一种利益的诱致过程。第三,从传统经济发展观念向现代科学发展观念的转变过程中,政府扮演着十分重要的角色。政府既可以通过主流意识形态的投资来引导人们的社会经济发展观念,更可以在政府干预经济的过程中,通过行政手段、法律手段、经济手段等来推动从传统经济发展观念向现代科学的经济发展观念转变。

经济发展价值观念和意识形态影响和约束着经济增长和经济发展,马克斯·韦伯还将经济增长直接归功于价值观念和意识形态的改变[①]。他从比较的角度去探讨世界主要民族的精神文化气质与该民族的社会经济发展之间的内在关系,伴随欧洲宗教改革运动而出现的新教伦理及后者对现代资本主义的起源和整个西方理性化进程的影响,论述宗教观念(新教伦理)与隐藏在资本主义发展背后的某种心理驱力(资本主义精神)之间的生成关系。

作为非正式制度的经济发展观念的转变与非正式制度中其他价值观念、社会习俗和意识形态直接相联系。人们的文化价值观念也同样需要转变,人

① 马克斯·韦伯:《新教伦理与资本主义精神》,上海人民出版社2012年版。

们应该从重视生存方式、生活方式转向重视发展方式，注重生活质量的提高，注意文化品位的提升，从单纯向自然索取转向注重环境保护、坚持人与自然的和谐统一。社会习俗的改变也十分重要，传统的社会习俗往往建立在单纯依赖自然的基础上，实际上是以消耗自然资源为代价的，人们应该从“浪费型”的社会习俗转向“节约型”的社会习俗，树立和坚持保护自然、节约资源和勤俭朴素的社会生活习惯。国家主流意识形态应该抛弃“以单纯的经济增长率为目标”的观念，提倡“以人为本”的理念，宣扬社会主义的经济增长和经济发展应该坚持人口、资源和环境协调发展，政治、经济、社会协调发展的原则，注重城市和农村的协调发展，关心低收入者、弱势群体和下岗失业者的生活，等等。

经济发展观念的转变最终离不开正式制度的变迁。国家不仅要通过主流意识形态的灌输来改变经济发展观念，更要提供相应的正式制度安排来引导这种非正式制度变迁。除了立法和行政干预之外，更重要的是政府应该通过直接投资、财政转移支付和宏观调控等来增加这种非正式制度变迁和正式制度变迁中的潜收益，从利益关系上引导人们自觉实现从传统经济发展观念向现代科学发展观念的转变。

一方面，不同的经济发展观念产生于不同的经济发展实践，而不同的经济发展实践又受不同的经济模式制约；另一方面，作为非正式制度的经济发展观念又对政府和公众选择经济发展模式产生重要影响。

从经济发展方式来看，我们可以将经济发展模式分为集约型发展模式和粗放型发展模式两类。所谓集约型发展模式，不仅指经济增长和经济发展走节约资源、提高技术含量的道路，也指经济的可持续协调发展，即人口、资源和环境的可持续协调发展和政治、经济、社会的可持续协调发展。集约型发展模式是人类在经济发展新阶段的新选择，它是从粗放型经济发展模式发展而来的。所谓粗放型经济发展模式，是指经济增长和经济发展是以消耗资源和破坏环境为代价的一种经济发展方式。粗放型经济发展模式属于人类经济发展较低阶段的一种发展模式，因为在经济发展的初级阶段，科学技术水平较低，自然资源丰富，人类的生存和生活主要依赖于自然资源，这种经济发展模式既推进了人类文明的进步，又造成了严重的后果。随着社会生产力的扩张和科学技术的进步，随着自然环境的破坏和自然资源的耗竭，人类必须从粗放型经济发展模式转向集约型经济发展模式。

毫无疑问，包括经济发展观念在内的非正式制度产生于经济发展模式的实践。大规模的经济开发和经济迅速增长，以及由此带来的人类福利，使得人们认为人类向自然索取是应当的,人类由此提出"征服自然、改造自然"的口号,人类在征服自然和改造自然过程中获得了收益,显然也遭到自然界的惩罚。同样,传统的生产方式必然约束人们的价值观念,在传统的生产方式条件下,人们不可能知道经济增长还存在其他方式。在传统的经济发展模式阶段,资本主义生产方式向人类展示了它创造社会生产力的奇迹,人们津津有味地谈论资本主义生产方式所创造出的财富和创造出的富裕的生活,而完全没有意识到这种粗放型经济发展方式给人类带来的灾难和严重后果。人类将享受自然、向自然索取以及由此建立的生活方式看作理所当然的事。直至这种经济发展方式所造成的后果一一显现出来,人们才开始逐步意识到传统经济发展模式的缺陷,从而开始改变传统的经济发展观念。从另一方面看,作为非正式制度的经济发展观念也直接影响到人们对于经济发展模式的选择。

反映新发展观念的国家意识形态推动政府和公众改变经济发展模式。经济发展模式的转变并非自动进行的,它是人们对于经济发展方式的一种选择,涉及经济结构的优化、政府干预市场方式的变化、技术创新和体制创新,甚至还涉及人们利益关系和利益格局的调整,所以,经济发展模式的转变也必须进行制度变革和宏观政策的调整。从非正式制度角度来看,经济发展模式转变首先要政府转变观念,这体现在主流意识形态的改变上,政府通过灌输现代科学发展观念,教育和鼓励人们进行经济发展模式的转变。国家通过主流意识形态推行现代科学观念,逐步改变公众的思维方式和价值观念,这不仅直接为公众自己选择现代科学发展模式奠定理念,也为公众接受政府为推行经济发展模式转变所提供的制度安排提供了群众思想基础。政府为推行现代科学发展模式,不仅需要提供相应的制度安排,也需要制定相应的经济发展战略,包括经济发展的步骤、经济发展目标和经济发展措施,而政府推行经济发展战略显然离不开广大群众的支持和理解。从这种意义上说,政府通过主流意识形态灌输现代科学发展观念(显然,这种灌输应该存在政府与公众双方的信息交流)不仅起到推进公众经济发展观念转变的作用,还起到促进公众与政府之间的信息交流和对未来制度变迁预期一致性的作用,只有政府与公众对于经济发展模式转变和经济发展观念转变取得预期一致,这种经济发展模式和经济发展观念的转变才既节约交易费用,又能取得制度变迁的绩效。只有政府与公众都认为应该从传统的经济发展模式向现代科学发展模式转变,并且对于经济发展模式转变的预期收益大于预期成本时,经济发展模式和经济发展观念转变才是水到渠成的事。

价值观念的转变推动经济发展模式的转变。经济发展模式的转变不是一件容易的事，并非自动完成，因为这其中涉及利益主体的利益关系，“经济人”只考虑自身的成本和收益，并不会愿意做那些自己不能获益却具有外部性的事情。推进环境保护行为虽然具有很好的外部性，却未必能使私人获利，所以未必会自动进行，这就需要政府提供具有外部经济性的公共产品。那么，价值观念的转变如何才能推动经济发展模式的转变呢？其一，在既定条件下，价值观念转变能够使公众和政府获得这种非正式制度的潜在收益。在政府提供适当的制度安排禁止耗竭性资源生产时，企业可以通过技术创新和提高产品的技术含量来获取利润；政府通过树立科学发展观，改变经济增长方式，改善经济结构和构建和谐社会也能够增加国家GDP总量和推进社会经济进步。其二，在经济发展新阶段，政府和公众价值观念转变之后，人们会自觉选择新的发展模式，因为人们意识到，新的发展模式不仅能够推进人们生活质量的提高，使人们逐步获得自由、全面发展，也能够使企业和个人在激烈的市场竞争中最终取胜，从而获得更多的超额利润，因为技术和人才是企业竞争获胜的法宝。其三，当大多数人都转变了经济发展观念，经济发展模式的转换变得不可逆转。经济发展模式的转变并非仅仅是政府的事，只有大多数公众转变了经济发展观念，才会使经济发展模式转变的预期收益大于预期成本，在这种情形下，经济发展模式转变才是自动进行的。因为如果少数人未能转变经济发展观念，就会在市场竞争被淘汰，或者说，一个人只有适应了新的经济发展观念，才能适应新的经济发展模式，才能在新的经济发展模式下获取利润。当大多数企业提高了企业产品的技术含量进行集约化生产时，如果少数企业还是采取粗放式生产，显然无法与其他企业竞争并获胜。

社会习俗、习惯、生活方式和道德的改变也会推进经济发展模式的转变。一方面，社会习俗、习惯、生活方式和道德观念会随着经济发展而发生相应的改变；另一方面，在现代经济条件下，经济发展模式的转变离不开市场经济的发展和推动，社会习俗和生活方式的改变会产生新的市场需求，这显然会拉动经济发展模式的转换。如果人们改变了传统的生活习惯和传统的生活方式，必然会对新型产品和高技术含量产品产生强烈的需求，促使企业进行技术创新和产品结构调整，促使产业结构和整个经济结构调整，因为只有如此，才能获取超额利润，在竞争中取胜，而这种过程实际上就是经济发展模式转换的过程。

应该指出，非正式制度变迁与经济发展模式转换之间是一种互动的关系。

一方面，非正式制度变迁推动经济发展模式的转换，另一方面，经济发展模式转换的实践也推动和决定着人们价值观念等非正式制度的变迁。从人类经济发展的约束条件和实际情形来看，经济发展模式的转换具有客观必然性，实际上，经济增长的困境和经济发展的不可持续性、不可协调性迫使人们改变经济发展模式；然而，如果没有人们价值观念等非正式制度的相应变迁，经济发展模式的转变会更缓慢，会付出更高的成本，只有经济发展观念转变和经济发展模式转变之间相互适应，才是从传统经济发展阶段过渡到现代经济发展阶段的捷径（成本较低，绩效最好）。

经济发展的概念本身除了包括经济增长、经济结构改善、环境保护和生活质量的提高等之外，还应该包括人口、资源、环境之间的可持续协调发展和经济、社会、政治之间的可持续调发展。对于发展中国家来说，经济发展观念转变和经济发展模式转变是项综合的系统工程。发展中国家既需要解决经济迅速增长问题，又要解决经济结构优化、资源短缺、人口增加、环境保护等问题，还要解决改革、发展、稳定，即经济、社会、政治等可持续协调发展问题。这就需要发展中国家既会统筹兼顾，又要突出重点，而且在不同的经济发展时期采取不同的对策，既要贯彻既定的经济发展战略和进行经济发展模式的转变，又要根据不同时期的具体情况提供不同的制度安排。尽管如此，转变经济发展观念和转换经济发展模式仍然是发展中国家的必由之路。因为在经济发展观念转变和经济发展模式转换方面，发展中国家比发达国家面临更多的困难，只有解决这些困难，发展中国家才能赶上发达国家、走上经济发展新的阶段。发展中国家面临的困难主要有经济结构劣化趋势，处于国际分工的末端，环境保护形势严峻，人口基数庞大，较少或基本不掌握具有自主知识产权的创新技术，产品的技术含量低，面临着体制改革、经济增长和社会稳定的多重任务，在经济增长和经济发展过程中存在着多种风险等，所以，发展中国家只有通过经济发展观念转变和经济发展模式转换的相互促进，才有可能破解这些难题和化解这些风险，实现从传统经济阶段到现代经济发展阶段的过渡。

第五节 经济发展模式

一、经济发展的两种模式

如何界定常规经济发展和非常规经济发展？这是发展经济学必须要面对

的研究课题。在发展中国家,非(超)常规发展往往是欠发达国家赶上发达国家的重要途径。发展中国家在经济发展过程中往往制定一些宏伟的经济发展战略,“后来者居上”在人类经济增长和经济发展史上已是不鲜见的经济现象。这些发展中国家在追赶发达国家的过程中,也确有自身的优势,这常常被经济学家们称作后发优势。在激发和利用这种后发优势的过程中,政府权力最能发挥其建构理性主义式的积极能动的推动作用。其实,正是政府权力对经济的干预作用,才使得发展中国家的超常规经济发展成为可能。

所谓常规经济发展,是指一国经济自发的发展,即经济发展按照以往的一般路径循序渐进式地向前发展。在常规经济发展过程中,政府权力对经济干预往往以隐性干预为主,政府只是为经济发展创造良好的环境,并不在经济发展过程中贯彻自己的意图,也不代表某个阶级阶层或全体人民的利益去制定和实现某项宏大的经济发展战略。所谓非常规经济发展,是指一国经济的跳跃式发展,它跨越经济发展的一些阶段,直接抵达经济发展的目标。非常规经济发展离不开政府在经济发展中的作用,政府根据生产力扩张和经济发展需要直接推动一国经济跳跃式发展。经济发展的两种方式——常规经济发展与非常规经济发展是相对而言的,非常规经济发展离不开常规经济发展,常规经济发展是非常规经济发展的基础;而常规经济发展在政府权力的推动下也可转变为经济迅速增长的非常规经济发展。

显然,一国经济发展是采用常规经济发展或是非常规经济发展并不是一个随心所欲的过程,发展中国家的经济发展都希望采用非常规经济发展战略以尽快赶上发达国家的经济发展水平,但只有在一定条件下或者说只有满足一定的条件,才可启动非常规经济发展战略。如果不具备一定条件而贸然启动非常规经济发展战略,则会“欲速则不达”,甚至造成灾难性的后果。在具备采用非常规经济发展战略的基本条件后启动非常规经济发展如何才能取得成功呢?政府权力在整个非常规经济发展战略过程中应起什么样的作用?常规经济发展中孕育着非常规经济发展,而非常规经济发展往往与经济发展的契机和奇迹联系在一起。值得指出的是,在资本主义制度建立初期发生的工业革命应属于特殊的经济发展时期,虽然它是经济发展史上经济发展的奇迹,虽然它也是一个经济迅速增长和社会经济结构剧烈变化的时代,但它的经济增长和经济发展却是一个连续的过程,政府权力虽也着力推动这种经济变革,但政府权力对经济干预基本采用一种隐性干预的方式,从更一般意义上说,西方发达国家在工业革命之后所经历的经济增长和经济发展基本上属于一种常规经济发展模式。非常规经济发展往往与发展中国家的后发优势的激发相关联，在发展中国家，经济发展总是在发达国家预先设定的国际经济环境中进行，发展中国家也没有太多的时间进行像资本主义制度建立初期那样长时间的资本原始积累，也不可能重新经历像资本主义国家那样长时间的古典自由竞争市场经济时期。在这里总存在一个欠发达国家经济水平赶上发达国家经济水平的问题，发展中国家必须利用自己的廉价劳动力、丰富的自然资源以及引进和嫁接国外先进技术等方面的后发优势进行超常规经济发展。在这个超常规经济发展过程中，政府制定和实施某种超常规的经济发展战略，甚至跳过经济发展的某些阶段，在短时期内使经济迅速增长和社会经济发展水平迅速提高。在这种意义上，那些在短期内从欠发达国家迅速转换成经济发达国家的经济发展模式基本上属于一种非常规经济发展。

二、政府权力干预经济的两种绩效

新古典经济学总是排斥政府对市场的干预，力图使政府的经济职能限制在尽可能小的范围，但政府通过不同方式干预经济的事实总是贯穿于经济发展史中。凯恩斯主义经济学产生之后，人们才重新认识到政府在经济运行和经济发展中的作用。自由竞争的市场经济未必会导致瓦尔拉斯一般均衡，从而达到资源配置效率的帕累托最优或次优，市场经济的自发性和盲目性不仅会导致社会经济资源的大量浪费，还会产生经济危机，使经济增长和经济发展过程中断，所以，政府干预经济是必不可少的。凯恩斯主义主张通过财政政策和货币政策来实现政府对经济的干预，这显然也是一种政府对经济隐性干预的方式。以私有制为基础的资本主义市场经济从本质上是排斥政府对经济的显性干预的。而在非常规经济发展过程中，一般来说，政府对经济的显性干预是不可缺少的，政府需要制定和实施非常规的经济发展战略，不仅如此，在非常规的经济发展中，政府对经济的干预往往具有更高的绩效。

（一）常规经济发展中，政府干预经济的绩效

一般来说，在常规经济发展中，政府采用隐性干预经济的方式，会取得较好的经济绩效；政府采用显性干预经济的方式，会获得较差的经济绩效。为什么会如此呢？首先，常规经济发展是一个自发的过程，政府的显性干预会打断这种自发过程的秩序。在这个过程中，经济运行按照市场经济的内在逻辑进行，这种经济增长和经济发展也是由生产力的内在扩张能力决定的。新古典

经济学在一些极端的假设前提下，论证了市场经济的自由竞争会自动达到资源配置效率的帕累托最优。在这个过程中，政府权力的干预只会阻碍经济资源配置向帕累托最优逼近。政府的职能在于为这种市场经济自由竞争创造良好的环境，如界定和保护产权，为市场经济中各种经济关系进行协调服务，甚至通过财政和货币等手段来克服市场经济运行中的困难。其次，常规经济发展是一个渐进的过程，政府的显性干预会打破这种渐进的发展过程。经济发展过程中的各种经济关系和它们利益的协调都有一个自然演变的过程，社会经济发展是一个复杂的有机体的生长过程，它的内部布满了非常复杂的“神经网络”。政府权力对经济的显性干预显然会切断这些复杂的“神经网络”，造成经济发展的低效率。最后，常规经济发展从根本上排斥政府权力制定和实施的超常规的经济发展战略。政府对经济干预总是按照一种建构理性主义的方式来进行，这种按照政府意愿进行的经济发展容易破坏常规经济发展自身的发展规律。从一个较长时段来看，常规经济发展的速度和绩效未必低于非常规经济发展的速度和绩效，因为虽然一般来说，在某个特定时段，常规经济发展速度要低于非常规经济发展的速度，但常规经济发展具有一种稳健的发展速度，而非常规经济发展虽然具有较高的经济发展速度，却具有发展的高风险性，一旦非常规经济发展模式失败，由此造成的经济停滞甚至崩溃的损失是巨大的。所以从一个较长时段来看，常规经济发展速度和绩效有时可能还会高于非常规经济发展的速度和绩效。从这种意义上，在常规经济发展过程中，政府对经济的显性干预不仅由于其打断常规经济发展自发过程而造成低效率，也会由于政府对经济的显性干预而使这种常规经济发展的风险性增加，进而导致更低的经济发展速度和绩效。

（二）非常规经济发展中，政府干预经济的绩效

一般来说，在非常规经济发展中，政府采用隐性干预经济的方式，会出现较低的经济绩效，政府采用显性干预经济的方式，会取得较好的经济绩效。首先，非常规经济发展是一个人为的发展过程，它需要政府权力的巨大的推动作用，政府对经济的显性干预正是这种外在的巨大推动力，从而其权力干预经济的绩效较高。在某种意义上，非常规或超常规经济发展正是一种政府制定和实施超常规经济发展战略的过程，在这个过程中，离开政府权力对经济的显性干预不仅会使这种发展缺乏应有的动力，而且还有可能使这种超常规经济发展战略流产，造成巨大的经济损失，甚至中断和停滞经济发展过程。所以，在非常规经济发展过程中，政府权力的显性干预是必不可少的，也往往会产生较

高的经济绩效。其次,非常规经济发展过程是一个跳跃式的发展过程,在这个过程中,政府对经济的隐性干预不仅使这种跳跃式发展难以出现,还会使这种跳跃式发展变成一种破坏经济发展过程的中断过程;反之,政府权力对经济的适当显性干预恰恰可以使这种经济跳跃式发展成为可能。纵观人类经济发展史,一国经济发展的黄金时代和经济发展奇迹的出现或多或少与政府权力的干预有关,即使是倡导经济自由竞争的资本主义初期,政府权力也以另一种方式即退居其后的隐性干预方式来为资本主义生产方式的最终确定和发展开辟道路。美国经济奇迹出现也得益于政府权力对经济的这种隐性干预方式。在发展中国家,经济发展黄金时代和经济奇迹的出现往往与政府权力对经济的直接干预有关,东亚经济奇迹出现与政府主导型市场经济的发展密切相关,近年来中国经济的迅速增长和经济迅速发展也与政府权力对经济的显性干预有关。在这里特别需要指出的是,政府权力对经济的显性干预与传统的集权型计划经济毫无共同之处。在集权型计划经济中,政府权力是直接配置全社会资源的工具,这不是政府权力对经济的显性干预,而是政府权力在经济领域内的直接运作或活动,即经济关系和经济利益政治化;而政府权力对经济的显性干预则是政府权力直接推动经济增长和经济发展,其本质是以某种直接干预的方式为经济建设服务,以经济建设为中心,而不是像在计划经济体制下政府权力的活动直接取代经济运行和经济发展。

三、经济发展契机与非常规经济发展

非常规经济发展既可采用显性干预也可采用隐性干预,取决于具体的经济发展条件。仔细研究一下经济发展史上的非常规经济发展就可以看出,超常规经济发展往往与某种经济发展的契机有关。正是某种经济发展契机启动了这种超常规经济发展。所以研究经济发展契机与非常规经济发展的关系就显得非常必要。东亚经济的超常规发展得益于美国与苏联的冷战,处于美国与苏联冷战前沿的东亚国家正是抓住了这种经济发展契机,从而获得了经济的非常规发展。东亚国家一方面通过出口导向战略利用了廉价的劳动力资源,以低工资成本参与国际竞争;另一方面向美国出口大量的加工产品。美国通过在经济上扶持东亚国家经济的快速增长而与苏联对抗。这个案例也说明了政府权力的竞争往往构成一个社会经济发展背后的核心内容。只要在权力经济社会,政府权力就像一个幽灵常常支配着经济发展的格局和趋势。中国经济发展得益于政府权力对经济增长和经济发展的推动。那么,中国经济能否继续采用非常规经济发展模式呢？一国经济发展具备什么样的契机，才可能出现非常规经济发展呢？

首先，经济发展存在外在引力。一国在经济发展过程中，忽然出现了外在的强劲拉动力，则容易引起经济的非常规发展。东亚经济奇迹的出现即是例证。实际上，这种强劲的拉动力会激发国内经济的创造性，既然存在国外市场的吸引力，一国经济的比较优势就被激发出来，这不仅会形成某种潜在制度变迁的预期收益大于预期成本，从而引发具有创新力的新制度安排的确立，还会通过贸易往来迅速拉动一国经济增长。在这里，这种外在吸引力的出现便构成一种经济发展的契机，进而引发非常规经济发展。显然，这种外在的吸力还必须通过政府制定和实施某种非常规经济发展战略，才能造成真正的非常规经济发展；否则，这种外在的吸引力可能会造成国内经济运行秩序的混乱和经济发展的某种挫折停滞。换言之，这种外在的有利条件，只有被有效地运用，才可能促成经济的非常规发展。

其次，被拥护的政府的创造性和被共同意识形态所支撑的公众的创造性，两者的未来预期收益一致，可能会制造出经济的非常规发展。这种经济的非常规发展一开始可能并不是由经济利益激发起来的，而是由非经济因素（如宗教信仰意识形态文化精神等）激发出来的，正因为如此，受自利因素驱动的“经济人”会逐渐偏离和分化这种创造性的一致，最终瓦解这种非常规经济发展的动因，所以，这种类型的非常规经济发展往往是短命的。苏联建国初期的非常规经济发展和新中国成立初期的经济发展即是例证。这种非常规经济发展是在特定的历史条件下出现的，新生的政府权力利益集团具有极强的创新能力，公众由于被某种意识形态激励也释放出无穷的创造能力，从而使得经济发展似乎是完全被“制造”出来的一样，政府运用自己的行政权威通过计划直接配置社会经济资源，公众则完全听命于政府权力的指令，以极大的热情和创造性共同创造社会财富，从而造成经济的非常规发展。这种非常规经济发展契机的出现是人类经济发展史上的一种奇特现象，它通过非经济因素启动经济的迅速增长和经济的迅速发展。不管人们承认不承认它，这种非常规经济发展毕竟是短暂地存在于人类经济发展史上，它所提供的事实和经验对于研究非常规经济发展仍然是一个尚待开掘的宝藏，再次，科学技术的革命和生产力的剧烈扩张会导致非常规经济发展。从非常规经济发展是一种人为的发展过程来说，英国工业革命时期的经济发展不能算作非常规经济发展；但如果从经济的迅速增长和生产力的急剧扩张这个角度来说，不妨认为英国工业革命时期的经济增长和经济发展是一种非常规经济发展。只是在这时政府权力退居其后更有利于自由竞争市场经济的发展,更有利于生产力的扩张和经济的迅速增长。那是一种科学技术和生产技术不断发生变革的年代,这种科学技术进步和生产力的扩张会直接导致经济的迅速增长,从而出现经济的非常规发展。值得指出的是,这种非常规经济发展与政府对经济的隐性干预是分不开的,政府规范市场经济运行秩序,界定和保护产权,进行必要的公共投资等,正是政府权力对经济采用的这些干预方式,才使得自由竞争的市场经济产生一种不断激励技术创新和推动生产力扩张的动力。这是一种特殊的不通过政府制定和实施经济发展战略的方式来实现的非常规经济发展。

最后,其他经济发展的契机也可能诱发超常规经济发展。从一般的意义上说,经济运行和经济发展的内在秩序是有机联系在一起的,某一种经济发展环节的"突变"可能会诱发经济有机体的剧变,从而出现非常规经济发展现象。一国经济发展的现状、一国的人口资源、一国经济发展所处的时机、某一重大历史事件对某国经济发展影响、一国经济发展所进行的制度变革、一国经济发展在世界政治经济秩序或格局中的地位,甚至一国所处的地理位置等,都可能由于一点或一个局部的"突变"触发经济的迅速增长,进而出现非常规经济发展。这些经济发展的契机所可能导致的非常规经济发展尚有待于更精深的理论研究和事实经验的证明。

研究经济发展契机与非常规经济发展关系是一门综合学科,需要从政治、经济、社会、文化、心理和宗教意识形态等方面来分析一个社会经济发展的总体趋势,本书提倡的宏观战略分析法是一种对此极其有用的分析工具。应创立一门经济发展契机学,专门研究经济发展契机的形成以及由其引发的非常规经济发展和经济奇迹是如何制造的。虽然经济发展契机所触发的非常规经济发展常常是偶然发生的,但在更多的时候,我们可能失去许多经济发展的契机或者不注意培育经济发展契机的形成,甚至坐失经济发展契机有可能触发的非常规经济发展。

四、中国经济发展的非常规模式

政府计划型模式属于新中国成立初期的一种非常规经济发展,上面已有论述,放松管制型模式是刚刚经历过的从改革开放以来的中国经济的迅速增长和社会发展,这种非常规经济发展主要有以下特征:第一,政府放松经济管制大大激发了民间的创造力。政府计划型模式在获得了一段时间的非常规经济发展之后，僵化的经济体制抑制了经济增长和经济发展。实际上，随着中国第一个五年计划完成，被拥护的政府的创造性和被共同意识形态所支撑的公众的创造性业已蜕变成阶级或利益集团之间的冲突，大规模的权力斗争代替了大规模的经济建设和超常规经济发展。权力斗争的愈演愈烈不仅使得经济建设和经济发展降为次要和为政治斗争服务的地位，而且逐渐演变成用政治方式直接配置社会经济资源。政治配置资源方式的低效率的弊端突出地表现出来。在这种情况下，政治化政府放松对经济的管制实际上是在转换资源配置方式，而这种资源配置方式的转换形成了对追求私人利益的一种极大的激励。无论是政府或者是民间，进行这种制度变迁的预期收益都大大高于预期成本，从而在中国社会很快形成一种经济发展的契机，进而导致一段时间的非常规经济发展。如农业上的联产承包责任制的推行极大地调动了农民的积极性和创造性，从而在短期内改变了中国农村的经济面貌，农业生产率也获得了空前的增长。第二，政府权力利益集团的危机从这种资源配置方式的转换中解救出来，在改革初期，政府权力利益集团也获得了推动这种非常规经济发展的极大激励。政府权力利益集团不仅积极推行放松经济管制，也积极推动建立新的制度安排。政府和公众对未来制度变迁的预期利益均大于预期成本，由于不断打开新的经济增长点和提高资源配置效率的空间巨大，由于对外开放程度的不断加深，更是由于政府和公众双方在制度变迁中释放出的积极性和创造性，加上政府在中国经济发展中始终居于主导地位，就很容易地触发了一段时间的非常规经济发展。第三，意识形态的主流导向的转变在较大程度上也推动和造就了这次非常规的经济发展。在政府计划型模式中，个体对经济利益的追求是被当时主流意识形态所排斥的，这种意识形态处理经济利益的原则是，个人利益服从集体利益，局部利益服从国家利益。在中国经济转型过程中，这种主流意识形态已经有了较大变化，由以前排斥个人对个体利益的追求变为承认个人对私有利益的合法追求，即鼓励一部分人一部分地区先富起来，承认私有个体对经济利益的追求也对国家经济发展做出了贡献。这种意识形态的转变极大地增强了中国经济增长和经济发展的激励，新的主流意识形态不仅承认人们追求私有利益是合法的，而且还予以不同程度的激励，这无疑对孕育经济发展契机起重要作用，催化了那段时期的非常规经济发展——世界经济一体化背景下的中国经济非常规发展。放松管制型模式在取得了一段时间的成功之后，很快就从非常规经济发展转向常规经济发展。这主要是由于随着中国经济体制改革的深化，体制外（非国有经济）的经济增长迅速,其经济总量也迅速增加,但体制内部分(国有经济)却由于改革未能触动其原有的体制基础,仍然体制僵化、效率低下。国有经济改革步履维艰,不仅阻碍了经济体制改革的进一步深化,而且国有经济的大量亏损也阻碍了中国经济的非常规发展。

在中国政府主导型经济发展中,虽然由于政府利益集团内部惯性和创新性的激烈斗争以及国有经济对经济增长的阻碍作用,中止了经济的非常规发展,但以市场为导向的经济改革并未中止,政府权力利益集团和意识形态的这种坚持为酝酿新的经济发展契机和重新开始新一轮非常规经济发展创造了条件。当时,世界经济一体化进程加快,公众呼唤加入 WTO。扩大对外开放酝酿了经济发展契机,甚至触发了新一轮的非常规经济发展。首先,国际市场规则限制了政府权力在众多领域的直接或显性干预。在全球化经济中,世界多权力中心之间的竞争制约了一国政府权力,这实际上限制了政府权力原先对许多领域和部门的直接干预,从而使这些领域和部门出现了新的制度变迁的潜在利润和新的经济增长点。新的经济增长点和增长极的出现酝酿着经济发展的契机,这种经济发展的契机可能会触发一次新的非常规经济发展。其次,世界经济一体化会使中国经济发展获得比较优势。这不仅包括廉价的劳动力、自然资源等方面的竞争优势,还包括技术引进嫁接和创新等后发优势。特别是中国经济增长和经济发展所孕育出的生产力扩张力,可能会爆发出推动非常规经济发展的强大动力。最后,政府主导型市场经济的定位促使政府通过制定和实施某种超常规经济发展战略方式来实现中国经济的超常规发展。在世界经济一体化过程中,由于存在着多权力中心的竞争,政府权力对经济的显性干预受到了诸多的限制,但经济竞争和贸易摩擦的背后实际上是不同权力中心为着自身利益的竞争。中国进入国际市场不排除政府权力通过制定和实施某种非常规经济发展战略来实现超常规的经济发展。

那么,这种可能出现的国家战略型超常规经济发展模式应具有什么样的基本特征呢?第一,政府职能双重变换。一方面,政府权力对经济的干预尤其是显性干预要从一些领域和部门撤出,以完成与经济国际化的接轨,从而充分利用经济贸易自由化所带来的好处;另一方面,政府权力还要通过适当方式干预或服务于经济运行,以增强国家或政府对国民经济的控制力,从而更好地实现某种非常规的经济发展战略。在国家战略型模式中,政府权力的作用至关重要,它能够通过某种方式(如制定和实施非常规经济发展战略)来整合和充分发挥全社会的经济资源,从而增强一国经济发展在世界市场上的综合竞争力和核心竞争力。第二,同时采用常规政府行为和非常规政府行为。虽然在世界经济一体化过程中,政府权力的作用受到了诸多限制,但是世界范围内的政治经济竞争和国家力量对比的变化也会不断地改变世界市场的游戏规则,在这个过程中,政府权力对经济干预方式程度和范围也会不断地变化。非常规经济发展的实现过程中,政府权力应根据客观条件或世界政治经济秩序的变化,在某一段时间采用常规的政府行为(如按照国际惯例或市场规则),在另一些时候采用某些非常规政府行为,如政府权力对经济的显性干预,当然这要取决于世界政治经济形势的变化而定。一切从国家的根本利益和长远利益出发,一切从是否能促进中国经济发展契机形成和非常规经济发展出发。第三,弹性的经济发展过程。国家战略模式受到世界市场和世界政治经济秩序的影响,加入世界经济一体化过程的一国经济发展必然要随着外在环境的变化而变化,正是这种不断变化使得一国经济发展过程充满弹性。非常规的经济发展过程也不例外。中国经济的非常规经济发展过程必须要随着这种境外环境的不断变化而不断调整,从而既能充分利用国际分工的好处,发挥自身的比较优势,又能实现一种政府或国家主导型经济发展战略过程。实现国家战略模式的弹性经济发展过程表现在以下几个方面：首先,国际政治经济格局的变化迫使政府对经济发展战略做相应的调整,以适应这种变化要求。在全球经济发展过程中,一国经济发展只是世界经济发展过程中的一个环节或链条,一国经济发展过程只有不断地调整自己的发展目标和发展模式,才能在这个过程中获取最大限度的好处或优势。其次,世界市场价格变化要求政府调整自身的发展模式,从而能使一国经济或企业在国际市场竞争中获得优势,进而提高自身经济发展的综合竞争力和核心竞争力。国际贸易自由化程度也影响着这种世界市场价格变化对一国经济发展所带来的冲击,在相对自由的国际贸易环境中,世界市场价格对一国经济发展的影响就如同一个相对封闭的国内市场价格对一个超常规发展企业的影响一样,作为一个在世界市场上活动的一国经济体,如何适应世界市场的变化并能在世界市场竞争中获取优势仍是一个不断被探索的课题。最后,一国的经济发展必须能很好地适应世界范围内科学技术的创新或突破性进展,以及这种创新和进展所引起的生产力的急剧扩张。在现代经济发展中,科技对社会生产力的推动作用越来越明显,科技对一国经济发展和世界经济发展的贡献率逐渐提高。中国经济发展在全球经济的背景下要想获得超常规发展,必须在高新技术领域占有重要地位,只有高度重视科学技术这个经济发展的越来越重要的引擎,才可能在经济发展中孕育经济发展契机和触发新的超常规经济发展。在这个问题上,政府权力的主导作用是不可或缺的。政府必须加大科技教育等的公共投入,有意识地瞄准世界范围内科学技术进步中的前沿问题或最有可能获得突破性进展的领域,不断提升科学技术对于国家战略型超常规经济发展的支撑地位。无论是通过引进消化吸收,还是自主研发等方式,最终都要着眼于确立一国科学技术的创新能力。只要能确立一国在世界范围内科学创新、生产技术进步或扩张的基础或中心地位,就不仅会发生非常规经济发展,甚至会制造一次新的经济奇迹。

通过对常规经济发展和非常规经济发展的研究,可以明确政府在不同的经济发展阶段和不同的经济发展模式中对经济干预的绩效,政府如何引导和培育经济发展契机的形成以及通过触发经济发展契机而实现某种非常规经济发展和制造经济发展奇迹。政府对经济干预方式的变化完全取决于不同的资源配置方式、不同的经济发展时机、不同的经济发展模式和不同的经济发展环境。中国在半个多世纪的经济发展过程中,经济增长和经济发展取得了长足的进步,这在一定程度上得益于中国经济发展所采用的非常规经济发展模式。就目前为止,可将中国经济发展分为三个非常规经济发展模式:政府计划型模式、放松管制型模式和国家战略型模式。中国经济发展业已经历了两个非常规经济发展模式或阶段,目前正进入第三个经济发展模式或阶段。在国家战略型非常规经济发展模式中,政府的主导作用尤其重要,虽然身处世界经济一体化的大背景下,但政府对经济的适度和灵活干预仍是完成这次非常规经济发展的关键。

第六节 经济发展方式的转变[①]

在市场经济条件下,如果资本投资增长率超过技术进步率,资本的边际生产率会下降,这时市场机制会使过快的投资速度降下来。然而中国很多行业在产能严重过剩、资本的边际生产率严重下降的情况下仍然大规模地进行重复建设。市场机制并没有有效地促使经济增长由数量扩张型向效益提高型转变。市场机制的失灵使我们将目光转向政府因素。按照中国政府治理结构的制度安排,中央政府对地方政府官员具有绝对的任免权,中央政府确定的目标理所应当得到地方政府的充分执行。照此逻辑,中国早就应该实现经济发展

① 参见邵慰:《经济发展方式的全面转型:基于政府行为的视角》,《经济与管理研究》2014年第9期。

方式的成功转变。中央政府既然确定了经济发展方式转变的大方向，地方政府为什么却采取“上有政策，下有对策”的执行策略？中央政府对地方政府的应对策略为什么未采取更为严厉的措施？中国目前粗放型经济发展方式的生成机制是什么？如何解决中国经济发展方式转变中的激励问题？只有弄清了这些问题，我们才可能有效地解释经济发展方式与现有政策以及政府行为之间究竟存在着什么关联，也才可能更准确地评价最近广泛关注的经济发展方式的转型问题，从更深的层面上来理解中央政府提出的转变经济发展方式的时代背景和战略意义。

“经济发展方式”这一用语在国外经济学文献中并不多见。在过去，许多经济学家都用经济增长来表示经济发展。最早将经济增长和经济发展进行区分的是英国学者西尔斯(Seers)，他在《发展的含义》一文中首先指出，增长和发展是两个不同的范畴，增长仅仅是物质量的增长，发展则包括一系列社会目标。19 世纪初，英国著名经济学家马尔萨斯(Malthus)想象资源是有极限的，未来日益增加的劳动力将使经济增长陷入停滞。在此研究的基础上，20 世纪 70 年代初美国麻省理工学院的梅多斯(Meadows)等提出经济增长极限论。该理论认为，世界经济的增长已经逼近自然生态的极限，人类应该制止和防止增长和技术对生态环境的不断破坏，在发展过程中，应该注重经济增长与资源环境的协调，不能过度消耗资源、破坏环境，应充分考虑资源环境的最终极限对人类发展进步的影响。发展中国家在追求经济增长的过程中容易出现梅多斯等提出的问题。如何解决这些问题，实现经济可持续发展，便是经济发展理论关注的核心。在探究这些问题的过程中，经济发展理论先后经历了结构主义阶段、新古典主义复兴阶段和多种理论的融合阶段。结构主义经济发展理论的兴起起始于发展经济学对拉美新自由主义发展思路的质疑，主张继承传统结构主义合理内核的同时，充分吸收新自由主义的营养成分，寻求市场机制与国家干预的统一，以保证短期和长期的经济稳定和发展，强调“越是依赖市场，越需要政府的积极主动作为”。但是，许多经济学家对结构主义思路提出了深刻的批评。利特尔(Little)、西托夫斯基(Seitovsky)等人都指出，在发展中国家，由结构主义思路指导的大规模的进口代替工业化战略造成了过多的政府干预、人为压制市场机制的作用、过高的保护率和效率低下，以致许多经济有增长而无发展。这些经济学家尝试重新用新古典的方法来解释经济发展问题。他们根据发展中国家的现实，从不同的侧面突破了新古典传统对经济发展所持的见解，试图研究各种制度因素对经济发展产生的正面和负面影响。

到了多种理论的融合阶段，经济学家们尝试用各种方法解决经济发展方式转变的问题。在此时期，有许多新的经济理论和经济模型出现，如新制度经济学、循环经济、后发优势假说、可持续发展理论等。由于诺斯（North）的开创性贡献，让经济学家们开始审视制度安排，特别是政治制度对经济运行的影响。一切经济现象背后都是制度在起作用，制度决定经济、社会和人的行为及绩效，只是不同的经济问题有不同的表象而已。表面上看，转变经济发展方式缓慢是市场机制的问题，若探究深层次的根源则需要思考市场体系为何不能随心所愿，以及市场规则未能合理形成的制度原因是什么。循环经济思想旨在改变经济、社会、环境三维分裂的局面，调整并整合三维关系，使经济活动既能创造更多价值，又使社会有充分的就业岗位，达到安定和谐，同时在生态环境上减少负面影响，使资源得到有效配置、环境得以保护。20 世纪 80 年代初期出现的可持续发展理论作为一种与传统增长模式截然不同的发展观，把经济发展同生态环境、自然资源、人口、制度、文化、技术进步等因素结合起来，加深和拓展了人们对发展的认识和理解，这也是经济发展理论的新发展。关于经济发展方式的转变，西方经济学家在以下方面达成了共识，即资源是有限的，长期经济发展必然要受到资源瓶颈的制约，经济发展迫切需要改变以自然要素投入为主要推动力的发展模式。但是对于如何进行转变，是依靠技术创新、资源循环利用还是制度创新等，各有不同看法；政府应该扮演哪种角色也始终是经济学家们争论的焦点。

市场具有不完善性，不能起到它应该发挥的作用，这不一定需要政府来代替市场，但通常给政府一个机会来促进市场的发展从而加快发展进程。世界银行在一部题为《东亚奇迹》的报告中，把东亚国家（地区）分为投资驱动型和效率驱动型。在投资驱动型经济中，投资增加对经济增长的贡献较大；在效率驱动型经济中，全要素生产率（TFP）提高对经济增长的贡献较大。投资驱动型经济是政府主导，效率驱动型经济则是市场主导。经济发展方式与政府在经济中扮演的角色密切相关。

中国经济发展方式若想从投资驱动型向效率驱动型转变，迫切需要政府转型。到目前为止，从政府体制角度解释中国经济发展方式转型最有影响力的理论是张卓元等提出的“政府职能转型”论。该观点认为经济发展方式并未实现根本性转变的原因是除了还存在粗放型扩张的空间以外，主要是社会主义市场经济体制还不完善，特别是政府改革不到位，政府职能没有很好地转换。政府特别是地方政府过多地干预经济，使其应履行的经济调节、市场监管、社会管理和公共服务的职能大大弱化，出现了政府职能的错位、越位和缺位，严重影响了市场有效配置资源的法律法规的建立和完善。周黎安则从中国M型经济结构下地方官员之间的晋升锦标赛及地方政府间的竞争与合作的博弈角度，讨论了产能过剩等中国经济增长过程出现的一系列问题得不到改变的原因。魏杰认为中国转变发展方式有其重点，关键是从政府主导型经济增长方式转向市场经济为基础的增长方式，转变的关键是：政府退出资源配置，宏观调控必须被约束在合理的限度内，国有经济必须回归本原，金融必须作为市场机制起作用，政府作用受法治社会约束等。

第七节　中国经济发展新常态与供给侧结构性改革

一、概念

中国经济新常态就是经济结构的对称态，在经济结构对称态基础上的经济可持续发展包括经济可持续稳增长。经济新常态是强调结构稳增长的经济，而不是总量经济；经济新常态着眼于经济结构的对称态及在对称态基础上的可持续发展，而不仅仅是GDP、人均GDP增长与经济规模最大化。经济新常态就是用增长促发展，用发展促增长。经济新常态不是不需要GDP，而是不需要GDP增长方式；不是不需要增长，而是把GDP增长放在发展模式中定位，使GDP增长成为再生型增长方式、生产力发展模式的组成部分。①

二、特征

从消费需求看，过去我国消费具有明显的模仿型排浪式特征，然而模仿型排浪式消费阶段基本结束后，个性化、多样化消费渐成主流，保证产品质量安全、通过创新供给激活需求的重要性显著上升，必须采取正确的消费政策，释放消费潜力，使消费继续在推动经济发展中发挥基础作用。

从投资需求看，经历了几十年高强度大规模开发建设后，传统产业相对饱和，但基础设施互联互通和一些新技术、新产品、新业态、新商业模式的投资机会大量涌现，对创新投融资方式提出了新要求，必须善于把握投资方向，消除投资障碍，使投资继续对经济发展发挥关键作用。

从出口和国际收支看，国际金融危机发生前国际市场空间扩张很快，出口

① 陈世清：《什么是新常态经济?》，求是理论网，2015年3月19日。

成为拉动我国经济快速发展的重要动能，全球总需求不振，我国低成本比较优势也发生了转化，同时我国出口竞争优势依然存在，高水平引进来、大规模走出去正在同步发生，无论国际市场如何变化，必须加紧培育新的比较优势，使出口继续对经济发展发挥支撑作用。

从生产能力和产业组织方式看，过去供给不足是长期困扰我们的一个主要矛盾，后来传统产业供给能力大幅超出需求，产业结构必须优化升级，企业兼并重组、生产相对集中不可避免，新兴产业、服务业、小微企业作用更加凸显，生产小型化、智能化、专业化将成为产业组织新特征。

从生产要素相对优势看，过去劳动力成本低是最大优势，引进技术和管理就能迅速变成生产力，随后人口老龄化日趋发展，农业富余劳动力减少，要素的规模驱动力减弱，经济增长将更多依靠人力资本质量和技术进步，必须让创新成为驱动发展新引擎。

从市场竞争特点看，过去主要是数量扩张和价格竞争，以后将逐步转向质量型、差异化为主的竞争，统一全国市场、提高资源配置效率是经济发展的内生性要求，必须深化改革开放，加快形成统一透明、有序规范的市场环境。

从资源环境约束看，过去能源资源和生态环境空间较大，随后环境承载能力已经达到或接近上限，必须顺应人民群众对良好生态环境的期待，推动形成绿色低碳循环发展新方式。

从经济风险积累和化解看，伴随着经济增速下调，各类隐性风险逐步显性化，风险总体可控，但化解以高杠杆和泡沫化为主要特征的各类风险将持续一段时间，必须标本兼治、对症下药，建立健全化解各类风险的体制机制。

从资源配置模式和宏观调控方式看，全面刺激政策的边际效果明显递减，既要全面化解产能过剩，也要通过发挥市场机制作用探索未来产业发展方向，必须全面把握总供求关系新变化，科学进行宏观调控。

这些趋势性变化说明，我国经济正在向形态更高级、分工更复杂、结构更合理的阶段演化，经济发展进入新常态，正从高速增长转向中高速增长，经济发展方式正从规模速度型粗放增长转向质量效率型集约增长，经济结构正从增量扩能为主转向调整存量、做优增量并存的深度调整，经济发展动力正从传统增长点转向新的增长点。认识新常态，适应新常态，引领新常态，是当前和今后一个时期我国经济发展的大逻辑。

三、经济新常态思想产生的现实依据[①]

(一) 新阶段目标任务发生了深刻变化

我国经济进入了以"中高速、优结构、新动力、多挑战"为主要特征的新的发展阶段。我们可以看到,"中高速"是对经济现状的客观反映;"优结构"和"新动力",虽然已初见端倪,但仍然面临着巨大的挑战,要想真正实现结构优化和动力转换还有很长的一段路要走;"多挑战"则将有可能实现连锁效应的风险,这些连锁效应的爆发,将会对我国经济社会造成巨大的破坏,经济增长保持中高速的目标也将不能实现。在新阶段下,我们的目标任务已发生了深刻变化,已经不是一味地要增长速度,而是在增速稳定的情况下逐步推进"优结构"和"新动力"特征的出现。

(二) 我国经济发展面临诸多风险与挑战

我国经济社会发展面临诸多挑战,最主要的是三大红利消失,即全球化红利、人口红利和政府主导型模式红利。全球化红利消失是指自 2008 年金融危机和 2010 年欧债危机以来,世界进入新的调整期,贸易保护主义抬头,使得长期依赖外资和外贸的我国经济增长失去了核心动力。人口红利消失是指随着我国逐步进入老龄化社会,人口结构出现了变化,过去劳动力无限供给的状况基本消失,这意味着我国经济发展要素成本进入上升阶段,过去依靠廉价劳动力价格形成的"世界工厂"优势将逐渐褪去,以密集型产品为主的加工贸易将遭受严峻挑战。政府主导型模式红利表现为我国政府对经济有着较强的控制力,在政府-国企-国有银行"三位一体"的政府主导模式下,非均衡赶超增长催生出了"中国奇迹",但是主导型经济具有扩张、垄断和粗放的特征,通过长时间发展造成了经济结构失衡,进一步导致大量产能过剩、资源耗竭、环境污染、过度投资等问题,这些负面效应的积聚导致政府主导型红利的消失。除此之外,环境资源难以承载原有的发展模式,区域、城乡收入差距过大,农业基础设施薄弱、农业危机显现等现象也都是我国经济社会发展面临的巨大挑战。

(三) 我国发展仍然处于战略机遇期

国际环境总体有利于我国发展。从目前的国际政治形势看,虽然局部战争时有发生,但是和平与发展的主题没有变化,我们依旧有可能争取到较长时间的和平的国际环境,同时,世界经济进入大调整、大重组、大变革的时期,经济全球化出现新特征,经济总量、产业发展、能源供给等格局时刻深刻调整,为

---

① 参见聂浩:《浅析经济新常态思想的理论渊源及现实依据》,《知识文库》2016 年第 22 期。

我国及时调整完善国内经济体制并与国际接轨提供了机遇。技术创新孕育新突破，金融危机爆发后，各国努力寻找新增长点、发展新兴产业，全球技术创新渐趋活跃，新产业、新技术、新业态、新模式层出不穷。随着经济全球化的发展，我国通过引进、再创新的方式吸收消化发达国家的新技术，同时提高我国的自主创新能力、发挥后发优势，为我国创造了进一步超越的机会。

四、中国经济新常态与供给侧结构性改革①

(一) 供给侧结构性改革的背景分析

供给侧结构性改革是在我国经济步入新常态后，党中央针对我国经济当前阶段存在的主要矛盾和问题，提出的一系列改革举措。

1. 我国正处于消费加速升级的时期，而供给体系不能很好地适应这一变化，供给需求不匹配的问题日益显著

经过改革开放40多年的发展，我国人均GDP已经超过8 000美元。根据世界各国的经验，人均GDP达到8 000美元后，消费升级趋势将加速。旅游购物、海外代购在我国迅速发展，在很大程度上反映了当前我国国内的供给无法满足人们日益多样化的需求。而造成供给体系无法适应消费升级的根本原因在于，我国供给体系依然处于低成本、大数量、低差异化的规模化工业化生产阶段，尚未进入强调差异化生产、满足不同消费需求的柔性化生产阶段。要实现这一转变，就需要整个经济体系实现转型，即从粗放型经济增长模式向强调创新的集约型方式转变。

2. 需求侧管理手段边际效应递减

改革开放以来，随着我国社会主义市场经济体制的建立并日趋完善，我国通过需求侧进行宏观调控的能力不断提升。应该说，这些年我国经济的快速增长与我国的调控措施有着紧密联系，但是随着需求侧调控措施的广度和深度不断增加，这些政策的边际刺激效果正迅速降低，而其产生的负面效果却不断显现。长期以来，我国的经济发展较多地依赖于基础设施领域的投资建设，但随着相关领域投资数额的激增，继续依靠基础设施投资拉动经济增长的效果正逐渐变差，政策短期可操作空间也逐步变小，特别是在最终消费率提升较慢的情况下，过度依赖投资会对经济长期可持续发展构成一定的阻碍。据统计，“十二五”期间我国交通基础设施完成投资超过12.5万亿元，是“十一五”期

① 参见曾宪奎：《经济发展新常态下的供给侧结构性改革》，《红旗文稿》2017年第8期。

间的1.6倍。应该说，基础设施建设适度超前对经济发展较为有利，但是如果长期持续地将基础设施投资作为拉动经济增长的手段，则早晚会使基础设施的投资超出合理限度，进而带来各种问题。特别是在经济发展面临困难的情况下，一次性进行过量的基础设施投资将会压缩未来相关投资空间，影响未来经济调控政策。

3. 我国进入经济新常态

在经济新常态下，经济增长速度将由高速转为中高速，经济增长动力将由要素驱动向创新驱动转变，经济发展主线则变成了经济增长方式的转变，即如何在粗放型经济增长方式难以为继的情况下，尽快向集约型经济增长方式转变。而集约型经济增长的实质便是通过优化组合各个生产要素不断挖掘生产要素的潜力、提升生产要素的使用效率，进而实现高质量的经济增长。可以看出，集约型经济增长方式强调的是综合供给效率的提升，这需要通过科技创新来实现。

4. 我国在供给侧积累了诸多矛盾，严重影响了我国供给综合效率的提升

一方面，部分行业产能过剩问题突出。应该说，适度的产能过剩是市场经济一个常见的结果，因为经济发展存在波动，企业都会预留一部分产能应对经济进入繁荣阶段的需求增加。然而，我国长期快速的经济增长，导致部分领域投资过多，相关行业的产能过剩问题突出，特别是在煤炭、钢铁等一些行业领域。无论是产能过剩还是库存问题，其实质都是占用了大量的资源，造成无效或者低效率供给，影响了相关行业的健康发展，因此应该采取相关措施予以治理。

另一方面，与企业生产相配套的金融体系和政策、相关的产业政策存在一系列不足，影响了企业供给效率的提升。例如，在税收方面，企业税收负担普遍较重，在实体经济发展环境较为不利的情况下，影响了企业提升供给效率。在这种情况下，我们必须要解决好这些突出的问题，从而提高供给综合效率。

（二）供给侧结构性改革应以经济转型升级为导向

基于当前我国经济发展所处的阶段和特征，有两个紧迫任务需要完成，即稳定经济增长和实现经济转型升级。稳定经济增长主要是为了阻止GDP增长率持续下滑的现象。由于我国目前人均GDP尚不足8 000美元，经济发展的潜在空间依然较大，同时门类齐全的工业体系、不平衡的区域经济，决定了推动经济增长方面存在着“东方不亮西方亮”效应，稳定经济增长的目标实现难度不大。而实现经济转型升级，由于很难在短期内看到相应的政策效果，并且在以往需求侧管理措施的实际操作中这一目标也常常被忽略，因此，在未来

较长时间内，我国的供给侧结构性改革都应以经济转型升级为导向。

1. 以技术创新为驱动力的经济转型是新常态下经济发展的要求

随着劳动力数量开始下降、各项资源和能源限制不断增强、环境约束日趋强化，粗放型经济增长模式的支撑因素正不断弱化，传统的发展路径已经难以为继。在这样的背景下，经济新常态强调经济结构不断优化升级、发展动力从要素驱动转向创新驱动，是对我国未来较长时期经济发展趋势的科学判断。而无论是经济结构优化还是发展动力转换，都需要通过提高创新特别是自主技术创新的能力来实现。当前，尽管在一系列政策支持下，我国自主技术创新取得了一定进步，但是整体技术落后、关键技术领域尚未取得突破的状况并没有根本改变，自主创新能力不足依然是阻碍我国经济发展的一个重要问题。因此，在未来较长的时间内，逐步提高自主创新能力、不断提升以创新为关键要素的企业核心竞争力、逐渐提升我国在国际产业分工中的层次，是我国经济发展的主要任务。

2.“三去一降一补”的目的是为了促进经济转型升级

目前，供给侧结构性改革实行的去产能、去库存、去杠杆、降成本、补短板五大任务，主要是针对我国在供给侧存在的突出问题而提出的综合性解决措施。其中，一部分属于在发展过程中逐步累积的突出问题，如产能过剩问题和房地产库存问题。事实上，产能过剩不是一个新问题，在以前的调控政策中，也曾经出台过淘汰落后产能等一些措施，虽取得了一定效果，但是整体来看并没有真正解决问题，部分行业的产能过剩状况反而持续恶化。而另外一部分则属于对企业生产销售行为有重要影响的措施，如降成本和补短板。降成本的背景是最近一段时间以来，随着经济增长的放缓和劳动力成本不断提高，企业的生产成本不断攀升，导致部分企业尤其是制造业企业面临着经营困境。毫无疑问，降成本将有利于缓解企业经营的困境，促进供给效率的提升。而补短板所包括的内容比较丰富，其中就包括支持企业技术和设备改造，加快技术、产品的创新等内容。可以看出，“三去一降一补”已经将转型升级及促进技术创新的相关内容包含其中。

从政策实施的角度看，先解决迫在眉睫的突出问题，然后逐步深化改革的相关举措、不断提升改革的效果，是一个理性的选择。供给侧结构性改革作为政府调控经济的重要组成部分，未来有望长期持续，与需求侧管理一并构成完善的调控体系，共同促进我国经济健康持续发展和经济转型的顺利推进。因此，从中长期看，供给侧结构性改革应遵循经济新常态下经济转型发展的要求，以技术创新为导向，将提升企业的技术创新能力作为核心目标。

3. 以技术创新为导向,是与不断升级的需求相匹配的需要

随着经济的发展和人们收入的提高,消费需求档次的不断提升是一个普遍规律。具体来说,从注重消费的数量、满足基本功能式需要的需求将向个性化、独特化、多样化的需求转变,相应地要求企业从大规模工业化生产向柔性化生产转变。这一转变就需要以技术创新为支撑。

一方面,产品品质的提升,需要企业在相关领域的技术创新取得突破。当前阶段,我国很多产品的品质不高,主要原因在于企业不掌握核心技术,一味采取以低成本为核心的竞争战略,较低的利润迫使企业不断在降低成本上下功夫,结果往往降低了产品质量和相关服务水平,影响了消费者的消费体验。

另一方面,独特化、个性化的需求满足,依赖于企业生产技术及组织方面的创新。要彻底实现个性化生产,并将其成本降低到合理限度,就需要依赖于企业广泛利用互联网、物联网等相关技术。例如,引起广泛关注的德国工业4.0,其最突出的特点就是重组工业生产体系,通过利用最新的互联网、物联网以及机器人技术,实现个性化生产。

(三) 供给侧结构性改革应处理好政府与市场的关系

党的十八届三中全会提出,"经济体制改革是全面深化改革的重点,核心问题是处理好政府和市场的关系,使市场在资源配置中起决定性作用和更好发挥政府作用",这其实也是经济新常态下处理政府与市场关系的一个要求。在新常态下,经济发展由单一追求经济高速增长转向注重增长速度与增长质量的协调,发展动力也由强调要素投入转向强调技术创新的带动力,而这一系列转变的背后,需要更科学的政府和市场关系作为支撑。例如,要提升自主技术创新能力,不但需要完善的创新体系作为基础,还需要理想的有利于创新的环境和精准的调控能力作为支撑。其中,理想的环境主要包括充分竞争的市场环境与适度的创新支持。前者其实就是强调市场机制的作用,只有在充分竞争的市场环境下,企业才真正有动力一心一意进行技术创新,否则其精力很可能会用于获取垄断地位;而后者则强调,要适度发挥政府的引导作用,以尽快实现技术创新方面的赶超。精准调控能力则体现在制定与实行技术创新相关政策时,必须提升调控的精准性,尽量减少相关政策的负面效应。

在供给侧结构性改革进程中,也应注重政府和市场关系的处理。

一方面,我们要坚决避免将供给侧结构性改革等同于西方供给学派所主张的政策。供给学派极端排斥政府的调控作用,只强调市场调控作用的发挥以及对之前政府"扭曲"市场行为的纠正;而我国的供给侧结构性改革则在注

重发挥市场作用的同时也注重发挥政府的作用。以产能过剩为例,有的学者就认为,产能过剩是市场经济下普遍存在的现象,因而没有必要由政府采取手段进行处理;但是应该看到,我国的产能过剩并非是市场单一作用的结果,而是或多或少与政府调控有关,要解决这一问题,也必须有政府的介入。供给侧结构性改革的其他任务来均在不同程度上需要政府在其中发挥作用,仅仅依靠市场机制难以解决。

另一方面,要注重吸取需求侧管理手段的教训,在解决一些深层次问题时不能急于求成,应该注重发挥市场机制的作用,逐步将一些复杂的、深层次问题予以解决。在过去的需求侧管理上,我们过分强调政府对经济的引导和调控作用,而对市场机制的作用重视相对不够。因而,在供给侧结构性改革中,我们应尽量避免采用行政命令的手段,尽量结合市场机制去制定解决问题的方法,以便取得最佳效果。

第八节　经济发展与人的自由全面发展

社会主义经济发展的最终目标是使人获得自由全面发展。实际上,人的自由全面发展也是关于经济发展的非正式制度价值观念中的终极价值观念和理想。

(1) 经济发展概念本身就应该含有追求人的自由全面发展的内容。经济发展概念存在着多个层次,第一层次是指经济的单纯增长,即 GDP 的增加,虽然经济增长是经济发展的传统观念,但不可否认经济发展不能离开经济增长,如果离开了经济增长,那么经济发展的目标也难以实现,在这种意义上,经济增长是经济发展的基础。经济发展概念的第二层次含义是指在单纯经济增长的基础上经济结构的优化,即采用集约型经济增长方式,注重环境保护,经济、社会、政治等方面可持续协调发展,以及人民生活质量的提高等,这是经济发展概念中比单纯经济增长更高一层次的内涵。经济发展概念的第三层次含义是指在经济增长率的基础上提高人民生活质量,追求人的自由全面发展,这是经济发展概念中的最高层次含义。

显然经济发展概念的不同层次含义既存在阶段上和程度上的差异,又存在着密切联系。经济发展的初级阶段,经济发展就是指单纯的经济增长或单纯 GDP 的增加,随着单纯经济方式即粗放式经济增长方式所带来的问题逐步显现，人们意识到除了单纯的经济增长，经济发展还应该注重环境保护和生活质量的提高等内容，在此基础上，人们会进一步追求摆脱生产关系中的物化和异化现象，追求人的自由全面发展。从这种意义上说，经济发展概念还反映社会生产关系的内容，基于不同的生产关系，人们对人的自由全面发展存在着不同的理解。在社会主义生产关系条件下和基于社会主义价值观念，人的自由全面发展是指人们已经摆脱了旧的社会分工的束缚，摆脱市场经济中人的物化和异化现象，人的个性获得了自由全面发展，人类从必然王国走向自由王国，这实际上是共产主义社会的境界。基于资本主义生产关系和资产阶级的价值观念，人的自由全面发展是指人的绝对自由和个性的全面发展，这显然带有资产阶级价值观的烙印。

经济发展概念是对经济发展实践的反映，反过来，经济发展概念内涵和外延的拓展也会促进经济发展不断走向新阶段。这也反映了非正式制度环境对经济发展的促进作用。人们只有在观念上认识到经济发展存在着不同层次的含义，才会在经济发展实践中不断追求经济发展的新阶段和新境界。

（2）通过经济发展实现人的自由全面发展。虽然经济发展概念本身应该包括人的自由全面发展的内容，但在经济发展的初级阶段和中级阶段，无论是在大多数人的观念中还是经济发展的实践中，并不直接涉及人的自由全面发展的内容。所以，通过经济发展实现人的自由全面发展实际上是指通过经济持续增长和改善人民的生活质量等途径来最终实现人的自由全面发展的境界。

人的自由全面发展是经济发展的终极目标，这种目标的实现需要一个相当长的历史时期，但这个终极目标并非可有可无。经济发展终极目标规范着经济发展过程，引导着经济发展的方向。经济发展最终究竟是为了什么，这是人类不能不严肃思考的问题。人类不同于其他动物，除了要生存和发展，除了要改善生活环境和生活质量，还存在着终极关怀。在经济发展方向问题上，如果不解决这种终极关怀，最终会使经济发展迷失方向。从经济发展过程来看，这个过程也并非自然发展的过程，而是一种充满着人类理性构建和追求理想的过程，如果在经济发展过程中存在着终极目标，它不仅能够使人们清楚经济发展过程的不同阶段，而且能够使人们在经济发展过程中，不断地朝着经济发展的终极目标前进。那么，应该如何通过经济发展实现人的自由全面发展呢？

第一，通过经济发展为实现人的自由全面发展准备物质条件。人的自由全面发展必须具备一定的物质基础，如果人类仍然是自然的奴隶，整日为生存问题而挣扎,那就根本谈不上自由全面发展了。通过经济发展实现经济的持续增长,不断地提高人民生活水平,在富裕生活的基础上让人们有更多的闲暇时间及有更优越的条件去从事宗教、哲学、艺术、科学研究等精神工作。这需要一个相当长的历史时期,需要社会生产力的充分发展,需要科学技术的进步,需要人类摆脱贫困、饥饿、疾病、奴役和战争等。应该承认,自工业革命以来,资本主义生产方式为人类创造了巨大的物质财富,社会生产力迅速扩张,人类初步摆脱了自然条件的束缚,科学技术的创新和发明为人类驾驭自然创造了条件,一些发达国家过上了富裕的生活。然而,资本主义生产方式在促进社会生产力的扩张和创造出巨大的物质财富的同时,由于生产方式本身的致命缺陷,也导致了严重问题,西方发达国家所创造的巨大财富是建立在自然资源的严重浪费和大多数发展中国家贫穷的基础之上,即使在发达国家也存在着严重的贫富分化,社会的资本权力等级制代替了封建的权力等级制,穷人仍然未能摆脱社会的奴役,市场经济和科学理性的发展导致人与人之间的对立和冷漠,失业率上升,犯罪、吸毒、卖淫和赌博等丑恶现象滋生蔓延,人与人之间关系被严重物化,产生了人被当作手段而不是当作目的的异化等。

尽管如此,人类通过经济增长和经济发展还是为实现社会进步和人类自由创造了物质基础,实现了从传统社会向现代社会的转换,使人们从追求生存阶段走向发展阶段,从贫困走向温饱走向小康,从追求生活数量走向追求生活的质量。社会生产力的扩张和财富的创造与人类制度的创新直接相联系,这种制度创新不仅促进了经济迅速增长和生产力扩张,还为人们提供了更多的自由选择空间。生产力扩张和制度的不断创新既为人类实现人口、资源、环境的可持续发展创造了条件,也为实现社会经济和政治等可持续协调发展创造了条件,从而使经济发展走向了新的阶段。人类实现经济发展的第一个层次经历了漫长的历史时期,正在从第一个层次向第二个层次过渡,实际上,这是为实现经济发展最终目标准备了雄厚的物质基础。

第二,通过经济发展为实现人的自由全面发展准备精神条件。经济增长会促进教育文化水平的提高,物质生活富裕了,会有更多的人、有更多的时间专门从事科学文化教育事业,从事宗教、艺术和学术活动,这将大大丰富人类对世界的认识,加深人类对自身生存和发展境况的认识,从而将人们引向终极关怀。当人类面临着饥饿和疾病时,首先需要与大自然抗争、解决人类的生存问题;当人类初步解决了生存问题,进入温饱和小康水平阶段之后,面临着如何增加闲情逸致、如何与自然和谐统一、如何提高生活质量等问题;当人类进入注重生活质量的阶段之后，就开始关注精神领域困境问题，开始关注“人从哪里来，到何处去”这些带有终极关怀性质的问题，从经济学上说，人类就开始追求“人的自由全面发展”目标。

一般地说，从经济发展的整个过程来看，人类会经历从强调物质生活的阶段发展强调精神生活的阶段，强调物质生活和生活质量属于经济发展的初级阶段和中级阶段，强调精神生活和追求人的自由全面发展阶段属于经济发展的高级阶段。显然，经济发展的初、中级阶段，为经济发展的高级阶段准备了条件，也就是经济发展为实现人的自由全面发展目标准备了精神条件。

应该指出的是，社会主义创始人曾提出过人类社会发展的目标，即人的自由全面发展的社会，马克思在他的巨著《资本论》第一章就曾提出“自由人联合体”的设想，后来其他马克思主义作家又进行了进一步的论述，从这种意义上说，人的自由全面发展既是经济发展的终极目标，又是社会主义所要实现的终极目标。从社会主义的理论、实践和运动过程来看，人的自由全面发展的社会始终是社会主义者追求的最终理想。

第三，始终将经济发展过程看作人性的解放过程，实现从自然王国到自由王国的飞跃。阿玛蒂亚・森曾将经济发展过程理解为人类追求自由的过程[①]。那么，为什么经济发展过程是人性的解放过程呢？首先，人类摆脱贫困和疾病的过程实际上是摆脱人被自然奴役的过程，即追求人性初步解放的过程。在经济发展的初级阶段，人类首先要解决生存问题，与自然相抗争，在这个过程中，人类创造了一个又一个奇迹：大陆和海洋的开发、河流灌溉土地、铁路的开通、电的使用、电报和电话的发明等。在摆脱贫困和疾病的过程中，人类的社会生产力迅速扩张，科学技术不断取得突破性进展，这些人类的文明不仅使人类初步摆脱了贫困和疾病的威胁，也使人类获得了更大的自由选择空间，人性获得了第一次空前的解放。随着工业革命的发生和拓展深化，在社会主义生产力获得空间扩张的同时，人类生产关系和制度创新也取得了突破性进展，或者说，人类也逐步从社会的奴役中初步获得解放，从奴隶制的奴役、封建制的压迫到自由民主制度的建立和社会主义制度的建立，都体现了人性解放的过程。人类不仅能够部分地驾驭自然，也能够部分地掌握自己的命运。其次，追求生活质量的过程也是人性的进一步解放过程。经过经济发展的初级阶段，人类初步摆脱了贫困和疾病，过上了富裕生活，但是人性仍然处于另一种

① 参见阿玛蒂亚・森：《以自由看待发展》，中国人民大学出版社2002年版。

形式的压抑状态。如果说第一阶段人性的压抑主要是自然界压抑的话,那么经济发展第二阶段人性的压抑主要来源于社会的压抑,这种社会的压抑包括:在市场经济中人性的物化和异化,人与人之间相互约束使人性受到压抑,人与人之间理性的冷漠,社会分工存在仍然限制着人的全面发展等。然而,与经济发展第一阶段相比,人性已经获得很大的解放,如社会财富和收入水平增加使人们有更多的闲暇时间,随着生活质量提高,人类有了更多的自由选择空间,更多的人从事精神领域的工作。最后,从经济发展的初、中级阶段进入高级阶段,人性将获得彻底解放,人类将最终实现终极目标。

经济发展过程作为一种人性解放过程,既存在着人类摆脱来自外在的自然束缚的过程、社会制度对人性的束缚过程,又存在着人类努力摆脱内心束缚、追求精神自由的过程。虽然这种经济发展过程存在着从低级到高级、从注重物质到注重精神的粗线条的历史演变过程,却并非一个严格的线性历史过程。实际上,人类经济发展的初级阶段也存在着人类对自身发展、社会发展和经济发展终极目标的追求,空想社会主义思想和科学社会主义理论即产生于人类经济发展的初级阶段。经济发展的初级阶段经历了迄今为止的漫长历史过程,在这个阶段,产生了数不清的理想和精神追求(不乏人类的终极关怀),并且人类为实现这种理想和追求不惜流血牺牲,走过曲线的历史过程,社会主义运动过程即人类对理想目标追求过程的一个缩影。从另一方面来说,人类经历了经济发展的初级阶段之后,走上了注重生活质量阶段,这也并不意味着人类社会一定会向注重精神追求和终极关怀的高级阶段自然演进。实际上,经济发展过程不仅可能是非线性的,也可能是可逆的,在经济发展进入注重生活质量阶段之后,人们也可能满足于现状,或者对于改变现状缺乏信心,甚至认为人类受到束缚是一种宿命,人性的完全解放是不可能的,人的自由全面发展社会是一种空想。从这种意义上说,在经济发展的观念中注入人类的终极理想是必要的,经济发展模式具有未来导向也是必要的。社会主义的终极理想对于社会主义的经济发展更是不可缺少的。

第九节 中国市场经济发展方式的非正式制度特征

中国经济发展模式正处在转变过程中,这种转型过程与中国的工业化、信息化、城镇化、市场化和国际化的过程同时进行，中国的经济发展历经计划经济体制、转轨经济体制和市场经济体制，形成了具有时代特征的经济发展模式。这种经济发展模式存在的主要问题有：首先，市场对资源配置作用的弱化；其次，经济增长过分依赖投资经济增长的资源代价太大；再次，产业结构不均衡，城乡差距和地区差距过大；最后，自主创新能力低下。这就需要进行经济发展模式的转型。第一，发挥市场在资源配置中的决定性作用，加强国家对宏观经济的调控能力；第二，从传统成本优势转向技术优势和新的成本优势；第三，在资源与环境问题的巨大压力下形成环境友好型与节约型社会；第四，从出口导向型经济增长模式转向内需拉动型经济增长模式；第五，坚持创新驱动，加快产业结构的升级换代，向集约型增长方式转变，走新型工业化的道路，从要素驱动转向创新驱动；第六，坚持全面、协调、可持续发展的目标。

从正式制度角度来看，虽然市场模式存在着共同的特性，即市场存在着共同的制度框架，但不同的国家存在着不同的市场模式，如强调私有产权和自由竞争的美国市场模式、强调国家计划和干预的日本模式、强调社会功能的北欧模式等。如果我们仅仅从正式制度角度来考察这些市场模式的差异，则只能找出这些市场模式之间的制度状态差异，不能明白这些市场模式差异背后的真正原因。从正式制度上看，造成这些模式差异的因素在于：它们存在着不同的产权制度，存在着不同程度的政府干预，存在着不同类型的社会保障制度等。如果我们进一步考察，为什么会存在这种社会保障差异、产权制度差异或者政府干预差异呢？实际上，我们可以从非正式制度的角度来分析这些问题，不同的非正式制度是造成这些市场模式的差异性的重要原因。

第一，强调集体主义、共同理想和团队精神的国家容易形成政府主导型市场经济发展模式。如果一个国家和民族的传统文化价值观念、社会习俗和意识形态存在着较强的集体成分、共同理想和团队精神，则一方面，这种非正式制度对市场理性的解构和单一化倾向存在着警惕和抵制；另一方面，这种非正式制度环境也使公众较易接受政府的管理和引导，公众和政府都将市场看作可利用的工具，而不认为市场本身能够提供给他们所要的生活方式。公众或者将团队精神看作达到某种目标的最佳途径。在某种意义上，强调集体成分、共同理想和团队精神的非正式制度国家总是将市场看作一种外来的却存在优势的制度，它们愿意接受市场制度和市场理性，但渗透到人们血液中的价值观念与市场理性并非自然而然地结合在一起，或者说，这些传统文化中的精神并非自然而然发展成市场理性的非正式制度，而是多少经历了一些冲突和融合过程。需要指出的是,这些国家的非正式制度强调集体成分、共同理想和团队精神,并不排斥它们的非正式制度中存在着个人自由、平等、独立、民主等因素,实际上,这些国家的非正式制度是开放的和多样性的,它在特定的制度基础上将个人主义文化精神与集体成分、共同理想和团队精神进行了某种程度的结合,这种结合的方式和程度在不同国家又存在着不同。

第二,强调个人独立自由和排斥国家干预的价值观念和意识形态容易形成自由竞争的市场经济发展模式。在这些国家,个人主义文化精神推动不同利益主体之间自由竞争,不同个体之间的竞争和博弈推动诱致性制度变迁,直至形成制度均衡,所以市场制度的形成更多的是自然演进的产物。在这种非正式制度环境下,公众较易接受私有产权制度和自发竞争的市场制度,而对政府干预存在着天然的敌意。虽然随着资本主义从自由竞争阶段进入垄断阶段,国家干预市场成为必然,然而,无论是从产权制度、政治制度还是市场结构,都可以看出其非正式制度的个人主义文化精神。从某种意义上说,这些国家的市场模式是从其非正式制度的文化价值观念、社会习俗和意识形态自然引申出来的,或者说这些国家的市场模式是它们非正式制度的物质化和对象化。在这些国家,市场理性的解构和单一化倾向最明显,也最彻底,个人主义文化精神与自由竞争的市场模式天然合一。

第三,强调社会功能和公共事业价值观念的国家容易形成福利型市场经济发展模式。在这些国家,公众热心社会事业和公益事业,强调国家和社会的功能和作用,这种社会合作的非正式制度推动着这些国家建立了完备和全面的社会保障制度,从而将社会保障与市场运行相结合。显然,这种市场模式并不排斥个人的独立自由和民主等市场文化价值观念,它是一种将市场理性与社会公共价值观念相结合的非正式制度环境。进一步说,这种强调社会公共价值观念和个人自由的非正式制度与这些国家的自然环境、经济发展水平与财富拥有状况等存在着联系。

第四,中国社会主义市场经济发展模式与社会主义中国的非正式制度相结合。从以上分析,可以看出,市场模式的差异与不同的非正式制度相联系。中国长达数千年的历史文化传统和价值观念与市场理性存在着巨大的差异,这甚至可以追溯到东方文明与西方文明的差异,加上中国社会主义价值观念和意识形态与西方资本主义价值观念和意识形态也存在本质上的差异性。在这样的非正式制度环境下建立市场经济制度,中国非正式制度与市场理性的解构和单一化倾向之间的冲突和融合将经历相当长时间,现在来精确地描述中国市场模式的特征为时尚早，但我们根据中国社会主义非正式制度的特征、市场理性的解构功能和单一化倾向，以及市场经济的一般性，却可以大致描述一下构成中国社会主义市场经济发展模式基本框架中的主要特征。其一，政府将在市场经济运行和发展中扮演主导甚至决定性角色。这既受到中国数千年封建皇权观念和大一统国家观念的影响，也与社会主义国家意识形态相联系。中国公众不仅认为国家干预市场是必要的，而且是自然的。公众在文化价值观念和意识形态上一直都是将国家作为民族精神的象征和重要的精神支柱，从这种意义上说，中国市场经济发展模式必然会带有政府主导型市场模式的特征。其二，集体主义观念与市场相结合。显然，这既与中国数千年的传统家庭伦理观念相联系，也与社会主义的价值观念直接相关。这一点将不仅表现在企业经营管理上，也会表现在人们的交往方式、生产方式上以及人们对待市场理性解构的态度及其相应的文化价值观念上。其三，社会主义与市场经济相结合。从历史上说，市场经济是在以私有制为基础的资本主义生产方式基础上产生的，但市场经济并非资本主义制度所特有的，它既有特殊性，又有一般性。在中国市场经济的建立和完善过程中，必然长期存在社会主义如何与市场经济相结合的问题。这既是一个理论的问题，也是一个实践问题。中国的社会主义运动已经经历了相当长时间，社会主义价值观念被有机地糅合进传统的文化价值观念、社会习俗和意识形态等非正式制度之中，社会主义平等、公平、正义等价值观念和集体行动理念也必将在中国未来的市场经济发展模式中不可或缺。

一、复习思考题

1. 马克思如何从社会总资本再生产理论推导出经济增长理论？

2. 经济增长与经济发展的区别是什么？

3. 社会主义传统经济增长方式的弊端是什么？

4. 市场运作的理论与市场发展的理论有何区别？

5. 体制变革在经济增长和经济发展中的作用是什么？

6. 社会主义市场经济发展模式有哪些主要特征？

7. 社会主义市场经济发展模式的非正式制度特征有哪些？

8. 诺斯是如何解释“西方世界兴起”的？为什么说经济发展是多种因素相互作用的产物？

9. 如何理解中国经济发展模式？

10. 什么是“科学发展观”?“创新驱动”发展战略的意义何在?

11. 马克斯·韦伯是如何论述西方新教伦理与资本主义关系的? 如何评价? 社会主义市场经济中的非正式制度对于经济发展有何作用?

12. 如何理解“人的自由全面发展”?

13. 中国经济发展模式转变的主要内容是什么?

14. 经济发展理论是如何演变的? 中国经济发展方式转变的理论基础是什么?

15. 什么是经济新常态和供给侧结构改革?

二、课堂讨论题

1. 社会主义经济发展的最终目的是什么?

2. 结合中国实际,谈谈如何转变经济增长方式和经济发展模式。

第十章 社会主义收入分配与贫富差距

研究文献综述

马克思提出并论述了社会主义个人消费品分配的基本原则——按劳分配[①]，社会主义经济理论随着社会主义经济实践的发展而不断完善[②]，现阶段中国实行按劳分配为主、多种分配方式并存的原则[③]。随着贫富差距问题的出现，学者们积极探索新的历史条件下的社会主义财富生产与收入分配问题[④⑤⑥⑦]，并从马克思主义生产关系角度论述公平与效率的关系问题[⑧⑨]。按劳分配是马克思主义经济学中的一个经典理论，学者们从各种角度论述了现阶段按劳分配的特点、实现途径等问题[⑩⑪]。基于中国经济发展的实际，社会主义初级阶段的财富与收入分配差距问题的研究也引起了学者们的关注[⑫⑬⑭⑮]。按劳分配是社会主义个人消费品分配的基本原则，它的宏观层次是

---

① 马克思：《哥达纲领批判》，人民出版社 1997 年版。

② 张道根：《中国收入分配制度变迁》，江苏人民出版社 1999 年版。

③ 文魁：《新格局与新秩序中的分配》，陕西人民出版社 1991 年版。

④ 程恩富：《关于劳动收入分配若干问题的思考》，《综合竞争》2010 年第 6 期。

⑤ 冒佩华：《社会主义分配制度的突破与创新：1978—2008》，《当代财经》2009 年第 2 期；《收入分配不平等的深层次思考——基于市场经济本质机理的分析》，《经济研究导刊》2008 年第 8 期。

⑥ 洪银兴、许光伟：《马克思的财富创造理论及其现实意义》，《经济理论与经济管理》2009 年第 8 期。

⑦ 陈波：《协调新时期我国社会利益关系的十大思路(上)》，《社会科学研究》2006 年第 11 期。《协调新时期我国社会利益关系的十大思路(上)》，《社会科学研究》2006 年第 11 期。

⑧ 伍装、张薰华：《现代经济学中的两种价值判断理论》，《经济学家》1998 年第 5 期。

⑨ 卫兴华、张宇：《构建公平与效率相统一的收入分配体制研究》，《现代财经》2008 年第 4 期。

⑩ 于金富：《马克思按劳分配理论与我国现阶段社会主义分配制度》，《当代经济研究》2006 年第 11 期。

⑪ 卫兴华：《按劳分配理论问题探索》，《教学与研究》1982 年第 3 期。

⑫ 冒佩华：《收入差距的理论分析：两种分配方式的机理与结果》，《学术交流》2003 年第 3 期。

⑬ 冒佩华：《收入差距的理论分析：两种分配方式的机理与结果》，《学术交流》2003 年第 3 期。

⑭ 陈宗胜：《经济发展中的收入分配》，上海人民出版社 1991 年版。

⑮ 张银杰：《社会主义分配制度改革的理论探讨》，《广东商学院学报》2003 年第 28 期。

国民收入的分配，财富分配或利益分配可以看作国民收入分配、按劳分配，以及按生产要素分配等各种非按劳分配方式所产生的结果，学者们对收入分配原则、贫富差距和收入差距产生的原因及解决的措施等问题进行了探讨[1][2][3][4]。

社会主义经济制度要通过财富和收入分配来实现。与收入分配差距[5]不同，财富分配差距属于累积性差距。这种累积性差距的产生既有政策、制度的因素，又有代际传承的因素[6]。国民财富分配所对应的分配制度，包括国民收入分配、财产分配和资源分配等方面的一系列制度[7]。社会主义的目标之一是共同富裕[8][9]，解决贫穷问题或防止严重的贫富分化是社会主义的根本任务之一。分配制度解决的是在国家、企业和居民这几个主体之间财富如何占有合理比例，并且根据这个比例社会成员拥有属于自己的收入。国民收入初次分配由于经营主体贡献的生产要素不同，导致分配出现不同；在国民收入再分配中，通过政府调节，使得生产部门和非生产部门协调发展，通过合理政策使得穷人也可以保障基本生活；第三次分配即社会力量，如慈善公益事业，无偿捐赠。这就需要规范初次分配秩序，建立公平有序的分配制度，充分发挥政府宏观调控职能，以及完善再分配体系，广泛动员社会力量，发挥第三次分配的补充作用[10]。

马克思在《哥达纲领批判》等著作中关于按劳分配的论述给社会主义分配原则奠定了理论基础，社会主义实践使得马克思的分配理论不断丰富和发展。按劳分配是社会主义公有制的要求，而随着社会主义市场经济体制的形成，按劳分配与按要素分配相结合成为必然[11]，中国逐步形成了以按劳分配为主体、多种分配方式并存的社会主义基本分配制度。

① 汤在新：《我国贫富差距形成的原因及与分配原则的关系》，《西北大学学报（哲社版）》2005 年第 5 期。
② 汤在新：《我国贫富差距形成的原因及与分配原则的关系》，《西北大学学报（哲社版）》2005 年第 5 期。
③ 熊俊：《我国收入分配差距扩大原因的多视角分析》，《经济与社会发展》2003 年第 12 期。
④ 陈宗胜、武洁：《收入分配差别与二元经济发展》，《经济学家》1990 年第 3 期。
⑤ 于祖尧：《中国经济转型时期个人收入分配研究》，经济科学出版社 1997 年版。
⑥ 孙秋鹏：《财富与收入分配的理论与政策》，《当代经济研究》2014 年第 4 期。
⑦ 靳卫萍：《从收入分配改革到现代国民财富分配体系的建立》，《经济学动态》2013 年第 10 期。
⑧ 洪远朋、于金富、叶正茂：《共享利益观：现代社会主义经济学的核心》，《经济经纬》2002 年第 6 期。
⑨ 陈波：《协调利益关系，构建利益共享的社会主义和谐社会》，《社会科学》2007 年第 1 期。
⑩ 黄泰岩等：《初次收入分配理论与经验的国际研究》，经济科学出版社 2011 年版。
⑪ 卢国杰：《按劳分配与按要素分配相结合》，《上海大学学报（哲学社会科学版）》2001 年第 1 期。

第一节　贫富分化与经济制度选择

一、经济制度的选择与脆弱的贫富分化

经济制度的变迁并非单纯的自然演进过程，它也是人类理性选择的过程。一般来说，从长期的历史过程来看，我们可以将经济制度变迁看作一种自然演进的过程；从短期的现实过程来看，我们却可以将经济制度变迁过程看作一种人类理性的选择过程。当我们考察经济制度选择时，我们首先要考察经济制度选择的主体，这个主体可以是个人、集体或国家，从经济人的假定出发，个人选择或发动诱致性制度变迁是基于制度变迁的预期收益大于预期成本，政府提供强制性制度变迁也同样是基于未来制度变迁的潜在收益。在这个过程中会产生制度变迁的第一行动集团和第二行动集团等。然而，这种新制度经济学分析方法的致命缺陷就在于其个体主义和单纯的经济人假设。实际上，任何个体在进行经济制度选择时都会受到其他人选择的影响，或者说，一个人对制度变迁的预期是其他人制度变迁预期的函数。毫无疑问，现实社会中的人并非单纯的个体抽象物，人总是处在人与人的关系之中，当其他人的选择确定时，你的选择也未必能确定，因为你并非是参与博弈的完全理性的人。事实的情况是，你对制度的选择总会受到其他人的不同影响，这种影响过程也并非纯粹理性的。所以，我们不能从单纯的理性个体行为来推导出总体的社会理性行为。我们应该将经济制度选择行为的分析置于整体主义方法论的框架之下，经济制度选择究竟是如何发生的，这是一种自觉、不自觉的相互影响的整体行动，虽然个体行为的分析有助于我们更微观地理解制度变迁的具体过程，但现实制度的形成显然不是一种个体行为。经济制度的选择既是一种整体行为，又是一种历史行为。说其是整体行为，这是因为现实形成或实际被选择的经济制度是一种整体行为规则，个人所希望选择的任何经济制度都只有在整体的经济制度环境下才是有效的；说其是历史行为，这是因为经济制度的选择并非一种单纯的经济行为，而会受到历史条件的约束。在分析经济制度选择行为时，我们不仅不否认个体选择行为的逻辑，也不否认经济制度的自然演进过程，我们将着重分析经济制度选择作为一种社会的集体行动是如何发生的。

一般来说，个人的选择受制于群体的选择。在社会中多数人选择确定的

条件下，个人的选择如果与多数人的选择不一致，那么这种选择的风险成本极高。个人的选择受制于其偏好和预期，在大多数人的偏好和预期受制于某个政治集团的条件下，该政治集团将代替整个社会做出经济制度的选择。从一个长期的历史过程来看，即使我们将经济制度选择过程看作一种自然演进过程，但是我们也需要理解在这种长期的自然演进过程中，个人选择、集团选择和整个社会的选择是如何促成这种经济制度的演进过程的。无论是个体选择还是集体选择，都会受到历史条件的约束。从中国近代以来的历史来看，外族入侵和贫穷落后是影响经济制度选择的两个主要因素；从长期的历史过程来看，经过长达几千年的封建社会，如果没有外部近代资本主义的入侵，随着封建社会内部商品经济的发育，中国也将缓慢地进入资本主义社会，但自1840年的外族入侵之后，中国社会的历史进程被改变了。封建制度的长期统治造成了中国社会的贫穷落后。从外部来说，中国封建经济严重落后于西方资本主义经济；从内部来说，半殖民地半封建社会制度也造成了在这种整体落后经济水平下的贫富两极分化。外族入侵和贫富分化的加剧打断了中国社会经济制度的自然演进过程，为了解决近代中国这两大问题，近代中国的各种政治力量进行着与制度选择有关的博弈，这种政治竞争显然构成了中国经济制度选择的严格约束条件。在这种政治竞争的背后是一种被分割的经济制度，既存在资本主义经济，又存在封建经济，以及这两种经济的混合物，或者说在这种分割的经济制度之间存在着强势经济对弱势经济的渗透、剥削和压迫。既然在这种经济制度背后支撑着的是各种政治势力，而不同的政治势力则选择与之相适应的经济制度，这就使得近代中国经济制度的选择呈现出由差异性的理性构建而导致的被不同政治力量所挟持的状态，甚至经济制度的演进过程也屈服于政治势力的演进过程，经济制度内在演进逻辑被外在的政治因素所打乱。近代中国经济制度的选择与能否解决近代中国的两大问题直接相联系。从抵御外族入侵方面来说，西方资本主义国家并非想帮助中国发展资本主义，而是想将中国变成自己的殖民地和附属国，或者说将中国纳入自己的势力范畴，这就使得资本主义经济制度在中国的发展要么是畸形的，要么行不通。从贫富分化方面来说，一方面，外国资本主义势力会与中国的政治力量相勾结，形成官僚买办资本主义经济，它们与原有的封建经济一起共同剥削和压迫大多数中国人；另一方面，落后的经济发展水平又会使得中国原有贫富分化进一步加剧，并迅速转化成脆弱的贫富分化。

所谓脆弱的贫富分化，是指在一个社会中贫富分化的差距已达到极限，贫富分化再发展下去就会导致大部分人突破生存的底线或者贫富分化的趋势已经达到社会上大多数人所难以忍受的底线，这将促使整个社会制度结构走向崩溃。脆弱贫富分化对一个社会经济制度的选择至关重要，显而易见，在经济发展水平落后的条件下，当一个社会处于脆弱贫富分化阶段，便时刻面临着发生革命的可能性，而这种革命的目的恰好是指向一个以公有财产制度为基础的新的经济制度。这正是近代以来中国社会经济制度选择的特征。外族入侵会导致民族反抗斗争，也会导致资本与国内政治势力的共谋，从而产生经济买办化的倾向。然而，这些都不能够解决而只会加剧中国原有的贫富分化现象。正是这种日益加剧的脆弱贫富分化倾向导致近代中国对经济制度的重新选择，它反抗着经济制度的自然演化倾向，近代中国历史也由于这种因素的变异而得以改变。如果不能够改变近代中国日益加剧的脆弱贫富分化趋势，革命的发生便不可避免。近代中国的脆弱贫富分化具有以下特征：其一，脆弱贫富分化是不可持续的，或者说，脆弱贫富分化是革命发生的临界点。人的生存需要是最基本的需要，如果一个社会的大多数人的生存需要不能获得满足，他们迟早会选择革命行为，因为人们对生存资料缺乏的承受能力是难以持续维持的。其二，脆弱贫富分化会指向社会上大多数人难以忍受的底线，从而构成社会不稳定的根源。在经济发展水平落后的条件下，这将意味着一个社会不断地走向战争或动荡。消灭战争或动荡的唯一途径就是解决脆弱贫富分化状态。其三，从近代中国历史条件来看，脆弱贫富分化的解决不可能通过经济制度的演化来解决，而只能通过革命进而重新选择新经济制度的方式来解决。半殖民地、半封建制度只能不断加剧脆弱贫富分化趋势，它不是一种能够解决贫富分化的经济制度。从外国直接输入的资本主义经济制度是一种缓慢演进的制度，它同样不可能尽快解决近代中国的脆弱贫富分化趋势。近代中国的脆弱贫富分化状态已经不可能再忍受任何可能加剧这种分化趋势的力量，从这种意义上说，近代中国的资本主义工业化道路是注定行不通的。正是基于以上原因，近代中国经济制度的变迁不可能走上一条缓慢演进的道路，而只能是选择新经济制度。这种新经济制度也只能是以公有制为基础的、财富分配相对公平的社会主义经济制度。面对近代中国的贫穷落后和外族入侵，各种拯救中国的理论和思想意识形态不断出现并相互竞争，应该说，这些不同的理论思想和政策主张中，不缺乏符合长期历史逻辑和理论逻辑的观点和主张，但它们都未能被中国所接受。这主要是因为这些理论和主张虽然具有正确的理论逻辑，却不符合中国的现实条件。近代中国为什么能够接受马克思主义理论，因为马克思主义理论恰恰能够很好地解决近代中国所迫切需要解决的脆弱贫富分化问题。马克思对资本主义经济制度致命缺陷的解剖，以及对未来社会的预测恰恰满足了近代中国大多数贫困人群对于解决不能够再忍受的脆弱贫富分化的期望。从这种意义上说，近代中国对于社会主义公有制的最终选择绝不是偶然的。

分析脆弱贫富分化现象对于研究一个国家或社会对于经济制度的最终选择具有重要意义，如果一个国家存在着脆弱贫富分化现象，那么，一个国家所选择的任何经济制度只能是缓解或消除脆弱贫富分化倾向的经济制度，而不能是加剧这种脆弱贫富分化的经济制度，无论这种经济制度在逻辑上是多么合理，在历史上曾经是多么正确。

需要指出的是，脆弱贫富分化并非一定是一种突破大多数人生存底线的倾向，它也可能是一种虽然能够生存但大多数人难以忍受的底线。比如人们产生强烈的不公正感，一些国家、民族对于贫富分化差距的忍受程度低，人们选择反抗或革命的预期收益大于预期成本都可能将普通的贫富分化转换成脆弱的贫富分化。一般来说，在经济发展水平较高的国家，那种突破大多数人生存底线的脆弱贫富分化不易出现，但广义上的脆弱贫富分化倾向还是可能会出现的。如果大多数人都对财富分配都怀有不公正感，或者大多数人对于贫富分化已经感到难以忍受，那么，脆弱的贫富分化仍然可能在经济发展水平较高的国家出现。

二、契约型制度与超经济协调制度

从长期的历史逻辑来看，如果没有外族入侵，近代中国也将缓慢地进入资本主义社会，然而，这只是一个基于假定的理论逻辑。事实上，从全球范围来看，当西方资本主义国家进入工业革命、确立资本主义经济制度之后，这种资本制度和国家制度的扩张性注定了它不会允许近代中国历史按照自身原有的逻辑来演绎，近代中国必然会逐步沦为西方资本主义国家的附属物或殖民地。从近代中国这段历史来看，外族不同程度的入侵和资本不同程度的入侵导致中国走向半殖民地半封建社会。近代中国的经济制度是一种不纯粹的经济制度，虽然在中国农村封建经济制度仍保持原有状态，在某些沿海城市资本主义经济制度具有完整的市场体系，但从总体上说，近代中国的经济制度是资本主义经济制度与原有的封建经济制度的混合物，官僚买办资本主义即是其主导的经济形态。

资本主义经济制度在本质上是一种契约型的经济制度。所谓契约型制度，是指建立在私有产权基础上的等价交换的市场经济制度。这种契约型制度在西方是通过长期的演进过程逐步形成的，其形成需要具备的前提条件是相对稳定统一的民主国家制度。国家政权是私有产权的确立者和保护者，在民主国家政治制度条件下，国家虽未必是市场经济的"守夜人"，但一般不会直接干预市场经济运行，因为市场经济是开放经济，它要求打破各种垄断、壁垒或封建割据。显然，近代中国并不具备契约型经济制度形成和正常运行的前提条件。在西方资本主义入侵中国之后，政治独裁、军阀混战、地方割据几乎构成了近代中国历史的主旋律，在这种政治条件下，契约型制度无法形成、完善和扩展，代之而起的是中国总体经济制度的分割：沿海发达地区的资本主义经济制度、内地落后地区的封建经济制度、在红色革命根据地存在的供给型公有制经济制度，以及封建主义经济与资本主义经济相结合的买办经济形式。在外族入侵和不同政治集团相互通过军事手段进行战争的情形下，中国经济制度的形成和选择基本由政治因素所左右，从而形成经济制度屈从于政治制度的状态，不同经济制度的竞争和演化过程受制于不同政治力量竞争的结果。在近代中国的契约制度形成和发展受到阻碍的同时，脆弱的贫富分化仍在加剧，这将导致以下结果：其一，越来越多的人失去基本的生产生活资料而走向赤贫的境地，经济的继续运行不断地突破他们的生存底线，他们反抗现存统治制度的成本不断降低，在新的反抗现存统治制度的政治集团组成之后，他们将毫无疑问地选择反抗，积极加入新的政治集团，从而使得新生的政治集团越来越具备广泛的群众基础，他们甚至相信前仆后继的牺牲能够换来未来生活的幸福，这种关于未来的预期成为新生政治集团发展的强大精神动力。随着革命根据地扩大，在战争年代所形成的公有制经济制度日益扩张。需要指出的是，虽然根据地的公有制经济并未能带来很快的富裕生活，但公有制经济所具有的共同拥有生产资料的属性及其相应的平均主义分配方式仍然使这种经济制度获得广泛的支持，公有制经济所带来的主人翁感和公平感是处于脆弱贫富分化状态的中国人选择该种经济制度的主要原因。其二，脆弱的贫富分化加剧使得封建经济、官僚资本主义经济和外国资本主义经济，以及它们的混合物处于越来越稳固的垄断地位，它们拥有近代中国经济的绝对控制权，在这种条件下，一方面，社会财富越来越集中于少数人手中，他们在政治、经济、文化等方面相互勾结，形成稳固的压迫集团；另一方面，大多数处于极度贫困状态的人越来越倾向于通过选择极端方式反抗统治制度，反抗统治制度的成本逼近继续生存的成本，当选择继续忍受即意味着不能生存、选择反抗却存在着可能的预期收益的情形下，大多数人选择反抗并进而选择新制度成为一种必然趋势。

脆弱贫富分化的加剧必然会影响近代中国各种政治力量的较量，从而进一步影响近代中国经济制度的选择。实际上，随着脆弱贫富分化的加剧，政治力量的对比注定会朝着选择公有制经济制度的政治集团倾斜，该政治集团的政治基础会越来越雄厚。为什么近代中国最终会选择马克思主义？因为马克思主义通过对西方资本主义制度认识所倡导的社会主义公有制经济制度恰恰能够解决近代中国的两大历史问题。从解决近代中国的外族入侵来说，社会主义的核心政治力量——共产党只会反抗外国资本主义，而不存在与外国资本主义联合的可能性，这是一支能够解决近代中国外族入侵问题最彻底的政治力量；在经济发展水平落后的条件下，解决脆弱贫富分化问题的最直接有效的方式就是消灭旧的封建制度，建立公有制经济制度。

与资本主义契约型经济制度不同，社会主义公有经济制度是一种超经济协调经济制度。所谓超经济协调经济制度，是指建立在公有制基础上、主要通过政治权力或行政权力来推动经济运行和经济发展的经济制度，这显然与契约型制度是建立在不同私有产权的契约关系基础之上通过市场来推动经济运行和经济发展不同。

从可能的契约型制度向现实的超经济协调经济制度的转换过程，正是近代以来中国经济制度的选择过程，而推动这个选择过程或转换过程的内在动力正是近代中国难以解决的脆弱贫富分化趋势。近代中国的外族入侵不仅大大加剧了脆弱贫富化倾向，也使得这种脆弱贫富分化倾向的解决方式不再像以往几千年封建社会那样通过改朝换代，它只能通过选择一种不同于西方资本主义国家经济制度、以往封建经济制度等的新经济制度，这就是社会主义公有经济制度。近代中国社会的发展也不可能像历史的理论逻辑所规定的那样，通过封建社会内部的资本主义萌芽发育而最终走上资本主义道路，只能选择最能直接有效地解决脆弱贫富分化并给大多数人以新的关于未来制度预期的新经济制度。作为一种超经济协调经济制度，它的体制运转具备了可行的一切条件。新的国家政权是过去政治力量竞争的产物，或者说，这种国家政权作为协调经济制度变迁和体制运行的主体是历史的产物，它在过去时代拥有极高的政治支持率、强大的公信力、具有强大凝聚力的意识形态，以及历史上大多数穷人与该政府所具有的长期的利益预期一致性等——这些将作为历史遗产被继承下来，公有经济制度的逐步确立给极端的超经济协调运行方式——计划经济体制的运行提供了制度基础。这些历史条件和现实条件给一个国家提供了最大可能的经济制度选择空间，也给一个国家的经济制度选择理性可能超越人类理性的边界埋下了危机。后来的历史证明了这一点。

我们不可能抽象地比较契约型制度与超经济协调制度的各自效率，历史不是人类的实验室，我们评价经济制度只能将其置于特定的历史环境之中，但无论如何，近代中国选择超经济协调制度是基于历史的必然逻辑。当一个存在着几千年的封建帝国日益衰弱之时，遇上强大的外族入侵，这两个历史条件相结合，必然会迫使近代中国的历史重新洗牌。按照西方中心主义的价值观念，契约型制度是现代文明制度，但这种现代的文明制度却不可能被近代中国所接受。实际上，资本主义经济制度作为一种契约型制度，它的雇用劳动制度的本质已经通过市场运行展示出它的致命的缺陷，近代中国没有理由去接受这种不适合中国国情且已经呈现出致命缺陷的制度。超经济协调经济制度作为一种人类所尝试的新经济制度，无论是在理论上还是在实践中已经展现出生命力。至于这种经济制度所呈现出来的缺陷，它既与人类的探索行为有关，也与现实制度的不完善有关。从近代中国两大历史问题的解决来考察近代中国经济制度的选择，我们既解释了近代中国的真实历史，也解释了我们现存的经济制度是如何选择的。

三、历史理论逻辑与历史现实条件

历史一旦做出了选择，就会按照既有的条件演变下去。近代中国未能选择契约型制度而选择了超经济协调制度，这是一个历史的意外，但并非是历史的错误，从近代中国的现实条件出发来考察，它完全符合制度变迁的现实条件。

从生产力与生产关系相互作用的角度来看，经济制度的选择是被历史所规定了的，契约型制度和封建的依附型制度都不能解决近代中国所遇到的两大难题，因为这些经济制度不仅不能解决而且只会加剧脆弱的贫富分化倾向，这将会使近代中国的经济问题转化成政治问题，经济规则屈从于政治规则。在近代中国的各种政治力量较量中，任何解决脆弱贫富分化问题的解决方案都会损害既得利益集团的利益，封建主义与资本主义的结合在加速促进贫富分化倾向的同时，也加速了自身的灭亡，作为既得利益者的统治集团不可能通过损害自身利益的方式来缓解或解决贫富分化倾向，这是一个自我否定、自我灭亡的逻辑。统治集团越是维护自身利益，越会导致脆弱贫富分化的加剧，而贫富分化加剧只能瓦解统治集团的政治基础，统治集团为了自身利益必然会与外国资本主义勾结，从而巩固自身的统治基础。当新生的政治集团声称积极反抗外族侵略并代表大多数人的根本利益时，它将立即获得强大的政治基础，从而在政治力量较量中占据优势，新生的政治集团在积极争取民族独立的同时所倡导的公有制经济恰恰能够很好地缓和或解决近代中国的脆弱贫富分化问题。所以，从历史的现实条件来看，近代中国选择公有经济制度，抛弃或反抗契约型制度、封建的依附型制度具有必然的趋势。

显而易见，我们不能以既定的历史理论逻辑来解释历史的现实条件，将不符合既定历史理论逻辑的历史现实称为“历史的错误”，并主张近代中国要“补课”，这是一种强词夺理的逻辑。近代中国人承受的是双重的灾难，在长期的封建统治所造成的国弱民穷的条件下，又遭遇西方资本主义国家的入侵，这两个条件相结合将大多数中国人逼到生存的底线，所以，脆弱的贫富分化及其解决成为理解近代中国经济制度选择或近代中国历史的一条主要线索。

第二节　国家政策中的利益格局调整规则

一、国家利益与集团利益

国家是一个具有暴力潜能的组织(D.North，1971)，从经济人假定出发，我们可以将国家看作代表某一集团利益的特殊组织机构，换言之，国家也是一个在约束条件下追求自身利益最大化的经济组织——这是从新古典经济学的分析框架出发考察国家必然推导出的结论。无论是将国家看作一个外生的变量，还是看作一个内生的变量，国家与参与市场竞争的其他主体在追求利益上是相同的，所不同的只是国家是个特殊的垄断性组织，它具有强制性和排他性，具有暴力潜能，是参与市场博弈的一个特殊利益主体而已。显然，新古典经济学对国家的分析是一种经济学帝国主义的体现。确实，国家是一种特殊的组织，但它不仅仅是一种特殊的经济组织，更是一种特殊的政治组织，从另一方面来看，国家也是代表全体人民利益的组织，从理论说，国家是一种公共组织机构；无论是从“契约说”还是从“暴力说”来看，国家都必须要代表公众的利益，只是在实践中，国家可能会偏离公众利益而成为某种利益集团利益的代表者，但这不会在理论上改变国家作为公众利益代表者的性质。

从以上的分析可以看出，国家代表着两种利益：国家利益和集团利益。这两种利益之间是相互排斥的，但也可能会存在着相互统一。国家本来就应该代表国家和民族的利益。其一，任何一个社会都需要有一个代表公共利益的国家或政府。这不仅仅因为国家提供公共产品与私人提供公共产品相比，具有规模经济效益，还因为国家具有个人或私人组织所不具备的政治经济职能。从经济上说，国家提供公共产品具有规模经济优势，从政治上说，只有国家才可能代表整个社会和全体公众的利益。其二，国家与政治权力、暴力联系在一起。市场上其他经济组织，无论是垄断组织还是非垄断组织，都不允许存在着暴力潜能，而国家的暴力潜能则是合法的；垄断组织的行政权力也只能局限于垄断组织内部，而不能延伸至垄断组织外部，即使是垄断组织，它参与社会政治生活时也不允许存在特权，国家作为一种特殊的垄断性组织所具有的排他性和强制性是其他垄断组织所不具备的。其三，国家作为国家和民族利益的代表者，既是来自一种现实需求，又是一种人类对理想社会生活的追求。从现实需求来说，在经济上，国家在社会协调方面存在着比较优势；在政治上，任何社会都需要一个主持正义的机构，这个机构非国家莫属。从理想追求来说，人类并不甘心于现实生产关系的约束，不甘心于市场经济运行中所产生的物化和异化现象，总希望通过人类理性构建一个更加公平、更加合理的社会，以解脱现实经济关系对人的约束，只有国家才有可能承担这个任务。所以，人们总是对国家寄予太多的理想和希望。国家代表社会全体利益，实际上代表着一种人类社会中普遍存在着的、除了个人利益和私人集团利益之外的全体利益、长远利益和根本利益。

国家可能被某些私人集团所利用，可能会代表某些特定的私人集团的利益。马克思主义就直截了当地指出国家利益只是代表占统治地位阶级、集团的利益，马克思主义认为，国家就是一个阶级压迫另一个阶级的工具，而“所谓阶级，就是这样一些大的利益集团，这些集团在历史上一定社会关系中所处的地位不同，对生产资料的关系(这种关系大部分是在法律中明确规定了的)不同，在社会劳动组织中所起的作用不同，因而领得自己所支配的那份社会财富的方式和多寡也不同。所谓阶级，就是这样一些集团，由于它们在一定社会经济结构中所处的地位不同，其中一个集团能够占有另一个集团的劳动”①。马

① 《列宁选集》第四卷，人民出版社1972年版。

克思主义认为，国家正是这些不同阶级利益冲突的产物，即国家只能代表占统治地位的阶级的利益，它不认为国家是一个抽象的、代表全体人民利益的组织。应该承认，马克思主义披露了国家存在的现实因素和国家概念的真实内核。

在现代社会中，国家是一个具有强制性、排他性的垄断组织，是一个独一无二的具有暴力潜能的组织，显然，这种垄断性组织所产生的租金也是不可替代的，在市场经济社会，这必然会吸引不同的私人利益集团去寻租，从而使国家转变成某些私人集团获取私人利益的工具。从理论上说，国家利益和私人集团利益始终是一对矛盾，这种国家利益和集团利益的矛盾既推动着社会历史发展，又约束着社会历史发展。国家利益与集团利益的冲突也是政府与市场之间关系的一种反映，正如政府与市场之间存在着不完全替代性一样，国家利益与集团利益之间也存在着不完全替代性。国家利益与集团利益之间的统一性在于：当某个政治集团处于支配地位时，它可能从自身利益出发来考虑国家，国家利益与集团利益可能会兼顾，国家利益的增长可能恰恰是居于支配地位的政治集团利益的增长。在中国封建社会的皇权统治制度下，会出现这种国家利益与集团利益的一致性，这种利益一致性的存在并不否认两者之间的利益存在着冲突。在中国封建社会，当某个封建朝代处于上升时期时，集团利益与国家利益的统一性居于主导地位，但随着既得利益集团的产生和强大，国家利益与集团利益之间的冲突居于主导地位。

国家实际上具有双重属性：一方面，它代表着某个集团的利益；另一方面，它是提供公共产品和维护正义的组织，代表着国家利益。虽然国家在制定和实施国家政策时，应该首先考虑到的是国家利益，但不能不承认，国家在制定和实施某项政策时，总是自觉不自觉地受到某些私人利益集团的左右，或者说这种国家政策总是在事实上代表着某些私人利益集团的利益。那么，为什么会存在这两种相反方向的作用力？这是由于公共利益的存在和人们对公共利益的追求，以及私人利益的存在和人们对私人利益的追求。国家是一种具有强制性、排他性和被赋予暴力潜能的垄断性组织，是一种保持相对独立性的特殊政治组织，在制定和实施国家政策时，居于支配地位的政治集团关注的焦点在于：如何平衡两种利益和两种利益的作用力。不承认其中的任何一种利益及其作用，企图以一种利益替代和取消另一种利益都是极其错误的。所以，从根本上说，国家的主要职能就在于如何正确地处理好公共利益与个人利益的关系、国家利益与集团利益的关系。

二、国家政策中利益的静态均衡与动态均衡

从利益调解的角度来说，国家政策的着眼点在于协调公共利益与私人利益关系，以及采用什么样的方式来协调这种关系。国家政策中的静态均衡是指国家以各方利益结果均衡为目标提供相应的制度安排，政府行为方式主要以被动地解决均衡中出现的问题并竭力促成利益均衡为特征，国家实现利益静态均衡目标往往是为了最终获得社会秩序的公正、公平等目标。国家政策中的动态均衡是指国家从社会效率角度出发提供制度安排，有意促成各方利益的非均衡，并利用利益非均衡制造社会秩序和秩序规则中的激励机制，从而提高资源配置效率；政府行为方式的特征是以市场经济制度为基础，维护市场机制的正常运行，以及市场机制所造成的各方利益的差异和非均衡，并将这种差异和非均衡控制在一定范围内，效率优先，兼顾公平。国家政策中利益静态均衡和利益动态均衡是与其经济制度基础相适应的，静态均衡与计划经济体制相适应，动态均衡与市场经济制度相适应。

（一）利益静态均衡与计划经济体制

从所有制上说，计划经济体制与公有制相联系；从运行方式来说，计划经济是通过一个统一的社会中心的指令性计划来推动的；从社会秩序上说，计划经济制度是一种政府权力等级制秩序，政府权力确定分配原则和分配方式，整个社会的利益和资源依附于权力。通过权力来分配社会利益必然会导致整个经济体制陷入僵化状态，与此相适应，秩序的僵化规则导致利益静态均衡，维持这种静态均衡的计划经济体制中显然缺乏基于利益关系的激励机制和约束机制。反过来，利益静态均衡使得国家政策陷入一种循环状态：理性构建—出现问题—被动应付—体制约束—理性构建……利益静态均衡产生于这种僵化的经济体制，僵化的计划经济将这种利益静态均衡状态固定化、制度化了。基于社会各个不同利益主体追求利益的冲动，整个社会利益不可能处于静态状态，静态利益均衡是一种政府权力严厉控制的结果，或者说，静态均衡是政府人为制造的，并非一种社会各方利益主体经过博弈后自动达成的利益均衡，维系这种利益静态均衡的计划经济体制之间不存在可自动调节的机制。这种均衡及其相应的体制是刚性的和脆弱的，由于信息量的限制和信息不对称的存在，政府的指令性计划和理性构建行为难以正确地处理一种体制运行和不同利益主体博弈中所可能出现的无数可能性及其影响，政府的权力控制和意识形态灌输只能使各种利益主体处于一种短暂的静态均衡状态，这种僵化的

计划经济体制最终会由于低绩效和体制内部各种利益冲突而面临解体，利益静态均衡是短暂的和被强制维持的，维持这种利益静态均衡的计划经济体制是通过权力短暂性强制维持的。从这种意义上说，计划经济体制也是一种静态均衡制度。国家政策渗透到社会生产的各个方面和各个过程，覆盖全社会，并与计划经济体制相融合，共同制造利益静态均衡。计划经济体制内部缺乏一种长久自动维持利益动态均衡的机制，这种机制就是市场机制及其相应的市场经济制度。

国家政策中的静态均衡状态显然不能实现效率目标，它企图通过政府的理性构建来实现比市场更高的效率，结果由于其否定了市场的作用而导致体制的僵化和低效率。基于政府权力本身的不平等性，由政府权力所构成的体制和利益关系也不可能实现社会公平目标。

（二）利益动态均衡与市场经济体制

利益动态均衡与市场经济体制相适应，社会利益只有处于动态均衡中才能长久维持，这种动态均衡必须并非仅仅由市场机制推动，但市场制度是其制度基础，利益动态均衡的作用机制不等于市场机制，政府行为和国家政策在其中发挥重要作用。其一，动态均衡的常态是一种非均衡。与平均主义相比，社会各利益主体、不同个体利益之间存在着利益差异和非均衡会产生一种动力——即使这种利益差异和非均衡本身是市场机制作用的结果，但这种结果反过来会促进人们追求更多的利益。有一点值得强调的是，产生这种利益差异和非均衡的程序和规则必须是公正的。其二，利益动态均衡作用机制的过程。利益动态均衡实际上是一种过程，而不是一种静止的状态，它遵循利益均衡—利益非均衡—新的均衡—新的非均衡……的路线，在这些均衡与非均衡的转换过程中，经济不断获得增长，人民的生活水平不断提高。其三，这种动态均衡机制作用的基础是市场经济制度，动态均衡的动力源泉是政府和市场。市场机制内部存在着一种扩大贫富收入差距的趋势和力量，随着市场经济的运行，社会利益由均衡走向非均衡，随着这种利益非均衡的加剧，社会秩序内部的张力逐渐累积，直至可能导致社会动荡和秩序瓦解。无论是从社会公众利益出发，还是集团自身利益出发，政府作为居于支配地位的集团都应该干预市场，控制和调整这种可能导致社会动荡的市场机制的作用方向和作用方式，推动社会利益从非均衡向新的均衡转换。然而，政府对市场的干预并非随意的，它必须尊重市场机制的内在逻辑，以使政府的目标与市场的作用方向相一致，这样才能兼顾效率与公平。与利益静态均衡相比，利益动态均衡的优势在于：它既能运用动态均衡机制促进资源配置效率的提高，又能够通过国家政策对市场的规范和干预来获得社会公平。需要指出的是，这里存在一个前提：政府必须保持相对独立性，必须受到公众的约束并能够代表整个社会的公众利益。

（三）均等化规则

所谓均等化规则，是指国家从社会公众整体利益出发，通过政府直接干预经济运行和调整所有制结构等方式来解决社会利益非均衡，这种政府行为遵循一种“扼制富人愈富、穷人愈穷”的国家政策或社会秩序规则。国家均等原则基于这样一种理念：“市场解决效率，公平问题交给政府。”实际上，政府与市场是可以统一的，市场运行中也存在社会公平，政府行为中也存在资源配置效率。政府与市场的区别并不在于这种行为结果和目标导向的对立，而在于这两种资源配置方式的差异。第一，均等化规则的优势在于，只有政府才可能解决社会经济发展中的贫富收入差异问题，市场机制对于这种利益非均衡是无能为力的。市场通过经济人对自身经济利益的追求而达至市场均衡，从而使资源配置效率最优，但是这种市场行为本身产生了另外的问题，即它在生产效率的同时也生产了社会不公平，市场至多能够保证程序公正和机会平等的社会公平目标，却难以实现社会结果公平的目标，市场即使通过促进经济增长而“做大蛋糕”方式来提升低收入贫困群体的绝对收益，也难以最终解决社会不公平问题。应该承认，市场中存在着社会公平的因素，但解决社会现实中的不公平主要依赖于政府。这样说也并不意味着政府就是公平的化身，政府行为和国家政策的存在只意味着解决社会公平问题的可能性，国家既能够制造社会公平，也可能制造社会不公平。第二，均等化规则不能与市场经济制度相冲突，均等化规则与市场游戏规则相一致，这样才能兼顾公平与效率。国家政策中存在着劫富济贫规则，这体现了国家承担解决社会公平责任的使命，然而，国家采用劫富济贫规则却存在着两种风险：一是采用这种规则未必能达到预期的目标，因为这种规则及其相应的政府行为可能会破坏市场经济制度和运行机制，从而直接降低效率，即使政府以效率换取公平，也未必能够做到，最坏的结果是既降低了效率又不能获得公平目标；二是劫富济贫规则可能会被市场规则所瓦解，从而出现劫富济贫规则效应——国家从“正义的维护者”转变成“富人俱乐部”。国家制度和国家政策中并不存在“政府一定会扮演正义维护者角色”的激励机制，在市场经济条件下，政府可能会打着“正义维护者”的幌子，实际上与私人利益集团合谋，从而成为富人的俱乐部。第三，国家代表公共利益的激励并非仅仅出于维护社会正义，更主要在于，居于支配政治集团的集团利益与国家利益之间的一致性。换言之,国家秩序既有公平又有效率,国家利益和社会财富的增长也有利于居于支配地位政治集团强化经济基础,获得更多的集团利益。从经济学角度来说,国家利益与集团利益的共容是国家维护正义行为的根本动因,国家政策中劫富济贫规则及其相应的秩序规则是劫富济贫规则取得预期效果的制度基础。国家作为正义维护者的约束机制要建立在民主制度基础上,它主要不是来源于国家和政府工作人员的自我约束,而是基于法律制度的公众的约束。在这方面不能允许居于支配地位的政治集团存在某种特权,它也必须受法律制度约束,社会各利益主体应该平等地参与社会政治生活和秩序规则的制定,并共同监督制度、规则的实施。国家作为正义维护者的信息传输机制包括两部分:一种是自下而上的市场信息传输机制,这是信息传输的主要渠道;另一种是政府主动进行的社会调研和信息收集。市场虽然是信息传输的主要渠道,但由于市场的不完全和不完善,尤其是市场制度自身存在缺陷,市场传递的信息有时可能是扭曲的,政府主动调研和收集信息要形成一整套制度,从而更加科学化、合理化。

劫富济贫规则是隐含在国家政策中的一个理念,虽然政府更愿意说"利益格局的重新调整",但这是国家应该做和能够做到的事。虽然国家政策中的劫富济贫规则会导致许多问题,但我们只能以此为基础进一步探索政府与市场的关系。存在缺陷的理念、机制、政策和规则并不可怕,世界上本没有十全十美的方案和解决任何问题的灵丹妙药,问题的关键在于:如何缩小理想与现实之间的差距,如何防止劫富济贫规则效应,不断地追求公平与效率的统一。

三、国家代表公共利益

国家政策中的"均等化"原则并不一定能达到目的,其结果可能会使国家从原来的"正义维护者"转变成"富人俱乐部"。这种转变过程的内在机理是什么呢?

首先,国家总是被居于支配地位的政治集团所控制,国家利益与集团利益之间存在着冲突。当政府的劫富济贫行为损害了富人阶层的利益,从而也损害了居于支配地位的政治集团的利益时,政府可能仅仅将劫富济贫规则当作一种形式和口号,而实际上与其他私人利益集团共谋,最终使得国家被一些私人利益所控制。劫富济贫规则显然无法实施,国家政策的实际制定者是"富人俱乐部",它不可能让政府制定和实施损害富人集团利益的政策和秩序规则。国家扮演社会正义维护者角色在很大程度上取决于居于支配地位的政治集团的利益、其他私人集团利益与国家利益的共容性，以及公众基于法制对政府的约束，而公众的约束是外生因素，只要集团利益与国家利益发生冲突，国家利益就会被迫屈从于集团利益。国家利益并不像集团利益那样具有清晰的产权界定和具体确定的代表者，从而国家利益也就相对缺乏像私人集团利益那样坚定的维护者和“看守人”，国家利益存在着被架空的可能性，尤其是当作为国家代表者的政府集团利益与国家利益相冲突的情形下，国家极有可能从社会“正义维护者”转换成“富人俱乐部”。

其次，市场经济制度自身的缺陷和国家的暴力潜能为这种转换提供了条件。现实中存在的市场制度的缺陷在于市场不完全、不完善和信息不对称，这使得一些私人利益集团，尤其是垄断性利益集团存在着不遵守市场游戏规则的激励，从市场经济的显性规则转向某种私人交易和共谋的潜规则。这就为经济人寻租提供了条件。国家和政府作为一种特殊的具有强制性和排他性的组织，其权力垄断性必然会带来高额的垄断租金，吸引不同利益主体去寻租。这种政府寻租行为就使得国家从代表公众利益的组织转变成代表私人利益的组织。国家暴力潜能的存在使得居于支配地位的政治集团受公众约束的能力大大削弱。虽然国家是以代表社会公众利益的名义出现的，但国家和政府一旦产生，它便具有独立的权力和暴力潜能，这些不受约束的权力为居于支配地位的政治集团谋取自身利益创造了条件。一旦居于支配地位的利益集团失去了约束，就会转向谋取私人利益而不能够代表国家利益和公众利益。即使在民主政治制度下的政府也不可能完全置于公众的约束之下，政府的这种特殊垄断性为政府与私人利益集团的共谋创造了条件。

再次，存在潜规则。从显性规则——正式的政治法律制度角度来看，国家无不是人民整体利益、长远利益和根本利益的代表者，然而问题恰恰在于：国家往往在这些显性制度的背后与私人利益集团从事潜规则交易为私人谋取利益，从这种意义上说，潜规则的存在为国家从“正义维护者”走向“富人俱乐部”打开了通道。即使国家政策中贯彻了“劫富济贫”原则，在这种“劫富济贫”行为中也可能存在潜规则交易。从根本上说，潜规则产生于制度的不完善和垄断权力的存在，既然一个社会不能完全解决制度的不完善和权力垄断问题，那么，解决潜规则问题的途径就在于：尽量不断完善制度和对垄断权力加以约束。在一个政府主导型市场经济中，政府权力的加大显然会增加政府在潜规则下寻租的风险成本，但这不能够成为建立“小政府、大市场”社会的理由，因为即使在小政府的社会，潜规则现象也难以避免，关键在于如何完善制度和对垄断权力加以约束。况且政府主导型市场经济确立并不能仅仅考虑权力寻租的风险成本,而应考虑其更多的预期收益,只要能够不断地完善制度和对垄断性权力加以约束,政府主导型市场经济社会的寻租可能性未必大于“小政府大市场”社会的寻租可能性。潜规则的存在内生于经济人本性和交易的互惠性,换言之,内生于交易双方的预期收益大于预期成本,所以解决潜规则问题的着眼点在于提高潜规则下交易的预期成本。显然,制度的不完善和垄断性权力不受约束会大大降低这种潜规则下交易的成本,但同样可以通过不断完善制度和对垄断性权力加以限制来增加潜规则下的交易成本。

最后,国家政策中的均等化规则是释放社会秩序内的张力和解决公平与效率统一问题的一种可能途径。尽管均等化规则具有违反市场规则、滋生潜规则交易等缺陷,但并不因为存在这些缺陷和这些缺陷所可能带来的风险成本,国家就放弃采用均等化规则,释放秩序内张力和维持社会稳定是为了实现效率和公平相统一的目标。

四、国家悖论的一组解

严格说来,国家悖论是一个哲学命题,因为任何事物都有其两面性。但这个哲学命题可以从经济学角度来分析,国家既可能是经济增长的促进因素,也可能是经济增长的阻碍因素。那么,我们就要分析如何让国家在经济增长中起促进作用,而约束和防止国家对经济增长的阻碍作用。

(一) 均等化规则与法治社会

均等化规则同样存在着自己的悖论:一方面,国家能够通过解决社会公平来促进持续的经济增长;另一方面,国家政策中的政府行为可能会干预市场经济的正常运行,从而降低资源配置效率。解决这个悖论(也是国家悖论)的前提是建立一个法治社会,无论是市场行为还是政府行为必须在法律的框架下活动,这样就可以有效地限制政府垄断性权力对市场规则的破坏,让市场在整个社会资源配置中起基础性作用,从而促进经济增长。国家的均等化行为不是一种政府的随意性行为,而是一种在法律框架下活动的政府行为。法律的制定和实施不仅需要法定的程序,还要有广泛的群众参与,充分体现公众的意志和权利,在这里,特别要将计划经济体制下的政府指令性计划、平均主义与市场经济制度条件下的国家均等化行为区别开来,其一,计划经济体制下的政府行为和平均主义是在政治集权体制下产生的。政府是不受法律约束的,国家干预社会生产、流通、交换和消费的全过程,个人消费品分配实行按劳分配原则实际上导致了平均主义;而市场经济制度下的国家均等化行为是受法律框架约束的,政府对市场经济的干预也是建立在保持市场经济正常运行的基础上,政府是受法律和公众约束的政府。其二,计划经济体制下的平均主义分配政策不可能导致贫富差距的拉大,所以也就不需要国家采用均等化行为;而市场经济制度条件下的国家均等化行为是基于市场机制实际上导致社会贫富收入差距扩大超过了社会政治可承受的范围。

均等化规则也是市场经济制度条件下国家不得已采用的一种政策手段。国家直接干预市场是存在着风险的——破坏市场经济制度基础的可能性、政府寻租范围扩大的可能性,甚至妨碍社会公正的可能性。正是由于存在着这些风险,将政府行为置于法律框架之下,建立一个法治社会才显得如此重要。

(二) 政府的自我更新机制

国家并非一个抽象的概念,它是由某个利益集团或某几个利益集团控制的具有强制性、排他性和暴力潜能的政治、经济组织。居于支配地位的政治集团对国家政策制定和实施,对于国家政治、经济职能的履行具有核心意义,所以,居于支配地位的政治集团自身的状态直接影响到国家政策的公平和效率。一个具有创新能力的政治集团采用均等化行为比一个具有惯性的腐败的政治集团更能够贯彻公平与效率相统一的原则。其一,一个创新性政治集团内部存在着较强的激励机制和约束机制,这使得其在采用均等化规则时,既能有效地防止政治集团的潜规则交易行为,又能激励政治集团增进公众利益、国家利益,以增进各方的共容利益,这些都有利于促进整个社会秩序的公平和效率的统一。其二,居于支配地位的政治集团存在着生命周期。一个政治集团在形成初期,生命力弱小,影响力有限,这属于创立期;随着政治集团核心人物的产生和集团成员的扩大,政治集团迅速崛起并居于支配地位,这属于发展期;随着居于支配地位的政治集团政权的逐步稳固、政治制度的完善和经济基础的巩固,政治集团公信力和支持率都达到顶峰,这属于成熟期;随着政治集团成员的逐步扩大和垄断性权力缺乏约束,尤其是随着社会生产力扩张,政治集团逐步不能适应新环境,集团内一部分成员腐败变质,并引起整个社会权力寻租行为盛行,这属于腐败期;如果居于支配地位不能及时地扼制腐败,如果政治集团不能根据新的形势进行变革,必然会出现从政治集团内部开始的集团瓦解,居于支配地位的集团进入灭亡期,它被新的政治集团所取代。其三,居于支配地位的政治集团的自我更新机制能够延长这种生命周期甚至可以避免这种生命周期性,从而解决国家政策制定和实施过程中所可能产生的"从正义维护者”转向“富人俱乐部”的效应。所谓自我更新机制,是指一个政治集团能够通过制度变革不断地根据环境变化而维持其内部的激励机制、约束机制和信息传输机制,这种自我更新机制能够使居于支配地位的政治集团和政府始终保持促进经济增长和维护社会公平职能和作用。

(三) 政府的理性构建行为与市场的自然演进行为相结合

国家悖论的现象在集权制国家表现最为明显,这是因为国家权力过于集中,它直接左右着整个社会秩序及其秩序规则,如果居于支配地位的政治集团具有创新性,政府行为与公众利益和私人集团利益相容,国家可能既能维持高效率的秩序规则,又能维持社会公平;如果集团政府与私人集团利益和公众利益之间存在冲突,居于支配地位的政治集团处于腐败期,那么,国家就成为阻碍经济增长的因素,社会正义也受到挑战。市场经济制度条件下,政府行为受到法律和公众的严格约束,国家作用相对较弱,政府的理性构建功能被严格限制,政府行为要受到市场经济制度自然演进的约束,然而,市场机制的自发作用可能导致社会两极分化,又会呼唤国家对市场经济进行干预。一般来说,在成熟的市场经济制度条件下,国家悖论现象表现得不太明显,但基于国家的强制性、排他性和暴力潜能,国家悖论现象仍然存在。政府理性构建行为与市场自然演进行为能够相互结合、相互制约,显然是国家悖论的又一个可能性的解。

毫无疑问,国家政策中的均等化规则及其效应是国家悖论的一种具体表现,从剖析均等化规则及其效应,我们可能会寻找到国家悖论的解。

第三节 马克思关于生产关系与分配关系的经典解释

在马克思主义经济学中,生产关系与分配关系是一个问题的正反两面,生产关系决定分配关系,而生产关系又是由生产力发展状况和发展水平决定的,在社会再生产过程的四个环节中,生产决定交换、分配和消费。生产关系可以从三个方面来理解:生产资料的所有制形式、由此而产生的各种社会集团在生产中地位及其相互关系、产品的分配形式。其中关键是生产资料所有制形式。生产资料所有制形式决定着人们在生产中地位及其相互关系和产品的分配形式。从这种意义上说,有什么样的生产资料所有制形式就会有什么样的分配形式。准确地说,生产资料所有制决定产品分配关系和生产关系性质。

"消费资料的任何一种分配,都不过是生产条件本身分配的结果。而生产条件的分配则表现生产方式本身的性质。"①

制度和制度结构可以被看作生产关系的一种具体形式,从经济制度内部来说,生产资料所有制结构是一种基本制度结构,它既决定着经济运行方式,又决定着产品分配方式。从经济制度外部,我们可以将制度结构分为经济制度、政治制度、社会文化制度等。经济制度内部结构和经济制度外部结构相互影响、相互作用,按照马克思主义经济基础与上层建筑关系原理,经济基础的性质决定上层建筑性质,经济基础的变更决定上层建筑或快或慢地发生变革。"每一个时代的社会经济结构形成现实基础,每一个历史时期由法律设施和政治设施以及宗教的、哲学的和其他的观点所构成的全部上层建筑,归根到底都是应由这个基础来说明的。"②在这种意义上,经济制度的内部结构决定经济制度的外部结构。从马克思关于生产关系与分配关系的论述中,我们可以看出,除了社会生产力具有最终的决定性意义之外,经济制度的内部结构,即生产资料所有制结构的决定性意义在于:其一,生产资料所有制结构作为一种基本经济制度决定着秩序规则中的经济运行规则。如果将基本经济制度与具体经济制度即经济运行制度区分开来,就会发现,在同样的基本经济制度条件下,可以采用不同的经济运行制度或经济运行方式,如社会主义公有制结构条件下,既可以采用计划经济制度又可以采用市场经济制度。具体经济制度实际上是一种秩序规则,市场经济制度实际上是一种经济秩序规则的总和,即市场经济的游戏规则总和,而这种经济秩序规则直接受制于基本经济制度,即生产资料所有制结构,这样,我们也可以将社会主义市场经济制度与资本主义市场经济制度区分开来。社会主义市场经济制度与资本主义市场经济制度除了资源配置方式上的共性之外,两者由于受制于不同的基本经济制度,应该存在着差异。其二,生产资料所有制结构作为一种基本经济制度决定着产品分配方式。这也是马克思主义经济学的一个基本点,制度结构决定分配方式。可以理解为,一个人在社会分配中的地位是由他在社会秩序中的位置和秩序规则决定的,因为制度结构和秩序规则决定分配原则。所以,研究收益分配不能从收益分配本身出发,而要从制度结构和秩序规则出发;反过来,收益分配也会反作用于制度结构和秩序规则,某种分配导致贫富差距拉大也会促使人们改

---

① 《马克思恩格斯选集》第三卷,人民出版社 1995 年版。
② 同上。

变制度结构和秩序规则。

马克思经济学将制度结构与分配方式联系起来，开创了研究分配方式本质层次的内在逻辑先河，它并不将分配问题简单地看作一种分蛋糕过程，而将分配问题的研究直接指向所有制层次这个本质问题，其意旨在于，如果要想从根本上改变分配方式，只能是通过改变所有制才能获得最终的解决。然而，马克思经济学并不是在现象层次上解剖秩序规则对于分配方式的作用，即在既定的制度结构条件下，秩序规则如何影响一个社会分配方式。实际上，如果一个社会的秩序规则主要是通过自然演进方式（市场）形成的，那么这种秩序规则将会存在扩大收入分配差距的趋势，而政府将不存在更多的激励和能力来干预这种贫富收入差距；如果在一个社会秩序规则形成过程中，国家起着主导作用，那么，这种秩序规则将存在着阻碍贫富收入差距的因素，政府通过自身的主动调节来克服市场本身所存在的贫富差距拉大。换言之，在一个自由市场经济条件下，秩序规则与既定分配方式作用方向一致，政府提供秩序规则对分配方式影响较小，而在政府主导型市场经济条件下，虽然秩序规则与既定分配方式的作用方向也是一致的，但由于政府力量存在，国家却能够调整贫富差距扩大，从而政府提供秩序规则对分配方式影响较大。值得指出的是，在这里，我们将分配方式影响因素分为两个层次：从基本经济制度层面上说，生产资料所有制决定产品分配方式；从经济运行层面上说，秩序规则影响着分配方式[①]。马克思经济学对生产关系与分配关系的经典论述主要体现于第一层面，由于马克思并未能经历国家调节市场和社会主义经济实践，所以，马克思经济学关于秩序规则对分配方式影响的研究尚需要进一步确立和展开。但从马克思关于分配关系的理论可以看出，分配制度是与社会整体制度相联系的，按劳分配既是社会主义公有制的实现，也涉及社会主义制度的公平正义。

第四节　社会主义收入分配方式及其公平与效率

一、收入分配的概念

前面分析了收入分配与所有制之间的关系，同时指出有什么样的所有制

① 在这里，秩序规则是狭义上的秩序规则，即指市场或计划秩序运行规则。广义上的秩序规则应该既包括基本制度层次上的秩序规则，又包括经济运行层次上的秩序规则。

就有什么样的分配关系,而所有制是通过分配关系来实现的。一般来说,收入分配包括以下几方面的问题。首先是分配什么,即收入分配对象和分配客体的确定问题。其次是谁来分配,即收入分配主体的权利和资格的确定问题。再次,分多少,即各分配主体面对有限的国民收入或社会产品各自应该占有或能够占有的份额和比率。最后是如何分配,即收入分配机制和分配方式的选择问题。一般来说,收入分配与经济发展之间存在着库兹涅茨的"倒 U 曲线"的关系,即在经济未充分发展的阶段,收入分配将随同经济发展而趋于不平等,其后,经历收入分配暂时无大变化的时期,到达经济充分发展的阶段,收入分配将趋于平等。随着经济发展的进程,发展中国家的收入不平等越来越悬殊,并没有向平等方向转变。

必须全面理解社会主义初级阶段的分配制度：以按劳分配为主体、多种分配方式并存——这是社会主义初级阶段的基本分配制度,这种分配制度是与社会主义公有制为主体、多种所有者并存的基本经济制度相适应的。确立按劳分配原则的依据主要有：生产资料公有制是实行按劳分配的经济前提；旧的社会分工的存在和劳动还没有成为生活的第一需要,而仅是个人谋生的手段,是实行按劳分配的直接原因;社会主义生产力发展水平是实行按劳分配的物质条件。从多种分配方式的角度来看,多种分配方式并存是由我国生产力水平层次多、多种所有制形式并存、多种经营方式所决定的。在社会主义市场经济中还要确立劳动、资本、技术和管理等生产要素按贡献参与分配的原则。确立劳动、资本、技术和管理等生产要素按贡献参与分配的原则,这是社会主义的基本原则和市场经济的基本要求在分配制度上的体现。社会主义市场经济条件下的分配制度应体现一般劳动的价值,调动广大劳动者的积极性和创造性;也应体现科学技术、经营管理等复杂劳动的价值,激发广大科技人员和管理工作者的创业精神和创造力,还应体现土地、资本、知识产权等的价值。需要指出的是,强调各种生产要素参与收益分配,并不会影响坚持按劳分配为主体的原则。劳动不仅是同资本、技术、管理等相并立的生产要素,而且是一种特别重要的生产要素。需要正确处理按劳分配为主体和实行多种分配的关系,鼓励一部分人、一部分地区先富起来,注重社会公平,合理调整国民收入分配格局。实现共同富裕是社会主义的目标和社会主义优越性的最重要的表现,但共同富裕绝不等于也不可能是完全平均和同步富裕。其理论依据是：共同富裕与平均富裕、同步富裕并不是一个概念。首先,在共同富裕的前提下存在差距是贯彻按劳分配的结果;其次,在共同富裕的前提下存在差别是实行按要素分配的结果；再次，在共同富裕的前提下存在差别是实行效率与公平兼顾原则的结果；最后，在共同富裕的前提下存在差别也是价值规律和竞争作用造成的优胜劣汰的结果。显而易见，存在收入差距并不是对共同富裕的否定，它和两极分化也存在着本质区别。鼓励一部分人、一部分地区先富起来，是由社会主义初级阶段和市场经济条件决定的，它并非社会主义制度的根本要求，却是达到共同富裕的必由之路。鼓励一部分人、一部分地区先富起来，注重社会公平，涉及效率与公平的关系问题。效率与公平是一个普遍关注的问题，两者既可以相互促进，也可以此消彼长。在处理这一关系时，要注意公平与效率兼顾，一方面应注重提高效率，这有助于鼓励先进、发展生产、为进一步实现社会公平提供物质基础；另一方面应对过高的个人收入采取有效措施进行调节，完善社会保障制度，防止两极分化，尽量做到社会公平。

二、社会主义收入分配的主要方式——按劳分配与按要素分配相结合

什么是按劳分配？按照马克思的定义，按劳分配是指在共同占有生产资料的社会经济条件下，社会对产品做了必要的社会扣除之后，按照劳动者所提供劳动的质量和数量分配社会财富，实行多劳多得、少劳少得、不劳不得；即在一个集体的、以共同占有生产资料为基础的社会里，劳动产品或者说集体劳动所形成的社会总产品，在为了维持社会的再生产过程和满足共同需要等目的而做了各项必要的扣除以后，作为劳动者个人的消费资料，按照劳动者个人所提供的劳动量的比例，在劳动者之间进行分配。在这里，劳动是决定个人消费资料分配的同一的、唯一的尺度，劳动者据此从社会领取与他向社会提供的劳动量成比例的一份消费品。

什么是按要素分配？按要素分配是指生产要素的所有者按照生产要素在生产经营活动中投入的数量、质量、创造的价值多少和所起的作用大小获取相应收入，是生产要素所有者的所有权在经济上的实现。生产要素包括劳动要素、资本要素、技术要素、管理要素、信息要素、土地要素。此外，还存在其他分配方式，即按劳分配和按要素分配方式以外的分配方式，主要包括风险性分配、机会性分配（如买彩票）、社会保障性分配、保险赔偿性分配等。

按劳分配与按要素分配相结合既是收入分配的劳动标准与要素所有权标准的结合，也是按劳分配实现形式和按要素分配实现形式的结合①。在这种意

① 杨瑞龙：《社会主义经济理论》，中国人民大学出版社 1999 年版。

义上，它也是社会主义与市场经济相结合的需要或表现。这两者相结合，既有利于调动劳动者的积极性，又有利于调动生产要素所有者的积极性，促进资源配置效率的提高。

三、公平与效率关系问题

在某种意义上，公平正义的主题就是社会的基本结构，说得更准确些，就是主要的社会体制分配基本权利与义务和确定社会合作所产生的利益的分配方式[①]。在罗尔斯看来，每个人都应享有与人人享有的一种类似的自由权相一致的最广泛、全面、平等的基本自由权的平等权利。社会的和经济的不平等应该这样安排，使它们在与正义原则一致的情况下，适合于最少受惠者的最大利益（差别原则）；使它们在机会公平平等的条件下向所有人开放职务和地位（机会的公正平等原则）。

关于什么是社会公平的问题，存在着四个层次的理解：一是取得收入机会的均等，二是分配尺度的统一，三是分配的公平不是分配的结果均等，四是收入差距的合理性。也可以理解为起点公平、过程公平和结果公平三个方面。需要指出的是，公平绝不等于平均。从过程来看，也可以把公平理解为：(1) 起点公平，即站在同一起点线上进行公平竞争；(2) 过程公平，即所有参与者遵守同一规则；(3) 结果公平，即分配结果的相对公平，不至于使分配差距过大。评价社会公平的主要指标有洛伦兹曲线和基尼系数。一般来说，基尼系数 0.2 以下表示绝对平均，0.2～0.3 表示比较平均，0.4～0.5 表示差距大，0.4为警戒线。为了解决贫富差距过大的问题，可以通过社会福利制度和设计负所得税方案等制度安排来实现。从一般的意义上来说，公平与效率之间既存在相互促进关系，又存在相冲突的地方——当一项制度措施能够促进效率时，可能会妨碍公平；反之亦然。问题在于，在社会经济实践中能否根据具体情况正确地处理公平与效率的关系。

罗尔斯曾经在《正义论》中抽象地探讨公平与效率的关系。在罗尔斯看来，公平即正义。在罗尔斯《正义论》之前，长期处于主导地位的是传统的功利主义，其核心思想是，如果能够满足社会成员的最大幸福，它的组织就是正确的和正义的，但它却无法保证社会资源和经济资源的公平分配，常常是资源总量增加了，成果和成本的分配却有失公平，最终导致社会贫富两极化。针对这

① 罗尔斯：《正义论》，中国社会科学出版社 1988 年版。

一缺陷，罗尔斯以洛克、卢梭、康德等社会契约论为基础提出了足以替代功利主义的一种新的思想理论体系，即罗尔斯《正义论》。罗尔斯通过系统全面的论证，将其正义理论体系浓缩为两大原则：第一是自由平等原则，第二是机会公正和差别原则二者的结合。罗尔斯提出正义原则，尤其是差别原则，对社会的发展进步具有十分重要的现实意义。在西方资本主义国家，财富普遍集中在少数资本家手中，而占人口多数的中低阶层却只享有极少份额的财富，贫富差距悬殊。众所周知，经济基础决定上层建筑，正义归根到底由经济决定，所以在经济地位上占主导地位的资本家在政治和文化等领域也居于明显优势。这就导致自由平等形同虚设，根本无法得到真正的实现。因此，罗尔斯提出差别原则。在罗尔斯看来，造成社会不正义、不和谐的原因是多方面的，但是关键原因还在于经济财富和社会资源分配有失公平、个体收入明显两极化。当然，贯彻差别原则并不是要劫富济贫，而是要在实现社会上最少受惠者最大利益的基础上，确保其他个体的实际基本利益亦得以实现。罗尔斯阐述的平等分配不等同于平均分配，既有利于保证所有人都有获得社会职位和社会地位的公平机会，又不会打击一部分人的劳动热情和工作积极性，其最终目的在于缓和社会内部矛盾、维护社会和谐秩序、推进社会健康和谐发展[①]。

公平是社会主义的目标之一，罗默在其著作《社会主义的未来》一书[②]中曾经提出一种将市场经济力量与社会主义力量结合起来的新模式，这种模式的优越性在于能够把市场的效率和社会平等有机地结合起来。他认为市场经济有效率但不平等，而计划社会主义有平等但无效率。计划社会主义无效率不应归因于社会主义制度，而应归因于取消市场经济。在计划社会主义中，计划经济严重阻碍生产力发展，使社会主义的优势性发挥不出来，在生产力低水平和无经济效率基础上的平等，只能是共同贫穷。只有市场社会主义才能将效率与公平结合起来，从而消除计划社会主义的无效率，才能消灭贫穷、实现共同富裕[③]。

四、社会主义公平与效率关系问题的探索

公平问题是社会主义经济制度中极为重要的问题，社会主义经济制度本身就要追求公平。社会主义经济中的公平与效率的探索经历过从平均主义分

---

① 张祎：《罗尔斯〈正义论〉及其现实意义》，《人民论坛》2013 年第 12 期。
② 罗默：《社会主义的未来》，重庆出版社 1997 年版。
③ 程恩富、朱奎：《马克思主义经济思想史》，东方出版中心 2006 年版。

配到“效率优先，兼顾公平”，以及公平与效率兼顾的发展阶段。在社会主义市场经济中，存在多层次、多形式的复杂的经济社会关系。一般意义上说，反映这些关系的公平原则包括多方面内容，如作为市场经济基本规范的等价交换的公平(等量劳动相交换默认不同的个人天赋是天然特权)，与社会主义人权原则相适应的权利的公平(即生存权和发展权)，以及与社会主义公有制和按劳分配相适应的劳动的公平(这种公平既反对两极分化，又强调劳动者之间的收入差异)。效率在经济学意义上是指资源配置的效率；从市场的角度来看，效率是它的主要支点；在马克思经济学看来，市场经济的效率来源于价值规律的作用。从企业角度来说，每个企业都讲究效率，经济效率依靠市场来解决。在新古典经济学看来，市场竞争带来的均衡状态是一种帕累托最优，是一种有效率状态。需要指出的是，所谓经济上的效率，也不能将经济学与伦理学截然分开，因为资源配置的合理与否总是与一定的目标和价值取向有关。另外，经济增长和效率与自由公平一样，都是人类信奉或不信奉的价值观或目标，只不过不同的个人和团体赋予了它们不同的重要性或意义。从政府的角度来看，公平是其支点，解决公平是政府的基本职能。公平与效率的关系既是复杂的，又是不确定的。说其复杂，是因为它涉及多层次和多形式；说其不确定，是因为在不同经济关系和经济发展阶段，两者的关系是不同的。在现阶段，收入分配差异不断扩大包括一些不合理的和不公平的因素。例如，市场经济的公平竞争秩序还未能完全形成；按劳分配的公平原则没有彻底实现，存在着平均主义；平等的生存权和发展权还没有得到保障，存在大量贫困人口，教育不公平，社会保障体制不健全，各种非法收入大量存在；权力寻租，司法公正没有充分落实。从“效率优先、兼顾公平”到“在发展社会生产力基础上努力实现公平与效率的统一”，是社会主义收入分配实践的有益探索。

第五节　贫富差距与收入分配

一、高收入阶层和低收入阶层形成的原因①

(一) 低收入阶层形成的原因

在我国总人口中，中等和高等收入者比重不大，大量是低收入者。他们主

① 汤在新：《我国贫富差距形成的原因及与分配原则的关系》，《西北大学学报(哲社版)》2005 年第 5 期。

要生活在农村。农村落后、贫困是发展中国家的一个普遍现象,它是工业、商业先后从农业中分离出来的历史发展结果。近代工业的兴起又催生出二元经济结构,进一步扩大了城乡差距。我国更有其特殊的情况:近半个多世纪以来,人口增加了两倍,原本稀缺的耕地又大量减少,剩余劳动力数以亿计,加之农业生产方式落后、农业劳动生产率低,农民的人均收入水平必然低下。这是历史遗留的现象。

农村的落后、贫困也与政策失误有关。中华人民共和国成立后,农村落后状态有所好转。20 世纪 50 年代初期的土地改革运动,实现了耕者有其田,解放了生产力,农业生产和农民生活都有很大提高。后来,为了加速工业化,一方面,低价统购粮食,以剪刀差为工业积累资金;另一方面,不断变革农村生产关系,并推行户籍制度等限制城乡要素自由流动,挫伤了农民的生产积极性,造成农村就业严重不足。这些措施加固了城乡分割的二元结构体制。

改革开放后农村状况有较大改善。联产承包、粮食连续提价等措施缩小了城乡收入差距,从 1978 年的 2.57∶1 缩小为 1983 年的1.82∶1。1978 年,我国农村绝对贫困人口高达 2.5 亿,到 1985 年的 7 年间减少了一半,到 1999 年减至 3 412 万人,到 2020 年末现有标准下的农村绝对贫困人口已消失。就实际收入来看,农民也得到普遍、持续的改善。但是,农村居民收入的增长速度低于城市居民收入的增长速度,由此形成城乡收入发展的趋势是在普遍上升中差距拉大。城乡之间人均收入比率从 1983 年以后逐步扩大,到 1994 年达到 2.86∶1,以后几年稍有缩小,接着又继续扩大,2003 年这一比率已提高到 3.24∶1。这段时期农民收入提高缓慢的原因,除了以往的城乡隔离政策以及农村教育、医疗无保障等体制上的缺陷仍然存在外,还由于存在农业市场化改革滞后、农民土地产权不清和土地被侵占、农民工受歧视等原因。问题还在于,我国最为贫困的人口主要分布在条件最差的农村地区。这些地区雨量少,土壤差,农业生产率极低;人口稀少,交通又不方便,工业也难以发展。这些地区还处在自给或半自给经济中,还没有进入市场经济,农民的收入与市场调节分配无关。在普遍提高农民收入的同时,对于农村中最贫困的地区和人口,需要采取诸如移民之类的特殊政策,才有可能使他们从困境中走出来。按照库兹涅茨理论,经济发展过程中,城乡收入差距总是先逐步扩大,然后缩小的。这个过程,日本经历了 100 年,美国经历了约 70 年。在我国,由于农民人口众多、底子薄,加之以往政策性的失误,形成一系列体制性和机制性的重大缺陷,需要付出更大的努力才能实现城乡收入的大体持平。

在城市中也存在贫困人口，虽然他们不一定会列入最贫困一极的人口中。与农村不同，这部分人的出现有其特殊的原因。新中国成立后，随着工业化进展和人口迅速增加，原有城市扩大了，并增加了一些新的城市。城市间虽然由于历史发展、地理位置以及与之相关的资源配置等差异而具有不同的发展水平，但是居民大多在国家或集体单位工作，按大体平均的原则领取工资，同时物价基本一致，又有地区差价补贴，因而城市间、地区间的收入和生活水平差距不大。

改革开放以后，城乡部分人先富起来，开始形成中产阶级；同时，沿海地区因具有区位优势和政策优势而先行一步，拉开了城市居民间收入的差距。但这还不是城市贫困群体形成的主要原因。实际上，直到 20 世纪 90 年代中期，由于经济紧缩和国有企业改组而突发式地增加起来的下岗失业人员，才在城市中出现了生活困难、数量颇大(约 2 500 万)的低收入阶层。他们的困境具有体制转轨期的特点。这部分人一般年龄偏大，缺少专业技术，再就业有颇大难度。不过，相对农村来说，解决这类问题要容易一些。改革开放已为我们提供了较强的经济实力，只要政府转变职能和观念，优先建立和完善社会保障体制，发展民营经济和服务业以扩大就业门路，就能改善他们的处境、缓和社会矛盾。

(二) 最富裕阶层形成的原因

现在来看看处于另一极的最富裕的群体。我国富裕阶层结构颇为复杂，就其收入来源看，大体可以分为三类：第一类是合法或基本合法收入。如善于经营致富的企业家，金融衍生行业等新兴行业的部分从业人员，高新技术产业的经营者(包括部分科技工作者)，大型外资企业和民营企业的主要管理人员，中介机构中的部分人员，再分配中获得高额收入的某些专业人士(如明星、球星之类。第二类是体制外收入，即背离市场经济原则而获得的高额收入。最为突出的是行政垄断所形成的收入。据估算，这种具有特权和垄断地位的行业的职工收入，包括各种福利待遇在内，超过一般行业 5～10 倍。大量存在的是形形色色的利用市场形成过程中体制上的缺陷、法规的不完善以及信息欠缺而获得高额利润者。这种不正常、不公平的收入存在于市场经济体制之外，源于市场的不成熟和发育不全，只有通过深入改革和完善市场经济体制才能逐渐消失。第三类是法制外收入，即非法收入。非法收入是我国部分最富裕阶层形成的一个重要原因。较为普遍的是一些工商户采取非法经营、商业诈骗、走私偷税、偷工减料、侵犯劳工合法权益等手段而牟取暴利。最为突出的方式是一些官员以权谋私，进行权钱交易，黑金收买权力，权力创造黑金，两者交媾生下的孪生兄弟：权贵、贪官和奸商、巨贾。典型例证是在计划体制遗留的、缺乏制衡的“审批制”的温床上滋生的形形色色的地下交易，如20世纪80年代，在紧缺物资价格双轨制时期的批条者、转卖批件者，90年代以来房地产热中的土地审批者、转手倒卖者或高利经营者。他们都是白手起家，一夜暴富。与之类似的门道还有很多，如在股市上翻云覆雨、日进斗金的特殊“炒家”。在中国大地上突然出现了一批拥有巨额财富的新贵。我国改革后收入差距变化之大，在世界各国中是没有先例的。其原因，从以上的说明不难看出：一方面，在我国这样一个不发达国家的广阔土地上，由于历史遗留下数量极大的贫困人口，特别是处在自然条件极差地区的农民，不可能在短期内使他们全体摆脱贫困，加之政策失误又延迟了问题的解决；另一方面，在一个利益格局大调整而又体制不顺、无章可循、信用缺失、法纪不严的经济狂飙时期，一些人通过体制外特别是法制外的方式积累财富的速度，自然不是正常时期所能比拟的。我国不少学者对非法收入及其对收入差距的影响程度做过大量研究，尽管测算数字并不完全相同，但都一致认为，非法收入是导致贫富悬殊的根本因素。例如，侯惠勤、姜迎春、黄明理在他们合著的《冲突与整合》一书中就曾指出，在全国范围内，仅非法收入就约使基尼系数上升31%。这意味着我国贫富差距中大约有31%是由各种非法收入所造成的。如果减去这一部分，我国的基尼系数就会降至0.322左右，基本上处于国际公认的合理区间的下限。可见，正是大量非法收入的存在，使我国在极短时期进入基尼系数的警戒线。而且，这也正是广大群众所深恶痛绝的、影响社会安定的主要因素。

以上分析说明，在当前，缩小我国收入差距的努力方向和根本措施是：一方面，要采取切实可行的方法，提高弱势群体的收入，改善弱势群体的处境，同时，注意扩大中等收入阶层；另一方面，在继续深化经济体制改革的同时，应加快政治体制改革，加强吏治建设和法制建设，放手发动群众建立各种渠道的独立的监督机构。毫无疑问，影响收入差距的因素是多方面的，但是，没有重点就没有政策，不抓住主要矛盾和矛盾的主要方面，四面出击，不仅会事倍功半，更可能走偏方向，否定改革成果。

二、分配原则和收入差距的关系①

有一种较为流行的看法是，我国收入差距过大是由于采用了市场经济的

① 汤在新：《我国贫富差距形成的原因及与分配原则的关系》，《西北大学学报（哲社版）》2005年第5期。

不公平的分配原则。在他们看来，只要改变分配原则，就可以消除收入差距过大的问题。

什么是市场经济的分配原则呢？我们知道，在市场经济下，一切生产要素都是作为商品存在的，都具有价格。当要素所有者转让出要素的使用价值后，如工人出卖劳动力后、资本家贷出资本后、土地所有者租出土地后，这些要素的价格——工资、利息、地租——就分别归其所有者获得，至于要素价格的高低则是由市场上供求竞争所决定的，由此也就形成了要素所有者的收入，即实现了按生产要素分配。所以，按生产要素分配是商品交换原则的体现，是市场经济下必然存在的分配原则。

生产要素成为商品，既是以社会分工和生产力的一定发展为前提，也是以这些生产要素是稀缺的并被占有为前提。或者说，是以生产要素所有权的存在为前提。在这个意义上，按生产要素分配乃是生产要素所有权的要求。所有权并不就是私有权，私有权只是所有权的一种形式。按生产要素分配的原则，虽然以所有权存在为前提，但并不取决于所有制的性质，也不是资本主义所特有的分配原则。按要素分配的原则是取决于资源配置的特定方式，是市场经济所共有的与市场经济相适应、相一致的分配原则。

按生产要素分配有助于节约资源，优化配置资源，有助于调动要素所有者的积极性，从而在宏观和微观上都提高效率。按生产要素分配的目的就在于提高效率，可以说，这个分配原则就是效率优先的原则。它并不考虑收入的结果是否公平。事实上，由于每个人占有的生产要素的类型、数量不同，按要素分配必然会形成收入差距，而且这个收入差距会日益扩大。这是市场有效配置资源的必然结果。

我们既然确定改革的目标模式是要建立社会主义市场经济体制，那么，我们就只能实行按生产要素分配的原则，而不可能采用另外的自认为公平的某种分配原则。要知道，在生产和再生产中的分配关系，也像生产关系一样，具有不以人们意志为转移的客观性。政府只能通过再分配去调节收入差距，而不可能改变分配原则，除非从根本上取缔市场经济体制。

改革开放以来，我国收入分配的方式、结构以及体制、机制已发生重大变化：初次分配逐步引入了市场机制；城乡居民的收入机会增多，收入种类增加，收入结构发生了很大变化；过去属于福利再分配的项目（养老、医疗、住房等）逐步纳入初次分配范畴。此外，还初步建立起再分配调节机制（个人所得税制、社会保障制度、最低工资规定等）。这些情况说明，我国生产领域中的分配已打破原有的平均主义格局，正在沿着按生产要素的贡献分配的方向发展，并开始影响到收入差距。

按生产要素分配的实现程度，取决于生产要素市场的成熟程度。我国的生产要素市场以及生产要素价格尚处在形成过程中，资本利率没有市场化，土地产权不清、价格不合理。在人力资本方面，市场竞争不成熟、不规范，而国家现行事业单位工资制度又还遗留着颇为严重的平均主义倾向。就资本经营的收入来看，据第五次中国私营企业抽样调查报告，由于近年来市场竞争激化和税费的增加，私营企业的销售利润率呈下降趋势。以上情况说明，按生产要素分配原则虽然开始出现，但还没有得到较为充分的实现，因而它还不是当前最富裕阶层形成的主要原因，从而也不是收入差距过大形成的主要原因。但就弱势群体来说，在不成熟的市场经济体制中，处境会更加困难。产业工人因下岗、社会保障不力而承受着改革的阵痛，农民则很少享受到市场经济之惠，作为前两者结合体的农民工也处境维艰，看不见前景。他们数量多，又缺乏真正代表自身利益的组织，基层政权为了吸引投资，往往偏向资方。他们在竞争中处于绝对劣势，工资很低；他们背井离乡，生活条件极差，劳保条例形同虚设。他们把整个青春献给城市，却享受不到城市居民的待遇，更无法成为城市居民。这些弱势群体的困境只能靠政府来解决。政府有必要进行直接干预，采取各种措施扩大就业，规定适当的最低工资，制定并监督执行劳保条例，加快完善社会保障制度。同时，在再分配领域，政府也应通过财政转移支付制度、税收制度等，对城乡之间、地区之间以及个人之间的收入差距进行调节。

三、收入分配差距扩大的多视角分析[①]

（一）二元经济结构转型期部门收入增长的差异性

刘易斯提出的二元经济结构在我国仍非常典型地存在着，我国的工业化远没有完成，由于农村剩余劳动力的大量存在，从而二元经济发展理论所揭示的城市资本所有者和企业家的收入增长速度快于城市现代部门工人工资的增长速度，而后者又快于农业部门工资的增长速度的现象在我国也在一定程度上存在着，这主要是由于上述三者所拥有的要素量和要素报酬的增长速度存在差异所致。这在一定程度上会促使城市内部和城乡之间的收入差距扩大。但必须看到，改革开放以来，中国的工业化与许多发展中国家相比存在明显差

① 熊俊：《我国收入分配差距扩大原因的多视角分析》，《经济与社会发展》2003 年第 12 期。

异：一方面，中国的社会主义市场经济制度决定了在城市现代部门中公有制经济占据主体地位，私人资本所有者不像其他许多发展中国家那样多；另一方面，中国的工业化道路存在特色，即农村工业化是工业化的重要甚至是主要组成部分。这决定了上述的那种城市内部和城乡之间的收入差距扩大是相当有限的。农村工业化由于存在地区差异以及同一地区不同家庭的参与程度不同，从而导致农村内部之间和地区之间收入差距扩大。

（二）产业自身特点和产业政策导致部门不平衡发展

各个产业的前向联系和后向联系、在经济增长中的主导作用以及市场前景是有差异的，各级政府也往往会依据郝尔希曼的联系效应理论和罗斯托的主导部门理论等部门不平衡发展理论以及产业自身的特点不断地制定和调整产业政策。产业政策的实施和各部门市场需求状况的差异等因素导致不同产业之间发展的不平衡，进而导致各种要素特别是劳动和人力资本要素的报酬在不同产业间的差异，这势必扩大行业间职工的收入差距，也在一定程度上扩大城镇内部之间和城乡之间的收入差距。自从 20 世纪 80 年代中期以来，我国家电力、邮电通信、房地产和高等教育等行业先后快速发展进而导致这些行业职工收入水平快速提高的情况便是很好的例证。

（三）自然条件、历史文化和非均衡的区域发展战略导致地区不平衡发展

瑞典经济学家缪尔达尔提出一个用于说明一国地区不平衡发展的累积因果循环原理。假设最初一个国家每个地区都处于静止的落后状态，各地区的收入水平和利润率都相差无几，如果其中一个或几个地区因优越的自然条件或历史偶发事件或国家的倾斜政策而开始出现增长，从而收入和利润率差别开始拉大。各种要素所有者的趋利性使得具有较高技能的劳动者、资本、企业和企业家纷纷从发展落后地区流向或迁移至发展迅速地区。这样，一方面，形成了先进地区收入水平和利润率越来越高的良性的累积因果循环；另一方面，形成了落后地区收入水平和利润率越来越低的恶性因果累积循环。

我国在改革开放之初的 1978 年，东、中、西三大地带的收入水平相差无几，但三大地带在自然条件和历史文化等方面存在明显差异。一方面，东部地区沿海，自然条件优越，对内特别是对外交往便利；另一方面，东部地区在发展近现代工业方面，历史更长，基础更好，商品经济的意识和氛围更浓。再加上 1978 年中国开始实行改革开放以及实行经济效率更高的东部沿海地区优先发展的非均衡区域发展战略，使我国的区域发展格局完全符合缪尔达尔在表述累积因果循环原理时所假设的初始条件。20 多年的发展情况也证实了在我国

三大地带尤其是东西部之间已经形成甚至还在延续上述的那种累积因果循环。劳动、资本和人力资本等要素报酬上不断扩大的差距必然会明显扩大收入分配的地区差距。

(四) 体制转轨不同步,导致收入差距扩大

我国经济体制改革(体制转轨)是渐进式的,这使得即使在微观经济活动中,计划机制和市场机制也在相当长的时期内并存,体制转轨的进程在不同的单位(企业)、不同的部门、不同的地区间不同步。这种不同步以两种相反的作用力方向改变着部门或地区职工的收入水平,但都产生了收入分配差距扩大的效应。一方面,在竞争性较强的行业(具有完全竞争或垄断竞争的市场结构)里,由于市场机制配置资源的效率高于计划机制,同时也更能激励企业和个人进行投资以增加物质资本和人力资本,这就使得体制转轨(市场化)程度越高的单位(企业)里,个人所拥有的要素和要素报酬率越高,收入也越高。在竞争性较强的行业之间和地区之间也是如此。因此,体制转轨的不同步势必扩大行业内部之间、行业之间以及地区之间的收入分配差距。另一方面,在一些垄断性较强的行业,如金融、电力、电信等部门,其体制转轨的进程相比许多竞争性较强的行业较慢,市场竞争不充分,但这反而使它们可以通过加大工资成本分摊、制定垄断高价等手段来大幅度提高本行业职工的个人收入,进而导致城镇内部之间和行业之间收入分配差距的扩大。

(五) 市场化程度的不断提高使市场机制在收入分配方面的分化作用日益增强

市场机制的竞争性使得越是稀缺和质量好的生产要素,要素报酬率越高,当个人所拥有的生产要素存在差异时,便会形成市场机制在个人收入分配方面的分化作用。随着市场化程度(包括质和量两方面)的提高,这种分化作用会日益增强。在我国,个人拥有的生产要素(资源)客观上存在较大差异。一方面,个人所拥有的人力资本存在较大差异,这差异在市场机制的作用下通过两种途径扩大收入差距:一是人力资本少的人由于就业竞争力差,容易下岗或失业,从而收入相对减少;二是对于就业中的人来说,随着市场化程度的提高,人力资本的收益率越来越高,使得在人力资本拥有上存在差异的个人之间的收入分配差距越来越大。另一方面,由于多种原因,我国居民在金融财产、房产等方面存在比收入差距大得多的差距。随着市场化程度的提高,由于累积效应的存在,这种差距也会扩大居民收入分配差距,从结构上看,市场机制的分化作用会明显扩大城镇内部之间、农村内部之间以及城乡之间的收入分

配差距。

(六) 城乡差别制度和政策的延续或强化

改革开放以前的二十多年里，出于实施具有赶超性质的工业化战略的需要，我国实行了一整套城乡差别十分明显的制度和政策，包括户籍制度、就业制度、住房制度、公费医疗制度、福利补贴政策、农产品的低价收购政策等。这些制度和政策或者以转移支付的形式直接扩大城乡居民之间的收入差距，或者通过导致城乡居民所拥有的生产要素量、要素的流动性及其报酬率的差异间接地扩大城乡居民之间的收入差距。这使得许多本应由政府向全社会提供的公共品对农民来说却不具有公共品性质。改革开放以来，上述部分制度或政策(如就业制度和农产品的低价收购政策等)逐步淡化或取消了。户籍制度、公费医疗制度和一些福利补贴政策等仍在一定范围内延续。但也有一些制度和政策得到了强化，如公房低价出售政策、失业保险和最低生活保障制度等只面对城镇(或城镇部分)居民。这其中有些制度和政策虽然缩小了城镇内部之间的收入差距，但扩大了城乡之间收入差距和全国的居民之间收入分配差距；也有的政策(如公房低价出售政策)既扩大了城镇内部之间的收入差距，也扩大了城乡之间以及全国人民之间的收入差距。

(七) 教育和医疗体制的弊端导致不同人群的人力资本不平衡增长

对于绝大多数居民来说，收入的主要来源是劳动就业所获得的收入。而在现代市场经济条件下，能否就业以及就业后所获得的收入的高低越来越取决于劳动者本人所具有的人力资本的高低。人力资本的形成主要取决于用于教育和医疗保健等方面的支出数量及其效率。改革开放后，特别是近年来教育和医疗体制改革有所推进，但与诸多领域的改革相比仍相对滞后，其中的一些弊端导致不同人群在人力资本增长方面存在明显差距。就教育体制而言，这方面的弊端主要有：(1) 义务教育的投资体制使得许多地方县、乡两级政府在教育方面的财政责任和能力严重失衡，教育资源在地区之间、城乡之间分布不均衡的问题突出；(2) 面向文盲和半文盲开展教育以及职业培训的制度和机构很不健全；(3) 接受优质高等教育的机会在不同的省、区、市的居民之间不均等。这些体制上的弊端导致的结果之一便是农村居民的人力资本存量无论是绝对量还是增长幅度都明显低于城镇。从医疗体制看，我国原有的医疗保障体制所保障的人群覆盖面太窄，公费医疗、劳保医疗和农村合作医疗仅能覆盖全国 20%～25%的人口。近年来，医疗保障制度改革有相当大的进展，但改革还远没有完成，许多最需要医疗保障的农民和城镇贫困阶层反而得不到医疗保障。

教育和医疗体制的弊端不仅导致不同人群在人力资本增长方面的差距，更严重的是，这种差距会延伸到就业和居民收入方面，而且在市场机制的作用下，差距还会扩大。可以说，人力资本方面的差距对收入分配差距的影响是根本性的，也是长期性的。

(八) 政治体制和法制不完善致使非法非正常收入大量滋生

一些学者将政治体制和法制不完善排除在导致收入差距扩大的主要原因之外。这可能是因为：他们所考察和研究的只是正常收入的分配差距；或者他们对非法非正常收入的数额及其对总收入分配差距的贡献份额没有从实证的角度做出充分的估计；或者他们在对导致收入分配差距扩大的原因进行分类和研究时，较为笼统和粗略。笔者认为，政治体制和法制不完善是导致收入分配差距扩大的主要原因之一。

四、从马克思劳动二重角度的分析①

要逐步消除现阶段我国居民收入分配差距过大问题，就要建立三种相互联系的约束机制。

(一) 以马克思私企管理劳动二重性理论为基础，建立对私营企业管理劳动的社会贡献和资本逐利性的评价机制

以马克思私企管理劳动二重性理论为基础，建立对私营企业管理劳动的社会贡献和资本逐利性的评价机制，这是缩小现阶段我国居民收入分配差距的理论前提。

从我国私营企业管理劳动对社会的贡献来看，现阶段我国私营企业主的经营管理劳动，实质上就是马克思在《资本论》中所说的监督劳动和指挥劳动，是总体劳动过程的生产劳动。其经营内容主要是对自己的企业进行筹划，使企业的经济活动适应市场经济发展的需要，按照经济规律要求把各种生产要素组织起来，使之形成现实生产力，创造社会财富[13]。在现代管理劳动中，正是有了他们的智慧和胆识，在现代分工协作的基础上，把劳动者组织起来，进入生产过程，有效地指挥、监督和协调生产过程的各个环节[14]，使私营企业主的劳动成为一种社会需要的管理劳动，为推进中国特色社会主义经济发展做出积极贡献，社会应当予以充分肯定。特别是对于那些以自己的技术发明为

① 周肇光：《我国收入分配差距演变趋势》，《管理学刊》2012 年第 3 期。

基础建立私营企业并依法开展经营活动的私营企业主来讲，在他们的收入中，应当包括作为生产要素的技术、信息、生产资本的投入和经营管理者的劳动等收入。作为生产要素所有者创造劳动条件的报酬，也是生产要素所有权在经济上的实现，也可以看成劳动者在物质资料生产过程中用劳动创造价值的一部分向生产要素所有者购买劳动条件。生产要素所有者有权要求有偿提供劳动条件。也就是党的十六大提出的，在深化分配制度改革中，要“确立劳动、资本、技术和管理等生产要素按贡献参与分配的原则”。尤其是对于那些有突出贡献的私营企业主，要特别给予奖励。

从我国私营企业管理劳动对资本的逐利性来看，现阶段我国私营企业的性质仍然是以生产资料私人占有为基础，资本的逐利性并没有消失。马克思指出：“资本家的管理不仅是一种由社会劳动过程的性质产生并属于社会劳动过程的特殊职能，它同时也是剥削社会劳动过程的职能。”改革开放以前，我们只强调私营企业主的剥削性质并加以批判和限制，这是片面的思想和行为。现在又过分地强调另一面，突出私营企业的重要地位，好像没有私营企业存在，中国经济就不能发展，好像私营企业主是中国经济发展的大救星。目前，有不少政府部门以发展多少私营企业为自豪，上级部门也以此作为考核地方政府政绩的主要依据，而对私营企业所产生的负面影响不去认真思考，缺乏实质性的应对措施。还有人认为，私营企业主在生产过程中投入了资金和技术等生产要素，应当得到更多的报酬，这种观点没有错。但是，作为资本所有者要得到多少报酬才能实现资本增值的目标，尚缺乏评价与考核机制，最终导致资本所得和劳动报酬所得的急剧失衡。因此，应当借鉴国际经验，在深入调查研究的基础上，建立对私营企业管理劳动的社会贡献和资本逐利性的评价机制，为缩小现阶段我国收入分配差距提供科学的理论依据。

(二) 以邓小平共同富裕思想为指导，不断完善中国特色社会主义市场经济调控机制

以邓小平共同富裕思想为指导，不断完善中国特色社会主义市场经济调控机制，这是缩小现阶段我国社会收入分配差距的核心内容。

为了调动社会各方面劳动者的积极性，邓小平提出了让一部分地区、一部分人先富起来，先富帮后富，最终“就是要逐步实现共同富裕”的思想。“如果仅仅是少数人富有，那就会落到资本主义去了”。1987 年 10 月，邓小平会见匈牙利社会主义工人党总书记卡达尔时又指出，我国初级阶段社会主义分配中“还会有差别，但我们的目的是共同富裕”。邓小平在 1992 年“南方谈话”中明

确指出:“社会主义的本质,是解放生产力,发展生产力,消灭剥削,消除两极分化,最终达到共同富裕。”但是,在以资本为纽带的市场经济中,私营企业通过管理劳动来实现资本逐利性是客观事实。在市场经济条件下,由于私营企业主占有生产条件,商品生产占有权规律就会演变为资本逐利性的膨胀状态,私营企业主就会攫取更多的社会财富,必然导致现阶段收入分配差距的扩大,最终会影响共同富裕目标的实现。

从国际经验看,凡是推行市场经济体制的国家,在经济高速增长时期,如果不能改变社会收入分配差距过大问题,国民财富的增长不仅不能减少社会冲突,还会进一步激化社会冲突与社会危机。因此,不断完善中国特色社会主义市场经济调控机制已成为现阶段的迫切任务。一是要在中国特色社会主义市场经济体制下,理性审视各项经济政策的科学性。要按照“公平、公正”的原则来制定或修订各项经济政策(如财税、金融信贷、土地使用、绩效考核、环保等),使各类企业在市场经济活动中开展平等竞争。二是在宏观经济管理指导下,科学实行计划调节与市场调节的有机结合。正如邓小平所说,“计划和市场都是经济手段”。无论是过去还是现在,无论是国内还是国外,无数事实充分证明,在现代市场经济运行中,采取适当的计划调节对推进市场经济协调发展具有积极意义。因为只有这样,才能克服市场经济的盲目性、波动性和自发性,同时也能控制私营企业资本逐利性膨胀问题,从而解决在私营企业的生产、流通、分配等诸环节中的不公正问题。三是要建立雇佣劳动者与企业主用工劳动报酬协议机制,保障雇佣劳动者在企业初次分配中的合法利益。同时,也要考虑私营企业主合理的劳动报酬和适当的资本运作收益率,要通过协商机制实现劳资利益关系的基本均衡。四是政府部门要在维护和谐稳定中,引导私营企业主依法办企业、依法经商、依法理财、依法维护职工权益、依法从事一切经济活动。同时,对那些违法乱纪者严惩不贷,对那些官商结合者更要严肃处理;对那些遵纪守法的私营企业主在政策上给予优惠,尤其是对那些关注民生、同情弱势群体、善待雇佣劳动者的私营企业主,要在精神上、物质上给予嘉奖。只有这样,才能做到限制与鼓励并举,发展与协调并行,差异与公平并存,逐步缩小现阶段我国收入分配差距,最终实现共同富裕和社会稳定发展。

(三) 以构建社会主义和谐社会为目标,建立“限高与堵漏”相结合的收入分配监管机制

以构建社会主义和谐社会为目标,建立“限高与堵漏”相结合的收入分配

监管机制，这是缩小现阶段我国收入分配差距的基本保证。

构建社会主义和谐社会的目标之一，就是协调好各社会群体之间的利益关系，这在客观上就要求我们不断完善中国特色社会主义收入分配制度。邓小平指出："我们采取的所有开放、搞活、改革等方面的政策，目的都是为了发展社会主义经济……如果我们的政策导致两极分化，我们就失败了；如果产生了什么新的资产阶级，那我们就真是走了邪路了……对一部分先富裕起来的个人，也要有一些限制，例如，征收所得税。"为此，要建立"限高与堵漏"相结合的收入分配监管机制。

第一，制定对私营企业主及高管人员的最高收入限制标准。最高收入限制标准，是指高级管理者在该企业所得报酬只能高出本单位职工平均劳动所得报酬的4～5倍，这是一个相对数。同时，要根据企业性质确定高管人员与本单位职工收入的差异度，如劳动密集型企业为4倍，资本密集型企业为4.5倍，技术密集型企业为5倍。对为国家做出巨大贡献的私人企业主及高管人员要给予重奖。这有利于把高管人员和企业主收入与企业职工所得直接挂钩，有利于改变现行高管人员收入直接与企业效益挂钩而不与职工劳动所得挂钩的企业收入分配制度。对国有企业一视同仁，对其高管人员在承担经营风险管理的基础上实行这种收入分配制度；同时，还要把这种限高措施纳入法律法规监管范围，以便得到法律法规的强制约束。

第二，完善对私营企业主及其高管人员的收入征管体系。在限高的基础上，加快税收结构调整。除了提高个人所得税计税比例之外，还应当开征遗产税和赠予税，形成对高收入者的征管体系。为了缩小社会收入分配的差距，不少国家都建立了多税种的税收约束机制。其中，美国已建立了以个人所得税为主体，以遗产税、赠予税、个人财产税、个人消费税、社会保障税为辅的税收约束长效机制。其目的就是要使少数高收入者缴纳的个人所得税成为全部个人所得税的主要部分。以1991年为例，美国10%的最高收入者缴纳的个人所得税占55%，而5%的低收入者缴纳的个人所得税只占4.8%。英国通过个人所得税、遗产税、社会保障税等来约束收入差距的扩大，其效果是比较明显的。从这些国家建立的多税种税收约束机制来看，只有通过完善多税种的综合性税收结构体系，才能对社会中的高收入者实行强制性征税，才有可能保障低收入者减税或免税，才能缩小社会收入分配差距过大问题。

第三，及时采取对私营企业主及高管人员的堵漏措施。一是加强对私人企业收入渠道的梳理和监测；二是防止私营企业主与政府部门一些官员的钱权交易,缩小公共财政项目招标范围,以便更好地约束政府部门权力寻租行为;三是对私营企业主及高管人员的各类收入依法征收所得税,对偷税、漏税者要从重处理直至吊销企业营业执照;四是修订相关法律,把剥削程度限制在法律允许的范围。此外,在取缔非法收入、整顿不合理收入的同时,还要进一步调高个人所得税按月征收标准,以利于保护低收入者的合法权益、形成规范有序的收入分配格局。

第六节 政府主导型市场经济条件下的利益分配

政府主导型市场经济在制度结构上具备以下特征:其一,在所有制结构中,国有经济和公有制经济占有相当大比重,从质量上说,国有经济仍然控制着国民经济的重要领域和关键行业;其二,国家对市场经济的调控能力较强,政府以强大的国有经济为基础,对市场进行干预的可能性和现实力量都较强;其三,经济秩序的形成虽然以市场演进为基础,却不可缺少国家的理性构建功能对秩序形成的影响,国家将通过解决市场失灵等对市场经济秩序和秩序施加重要影响。

一、国有经济将在整个社会利益分配格局中起着稳定器作用

公有制经济如何与市场经济对接仍然是一个需要探讨的问题,然而,在政府主导型市场经济条件下,以私有制为基础的自由市场经济自发作用受到限制,这种限制除了来源于政府对市场经济的干预之外,还在于公有制经济,尤其是国有经济主导作用的存在。需要指出的是,公有制经济并非必然与计划经济相联系,公有制经济与市场经济相联系,既能够提高资源配置效率,又能够获得社会公平。其一,国有经济的目标函数不同于私有经济。国有经济存在着效率和公平的双重目标。一方面,国有企业作为企业需要以追求自身利润最大化为目标,这就要求国有企业加强内部管理,建立现代企业制度,积极参与市场竞争;另一方面,国有经济作为公有制经济,它的产权由全体人民共有,国有企业必须为它的全体所有者谋福利,从这种角度来看,国有企业不能仅仅以追求利润最大化作为其唯一目标,而应该还要以社会公平作为自己的目标。国有企业为什么要存在?关键原因并不在于效率,而在于社会公平。其二,国有经济存在作为政府干预经济的直接经济基础,能够使政府对市场经

济的干预更有效，更有利于实现宏观经济目标，更有利于维护社会公众的利益。其三，以私有制为基础的自由市场经济会不断在经济秩序内部扩张贫富两极分化的趋势。社会贫富两极分化如果不能有效控制，将会引起社会政治动荡，而如果存在着强大的国有经济，则无疑在整个社会秩序内部放置了稳定器，它能够有效地缓解市场经济所造成的社会秩序内部的张力的累积。

二、国家对市场经济的干预将直接影响利益分配格局

不可否认，国家本身也是一个利益集团，但它并非一个普通的利益集团，不论是由于政治利益集团本身存在着共容利益的激励，还是由于各种外在制度的约束，国家都不可避免地承担着公共利益代表者的角色和功能。从经济发展史来看，自从工业革命以来，从来就不存在国家不干预市场经济的情形，只不过国家对市场经济的干预存在着程度、范围和方式上的差异，国家通过对市场干预从而影响利益分配格局主要表现在：第一，政府通过提供某些强制性制度安排直接改变利益分配格局。制度是一种半公共产品，适用于所有参与博弈者，然而，不同的制度对同一个人收益的影响是不同的，同一种制度可能会有利于一些人而不利于另一些人。政府作为一个具有强制性、排他性和暴力潜能的垄断性组织，它有能力提供改变整个社会利益分配格局的强制性制度安排。当然，在市场经济条件下，政府也必须活动于法律制度框架内，不能有超越法律之外的特权。第二，政府作为市场经济活动主体作用于市场经济运行，从而影响和改变利益分配格局。政府可以通过财政转移支付、减免税收、政府采购等形式给低收入者以补贴，从而改变整个社会的利益分配格局。

三、秩序规则公正与结果公正

一个社会秩序规则的公正首先体现在程序的公正上，这种程序的公正能够将不同人的不同能力发挥出来，在市场经济中，秩序规则的公正性是市场竞争能够进行下去的前提。然而，即使程序的公正也存在着不同的价值观念，如果要默认不同人的个人能力差异是天然的特权，那么，市场竞争是应该遵循"站在同一起跑线上"的秩序规则；如果人们有选择退出的自由，那么，人们遵守共同的秩序规则也仅仅体现游戏规则的公正性，因为在这里仍然存在着游戏规则本身的公正性问题。所以，秩序规则作为程序公正存在着两个层

次——遵守规则和规则内部的公正性，以及秩序规则本身的公正性，而秩序规则的公正性很难在这两个层次上同时实现公正。如果说自生自发的市场秩序规则是第一个层次的程序公正，那么，它未必能满足第二个层次的公正，这是因为市场秩序规则作为一种游戏规则，其本身也是基于这样一种价值判断：自生自发秩序规则是自然的、合理的。为什么秩序规则作为一种程序公正也难以实现呢？这是因为：其一，不同人的天赋能力存在着天然的差异。只要存在着不同个人能力的差异，当人们站在同一起跑线上参与竞争，必然导致事实上的不公正，如此，人们就会反过来推论这种看似公正的游戏规则是否公正。其二，存在风险成本和风险收益。无论是参与市场竞争，还是进行制度变迁，都存在着风险，这种风险来源于事物本身存在着太多的不确定性，从这种意义上说，只要存在着不确定性，就存在着不公正的可能性，这种不确定性和不公正性似乎来自"上帝的不公正"。如果我们默认这两个前提，秩序规则的公正性才有可能存在。然而，秩序规则的公正性问题主要不是来自秩序规则本身的制定和执行，而是来自秩序规则过程与结果的不一致性，秩序规则往往在起点和过程中是公正的，但这种规则实施的结果却出现事实上的不公正。就自由市场经济来说，游戏的玩法可能是公正的，但玩游戏所产生的结果却可能是不公正的，所以，人们往往就从结果的不公正来推论，这个游戏本身可能存在问题。马克思对于以私有制为基础的市场经济制度的质疑和批判，是对市场经济制度公正性问题的全面而深刻的解剖，它包括：市场经济运行会导致两极分化（竞争的产物），从而导致阶级之间的对立；这种制度及其运行机制的起点本身就是不公正的（资本原始积累是血腥的）；这种运行机制在表面的公正之下隐藏着实际上的不公正性（剥削的存在）。

所以，秩序规则的公正性问题并非是一个简单的线性比较问题，而是一个涉及不同价值判断、不同层次和不同范围的问题。秩序规则从过程来看是公正的，但从结果来看可能是不公正的；秩序规则从单一价值判断来看是公正的，但如果从多元价值判断来看则未必是公正的。

四、利益分配的公平与秩序规则的公正

利益分配的公正性实际上来源于秩序规则的公正性，所以，对于利益分配公平性的评价就不能仅仅从利益分配本身去寻找，而应该从其背后的秩序规则的公正性来寻找。就政府主导型市场经济来说，我们应该从秩序规则的起点、过程和结果来讨论利益分配的公正性。第一，秩序规则的过程公正性与结

果公正性相结合。如果单从过程公正性来说，自由竞争市场经济符合程序公正性原则，这种程序公正性有利于具有不同能力的人充分发挥自身的积极性和创造性。这种秩序规则既存在约束机制，又存在着激励机制，从而能够极大地促进经济增长。市场经济中的价格机制能够促进资源配置的优化，提高资源配置效率。所以，在政府主导型市场经济中，政府应该保护市场经济体制的基本制度框架，为完善市场经济体制不断提供相应的制度安排。在这里，不仅存在着政府预期收益大于预期成本的激励，也存在着在法制框架约束下为公众提供预期收益大于预期成本的职能。秩序规则的过程公正性实际上体现了自然演进秩序规则（市场）本身存在的公正性，政府主导型市场经济无疑应该尊重并保护这种自生自发秩序内部存在着的公正性。然而，如果从秩序规则结果的公正性来看，市场秩序规则内部存在着扩大贫富差距的因素，它不是公正的，这就需要国家通过政府来限制和规范市场机制的功能和作用，既然自生自发市场秩序从结果看存在着不公正，这种不公正的秩序规则有否矫正、弥补或改变呢？答案是肯定的，社会秩序和秩序规则是通过人类理性构建和自然演进相互作用而形成的，政府通过提供相应的制度安排来实现人类理性构建的功能。如果说在市场自生自发秩序规则的形成中，政府的作用主要表现为确定和保护市场经济制度的基本框架，让市场在整个资源配置中起基础性作用；那么，对于自生自发市场秩序所造成的后果，国家应该充分发挥自身对于社会秩序理性构建的功能和作用，努力阻止和矫正自生自发市场秩序规则所造成的结果不公正性，这样才能将秩序规则的公平性和效率性结合起来。政府主导型市场经济的优势恰恰在于它能够将秩序规则的过程公正性与结果公正性相结合，从而实现公平和效率两者统一。第二，政府改变利益分配格局受制于诸多约束条件。秩序规则的形成和改变的动力不仅来源于预期收益大于预期成本，还来源于国家和政府对于社会秩序和秩序规则公平性的追求，按照马克思经济学，它最终受制于生产力的发展水平和扩张能力。秩序规则的改变既是利益分配格局的改变，又反映了特定社会的社会公平性和生产力状态。从这种意义上说，在政府主导型市场经济条件下，国家改变利益分配格局并非随心所欲的，而是受制于诸多约束条件，除了政府本身也是一个特殊的利益集团，可能会在政府与整个社会之间存在共容利益和排斥利益之间的冲突之外，政府改变利益分配格局的行为还受制于秩序规则改变的预期收益与预期成本的计较，生产力发展水平和状态，政府干预经济的能力、法制类型和法制水平，以及社会公平与效率之间的兼顾等。

第七节 经济增长与利益分配

一、多元化制度的统一

从基本经济制度或制度结构来说，中国建立以国有经济为主导的所有制结构是获得持续经济增长的必要条件，不同所有制分别在提高资源配置效率和促进社会公平上起着不同的作用，单一的所有制形式不是导致效率问题，就是导致公平问题。其一，以私有制为基础的市场经济在资源配置效率方面具有优势，这种优势不仅来源于产权激励，还来源于制度约束。在市场经济制度条件下，人们对于自身利益必然是关心的，追求自身利益最大化是经济人的必然选择，而不同经济人在追求自身利益最大化过程中反而极大地促进了社会整体福利的提高，这一点已被新古典经济学所证明。作为市场经济主体之一的私有制显然是推动经济增长的活力因素。从另一方面看，以私有制为基础的市场经济对于经济增长其他各种要素（资本、技术、土地等）的组合和创新具有自发优势。其二，国有经济和公有制在资源配置上的优势主要表现在获得社会的整体利益、长远利益和根本利益上。虽然市场经济能够通过市场主体的自发竞争促进整体社会福利的提高，但这种整体利益并非自动获得的。市场经济存在着天然的盲目性、非均衡等特性，如果国家不能扼制市场经济的这种负面趋势，市场经济不仅不能够促进经济增长，更不能够获得这种整体社会福利。而国家对市场经济的干预需要直接的经济基础，在一个完全以私有制经济为基础的自由竞争的市场经济中，"小政府、大市场"必然会导致国家无能和无力对市场经济进行调节，这从另一方面说明了国有经济和公有制经济在获取整体利益、长远利益和根本利益上的优势。如果政府预期收益与公众预期收益具有一致性，即政府和公众对制度变迁预期收益都大于预期成本，那么，政府通过理性构建提供制度安排也能够极大地促进经济增长。应该承认，以公有制为基础的计划经济体制存在着"可能的短期高效率"，这已由中国"一五计划"期间的高经济增长和苏联的高经济增长率的经验事实所证明。然而，国有经济和公有制经济另一个重要功能在于其对社会公平的功能和作用，国有经济和公有制经济不仅在约束条件下能够直接促进经济增长，而且能够在整个社会利益分配格局中起着稳定器作用。社会公平问题不仅是经济增长的约束条件，也是促进经济增长不可缺少的激励因素。其三，其他所有制形式

(合资经济、股份制经济、个体经济等)能够分别与不同形式的资源配置效率和社会公平的统一相适应,也是促进经济增长不可缺少的因素。它们是处于国有经济和私营经济之间的所有制形式,这些不同的所有制形式将在不同程度、不同层次和不同范围内发挥促进经济增长的作用。从制度变迁与经济增长关系来说,由不同制度主体所构成的制度的结构性变动推动着经济增长和经济发展。

二、秩序构建与秩序自然演进的统一

在中国经济增长中,如何正确地处理政府和市场之间的关系是一个关键。新古典经济学总是将经济增长与市场联系在一起,这主要是基于市场在资源配置效率上的优势,然而,市场并非如新古典经济学所说的那样是一种不需要政府干预的自由竞争的市场。中国经济增长不能离开市场,但这种市场经济属于政府主导型市场经济。在经济全球化过程中,国家应该在市场经济行动和经济增长中发挥更大的作用。其一,政府在经济增长中的理性构建作用主要体现在解决市场失灵、制定和实施经济发展战略,以及提升国家竞争力优势等方面。在中国经济增长过程中,如果单纯地依靠市场来提高资源配置效率,这种经济增长未必能够持续稳定,因为市场并不能解决在中国经济发展过程中的贫富收入差距、环境污染、法制建设等社会政治问题。市场秩序作为一种自生自发秩序,通过人们自身对私人利益的竞争和博弈来促进经济增长,这种市场秩序的盲目性和非均衡性会给整个社会秩序内部不断地制造张力和张力的累积,而如果这些张力和张力的累积不能及时获得释放,它不仅会阻碍和破坏中国经济增长,还可能导致社会政治动荡,从而国民经济可能会陷入崩溃境地。在世界经济一体化过程中,国家与国家之间的竞争日益加剧,而国家与国家之间的竞争说到底是不同国家的政府与政府之间的竞争,世界经济越来越一体化,而国家与国家之间却越来越直接面对竞争,经济区域化正是这种政府与政府之间竞争的产物。中国是一个发展中国家,发展中国家在经济增长和参与世界经济竞争过程中,同样需要政府对市场经济的干预,它在参与国际经济竞争过程中,不仅会获得比较优势,还要获得竞争优势,而竞争优势的获得恰恰需要政府来制定和实施一国的经济发展战略。其二,市场经济在中国经济增长过程中发挥资源配置的基础性作用。中国选择市场经济制度并非权宜之计,而是促进经济增长的必然选择,虽然我们还难以对市场经济与计划经济的绩效进行最后的评价(这里的计划经济并非指传统的高度集权的计划经济,而是指一种通过国家政府来进行资源配置的经济形式),但市场经济在资源配置效率上的优势是显而易见的，这主要是因为：市场价格是解决信息不完全和信息不对称问题的最有效方式；市场经济体制中存在着有效的激励机制和约束机制；市场经济的程序公正性能够激发人们在科学技术上的创新能力；人类理性的有限性决定了政府理性构建的有限性，而市场恰恰是弥补人类理性缺陷和拓展政府理性边界的最有效方式。从经济秩序的形成过程和形成方式来看，无论是从制度结构层面上说，还是从运行规则层面上说，中国经济增长都需要自然演进的市场秩序与政府干预经济的理性构建秩序相统一。

三、公平与效率的统一

中国经济增长的第三条“黄金定律”是公平与效率的统一，从社会公平与效率的角度来分析中国经济增长实际上已经跳出了单纯从经济因素来研究经济增长的传统理论框架，在这种意义上，经济增长并非单纯的经济问题，也并非单纯的经济效率问题。我们可以将经济增长的研究分为三个层次：第一个层次是经济增长的因素分析，正如哈罗德-多马模型和罗默模型所做的那样；第二层次是从制度结构性变动角度来研究经济增长，马克思经济学的经济增长模型正是这样做的，它除了强调资本积累因素对经济增长作用之外上，还特别强调社会生产关系对生产力扩张的作用，这实际上是强调制度结构对生产力扩张的作用；第三层次是从公平与效率相统一的角度来研究经济增长，这是一个尚未开展的研究领域。需要指出的是，经济增长这三个层次的研究并非截然分开，而是相互包含而各自强调的重点不同而已。

从资源配置效率来理解经济增长，新古典经济增长理论等已经做了细致分析，现在的问题在于，为什么要将社会公平问题纳入经济增长的分析之中，并强调两者的统一对于中国经济增长的意义？首先，社会公平对经济增长因素具有解构和扭曲作用。经济增长总是发生在特定的制度框架和社会经济环境之中，虽然可以通过“做大蛋糕”的方式来缓解社会利益分配上的冲突，但它并不能够最终解决这种冲突；况且，通过市场来促进经济增长本身就隐藏着扩大社会秩序张力的趋势，随着秩序内张力的累积，社会两极分化可能会导致社会政治的动荡，而在一个社会政治动荡的社会是不可能获得经济增长的。无论是资本市场、技术市场还是劳动力市场都必须具备稳定的社会政治环境和法律制度框架，才能发挥它们对于经济增长的作用，而一个社会政治动荡的社会，市场体制和市场运行必然被受到破坏，从而经济增长的因素被分解和扭曲，经济增长停滞、倒退甚至崩溃。其次，社会公平是经济发展的目标，而国家经济发展目标的确立必然会约束单纯以GDP为目标的经济增长，相反，如果能够在提高资源配置效率的同时，还能够做到公平与效率的统一，不仅可以节省用于解决社会公平的资源，而且还可以通过政府与公众预期的一致性来推动制度变迁、促进经济增长。最后，在中国经济增长过程中，只有做到公平与效率的统一，国家才能获得持续的经济增长，避免经济增长的大波动，从而使经济增长的总体收益最大化。

在政府主导型市场经济条件下，国家改变利益分配可以通过改变、规范制度结构和秩序规则来实现的。从总体上说，国家改变利益分配格局应该遵循效率与公平相统一的基本原则，具体来说，市场机制不断地制造一个社会秩序内部的张力，而且这种秩序内的张力是不断累积的。一方面，这种张力有利于提高秩序和秩序规则的效率；另一方面，这种秩序内的张力也必须被控制在一定限度内，如果这种张力的累积超过社会可容纳的容量，将会导致整个社会秩序的解体，所以，政府既要通过完善市场机制和制度来有意制造秩序内的张力，从而提高资源配置效率，又要通过政府对经济的干预来不断地释放这种张力，从而实现公平与效率的高水平的统一。

从制度结构、秩序规则和利益分配角度来分析中国经济增长可以看出，它始终遵循了中国经济增长的三条原则。实际上，中国经济体制改革正是从改变所有制结构和经济运行规则开始的，无论是农村的家庭联产承包责任制还是城市经济改革，都是通过改革旧的生产关系极大地促进了社会生产力发展。随着改革的深入和经济继续增长，社会公平与效率之间的冲突日益暴露出来，政府从最初的“效率优先、兼顾公平”的政策转向“公平与效率兼顾”的政策，中国经济转型和经济发展的全部过程都证明了这三条原则反映了中国经济增长的内在逻辑；从某种角度来看，这三条原则也构成了中国政府主导型市场经济理论的基础之一。

第八节　共享利益制度[①]

一、共享利益制度的特征和运行规则

共享利益的提出建立在劳动权益与资本权益统一的基础上，因此，“共同

① 洪远朋、叶正茂、李明海：《共享利益制度：一种新的企业制度》，复旦学报（社会科学版），2001年第3期。

占有、权力共使、利益共享、风险共担”是共享利益企业制度的基本特征或总的原则。

(1) 共同占有原则是指由劳动力的所有者与物力资本的所有者集体占有并共同使用企业形成的资产，由按照各自投入的资本大小来共同参与决策、民主管理与监督，实现劳动力资本与物力资本联合起来的共同占有。坚持共同占有原则，有利于企业法人财产权制度，从而有利于企业高效运作。虽然每一个具体的劳动力资本所有者或物力资本所有者都拥有企业的部分产权，但是共同占有原则使得企业的资产是整体运作的，也就是说，企业是一个法人。由于将企业的固定资产、流动资金及其他物资都交付企业支配，这样，企业不仅能在日常生产活动中实行自主经营，而且能实行资产经营。例如，根据市场状况和盈利极大化的需要，对部分资产实行承包、租赁或出售部分闲置资产(甚至个别车间)，开拓、积累和出让产权，调整股权结构，由此进行经常的产品结构和资产结构的调整和优化，实现资产的高效使用和最大增值。

(2) 权力共使原则是指无论是劳动力资本的提供者，还是物力资本的提供者，都拥有一定的企业决策权，但这种权力的使用，既不能让他们共同直接行使各种权力，也不能使每一类要素参与者分别自主地决定自己提供的要素在企业经营过程中的利用方式，而必须委托体现和代表统一意志和利益的专门机构来实施这些权力，各类要素参与者只能派代表间接地控制这些机构的运作。

在权力关系中，企业制度的综合逻辑希望确立各类参与者的共同主体地位。这种共同的主体地位，既源于企业财产只能属于在参与者集合体的基础上形成的法人企业的特点，也源于这种财产的有效运营有赖于各类参与者的共同贡献。但是，使各类参与者成为企业经营权力的共同主体，既不意味着让这些参与者共同地直接行使与企业财产经营有关的各种权力，也不意味着让每一类参与者分别自主地决定自己提供的要素在企业经营中利用的方向与方式。前者是因为数量众多的主体成员直接、平等地参与，将使任何权力的有效利用成为不可能；后者则是因为企业经营是各类要素或各类参与者通过这些要素提供的服务相互作用的过程，其中任一要素利用方向或方式的选择与调整都不仅影响该要素在企业经营中作用的发挥以及该要素供应者在企业经营中的利益实现，而且通过对整个经营过程从而经营成果的影响，必然影响所有要素作用的发挥以及所有要素供应者的利益实现。因此，为了保证权力的分配和运行符合企业经营本身的特点，必须委托能够体现和代表统一意志和利益的专门机构来组织这些权力的行使；为了保证各类参与者的共同主体地位，必须让这些参与者参与上述权力机构的工作，并能以各种方式直接或通过自己的代表间接地控制这些机构的运作。

（3）利益共享原则是指拥有企业所有权的劳动力资本所有者与物力资本所有者共享企业内劳动新创造的利益。企业的财产共同占有为各要素参与者共同行使经营权力提供了客观依据。企业经营过程的进行、企业利益的最终形成都必须依赖于各类要素贡献的相互作用。坚持利益共享原则有利于调动各类要素参与者的积极性，从而为企业创造更大的利益。

（4）风险共担原则是指企业在运行过程中将遇到许多经营风险，如由于需求不确定而形成的市场风险、由于技术进步使老产品淘汰的技术风险、由于管理者经营不善导致的管理风险等，这些风险应该由拥有企业所有权的各类要素所有者共同承担。既然共享利益制度承认并坚持共同占有、权力共使、利益共享原则，那么风险共担原则便是必然的选择，否则就是责、权、利的不匹配，也就不可能产生共享利益制度这种新型的企业制度。

在“共同占有、权力共使、利益共享、风险共担”这一基本特征的指导下，共享利益企业制度的运行还需遵循以下具体原则。

（1）目的性原则。共享利益制度设计所要达到的目的，不是某一个个体能单独完成的，而是由收益共享的利益相关者——劳动力所有者和资本所有者，分别选派一定数量的人员组成一个临时委员会或常务委员会组织，旨在代表企业的不同利益主体对企业目标的确定做出裁决。各利益主体的行为目的不同，在没有统一的制度约束时，很难形成一致的意见，这也就为共享利益制度的设计设置了障碍。没有明确的目的，任何组织的行为只能演变为盲动。于是，目的性原则就成为共享利益制度必须遵循的重要原则，能够指导制度设计者的行动内容以及行动的预期效果，由此帮助制度设计者形成一个设计思路和方向。目的性原则还有助于统一设计者的思想，构筑设计者的共同语言，规范设计者的行为方式。共享利益制度设计所要达到的目的是由共享利益制度的有形载体所要实现的目标决定的。企业组成的动因与企业经营管理活动的目标决定了企业利益共享制度设计者的行为目标。给定企业经营管理活动的目标，共享利益设计者将始终围绕构建怎样的利益共享制度才能促使企业目标的实现。同样，制度设计者的设计过程也是在企业目标约束下进行的。

（2）效率性原则。企业利益共享制度设计应遵循效率性原则，它包含两方面的含义：一方面是制度设计工作本身富有功效性，它要求设计者在制度设计过程中努力降低设计成本，准时完成设计任务，使企业能及时出台有效的制度；另一方面是制度本身的功效性，它要求最终形成的利益分配制度能够帮助企业减弱外部性，促使生产要素的高效结合，在发挥制度对各利益主体行为的约束作用的同时，还能调动他们的积极性，由此产生最大化效率。而且，企业的生存还有赖于外部市场环境，只有接受市场的调节并适应市场运行规律，利益共享制度才能顺利执行下去，所以制度的设计不是局限于企业内部利益各方的调整，还要考虑企业外部环境的干扰，包括政治环境、经济环境、法律环境等。

（3）公平性原则。企业利益共享制度涉及众多参与者的利益，由于各方利益代表者众说纷纭，增加了制度的设计与实施成本。公平是一种权利关系，“权利永远不能超出社会的经济结构以及由经济结构所制约的社会文化的发展”；也就是说，不同性质的经济关系决定不同的权利关系。企业收益共享的参与者所拥有的剩余索取权在性质上是一致的，各投入要素的所有者不能因要素性质的差异而获得更多份额的剩余索取权，而是以该要素在所投总要素中所占的价值比重和对生产的贡献来计量。这要求设计者在公正思想的指导下，运用公平的方法来设计制度本身，任何利益代表者都不能以物质形态的区别来要求获得更多的分享份额，如资本、资源的所有者在公平原则的约束下不能拥有超越劳动力所有者剩余索取权的权力，而只是“赋予他们一种稀缺价格的享用权”。制度设计既要考虑在现阶段多种所有制形式并存、资源稀缺的情况，又要考虑劳动者享有对自身劳动力的所有权等事实，他们都对产出做出了相应的贡献，收益的共享应在他们中间进行；通过设计科学的共享利益制度，维护全体利益参与者的利益，推动企业长远发展。

二、共享利益制度的功能

1. 共享利益制度的激励功能

（1）共享利益制度是一种产权制度，它建立在产权合作的基础之上，因此能激发产权主体的内在动力。这是因为产权归根到底是一种经济利益关系，无论是所有产权，还是营运产权，就其主体而言，都是为了获得相应的利益。不仅如此，产权关系作为一种利益关系，又是整个利益关系的核心或基础。到目前为止，任何社会的利益关系都是受产权关系制约的；可以说，有什么样的产权关系，就有什么样的利益关系。在经济运行过程中，各产权当事人的利益若通过产权制度得到肯定与维护，产权主体行为的内在动力也就有了保证。

共享利益制度是一种激励相容的制度。把劳动者的劳动力转化为他的资本就可以使劳动者的个人目标与整个企业的团体目标一致起来,共享利益制度使劳动者的个人收入与整个企业的盈亏结合起来,从而使企业内部的“激励相容”成为可能。每个劳动者的劳动力资本投入的回报与企业的稳定发展与利益最大化有关,这就激发了劳动者的劳动积极性。

(2) 共享利益制度通过赋予生产成员对企业收益的索取权而激发劳动者的劳动积极性。激励就是对个体积极性的调动。集体行动不仅是对个体行动的控制,它也是一种对个体的解放。制度在约束过程中产生对个体的激励作用,主要通过对个体行为的影响使个体追求利益最大化的行为有利于集体经济目标的实现。从共享利益制度的起源可以看出,共享利益制度因每个利益参与者的需求而存在,而每一个利益人的选择会涉及他人的外部性问题,因而也是现代企业为减弱外部性等问题选择的结果。共享利益制度的选择是在企业收益产生之前做出的,而不同的制度安排必将影响或改变利益共享参与者的偏好及理性计算。显然,赋予生产成员对企业收益的索取权,使企业的收益分配与生产者的收入来源紧密相连,即企业成员的科学操作技能、技术创新所产生的收益归劳动者所有,这必然会激发劳动者的积极性。

(3) 共享利益制度能为经营者改善经营行为提供内在动力。如果说资本与劳动的联合制导主要是以选择认可为依据、在权力关系上从“外部”来制约经营者行为的话,那么,共享利益制度企业的分配制度则为经营者提供了改善其行为的内在动力。经营者低频率流动的原因和事实使得他们的个人利益在很大程度上与企业利益融为一体,或者至少是朝相同的方向变化。经营者与企业利益的一体化,不仅表现为经营者个人事业的成功和社会价值的实现程度唯有通过企业经营的成功和绩效来体现和衡量,而且表现为经营者经济利益的实现能够从企业绩效的提高中得到改善。这种改善不仅因为在要素贡献系数不变时经营者能够占有的净收入额将随着企业经济效益的提高而增加,而且因为如果将作为经营者个人参与净收入分配依据的得分与企业经济效益相联系,则他们的物质报酬将会双重提高。实际上,货币收入不仅是改变人们物质社会条件的重要手段,而且其水平高低通常是人们在社会或企业中成功程度的标志以及社会或企业对其贡献程度的反映。因此,货币收入的增加不仅是手段,而且是手段的手段,会受到经营者的高度重视。这样,将货币收入与企业经济效益双重挂钩的共享利益企业分配制度,对经营者行为朝向有利于企业和全体参与者利益的方向发展将产生非常有效的诱导作用。当然,如果在计算经营者个人报酬时，将其个人得分与企业长期增长趋势相联系，或者将经营者的个人收入分成两部分，一部分是目前即可实现的与企业当时经营状况相联系的现期报酬，另一部分是随企业经营发展而波动、在未来才能实现的预期收入，则将对经营者行为的长期化起到积极的作用。

(4) 共享利益制度具有促进各种经济资源在企业内部的有效组织和利用及在整个社会范围内优化配置的作用。共享利益是企业的收益，在共享利益制度中，劳动力所有者与资本所有者在一定时期所能实际获得的经济利益是指共享利益制度企业可供分配的净收入。由于可供分配的净收入是销售收入扣除物质成本和国家税收后的剩余，而国家税收通常与企业销售收入相联系，因此在销售收入既定的条件下，这个剩余将主要受到物质生产成本的影响。所以，根据上述思路设计的净收入中实现经济利益的共享利益企业分配制度，不仅体现了各类参与者共享利益、同担风险的基本原则，而且会促进这些参与者在积极关心产品开发和市场拓展等战略经营问题以促进企业经营规模扩大、销售收入增加的同时，努力探索生产手段的改善和生产方法的改进，以尽可能地降低需要在销售收入中抵偿的物质生产成本，扩大可供分配的净收入。

在这种分配制度中，虽然各类参与者都可能表现出增加使用其他经营要素的倾向，因为这种增加会导致本要素使用的节约(或相对节约)，从而在计算各自应占净收入份额的贡献率不变的情况下，相对增加本要素的占有份额，但由于任何增加要素投入的决策都要由企业委员会这个各方代表平等行使权利的决策机构来确定，因此这种倾向很难产生实际的影响。相反，在可供分配的净收入中所占份额既定的条件下，某类参与者内部提供这种服务的要素数量越少，则单位要素或其供给者能够实现的收益就越多。因此这种分配制度不仅会诱导各参与者积极关心物质生产条件的充分利用，而且会促进他们努力节约自己提供的要素的使用或占用。显然，在企业和社会范围内各种经营资源都是相对稀缺的条件下，各类参与者的这种关心和努力不仅将带来企业生产组织和方法的不断创新，而且将促进整个社会资源的充分利用和合理配置。

2. 共享利益制度的约束功能

任何制度都是对其利益相关者行为的约束与激励，制度的约束性就是对所有不符合集体利益的机会主义倾向做出的抑制性反应。集体行动是制度的一个特征，集体行动的目标就是约束的标准，凡是与集体行动目标不吻合的一切个人行为，都是制度限制与惩罚的对象。以契约形式存在的企业本身就是制度的化身，同时作为一个集体，企业又是部分制度的供给者和监督者。于是以企业为承载实体的制度自然要体现企业的目标，而企业的目标是实现利润的最大化，这样一来，最大化目标就成为企业共享利益制度的条件。

参加收益共享的每个人都是利益人，总是期望个人得到的利益最大，这很难使个人同时做到利己和不损害别人。由于收益的共享利益制度的各主体之间是一种合作关系，损人利己行为的发生必然影响企业目标的实现。企业收益利益共享制度是集体选择的结果，它关系到收益共享产权权能的实现，换句话说，对任何一个收益的共享者产权权能的侵害，都将损害企业的经营绩效及其资产的完整和扩大，最终影响所有收益共享者的利益。因而，共享利益制度首先要约束这种行动，约束的传统做法是对背离目标行为进行惩罚。但科斯认为这种思路是错误的，因为"问题具有相互性，即避免对乙的损害将会使甲造成损害，必须决定的真正问题是，允许甲损害乙，还是允许乙损害甲"。解决这一问题的关键"在于避免较严重的损害"。依据科斯的理论，因为有效率的资源配置不可能在每种规则中出现，合理的规则是交易费用影响最小化原则，而共享利益制度对背离既定目标行为的约束主要通过使交易费用的影响最小来实现。这就是说，共享利益制度应通过明确企业内各主体的产权权能来缩小个人共享目标与企业收益目标之间的差距，使每个利益共享者损人亦不能利己，从而约束行为偏差的发生。共享利益制度在约束企业收益共享活动中的偏差行为的同时，实际上也对利益共享风险产生约束功效。利益共享风险是由于收益共享可能会给企业未来的生产经营带来不利的影响。风险主要来源于收益的确认，即客观环境如通货膨胀等因素，或会计方法不当使成本虚增或虚减，从而导致收益的虚增或虚减；还有就是收益分享的时间、形式和金融把握不当所产生的风险，如企业资金紧张时，以货币资金形式对外分配，且金额可观，这会大大降低企业的偿债能力，影响企业的再生产。共享利益制度对利益共享风险的制约，是通过一定的规则确定合理的共享顺序、共享标准以及共享方式，协调好各利益共享参与者的短期利益和长期利益。

共享利益制度的约束功能还体现在，它的建立有利于克服经营者权力运用不受控制的危险。共享利益制度企业的权力结构和利益关系为经营者行为制导提供了制度上的保证，对于克服经营者权力运用不受控制的危险具有一定的优势，这种优势主要与控制主体的多元化有关。资本权益的企业制度，特别是当这种企业制度以股份企业为表现形式时，不仅存在着由于主体成员数量众多而难以形成共识或共识成本过高的局限性，而且由于资本所有者是从外部来关心和控制企业经营的，因此即便能够形成有效控制所需的共识，这种共识也可能由于缺乏对企业日常经营状况或经营者权力的日常运作的信息的了解而缺乏有效性;在劳动权益的企业制度下,虽然劳动者是企业生产经营活动的直接参与者,对经营者的权力行为有充分的了解,然而由于劳动者在企业决策系统和作业系统中的双重身份,由于劳动者的利益实现,不论是经济性的工资报酬,还是非经济性的职务晋升,都主要取决于他们作为执行者而非共同决策者的表现,因而在经营者的权力关系中实际上处于不利地位。共享利益企业制度下,经营者的行为选择将受到来自多方面的约束。作为企业权力和利益关系中的共同主体,资本参与者和劳动者可以联合起来对经营者的权力行为进行控制。这种联合制导可以克服单一制导的局限性:一方面,共享利益制度企业可以借助劳动者在经营者行为制导中的参与,克服资本所有者从外部控制对经营者在权力运用中的行为表现了解不充分的局限性;另一方面,利用资本所有者的制导参与,可以克服劳动者的利益实现对经营者的依赖。这样,共享利益制度企业便可以使资本控制与劳动控制互为补充,充分利用单方制导的有利条件克服相应的局限性,从而形成联合制导的综合优势。

因此,从劳动与资本在企业权力结构中的相对地位从而与经营者的相对关系角度去分析,共享利益企业制度有利于保证在获得经营者必要服务和贡献的同时,对他们在运用权力组织企业经营过程中的行为选择进行有效的诱导和制约。正是这种经营者行为控制的有效性将为理论上可能存在的这种企业制度获得实践中的成功提供有力的保证。

第九节 社会保障制度

社会保障制度是在政府的管理之下,以国家为主体,依据一定的法律和规定,通过国民收入的再分配,以社会保障基金为依托,对公民在暂时或者永久性失去劳动能力以及由于各种原因生活发生困难时给予物质帮助,用以保障居民最基本的生活需要。社会保障是由国家和社会组织实施的,对公民在年老、疾病、失业、伤残、生育、死亡、遭遇灾害而面临生活困难时给予物质帮助,以保障公民个人和家庭以及遗属基本生活需要的社会制度。社会保障制度主要包括社会救济制度、失业保险制度、医疗保险制度、社会福利制度和养老保险制度等。社会保障是一个多维的概念,它是国家通过法规强制推行的一种社会政策,反映了一定社会的政治制度特征,属于政治学研究的范畴;它是为解决特定的社会问题而实施的具体行为，也可属于社会学研究的范畴；从社会保障基金筹集到支付过程看，参与了国民收入分配与再分配过程，也可属于经济学研究的范畴。建立和完善我国社会保障制度是市场经济发展的必然要求，是维护社会稳定的安全网，是社会不同群体收入分配的调节器。影响社会保障制度的主要因素有政治因素、人口因素、国力因素、地区发展不平衡因素、社会经济结构变动因素、民族因素和历史文化传统因素。应基于这些影响因素，逐步建立具有中国特色的社会保障制度。我国社会保障制度在原有的基础上建立和完善的新框架结构应当由三大部分组成：一部分是由国家法律强制实施的社会保险，这是社会保障体系的主体部分；一部分是由国家财政支撑的保障项目，包括社会救济，社会福利、优抚安置等；一部分是遵循自愿原则，以营利为目的的商业保险，这是社会保险最主要的补充[①]。

根据马克思主义的国民收入分配和再分配理论，不仅要解决好直接生产劳动者的收入报酬问题，还要解决国有收入在整个国家范围内的收入分配调节问题。社会保障制度要通过集体投保、个人投保、国家资助、强制储蓄的办法筹集资金，国家对生活水平达不到最低标准者实行救助，对暂时或永久失去劳动能力的人提供基本生活保障，逐步增进全体社会成员的物质和文化福利，保持社会安定，促进经济增长和社会进步。要充分发挥政府作用，以社会公平为原则，着重解决落后地区、农村地区的社会保障制度的建立。

社会保障可以分为如下三个层次：

（1）从经济上说，通过现金给付或援助的方式保障国民的生活，解决的是国民遭遇生活困难时的经济来源问题。

（2）从服务上说，适应家庭结构变迁与自我保障功能的弱化，通过提供服务来满足国民对个人生活照料服务的需求，如安老服务、康复服务、儿童服务等。

（3）从精神上说，除了经济保障与服务保障需求外，人们在现实生活中还离不开相应的情感保障，即精神慰藉也是人的正常、健康生活的必要组成部分。

因此，现代社会保障还日益承担着为需要者提供精神保障的责任。当然，精神保障属于文化、伦理、心理慰藉方面的保障，突出地体现了社会保障制度的人性化要求，属于更高层次的保障。尽管在实践中，难以将精神保障作为特

① 长春税务学院课题组：《建立和完善我国社会保障制度研究》，2000 年。

定的制度安排来加以建设，但发达国家或地区的社会保障制度实践表明，制度化安排中确实需要尊重并满足有需要者的精神保障需求。

社会保障具有以下五个功能：

(1) 社会保障是劳动力再生产的保护器。

社会保障的功能之一就是在劳动力再生产遇到障碍时给予劳动者及其家属以基本生活、生命的必要保障，以维系劳动力再生产的需要，从而保证社会再生产的正常进行。

(2) 社会保障是社会发展的稳定器。

通过社会保障对社会财富进行再分配，适当缩小各阶层社会成员之间的收入差距，避免贫富悬殊，使社会成员的基本生活得到保障，能协调社会关系、维护社会稳定。

(3) 社会保障是经济发展的调节器。

社会保障对经济发展的调节作用主要体现在对社会总需求的自动调节作用。在经济萧条时期，一方面由于失业增加、收入减少，用于社会保障的货币积累相应减少；另一方面，因失业或收入减少而需要社会救济的人数增加，社会用于失业救济和其他社会福利方面的社会保障支出也相应增加。这使社会保障的同期支出大于收入，从而刺激了消费需求和社会总需求。在经济繁荣时期，其作用则正好相反。

(4) 社会保障具有促进发展的功能。

社会保障制度在产生初期或许主要体现出稳定和与调节功能，但发展到已经明显具备了促进发展的功能。主要表现在：一是能够促进社会成员之间及其与整个社会的协调发展，使社会生活实现良性循环；二是能够加快遭受特殊事件的社会成员重新认识发展变化中的社会环境，适应社会生活的变化；三是能够促进社会成员的物质与精神生活水平提高；四是能够促进政府有关社会政策的实施；五是能够促进社会文明的发展。另外，在经济领域，社会保障通过营造稳定的社会环境促进着经济的发展，同时通过社会保障基金的运营直接促进某些产业的发展。

(5) 社会保障具有互助的功能。

社会保障实质上体现了互惠互助以及在互惠互助中的他助与自助。社会保障采用责任分担机制，所以是一种以互助为基石并在互助中使风险得到化解的一种机制。

除以上五大功能外，社会保障还具有防控风险、资本积累等功能。

社会保障可以解除劳动力流动的后顾之忧，使劳动力流动渠道通畅，有利于调节和实现人力资源的高效配置。

我国的社会保障制度是建立在社会主义市场经济基础上的，它的现实基础是社会主义初级阶段的生产力发展水平。虽然现代社会与马克思所设想的未来社会，无论是从其产生的社会基础，还是从生产力的发展水平等方面都有极大的区别。但要正确认识这个问题，一方面要坚持马克思主义的辩证唯物主义和历史唯物主义，实事求是地以科学的态度来看待马克思主义的基本理论；另一方面要与中国的实际相结合，灵活运用，并使其在实践中发扬光大。

西方各国的社会保障制度虽然在缓解劳资矛盾、维护资本主义生产方式、保持经济和社会稳定等方面发挥了相当大的作用，但也由于失业、通货膨胀、人口老化等因素的长期困扰而面临危机：一是过度保障使社会保障支出日益膨胀，财政不堪重负；二是福利的平均化和救济过度造成受益不公，使人们的工作欲望减弱而对政府和社会的依赖心理加重，使效率受损；三是社会保障管理机构膨胀，管理费用增加，造成社会保障资金流失。

为改变这一被动局面，西方各国普遍对社会保障制度进行了调整和改革，出现了新的发展趋势。第一，提高社会保障费率，广辟资金来源渠道，增加社会保障收入；第二，降低过高的社会保障标准，减少社会保障支出；第三，减少国家干预，强化市场机制对社会保障的调节作用，使社会保障制度从“国有化”向“私有化”转变，让私有企业在社会保障体系中发挥更重要的作用；第四，鼓励发展商业性保险；第五，将社会保障基金的现收现付制改为现收现付和个人资本积累相结合的混合制，以增强个人的自我保障意识和责任。

中国的社会保障制度是中央政府和各级地方政府共同负责的计划。中央政府的职责是制订全国统一的法规、政策和标准，对困难地区提供资金帮助；地方政府的职责是根据中央的统一政策制定本地法规、政策和标准，筹集社会保障基金，支付社会保障待遇。

中央政府管理社会保障事务的主要机构是人力资源和社会保障部、民政部、卫计委和财政部。人力资源和社会保障部负责管理养老保险、失业保险、城镇职工医疗保险、工伤保险、生育保险等项目；民政部负责管理社会救济、社会福利、优抚安置等项目；卫生部负责管理农村合作医疗制度；财政部负责制定社会保障的财政政策和财务、会计制度，实施对社会保障资金收支的财政监督，为社会保障计划提供补助资金等。各省、市、县政府设有同样的行政管理机构，承担相应的社会保障职能。

中央、省、市、县分别设立隶属于政府人力资源和社会保障行政管理部门的、非营利的社会保险经办机构，现有工作人员 10 万人，主要职责是办理参保登记、收缴社会保险费、记录缴费、管理个人账户、确认并支付待遇、管理社会保险资金、提供查询等。中国与其他国家签订的社会保险协定，由中央级社会保险经办机构负责执行。

一个国家的社会保障管理体制往往由于不同的历史背景、社会制度和经济发展水平等因素而存在一定的差异，因此国际上社会保障管理体制的类型较多。经过总结归纳，我们把国际上比较典型的社会保障管理体制大致划分为以下四种类型。

(1) 集中统一型。这种类型的社会保障管理体制的主要特征是在整个国家或地区只建立一个社会保障机构，统一管理有关的各项目的事务，并通过统一征集税收(目的税)，以保证社会保障的各项支出。例如，英国的社会保障部就集中统一管理几乎所有社会保障事务，除下属六个委员会和两个管理中心办公室外，在全国各地还普设分支机构，而每个分支机构下又有多个福利办公室，因此整个管理系统十分庞大。

(2) 统分结合型。这种类型的社会保障管理体制的主要特征是立法、政策、资金和监督四种职能实行统一管理，而具体的社会保障各项目管理则分别由各职能部门分工管理。例如，法国的社会保障管理体制实行了统一立法、统一资金征集管理、统一实行监督，但社会保障各项目的具体管理事务则主要由社会保险局和社会事务局等机构分工管理。前者负责医疗、年金等社会保障工作，而后者主要负责残疾人、老人、儿童等的社会福利工作。此外，还有些特殊性质的项目，如失业保险的管理则由国家劳动部承担。

(3) 分头自治型。这种类型的社会保障管理体制的主要特征是在统一立法和统一监督下，对各种社会保障项目实行分头自治管理，相互独立，互不融通。德国就属于这种类型，医疗保险、年金、战争被害者的援助等工作由劳动社会部自治管理，医疗、保健、食品卫生、医药和社会福利则由青少年、家庭、妇女保健部实行自治管理。

(4) 市场运作型。这种类型的社会保障管理体制的主要特征是政府部门只进行一般监督和政策规划，而社会保障的具体事务都转给民间部门根据立法参与运作和承办。例如，智利的政府社会保障部门只管制定政策和发展规划，具体业务和基金运营则都由包括私营保险公司在内的民间机构承担，政府对基金运营过程实行动态监督。

第十节　关于公平与效率关系的争论[①]

一、对公平内涵的不同认识

关于公平与效率关系的争论首先源于人们对公平的不同理解。当前关于公平的含义主要有以下几种观点。

（一）从经济学角度研究的公平

有学者认为，公平的核心是经济公平。经济公平是指社会经济生活中不同利益主体按各方可接受的条件处理相互关系——主要是经济竞争中的关系，合理分摊经济利益。它包括经济竞争中的机会公平、规则公平和结果公平。机会公平是使进入市场中的人不因家庭背景、自然禀赋、特定环境等因素而丧失或多得到某种竞争的机会；规则公平，即哈耶克、诺齐克所称的程序正义原则，它是指市场规则的普遍适用性，大家都能在同一规则下平等竞争；结果公平是指按同样的分配尺度公平地对每一参与市场竞争者进行收入分配，而不是平均主义分配。

（二）从伦理学角度研究的社会公平

有学者认为公平并不是一个纯经济学概念，它涉及价值判断问题，因而在经济公平之上还有社会公平。社会公平的实质是社会中人的发展，它包括三个层面：一是以社会心理为核心的民众的公平观念，平等意识；二是作为系统的法权意义上的社会价值体系公平观，如“法律面前人人平等”；三是作为社会制度体系的社会公平，如社会的司法制度公平、政治制度公平等。就内容来划分，社会公平包含经济公平、政治公平、社会地位公平。因此，社会公平是更广泛的社会意义上的平等，它更侧重于对一种社会形态做合乎历史、合乎情理的评价，是对某一历史阶段社会不平等的纠正。经济公平掩盖了事实上的不公平，社会公平就是要解决这些蕴涵事实上的不平等以及公平自身的矛盾（自由与平等、个人与群体、理论与现实、代内与代际）。

（三）社会主义市场经济条件下的公平

在社会主义市场经济条件下，由于存在多层次、多形式的复杂的经济社会关系，公平的含义也是多方面的。一是作为市场经济基本规范的等价交换的

---

① 徐丹丹：《公平与效率关系研究综述》，《教学与研究》2006年第5期。

公平。这种含义的公平是从市场经济的基本要求中派生出来的,是指商品所有者是有平等权利的,他们根据对所有人来说都平等的权利进行交换。二是与社会主义人权原则相适应的权利的公平。人权是一个社会每一个人应当享有的自由平等的权利。社会主义的人权观强调要将尊重和保障人权贯彻到社会生活各个方面,特别是将生存权、发展权放在首位,保障每个人的生存权和发展权。三是与社会主义公有制和按劳分配相适应的劳动的公平。这种含义的公平的实质是等量劳动相交换,既强调消灭剥削和两极分化,又强调劳动者之间利益的差别。四是收入分配结果的平等,即收入分配的均等化。这种含义的公平反映了不同社会阶层或不同社会成员之间在国民收入再分配后形成的收入差距的大小,它也是目前人们讨论公平与效率关系时一般使用的概念。但在公平与分配的关系上存在争议。有学者指出,公平是一个处理事情的原则,要公正,即平等相待。但它没有一个固定的标准来进行衡量。由于公平本身是一个不能确定的标准,以公平要求分配,就更难执行了。所谓公平作为分配的标准,就是"把分配看成并解释成一种不依赖于生产方式的东西",因而是不能成立的。公平标准是要求合情合理,而分配标准是按贡献付报酬。如果说在分配上要用公平标准进行分配,那么只能实行平均分配,而反对这种观点的学者认为,重视分配的公平,并不是把公平作为分配的"标准",比如,按劳分配所依据的标准是劳动贡献,而不是"公平"。要把分配的标准同衡量分配公平不公平的标准区别开来,不应将两者混淆。

二、对公平与效率关系的不同认识

在公平与效率关系的争论中,有的学者强调二者之间的矛盾性,指出必须突出其一,或效率优先或公平优先,而不能并重;有的学者强调二者的一致性,提出"公平与效率统一论"或并重论。

(一) 效率优先论

这一观点认为"效率优先,兼顾公平"的提法是不能改变的。这是因为:(1) 生产决定分配,"效率优先,兼顾公平"是针对改革开放前的平均主义分配提出来的,含有把生产搞上去的根本用意。要把生产搞上去,就必须在分配制度上坚持效率优先,以调动广大生产者和经营者的积极性;而改变原来的提法,则有走回头路的嫌疑,是不利于提高生产的。(2) 在我国市场经济现阶段,收入差距扩大化是不可逆转的趋势。这种收入差距只可以"适当调节",不可以过分强调,何况收入差距扩大化未必是坏事,而可能是好事。(3) 我们现在的收入差距扩大化，是在总体收入都有所提高的情况下的差距扩大，即有的提高得多，有的提高得少，而不是两极分化。(4) 共同富裕是长远的目标，即经过收入差距的扩大，当经济的发展获得极大的成效以后，才能逐渐缩小差距。何况即使将来共同富裕实现以后，也不会是大家的收入水平都一样。因此，如果把公平放在首位，不把蛋糕做大，只能是大家一起受穷。正确的做法只能是毫不动摇地发展经济，在把蛋糕做大的前提下，注重缩小收入差距。

也有学者认为，既要把解决公平的问题提到重要地位，又要清醒地认识到分配的公平归根到底取决于生产的发展及其效率，认识到在社会主义社会特别是在社会主义初级阶段，我们能够达到的公平只能是有限的和相对的公平。我们是马克思主义者，必须根据唯物史观来阐述生产与分配的关系，阐述公平的内涵和在社会发展各个阶段上的实际意义，提出符合社会主义社会特点并且在社会主义初级阶段能够达到的公平要求。离开以经济建设为中心的全面、协调、可持续的发展，把分配公平问题上升到第一位的或重点的位置，甚至抽象地谈论公平，势必把问题复杂化，甚至只会扩大矛盾面、激化矛盾程度、危及和谐社会的建设。因此，在构建社会主义和谐社会的时候，一方面，我们在坚持效率优先的同时，要真正做到兼顾公平而不是不顾公平，并把公平问题放到重要的位置上来；另一方面，我们要认真研究切实可行的、能够保证大多数人满意的公平方案。

(二) 效率与公平并重论

这一观点认为，效率优先不是不可以讲，在生产领域可以讲效率优先、兼顾速度，但不是放在收入分配领域讲。效率、效益、质量一系列概念是与速度、投入、数量一系列概念相对应的。而在分配领域，效率与公平并不是原先人们设想的交易(trade off)的关系，即在一定范围内扩大收入分配差距有利于提高效率，缩小收入分配差距不利于提高效率，所以有优先兼顾之说。实际上，两者之间不只是交易的关系，而且应当是辩证的矛盾统一的关系，收入分配差距过大和过小都不利于提高效率。所以就不存在哪个优先哪个兼顾的问题，要辩证统一地考虑。“效率优先，兼顾公平”的方针只适应于社会主义初级阶段的某一个时期，随着我国社会经济的发展，它应逐渐淡出。其理由如下：一是经过 20 多年的改革与发展，我国经济总量、国家综合经济实力大大增强。现在已经完成 GDP 第一个翻番和第二个翻番，正在进入第三个翻番阶段，在我国居民生活总体上已经达到小康水平的基础上向全面实现小康水平过渡，已经有一定的物质基础和能力，逐步解决多年来累积形成的贫富差距问题、进一步重视公平问题的时机，已经基本成熟。二是我国目前收入差距扩大迅速，已经成为影响当前社会和谐和社会稳定的重大问题了。如不采取措施,则有迅速向两极分化和向承受极限接近的危险。所以我们必须从现在起进一步重视社会公平问题,调整效率与公平关系,加大社会公平的分量。可以先逐步减少收入差距扩大的幅度,以后再逐步降低基尼系数的绝对值。所以“效率优先,兼顾公平”的口号现在可以淡出,逐渐向“效率与公平并重”或“效率与公平优化组合”过渡。这一观点从社会发展的客观条件和人们的主观愿望出发,认为现在应该着重解决社会公平问题。

(三) 公平与效率统一论

持这一观点的学者认为,经济学意义上的公平是指有关经济活动的制度、权利、机会和结果等方面的平等和合理。经济公平具有客观性、历史性和相对性。应当看到,公平或平等不等于收入均等或收入平均,经济公平的内涵大大超过收入平均的概念。包括阿瑟·奥肯和勒纳在内的国际学术界流行思潮,把经济公平和结果平等视为收入均等化或收入平均化,是明显含有逻辑错误的。经济学意义上的效率是指经济资源的配置和产出状态。对于一个企业或社会来说,最高效率意味着经济资源处于最优配置状态,从而使特定范围内的需要得到最大满足或福利得到最大增进或财富得到最大增加。改革的目的就是要进入高效率的最佳状态。法律意义上的社会主义资产公有制,只是为微观和宏观经济的高效率以及比私有制更多的机会均等开辟了客观可能性,而要将这种可能性变为现实,必须以科学的经济体制与经济机制为中介。效率是实行公有制和体制改革的基本动因,高效率是无法脱离以合理的公有制经济体制为基础的公平分配的。公平与效率在根本上是一致的,两者的关系是交互促进并发生同方向变动的,即越是公平越有效率,越不公平越无效率,效率越高越能促进公平。两者的关系不是此消彼长的关系。

还有学者把“效率优先,兼顾公平”的提法存在的主要问题概括起来:(1) 脱离一定的社会历史条件抽象地看待社会公平,把公平的含义局限于收入分配结果的均等化这样一个狭隘的范围内;(2) 脱离人的主体性和社会制度背景孤立地考察经济效率,把效率的含义完全局限在纯粹的技术领域;(3) 片面强调效率与公平的对立,而没有认识到它们之间的统一性和存在的多方面的复杂关系;(4) 割裂了目标与手段的辩证关系,没有认识到公平与公正是社会主义社会的核心价值。因此,在新的历史条件下,我们应当更加重视社会的公平,更加全面理解和贯彻社会公平原则,用“在发展社会生产力的基础上努力实现公平与效率的统一”这一新的公平效率观提法代替“效率优先,兼顾公平”的旧提法。这不仅有利于我们更加准确地认识当前的社会公平问题并制定合理的政策，也坚持了生产力的首要性这一马克思主义唯物史观的基本观点和强调以人为本、实现人的全面发展这一社会主义的根本目标。

(四) 公平优先论

这种观点认为，构建和谐社会的关键是统筹协调好公平与效率的关系。这也是与科学发展观一致的。在任何时候公平和效率都不能兼得，两个目标之间只能存在相互兼顾的关系。既然兼顾就有个谁为先的选择。原有体制严重低效率，改革原有体制无疑要以效率为先。现在我国改革遇到的突出问题是不公平问题，如分配的不公平、改制的不公平、市场交易的不公平、公共产品供给的不公平等。这些问题不及时解决可能侵吞市场化改革所带来的提高效率的成果。因此，推进以社会公平为目标的改革能达到提高效率的结果。同时，根据改革成果惠及全体人民的要求，改革也需要转到公平为先，在此基础上构建和谐社会。

三、对当前分配不公现状及其原因的分析

效率与公平的关系问题不仅是理论界争论的热点，而且对解决转型时期我国社会收入不公问题有重要的现实意义。

(一) 对分配不公现状的认识

对这一问题，国内学者也有不同的看法。有人认为中国目前存在着严重的分配不公问题，主要表现在基尼系数已经超过国际公认的警戒线，城乡居民收入差距扩大，地区间差距也在不断扩大。我国目前收入差距扩大迅速，已经成为影响当前社会和谐和社会稳定的重大问题了。因此，必须从现时起进一步重视社会公平问题。另有学者则认为，我国目前收入差距的扩大是我国所有制结构多元化、分配方式多元化和市场经济不断发展的必然结果，有利于社会生产力的发展和社会的进步。也有学者认为，中国目前地区之间的实际收入差距并没有名义收入差距那么大，关键的一个因素是价格水平，不同地区的价格水平是不一样的。由于价格水平不同，特别是那些不可流动的商品、服务的价格是不同的，所以从实际收入看，没有人们想象得那么大。

(二) 对收入不公原因的分析

有的学者认为，收入不公的真正原因更多的不是由于市场因素，而是由非市场因素导致的，特权、垄断、寻租、腐败等官商勾结、权力与资本合谋的行为导致贫富悬殊。可以说改革到现在，商品服务市场关系已经相当深化了，但是

要素市场一直是扭曲的,处于行政权力、种种特权垄断因素的控制之中。也就是说,市场配置资源的基础性作用还没有真正起到作用,市场机制在要素市场上还没有充分发挥作用,社会经济效率优先的目标远没有实现。因此,收入不公是没有完全市场化带来的,而不是市场化的结果。城乡差距、地区差距、收入分配差距扩大的原因在于市场体制还没有完善,还没有真正实行经济增长方式的转变。

也有学者认为导致收入差距迅速拉大、社会分配问题丛生的因素十分复杂。但是由于广大干部经验不足,由于一部分干部的误解,把公平放在从属地位,还有一些地方与部门官员受自身利益的驱动,使许多能解决的社会分配问题迟迟得不到解决。因此,应进一步重视社会公平问题,在效率与公平关系上加大公平的分量。

可见,新世纪公平与效率关系的争论是在构建和谐社会、坚持科学发展观和全面建设小康社会目标的框架内,对当前发展中出现的贫富悬殊状况及各种利益冲突的现实状况进行反思,对效率与公平关系从理论到政策重新思考,以实现对其科学合理的定位。尽管在争论中存在各种各样的观点,但值得注意的是,社会公平问题是此次争论的核心和焦点。在新时期也只有正确处理好公平与效率的关系,才能进一步巩固改革成果,推动社会的可持续发展。

一、复习思考题

1. 为什么说分配关系是生产关系的背面?
2. 马克思关于按劳分配的定义是什么?
3. 社会主义初级阶段按劳分配有哪些基本特征?
4. 社会主义初级阶段的基本分配制度是什么?
5. 如何理解收入分配变化过程中的库兹涅茨“倒U曲线”现象?
6. 财富分配差距与收入分配的差距有何不同?
7. 什么是社会主义国民收入的初次分配和再分配?
8. 如何理解和评价罗尔斯关于正义的理论?它有何借鉴意义?为什么说公平从来都是社会主义分配制度的内在要求?
9. 社会主义国家政府如何代表公共利益?
10. 社会主义市场经济中公平与效率的关系如何?
11. 罗默是如何看待社会主义平等观念的?
12. 政府主导型市场经济条件下如何进行利益格局调整?

13. 社会主义经济如何实现“利益共享”?

14. 社会主义经济增长与利益分配的关系如何?

15. 如何理解社会主义市场经济中按劳分配与按要素分配相结合?

16. 如何建立和完善我国的社会保障制度?

二、课堂讨论题

1. 如何看待社会主义经济发展中的贫富差距？解决贫富差距的途径有哪些?

2. 按劳分配、按要素分配与社会主义市场经济体制的关系如何?

第十一章　社会主义国家的城乡地区差别及城市化问题

研究文献综述

在《资本论》《共产党宣言》和《法德农民问题》等著作中，马克思、恩格斯对农村、农民和农业问题进行过经典论述。马克思、恩格斯围绕城乡差别和工农差别展开对农村问题的论述——劳动力在不同地区和不同产业之间迁移和流动可以拉平地区收入和产业差别，从而有利于缩小城乡差别和工农差别；现代科学在生产中的运用把农村居民从土地上赶走，而使人口集中于工业城镇；农业人口这种现代社会中最稳定、最保守的因素正在消失，同时工业无产阶级由于现代生产的作用在大城市中围绕着巨大的生产力聚集起来；经营大农业和采用农业机器使目前自己耕种自己土地的大部分小农的农业劳动变为多余。要使这些被排挤出田野耕作的人不致没有工作，或不会被迫涌入城市，必须使他们就在农村中从事工业劳动；农村居民特别是农业工人成立自己的组织以及农业工人运动的复兴为他们争取和维护自己的利益提供了强有力的手段，因而有利于缩小城乡差别和工农差别。在马克思、恩格斯看来，土地的自由流通和自由交易促进了地产的集中，而地产的集中是现代大农业发展的重要条件。列宁在俄国社会主义实践过程中，总结了资本主义农业演进的两种形式即普鲁士的道路（地主式的农业资本主义演进）和美国式道路（农民式的资本主义农业演进），论证了土地国有化的纲领[①]。

社会主义制度在不发达国家建立、形成和发展，这就决定了社会主义国家要正确处理好地区发展差距[②][③]、城乡差别[④]和城市化问题。不发达的社会主

① 《列宁全集》第十三卷，人民出版社 2014 年版。
② 王梦奎、李善同：《中国地区社会经济发展不平衡问题研究》，商务印书馆 2000 年版。
③ 张健：《中国地区经济发展差距变动趋势研究》，上海社会科学院出版社 2013 年版。
④ 蔡昉、杨涛：《城乡收入差距的政治经济学》，《中国社会科学》2000 年第 4 期。

义国家在工业化和现代化，以及经济转型和经济发展过程中，必然会出现城乡差别和地区经济差距，从社会主义生产关系的角度来看，需要正确处理不同阶层、不同利益群体之间的利益关系①②③，真正做到利益共享④⑤，共同富裕。地区发展的差别既有历史传统原因，又有现实因素的影响⑥⑦⑧，而城乡差别更是社会主义经济发展中必须要解决的重要问题⑨⑩。中国社会主义现代化过程中凸显出来的建立城乡统一用地市场⑪⑫和“三农”问题⑬、城市化问题⑭⑮⑯以及二元经济结构与经济增长等问题也越来越引起学者们的极大关注⑰⑱。

第一节　中国东西部经济发展不能实现“收敛”的原因探析

一、经济发展中的收敛机制和发散机制

为什么有些国家或地区不发达而另外的国家或地区却很发达？富的变得更富了，穷的变得更穷了。这个问题是经济学家们一直难以直接回答的，并且业已构成发展经济学的主要线索。因为尚未能找出影响一国经济发展的最重要因素，从高资本积累率到制度因素和经济发展的初始条件等，解释的原因也

① 洪远朋等：《论社会主义市场经济体制中的十大利益关系》，《复旦学报》1995 年第 3 期。
② 陈波：《地方利益、区域经济一体化合作与福祉》，《社会科学》2008 年第 1 期。
③ 陈波：《利益补偿论——我国改革中形成的弱势群体的利益补偿问题》，《四川社会科学》2004 年第 1 期。
④ 马艳：《利益补偿与我国社会利益关系的协调发展》，《社会科学研究》2008 年第 7 期。
⑤ 叶正茂：《共享利益的理论渊源与实现机制》，《经济学动态》2006 年第 8 期。
⑥ 何玉长：《论中国浅内陆省区域经济的发展》，人民出版社 1996 年版。
⑦ 伍装：《东西部经济发展不能实现收敛的原因探析》，《内蒙古社会科学》2005 年第 5 期。
⑧ 胡鞍钢：《中国地区差距报告》，辽宁人民出版社 1995 年版。
⑨ 林毅夫：《制度、技术与中国农业发展》，上海人民出版社 2005 年版。
⑩ 简新华：《论农村工业化与城市化的适度同步发展》，《经济学动态》1997 年第 7 期。
⑪ 郑云峰、李建建：《关于建立城乡统一建设用地市场的设想与对策》，《中国房地产》2010 年第 10 期。
⑫ 张薰华、俞健：《土地经济学》，上海人民出版社 1987 年版。
⑬ 张薰华：《从生产力发展剖析三农问题》，《世界经济文汇》2005 年第 4 期。
⑭ 张自然、张平、刘霞辉：《经济学动态》2014 年第 2 期。
⑮ 参见王玉春、王玉婧、刘学敏：《中国城市化模式选择问题研究》，《学习与探索》2003 年第 1 期。
⑯ 参见王家庭：《“低成本、集约型”城市化模式的理论分析及低碳发展路径研究》，《当代经济管理》2012 年第 1 期。
⑰ 温铁军：《三农问题与制度变迁》，中国经济出版社 2009 年版。
⑱ 卢荣善：《走出传统：中国三农发展论》，经济科学出版社 2006 年版。

往往不是单一的。对于经济发展的差距或经济不发达的原因存在着两种基本对立的假说理论：一种是收敛的基本假说，另一种是发散的基本假说。自动收敛论的基本思想是，贫穷国家资本稀缺，从而有较高的资本边际产出，因此必然有更高的资本回报率，即与富国相比，穷国资本回报率更高，增长会更快，或者说，穷国在一定时期内会追上富国，实现收敛。具体说来，这种收敛论包括三个方面：第一，一个国家的技术、生产率和人均收入与先进国家的生产率水平之间的差距越大，一个穷国吸收现存技术和赶上较富国家的可能性就越大。技术被认为是公共产品，所以对于一个既定的技术投资量，一个穷国能够获得很高的报酬，因为它没有付出任何开发成本。第二，发展过程是以资源从低生产率农业向高生产率工业活动转移为特征的。假定其他情况不变，这应该也导向趋同，因为穷国的资源转移要比富国大。第三，主流新古典增长理论假定资本收益递减，因而预测趋同将会发生，假定所有的生产只应用资本和劳动，国民收入中一个固定资本的部分用于储蓄，与劳动相比较，资本相对稀缺的资源禀赋国家将有较高的资本回报率（由收入递减法则决定），结果资本市场对人均收入就起十分重要的作用。因此，保持一定储蓄率，穷国将快速增长并最终赶上发达国家，实现收敛。或者说，人均资本富足的富国将比穷国有更低的资本生产率，这样，如果偏好相同，穷国同样的储蓄和投资量将会导致比富国更快的增长。“发散论”的基本假说来源于初始历史条件或历史依附论。穆克拉吉和瑞（Mookherjee & Ray）曾经运用模型考察了这种发散机制。该模型的基本结论是：第一，即使从完全平等开始，随后的不平等演变也是不可避免的，因为即使在某一代人中所有人都拥有相同的财富，但是人们的选择是不同的。如果他们都选择离开祖传的非熟练劳动部门，熟练劳动部门的回报将非常高，从而激励一部分人让孩子受教育。如果非技术工人仍然是生产必需的，不可能所有父母都能让孩子受教育。因此，相同的一代人被迫采取不同的行为，这实际上就意味着下一代人必然出现某些不平等，从这种逻辑出发，经济体制的每一种稳定都必然暗含着不平等。第二，这种不平等反过来又会导致效率下降。模型假定没有信用市场，即使有，也是不完善的，因而个人不能通过从信用市场获取资源来轻易地摆脱不利地位。正是这种信用市场的不完善促进了不均的低效率，财产少的人不能很好地利用资源组合机会，不能获得技术、享受某种职业优势或者有较高的投资回报机会。第三，在财富分配是自我强化的状态下，可能有多种稳定状态。这并不是多重均衡，而是指给定的初始的历史条件，经济就只有唯一的路径。第四，不平等从根本上影响均衡价格

(广义的)的作用,也影响个人的动态命运,而且它不能由个人简单地随机扰乱因素来消除这些影响,或者说,一个特别的体制也显示各种时代的易变性。经济发展的收敛论从穷国和富国具有不同资本产出率和资本回报率出发,论证穷国与富国之间存在着经济发展水平逐步接近的趋势,假定不考虑一国政权对经济发展的干预和关税等国际经济联系,那么在同一国范围内,发达地区和不发达地区之间也同样存在着经济发展的收敛机制作用;而经济发展的发散论则从不平等的初始状态对均衡价格和个人命运的影响出发,说明具有不同初始历史状态的人们必定会产生不平等,甚至认为经济体制的每一种稳定都必然暗含着不平等。考虑到不同国家或不同地区之间经济体制和其他历史条件的差异性存在,发达地区(国家)与不发达地区(国家)之间经济发展显然也存在着差距和不平等日益扩大的发散机制作用。

假定经济发展中同时存在着收敛机制和发散机制的作用,那么问题在于,在中国经济转型过程中,什么因素支配着这种收敛机制和发散机制的作用?本文将要论证的是,政府权力的干预既可能在中国不同地区之间的经济发展中产生收敛趋势,也可能产生发散趋势。

二、政府权力、资本回报率和人们的职业选择

(一) 中国西部地区投资回报率不高的根本原因

假定经济增长和经济发展主要取决于投资水平,那么投资回报率将直接决定投资水平,这种投资回报率并非一种名义上的投资回报率,而是一个地区的平均实际投资回报率,这不仅因为投资者是一个追求最大化利润的经济人,而且因为投资本身存在着投资风险。投资回报率可以用资本产出比来衡量,平均资本产出比是资本存量除以产出的年流量(K/O),而边际或增量资本产出比(ICOR)则计量增加的资本存量与增加的产出量之间的关系(ΔK/ΔO)。中国西部不发达地区平均实际投资回报率低于东部地区的根本原因在于,政府权力在实际经济生活中扮演了替代市场的角色和政府在高收益的领域和行业参与了收益分配,即与资本争利。首先,经济不发达地区同时存在着后发劣势与后发优势,这是由一国经济发展不平衡造成的,然而这种后发劣势与后发优势是不对等的,即后发劣势构成了不发达地区经济发展或工业化的现实的约束条件,而后发优势对经济不发达地区来说只是一种潜在的利益,只是一种可能性,后发优势不等同于后发优势的利用。经济不发达地区的后发劣势是综合性的,如技术方面,依附发达地区和发达国家的技术后发劣势;人口方面,

人口增长迅速且人口质量低;制度方面,市场体制不成熟。这些后发劣势的改变不仅是相互结合在一起的,往往也是短期内难以改变的。为了改变不发达地区的经济状态,政府往往作为强势政府在经济发展中扮演主导角色,由于后发劣势的顽固性和综合性,政府在改变后发劣势的过程中往往演变成"扶贫角色",而没有更多的精力从根本上改变后发劣势,特别是在政府官员的任期内。对于一任官员来说,改变后发劣势的预期收益小于预期成本,而做其他面子工程或形象工程的预期收益远远大于预期成本。后发优势的利用和发挥则涉及利益关系的重新调整和周期长等不利条件,从政府官员角度来说,这往往是"吃力不讨好"的事情。在中国经济发展的现阶段,不发达地区的扶贫工作是一项必须完成的政治任务,直接影响到政府官员的政绩。从这些意义上说,不发达地区的强势政府既不能在消除后发劣势上投入更多的精力,也不能在利用和发挥后发优势上有所作为。既然如此,不发达地区的整体投资环境就不能从根本上获得改善,如果考虑到政府权力过度干预可能会导致更多的权力寻租行为,投资回报率难以真正提高就理所当然了。其次,政府权力主体与民争利的行为也大大降低了不发达地区的投资回报率。不仅在发达地区与不发达地区之间存在着经济发展不平衡,而且在不发达地区内部也存在着经济发展不平衡,这是因为在不发达地区内部存在着资源禀赋的差异,不同行业的不同优势和不同经济增长点的潜在收益也不尽相同。一个值得关注的现象是,在不发达地区一旦出现新经济增长点和利润增长点,政府就通过自己控制的国有企业参与进来,甚至通过垄断形式首先攫取该行业或该领域的超额利润,使本地和外地私人资本难以进入,或者即使进入了,也由于政府背景的国有企业的垄断竞争或其他非竞争行为而大大降低了投资回报率。问题在于,政府为什么会与私人资本争利?这是因为,一方面,政府具有获取更多利润的条件;另一方面,政府也具有获取更多利润的动机。在中国西部不发达地区,一般的情形是,国有经济不仅占有较大的比重,而且均是某行业或领域属于具有较强实力的较大规模的企业,加上政府背景,如果在该地区出现新的利润增长点,它们总是能够在第一时间进入并很快形成垄断局面,即使有其他私人企业进入并产生竞争,也会大大降低该行业的平均利润率。国有企业获取更多的利润本无可厚非,但国有企业往往依靠其背后的政府通过一些特殊的优惠政策或政府权力干预来获取垄断利润,国有企业获取更多利润的动机在于直接增大地方的财政收入,政府官员有更多的经济权力,地方政府既可以利用这些获利企业来解决"扶贫"问题,又可以通过各种方式从国有企业获取各种灰色收入。

(二) 中国不发达地区,政府权力在社会、政治、经济等方面的直接渗透极大地制约着人们的职业选择

按照上面提到的穆克拉吉和瑞的模型,人们的职业选择会加剧收入不平等,从而直接制造经济发展的发散机制,这种发散机制会在不发达地区内部产生,但更多地会在发达地区与不发达地区之间产生,这显然会破坏东西经济发展的收敛机制作用(即使存在这种收敛机制)。一般来说,不发达地区与发达地区相比,政府权力对社会经济生活的干预面更广、程度更深,那么,不发达地区人们的职业选择空间更小,其结果是,不发达地区的人们大多数要么只能在本地选择报酬较低的非技术工作,要么超过政府所设置的障碍选择去发达地区工作。在不发达地区内部,那些报酬收入水平高的职业往往分布在国有垄断性企业和政府权力机构,而这些企业和机构只能自我复制原有的传统制度,对于推进经济市场化并无益处,这些企业和部门由于是垄断的,其从业人员也不可能通过劳动力市场的竞争产生。实际上,大多数有才能的人被排除在这些垄断性企业和部门之外,只能超过政府所设置的种种障碍流入比较开放和收入报酬高的经济发达地区;这显然又进一步扩大了不发达地区与发达地区之间经济发展水平的差距。那么,在不发达地区,政府为什么要限制人们的职业选择?政府限制人们自由选择职业是为了自我利益或集团利益的保护,但这种既得利益集团的利益保护总是在维持经济发展稳定和其他公共政治目标的名义下进行的。从中央政府到地方政府,它们限制人们职业选择和人口流动,无不是基于这样的目的和名义。政府户籍制度的管理和地方政府权力缺乏有效的监督不仅在不发达地区内部形成了人们身份和权利的不同等级,也在发达地区与不发达地区之间形成不同的社会福利制度和生活水平的差异。政府权力的干预不仅不能够促成东西部经济发展收敛机制的作用,恰恰是将东西部经济发展的发散机制固定化了。从人们选择职业的角度来看,政府权力不仅在不发达地区限制了人们在不同行业选择职业从而导致人们之间收入水平差距,而且在不发达地区与发达地区之间也造成人们之间收入水平的差距。需要指出的是,政府权力的干预不仅仅表现在人们职业选择的过程中,甚至职业选择的初始条件也是政府权力的干预造成的。中国社会的二元结构使得生活在不发达地区的人们一开始就被固化在缺乏现代工业的农牧业地区和教育水平低下的不发达地区。换句话说,不发达地区的人本来职业选择的空间就很有限,加上政府的垄断行为和种种不公正制度待遇更加在客观上限制了人们职业的选择自由(有些条件下,农民表面上选择职业是有自由的,但由于生活在既定的制度环境下,他们实际上隶属于政府所设定的制度)。与此相反,发达地区的人们由于一开始就生活在现代工业发达、市场经济发达和教育水平发达的环境下,不仅初始条件造就了他们具有更大的职业选择空间,而且政府的差别制度和差别政策又给他们提供了更多的选择职业的自由。人们职业选择的差异所造成的收入水平的差距反过来又会通过投资、消费或市场需求等进一步限制经济增长和经济发展,从而导致发达地区与不发达地区经济发展差距的进一步扩大。

三、经济状态的自我实现

考察东西部经济发展水平的差距,我们还需要进一步研究这两种地区初始的历史条件,以及这种初始的历史条件如何通过政府权力干预而形成一种自我实现机制。所谓自我实现机制,是指经济不发达本身成为经济不发达的原因,经济发达本身成为经济发达的原因。缪尔达尔在研究美国的黑人问题和南亚的贫困问题时,曾提出"循环积累因果联系"理论,在他看来,社会经济诸要素之间的关系不是趋于均衡,而是循环运动,但也不是简单的循环流转,而是具有累积效果的运动。社会系统的初始变化可以由外部引起,也可以通过一个国家自身采取的政策措施从内部诱发出来。"生活和工作中这些不可取的态度和行为方式,在某种程度上成为低生活水平的函数,从而间接构成低产出和低收入的函数,同时它们也是自变量。"同样,发展一旦启动,社会系统会由于自身的力量产生向上的累积过程。需要进一步研究的是,在东西部经济发展中,为什么不发达地区的政府权力干预反而固化了不发达地区经济状态的自我实现机制,始终未能真正找出经济发展向上累积运动的自我实现机制,而发达地区的政府权力干预却能够产生一种向上的累积运动过程。这是因为,中国政府权力对经济干预以一种外生的力量作用于经济系统内部,或者说,政府权力以外生的力量替代了内生力量,正是政府权力的这种性质和干预方式造成了中国东西部经济两种经济发展状态的自我实现机制。首先,政府权力的等级制和刚性固化了经济发展的劣势和优势。经济发展优势和劣势的形成是种种因素综合作用的结果,各种社会经济发展因素的相互联系和相互作用既不是简单地趋于均衡过程,也不是简单的循环过程,而是一种累积因果循环过程。对于西部不发达地区来说,克服经济发展劣势或利用经济发展优势同样也会经历一种累积因果循环的过程,而要打破这种累积循环过程只有依靠以市场为基础的政府适当干预。以市场为基础来化解贫困地区的累积循环是一条正确的途径,因为只有市场机制才能将不发达地区的社会经济要素之间的累积循环联系过程转换成一种从不均衡到均衡的过程,从而使一个地区的经济发展走上一条向上的线性发展道路。然而,政府并非以市场为基础,而是以政府权力为基础来推动西部地区经济发展,等级制度和刚性制度(垄断制度)是政府权力制度的基本特征,如此,不发达地区的经济制度被迫复制这种权力的等级制度和刚性制度。不发达地区经济发展的劣势只有通过引入市场机制才能逐步获得解决,即通过市场交换获得比较优势,逐步消除不发达地区的后发劣势;同样,不发达地区的后发优势也只有在市场机制中才能逐步扩大,推动不发达地区经济迅速增长。以政府权力为基础推动不发达地区经济发展,通过模仿权力的等级制度和刚性制度逐步将不发达地区的后发劣势和后发优势固化,政府通过公共财政等方式向不发达地区输入资源或各种生产要素,这只能起到维持不发达地区经济现状,甚至使政府的扶贫陷入"越扶越贫"的窘境。与此同时,不发达地区的优势也会因受到权力的压制而发挥不出来。因为政府权力的干预除了能够继续生产权力体制之外,永远也无法解决不发达地区经济发展中的缺乏激励机制和创新机制的问题。

其次,外生的政府权力作用于社会经济系统内部形成了经济发展的单向过程。在中国西部的不发达地区,政府权力是一种外生的变量,政府权力以外生方式内在地作用于经济系统内部。这种政府干预经济方式在中国西部不发达地区表现得尤其明显。这种政府干预方式会对经济发展产生什么影响呢?影响就是造成东西部两种经济发展状态的自我实现机制。其直接表现就是造成经济发展的单向趋势,即经济发达地区越来越发达,而贫困地区却越来越贫困。为什么会如此呢? 这是因为,第一,政府权力的作用方向本身就是单向的。与市场不同,政府权力的作用方向总是单向垂直的,以政府权力为基础来推动经济发展,势必会造成社会经济系统内部各种因素的作用方向也呈现出与政府权力相一致的单向运动方向。第二,政府的目标是追求整体收益最大化。按照生产要素报酬定理,生产要素总是会投向那些要素报酬高的地区,同一种生产要素,投在经济发达地区的要素报酬显然会高于不发达地区。这在前面已经做了论证。问题在于,政府作为一个利益主体会以追求最大化收益为目标,政府的一个理性选择是,尽可能多地在经济发达地区投资,尽可能地维持不发达地区的现状,因为这样政府可以获取最大化收益。只要不发达地区的贫困不至于引发社会动荡等严重问题,政府是不会激励去经济不发达地区进行投资。第三,政府行为具有自我循环和自我扩张的趋势,但在不同的市场经济制度条件下,其所受到的限制是不同的。由于发达地区比不发达地区存在着更为成熟的市场体制,所以极大地抑制了政府权力的自我扩张趋势,而在经济不发达地区,市场基础脆弱,以政府权力为基础推动经济发展的方式显然会助长政府权力及其机构的扩张趋势。这是形成不发达地区落后经济状态自我实现机制的制度前提。

四、差别发展和公平发展

在一国地区经济发展中,同时存在着收敛机制和发散机制,它实际上可以被看作一种机制的两个方面,并且这两种机制对于一国经济发展各有利弊。收敛机制对于经济发展的优势在于缩小经济发展的地区差异,使一国经济公平地增长;劣势在于政府权力的干预可能会损害经济效率。发散机制的优势在于充分发挥市场机制的作用,促使资源配置优化;劣势在于地区发展差距过大可能会妨碍社会公平。实际上,政府面临着两难选择的困境:一方面,政府企图通过实行地区差别发展来提高整个经济效率,从这种意义上说,这是市场在整个社会资源配置中起基础性作用从而优化资源配置效率的必然结果;另一方面,地区经济发展差距过大又会妨碍社会公平,妨碍社会经济的可持续协调发展,甚至会引起整个社会的不稳定,所以政府又企图通过政府干预来解决社会公平问题。问题的关键在于,政府这两种意愿——既运用政府权力又运用市场机制在实际运作过程中出现了相互排斥。当政府为了解决整个社会资源配置效率时,首先选择了市场,当市场确实在整个社会资源配置中起基础作用之后,产生了不同地区之间经济发展的差距,产生了社会公平问题;对于解决社会公平问题,政府首先选择了政府权力干预。令政府始料未及的是,当选择政府权力的直接干预时,经济发展既未能实现效率目标,也未能实现公平的目标,反而导致不发达地区的经济状态走上了自我实现的循环。为了实现差别发展,政府选择了市场;为了实现公平发展,政府又选择了政府干预。这种经济发展方式选择的背后隐含着这样一种经济发展的教条,即市场是用来解决效率问题的,政府是用来解决公平问题的。

从以上的分析中可以看出,这种简单化的理论逻辑是错误的。中国东西部经济发展之所以不能实现收敛,正是这种理论逻辑所产生的后果。应该承认,无论是解决效率问题还是解决公平问题,政府干预都是不可缺少的,问题在于,什么是解决问题的基础性手段。市场不仅是解决资源配置的基础性手段，也是实现整个社会公平发展的基础性手段。政府的作用是建立在市场基础上的。在同时选择差别发展和公平发展时，政府应该始终将经济发展方式建立在市场体制的基础上。换言之，政府如果为了实现东西部经济发展收敛，应该依赖市场体制。在市场体制基础上，政府通过公共财政转移支付等方式对不发达地区进行干预，才会既提升不发达地区的投资回报率、扩大人们自由选择职业的空间、增强后发优势、逐步消除坏的自我实现循环，又能够使政府在提高落后地区技术水平和进行人力资本投资方面发挥更大的作用，从而遏制后发劣势。这样，政府同时选择差别发展和公平发展两种方式才可能获得最大化收益。

第二节　处于社会不利位置的群体和阶层

一、弱势群体秩序政策分析

（一）弱势群体的含义

弱势群体是指在社会秩序和社会经济制度中处于不利地位的那部分人群，他们或是天生能力较弱，或是出生于贫困家庭而又无力改变现状，或者是社会制度和阶层制约着他们不能与其他社会阶层的人站在同一起跑线上。从制度经济学意义上说，一个社会的弱势群体是指在某种既定的法律制度框架下没有能力参与市场公平竞争，并且不断地被这种制度剥夺和侵害的人群。制度是一种半公共产品。当我们说制度是一种公共产品时，这是指制度是一种公众共同遵守的规则，只要公众遵守共同的规则就能够获取预期收益；当我们说制度不是一种完全的公共产品时，这是指一项制度的实施可能会有利于一部分人，而不利于另一部分人。实际上，如果我们从结果而不是从过程的角度来看制度，任何一种普遍实行的制度都会造成其中一部分人处于非常不利的地位，这个群体就是在该种制度条件下的弱势群体。

新制度经济学无论是在分析强制性制度变迁还是在分析诱致性制度变迁时，都强调这个过程是一种预期收益大于预期成本的过程，甚至在论述制度的起源和形成时，也只强调制度变迁主体的预期收益大于预期成本是各博弈参与方达至均衡的根本动力。这种制度经济学根本未考虑人类追求社会公平对人类社会制度形成和变迁的作用，社会公正与效率一样也是制度形成和变迁的推动力，甚至从某种意义上说，制度本身就是人类为了解决社会公正和秩序而不断创新、演变的。所以，如何将社会公正的概念纳入制度经济学的分析，就成为弥补新制度经济学缺陷、推动制度经济学发展所不可缺少的理论逻辑。值得指出的是，虽然来源于凡勃仑传统的老制度经济学十分强调社会制度的公正功能和作用，却未能形成统一的分析框架。从这种意义上说，制度经济学发展的方向应该在于：将效率和公正两种概念同时纳入现有的新制度经济学分析框架，以使制度经济学成为能够涵盖公正和效率，从而逻辑上更加严谨，尤其是与真实制度及其演变过程更加接近的理论经济学。

显然，我们将弱势群体这一概念纳入新制度经济学分析，正是企图分析制度和制度变迁公正性问题的一种尝试。弱势群体问题的提出实际上指出了制度的公正性问题，而不再像新制度经济学所认为的那样——制度的起源和形成是自然合理的。那么，在制度形成和演变过程中，弱势群体是如何产生的？

首先，制度并非是所有社会公众的一致同意，而是该社会中强势群体之间博弈均衡的产物。在强制性制度变迁中，政府根据预期收益大于预期成本的原则发动制度变迁，而政府并不能够代替所有人的利益，或者说，其中必然会有一部分人成为这种制度变迁的牺牲者；而在诱致性制度变迁中，虽然制度变迁主体都是根据制度变迁预期收益大于预期成本原则进行制度变迁，但实际情形是，当一个社会中大多数人都进行了制度变迁或者选择了某种制度安排和制度环境时，少数人即便对制度变迁的预期收益小于预期成本，也不得不屈服于这种制度变迁。这些“少数派”往往正是制度变迁中的弱势群体。其次，市场经济制度内部存在着将社会整体区分出强势群体与弱势群体的选择机制。市场经济中的等价交换规则、竞争机制及其相应的资本权力迫使社会整体分化成强势群体与弱势群体，这种优胜劣汰的竞争机制通过其强烈的激励机制和约束机制的作用而使得社会资源配置效率不断提高。应该承认，在既定的制度前提下，这种竞争的程序是公正的。问题在于这种制度及竞争的前提和结果则是不公正的，其中突出的表现就是，整个社会秩序在不断地制造强势群体的同时，也在不断地产生弱势群体。随着经济增长和经济发展水平的提高，所谓社会强势群体与弱势群体的区分也是一种相对概念，但只要存在着资本主义市场经济制度，社会弱势群体的存在就具有客观必然性。最后，人的实际能力的差异是弱势群体产生的重要原因。人的实际能力的差异，无论是先天造成的，还是后天客观条件造成的，将通过某种制度直接变成现实的强势群体与弱势群体的区分。然而，从公正性角度来看，“无能者就应该受穷，有能者就应该享受富裕生活”“弱者愈弱，强者愈强”的社会机制和制度本身就是一种缺乏正义感的表现。一种理想的制度不仅具有效率，而且还应该能够给予弱者有一个较好的生存空间和发展机会。

在中国经济转型过程中，研究弱势群体问题，并非仅仅出于某种抽象的正义感，这是经济转型不可或缺的逻辑和实际需要。其一，经济转型的目标体制直接涉及社会公正，从而也不可能回避弱势群体问题，如果经济转型的目标体制是一种"穷者愈穷，富者愈富"的两极分化的体制，那么，它显然不是我们所预期的社会主义市场经济体制；其二，弱势群体的存在会对社会稳定进而对经济改革和经济增长产生影响。值得指出的是，弱势群体总是指在某种既定制度环境下的弱势群体，这并不表明他们在各个方面都是弱者，弱势群体可能会是其他方面的强势群体。在市场竞争条件下的弱势群体可能会是政治运动中的强势群体。从这种意义上说，弱势群体并非就是软弱可欺的，弱势群体中可能蕴藏着既定制度的有力颠覆者和现有政权的潜在替代者；其三，只要我们不能将弱势群体排除出社会秩序之外，社会制度就必须直面弱势群体问题。无论是社会稳定、社会总需求扩大、市场潜力的诱发，还是市场体制的完善，都离不开社会弱势群体问题的解决。

(二) 既定秩序规则和过渡秩序规则

弱势群体的产生是某种制度缺陷造成的，而制度缺陷可以分为效率缺陷和公平缺陷，以及公平与效率搭配性制度缺陷。一般来说，弱势群体的产生和扩大主要来自制度的公平性缺陷和公平与效率搭配性制度缺陷。公平性制度缺陷主要指这种制度中存在着的弱肉强食的"统治机制"，这种两极分化的统治机制造成弱者绝对地被强者所统治的格局。社会公平一般包括起点公平、过程公平和结果公平，从这种角度来说，这种公平性制度缺陷并非不存在任何公正性，市场经济的弱肉强食的统治机制就存在着过程公正性或程序公正性，但它却不具备起点的公正性和结果的公正性。在市场经济制度条件下，效率与公平搭配性制度缺陷是指一种制度并未能较好地处理市场自发演进和政府干预的关系，从而出现只顾效率不顾公平，或者效率与公平都未能获得的情形，这两类制度缺陷造成的原因及其产生的后果，在既定制度情形下和在过渡制度情形下是不同的。

1. 既定制度的先天性缺陷与被忽视的弱势群体

应该承认，任何制度都存在着缺陷，这是因为活动于制度框架内的是人而不是无所不能的神，问题在于人类应该如何逼近理想的社会秩序和社会制度，然而人类又不能不断地在不同制度之中反复选择，因为这种不同制度之间的转换成本极高,制度变迁的路径依赖性存在,使得人类一旦走上某种制度路径,将很难从既定的制度环境中摆脱出来。既定制度的先天性缺陷是指人类已经选择的某种制度所不可避免的缺陷,这种缺陷在人类理想的界限之内往往被认为是自然合理的,除非选择另一种制度,然而这种制度也必然会存在着某种缺陷。所以,对于先天性制度缺陷,只能通过不同制度之间的选择才能逐渐逼近最优或次优,经常出现的情形是,在社会历史发展过程中,无数偶然事件的发生和无数不确定性风险的存在,让一个社会不知不觉地选择了某种社会制度,而当人们已经选择了某种社会制度之后,或者人们思想观念受到既定社会制度限制,或者由于该社会制度下的掌权者和社会精英受惠于该种社会制度,整个社会的意识形态将不断地美化该种社会制度的优势,从而更强化了该种社会制度的基础。从这种意义上说,一个社会一旦选择走上某种社会制度的道路,将会深陷其中而不能自拔,所以既定制度的缺陷往往不被人们所重视,其制度缺陷所产生的弱势群体也往往被该社会所忽视。只有当该社会在各种因素的作用之下,尤其是社会生产力和科技进步所推动的社会生活方式等的改变,或者在一个开放的社会条件下,在不同社会制度的比较和竞争面前,人们才显著地发现了既定社会制度的优势和劣势。在这种情形下,可能会发生社会制度的转型或过渡。

既定社会制度下弱势群体的产生是与该种制度本身的缺陷有关,这并不能成为我们忽视该社会制度下弱势群体的理由,因为在该社会制度下,人类通过政府等组织的作用完全可以通过理性的构建作用来弥补这种制度缺陷,从而给予既定社会制度下的弱势群体以更多的关注。一种社会制度的缺陷具有累积效应,这种制度缺陷所造成的结果同样也具有累积效应。如果一个社会不能通过理性构建作用不断地解决这种制度缺陷所造成的问题、缺陷及其结果的积累,可能导致该社会制度的直接颠覆。在人类历史上,许多强大文明制度的兴废往往正是来源于这种既定制度缺陷的累积效应。西方市场经济制度本身的缺陷就在于,它通过雇佣劳动制度将人与人之间按照资本权力划分出不同的等级,以让强者统治弱者,而弱者与强者竞争也必须按照相同的规则进行,这种社会制度不同情弱者,弱者用暴力直接反抗强者的预期成本大于预期收益,所以这种制度可能迫使人从理性走向非理性,从而弱势群体可能会通过直接取消该社会的制度或游戏规则的方式来摆脱自己的弱势地位,当然,这种行为往往被现代社会冠之以“恐怖主义”的称谓。

一个既定的社会制度也必须处于某种动态的位置上,如果这种制度任其自身的引擎驱动下去，其结果只能是该种制度的自我毁灭。从这种角度来看，既定社会制度不仅需要通过人类理性构建作用不断地调整制度演进的方向和过程，从而弥补制度缺陷的不断发生，而且还应该不断地给该社会弱势群体创造自由选择的机会和发展的空间，以缓和既定社会制度内部不断扩大的张力。

经济学家们往往只重视既定社会制度条件下经济运行和经济发展问题，这将会使得他们的分析和探索停留在表层上，只有少数经济学家（像马克思和熊彼特等）能够以一种宏大的科学视野和深邃的历史眼光来谈论经济问题，如果经济学家仅仅从既定的制度环境和现实的经济条件出发来研究经济问题，其理论必然会陷入对某种范式的忠诚，从而游离于意识形态的层面。尤其是对于像社会制度和社会秩序这种涉及一般理论基础的研究，只有从历史的、具体的和动态的视角去考察研究对象，才能得出符合实际且能够把握长期历史趋势的科学结论。

2. 过渡制度的构建缺陷与弱势群体的秩序位置

在经济制度的过渡中，只要存在着政府或国家，制度变迁的起点、过程和目标体制等无不与人类理性的构建作用有关。与既定制度的缺陷不同，过渡制度的缺陷主要产生于两种不同制度的交替过程中，实际上，过渡制度本身就是一种不完善的制度，问题在于，它是集中了两种制度的缺陷，还是能够利用两种制度各自的优势？

(1) 原有制度在解体过程中产生的问题。制度转型在本质上是一种利益格局的调整，原有制度的解体实际上是原有利益格局的解体，经济转型必然会遭到既得利益者的反对，一部分人会利用原有制度反对现行的经济改革。为了解决这个问题，可以通过从经济增量扩大中拿出一部分来对既得利益者或改革的反对派进行赎买以减少改革的阻力。在中国从计划经济向市场经济转型过程中，弱势群体与强势群体的原有格局也被打破，新生的市场经济体制通过竞争滋生出一大批新的弱势群体，这些新生的弱势群体如果与原有计划制度下既得利益集团联合起来，将是一股强劲的反对改革的力量。原有制度虽然解体，却部分地存在，原有制度中的人仍然会利用手中的权力干预改革，或者利用手中的权力进行交换，实施权力寻租。在计划经济体制下，强势群体与弱势群体主要是通过政治权力来划分的，而在市场经济制度条件下，强势群体与弱势群体的划分则主要是通过资本权力来划分的（尽管权力划分仍然存在），那么，在经济转型过程中，不仅仅会从原有制度的解体中释放出弱势群体，而且还会从市场经济制度中不断滋生出弱势群体。这些弱势群体既不能从原有制度中获得好处，也不能从新制度中获得好处，他们成为改革成本的实际承担者。鉴于原有计划经济制度的致命缺陷和新生的市场经济制度的优势，经济转型的完全可逆性是不存在的，然而可能出现这种情形，即过渡形态制度集中了两种制度的劣势，市场经济制度的失灵成为人们反对市场经济的借口和理由，计划经济制度的缺陷成为人们反对计划经济制度的借口和理由。而在制度过渡时期，强势群体未必能够完全控制弱势群体，弱势群体也未必会完全屈从于强势群体，所以，维系资本权力统治的社会秩序未必能够建立起来。

(2) 新生制度尚不健全产生的问题。在经济转型期间，新的市场经济体制不仅并未能覆盖全社会，而且发育的程度也不够，原有计划体制又面临着解体，这就会在新旧体制之间产生真空状态，通过新旧体制之间的交换可能会制造出一部分富裕人群。新生制度的缺陷所产生的后果除了其本身不成熟带来的负面效应之外，还在于新生的市场经济制度一般出现于一国工业化水平发展的初期，将雇佣劳动制度建立在生产力水平不高的状态之下必然会造成劳资关系紧张，该种制度剥削、压迫的残酷性将以血腥的方式充分表现出来。随着一国工业化水平的提高，经济增量的大幅度增加，这种制度内部的张力才会逐步获得缓解。然而，新生市场制度所不断制造的强势群体和弱势群体之间的分野，可能会通过社会秩序的不稳定和政治动荡等方式反过来约束市场制度的确立和完善，从而使得不完善市场制度的缺陷更加明显，甚至会使得强调政府干预和停止市场化进一步改革成为可能，社会从市场制度中获得的好处将进一步降低。如果原有的计划经济体制已经瓦解而新的市场制度不能建立，经济改革将可能陷入某种“进也不能、退也不能”的“改革陷阱”。在过渡时期，解决新制度所产生的弱势群体和原有制度所释放出的弱势群体问题将成为中国经济转型中的一个关键问题，这包括两个方面：政府对其进行改革成本的补偿和为他们提供生存、发展机会。

(三) 阻止弱势群体扩大的制度基础和国家秩序政策

为了追求效率和某种单项公正，人类选择了一种激励人们合法地追求利润并让强者与弱者区分开来的制度——市场经济制度，这种制度的优势是显而易见的，它存在着内在创新机制和严格的约束机制，能够有力地推动科学技术的进步和社会生产力的发展，然而，它在不断地制造出强势群体的同时，也在不断地制造出弱势群体，这种弱势群体的存在无论是从经济上、政治上，还是从道德上、社会稳定上都始终拷问着这种制度本身。这不能不说是西方市场经济制度的一个致命缺陷。

既然我们不能对社会的弱势群体不闻不问，那么中国建立市场经济制度尤其是社会主义市场经济制度，就必须直面社会弱势群体问题。

1. 国有经济的公平与效率

反对国有经济者往往从效率出发，认为国有经济效率不如私有经济。这个问题也许永远也不会有结论，因为现实中也存在国有经济效率较高而私有经济效率较低的情形，而且国有经济存在的效率意义也许不是从单个企业角度来说，而是从整个国家的总体经济效率来说的，一个国家存在着一定数量的国有经济比没有这一定数量国有经济可能具有更高的整体效率。所以，这种一般性的关于国有经济效率的论断是没有意义的，只能说整体（全社会都是国有经济）的国有经济效率低于整体的私有经济，这个结论是被计划经济的失败经验和市场经济的成功经验间接证实的。国有经济效率低于私有经济，是一个既不能被证实也不能证伪的命题。抛开国有经济的效率问题不谈，实际上国有经济存在另一个不能被替代的功能是它的社会公平性。在既定制度条件下，国有经济的公平性主要表现为政府调节经济运行和收入分配的功能；在过渡制度条件下，则主要表现为社会稳定和支付改革成本的功能。从社会秩序的意义上说，国有经济是政府解决弱势群体问题的基础。这主要表现在：其一，国有经济是弱势群体生存和发展的制度保证。如果一个社会不存在国有经济，只存在各自为政的私有经济，那么，即使政府是公共利益的代表者，也不存在解决弱势群体问题的经济基础。国有经济是政府调节收入分配差距的经济基础，也是一个社会形成保护弱者的上层建筑和意识形态的保障；其二，国有经济是增强弱势群体对于生存和发展预期收益的制度基础。国有经济的存在也是一个国家社会政治稳定的经济基础，是社会公平感和正义感的经济基础，会使得弱势群体对于未来制度变迁和经济增长的预期收益大于预期成本。这实际上也增大了一个社会对于改革成本的承载能力。

2. 国家、市场与弱势群体

解决社会弱势群体问题究竟应该采用政府的方式，还是应该采用市场的方式。这是一个涉及更相信政府还是更相信市场的问题。从经济自由主义看来，市场经济中弱势群体的存在是必然的，如果从社会公平角度考虑，弱势群体问题的解决不能以牺牲效率为代价，而只能通过促进经济增长、增大经济总量（做大蛋糕）方式来解决，既然弱势群体产生是市场经济自然发展的结果，那么，国家对于弱势群体的帮助也只能是具有慈善性质的行动，而与市场经济制度完善无关。实际上，弱势群体不仅表现现在不同社会阶层、城市和乡村，而且还表现在发达国家和发展中国家，从这种意义上说，市场经济制度是产生社会弱势群体的深厚土壤，通过市场制度本身来解决社会弱势群体问题，也只能停留在扶贫济弱等慈善的层面上，更进一步地说，这种扶贫济弱行为本身也不利于在市场体制中产生激励和创新机制。换言之，弱者就应该受到贫困的惩罚，解决社会弱势群体问题行为可能会制造社会的“懒汉”，因为市场制度本身就是建立在强者统治弱者的基础上的，这也是所谓雇佣劳动制度的题中应有之义。显然，这种观点是建立在“市场经济制度是自然合理的制度”这种信念基础之上的。然而，国家干预主义和政府主导型市场经济论者则从更多地相信政府、怀疑市场经济制度完善性的信念出发，认为解决社会弱势群体问题应该更多地依靠国家行为和国有经济的功能。解决社会弱势群体不仅是政府的应尽之责，而且还应该通过限制市场机制的某些功能来解决社会弱势群体的不断产生，解决社会弱势群体不仅局限在扶贫或慈善的层面上，还应该通过建立某种制度让弱势群体能够有自由、全面发展的空间。市场经济制度存在着致命的缺陷，这种缺陷是市场经济制度本身也不能够解决的，它只能通过国家或某种替代制度才能最终获得解决。

3. 弱势群体与社会秩序的构建功能

在市场经济制度环境下，弱势群体是社会秩序自生自发演进的产物，所以只要承认市场经济制度是一种自生自发社会秩序，弱势群体的存在同样也是自生自发而不可避免的。在这种意义上，弱势群体问题的解决也只能是超越经济范畴的道义上的非经济行为。所以，我们从社会秩序的构建功能而不是自然演进功能来谈论如何解决社会弱势群体问题。社会秩序的构建功能主要通过国家或政府来实现，国家是一种政治权力等级制形式，而市场则是一个资本权力等级制形式，发挥国家的社会秩序构建功能实际上就是运用政治权力来干预资本权力。所以，解决社会弱势群体问题应依赖国家的政治权力作用，问题在于国家如何才能充当这种角色而不是仅仅代表某种集团利益的政治集团。如何建立一个有能力的、公正的政府，这是需要专门另辟章节讨论的问题，包括公众对政府的约束机制、形成法制化的政府、政治集团的激励机制和创新机制，以及相应意识形态的凝聚力等。显然，对于这些问题，并不存在一劳永逸的解决方案。在人类历史上，政治集团已经带来足够多的苦难，许多政治集团不仅未能成为公众利益和社会正义的代表者，而且成为公众利益的侵害者和掠夺者，成为社会进步的阻碍者，既然如此，我们为什么还要提倡国家在社会秩序中的理性构建功能和作用呢？这是因为：其一，国家所带来的灾难并非一定来自国家本身，而恰恰来自国家制度被破坏。国家的强制性、排他性和垄断性使它成为众多逐利者追求的对象，这些人往往利用国家的职能、打着公众利益代表者的旗号，来谋取个人的私利。其二，既然社会秩序中存在着人类理性的构建功能，既然国家不能够被消灭，那么我们应该勇敢地面对这个问题，通过国家制度的改革和完善，让其在公正而有效率的社会秩序的形成中发挥作用，而不是强行地取消和排斥它。其三，通过限制国家的职能和作用，为市场经济开拓地盘，这是经济自由主义的信条，但这并不一定有效，即使它能提高资源配置效率，也未必能解决社会公平问题。市场制度未必能够解决国家制度的缺陷，因为市场本身也存在着失灵。

从中国经济转型中弱势群体的角度来说，国家和市场都不是解决这个问题的唯一"灵丹妙药"，正确的途径应该是通过两者结合来寻找最佳方案，而获得这种具体结合的形式和方法需要一个逐步探索的过程。在中国经济转型中，提出并讨论弱势群体问题并非仅仅研究这个过程的公正性问题，还涉及目标体制——社会主义市场经济体制的定位问题，从一般意义上说，它涉及人类社会秩序形成中的理性构建功能和作用问题，涉及并非仅仅经济因素的制度的结构性变动逻辑。

二、潜在流民阶层的经济秩序分析

(一) 人口的真实流动与潜在流民阶层的形成

中国传统户籍制度将农民紧紧地束缚在土地上，城市中的人口也被单位分割在各种管理制度中，人口的流动除经过等级制的批准几乎是不可能的。显然这种人口管理制度是与传统的计划经济体制相适应的。随着中国从传统的计划经济体制向市场经济体制转轨，束缚中国人口流动的制度也直接或间接地、形式上或实质上地被瓦解了，然而，中国社会的二元结构和经济体制的过渡性造成了人口流动的二重性：一方面，人口在以不同的方式真实地流动，一些农民生活以各种方式生活在城市中，城市中的人口也出于各种目的生活在乡村；另一方面，由于一些传统管理制度并未通过法律形式废除，人口的流动并未获得正式的法律承认，或者说，在法律形式上人口仍然被束缚在各种制度之中。正是这种人口流动的二重性，造成了中国的潜在流民阶层。

所谓潜在流民阶层，是指没有固定工作，在不同工作岗位之间、不同地区之间频繁更换工作的人群，主要包括进间歇性进城务工的农民，城市中时而就业、时而失业的城市工人,还包括一部分在城市漂泊的就业人员。这里主要考察作为潜在流民阶层主体部分的进城农民工。从经济学意义上说,导致人口流动的基本原因在于人们对于相对收益和成本的理性考虑,即流动人口对于流动的预期。发展经济学家托达罗(Michael P.Todaro,1984)曾经构建了描述这种人口流动的模型①。托达罗人口流动模型说明了以下几点:第一,促进人口流动的基本力量是对收益和成本的理性经济考虑,这种考虑主要是经济要素,但也包括心理因素;第二,迁移决策取决于预期的而不是现实的城乡工资差异,其中,预期的差异是由实际的城乡差异和在城市部门成功地获得就业机会的概率这两个变量之间的相互作用决定的;第三,获得城市就业机会的概率与城市就业率成正比,而与城市失业率成反比;第四,人口流动率超过城市工作机会的增长率不仅是可能的,而且是合理的,即使在城乡预期收入差异很大的条件下也是如此。所以,在发展中国家,城市的高失业率是城乡经济机会严重不平衡的必然结果。托达罗模型的政策含义是:应当减轻因发展战略偏重城市而引起的城乡就业机会不平衡现象;所创造的城市就业机会不足以解决城市失业问题,即可能会出现更多的城市就业带来更高水平的城市失业;不加区别地发展教育事业会进一步加剧人口流动和失业,因为受教育多的农民比受教育少的农民更有可能向城市迁移;工资补贴和对稀缺要素的传统定价方式可能不是有效的方法;应当鼓励制定一体化的农村发展规划。

以上模型的分析,说明城乡人口流动的最终原因在于城乡经济发展的不平衡。那么,造成中国潜在流民阶层出现的原因有哪些呢?除了城乡经济发展不平衡所导致的二元经济结构之外,还有人们对收益和成本的理性预期以及政府管制人口流动的政策、制度。二元经济结构是工业化过程必然会出现的社会现象,人们对收益和成本进行预期是正常的经济现象,而如果没有政府管制人口流动的制度,那么,这种人口流动将不会导致潜在的流民阶层,而只会导致现实的流民阶层。与真实的流民阶层相比,中国潜在的流民阶层具有三个基本特征。第一,潜在流民阶层是在政府的默认下出现的,虽然人口的流动不受具体的正式法律保护,甚至被某些制度所限制(如户籍制度),但政府对于人口流动,尤其是农民工进城则采取默认态度,甚至政府以各种具体政策形式保护农民工的合法权益,以体现政府对农民进城的关心。一方面现行法律并不承认人口的流动,另一方面,政府又承认了事实上的人口流动。政府对于

① 参见托达罗著:《经济发展》,黄卫平等译,中国经济出版社 1999 年版。

人口流动的这种暧昧态度可能是基于以下考虑：如果在法律上正式保护人口的自由流动，那么，由于中国城乡差别过大和社会保障不健全等原因，将造成城市人口的过度膨胀，加剧城市的失业，与此同时，农村中则会由于缺乏足够的劳动力而削弱了农业的基础。从这种意义上说，政府对人口流动的这种暧昧态度也是政府处在两难境地的一种理性选择：如果正式保护农民工进城，会出现既损害城市经济又损害农村经济的局面；如果不承认或坚决制止人口流动，这又与政府倡导的建立成熟的市场经济体制相矛盾，自由的劳动力市场是市场经济制度中最重要的要素市场。第二，潜在流民阶层实际上被现行的分割制度所治理，或者说潜在流民阶层中的不同部分处在不同的制度、规则之下，正是这种分割的制度导致了潜在流民阶层中不同部分的人具有不同的经济行为。在中国，城市本身的潜在流民阶层由于存在相对健全的社会保障制度而获得较好的待遇。对于进城的农民工来说，似乎他们只有两种选择：进城务工，或继续留在农村务农。其实不然，大多数农民工既保留从事农业的可能，又进城务工，或者由老人和妇女甚至儿童在家从事农业，青壮年进城务工。这种人口流动方式能够给进城农民工带来最大化收益，即农民要在进城务工和留在农村务农之间获取总收益最大化。只有在放弃务农而继续留在城市工作的收入大于不放弃务农的收入的条件下，农民才会选择留在城市务工；只有在放弃进城务工而继续留在农村务农的收入大于进城务工的收入，农民才会选择不进城。如果不具备这两种条件，农民就会选择既进城务工而又不放弃务农的最大化收益方式。实际上，进城务工的农民总是不断地奔波于城市和乡村之间，所以交通费用也是一个考虑的因素。农民采用这种最佳劳动方式使得农民“进可以攻，退可以守”。如果城市有钱可赚，就会延长城市工作时间，否则就会延长农村工作时间。第三，潜在流民阶层是分散而无组织的，它既没有自己利益的代表者，更缺乏谈判能力。无论在农村中还在城市中，他们都处在“单打独斗”的状态。在农村，分散的家庭经营方式使他们建立起以血缘关系为纽带的社会关系，社会分工和商品经济都不发达；在城市，他们从事不同的行业工作，大多属于城市人不愿意干的简单体力劳动，除了血缘和同乡关系之外基本上彼此互不来往。所以，进城农民工并未能形成一个完整意义上的阶层或阶级，然而他们具有共同的行为方式、社会地位、收入来源和利益关系。事实上，进城的农民工已经成为一个特殊的阶层，他们既不是正式的城市工人，也不属于全职的农民，而成为一个事实上处于流动状态而又不被政府和法律正式承认的潜在流民阶层。

(二) 潜在流民阶层流动的外部效应

从潜在流民阶层自身来说,进城务工农民流动所创造的直接收益包括在城市打工的收入和农业收入两部分,其直接成本包括放弃务农的机会成本和交通费用两部分。显然,如果进城务工的收益大于务农的收益,他们将选择进城务工,加入潜在流民阶层。由于潜在流民社会地位不高且存在各种对于他们的制度约束,进城务工者无论是在城市继续工作还是在农村继续务农都存在边际收益递减,所以总在进城务工和在农村务农之间寻找最佳均衡点。然而,潜在流民阶层流动的真正意义在于它的外溢效益,即潜在流民阶层流动对于中国经济转型和经济发展的外部效应。

1. 潜在流民流动的外部经济

实际上,在中国潜在流民的形成和发展过程中,政府也在不断地寻找此间的最大化收益,这种最大化收益正是这种流动的外部经济性。

首先,潜在流民的流动有利于解决中国经济增长和经济发展中城乡收入差距和二元经济结构问题。发展中国家经济的典型特征是二元经济结构,在工业化过程中,这种二元结构往往并非如理论所分析的那样趋向一元化,而是二元结构的次级分化①。中国也是如此,一方面,由农村流入人口数量过于庞大,城市特别是大城市对农村剩余劳动力有巨大的吸引力;另一方面,城市吸收来自农村的剩余劳动力又受到种种限制。在这种情况下,农村剩余劳动力的供给大大地增加,甚至在相当长时期中超过需求,过剩流入城市中的劳动者由于找不到工作而沦为棚户和贫民窟的居住者。在农村,由于剩余劳动力不能充分地、顺利地被城市工业部门所吸收,在农村沉淀下来,使传统农业保持原样。中国潜在流民阶层的出现有助于解决这种二元结构的次级分化现象。农民工进城务工一方面可以增加农民实际收入,以弥补过低的农民收入,从而既有利于解决城乡收入差距过大问题,又为进一步增加农业的投入创造了条件;另一方面,进城农民工由于不是永久地居住在城市,这既减轻了城市在住房等方面的压力,解决城市由于迅速发展而出现的体力劳动者短缺的问题,又使得农民工回乡村之后,将城市先进的观念特别是市场经济观念带回农村,一些农民工在城市学到了技术、挣了钱之后,还在农村开始创业,发展市场经济,这显然有利于农村经济的发展和农业的工业化过程。

其次,中国在工业化过程中,不仅仅要面临经济增长和经济发展问题,还

---

① 参见谭崇台主编:《发展经济学的新发展》,武汉大学出版社 1999 年版。

要同时面临经济体制转型问题，经济改革或经济转型从本质上说是一种利益格局的调整过程，在这个过程中必然会出现受损者和受益者，由于农业的落后和农民阶层缺乏组织和谈判能力，他们最终会成为经济体制改革的受损者，随着中国经济改革的深入和经济继续增长，城乡收入差距越来越大，农民收入过低的问题是不可能完全通过国家的财政转移支付等方式来解决的，关键是如何实现传统农业向现代农业转换，这种转换过程需要经历相当长时期，这也是政府在短期内难以解决的问题。政府承认并保护潜在流民阶层流动，这也是一种改革措施，实际上，进城农民工以潜在流民方式所产生的外溢效益补偿和承担了改革的成本。潜在流民的流动缓解了经济改革所带来的社会震荡，如果将农村大量的剩余劳动力留在农村不允许他们流动，那么随着城乡收入差距的扩大，会带来农村的严重不稳定；如果政府以正式法律形式允许农民自由进城，允许他们拥有城市户籍并与城市居民一样拥有权利，在条件不成熟的短期内，必然会给少数大城市特别是特大城市带来诸多的社会经济问题，毕竟城市中国有企业的改革本身所带来的大量下岗失业工人已经给城市的社会生活带来很多问题，如社会保障制度的建立和下岗再就业问题等。从这种意义上说，政府采用默认并保护潜在流民阶层的方式同样是一种最佳的选择。

最后，在国际市场竞争中，大量廉价的劳动力成为中国企业在国际贸易中获得比较优势的基础。

2. 潜在流民阶层流动的外部负效应

中国潜在流民阶层出现不仅是中国工业化和经济转型过程中的特殊社会经济现象，而且政府所采用的默认、保护但仍不在法律上允许他们自由流动的政策也显然蕴藏着诸多社会、经济的不公正，如农民在户籍制度和选择居住权方面所受的政策限制，保留城市居民的某些特权，农民工在就业、医疗等社会福利方面的不平等待遇，以及农民工子女在受教育方面所受到的歧视等。与潜在流民流动的外部经济相适应，这种流动同样会出现外部不经济。第一，潜在流民阶层的存在加深了社会不同阶层之间的对立。潜在流民阶层中的进城务工者既生活在城市又生活在农村，对于城乡之间的收入差距和制度的不公平有着切身的感受和深刻的认识，实际上，他们成为城市和乡村之间传递信息的媒介，城乡之间信息的沟通在给城里人带来某种优越感的同时，也让户籍仍在农村而不能享受到城里人特权的农民工感到屈辱。他们逐渐明白农民不仅仅是纳税人，而且同样为国家的经济增长和经济发展做出了贡献。一个社会阶层之间的对立除了利益之间的博弈之外，还包括制度的不公正和他们对未来的预期。假设农村与城市之间是隔绝的，即城乡之间不存在频繁的信息交流，那么就会在城乡之间形成不同的生活观念和价值判断标准，尽管城乡之间存在着差距，但他们可能是各自过各自的生活，社会阶层之间的对立状态将因生活方式等的阻碍而得到缓解。然而，在城乡信息交流日益频繁和经济趋于一体化，尤其是社会价值观念标准化之后，城乡之间的收入差距和制度不公正就会极大地加剧社会阶层之间的对立。第二，潜在流民阶层的出现大大增加了政府的行政协调费用。由于进城务工的农民处在不断的流动状态中，管理的难度大大增加了，与以前政府的"棋盘式"管理方式相比，现在这个"棋子"变得捉摸不定了。一段时间在家里，一段时间又在外地，一段时间在广东打工，一段时间又去上海打工，一些农民甚至以远走外地的方式逃避应该向政府缴纳的税收，致使耕地抛荒，严重影响农业粮食生产。由于农民可以选择去外地打工，农村当地政府的权威也受到挑战，农民们不再如从前那样受当地政府权力的制约，应该说，农民有了更多的职业选择等方面的自由。从城市这方面来看，外来的民工同样增加了城市管理的难度：无论是在生活中还是在工作中，由于农民工不熟悉城市的"游戏规则"和各种制度、习惯，往往会给城市的生产和生活秩序造成一定的冲击；农民工集中返乡和集中进城的流动方式也给城市的交通运输、生活服务和开工生产等造成一定的影响；由于农民工所受教育程度低，犯罪率也较高。然而，"分割式"管理制度（对农民工和城市居民采用不同的管理制度和办法）使得农民工在城市中遭受不公正的待遇，他们在城市中不仅承担着城市人不愿意干的简单劳动（脏活、累活），而且所获得的工资也普遍最低。第三，潜在流民阶层出现虽然是中国工业化过程中出现的特殊的社会经济现象，但如果不能够解决潜在流民阶层所遭受的种种不平等的待遇，也将会大大降低政府的支持率。虽然潜在流民阶层是一个没有组织、缺乏谈判能力的、或隐或现的社会阶层，但由于他们人数众多，并与其他社会阶层存在着千丝万缕的联系，所以，他们的生活状况、所受的不公正的社会待遇，以及对未来的预期都会直接或间接地影响着整个社会公众对政府的支持率。

（三）增长与发展中的秩序公平问题

1. 潜在流民阶层半漂泊、半定居的分散生存方式

中国潜在流民阶层的出现是中国工业化过程中一种特殊而短暂的社会经济现象，说其特殊，是因为这个社会阶层处于或隐或现的状态，不被法律正式承认而又获得政府的默认和保护，其成员既不是完全的农民，也不是完全的工人，既不完全生活在城市，也不完全生活在农村，它既处于流动状态，又不是总

处于流动状态;说其是暂时现象,是因为随着中国成熟市场经济体制的建立和政治民主化进程的加快,限制潜在流民阶层的种种制度终将会被废除,他们或归于农村,或定居于城市,潜在流民的生活方式将仅仅成为少数人的一种意愿选择。

潜在流民阶层属于一种潜在利益集团,虽然其具有利益集团的基本特征——共容的利益和共同的生活方式,但却没有能够选择一种利益集团化(争取集团利益)的生存方式或行为方式,而只选择一种半漂泊半定居的分散生存方式和生活方式。在经济学意义上说,这是基于以下两个原因:首先,在既定的条件下,选择半漂泊半定居的分散生存方式能够获得最大化收益。这除了由于政府集权式管理不允许潜在流民阶层形成实质性的利益集团,关键在于,进城务工的农民认为分散化的打工挣钱比组成集团更有利,或者说,组成利益集团行为的预期收益小于预期成本。其次,政府通过政治制度管制消除了任何具有谈判能力的利益集团产生的条件,政府排他性地成为一切利益集团的代表者的做法,实际上导致它常常以一个利益集团的利益受损来使另一个利益集团得益,所以当农民作为一个利益集团缺乏谈判能力时,显然是利益受损者,潜在流民的这种半漂泊半定居分散生存方式是政府通过默认和保护方式所换取的一种最廉价的补偿方式,因为政府所代表的众多的利益集团之间存在着利益上的博弈关系。

中国潜在流民阶层的形成从最根本意义上说,是中国社会不同阶层之间利益博弈均衡的产物。由于中国农村传统农业无法与城市的现代工业竞争,由于农村经济发展远远落后于城市经济发展,由于农民平均收入大大低于城市居民的平均收入,当政府不可能有如此巨大的财政能力来补偿农业、农村和农民时,农民自发地进城务工获取补偿收入、加入潜在的流民阶层时,政府显然也找到了该社会各阶层利益的最佳均衡点。农民以潜在流民流动的方式自发地缓解了经济发展中城乡差距的扩大。这种流动方式既将农民束缚在土地上,又允许他们有限度地流动;既解决了农村劳动力人口过剩的问题,又解决了中国城市工业化过程中对廉价劳动的需求问题。这是一种管制与流动相结合的政府政策。如果政府完全放开人口控制政策,允许农民自由流动和定居,特别是自由离开土地,那么受损害的不仅仅是农业,还会加剧城市失业,而真实的流民阶层产生也将大大增加整个社会的不稳定因素。

2. 公平与发展(社会地位)

潜在流民阶层作为一种特殊的社会阶层,所处的社会地位是不公平的,在中国工业化和经济发展过程中，最不公平的不是收入差距，而是社会地位的不公平。这是因为，其一，收入分配差距是市场机制作用和市场经济发展的必然产物，市场机制内部和市场经济本身就蕴藏着两极分化的因素，在中国经济转型过程中，由于权力等级制仍然在经济运行和经济发展中发挥重要作用，收入分配差距实际上主要是社会地位通过市场而制造出来的。其二，公平与社会地位直接相关。约翰·罗尔斯在其著作《公平论》[①]指出，社会之所以不能在收入、财富和权力的公平配置的构成问题上达成一致，是因为每个人都是从自己的现有的社会地位来考虑这个问题的。真正的公平原则就是个人在不了解自己将在社会中占据什么地位的情况下会做出的选择，即一个人可以是个随便什么人而对自己的地位毫不介意，这样的社会就是一个最公平、最理想的社会。其三，经济发展中的核心公平是社会地位公平。如果我们从收入分配差距来谈论公平，不是陷入机会公平和结果公平的两难困境，就是陷入舍本求末的境地。在经济增长和经济发展过程中，不平均是自然的，问题在于什么是最不平等的，即最核心的不平等是什么，这就是社会地位的不平等。经济学们在谈论经济增长与经济发展关系时，一般认为以经济增长率作为衡量指标会产生有增长、无发展的情形，即经济虽然增长了，但由于环境污染等造成人们生活质量并未能提高，会出现收入差距过大等不公平现象等，这些争论无疑都是有道理的。问题在于，在中国经济转型和经济发展中，迫切需要解决的核心的不公平问题是什么？答曰：社会地位不公平。这在中国潜在流民阶层身上最集中地反映出来。第一，没有身份的潜在流民。潜在流民既不是完全的农民，也不是完全的城市工人，这种身份的不明不是给他们带来两头的好处，相反，他们受到两头挤压。在城市里，他们不能享受与城市居民同等的待遇，城里人将他们看作乡下人；而在农村，一些基层领导借口他们在城里挣钱而千方百计地剥夺他们。身份不明使中国的潜在流民越来越缺乏归属感。一般来说，进城务工的农民将自己原来农村居住地看作最终归宿，他们的想法很简单，到城里为了挣钱，等挣够了钱，就回到乡村，或贴补家用，或在农村做点生意，或安度晚年，城市是城里人的世界，那里并非久留之地。长期地处于社会底层，农民们对于自己的真实身份已经麻木了。假定一个社会是等级制社会，社会的顶部和底部不存在直接的联系，联系这两个部分的中间部分是官僚机构。在顶端，等级关系消失了，因为没有上级；在底端，等级关系在相反的意义上消失

---

① 参见 Rawls, John. *A Theory of Justice*. Cambridge(Mass)：Harvard University Press, 1971.

了，因为再也没有下级了。[1] 第二，没有固定收入的潜在流民。进城务工的农民虽然不断地在进城务工和回乡务农之间追求收益最大化，可是他们的收入却是不固定的。一方面，他们在城里没有固定的工作，由于他们是没有经过教育和培训的简单劳动力，在劳动力市场上也属于最廉价的劳动力，他们一般是建筑工、装修工、粉刷工、挖土工、清洁工、保姆、卖花人、修脚工、搓澡工等，在一定意义上，他们的收入是用血汗和泪水换来的；另一方面，由于缺乏必要的劳动力和精耕细作，这些人在农村的农产品和产量和质量也没有保障，实际上是处于“望天收”的状态。农民收入的不固定，大大增加了农民生活的风险成本，再加上农民生活水平普遍较低，这些使得他们从经济地位来说也处于社会底层。第三，没有制度保障的潜在流民。与城市居民不同，农民的医疗保险、失业保险等社会保障不健全，而中国城市居民在政府支持和帮助下，已初步建立起较健全的社会保障制度。在二元经济结构条件下，农村剩余劳动似乎无限供给，源源不断的农村剩余劳动力流入城市，城市劳动力供给远远大于需求，一些进城务工者甚至在没有签订任何劳动合同的情形下就出卖了自己的劳动力，出了工伤事故也没有赔偿依据，只好与雇主私下解决。由于医疗保险不足，农民生病，无钱治病；没有失业保险，农民在城里无事可做，只好在马路边出卖自己的劳动力；没有养老保险，农民只能靠养儿防老。第四，没有政治权利的潜在流民。进城务工的农民居无定所，他们对于公民的基本权利和其他政治权利并无兴趣，甚至到了漠不关心的程度。这除了农民所受教育程度普遍较低外，一个重要的原因在于农民们的一些政治权利被政府或政府官僚替代甚至剥夺了，农民们在长期的官僚统治下已经没有参与政治活动的习惯。如果说从事什么职业只是社会分工的不同，那么，这种不同分工不应该成为政治权利不平等的依据。农民们并非不需要政治权利，而是在目前的政治、经济环境下，农民们即使参与政治活动也没有实质意义，他们从来也没有拥有过实质上的政治权利，有的只是形式上的权利，而在一种充满流民意识的社会是难以建立起市场经济所需要的契约关系的[2]。

经济学家们往往将经济增长和经济发展中的不公平指向收入分配的差距。这种收入差距的不公平虽然是不公平的经济基础，但并非中国社会不公

① 参见勃朗科·霍尔瓦特：《社会主义政治经济学：一种马克思主义的社会理论》，吉林人民出版社2001年版。
② 张笑宇：《重建大陆——反思五百年的世界秩序》，广西师范大学出版社2015年版。

平的根本和核心，根本和核心只能是社会地位和社会身份的不公平，收入分配的不公平只是中国社会阶层不公平的具体表现。在中国仍然存在着较多政府干预的不完全市场竞争，社会阶层不平等是导致收入分配不公平的根本原因。收入分配问题被置于社会不公平的中心位置主要基于以下两点原因：其一，地区差距和城乡差距主要表现为收入分配的差距。但是应该注意到，不发达地区和农村正是中国农民最为集中的地域，如果政府让农民特别是潜在流民阶层享受与其他社会阶层同等的公民权利和国民待遇，享受同等的教育机会和权利，享受同等的社会保障制度，享受同等的利益谈判权，享受同等的政治参与权利和自由居住权，那么农民阶层尤其是潜在流民阶层也会很快富裕起来。从这种意义上说，解决农民阶层特别是潜在流民阶层的社会不公正问题恰恰是解决地区发展差距和城乡发展差距的一把钥匙。其二，在经济学分析中受西方新古典经济学的影响。新古典经济学以稀缺资源配置为研究对象，所考察的分配问题也只集中在收入分配差距和社会福利的改善上，一谈及经济增长和经济发展中的不公平，就是指收入分配差距过大，如何让贫困人口增加收入以改善整个社会福利。就中国的情形而论，中国农民和进城务工者的社会地位和社会身份不平等才是一切不平等和不公正的基础和出发点。

第三节　不同地区、不同阶层生活方式的差异性

一、生活方式与收入水平

收入分配理论并非一种单纯研究收入分配方式及其公平的理论，尤其不仅仅是一种研究收入分配如何促进经济效率提高的理论。收入分配理论必须拓展至更广泛的领域，收入分配理论的目标必须指向人类的生活目标，只有指向生活目标的收入分配理论才能够在更广阔的领域评价收入分配理论的得失。而在现代文明社会，生活目标则应该多种多样，如果不存在单一的生活目标，我们就应该进一步研究生活方式的多样性，不同个体对不同生活目标的追求体现为对某种生活方式的选择。生活方式差异性是指人们在既定社会经济条件下的不同“活法”，显而易见，不同的生活方式需要不同的财富水平或物质条件，从而所需要的收入水平的高低是不同的。毫无疑问，如果我们将收入分配理论与生活方式联系起来，就不会再将收入分配水平的差距看作收入分配

公平性的唯一标准，从而对收入分配公平性标准做出重新评价。从个人来说，如果人寻找到最适合自己的生活方式，那么即使他的收入水平低，也可能会感到最大的幸福度，从而获得最大的公平感，因为那就是他所要的生活。从国家的角度来看，如果将收入分配理论与生活方式联系起来，一个国家就不应该以单纯追求经济增长或GDP增加为目标，人民生活水平的提高也不仅仅体现在单纯收入增加上，而应该体现在生活方式选择多样化上，或者体现在人们追求生活目标多元化的选择上，从而一个国家发展道路就不应该是线性的，恰恰相反，经济发展道路应该是非线性的，因为生活方式多样化要求经济发展过程的非线性化。所以，从生活方式选择的终极意义上说，一个国家应该选择非线性经济发展道路。

收入分配理论离开了生活方式理论，就会局限于单纯收入分配水平及其差异性的研究，局限于收入与效率关系的研究，我们就会把收入水平单纯数量标准看作评价收入水平公平性与否的唯一标准。而从生活方式差异性角度来看，评价收入分配公平的标准不仅仅是收入数量水平的差异性，还包括人们对生活方式选择的自由度和幸福感上。从一般意义上说，如果收入分配水平是平均的，显然这不能算作最公平的，即使是传统的收入分配理论，也很快会将个人能力和机会等变量加进来共同评价收入分配的公平性。然而，这些还远远不够，收入分配理论的研究必须与生活方式的分析联系起来，因为生活方式选择与收入分配的公平性直接相关。在某种意义上，人们对于收入分配的公平感是多元的，并不存在统一的标准，能够相对统一的仅仅在于人们对于生活方式的选择权利。从生活方式的角度来考虑收入分配的公平性，我们就会发现单纯地从收入水平差距来确定收入分配的公平性是多么幼稚和武断。在相同的收入水平差距条件下，具有不同生活方式选择倾向的人显然具有不同的公平感，在保证基本生活水平的条件下，扩大生活方式选择权利具有与缩小收入水平差距相同的甚至更大的意义。

当然，收入水平差距的数量标准的确定也是收入分配理论的重要组成部分，即分析收入分配水平差距及其标准是研究收入分配公平性和合理性的基础性工作。生活方式的差异虽然可以与不同收入水平的差距之间形成某种契合，从而在收入分配差距相当大的情形下仍然可以提高公正性和公平性水平，然而，生活方式差异对收入分配水平差距的消解功能却是有限的。在这里存在两个基本前提：一个是必须保证一个人在当时社会经济条件下的基本生活水平，如果一个人的基本生活水平不能够获得满足，那么生活方式的选择就是不可能的，或者说他只能存在一种生活方式选择，即他需要挣取他的基本生活费用；另一个则是收入分配水平差距存在一个阈值，超过这个阈值则生活方式差异对收入水平差距的消解功能也将有限或失效。因为收入分配差距过大必然会导致社会不同利益主体、不同社会阶层之间的利益对抗，从而引发整个社会阶层结构的破坏和秩序的崩溃，人们也将失去选择不同生活方式的能力。当然，即使在这种情形下，生活方式差异性对收入分配水平差距的消解功能仍然可能存在，只不过由于选择生活方式能力的减弱或失去，使这种消解功能变得十分有限，以至于不能观察出来。

从以上的分析可以看得出来，既然收入平均分配并非最公平的分配方式，即使引入个人禀赋差异和机会均等因素也难以形成满意的、公平的收入分配状态，那么，如果将生活方式差异引入收入分配分析，那么，我们通过生活方式差异与收入分配水平差距之间的契合，将可能最大限度地提高收入分配的公平水平。

在收入分配分析中引入生活方式差异，并非为了模糊和消弭收入分配水平差距所带来的负面效应，而是想指出，如果我们在研究收入分配水平差距时考虑到生活方式的差异，可以不再把收入分配理论研究的重点放在单纯的收入水平的数量差距上，而可能将收入分配理论的研究重点放在收入分配水平差距与生活方式差异的契合上，因为收入分配水平的单纯数量差距实在不能准确反映收入分配公平水平。如果考虑到生活方式差异性变量，那么收入分配水平与人们努力程度和经济效率的提高之间并不存在一一对应的关系。我们可以从生活方式选择这种终极意义上来考虑收入分配与经济绩效的关系。在既定的条件下，问题的关键并不在于收入分配水平的单纯数量差异，而在于一个社会应该给人们提供尽可能多的选择权利，包括选择权利序列的扩展和选择权利的程度。从社会和谐稳定的角度来看，收入分配水平差距与生活方式差异的契合不仅仅有利于消除不同利益主体和不同社会阶层之间的利益对立，而且能够使社会不同成员生活在某种和谐共生的状态之中；更进一步说，这种和谐共生状态还可以是一种有效率的经济秩序和经济制度状态。

二、两种差异性变迁的冲突与契合

促使收入分配差距扩大或缩小的机制与促使生活方式差异性变化的机制是不同的，所以从自然演进的意义上说，两种差异性变迁的冲突是经常的，而两者之间的契合却是偶然的。

随着经济增长和市场经济的发展,资本原始积累的推进和市场机制的作用必然会促成收入分配差距的扩大和社会贫富两极分化,这种过程甚至是一种累积性的扩张过程,所以在收入水平差距拉大的过程中,政府必须要通过适当的干预来控制这种趋势的发展,将收入水平差距和贫富差距控制在社会政治可承受的区间内。从西方国家市场经济发展与收入水平差距之间的一般关系来看,收入水平差距一般呈倒U形,即收入分配的库兹涅茨曲线——在经济起飞前期,收入分配差距较小;随着经济增长和市场经济发展,收入分配水平差距逐渐扩大,直至顶点;在经济发展成熟期,收入分配差距又呈现出逐步缩小的趋势。需要指出的是,库兹涅茨曲线在不同国家的表现是不同的:在一些发展中国家,收入分配差距的持续扩大很可能会导致社会矛盾的加剧甚至社会政治的动荡;而在另一些发展中国家,收入分配水平持续扩大直至顶点,并且持续处在高水平的收入差距状态。应该承认,在一定条件下,适当的收入分配差距有利于促进经济提高,但持续扩大的收入分配差距对经济发展却是有害的。从生活方式差异性变迁的角度来说,它与收入分配差距扩大的机制是不同的:首先,两者变迁的速率是不同的,收入分配差距扩大的速率快于生活方式变迁的速率,收入分配差距的扩大过程往往以累积性的速度发展,而生活方式变迁却往往是渐进式的;其次,收入分配差距的扩大直接与市场机制的作用和政府干预有关,而生活方式变迁却与一个社会经济发展所能够提供的可能生活方式内容、种类和人们对生活方式的选择权利直接相关;最后,收入分配水平差距体现出一种经济发展水平的差距,而生活方式的差异则更多地体现出一种政治宽容性和文化差异性。

收入水平差距变化与生活方式差异性变化的冲突最主要体现在两者之间不同作用机制的冲突。这种作用机制的冲突又主要体现在当收入水平差距越来越大时,一个社会仍然保持着相对单一的生活方式。这将会使整个社会的不同利益主体、不同社会阶层之间利益冲突的焦点集中在收入水平的数量差距上,单一的生活方式将指向平均主义分配原则。为什么会这样呢?一方面,单一的生活方式抹杀了不同个体对于收入水平差异性的要求,收入水平的提高需要付出成本,而不同的个体对于收入水平提高的预期是不同的,如果一个社会只存在单一的生活方式,那么,这势必会促使不同利益个体对于收入水平的预期函数趋同,即只有收入水平数量上的增加才能提高生活质量,不同生活质量提高的轨迹在收入水平数量这个单一平面上重叠了。由于不存在生活方式选择的权利和自由，不同利益主体对于生活质量提高的要求只能通过收入水平的提高来实现，如果收入水平差距过大，不同利益主体之间的收入水平差异性便转化为直接的利益冲突。另一方面，收入水平的平均化并不能解决不同利益主体之间的利益冲突。这不仅由于平均主义分配方式背后隐藏着程序的不公平或机会的不公平，它完全抹杀了不同个体的禀赋差异，而且更重要的在于，平均主义分配是一种不利于促进经济增长和经济效率提高的分配原则。在低经济增长和低收入水平条件下，平均主义分配原则只能导致不同利益主体之间利益的直接冲突，可供分配的蛋糕较小，参与分配的人较多，加上平均主义分配过程中行使权力的不公正，平均主义分配原则是不可持久的。从一般意义上说，收入水平差距的存在即使不是不可避免的，也是能够使经济效率提高的正常分配状态。

从以上的分析可以看出，如果一个社会只存在单一的生活方式，则这种单一的生活方式指向平均主义分配原则，而平均主义分配原则不能解决、只能加剧不同利益主体和不同社会阶层之间的利益冲突。如果我们从另一个角度来看，可能会找到解决这一问题的正常路径。如果一个社会存在着多元的生活方式和人们充分选择不同生活方式的自由权利，那么，这种多元生活方式的差异性可能恰好与不同收入水平差距之间形成某种契合，这种契合能够使每个人对自己的收入水平都存在最公平、最满意的感觉，从而整个社会的收入分配状态也处在最满意的公平水平上。显然，收入水平差距与生活方式差异之间契合以形成最满意的公平分配状态这一种历史的均衡是可能存在的。那么，收入水平的差距与生活方式的差异之间是如何契合的？其一，不同的收入水平对应不同的生活方式。每一种生活方式所要求的收入水平是不同的，不同生活方式又体现不同的人生追求和价值观念——如果承认这一点，这就意味着不同生活方式是平等的，并不存在优劣之分，只要这种生活方式能够给你以充分的自由。既然不同生活方式选择权利是平等的，而不同生活方式的选择就意味着与此相适应的收入水平，所以，收入水平差距与生活方式差异之间天然存在着内在联系，而且最公平的收入分配状态恰恰存在于这种契合之中。其二，当收入水平差距变化与生活方式差异性变迁不同步或存在着冲突，我们可以通过两种方法来促进两者的契合。第一种方法是通过政府对经济的干预来控制收入水平差距过大。需要注意的是，这种方法需要完善的市场经济体制基础，以及需要对政府权力进行必要的约束，通过转换政府职能使得政府能够公正地运用权力来解决贫富差距过大的问题。第二种方法是通过扩大公民对生活方式的选择权利，为人们选择不同的生活方式提供更多的可能性。这就涉及社会的宽容和政治的宽容，以及人们的自由选择权利等问题。其三，生活方式选择的权利或自由对于解决贫富差距具有基础性意义。一般来说，解决收入水平差距和解决贫富差距存在着上中下三策：最下策是通过政府行政命令来进行国民收入重新分配，以解决贫富差距，这种政策要么导致绝对平均主义，要么促使经济体制走向僵化，因为这种分配政策严重地损害了经济运行和经济发展中的激励机制和约束机制，使一国公民滋生“等、靠、要”的预期，显而易见，这将会使一个国家所有关于利益冲突的问题焦点都集中在如何分配利益上，这只能使利益冲突越来越激烈。解决收入分配的中策是通过政府和市场来调节收入分配差距，这种方法虽然十分有效，但未必是一种从根本上解决收入水平差距和贫富差距的好方法，因为运用政府干预解决收入水平差距问题可能会导致损害市场机制的内在机理，甚至破坏经济发展的条件；运用市场手段来调节收入水平差距的效果也是十分有限的，因为市场机制本身正是通过扩大收入水平差距来促进经济运行和经济发展的。毫无疑问，从根本上解决收入水平差距的方法应该是一种从制度结构形成和生活方式选择上解决收入水平差距的方法。从制度结构上说，不同经济形式或经济制度的存在会导致不同收入分配方式的存在，而这些不同分配方式却是相互补充的，这些不同的分配方式更有利于熨平收入水平差距；从生活方式选择上说，多元化生活方式的选择与收入水平差距相适应，这就表明生活方式差异性不仅能给收入水平差距的存在提供预期上的支撑，而且还会给收入水平差距的存在提供正式制度和非正式制度基础，即某种稳定和谐的制度可以是一种收入水平存在一定差距的制度，这实际上也表明该种制度是有弹性的、有差异性分配的制度。从社会政治制度上说，一种宽容的社会政治制度可以对收入水平差距有更大的承受能力。不同生活方式的选择意味着不同的心理预期，不同的心理预期对于制度的形成和变迁产生直接的影响，而这种受不同心理预期影响的制度正是能够给收入水平差距提供较大宽容度的制度。一般来说，生活方式选择空间越大，生活方式越多元化，它所能够提供的制度越具有弹性和差异性。从终极意义上说，由于生活方式的选择与人类生活的终极目标相联系，如果收入水平差距与生活方式差异性相联系，那么，这种收入水平差距就处于长期的均衡状态。另一方面，收入水平差距的扩大也要求人们选择不同的生活方式，问题在于这种生活方式的选择是被迫选择的还是自愿选择的。如果是被迫选择的，那么与此相适应的收入水平差距是不可维持的;如果生活方式的选择是自愿的,那么与之相适应的收入水平差距则是可维持的。

三、生活方式与经济发展

以上从生活方式多元选择的角度分析了如何对待收入水平差距或贫富差距问题。如果将分配问题看作生产关系的一个背面,那么,我们所研究的问题将进一步指向经济制度、经济运行和经济发展等问题,从而可以从这个角度进一步研究一个国家的经济发展模式问题。单一发展模式是一种线性发展模式,它将经济发展看作一种由低水平向高水平发展的过程,而衡量经济水平的指标往往是经济总量或GDP。经济发展总是一种从传统农业到现代工业的过程,这种经济发展模式是以西方发达国家的工业化过程作为蓝本,其理论以哈罗德-多马模型和罗斯托的《经济成长阶段》为代表。从这种经济发展模式出发,收入水平的差距将呈现倒U曲线轨迹,生活方式将越显得单一化,即现代工业化社会的文明生活方式,虽然日益增加的收入水平可以给人们选择多元生活方式提供条件,但市场经济的物化和异化倾向迫使人们选择单一化的生活方式,即人们虽然有选择多样化生活方式的需要,但线性工业化却迫使人们只能选择单一化的生活方式,生活方式的趋同是线性工业化发展的必然产物。如果我们从多元化生活方式角度考虑经济发展模式,那么经济发展模式必然是多元的,这种多元发展模式是一种非线性发展模式。与线性发展模式相比,多元发展模式强调发展道路的多元化和发展目标的多元化,以及发展过程的非线性。

从生活方式差异性与收入水平差距之间的冲突和契约角度来研究多元发展模式,我们会发现多元化生活方式与差异性的收入水平所支撑的多元发展模式更符合发展中国家的经济发展现实条件。首先,多元发展模式中的多元生活方式的选择自由能够更好地消除收入水平所带来的社会政治经济动荡。从单一发展模式向多元发展模式的转换能够更好地促进生活方式差异与收入水平差距之间的契合,反过来,收入水平差距与生活方式差异的契合也更有利于推进单一发展模式向多元发展模式的转换。毫无疑问,这两者之间的相互作用能够有效地避免收入水平差距扩大给发展中国家所带来的社会、政治、经济动荡。这种动荡对于发展中国家经济发展的损害是致命的。其次,受发展中国家多样化经济条件和复杂的变化过程的约束,发展中国家经济发展不适宜选择单一发展模式。虽然工业化和现代化内部存在着不可违背的内在逻辑，其中也包括传统生产方式和生活方式向现代生产方式和生活方式的改变，但这并不表明经济发展模式是唯一的，更不表明经济发展只能走西方国家的线性发展道路。实际上，发展中国家如果要走西方的线性发展模式，将会带来一系列问题。如自由市场经济发展所带来的收入水平差距扩大可能是发展中国家现实政治经济制度所难以承受的，贫富差距的拉大和自然环境的严重破坏给发展中国家的大多数人带来的不是幸福而是灾难，经济迅速全球化可能会使发展中国家成为发达国家的政治经济附庸。发展中国家只能根据自身的现实经济条件来选择适合自身的经济发展模式。收入水平的适当差距符合市场经济发展的内在逻辑，生活方式的自由选择有利于缓解收入水平差距所带来的社会震荡，多元发展模式能够更好地包容多元经济发展过程、多元经济发展目标、多种生活方式选择和不同收入水平差距，能够更好地使发展中国家走可持续发展道路，它可以具有更高水平的公平与效率的统一。最后，从经济发展模式转换角度来理解收入水平差距与生活方式差异之间的契合，我们可以从收入分配——这个发展中国家的核心问题出发来解剖中国经济发展道路的内在逻辑，并找出解决中国经济发展所面临的现实问题的正确途径。

第四节　社会主义城乡统一建设用地市场

一、城乡发展一体化体制中的土地制度改革

按照《宪法》和《土地管理法》规定，只有集体经济组织的公共设施、公益事业、乡镇企业和农民住宅可以使用集体土地，否则集体土地使用权不得出让、转让或出租；所有城市企业、城市居民等进行建设必须使用国有土地或建设需要占用集体土地的，必须先由国家通过土地征用将集体土地转为国有土地后再出让或划拨给土地使用者使用。《土地管理法》第四条规定："国家实行土地用途管制制度。"第三十四条规定："任何单位和个人进行建设，需要使用土地的，必须依法申请使用国有土地；但是，兴办乡镇企业和村民建设住宅经依法批准使用本集体经济组织农民集体所有的土地的，或者乡（镇）村公共设施和公益事业建设经依法批准使用农民集体所有的土地的。"第六十三条规定："农民集体所有的土地的使用权不得出让、转让或者出租用于非农业建设。"

土地建设用地市场的“二元结构”既损害农民的利益，又不利于政府对土地市场的宏观调控，不利于对土地资源的优化配置。随着社会主义市场经济体制的形成和完善，土地制度改革显得非常必要，不仅如此，建立城乡统一的用地市场，也是实现城乡一体化发展体制的重要组成部分。从生产资料所有制的角度来看，中国的土地制度属于社会主义公有制，但具体的土地制度实现形式可以多样化，应该在符合规划和用途管制的前提下，允许农村集体经营性建设用地出让、租赁、入股，与国有土地同等入市、同权同价；缩小征地范围，规范征地程序，完善对被征地农民合理、规范、多元保障机制；扩大国有土地有偿使用范围，减少非公益性用地划拨；建立兼顾国家、集体、个人的土地增值收益分配机制，合理提高个人收益；完善土地租赁、转让、抵押二级市场。

虽然国有土地有偿使用制度已经建立，但农村集体使用土地如何进入市场，如何形成城乡统一的用地市场，并对其加以有效管理，这也成为推动新型城镇化建设的必经之路。这就需要明确土地主体的产权，保证集体建设用地规范流转，形成统一高效的土地市场体系；鼓励农民采取各种方式参与土地开发建设，允许农民以入股、租赁、出让、抵押等方式进行集体建设用地的流转，并对各种流转方式采取相应的管理办法，为建设用地流转以及政府管理城乡土地市场提供法律依据。

我国没有统一的城乡建设用地市场，是不允许集体土地直接入市的。但实际上，农村集体建设用地自发进入市场流转的现象普遍发生。由于政府各部门对农村集体建设用地流转没有统一、规范的管理措施与办法，集体建设用地流转处于自发和无序状态，带来了很多问题：随着征地规模和被征地农民数量的逐年增加，引发的社会矛盾逐年增多，导致涉及征地的信访居高不下，群体性事件时有发生，社会风险加剧；土地使用效率普遍较低，如一些“集体所有制市镇”的建成区，村民虽已完全脱离农业，但住房普遍按农业区习惯兴建，层数较少，占地较多，加剧了城市用地的紧张程度，增加了耕地占用；城市空间布局混乱，景观极不协调等。

建立城乡统一的建设用地市场的意义在于农民在出售土地时的土地价格由市场来决定，这样土地的流转价格由供需双方构成的市场来定，从而避免了由地方政府廉价征地后再高价抛售的弊端。农民在流转土地之后拿到了收入，便可以选择在附近的城镇定居，真正成为市民，并且由此拉动内需，从而完成经济结构的转型，避免中国经济陷入可能的危机，达到可持续增长的目的。

集体建设用地和宅基地流转，以及通过流转实现农民的财产性溢价收入，将把数亿农民从此前一直被禁锢在作为农业生产要素的土地上、运用小农生产的作业方式、与资产收入隔绝的状态下，拉入工业化、城市化和现代文明洪流，这也意味着数亿农民将分享改革开放和资产溢价的红利。由此，21世纪以来因资产价格上涨而拉大的收入差距有望缩小，城镇化有望被自然地引到以人为本的轨道上，城市房地产泡沫有望实现软着陆，内需增长的动力有望全面启动。

二、确立土地制度中的经济财产权

明确土地主体的产权是前提，如果权利明确了，是否交易、交易为何种用途、如何定价等，农民会遵循市场规则来行事，土地资源也就会得到最佳配置，农村土地低效利用、浪费严重和城市用地紧张的不平衡，耕地保护和建设用地之间的冲突等问题可能获得解决。要保障农民集体经济组织成员权利，积极发展农民股份合作，赋予农民对集体资产股份占有、收益、有偿退出及抵押、担保、继承权。要保障农户宅基地用益物权，改革完善农村宅基地制度，选择若干试点，慎重稳妥推进农民住房财产权抵押、担保、转让，探索农民增加财产性收入渠道。要建立农村产权流转交易市场，推动农村产权流转交易公开、公正、规范运行。明确权属是构建村民自治的基础，长期以来农村集体组织内村民自治意识薄弱、民主生活缺乏，根源在于生活和生产的要素——土地分配上的实际控制权在村干部或村主任，农民没有产权意识，城乡统一用地市场就缺乏主体。所以必须赋予农民更多财产权利，保障农户宅基地用益物权，改革完善农村宅基地制度，选择若干试点，慎重稳妥推进农民住房财产权抵押、担保、转让，探索农民增加财产性收入的渠道。建立农村产权流转交易市场，推动农村产权流转交易公开、公正、规范运行。

随着城镇化的发展，从农村进城的农民不断增多，但空置的宅基地既不可能抵押，又不能退出，这就造成土地资源的极大浪费。城市房价远超出大部分农民工的购买力，而老家的宅基地却无法退出变现成资本。中国台湾当年的城镇化得益于农民把家乡的土地与房屋卖掉后可以在城里买到房子。要试点建立农民宅基地的抵押、退出、转让机制，允许农民在其他乡村获得宅基地。农村的内需市场将会扩大，因此带动经济的发展，大大提高农民的生活水平。

在用途管制的框架内，也完全可以通过建设用地“增减挂钩”、农业产业化等模式来实现宅基地的合法流转。通过建新拆旧和土地整理复垦等措施，在保证项目区内各类土地面积平衡的基础上，最终实现增加耕地有效面积、提高耕地质量、集约利用建设用地、城乡用地布局更合理的目标。通过这种办法可以增加城镇建设用地的供应规模，让集体建设用地退出建设用地市场，但这并非保障集体建设用地与国有建设用地享有平等权益。不突破法律障碍下，这一模式可以说是农村居民分享城市化、土地资产收入的唯一途径；实际上宅基地市场化并不会对农民的安身立命形成威胁，住房市场化改革来并没有出现城市居民流离失所的现象，反而带来城市居民居住水平的提高和财产收入的增加。同样的道理，农民成为市场化资产的拥有者，即融入城市化和市场化的大潮中，自然会按照有利于自身的市场规则来行事。反倒是土地长期"二元"管制给政府背上了巨大的补贴成本、拆迁"维稳成本"，这一制度维持越久，转型成本就越大。一方面，宅基地实现流转，有利于加速"人的城镇化"，促进地价房价泡沫的软着陆，不致爆发土地财政短期威胁；另一方面，宅基地实现流转，城市建设用地增加，土地收益总额也增加，对地方政府的长期收益也是有利的，这一点从房地产全面市场化以来的税收贡献可见一斑。如果真的能够将确权工作前置和做实，杜绝违背农民意志的流转，切实保证农民对于宅基地的合法权益，即用益物权，流离失所就在相当大的程度上可以避免，那时的宅基地改革必将给农民带来巨大利益和社会保障。

三、从土地承包到土地经营权入股经营

党的十八届三中全会指出，对于农民承包地，要"赋予农民对承包地占有、使用、收益、流转及承包经营权抵押、担保权能，允许农民以承包经营权入股发展农业产业化经营。"土地在当前和今后相当长的时期，不仅是最重要的农业生产资料，也是农民最基本的生活保障。特别是在我国工业化和城镇化加速推进时期，大量农民外出打工，在城乡双向流动，这是一个长期的过程。党的十七届三中全会提出确保农民的土地承包权，农民有了稳定的土地承包权，才能进退都有一个回旋余地。外出有活干，就把地转给别人种，自己出去打工；在外干不下去，就回来种地。这在农民外出务工不太稳定的情况下，比较适应农民心有顾虑、注重退路的实际要求，但效果并不理想。如果在此基础上，农民享有了 18 亿亩承包地的抵押、入股、转让权，毫无疑问这是重要的制度创新，对于农民也是一个巨大红利。目前，中国土地市场仍处于一种城乡分割状态，城市和农村土地享有不同权利。城市国有建设用地有正式的土地交易市场，实行市场定价，而农村集体建设用地要想流转，就必须通过政府征收转换

为国有建设用地。1993年中国城市的房改政策让城市居民获得了房屋产权证,紧接而来的效果就是城市创业的迅猛发展,居民可以用房产抵押得到的资金来创业。如今在推进城镇化和提高农业发展水平的目标下,农民的承包地也可以抵押甚至转让了,这将给农村带来全新的风貌。

对于农民,抵押其中一些土地,可以得到稳定的收入,拥有更多的资金迁移到城市,或者投资扩大农场并使之机械化;而对于投资者,这无疑提供了一个新的商机,将来一定会有更多的人把眼光放到农业上来。一些地方已经有不少尝鲜者建立了自己的农庄,怡然自得,并可以预见,政策一旦放开将会有更多人加入他们的行列。效益需要规模和投入,也要专业团队运营。农产品销售渠道不易操作,且新鲜农产品的保质和物流也存在问题,土地流转集合大规模土地也还是有难度,农民也未必很好适应企业化管理。如果进行土地经营权入股的制度创新,那么将使土地制度改革进入新阶段。在投资者的带领下,农民通过土地入股,参与建立在土地上的生产工作,在新型的合作模式下,生产销售有效衔接,逐步实现农业的机械化、专业化,无论如何,股份制是现代企业的经营方式。如果第一产业的结构调整得好,收益多了,无疑有利于缩小城乡差距。从土地承包到土地经营权的股份制经营,不仅保护了国家的耕地红线,为更多的人带来了福祉,也使得农业生产获得现代的财产组织结构和经营形式,这种多元化的具体的土地制度形式,更有益于社会主义公有制的稳固。

建设城乡统一建设用地市场是建立社会主义市场经济的必然要求,对于规范土地市场秩序、让农民分享土地增值收益、缩小城乡差距具有重要意义。

城乡统一建设用地市场的形成也有利于解决中国农村剩余劳力转移问题。在中国部分地区出现劳动短缺的“刘易斯拐点”[①][②]现象,即劳动力过剩向短缺的转折点,是指在工业化过程中,随着农村富余劳动力向非农产业的逐步转移,农村富余劳动力逐渐减少,最终达到瓶颈状态。这说明原来农村劳动力单向流动是不长久的。“刘易斯拐点”是形成一个健康的劳动力市场制度的良好契机。一方面,民工荒实际上是民工权利荒,民工短缺实际上是权利短缺或制度短缺,这就需要我们在保护民工权利方面做更多的工作;另一方面,要加强教育供给,尤其是职业技能教育供给,提高劳动力质量和水平,满足产业升

① 刘易斯:《二元经济论》,北京经济学院出版社1989年版。
② 蔡昉、刘易斯:《转折点:中国经济发展新阶段》,社会科学文献出版社2008年版。

级后的劳动力市场需求。无论是劳动力市场、资本市场还是土地市场，它们都是社会主义市场体系不可缺少的要素市场，而社会主义市场经济是统一、开放的市场体系。

第五节　中国城市化问题

一、城市化理论研究[①]

(一) 中国城市化思想演进

发达国家绝大部分的劳动人口和产出都集中在城市，落后国家的人口则主要集中在农村。这就意味着，经济发展的过程也是空间结构转变过程，这就是城市化。城市化的主要特征是人口的大量迁徙，来自各个地区、操着南腔北调的人相互聚集在一起并形成城市。城市化已经成为中国经济的主推动力。城市化是指随着社会经济的发展，非农人口占总人口的比重不断提高的过程。人口和资本向城市集中，是由于生产要素在空间上的聚集所产生的外部效益，以及城市的先进文化、生活方式等所产生的城市引力。

(二) 中国城市化模式

计划经济时期，中国的城市发展受到了重工业优先发展战略和计划经济的严重限制。重工业的资本密集型特征要求严格限制城市部门的就业人数。改革开放以后，劳动力空间流动并没有放开，以乡镇企业为代表、以市场为导向的工业化是在农村土地上开始的。由于中国政治体制对于政治中心的强调，中国市场经济推动的、以“乡镇企业”为主体的农村工业化相对应的城市化只表现为“县域城市化”。近年来，由于土地管理制度的原因，县域和地级市的城市化更为明显，大城市的范围扩展则受到户籍制度的明显限制，说明中国城市化模式存在一定问题。中国城市空间结构存在的问题，集中在关于城市化模式的讨论上。选择“小城镇”模式还是“大城市”模式，是中国城市化战略中最旷日持久的争论。

(三) 中国的最优城市规模

空间集聚效应的有效发挥，需要依托适度的城市规模。从各国城市化路径看最佳城市规模及城市分布模式，国情不同差异较大。最佳城市规模问题

---

① 张自然、张平、刘霞辉：《中国城市化模式、演进机制和可持续发展研究》，中国社会科学出版社2016年版；《中国城市化模式、演进机制和可持续发展研究》，《经济学动态》2014年第2期。

受到广泛关注的原因是：最佳城市规模与用地规模和公共设施规模相关，与产业的效率相关，与城市可持续发展相关。最佳城市规模形成的机制是，随着空间集聚规模的增大，集聚成本也会上升，最终在特定阶段达到平衡。尽管促使最佳城市规模形成的因素很多，但发达国家城镇化经验显示，城市最佳规模与城市的产业特征关系极大。

(四) 城市化与产业竞争力

城市化与产业竞争力的问题，其实是城市化和产业结构匹配的问题，包括城市化与工业发展的匹配、城市化与服务业发展的匹配、城市化与农业发展的匹配、城市化与就业的匹配等方面。

(五) 城市化与城市聚集创新

从发达国家经济增长的历史来看，工业化、城市化和现代化的过程不仅表现在经济结构的变迁上，而且表现在地理空间的变迁上。空间集聚的本质是人口迁移所导致的城市人口密度和经济密度的提高，以及由此产生的内生增长效应。发达国家竞争力的根源在于对"增长三动力"的严格发挥，即创新、报酬递增、集聚效应(空间聚集、创新聚集、城市群)。"增长三动力"的核心，是新技术和新生产模式带来的知识和劳动生产率的增长，这也是理解经济发展的关键。就技术创新而言，包括企业的"产品创新"和"过程创新"。"产品创新"是报酬递增和经济持续发展的保证，通过产业联动和城市化的空间集聚效应，产品创新又被发挥成"过程创新"，两个创新的互动在更大程度上导致了整体经济的报酬递增。通过技术创新，发达国家长期保持了竞争优势。技术创新的目的是筑起产业进入的高壁垒和获得高利润。在开放条件下，发达国家利用这种优势让本国产品和服务与外国竞争，并保持国内真实收入的增长。

二、中国城市化的模式选择[①]

中国城市化道路应选择什么样的模式，存在两种截然相反的观点：一是主张继续控制大城市、积极推动中小城市和小城镇发展的模式，另一种是主张走以大城市带动建立合理的城市结构体系的发展模式。其实，这两种意见来自两个思路，一个强调中国特色，一个强调一般规律。与此相关的是，在研究城市化时，多用城镇化替代城市化的概念，用城乡一体化代替因城市化而消除

① 参见王玉春、王玉婧、刘学敏：《中国城市化模式选择问题研究》，《学习与探索》2003年第1期。

城乡差别的概念。城市化是以城市为主体甚至是以大城市为主体吸引人口和集聚生产要素,而城镇化和城乡一体化强调主要通过发展中小城市和小城镇来缩小和消除城乡差别。严格来说,城市化和城镇化是有区别的,它们分别代表着城市化的两个不同阶段,即乡村城镇化和城镇城市化(城镇自身的发展和素质的提高)。以城镇化替代城市化,实际上是把城市化的两个不同发展阶段混为一体。我们认为,中国选择什么样的城市化模式,要建立在客观分析的基础上,要借鉴发达国家走过的道路。

发达国家城市化道路的模式是走了一条以大城市为主导的发展模式。发达国家乃至整个世界城市化的道路都是以大城市为主导的城市化模式,表明有其客观性。大城市之所以成为一个地区的经济、政治、文化和创新中心,是因为它具有强大的集聚效应、扩散效应和辐射效应;一些城市之所以发展为大城市乃至超大城市,是因为这些城市因其地理位置等使其发展本身具有规模经济性质。

以大城市发展为主导带动城市化,既是城市化本身和土地资源有限等国情限制的要求,也是实现经济持续、快速发展的客观要求。

首先,与此前的城镇化模式不同,以特大城市或大城市为主导推进城市化,是通过其辐射力带动中小城市的发展,而不是通过发展星罗棋布的中小城市和小城镇来实现所谓的城乡一体化。它是以大城市(包括特大城市)为核心形成一个区域的城市群落,以此带动某一区域的经济发展,并形成区域经济的合理分工、贸易与竞争态势,同时完成农村人口向城市的转移与农业劳动力向非农业产业的转移。其次,以大城市为主导实现城市化,还可以创造出不断扩大的总需求。要实现经济持续发展,必须以不断增长的内需为动力。限制大城市和城市发展,其实也就限制了总需求增长。再次,以大城市为主导实现城市化,也是建立市场经济体制的客观要求。社会经济发展过程或者说现代化过程表现为工业化(产业化)、城市化、市场化的统一,从根本上说,工业化和城市化其实就是市场化过程。最后,以大城市带动城市化的模式,有利于政府转变职能和行为方式,实现行政现代化。以大城市带动城市化和人口流动虽以市场机制为基础,但政府也发挥重要作用,政府在规划上起着主导作用。城市发展必须要有规划,这是城市化中政府的重要职能,是市场所不能替代的。

我国已进入城市化的快速发展期,城市化已经势不可挡。必须面对这个现实,选择以大城市为主导的城市化模式。

三、中国城市化的成本收益分析[①]

(一) 我国城市化的成本分析：基于社会成本的视角

城市化是一个资源配置和耗散的过程，对经济、社会都产生深刻影响，因此城市化也是有成本的。关于城市化的成本，不同的专家学者有不同的理解，大多数学者是从经济支出角度去考虑的，把城市化的成本理解为农民转化为市民所支付的成本以及城镇为了接纳他们而支付的成本，有的学者已经将环境成本等外部成本列为城市化的成本。城市化本身是一个资源配置的过程，由于资源的市场价格并不能完全反映资源的稀缺程度，私人成本并不等于社会成本，结果就会导致资源配置不能实现帕累托有效。借鉴可持续发展的理论，我们认为，我国城市化的成本应该从社会成本的角度去考察，它包括直接成本和引致成本两部分，直接成本是指城市化过程中所发生的当期成本，引致成本是指城市化过程所带来的远期成本。

1. 城市化的直接成本

就现阶段而言，我国城市化的直接成本包括以下三种。

(1) 私人成本。这主要指农业人口成为城镇人口所支付的如教育成本、住房成本、生活成本、社保成本、迁移成本等。

私人成本是农业人口在转化为城镇人口过程中所承担的个人成本。由于第二、三产业与农业相比对劳动者的知识技能有着不同或者说更高的要求，所以需要劳动者为学习而支付教育成本。农业人口从农村迁往城镇要支付迁移成本，在城镇中定居要支付住房成本等。生活成本则是指农业人口在成为城镇人口之后日常生活中所支付的食品、衣物、交通、用水、用电、用气、取暖等费用。同时，由于农用地对于农业人口具有社会保障的功能，而在农业人口成为城镇人口之后，他将脱离土地，因此需要为其医疗、养老、失业等支付社会保障的成本。

(2) 公共成本。这主要指为接纳农业人口所支付的公共支出，包括基础设施投入、公共管理和服务投入等。

农业人口成为城镇人口，意味着原有城镇的扩容或新城镇的出现，城镇道路、供水、供电等城镇基础设施作为城镇功能的载体必然需要扩容或新建，同时，政府行政管理和治安、消防、医疗、教育等公共服务也必然要应对城镇人口

① 参见王家庭：《“低成本、集约型”城市化模式的理论分析及低碳发展路径研究》，《当代经济管理》2012年第1期。

规模的扩大而增加投入。这些基础设施服务、公共管理服务按照不同的经营属性可分为纯公共物品、准公共物品，其投入可能由政府承担，也可能由企业承担，但都具有公共物品的特征。

(3) 交易成本。这主要指制度对农业人口向城镇人口转移的阻力。阿罗将交易成本概括为“经济制度运行的成本”，而按照张五常的解释，交易成本可以看作是一系列制度成本，包括信息成本、谈判成本、拟定和实施契约的成本、界定和控制产权的成本、监督管理的成本和制度结构变化的成本。交易成本范畴最初被用于分析企业，后来这一范畴的应用范围被大大扩展。交易成本就如同物理学中的摩擦力，新制度主义将经济学从没有摩擦力的世界引入有摩擦力的世界。在城市化过程中，一系列的制度安排所发生的作用是不可忽视的。因为城市化本身是一个资源流动和资源优化配置的过程，制度对于资源流动的影响就直接体现在交易成本上。随着经济体制的改革和社会主义市场经济制度的逐步建立，我国物质产品交易的市场化程度已经相当的高，制度变迁使得交易成本不断降低。但在我国城市化发展过程中，城乡二元分割的户籍制度以及与之相关的就业、住房、教育、医疗、养老等制度以及土地制度，成为农业人口向城镇人口转移的阻力。

2. 城市化的引致成本

就现阶段而言，我国城市化的引致成本主要包括以下三种。

(1) 外部成本。这主要指城市化所带来的生态环境和社会影响(如粮食安全)。外部性是指人们的经济行为有一部分的利益不能归自己享受，或有部分成本不必自己承担。如果有自己不能享受到的利益发生时，那一部分利益就称为外部经济或外部利益；但有自己不能承担的成本发生时，那种成本则称为外部不经济或外部成本。城市化是伴随着工业化而发展的，工业化的发展带来了资源消耗的增加和污染物、废弃物的增加，因此城市化在提高经济效率、增加产出、提高人民的物质文化生活水平、推动社会文明进步的同时，也带来了不可忽视的外部影响。如占用耕地影响到粮食生产从而威胁国家粮食安全、城市化过程中对于工农关系的不适当处理造成城乡矛盾激化、工业生产以及城镇生活的污染物排放造成生态环境的恶化等，都成为城市化过程中的外部成本。

(2) 后续成本。这主要指城市化对城镇运行所带来的长期成本支出。城镇的正常运转也需要付出成本，如基础设施的运行维护费用、能源的消耗等。在城镇形成和扩大过程中，城市化模式的选择对于城镇运转成本有着非常重要的影响，如国内外广泛研究认为，城镇空间形态和结构与城镇运转成本有着直接的联系，蔓延型的城镇形态和不同用地性质过于分隔的城镇用地不仅使得城镇基础设施的建设成本加大，而且使得城镇基础设施的运营维护支出加大，人们日常出行距离加大，由此导致交通拥堵和能源消耗的增加、环境污染的加剧，而紧凑型的城镇形态和适度混合的城镇用地则使得上述问题相对减轻。由于城镇的物质设施一旦建成之后再进行改造的成本是相当大的，也就是说城市化对后续成本的影响是深远的，这使得我们不得不注重降低城市化的后续成本。

(3) 代际成本。这主要指城市化对资源、能源的消耗影响了后代人的使用和发展的机会，对生态、环境的影响给后代人带来了成本。

城市化不仅对参与城市化的人产生影响，而且由于城市化过程中要大量消耗能源和资源，影响了后代人的使用和发展的机会。城镇工业生产、居民生活及社会活动会排放大量的污染物、废弃物，而由于城镇是一种空间聚集体，这些能源、资源的消耗和污染物、废弃物的排放在一定的空间范围内都相当集中，因而可能会超过该区域的承载能力。由于很多能源、资源是不可再生的，而先污染后治理的代价相当大，从可持续发展的观点来看，城市化的成本不仅由当代人承担，还需要后代人承担，这是缺乏“代际公平的”。

城市化的直接成本影响农业人口转化为城镇人口即城市化过程的实现。首先，农民个人能否负担得起城市化的私人成本是其能否转为城镇人口的关键。我国目前有 1.2 亿进城务工人员，这些人已经从事非农产业，但他们要转为城镇居民却非常难，主要原因就是他们的收入还无法负担他们及他们的家庭在城市化过程中的私人成本。近年来，我国的房地产价格飞涨，高企的房价使原有城镇居民都望房兴叹，更何况大多从事粗重劳动、收入低廉的农民工。农民工只能以这些低廉的还经常被拖欠的工资维持自己和家庭的生计以及自己的劳动力的简单再生产。其次，城市政府以及居民能否负担得起城市化的公共成本也是城市化发展的关键。城镇规模的扩大、城镇人口的增多是城市化发展的必然，它们必然带来城镇就业岗位、城镇基础设施、城镇公共管理和服务需求的增加，一个城镇如果能够满足这些需求，城市化就会得到发展，否则就会使城市化发展受到阻碍。改革开放以前，我国采取城乡二元分割政策严格控制城镇人口的增加，就是因为我国在当时经济尚不发达的情况下，无力拿出足够的资金来支付城市化的公共成本。城市政府以及城镇居民对于城市化公共成本的支付能力有赖于城镇经济实力的增强，但同时应尽量减少不合理的浪费,降低公共成本支出。

(二) 我国城市化的收益分析:基于集约的视角

集约是与粗放相对应的概念,最初被应用于经济增长方式的描述中。西方经济学一般认为,经济增长可以由两种情况产生:一种是由各种生产要素投入增加产生,另一种则由要素生产率提高而产生。匈牙利经济学家柯尔奈认为,要素增加是粗放型增长,要素生产率提高则与集约式增长相当。因此,集约与粗放的概念广泛用于经济增长方式的描述上。所谓集约型经济增长方式,是指高产出、高效率、高质量、低消耗地实现经济增长,注重内涵发展、提高质量、追求效益,依靠科技进步和结构优化升级,实现规模经营、合理布局生产力等以促使经济的增长,而粗放型经济增长方式是指高投入、高消耗、低产出、低质量地实现经济增长,注重外延扩张、数量扩展,靠资金和资源的不断投入和积累支撑经济增长的速度。

城市化发展过程中,在付出成本的同时也将获得收益。城市化中的集约就是提高各种资源的使用效率,以较低的城市化成本获得较大的城市化收益。与城市化成本相类似,城市化收益也不仅仅指个人收益或单纯的经济收益,而是社会收益。城市化不仅是一个人口和经济、社会转型的过程,也是对资源配置效率以及社会的公平、正义、可持续发展等诸多方面产生影响的过程。城市化收益包括以下四方面。

1. 转移农业人口

城镇中的产业以第二产业和第三产业为主,第二产业和第三产业是比第一产业经济效率更高的产业,城市化的过程就是第二产业和第三产业不断发展、吸引农村剩余劳动力不断从第一产业流向第二产业和第三产业的过程。城镇人口占总人口的比重是世界通用的城市化水平的描述指标,实现农业人口向城镇人口的转变、提高劳动生产率、创造更多的物质财富、提高整个社会的福利水平是城市化的根本目的。

2. 促进经济发展

城市化是工业化发展的结果,反过来也促进了工业化的发展。城市化通过要素空间上的聚集,不仅使厂商共享基础设施、节约生产成本、获得规模经济效益,更重要的是由于厂商彼此接近,可以更快捷地获取技术和市场信息、提高交易效率、减少交易成本,从而促进分工和专业化的发展,获得范围经济效益或专业化经济效益。城市化与工业化、与经济发展水平密切相关,从世界范围来看,除了少数国家(如一些拉美国家)外,基本上遵循了这样一个规律,即城市化的发展水平越高，工业化的发展水平越高，经济发展的水平也就越高。在工业化发展的基础上，第三产业也得到了发展，经济结构得到调整，经济发展水平更高。

3. 提高资源配置效率

城市化的发展使土地、劳动力、资本等生产要素的产出效率更高，利用更加集约，在市场因素的作用下，生产要素不断向经济效率更高的产业和行业流动。如从土地资源来看，城镇地区由于可以通过工程技术手段向高空、地下发展，可以最大限度地节约土地资源。从城镇地区与农业地区的对比来看，无论从单位土地面积上容纳的人口数量、经济产出来看，还是单位人口所创造的GDP以及资本投入产出比来看，城镇地区都要高于农村地区。

4. 推动对社会进步

城市化不仅有利于人类社会物质文明程度的提高，而且对精神文明的提高也有促进作用。根据马斯洛的需求层次理论，人们只有在基本的物质生活的需要得到满足之后才会追求精神生活的提高。城市化对资源配置效率的提高和对生产力发展的促进作用使人类物质财富的创造能力极大提高，也使得人类有能力来生产精神产品。城市化的生活方式有利于文化、教育、医疗、科学事业的发展，同时协调城镇中人与人之间、组织与组织之间、城镇与外界之间关系的需要使得社会道德行为规范、社会制度体系得以建立，促进了人类社会的协调发展和文明程度的提高。随着经济的发展，随着人类对自身本质需要的不断挖掘和发展，社会经济、政治制度不断变迁。城镇在自身发展的同时，通过对农业人口的吸纳，通过对外界的聚集与辐射效应，影响了更大范围的地区和更多的人口，促进整个社会不断进步。

集约型的城市化就是要尽量提高资源使用效率、降低城市化成本、增大城市化收益，尽可能提高由单位城市化成本带来的城市化收益。

从成本与集约的概念来看，低成本和集约型相互联系又有不同的侧重，低成本是一个总量的概念，指为实现某种产出或者获得某种效用而支付的总的费用低；集约型是个比率的概念，指的是要素的生产率提高，它可以是要素投入不变而产出增加，可以是要素投入降低而产出不变，也可以是要素投入降低而产出增加，还可以是要素投入增加而边际产出增加等。

由此可以引申出，低成本的城市化是指达到一定的城市化发展水平而支付较低的城市化成本，即社会成本低；集约型的城市化是指支付一定的城市化成本所得到的城市化收益较高，即社会收益高。

因此，我们认为，所谓“低成本、集约型”城市化模式，就是指在自然资源、生态环境和相关制度等多重约束条件下，通过集约利用资源、保护生态环境、加强相关制度创新，逐步实现在经济上集约发展、在环境上友好发展、在社会上和谐发展的新型城市化模式。它以较低的城市化成本获得较高的城市化收益，目的是实现城市化净收益的最大化和经济、社会、自然的全面、协调、可持续发展。

第六节 社会主义经济建设中的“三农”问题

“三农”问题是指农业、农村、农民这三个问题。中国解决“三农”问题的实质是要解决农民增收、农业增长和农村稳定问题。它是农业文明向工业文明过渡的必然产物。“三农”问题是中国现代化过程中的基本问题，并不单纯是农业、农民和农村问题，还关系到中国的工业化、城市化、共同富裕、可持续发展以及以人为本等一系列中国社会发展的重大问题。中国在历史形成的二元经济结构中，城市不断现代化，二、三产业不断发展，城市居民不断殷实，而农村的进步、农业的发展、农民的小康相对滞后。农村问题主要包括农村土地问题、农村基层政权问题，农业问题主要包括农业政策问题和粮食安全问题，农民问题主要包括农民素质问题和农民增收问题。

“三农”问题与中国的地区差距和城乡差距相联系。地区差距是经济、社会以及影响经济和社会发展的各方面要素差距组成的集合体，即地区间社会经济综合实力水平的差距。其形成原因主要有制度和政策因素、自然地理区位和资源禀赋因素、经济结构因素，以及市场观念和人力资源因素等。城乡差距主要表现在收入差距、教育医疗差距、消费差距和公共投入差距，以及社会保障和就业差距等方面。从城乡差距来看，长久以来，我国的城市和农村发展不同步，城市集中发展工业，农村依靠天然的土地林地等发展农业，发展工业的观念没有在农村形成[①②]。这也是我国形成城乡二元结构的最原始原因。从政策制度原因来说，从新中国成立到十一届三中全会召开的三十年中，我国

① 费孝通：《乡土中国》，北京三联书店1948年版。

② 梁漱溟：《往都市去还是到乡村来——中国工业化问题》，载罗荣渠主编，《从“西化”到现代化》，北京大学出版社1990年版。

始终实行的是城乡分治的政策(如户籍制度),国家把重点放在城市工业化发展上,整个国家形成以农补工的政策制度。在某种意义上,"三农"问题正是地区差距和城乡差距的具体表现形式。

"三农"问题产生的原因是多方面的。"三农"问题除与现代化进程中容易出现忽视和轻视农业、农村和农民问题的现象有关之外,也与人们对现阶段农业、农村和农民问题的认识偏差相关。中国选择了长期的非均衡发展战略,牺牲农民利益,推进工业化,使农业失去自我发展、自我积累的能力。农村人口和农村剩余劳动力过多[①],人均占有资源特别是土地资源的数量过少,因而土地报酬递减的趋势十分明显,生产率提高缓慢而成本却迅速增高。这种基本态势不改变,其他措施都很难收到提高农业生产效率和增加农民收入的显著成效。新阶段农业、农村问题的实质是农民的收入增长问题,而农民收入增长困难的深层原因是农村就业不充分。还有"城乡分治、一国两策"的原因是在实行集权的计划经济体制下逐步形成的,适应当时的短缺经济,前提是牺牲了农民的利益,把农民限制在农村,后果是压抑打击了农民的积极性。还有一个重要原因,即社会等级制度及其影响下的社会运行机制与运行方式。在社会等级制度的影响下,一切按等级划分。不同等级的人享有不同的待遇,而农民一般处在社会等级制度的最低层,处于被歧视的地位。对我国的"三农"问题起制约作用的矛盾主要是两个:一是基本矛盾,即人地关系高度紧张,从而使耕地承担的对农民的福利保障功能远远大于耕地的生产功能;二是体制矛盾,即城乡分割对立的二元社会经济结构。城乡对立将农民封锁在有限的耕地上,在封闭的环境中,农村人口持续增加,耕地无限细分,农业效率低下,教育落后,生态破坏,农民贫困。理解"三农"问题,不能脱离对这两个矛盾的认识。

针对上述原因,解决三农问题主要有以下四个途径。

(1) 农民利益保护。农民利益的保护涉及整个社会的公平正义问题。在发展模式上,要扭转局限在"三农"内部解决"三农"问题的思维惯性,确立用工业化富裕农民、用产业化发展农业、用城镇化繁荣农村等综合措施解决"三农"问题的系统观念,以工业化的视角和系统工程的方法谋划农业的发展。在发展战略上,要统筹工业化、城镇化、农业现代化建设,加快建立健全以工促农、以城带乡长效机制,全面落实强农惠农政策,加大对"三农"的支持力度。

---

① 左学金:《人口迁移与经济发展:理论模型与政策含义》,《学术季刊》1995年第4期。

(2) 城乡统筹发展。工业化、城镇化是改变城乡二元经济结构、统筹城乡协调发展的根本途径,也是衡量农业现代化水平的重要标志。从以工促农、以城带乡的发展阶段,进入加快改造传统农业、走中国特色农业现代化道路的阶段。着力破除城乡二元结构、形成城乡经济社会发展一体化新格局。加大统筹城乡发展力度,增强农村发展活力,逐步缩小城乡差距,促进城乡共同繁荣;坚持工业反哺农业、城市支持农村和"多予、少取、放活"方针,加大强农惠农富农政策力度,让广大农民平等参与现代化进程、共同分享现代化成果;加快完善城乡发展一体化体制机制,着力在城乡规划、基础设施、公共服务等方面推进一体化,促进城乡要素平等交换和公共资源均衡配置,形成以工促农、以城带乡、工农互惠、城乡一体的新型工农、城乡关系。把城乡发展一体化作为解决"三农"问题的根本途径,这是我们党对解决"三农"问题思路的新认识、方略的新发展、举措的新突破。城乡发展一体化是解决"三农"问题的根本途径,从理论上讲,是由工农关系、城乡关系的内在联系决定的。工业和农业之间、城市和农村之间存在着内在的、必然的、有机的联系,彼此是相互依赖、相互补充、相互促进的。城乡发展一体化,就是把工业和农业、城市和农村作为一个有机统一整体,充分发挥彼此相互联系、相互依赖、相互补充、相互促进的作用,特别是充分发挥工业和城市对农业和农村发展的辐射和带动作用,实现工业与农业、城市与农村协调发展。

(3) 政府与市场的共同作用。中国是政府主导型市场经济国家,国家或政府在解决"三农"问题上发挥了不可替代的作用。这既包括在"三农"问题上加强财政支持力度,更包括各种政策倾斜和提供有利于解决"三农"的制度安排。然而解决"三农"问题同样离不开市场的作用,要充分发挥市场在资源配置上的优势,使市场在资源配置中起基础性作用。

(4) 制度建设。"三农"问题的解决存在制度性障碍,如社会保障制度、农村土地制度、户籍制度、农村公共管理制度、农村税费制度以及农村金融制度的约束。健全农村社会保障是减少农民支出和促进农民增收的根本保证。农民的教育问题是一个根本问题,对农民进行职业培训在短期内是可行的,效果也较明显,但从长期来看,提高全体农民的整体素质才是根本之策,特别是农民的后代。国家必须加大财政投入,尽快建立适合农村情况的合作医疗制度,解决农村的养老保障问题,提高城乡居民的社会保障水平;改革农村土地制度,增加农民的财产性收入;改革户籍制度,提高农民的经济地位、社会地位和政治地位;改革农村公共管理制度和农村税费制度,让农民享受国家投资的外溢性收益；改革农村金融制度，采用多种形式的组织，加强农村金融领域竞争机制建设，扩大农村金融产品与服务供给，充分发挥商业银行在竞争性农村金融市场中的主体作用，进一步建立统一、开放、竞争的社会主义市场经济。

第七节　城乡二元经济结构与中国经济增长[①]

一、城乡二元经济结构的强化是造成消费需求不足的根本原因

我国作为发展中国家具有典型的城乡二元经济结构特征。这种城乡二元经济结构使城乡居民在收入分配上的差距不断拉大。中华人民共和国成立后，我们长期实行工业优先、城市优先的经济发展战略，利用工农产品剪刀差等方式，依靠农业为工业化积累了巨额资本，使工农之间、城乡之间形成巨大的收入差距。

日趋强化的二元经济结构形成了财产分配与占有的金字塔状格局。按照最简单的划分方法，把人均收入分为高收入、中等收入和低收入三个层次，高居金字塔顶端的主要是少数来自城镇的高收入者，位列中层的主要是多数城镇居民和少数发达地区的农村居民，在金字塔底层的低收入者人数最为庞大，主要是多数农村居民和少数城镇低收入居民。这种金字塔状收入分配格局的突出特征是低收入人口数量庞大，中等收入人口数量较少，缺乏稳定的数量较大的中等收入阶层。其直接后果是与庞大的人口量相比，消费需求较小，造成居民消费率偏低，最终消费在经济增长中的贡献份额下降。

如果说，最终消费需求是中国经济持续增长的关键，那么以更快的速度增加农民收入、提高农民需求水平则是保证最终消费需求增长的关键，阻碍这一目标实现的根源则在于日趋强化的二元经济结构。弱化二元经济结构、缩小城乡收入差距不仅关系社会公平，更关系到经济持续稳定发展。

二、城乡二元经济结构对消费需求以及经济增长的具体影响

城乡二元经济结构对我国经济社会的影响极为广泛，仅从对消费需求以及经济增长的影响来看，主要表现为三个方面。

一是造成整体消费需求水平偏低，形成“大国小市场”。在日趋强化的二

① 李小明：《城乡二元结构与中国经济增长》，《北京工商大学学报(哲社版)》2002年第4期。

元经济结构下，由于农村居民收入及消费水平低，与城市居民的收入及消费水平差距不断拉大。以农村居民为主体的低收入群体的普遍存在，造成我国整体消费需求水平偏低，难以适应经济增长对消费需求扩张的要求，使最终消费在经济增长中的贡献份额下降。由于我国人口规模庞大，消费需求的绝对量虽然比较大，但人均消费需求水平比较低。从长期来看，要提高总体消费需求水平、拉动内需，必须在提高城市居民消费需求水平的同时，千方百计促使农民增收，使农村居民消费需求这一潜在市场现实化。二是降低社会居民消费倾向，影响投资增长对经济的拉动作用。在二元经济结构下，农民收入与城市居民收入相比，具有更大的不稳定性。农业本身的弱质性、日趋沉重的市场压力、政府转移支付力量的薄弱、社会保障体系的不完善甚或近于空白、农村剩余劳动向城市和非农产业转移的困难、各种名目的乱收费，使农民收入增长面临比城市居民更多的不利因素，进一步强化了农村居民传统的消费心理，使边际消费倾向的下降成为必然。农村居民边际消费倾向的大幅度下降降低了整个社会的边际消费倾向，这不仅影响了社会消费需求水平，还通过社会“乘数效应”的降低，制约了投资需求对经济增长的拉动作用。三是导致消费结构断层，新的消费热点难以形成。消费水平的提高不仅表现为原有消费数量的扩大，更重要的是表现为消费结构的不断升级换代。改革开放以来，我国城市居民收入增长除在 20 世纪 80 年代初期幅度较小外，其余时期都明显高于农村居民的收入增长幅度。同期农村居民收入增长较快的地区主要是沿海省份和大城市郊区，城乡居民收入差距的不断拉大导致城乡消费结构的巨大差异。

城乡二元经济结构的形成是多种因素共同作用的结果，要弱化和消除二元经济结构也应从多方面着手。

积极推进城镇化战略，促进城乡经济协调发展。世界经济社会发展的实践表明，城镇化总是伴随着工业化，是工业化的结果，又推动着工业化的前进和发展，因而其本身也就成为工业化的重要内容，“人口城市化是生产力发展的要求和社会进步的标志”(列宁语)。相对于工业化发展水平，我国城镇化水平严重滞后。在发展战略上，我们必须淡化“城市偏向”，着眼于弱化和最终消除城乡二元结构，按照社会主义国家工农、城乡平等的宪法精神和社会主义市场经济市场主体平等的要求，积极推动城镇化发展战略，调整和规范城乡关系，使城乡居民享有平等的经济机会和社会政治地位，以加快农业农村发展，不断提高农民收入，实现城乡经济的融合和协调发展。在社会主义市场经济条件下，必须充分发挥市场机制在资源配置中的基础性作用，加快生产要素市场化进程，解除生产要素自由流动的制度化障碍，建立平等竞争、自由流动、统一开放的劳动、资本等生产要素市场，特别是消除城乡间就业歧视和择业差别，使劳动者能够根据自身的利益追求和特长自主择业，形成劳动要素合理配置的局面。实行城乡平衡发展战略，建立新型的平等交换的工农业关系，改变当前收入分配有利于城市的不平等格局，逐步缩小工资收入以外的各项福利补贴在城乡之间的差距，为城乡居民提供追求自身发展的同等机会和条件。在城镇化发展模式上，应合理发展大城市，积极发展中小城市，提高小城镇质量，在各种类型的城市城镇之间形成合理的产业布局，给乡镇企业更大的发展空间，充分发挥各自优势。

一、复习思考题

1. 社会主义国家的政府在缩小城乡地区差别中应该如何发挥作用？

2. 试述社会主义土地制度的基本特征。

3. 恩格斯在《法德农民问题》一书中是如何论述农民问题和土地问题的？

4. 试评价中国家庭联产承包责任制。

5. 中国东西部经济发展不能实现收敛的原因何在？

6. 试述中国土地流转市场存在的问题及解决的方法。

7. 如何构建城乡建设用地统一市场？

8. 试述中国土地制度“二元结构”产生的原因和弊端。

9. 社会主义土地公有制条件下，如何将土地作为农民的财产性权利？

10. 试述社会主义土地制度改革的基本思路。

11. 解决中国城乡地区差距的制度性障碍有哪些？

12. 处于社会不利地位的群体和阶层产生的原因是什么？保护弱势群体、阶层有何意义？

13. 不同地区、不同阶层的生活方式对收入分配水平和经济发展有何影响？

14. 费孝通提出的“乡土中国”和梁漱溟提出的“乡村建设”对理解中国城乡差别有何意义？

15. 中国经济是否出现“刘易斯拐点”现象？

16. 试述解决中国“三农”问题的基本思路。

17. 试述二元经济结构与经济增长的关系。

二、课堂讨论题

1. 中国"三农"问题产生的社会历史根源是什么？
2. 解决地区差别和城乡差别对于社会主义经济发展有何意义？
3. 中国城市化过程中存在的问题及解决的途径是什么？

第十二章　社会主义国家的对外开放

研究文献综述

社会主义国家的对外开放是基于所处的国际政治经济秩序而展开的，社会主义国家存在着对外开放的必然性和必要性[①]，这就需要研究在经济全球化条件下对外开放的理论基础[②]，社会主义国家对外开放的优势、劣势，以及对外开放的特点，对外开放的方式、方法和途径[③④⑤]。有的学者还从马克思政治经济学的理论基础出发论述对外开放[⑥]，关注对外开放条件下的国家经济安全问题[⑦⑧]，研究"一带一路"倡议[⑨⑩]及如何转变对外经济发展方式[⑪]。

在马克思的时代，马克思已经预测到资本主义国际分工体系的形成——随着资本主义的确立和机器大工业的发展，一种和机器生产中心相适应的新国际分工产生了，它使地球的一部分成为主要从事农业的生产地区，以服务于另一部分主要从事工业的生产地区。马克思认为，世界历史形成的根本原因在于生产力的发展以及与之相应的交往的普遍，世界历史形成的直接原因是国际贸易和世界市场的形成，"对外贸易的扩大虽然在资本主义生产方式的幼年时期是这种生产方式的基础，但在资本主义生产方式的发展中，由于这种生产方式的内在必然性，由于这种生产方式要求不断扩大市场，它成为这种生产

① 郑彪：《我国实行对外开放的理论依据》，《社会科学战线》1986年第3期。
② 张银杰：《经济全球化的理论基础分析》，《财经研究》2000年第10期。
③ 程恩富、侯为民：《转变对外经济发展方式的"新开放策论"》，《当代经济研究》2011年第4期。
④ 郝海涛：《社会主义对外开放理论的丰富与发展》，《理论探索》2003年第3期。
⑤ 马艳：《经济全球化的发展趋势与我国的策略选择》，《马克思主义研究》2007年第4期。
⑥ 马艳：《国际不平等交换理论的再探索》，《当代经济研究》2009年第4期。
⑦ 程恩富：《加快转变对外经济发展方式须实现"五个控制和提升"》，《经济学动态》2009年第4期。
⑧ 雷家辅：《国家经济安全：理论与分析方法》，清华大学出版社2011年版。
⑨ 参见盛斌、黎峰：《一带一路倡议的国际政治经济分析》，《南开学报(哲社版)》2016年第1期。
⑩ 参见董宇坤、白暴力：《"一带一路"倡议的政治经济学分析》，《陕西师大学报(哲社版)》2017年第5期。
⑪ 程恩富：《转变对外经济发展方式的"新开放策论"》，《当代经济研究》2011年第4期；程恩富：《加快转变对外经济发展方式须实现"五个控制和提升"》，《经济学动态》2009年第4期。

方式本身的产物"[1]。在现代技术革命和资本国际化的推动下,经济全球化逐步形成[2]。随着社会化大生产和商品经济的国际化,任何国家都不可能长期地脱离世界经济而独立发展,或者说社会主义国家的对外开放具有历史的必然性。基于社会主义诞生于资本主义包围之中的历史事实,社会主义国家的对外开放经历曲折过程,从列宁时代的国家资本主义到中国社会主义的改革开放,通过实践探索和经验总结,逐步丰富和发展了社会主义国家的对外开放理论。社会主义国家的对外开放还需要考虑新的世界经济新秩序,分析经济全球化条件下不同国家之间的利益竞争、权力竞争和制度竞争以及新的世界格局的形成,研究世界政治、军事与经济之间的相互关系以及社会主义国家对外开放的未来趋势[3][4]。

第一节 经济全球化趋势

对外开放是一个国家放弃闭关自守的政策,放开或者取消各种限制,积极主动地扩大对外经济交往,参与经济全球化的进程。社会主义国家为什么要实行对外开放呢?依据国际比较优势理论和国际价值理论,社会主义国家需要通过积极参与国际分工和国际竞争来实现互利共赢。第一,实行对外开放是生产社会化和经济国际化的必然趋势;其次,实行对外开放是发展社会主义市场经济的必然要求;最后,实行对外开放是实现社会主义现代化的必要条件。对外开放的主要形式有对外贸易、引进外资和对外直接投资、引进技术和技术出口、对外承包工程和对外劳务合作,以及发展国际旅游产业等。从对外贸易来说,诺夫认为在社会主义社会必然有对外贸易,因为并非全世界所有的国家都是社会主义国家,而且各个社会主义国家之间也存在着差异性[5]。

中国对外开放从开放格局来说,经历了从"进口替代"到"出口导向",再到

① 《马克思恩格斯全集》第四十六卷下,人民出版社1972年版。
② 顾海良:《马克思的总体方法论与经济全球化研究》,《广东商学院学报》2003年第6期;顾海良:《全球化与〈资本论〉研究的新视野》,《中国特色社会主义研究》2002年第3期。
③ 刘赛力:《中国对外经济关系》,中国人民大学出版社2009年版。
④ 王洛林:《经济全球化与中国》,经济管理出版社2010年版。
⑤ 诺夫:《可行的社会主义经济学》,华夏出版社1991年版。

全方位、多层次的对外开放性发展阶段；从区域来说，经历了沿海开放倡议、沿边开放倡议、建立自由贸易区倡议和“一带一路”倡议发展阶段；从对外贸易来说，中国利用外向型工业化倡议的比较优势，经历了制成品出口拉动下的工业扩张、重化工业阶段从投入和产品两个方面依赖对外贸易，到高新技术“两头对外”的发展阶段。中国利用自己的比较优势，选择渐进式开放政策，经济逐步国际化，积极参与国际分工和国际竞争。

经济全球化是商品、劳动、技术、资金在全球范围内流动和配置，使各国经济日益相互依赖、相互联系的趋势。经济全球化主要表现为生产全球化、贸易全球化和资本全球化。经济全球化的载体是跨国公司。经济全球化存在双重影响：一方面，经济全球化是生产力发展的产物，它又推动了生产力的发展。它促进了生产要素在全球范围内的流动和国际贸易的迅速发展，从而推动了世界范围内资源配置效率的提高、各国生产力的发展，为各国经济提供了更加广阔的发展空间。另一方面，经济全球化实质上是以发达国家为主导的。发达国家具有经济和科技上的优势，掌握着推动经济全球化的现代信息技术，主导着世界市场的发展，左右着国际经济的“游戏规则”。这使世界经济发展更加不平衡，两极分化更加严重。一边是发达国家财富的不断积累，一边是发展中国家贫困的不断加剧。经济全球化使世界各国的经济联系在一起，在促进各国经济合作的同时，也使得一个国家的经济波动可能殃及他国，甚至影响全世界，加剧了全球经济的不稳定，尤其对发展中国家的经济安全构成了极大的威胁。对广大发展中国家来说，经济全球化是一把“双刃剑”，既是机遇又是挑战。对于发展中国家来说，面对经济全球化要抓住机遇，积极参与，趋利避害，防范风险，勇敢地迎接挑战。坚持对外开放，充分利用国内、国外两种资源、两个市场，积极参与国际分工与合作。对风险要有清醒的认识，坚持独立自主、自力更生、平等互利的原则，提高抵御和化解风险的能力，维护国家经济安全，积极推进建立公正合理的国际政治经济新秩序①。

生产力本身由于技术等因素的作用，具有一种不断扩张的趋势。这种扩张趋势需要与之相适应的制度条件。权力的隐性干预和适应生产力扩张的市场经济的扩张性，使得生产力和经济发展越出一国的界限而达于全球。虽然从根本上说经济全球化是生产力发展国际化造成的，然而从另一角度看，世界经济一体化正是各国(特别是发达国家)采用权力隐性干预的市场经济全球化

① 张泽慧、周望编、慎姝宇：《经济全球化与对外开放》，人民出版社 2010 年版。

发展的结果。如果一国采用计划经济形式以及与之相适应的闭关锁国政策，即采用权力显性干预的计划经济形式，一国的生产力和经济发展就不可能向他国延伸。在这里，我们要思考的问题是，为什么世界各国几乎都完成权力对经济的干预从显性向隐性的转变？似乎目前尚不能证明，市场经济比计划经济优越，甚至也不能证明市场经济的效率就一定比计划经济的效率高。一方面，计划经济国家也曾在短期内创造出惊人的经济增长速度和社会经济发展；另一方面，计划经济的实践时间不长，并没有充分的时间和条件让其证明一种经济制度的优劣，从一个较长的时期看，短期的挫折不能说明任何问题。

既然经济全球化是一种现实存在的基本趋势，那么研究这种经济全球化的由来、特征、趋势以及在这种总趋势下各国经济的发展是当务之急。从实证的角度看，经济全球化即是全球经济资本主义化是正确的；但从规范的角度看，经济全球化即是经济资本主义化则是值得怀疑的。由于各国的政治、经济基础各不相同，社会、历史、文化传统各不相同甚至相反，因此经济全球化可能会产生最基本的经济制度趋同又各具个性特色的社会经济制度。无论如何，生产力和经济发展是各国权力主体竞逐的“中原之鹿”。为了达此目的，各国又自愿或被迫采用以权力隐性干预经济为其特征的市场经济制度。权力隐性干预经济的方式也各不相同，有的采用自由市场竞争方式，有的采用政府主导型的市场竞争方式，有的采用混合型的市场竞争方式等。

权力隐性干预经济具有以下特征。(1) 自由市场竞争方式。从竞争的角度考察，经济一体化的过程也是市场竞争一体化的过程。自由市场竞争来自资本主义以财产私有制为基础的经济制度。资本主义诞生初期，自由竞争的市场经济就被推崇为“斯密宗教”。斯密理论的一个基本前提即是认为资本主义以财产私有和市场自由竞争为特征的经济制度是最符合人性的自然的永恒制度。资本主义制度凭借这种自由市场竞争的方式不仅顺利摧毁了封建制度的障碍，也不断地向全球市场进军。在这里，有两个问题需要弄清楚。一个是资本主义的古典自由市场竞争方式并非政府权力对经济不干预，而是政府权力对经济的隐性干预，自由市场竞争方式即为政府权力对经济隐性干预的一种基本形式。政府权力只保护私有产权，进行经济司法仲裁和进行一些必要的公共投资。第二个需要弄清的问题是，资本主义自由竞争时期的经济全球化与目前的经济全球化有何本质区别？自由竞争时期资本主义经济的全球化是从某一国或少数几国向其他处在资本主义制度前期、经济十分落后的国家或地区的一种单向的经济扩张，而且这种过程常常伴随着政治和军事的血腥侵略征服和统治。如今的经济全球化则是以大家自愿遵守一种共同的市场经济规则为特征的众多国家（包括前计划经济国家）经济同时或相继向对方开放的过程。如果说在以前人们对于政府权力要不要干预经济有两种截然不同的看法（计划方式和市场方式），那么在当今的经济全球化时期，政府权力要不要干预经济这个问题则变成是采用权力显性干预经济的方式还是采用权力隐性干预经济的方式。（2）政府主导型市场竞争方式。在实行政府主导型市场竞争方式的社会中，政府权力对经济的显性干预和隐性干预交替进行，而且政府权力对经济的显性干预常常扮演主导角色。虽然如此，市场仍在该社会的经济资源配置中起基础性作用。权力对经济的隐性干预表现在给予市场经济制度以合法的地位，规范并保护市场经济竞争的游戏规则。在政府主导型市场竞争社会，虽然经济一体化是一种挑战，但国家主权的独立性仍使其或明或暗地扮演着直接干预经济的角色，政府依托其强大的国有经济基础及其对国民经济支柱行业和关键领域的掌握，不时地实现对经济的隐性干预到显性干预的转变，只有当这种权力对经济的显性干预带来明显的低效率并影响政权的统治基础时，政府才会考虑放弃更多的显性干预，又开始实现对经济的显性干预到隐性干预的转变。经济全球化程度越深，政府主导型市场竞争社会的权力隐性干预经济越多。总的来说，政府采用什么样的权力干预经济方式取决于权力利益集团所能允许的偏好。（3）现代资本主义市场竞争方式。在现代资本主义市场竞争社会，权力对经济的干预只能以隐性干预为主。因为财产权基本是私有的，其经济制度属于资本主义私有制，它是自由市场竞争制度的一种变种。权力对经济的显性干预主要是为了弥补市场的缺陷，主要从经济增长和经济发展的角度并主要采用经济方式来干预经济，如对付经济危机、以政府购买方式帮助私人企业等。说其是混合型市场竞争方式，是因为政府权力对经济的干预是混合型的，权力对经济显性干预和隐性干预交替进行，但权力对经济的显性干预受到严格的限制，并不以哪一种干预方式为主，且主要服从于经济增长和经济发展的目标。

以上的分析说明，权力对经济的隐性干预有助于各国市场经济规则的接轨，并使那些非市场化国家的经济纳入统一的轨道。正是由于各国政府权力对经济的隐性干预，才会在市场制度上要求统一市场规则。由于世界是一个“多权力中心世界”，权力对经济的显性干预只能导致经济的封闭而不是开放，导致经济更多的差异化而不是经济一体化。

第二节　经济全球化与多极化

经济全球化的过程并没有消灭多权力中心世界的格局,或者说在经济全球化的同时还存在世界多极化过程。这种多权力中心世界是一种中心-外围格局,或者这种多权力中心并非平等的关系。按照劳尔·普雷维什[①]的看法,我们可以将资本主义世界划分成两个部分:一个是生产结构同质性和多样化的中心,一个是生产结构异质性和专业化的外围。前者主要是由西方发达国家构成,后者则包括广大的发展中国家。中心与外围之间的这种结构性差异并不说明它们是彼此独立存在的体系,恰恰相反,它们是作为相互联系、互为条件的两极存在的,构成了一个统一的、动态的世界经济体系。中心-外围体系是一个统一的、动态的体系,具有整体性;中心-外围之间在生产结构上存在很大的差异性;中心-外围之间的关系是不平等的。从起源上说,资本主义世界经济的中心-外围体系从一开始就决定了中心和外围分别处在发展进程的不同起点上,外围地区从一开始就落后了,并且初级产品贸易条件的长期恶化趋势加深了中心与外围之间的不平等。不仅如此,资本主义世界经济体系的动力中心从英国向美国的转移,进一步加深了中心与外围之间的不平等。

多权力中心的世界如何形成世界一体化?以上我们指出是各国政府普遍采用权力对经济隐性干预的结果。但无论如何,不同权力中心之间是很难相容的,这就如同不同私有财产权所有者之间一样,多权力中心在统一的世界市场上必然会引起权力之间的竞争。多权力中心竞争不同于经济主体之间的竞争。在经济一体化的世界,经济主体之间的竞争只能服从于一个统一的规则即市场规则;而多权力中心之间的竞争很难找到一个共同恪守的游戏规则,即使达成一个如《联合国宪章》那样共同的游戏规则,由于各权力中心缺少有效的约束,也使得这种共同的游戏规则徒有其表。那么,多权力中心如何竞争以及竞争的结果如何呢?

多权力中心的竞争将围绕着经济霸权和经济平等的矛盾进行。多权力中心的竞争会产生垄断,居于垄断地位的国家往往在制定世界市场规则的过程中处于有利地位,它将通过各种途径将自己的游戏规则强加于他人;而处于非

---

① Raul Prebisch, The Economic Development of Latin America and its Principal Problems, *Economic Bulletin for Latin America*, Vol.7, No.1, February 1962.

垄断地位的国家也会从自己的利益出发，与垄断国家抗争，抵制垄断国家推销的于己不利的市场游戏规则，争取经济平等。这样，垄断与反垄断构成了世界权力经济社会发展的基本线索。社会经济的垄断会产生腐朽，居于垄断地位的国家只有在一个社会经济开放的社会中，才有可能继续维持垄断地位，因为一个封闭的社会与一个开放的社会相比更易产生社会经济的腐朽。只有在开放社会，居于垄断地位的国家才能运用世界上最好的资源技术人才等来发展自己，甚至在与其他社会的交流中剔除自己文化中的不良成分。从经济上说，它可以获取世界市场上的超额垄断利润。对于处在非垄断地位的国家来说，它可以利用对外开放开展对外贸易，运用比较优势发展自己，更重要的是，非垄断国家可以在与发达国家的相互交流中，学习先进的管理经验和科学技术，从而使自己一步一步壮大起来。

在世界经济市场上，多权力中心的权力经济的竞争类似于物种的竞争，它们相互竞争、相互依存。发达国家离不开发展中国家，发展中国家同样离不开发达国家，在垄断国家施行霸权和非垄断国家争取经济平等的过程中，会出现一系列平衡的链条。世界银行和国际货币基金组织的产生和发展即是这种矛盾斗争的产物。以权力对经济隐性干预为特征的世界市场上，多权力中心对经济的干预所导致的经济霸权和反霸权的斗争异常激烈。各国政治和军事的冲突即是这种矛盾激化的表现。在这个过程中，经济增长和发展的累积性规律将起决定作用，即经济增长和发展是一个渐进的过程，当经济增长和发展的量累积到一定程度，会出现突破性的增长和发展。经济增长和发展向上有一个逐步累进的过程，向下有一个停滞和衰退的累积过程。经济越发展，经济增长和发展所需要具备的条件就越有利，从而就越能导致经济的增长和发展；相反，经济发展一旦出现停滞和衰退，经济发展所需要的条件就越差或越不充分，而这又会导致经济发展的进一步停滞不前和衰退。在多权力中心的世界经济发展中，如果居于垄断地位的国家经济出现停滞不前和衰退，而非垄断的发展中国家经济却出现迅速增长，这种双向的过程就构成了对垄断国家权力中心的威胁。这时垄断霸权国家为了维护自己的经济地位可能出现权力对经济的显性干预，极大地伤害世界市场经济的游戏规则，从而引起非垄断国家的抵御，不发达国家将也会纷纷采用权力对经济的显性干预方式。这种情况的出现实际上导致世界经济一体化的倒退。从这种意义上说，认为经济全球化是一种不可逆的过程是没有道理的。世界性的权力经济社会具有一些与一国范围内权力经济社会所具有的共同特征。垄断国家或世界市场权力中心的国家也不是一成不变的，在世界经济发展史上，垄断国家经济中心地位的不断更替也不是一个罕见的经济现象。16世纪的荷兰、17世纪的西班牙、18世纪的英国都曾在不同程度上成为一个经济霸权国家。垄断国家经济中心的变更以及相应的世界权力中心的变更，从根本上取决于这个垄断国家是否代表世界范围内科技和经济发展的方向，而垄断国家作为一个世界范围内的权力利益集团，其自身的创新性和惯性是决定这种兴亡更替的直接原因。在这种意义上，一国经济在世界市场经济范围内的发展直接取决于作为权力利益集团的国家的创新性的大小。中国是一个发展中国家，在世界经济一体化过程中，只有不断吸取发达国家在科技和管理方面的经验，利用世界范围内一切可以利用的资源资金和技术等来发展自己，并使国家权力集团保持旺盛的创新性，才有可能在这场世界范围内的垄断权力更替中有所作为甚至成为一个新的世界经济中心。换言之，在经济一体化的世界权力经济社会，"发展是硬道理"的规则同样起作用。多权力中心的竞争是在一个有垄断国家的环境中进行的，多权力中心竞争同样能颠覆旧的垄断国家，由一个更具创新性的新的世界经济权力中心所代替。

第三节 "一带一路"的理论与实践

一、问题的提出①

通过发展开放型经济融入国际分工、集聚大量国外高级要素、提升资源配置效率、推动国内经济增长及产业升级，是改革开放以来中国经济快速发展的主要经验。然而随着支撑原有发展模式的国内外条件发生改变，中国经济发展正面临着一系列新的挑战，包括经济增长放缓、外部需求低迷、要素成本显著上升、产能过剩严重、全球价值链低端定位，以及资源环境约束日益增强等。除了推进经济体制改革、区域发展倡议调整、创新自贸试验区先行先试等系统内部"自我修复"外，还亟须依靠外力推动进一步释放发展活力与潜力。另一方面，随着中国经济的快速发展，制造能力日益成熟，外汇储备不断积累，对外直接投资突飞猛进，因此迫切需要进一步与其他国家和地区之间的双边、区域乃至多边经贸合作，为国内产品出口、产能合作和对外投资扩大市场空间，同

① 参见盛斌、黎峰：《"一带一路"倡议的国际政治经济分析》，《南开学报（哲学社会科学版）》2016年第1期。

时有力推进人民币的国际化进程。由此看来,“一带一路”倡议的实施对促进外需增长、缓解成本压力、推动经济转型升级和加强新型区域合作可谓恰逢其时。

(一) 促进经济增长与就业,缩小区域发展差距

一般而言,经济增长源于要素投入及其效率的提升。中国经济增长的成功之处在于通过市场化改革和融入全球分工体系激活大量剩余与闲置要素,提升结构配置效率与全要素生产率,进而推动经济增长。一方面,随着逐渐步入老龄化社会、人口红利消失、固定资产投资迅速回落、要素再配置效率降低及以发达国家为主的出口市场的下行,中国经济增长已出现明显放缓迹象,失业率也达到较高水平;另一方面,传统的出口导向型经济发展模式使中西部资源过于向东部沿海地区流动集聚、农村资源过于向城市流动集聚,导致国内资源的配置扭曲及区域发展的巨大鸿沟。

“一带一路”倡议致力于打通新的跨国国际经贸合作通道,开辟包括中亚、西亚、东南亚、南亚、中东欧在内的新兴出口与投资市场,为中国经济增长提供对外开放的新亮点,从而打破我国对传统海外市场的过度依赖,进而带动国内劳动力就业。同时,它还将有助于增进我国中西部与沿边地区(东北地区、西北地区、西南地区)的境外与边境经贸交流与合作,引导生产要素由东部沿海向中西部地区合理流动,在提升国内资源配置效率的同时缩小区域发展差距。

(二) 化解国内产能过剩,促进产业及价值链升级

根据小岛清的“雁阵”理论及邓宁的产品生命周期理论,通过对外投资将成熟产业及过剩产能转移到低成本生产地区,不仅能有效缓解国内产能过剩压力,还有利于推动国内生产要素向新兴产业或价值链更高环节转移,从而优化国内资源配置、促进产业及价值链升级。20 世纪 90 年代中期以来,凭借低成本优势、基础设施及优惠政策大量承接发达国家技术与产能转移,中国一跃成为世界制造大国和出口大国。但由于缺乏研发、技术、品牌、市场渠道等高级要素,我国在全球价值链分工中只能担当低端加工制造的角色,加之在政绩驱动下地方政府之间的恶性竞争,进一步加剧了产业同构和产能过剩。2008 年金融危机后,随着国内生产成本高企,低端制造环节的利润日益缩减,在“走出去”政策的鼓励下,大批中国企业存在对外投资、转移产能的强烈需求。“一带一路”倡议着眼于通过加强与沿线国家的外交关系,增强经济合作交往与基础设施建设,将中国成熟的产业、技术、标准、管理模式与经验输出到沿线国家,为推动中国企业对外投资和提高海外收益开辟新的市场空间,从而有助

于缓解国内日益加剧的产能过剩，促使企业在本国将优质资源更多投向研发、设计、品牌、营销等高端环节，实现国内产业及价值链的升级。

(三) 获取资源与能源供给，保障国内需求

在历史上，随着新大陆的发现及新航线的开辟，英国疯狂开拓海外殖民地而扩大原料来源；第二次世界大战后的美国极力把势力范围渗透至油气资源丰富的海湾和中东地区，甚至不惜发动两次对伊拉克的战争；日本也始终把“能源外交”作为其外交倡议的核心之一，通过积极开展与中东、非洲、中亚及俄罗斯等地区的能源外交来获取本国极其稀缺的自然资源。事实表明，大国的崛起必然伴随着全球日益激烈的资源与能源争夺。尽管地大物博，但庞大的人口基数决定了中国的人均资源相当匮乏；而全球价值链中的“生产车间”角色不仅成就了中国全球最大制造国和出口国的地位，也使其戴上了全球第一能源消费大国的“桂冠”。近年来，中国资源与能源的对外依存度持续攀高，经济增长在中长期内受到资源能源约束的影响日益显著，保障资源与能源的供给安全已成为刻不容缓的重要发展议题。“一带一路”沿线国家大多为自然资源与能源充裕的地区，均与我国四大油气能源通道相连，成为“西气东输”项目的重要来源地。近年来，中国与俄罗斯、哈萨克斯坦、乌克兰、土库曼斯坦等国家的能源合作迅速升温，通过能源采购、修筑管道、参股、并购等形式，中国成功获取了大量外部油气资源，对开辟稳定、高效与安全的能源通道具有重要的经济意义。建设“一带一路”将进一步有助于深化中国与沿线国家的能源项目合作，拓宽资源与能源进口渠道，更好地满足国内对清洁能源的生产与消费需求，并为实现可持续发展创造有利条件。

(四) 促进区域经济一体化，打破“岛链”封锁

中国从成立伊始便处于美国的军事“岛链”封锁和包围中，尽管经济全球化推动了中国与西方国家在商品、服务、技术与人员方面日益频繁的流动交往，但“岛链”封锁线仍是一道难以逾越的屏障。此外，为遏制中国在全球崛起的势头以及约束“中国制造”的强劲出口竞争力，美国除强化美日安保同盟和挑起南海争端外，引领达成重塑国际经济规则的“跨太平洋倡议经济伙伴关系协定”(TPP)，并将其作为“重返亚太”倡议的重要组成部分之一，使之成为与军事包围相呼应配合的“软性”遏制手段。该协定在服务贸易、投资、知识产权、竞争政策、政府采购、环境、劳工、国有企业等领域达成了强有力的高标准规则，对中国的传统竞争优势、创新发展空间、国内规制政策以及区域主义外交经贸倡议构成了严重的威胁。此外，中国虽与东盟、韩国、澳大利亚、新西兰

等国已达成自由贸易协定(FTA),但中美之间在亚太地区争夺区域经济一体化主导权的博弈十分激烈。而相比之下,中国与中亚、西亚、南亚、中东欧等国家的区域经济合作进展则相对缓慢。“一带一路”沿线国家主要分布在中亚、西亚、东南亚、南亚、中东欧地区,大多属于我国对外经贸关系中的“非传统”区域。拓展与加强与沿线国家的经贸合作将有利于中国向西进方向寻求倡议发展新空间,有利于打破美国的“岛链”封锁,构建全方位开放新格局,打造南南合作的新型全球经济治理体系。“一带一路”倡议以基础设施联通、贸易畅通、资金融通、政策沟通、民心相通为重点,实现发展成果共享,构筑“命运共同体”,推进中国与“一带一路”沿线国家的区域经济一体化。

(五) 加快人民币国际化进程,深化发展导向金融合作

本币国际化是大国崛起的必由之路。19世纪的英国拥有幅员辽阔的海外殖民地,凭借强大的制造业、贸易与航运优势实现了英镑的国际化;第二次世界大战后的美国国力空前强盛,通过建立布雷顿森林体系使美元最终成功取代英镑成为国际货币体系的核心。由此可见,强大的经济实力、健全的金融体系、充足的国际储备、频繁的跨境使用、广阔的离岸市场都是本币国际化的重要条件。近年来,人民币国际化进程明显加快,根据环球银行金融电信协会(SWIFT)的数据显示,人民币已跃居成为全球第二大贸易融资货币、第四大支付货币和第六大外汇交易货币。更引人注目的是,人民币刚刚被IMF纳入特别提款权(SDR)的货币篮子,标志着人民币国际化又迈出了标志性的一步。然而与其他主要国际货币相比,人民币国际化仍处于初级阶段。因此,实现人民币区域化是推动人民币国际化的现实选择和必经阶段,亟须进一步开辟人民币的离岸市场,在更广的地域与业务范围内推广人民币的使用。此外,为提高新兴经济体及发展中国家在当前国际金融体系与机构中的话语权,中国致力于推进全球金融治理改革,中国所倡导成立的金砖银行、应急储备安排、亚投行等新型国际金融机构构成了与现行由美欧日主导的世界银行、IMF、亚洲开发银行等布雷顿森林体系相平行的新体系。这些新型开发性金融机构聚焦发展瓶颈问题(如交通、能源、电信等基础设施),开辟以发展为导向的国际金融合作新模式,并将为实现平衡、公正、透明与完善的国际经济新秩序做出贡献。

建设“一带一路”无疑将进一步推动中国与沿线国家的人民币跨境结算、双边本币互换、跨境投融资和金融交易,提升人民币在该区域的使用频度与份额,进而有力加速人民币的国际化进程。此外,“一带一路”与亚投行可紧密联

系起来，前者为后者提供投资的项目平台（项目池），而后者成为前者的融资平台（资金池），两者也共同成为人民币国际化的重要平台载体，并共同打造开放、包容、均衡、普惠的区域经济合作网络。中国对“一带一路”沿线国家开展经贸合作的重点在于贸易、对外投资与产能合作，因此从商业与市场角度看，对这些国家的经济与社会发展水平、竞争力水平、市场发育程度、营商与法治环境以及潜在的风险需要进行全面和审慎评估，以此考察它们可否承接中国的要素、技术、价值链和产能转移。

二、“一带一路”的理论意义[①]

（一）“一带一路”倡议具有深刻的马克思主义经济理论基础

1.“一带一路”倡议的合作基础植根于马克思主义社会交往理论

在人类的发展过程中，交往是一种非常普遍的社会现象和行为。马克思十分注重对交往的研究，从不同层次对交往进行了论述。马克思和恩格斯在《德意志意识形态》中写道：“一开始就纳入历史发展过程的第三种关系就是：每日都在重新生产自己生活的人们开始生产另外一些人，即增殖。这就是夫妻之间的关系，父母和子女之间的关系，也就是家庭。这个家庭起初是唯一的社会关系，后来，当需要的增长产生了新的社会关系，而人口的增多又产生了新的需要的时候，家庭便成为（德国除外）从属的关系了。”人与人之间的关系是人类存在和发展的必要条件，交往是人与人之间各种各样社会联系的一般性规定。交往不仅是人际关系的基本形式，还是个人生存的前提。任何人不能脱离这种条件，整个人类的发展也以此为内在的要素，交往是现代社会必不可少的社会活动。社会的分工和交换由交往而生。在生产力发展的基础上，生产和交换的关系也在不断发展、变化。“个人之间进行交往的条件是与他们的个性相适应的条件，这些条件对于他们说来不是什么外部的东西；它们是这样一些条件，在这些条件下，生存于一定关系中的一定的个人只能生产自己的物质生活以及与这种物质生活有关的东西，因而它们是个人自主活动的条件，而且是由这种自主活动创造出来的”，“生产力与交往形式的关系就是交往形式与个人的行动或活动的关系”。人类的交往是人本质的需求，交往活动会促进社会生产的发展，同时，社会生产以及社会关系的变化会影响交往的程度与进程。除了马克思用历史唯物主义理论阐述社会交往理论外，还有诸多马克

① 参见董宇坤、白暴力：《“一带一路”战略的政治经济学分析——马克思主义政治经济学的丰富与发展》，《陕西师范大学学报（哲学社会科学版）》2017 年第5 期。

思主义者对交往进行论述。恩格斯在《家庭、私有制和国家的起源》一文中论述了部落交往是形成单一民族的先决条件;列宁提出,随着社会发展,交往将日益频繁,从而促进了国际统一的形成;斯大林也强调了交往的社会生产意义。

习近平总书记立足于马克思的"社会交往"理论,尊重人类社会的交往需求,提出"一带一路"倡议。"一带一路"倡议注重沿线各国间的交往活动,其中包括经济交往、文化交往和各种类型的社会交往,强调应加强"政策沟通、道路联通、贸易畅通、货币流通、民心相通",以实现"物畅其流、政通人和、互利互惠、共同发展"。上述这些"一带一路"的发展理念都深刻地体现着马克思主义的社会交往理论。

2."一带一路"倡议的分工模式植根于马克思主义地域分工理论

马克思劳动地域分工理论是以劳动为切入点的。他认为:"各种使用价值或商品体的总和,表现了同样多种的,按照属、种、科、亚种、变种分类的有用劳动的总和,即表现了社会分工……在商品生产者的社会里,作为独立生产者的私事而各自独立进行的各种有用劳动的这种质的区别,发展成为一个多支的体系,发展成社会分工。""单就劳动本身来说,可以把社会生产分为农业、工业等大类,叫作一般的分工;把这些生产大类分为种和亚种,叫作特殊的分工;把工场内部的分工,叫作个别的分工。"马克思在阐明社会分工的内涵和类别后,对产生社会分工的原因做了如下精辟论述:"在家庭内部,随后在氏族内部,由于性别和年龄的差别,也就是在纯生理的基础上产生了一种自然的分工。随着共同体的扩大,人口的增长,特别是各氏族间的冲突,一个氏族之征服另一个氏族,这种分工的材料也扩大了不同的共同体在各自的自然环境中,找到不同的生产资料和不同的生活资料。因此,它们的生产方式、生活方式和产品,也就各不相同。这种自然的差别,在共同体互相接触时引起了产品的互相交换,从而使这些产品逐渐转化为商品。交换没有造成生产领域之间的差别,而是使不同的生产领域发生关系,从而使它们转化为社会总生产的多少互相依赖的部门。在这里,社会分工是由原来不同而又互不依赖的生产领域之间的交换产生的。""一带一路"沿线各国自然条件、生产劳动条件以及生产关系条件等方面都存在诸多差异,"一带一路"倡议尊重这些差异,有效利用这些差异,力争形成适合各国利益的新型国际分工模式。"一带一路"倡议强调各国间的互联互通、相辅相成。"如果将'一带一路'比喻为两只翅膀,那么互联互通就是两只翅膀的血脉经络。我们要建设的互联互通,不仅是修路架桥,不光是平面化和单线条的联通，而是全方位、立体化、网络状的大联通，是生机勃勃、群策群力的开放系统。各国提出的许多发展倡议有不少契合点，完全可以开展互利合作，实现共同发展。”“一带一路”倡议以分工协作、实现共赢为目标，力求做到合作、开放、包容和互利共赢，主动寻求利益契合点和合作面，坚持共商、共建、共享原则，加强与沿线国家的政策沟通。这些都充分体现了马克思主义地域分工理论。

3.“一带一路”倡议的动力来源植根于马克思主义生产力发展理论

马克思认为，生产力是人类“全部历史的基础”。马克思和恩格斯在《德意志意识形态》中写道：“人们所达到的生产力的总和决定着社会状况。”生产力作为人的劳动能力的表现，其发展的方向是始终向前的，与人的本质发展是一致的，这是一个连续的、不可逆的过程。马克思主义生产力发展理论充分说明了解放和发展生产力是“一带一路”倡议的内在动力。“一带一路”倡议作为我国进入经济“新常态”下的重要发展倡议，符合我国生产力发展需要，顺应经济全球化潮流，对实现中华民族伟大复兴具有重要意义；也是增强沿线各国生产力的重要途径，对各国经济实力增强具有重要的现实意义。

(1)“一带一路”倡议符合我国生产力发展需要

社会主义能最大限度调动劳动者的积极性，其本质就是解放和发展生产力。在我国现阶段提出“一带一路”倡议，有利于解放和发展生产力。市场是市场经济存在的条件，市场的扩展是市场经济发展的条件。我国正处于中国特色社会主义市场经济的发展阶段，对于市场的扩展有必然的需求。一方面，随着我国经济实力的不断增强，劳动生产率日益提高，越来越需要开拓市场的深度与广度，需要不断开发新市场。原因在于，社会生产的劳动生产率越高，某种具体产品就会越快地在本国市场上达到饱和，对某种具体产品的国内市场需求的有限性必然需要增加国外市场容量。当前我国经济已经形成巨大的产能和基础设施的建设能力，需要走出去。“一带一路”倡议有助于生成新的市场需求，有助于我国经济获得巨大的增长空间。“一带一路”倡议不仅有助于克服国内发展经济方面资源与技术的不足，对经济增长起到重要的拉动作用，而且对平衡国内经济、调节经济增长速度发挥了积极作用。我国这些年的实践证明，“关起门来搞建设是不能成功的，中国的发展离不开世界”。对于初级阶段的社会主义中国来说，要发展生产力，就只有打开国门“走出去”“请进来”，积极扩大同世界的交往，充分吸收和利用世界上一切先进的东西，为社会主义经济发展提供保障。

马克思曾形象地写道："一个骑兵连的进攻力量或一个步兵团的抵抗力量，与单个骑兵分散展开的进攻力量的总和或单个步兵分散展开的抵抗力量的总和有本质的差别，同样，单个劳动者的力量的机械总和，与许多人手同时完成同一不可分割的操作（如举重、转绞车、清除道路上的障碍物等）所发挥的社会力量有本质的差别。在这里，结合劳动的效果要么是个人劳动根本不可能达到的，要么只能在长得多的时间内，或者只能在很小的规模上达到。这里的问题不仅是通过协作提高了个人生产力，而且是创造了一种生产力，这种生产力本身必然是集体力。"在经济发展过程中，注重与其他国家的协同合作是提高劳动生产力的有效方式，也是经济发展的重要内容。"一带一路"倡议为我国开辟巨大国外市场的同时，也为我国与其他国家进行经济合作与交往提供了一个很好的平台，进而成为提升我国生产力水平的重要方式。"以'一带一路'建设为契机，开展跨国互联互通，提高贸易和投资合作水平，推动国际产能和装备制造合作，本质上是通过提高有效供给来催生新的需求，实现世界经济再平衡。特别是在当前世界经济持续低迷的情况下，如果能够使顺周期下形成的巨大产能和建设能力走出去，支持沿线国家推进工业化、现代化和提高基础设施水平的迫切需要，有利于稳定当前世界经济形势。""一带一路"倡议可以从国内和国际两个方面促进我国生产力的发展和经济实力的增强。

(2)"一带一路"倡议符合沿线各国生产力发展需要

斯密的绝对成本说、李嘉图的比较成本说、赫克歇尔-俄林的要素禀赋论等，都从不同角度阐述了国际贸易在互通有无、提高效率，从而增进各自利益、提高生产力方面的积极作用。对外贸易带来利益是被马克思所肯定的，"就使用价值来看，交换双方显然都能得到好处"。当今世界没有一个国家拥有现代科技进步和经济发展所需要的一切资源和生产条件，没有一个国家能在社会生产上做到完全自给自足。要想实现经济发展和生产力水平的提高，必须与其他国家发生各种各样的经济往来。"一带一路"倡议为沿线各国实现互赢合作的经济交往提供了崭新的途径，从而有利于沿线各国生产力的提高和经济实力的增强。此外，各国由于地理位置、社会发展的不同，导致经济资源禀赋、生产技术水平和社会经济结构等方面存在差异，这就决定了发展国际贸易、进行国际生产技术转让和产业结构转移，对相关国家和民族的经济与社会发展都是有利的。"一带一路"沿线各国处在不同的发展水平之上，可以形成多层次的供给与需求关系。这些互利互惠的国际经济关系已经渗透到各国的生产、分配、交换和消费的各个环节，国家间的相互影响日益加深。国家间的依赖表现为产品生产流程的互相依赖、生产技术的互相依赖、销售市场的互相依赖、原材料与半成品的互相依赖、经济周期的互相影响和宏观调控政策的互相依赖。总之,“一带一路”倡议为沿线各国提供了有机统一的大市场,使得各国间可以互通有无,互相提供市场,互相补充,扬长避短,发挥各自的比较优势,提高资源的利用效率,促进各国经济和社会更快发展。“一带一路”是共赢的,将给沿线各国人民带来实实在在的利益,为中国和沿线国家共同发展带来“巨大机遇”。

(二)“一带一路”倡议丰富和发展了马克思主义全球化理论

当今世界,人类的交往和联系达到了空前的程度,社会化达到了空前的规模和范围。世界各国已经紧密地连接在一起,进入了互相依存的时代。各民族国家之间的互相依赖达到了前所未有的程度。20世纪80年代以来,全球化迅猛发展,深刻地影响了世界各国。但总体而言,全球化的发展仍旧没有脱离马克思和恩格斯在《共产党宣言》中的科学论断。“一带一路”倡议的提出,开创了一个崭新的全球化发展模式,是马克思主义经济学的丰富与发展。

1.“一带一路”倡议是以人类共同利益为核心的全球化

现阶段的全球化,本质属性是资本全球化,受资本的支配。在资本全球化下,人的一切经济行为都按照资本的逻辑进行。资本家按照资本追求利润的逻辑进行投资、发展生产、开拓市场。雇佣工人在资本追求利润的规律支配下出卖自己的劳动力,进入工业、商业等各个经济领域。对于利润的狂热追求是资本制度下人类经济活动的方向和目标。只要能获取利润,资本可以采取任何手段和方式,资本全球化的过程也是资本“血腥”掠夺的过程,是为过剩的产品和资本寻找市场的过程。马克思、恩格斯在《共产党宣言》中曾对资本全球化进行了深刻的剖析。资本全球化以对利润狂热追求为终极目标,是资本拜物教的具体表现。在“一带一路”倡议——这一新型全球化模式下,经济发展的动力不再是外在于人民的物的因素,而重新回归到人类自身。马克思主义认为,劳动是财富、商品价值的唯一来源,人民是社会文明进步的推动者,社会进步的重要标志是全体人民的解放和自由发展。“一带一路”倡议以全人类共同利益为根本目标,是对私有制下异化劳动的破解,也是对资本拜物教的终结。“一带一路”倡议以构建全人类命运共同体为目标追求,重新将经济发展、社会进步的目标回归人民自身,这既是对马克思主义劳动价值理论的坚持,也是对全球化理论的丰富与发展。

2.“一带一路”倡议重塑了全球化中各国关系

当今世界经济体系可以划分为两大阵营:一是少数的发达国家,二是大多数不发达国家(或发展中国家)。在资本全球化下,资本通过侵入非资本主义国家和地区,不断扩大资本主义经济的世界范围,把越来越多的国家和地区置于资本的国际统治之下。以资本增值作为本质的资本全球化必然会带来社会贫富分化严重,从而导致众多劳动者与少数富人间的尖锐对立,使更多发展中国家面临进一步边缘化的危险。在资本全球化下,世界经济表现为由相对发达国家主导的世界经济体系的不平等,即发达国家对落后国家的剥削和掠夺。马克思曾一针见血地指出:“当我们把目光从资产阶级文明的故乡转向殖民地的时候,资产阶级文明的极端伪善和它的野蛮本性就赤裸裸地呈现在我们面前……”只要世界经济还处于资本关系的主导之下,世界范围的不平等分配关系就不可能消失。因此,资本全球化下,各国间的关系是不平等的,带来的只会是两极分化和社会矛盾尖锐对立。在“一带一路”倡议这一新型全球化模式中,参与的国家间是真正的合作共赢关系。与资本全球化的不平等和对立不同,“一带一路”倡议以各国劳动者利益为共同基础,注重各国间的平等地位,强调国家间的合作共赢。“一带一路”倡议以“开放、包容、互利、共赢”为核心概念,并提出了几项原则:一是恪守联合国宪章的宗旨和原则。遵守和平共处五项原则,即尊重各国主权和领土完整、互不侵犯、互不干涉内政、和平共处、平等互利。二是坚持开放合作。‘一带一路’相关的国家基于但不限于古代丝绸之路的范围,各国和国际、地区组织均可参与,让共建成果惠及更广泛的区域。三是坚持和谐包容。倡导文明宽容,尊重各国发展道路和模式的选择,加强不同文明之间的对话,求同存异、兼容并蓄、和平共处、共生共荣。四是坚持互利共赢。兼顾各方利益和关切,寻求利益契合点和合作最大公约数,体现各方智慧和创意,各施所长,各尽所能,把各方优势和潜力充分发挥出来”。“一带一路”倡议彻底改变了资本全球化中少数发达国家对大多数发展中国家的剥削关系,强调的是各国的共同利益,追求的目标是合作共赢,各国间是真正的互利、平等关系。“一带一路”倡议致力于与沿线各国共同打造政治互信、经济融合、文化包容的利益共同体、命运共同体和责任共同体。这一崭新的合作关系丰富和发展了马克思经济学的全球化思想。

3.“一带一路”倡议是最有发展前景的崭新全球化

按照资本本性进行的资本全球化有其逻辑终点,也就是说,资本全球化会导致资本制度的最终灭亡,这就是资本全球化的悖论。资本全球化是为了缓解国内生产相对过剩与有效需求不足间的矛盾、资本相对过剩与投资需求不足间的矛盾而展开的,这些矛盾随着世界市场空间的日益狭小而异常尖锐。

可以说，资本全球化虽然在一定程度上缓解了资本制度的矛盾，但资本全球化在带来资本主义生产方式普遍性的同时，也埋下了自我毁灭的种子。马克思、恩格斯曾在《共产党宣言》中，辩证地分析了资本全球化与资本制度危机间的关系："资产阶级用什么办法来克服这种危机呢？一方面不得不消灭大量生产力，另一方面夺取新的市场，更加彻底地利用旧的市场。这究竟是怎样的一种办法呢？这不过是资产阶级准备更全面更猛烈的危机的办法，不过是使防止危机的手段越来越少的办法。"可见，资本全球化只是人类社会全球化发展历程中的一个阶段，它具有自身的历史局限性。"一带一路"倡议从提出以来，已经显示出旺盛的生命力。目前，已有一百多个国家和国际组织参与到"一带一路"建设中来，中国同三十多个沿线国家签署了共建合作协议、同二十多个国家开展了国际产能合作，联合国等国际组织也态度积极，以亚投行、丝路基金为代表的金融合作不断深入，一批有影响力的标志性项目逐步落地。"一带一路"建设从无到有、由点及面，进度和成果已超出预期。之所以能在短时间取得积极成果，关键在于"一带一路"倡议是以劳动者利益为根本的崭新的全球化。代表更广泛劳动者的共同利益，决定了"一带一路"倡议拥有最坚实的合作基础和合作动力；以国家间的合作共赢为出发点，决定了"一带一路"倡议发展的可持续性和强劲动力；强调国家间的开放、包容，决定了"一带一路"倡议的和谐发展、持久发展。"一带一路"倡议是比资本全球化更加具有旺盛生命力和发展前景的新模式，代表更深层次、更高水平的全球化方向，是对马克思主义经济理论的丰富与发展。

"一带一路"倡议作为取代资本全球化的崭新全球化方向，能更有力地促进生产力的发展，有利于人性自由的发挥，拥有更强大的发展动力和更广阔的前景未来，是对马克思主义经济学全球化理论的丰富和发展。

第四节　社会主义国家对外开放面临的新特点

权力对经济的隐性干预和多权力中心的竞争必然会使权力经济社会出现新的特点。

一、市场和社会冲突全球化

一般说来，在世界经济市场上，权力对经济的显性干预是受到严格限制的，这是以权力对经济隐性干预为特征的市场，各权力中心之间的竞争将更多地依赖经济行为，经济增长和经济发展的竞争将是这种权力竞争的主题，而经济的竞争也会引起社会和市场的冲突。

随着世界经济一体化的推进，各国的企业、各国的劳动力、各国的其他生产要素都将参加世界市场的竞争，它们将在同一游戏规则下玩游戏，或者说它们将站在同一起跑线上重新赛跑。这对于发展中国家来说，既是一种难得的机遇又是一种挑战。说其是一种机遇，是因为在世界经济一体化过程中，发展中国家在世界市场的统一规则下，获得参与竞争的机会，并能充分发挥自己诸多的"后发优势"，如廉价的劳动力、引进并嫁接先进的技术、自然资源丰富等。说其是一种挑战，是因为发展中国家的经济基础薄弱、劳动者素质低、经营管理落后、资本缺乏、不掌握关键技术、在金融市场和国际贸易中受发达国家特别是垄断国家的制约等。所以发展中国家在经济一体化过程中，要扬长避短，发挥自己的优势，聚精会神地促进经济增长和经济发展。对于发达国家来说，由于其劳动者的工资水平高、社会福利水平高，所以在世界经济一体化过程中，发展中国家廉价的劳动力对发达国家冲击较大，势必要降低发达国家劳动力的工资水平、社会福利，甚至影响其就业水平。这就会导致发达国家中社会对市场的抵制，即对经济全球化的抵制。发达国家对发展中国家的经济侵略也破坏了发展中国家原有的社会经济结构和生活方式，这也会导致社会和市场的冲突。从这两种意义上说，世界经济一体化的进程，将原先经济市场在一国范围内产生的市场和社会的冲突扩展至全球范围，这会进一步导致全球范围内穷人阶级和富人阶级之间的对立。这种阶级分裂和对抗的程度将是经济全球化程度的函数。

二、全球制度化的收入分配格局

只要是市场经济起作用的地区和领域，就会产生收入分配上的差距，原先这种差距在一国范围内表现为地区差距、城乡收入差距以及国内各阶级阶层的收入差距，各国政府总是力图缩小这种差距，使其保持在不影响社会稳定和经济发展的限度内。在世界经济一体化的过程中，这种收入差距表现为全球范围内穷国和富国之间的收入差距，以及穷人阶级和富人阶级之间的差距。但在国际市场上不像在国内市场那样有一个权力中心来对世界经济进行显性干预，以缩小穷国和富国以及穷人阶级和富人阶级的差距，因为这里是一个多权力中心竞争的世界。垄断国家除了维护自己的利益，一般来说，也没有激励对世界经济市场进行干预以缩小这种差距,实际上,垄断国家也很难甚至不可能对世界市场进行显性干预。全球化的收入分配格局是世界经济一体化造成的。从这种意义上说,这种分配格局是人们接受同一种游戏规则形成的,并已经被世界市场制度化。如果说,在一国范围内,不同阶级阶层、不同地区以及城乡之间会形成某种制约,这种制约让这种差距不至于无限度扩大,那么在世界范围内,这种制约机制弱化了。以前这种关系的制约多少带有道德伦理的成分,并且这种制约在一国范围内被市场制度化,在全球化经济中,这种收入分配的差距以及这种差距所折射的道德伦理成分被世界市场制度合法化了。

三、权力利益集团的跨国化

在一国范围内,无论是居于支配地位的权力利益集团,还是潜在的权力利益集团或其他利益集团,其权力势力所及范围都囿于一国之内。在世界经济一体化的环境中,这种权力利益集团和其他利益集团的权力势力的触角却渗透到世界范围内。这种多权力中心之间的相互渗透,既削弱了一国权力中心地位,又加强了一国权力中心地位。说其削弱了一国权力中心地位,是由于在一个以权力隐性干预经济的全球化时代,一国权力中心要受到其他权力中心尤其是垄断国家权力中心的经济技术乃至政治权力的制约。说其加强了一国权力中心的地位,是因为在世界经济一体化时代,一国权力利益集团可以利用国际上的政治、经济、军事援助强化自己的权力中心地位。权力利益集团跨国化的发展,使得一国权力利益集团的更迭、权力利益集团创新性和惯性的变动规律以及权力利益集团对生产力和经济发展的作用变得复杂化了。在一国范围内,本来一国权力利益集团的惯性已使其阻碍生产力和经济发展,但由于其能利用国际上其他权力利益集团的援助制约和影响,也许能阻止这种惯性的继续发展。

还有间隙性权力显性干预经济方式。间隙性权力对经济的显性干预是与垄断国家出现的危机相伴产生的,当垄断国家的经济霸权在世界经济和多权力中心的竞争中失去优势时,垄断国家将不满足于现在的世界政治经济秩序,而凭借自己世界经济权力中心的政治、经济、军事手段以维护市场规则为名来对世界市场实行显性的权力干预,以改变市场游戏规则。显然,这种权力对经济的显性干预是有成本的,它不仅打乱了世界经济秩序、增加了世界经济的交易成本,更重要的是,它使非垄断国家失去了对世界市场游戏规则的信任,也竞相采用权力对经济显性干预的方式来管理经济,加强贸易保护主义政策。

这些都会导致世界经济一体化进程的倒退。当然这种垄断国家政府权力对世界经济的显性干预也不是无约束的，随着非垄断国家特别是那些发达国家政治、经济、军事力量增强，它们有时也敢对垄断国家说“不”，并成为世界经济中的潜在权力利益集团。这种扼制与反扼制、经济霸权与经济平等之间的斗争将表现为间隙性权力对经济的显性干预。虽然由于经济一体化的强劲趋势使得这种权力对经济的显性干预的间隔时间较长，虽然权力对经济的隐性干预仍是经济全球化过程中政府权力对经济干预的主要方式，但分析这种间隙性显性干预方式有助于我们认识到在一个开放社会中，世界范围内权力经济发展的基本趋势。在世界经济发展过程中，垄断国家与非垄断国家、经济霸权与经济平等之间、扼制发展与反扼制发展之间的最终斗争结果，从根本上说，取决于一个权力中心能否适应世界生产力扩张和世界经济发展的基本要求；从特定的角度来说，则取决于各权力利益集团本身的创新动力。

四、非政治权力统治世界方式

一方面，在以权力隐性干预经济为特征的全球化经济中，多权力中心竞争的结果是垄断国家与非垄断国家并存、经济霸权与经济平等并存、扼制发展与反扼制发展并存。从另一方面来说，整个世界经济又是置于市场经济的游戏规则之下（虽然其背后存在着多权力中心的竞争），多权力中心对世界的政治统治将采用非政治权力的方式，即经济的方式或市场的方式。无论如何，市场统治世界的方式是唯一具有世界性的公开合法性。那么这种统治世界的方式会给世界带来怎样的影响呢？首先，这会使既定的社会结构合法化。既然世界市场经济的游戏规则是各利益主体公认的游戏规则，那么人们就得承认和接受这个游戏规则所带来的输赢结果。市场经济的竞争必然会带来贫富差距的扩大，而多权力中心的现实又使得人们对于这种收入差距的扩大难以有所作为，所以社会等级的主体可能会不断地变动，但世界范围内的社会等级结构就因此被固化成某种合法的形式。换言之，社会结构中原来不公正的贫富结构也因此通过全球化经济变成公正的了。其次，非政治权力统治世界的方式会迫使非垄断国家特别是那些处于全球社会底层的国家和阶级阶层采用一种极端的形式（如恐怖主义）来对抗垄断国家的垄断统治地位。在一种合法化的社会结构下，由于那些处于全球社会底层的国家和阶级阶层找不到有效的改变自己处境的方法以及有效的反抗道路，这就迫使这些国家和阶级阶层走向一种死亡抗争的极端反抗权力中心的方式。最后，非政治权力统治世界的方式会造成政治文化等上层建筑和意识形态的多元化和集中化并存。上层建筑和意识形态的多元化是指由于多权力中心的竞争、权力对经济隐性干预的普及，以及由此推动的民主化的进程，加上各国传统文化本身的差异性，导致各国在上层建筑和意识形态方面形成各自特色，即多元化。上层建筑和意识形态的集中化是指无论哪种意识形态和上层建筑在运用市场经济制度推进生产力和经济发展方面具有相似性，即各权力中心为了参与国际市场竞争，在政治、法律、军事和思想观念等方面都必须与市场经济的运作规则和经济发展相适应。

第五节 公有产权体系与国际市场经济规则

一般说来，国际市场经济是一种以私有产权为基础的市场体系，中国的公有产权体系如何在这种国际市场体系中生存和发展呢?

实际上，只要国有企业做到最终所有权和最终管理权的分离，就能够不仅在国际市场上积极参与竞争，而且在国际市场上处于有利地位。这是由于：首先，发展中国家的国有企业一般技术力量雄厚、资本金充足，也容易获得政府支持，只要能够做到最终所有权和最终管理权分离，成为自主经营、自负盈亏的企业组织，则在国际市场不仅能够生存和发展，而且还会成为该国核心竞争力的组成部分。问题的关键就在于企业的最终所有权与经营权分离，绝对不能使国有企业依赖政府。割断国有企业与政府的脐带是第一步，更重要的是国有企业如何通过参与国际市场竞争而逐步增强自身的竞争力。在这方面政府的政策性支持是必要的，但这不能成为国有企业依赖政府的理由。在这里存在一个双向的互动，只有将国有企业办好了，才能吸引更多的人才资金和技术到国有企业中来，国有企业的竞争力才会进一步壮大；反之，如果国有企业办不好，持续亏损，则就会出现人才流失，资本金也会被抽走，国有企业越发没有了生机，只能在持续的亏损中苟延残喘，或只能宣布破产。在中国目前的国有企业出现了“两极分化”，一部分国有企业技术力量雄厚，研发能力强，资本金也充足，很有市场竞争力，也逐渐成为中国参与国际市场竞争的中坚力量，而另一部分国有企业则处于半死不活的状态，不仅存在大量的人才技术流失，而且宣布破产也困难，因为这些企业担负着大量的就业任务，如果任其破产,则国家失业负担加重,会影响社会的安定。之所以出现这两种截然相反的状态,就是由于国有企业的这种“办好”的累积效应和“办坏”的累积效应造成的。

其次,对于一些幼稚产业中的国有企业,在世界市场体系框架下,政府可以对其采用一定程度的保护政策。这些保护当然不是最终目的,最终目的是为了增强这些幼稚产业中国有企业的竞争力。这是中国弱势公有产权与国际市场接轨的有效方式。虽然这些弱势国有企业技术力量薄弱、产品价格高、单位劳动生产率低以及受限于一些自然条件等(如农业),但只要其能够转换机制,实现最终所有权和最终经营权的分离,在政府资金和税收政策等的支持下,是完全能够积极参与国际市场竞争并逐步增强其竞争力的。在这方面存在着一种悲观的论点,认为中国幼稚产业中的国有企业是没有能力参与国际市场竞争的,也许实行私有化、让国外大企业吞并,才是唯一出路。这种看法失之偏颇,且不说这些幼稚产业有一些是关系国民经济命脉的基础性产业,如农业,政府不能够弃之不顾,单说这种论点本身就是一种不相信国有企业竞争力的表现。实际上,每个国家的每一个产业都有自身的比较优势,就拿中国农业来说,与国外的技术水平、劳动生产率、产品质量以及市场价格相比,显然属于弱势产业,在国际市场上缺乏竞争力,但与国外农业相比,中国农业也存在比较优势,如劳动力成本低、中国独特的自然地理环境适合生产一些有优势的经济作物等,只要积极参与国际市场竞争,在竞争中不断地发挥自身的优势,则中国农业也是大有希望的。

最后,国有企业调整重组也是提升中国公有产权竞争力的有效途径。与国外企业相比,中国国有企业一般都存在着规模小、达不到规模经济效益、产业结构不合理以及产品的技术含量不高等缺陷,为了迅速提升国有企业在国际市场上的竞争力,对其实行调整重组无疑是一条捷径。然而,在实施调整重组时,政府不能通过权力干预方式搞所谓的“拉郎配”,而应该通过经济方式去积极引导,为实施重组创造有利条件。政府可以为不同的互有需要的企业牵线搭桥,提供信息,在重组的法律规范和市场条件等方面提供必要的服务。国有企业的调整重组不是一种直接政府行为,而是一种政府服务行为。

在20世纪,公有产权曾经与私有产权进行过较量,即社会主义制度与资本主义制度并存和竞争。客观地说,公有产权在这场“世纪之战”中出现了暂时挫折和失败,但它也曾有自己的辉煌时期,如苏联的工业化初期和中国的“一五”计划时期,经济增长率曾超过资本主义生产的平均增长率。与人类漫长的历史相比,公有产权在这个短短时期内的暂时挫折算不了什么,更不能说明社会主义制度或公有产权的效率就一定低于资本主义制度或私有产权的效率。任何产权制度都处于不断的变化之中,通过对公有产权具体形式的不断改革,中国经济在过去四十多年时间内获得了迅速增长,公有产权重新恢复了生命力。公有产权体系从当初马克思、恩格斯的设想到苏联的实践,以及中国对公有产权的不断改革,走过了曲折的道路,但人们从中国的改革开放、经济增长之谜中,看到了公有产权的希望。

第六节　对外经济发展方式的转变①

加快转变对外经济发展方式,需要确立科学的开放观,从战略上谋划对外经济的长远发展。新的发展阶段,我国应当在科学发展观的指导下,统筹国内经济发展与对外开放的关系,积极调整开放倡议和对外经济政策,避免成为国际垄断资本的利益输送地、发达国家的廉价打工仔、西方投机资本的跑马场、跨国公司的专利提款机和世界的污染避难所,通过对外资、外源、外贸、外技、外汇和外产的适当控制和提升,从根本上建立起“低损耗、高效益、双向互动、自主创新”的“精益型”对外开放模式,促进国民经济又好又快地持续发展。

一、适当控制外资依存度,积极提升中外资本协调使用的效益

随着世界经济格局的变化,在新的历史时期我国必须对利用外资做出重大调整。一方面,要看到经过多年发展,外商投资企业目前在我国经济中已占有重要地位,我国工业部门的产业结构和产品质量提升都与外商投资企业相关;另一方面,我国也不能继续沉浸在引资规模的扩张上,而是要追求引资质量的提高。

(一) 必须引导和实现外资投向和要素流入结构的改善

必须从注重“引资”转为谨慎“选资”,应制定以保护环境为主的外资进入产业目录,严格限制污染性行业的外资进入,加大对“清洁”外资的引进力度,引进弥补我国产业和产品空缺的、符合低碳经济要求的、科技含量高的企业。

(二) 需要确立公平的竞争环境

一是要逐步取消外资企业在税收方面的优惠,保证国内企业在同一起跑

① 程恩富、侯为民:《转变对外经济发展方式的“新开放策论”》,《当代经济研究》2011年第4期。

线上参与竞争；二是要通过提高环保标准来提高投资门槛、吸引真正有实力的“清洁投资者”，使引资工作适应我国结构调整与产业升级的大方略，服务于我们转变生产方式的大目标。

(三) 需要调动国内资本，促进内外资合作

合理利用和引进外资、提高引资质量，其前提条件是必须充分唤醒和启动国内已有的巨大储蓄资源。适当控制外资依存度，是亟须统一认识的重大问题。目前，关键是要推动以中资为主的中外资合作，引导和激发国内资本进入高新技术领域，适当控制外商独资企业的发展，提升中外资协调使用的经济效益。

(四) 需要加强对中国境外的投资，发挥中国过剩资本的有效作用

鉴于中方资本在国内使用不掉等情况，必须进一步加大对外国的多元化灵活投资，包括工业交通、商业、农业、旅游、文化、新闻媒体等多领域。

二、适当降低外资依存度，积极提升自主创新的能力

事实证明，在缺乏核心技术而形成的“三高一低”(高污染、高能耗、低附加值、高依存度)模式下所获取的贸易利益，只属于初级开放阶段的状态。倘若长期照此模式继续下去，过度依赖发达国家的高科技产品，则在外贸结构、贸易条件、社会整体福利水平提高等方面会改善缓慢，并逐渐陷入“比较优势陷阱”。

(一) 确立自主知识产权优势

我国的对外贸易倡议虽然要重视发挥“比较优势”，但不能以西方教科书上的比较优势倡议作为主要模式，需要解放思想，突破以传统比较优势理论为基础的旧式国际分工模式的束缚，变“比较优势”为“知识产权优势”。只有具有自主知识产权的优势，企业和产业的核心竞争优势才有可能形成并长期保持。或者说，知识产权优势是维护持久、高端竞争优势的必要性条件。那种只强调保护国内外知识产权而不强调创造自主知识产权的做法，那种主要寄希望于依赖式不断引进外技、外牌和外资的策略，那种看不到跨国公司在华投资双面效应的思维，都是不科学的僵化开放理念。至于西方跨国公司批评中国政府鼓励自主知识产权创新是所谓用“公权力”对抗“私权力”，是完全站不住脚的，因为西方发达国家一贯如此。

(二) 强化国际科技合作，积极完善国内创新环境

降低对国外科技的依存度，需要推动以我为主的国际国内的科技合作，使

科技合作与经济合作相融合。实现国际科技合作的关键在于完善国内创新环境。一是要完善科技人才成长和发展环境,加大创新人才的培养力度,建设一支适应时代和社会发展需要的民族创新人才队伍;二是要加大自主创新的研发经费投入,完善创新载体和创新平台,为自主创新提供必要的物质基础;三是要充分发挥政府的主导作用,利用社会主义集中力量办大事的优势,组织好若干重大科研项目的攻关,努力在若干技术前沿领域和重要产业领域掌握一批自主核心技术和技术标准,积极提高我国专利和品牌的档次和质量。

(三) 强化国内企业科技创新的主体地位

积极提升自主创新能力,重点要积极发展控技(尤其是核心技术和技术标准)、控牌(尤其是名牌)和控股的"三控型"民族企业集团和跨国公司,突出培育和发挥自主知识产权优势,以打造"中国的世界工厂"来取代"世界在中国的加工厂",尽快完成从技术大国向技术强国、专利大国向专利强国、品牌大国向品牌强国的转型。

三、适当降低"外源"依存度,积极提升配置资源的效率

能源和资源过度依赖进口,既使我国未来的经济发展背上沉重的成本负担,也威胁到国家的经济政治安全,并且容易引发更多的国际争端。适当降低对国际市场能源和资源的依赖程度,是我国转变对外经济发展方式的重要内容。

尽管能源大量依赖进口存在着较高的风险,但由于国内能源供给数量有限,进口仍然会成为中国能源供给的重要方式之一。问题的根本在于,如何把握能源进口的依赖程度。一些舆论认为,中国目前的能源对外依赖程度并不足以引起高度警戒,也没有必要加以防范。一是因为从国外进口开采成本低,符合经济规律;二是中国到目前为止并未遭遇过政治上的禁运。事实上,国际原油价格一度突破百元大关,令低成本说不攻自破,而至今没有遭遇禁运,也绝不能推断出未来就没有遭遇禁运的可能。因此,中国某些能源和资源的进口高依存度无风险论并不能成立,需要及时建立风险防范措施。

(一) 需要尽快建立起自己的重要能源(特别是石油)倡议储备体系,形成一道基本的防火墙

在开放经济条件下,由于我国处于低端生产环节,能源原材料需求急剧增加、供需缺口加大,但国家能源等倡议储备建设滞后,而且国内又存在西方大型公司的垄断化经营,导致我国一方面对国际市场存在刚性依赖,难以有效防

范国际市场价格的异常波动带来的风险；另一方面，也对国内能源安全带来冲击，不利于增强我国在国际市场的自主性。建立能源倡议储备体系，既可以防范国际市场价格风险，也可以应对不可预见的突发事件，更可以平抑国内能源市场价格波动、引导和促进我国能源消费的合理化。

（二）需要重视国内能源和资源的科学开发和高效利用

一是要科学制定国内能源和资源的可持续开发、利用和保护计划；二是要提高国内矿产资源开发的门槛限制和企业标准，提高能源开采效率；三是要适当提高资源消费价格，引导资源消费行为，提高资源的利用效率。

（三）需要坚持鼓励和支持对新能源的开发和利用，从政策上重奖节能、重罚浪费

要积极出台政策，大力支持低碳技术、节能减排技术的创新和应用，限制“三高一低”项目的发展，减轻环境压力。

（四）需要加强石油、黄金、有色金属、煤炭等各种稀缺资源的倡议性管理，提升资源类商品的国际市场定价权和市场控制力

今后，我国对重要的能源和资源都应该加强出口管制，力争倡议性资源产品定价主导权，要由“价格追随者”变为“价格制定者”，尤其要注重提高黑色金属（如铁矿石）、有色金属（如铜、铝、铅、锌、锡、镍）及稀土资源的国际定价权。

四、适当控制外汇储备规模，积极提升使用外汇的收益

充足的外汇储备有利于增强我国的对外支付和清偿能力，防范国际收支和金融风险，提高海内外对中国经济的信心。但是，如果长时间和大幅度地超过合理规模，会给经济发展带来诸多负面影响。解决外汇储备过度的问题，不仅要控制低收益的加工贸易的发展规模、从根源上减少贸易顺差、降低外汇储备激增的速度，而且要通过扩大内需、扩大进口来平衡对外贸易。历史经验证明，大部分发达国家都经历了一个先“引进来”再“走出去”的过程。目前我国比较充裕的外汇储备可以为我国“走出去”提供坚实的经济后盾。巨额的外汇储备是我们来之不易的宝贵财富，除了尽可能实现保值和增值，以及合理地安排其在境外的投资结构以外，也要及时地合理配置手中已有的外汇资源。从国内来说，应当有计划地激活这些资源，用于国内急需的国计民生领域和项目，如社会保障、基础教育、医疗卫生、扶贫、住房、环境保护、基础设施、西部开发等。

从国际范围来看，针对不断贬值的美元外汇储备，必须及时提高外汇使用

的效率,改善现有外汇的配置。一是可赎回被美国企业收购的中国重要国有企业资产;二是可用来支持中国企业收购海外资源和有价值实体企业,或收购控制着中国倡议性行业的跨国公司股份;三是可用来引进国外的关键技术和科研人才,实现"引智创新";四是积极建立"主权基金",或直接进行"海外购物",购买高端技术和设备或相关物资;五是参股或并购海外各种媒体,客观介绍中国,反击妖魔化中国的浪潮,增强国际话语权和软实力。总之,要采取多种方式,降低货币资本储存的机会成本。同时,还要在不放弃对资本流动管制的条件下,大力促进人民币的区域化和国际化进程,使人民币逐步成为世界贸易结算、流通和储备货币之一,从根本上解决"币权"问题。

五、适当控制外贸依存度,积极提升消费拉动增长的作用

在经济自主发展、竞争力不断提高的基础上参与国际竞争,积极开拓国际市场,是转变对外经济发展方式的内在要求。增强经济自主性,需要发挥内需拉动经济增长的作用,适当降低外贸规模;提高国际市场竞争力,需要加快提升贸易层次和调整贸易结构。作为一个发展中大国,从保持经济健康可持续发展和提高人民生活角度考虑,都不能不重视外贸依存度问题,需要将外贸依存度控制在略低于发展中国家的平均水平。适当控制外贸依存度,重点应做好以下三个方面。

(一) 尽快扭转我国进出口不平衡的趋势

技术层次低、竞争力弱和发展中短期利益倾向,容易导致对外贸易方式相对单一、贸易对象和内容单调、贸易结构不合理,是造成我国进出口不平衡的主要原因。今后,不仅需要平衡好进出口数量关系,也需要调整好进出口结构。首先,是要优化我国的贸易方式,在积极提升加工贸易的同时,大力发展边境贸易、易货贸易、转口贸易、租赁贸易等其他贸易方式;其次,是要促进服务贸易的进出口增长,适度开放服务贸易领域,提高服务贸易额在总贸易额中的比重;其三,是要加快改善外贸结构,改变贸易主体长期由外资主导的局面,促进本土企业参与高端国际贸易和竞争;其四,是要加快改善文化贸易的结构,消除"文化赤字"。最后,改善扭转进出口不平衡局面,还需要适时调整对外贸易区域,改变国际贸易上对发达国家的过度依赖。

(二) 积极促进内需与外需协调发展

积极扩大内需,既是转变经济发展方式的条件,也是消化国内过剩产能的重要手段。扩大内需有利于适当降低企业对国际市场的依赖程度,有利于降

低外贸依存度。今后，在推动外贸平稳增长和提高档次的同时，要更加重视促进外贸企业服务于扩大内需的大局。一方面，要推动外贸出口企业调整产品结构、调整市场方向；另一方面，国家也要适时出台相关政策，引导和支持外贸出口企业的转型，引导社会消费合理化，使消费成为拉动经济增长的内在动力。

(三) 大幅提高中低阶层收入水平

社会中低阶层收入水平的提高，是增强全社会消费能力、扩大内需的前提条件。过去 30 多年，虽然我国城乡居民收入水平有所提高，但中国企业的薪酬福利平均成本不到总成本的 8%，远低于欧洲的 22%和美国的 34%。人多地少的国情和国际农产品的冲击也使农民增收缓慢，很多农民不得不进入外向加工型企业打工。这种建立在廉价劳动力基础上的竞争优势，其实是以牺牲民生福利水平为代价，是不可持续的。大幅提高中低阶层收入水平，关键是要加快财富和收入分配制度改革，调整国民收入初次分配和再分配的结构，尽快提高劳动收入占 GDP 的比重，扭转收入和财富分配差距不断扩大的趋势。大幅提高中低阶层收入水平，还需要尽量减轻居民生活负担，提高其消费意愿和能力。一是要考虑通过加大农业和农村的基础设施投资，促进农民持续增收等措施，持续扩大农村消费；二是要坚持提高社会医疗和社会保障水平，解除基层群众后顾之忧；三是要加大基础教育和健康卫生方面的公共投资，逐步缩小公共物品和公共服务的分配差距，有效改善人们的消费预期，提高消费倾向。

六、适当降低“外产”依赖度，提升参与国际分工的层次

提升国内产业的国际分工水平，是转变对外经济发展方式的立足点。只有提升产业分工层次才能降低对外国产业的依赖度，打破西方发达国家对我国的“产业链阴谋”。当前，要扭转以引进倡议性产业投资者为理由，主动或被动地逐步让西方跨国公司支配或控制中国产业和重要产品的现象；要利用西方金融和经济危机过程和今后国际生产和贸易格局变革的历史机遇期，适当淘汰高污染、高能耗的外向型加工业，积极推进产业优化升级，提升参与国际分工层次。

(一) 加快调整产业结构

以提高产业竞争力和产品附加值为导向，促进产业结构合理化，使产业在调整中优化和提高。调整优化产业结构涉及诸多方面，主要是做好以下三项

工作：一是要用先进技术改造传统产业，推动传统产业技术装备更新换代和产业升级，力争使传统产业在全球产业链获取更高的附加值，避免陷入“比较优势陷阱”，防止我国沦为西方发达国家的“生产基地”；二是要制定中长期的国家产业创新倡议，切实推进产业创新，大力发展信息产业和新能源产业，大力发展设计、咨询、物流等现代服务业和文化教育产业，抢占未来全球经济和文化教育竞争的制高点；三是要鼓励民间创业和国内企业创新，改革和完善投融资体制，引导和鼓励国内资本调整投资方向，使新增投资逐渐向现代服务业和高新技术产业转移，以便像中国高铁成为首个发展中国家向发达国家输出的倡议性高新技术领域那样，逐步提升参与国际分工的层次。

（二）完善国家经济安全防范体系

加强国家经济安全，首先，要加强对外资企业并购中国企业的监管，加大对关系到国计民生的产业和倡议性产业的保护。要运用经济的、法律的手段，制止西方跨国公司越来越多地控制和垄断我国产业的行为。其次，要严格执行环保等前置性审批，完善外资投资目标指引，提高外资进入门槛和标准，遏制跨国公司将技术落后和污染严重的生产基地转移到我国的现象。最后，要健全金融监管体系，稳健开放金融业等涉及国家经济安全的核心产业，确保国内产业安全和金融安全。

（三）积极参与国际货币体系改革，改善国际经济环境

降低对国际产业的依赖，需要积极创造公平合理的国际经济竞争和合作条件。一方面，我国应主动和积极地介入国际高端产业分工，广泛开展国际市场竞争；另一方面，也要积极推动国际货币金融体系改革，增强我国在国际经济规则制订中的主动权，避免西方发达国家利用非市场力量打压我国。需要清醒地看到，只有通过“走出去”来提升我国的全球要素配置能力，才能创造出参与国际分工的新优势。在自主、自立和自强的基础上，真正使我国开放型经济体系成为全球生产体系的重要组成部分。

第七节　经济全球化背景下的国家竞争力

一、来自日本的经验教训

日本经济奇迹曾经是东亚经济崛起的一个例证，日本经济发展模式的特

点主要有：对经济事务具有倡议的长期的方针，具有明显的高水平储蓄倾向，自然资源贫乏要求发展工业，企业取向为“占领”国际市场，因缺乏自然资源而将教育体系视为国家优先考虑的事项，有关技术性的职业具有相对优势，为实现统治精英取得政治上合法性而实现社会的一体化①。日本经济发展成功经验在经济学家们之间唤起了研究的兴趣并产生了激烈的争论。一种普遍被接受的观点认为，日本经济奇迹出现的原因在于政府在经济运行和经济发展过程中起了主导作用。日本政府模型的主要要素包括：具有稳定官僚机构的中央政府的积极参与，以优先发展产业为目标来提高经济增长率，迅速提高出口，广泛的“指导”审批要求和规章，对国内市场的选择性保护，限制外国直接投资，松懈的反垄断执行力度，政府导向的产业重组，卡特尔的官方许可，高度管制的金融市场和受限的公司治理，政府资助合作研究开发计划，健全的宏观经济政策②。然而日本的经济奇迹在20世纪90年代以来出现了问题，自东亚经济危机和日本的泡沫经济被捅破以来，日本经济发展一直处于萧条之中而难以启动。人们对于日本经济发展模式提出了越来越多的质疑，波特就认为，就日本的产业来说，与高度竞争的产业并存的是特别不具备竞争力的产业，据此，日本式政府模型不可能是日本竞争力的驱动力，日本政府模型是其失败的原因，而不是成功的根源。对于日本经济发展模式在当前的危机，另一些学者仍坚持政府是其经济崛起的主要原因。斯蒂格利茨就认为，东亚经济当前的危机并不能抹杀过去30年的成绩，这些成绩的取得在很大程度上应归功于政府作用，但他也认为应该重新认识政府在东亚经济发展中的作用，并提出政府与市场关系是互补关系，一些理想的决策规则可资参考，包括在存在特殊利益集团有组织影响的领域应抑制政府介入，反对政府限制竞争的措施、支持鼓励竞争的措施，支持信息公开，反对神秘主义，鼓励民间部门提供公共产品，在专门性和民主的代表者两个侧面之间求得平衡③。那么究竟应该怎样认识日本经济发展奇迹和经济萧条呢，应该怎样认识政府在日本式经济发展模式和国家竞争力提升中的作用呢？从中我们又可以总结出哪些国家竞争力失败原因呢？

---

① 加里·杰弗菲和唐纳德·怀曼：《制造奇迹——拉美与东亚工业化的道路》，上海远东出版社1996年版。

② 波特等：《日本还有竞争力吗》，中信出版社2002年版。

③ 斯蒂格利茨：《国家作用的再定义》，见青木昌彦等编：《市场的作用与国家的作用》，中国发展出版社2002年版。

首先,政府在日本经济奇迹制造过程中的主导作用是不容否认的。从总体上说,日本在很短时间内,从战败后的经济废墟上迅速建立起一个现代化的工业强国,显然,这种经济的崛起是单纯依靠市场机制无法办到的,在这种经济起飞过程中,政府对经济的干预作用是无法取代的。日本政府主动指导经济发展,采用出口导向型经济的发展模式,通过产业重组和扶持特定的产业集群来提高经济增长率,通过宏观经济政策和有选择的市场保护来指导经济运行和经济发展。虽然这种政府主导的经济发展倡议也带来了一些弊端,如过度的保护政策使得一些产业在国际市场缺乏竞争力,但总体上说来,这种政府模式对日本经济的成功负有主要责任。不能因为政府对经济干预产生了一些副作用,就否认日本政府对其经济发展的作用,更不能将后来日本经济陷入的经济萧条归于日本政府模式的缺陷。

其次,日本经济发展陷入萧条困境的原因不在于日本政府对经济的干预,而在于日本政府模式未能适应世界经济发展和国际市场变化而做出相应的调整和改革。一个政府主导型的政府模式应该是一个弹性化的政府模式,即政府应该不断根据外在环境的变化而对其政府机构进行相应改革和及时地转变政府职能,以适应世界经济发展和市场变化的要求。日本经济走下坡路发生在新经济时代出现初期和世界经济一体化加剧的年代,在新的经济时代,以信息科学为核心的技术创新不断出现,世界经济的区域化和全球化趋势加剧,面对这种新经济环境,日本并未能做好充分准备。从技术创新来说,由于日本实行的是出口导向的经济发展倡议,科学技术创新特别是具有自主知识产权的原创性技术创新乏力,从而使得日本在新经济面前失去了国家竞争力。在经济全球化方面,在国际金融危机面前,日本产品很快就在国际市场上变得昂贵了起来,日本的工资水平达到了世界最高水平,日本的技术工人工资低于西方国家这个重要优势也消失了,加上日本公司普遍实行终身雇用制和年功序列制,由此造成社会分配结构不合理,使得日本在新世界经济和国际市场上的竞争能力减弱了。然而,这种现象的产生并不能归于政府主导型政府模式,因为政府如果能及时转变政府职能和革新各种经济政治制度,那么日本完全能够应付这种外在环境的改变。在新经济产生之后,日本政府应该对具有自主知识产权的信息技术创新方面加大投入,日本的公司应该及时变革公司管理体制以适应新的全球经济一体化的需要,而失去了这些条件正是日本经济萧条发生的真正原因。

最后,日本经济制度中存在制度因素和竞争要素的分裂。实际上,日本政府在其经济发展过程中，曾竭力在政治经济和社会等方面实现“一体化”。在政治上，日本式的精英统治与市场经济的结合是一个难题；在传统文化上，日本式的集体主义文化意识与西方个人主义的市场经济文化的结合也是一个问题；在经济上，日本式的公司制与西方式的企业制度也有一定差距。在国家竞争力要素的组合上，日本政府曾成功地将国家竞争力的动力要素、社会要素、开放要素和杠杆要素有机地结合起来。然而在新经济和全球经济一体化的新环境中，政府未能很好地将这些要素组合起来。

二、国家竞争力的制度基础

（一）制度是历史的、具体的

一个具有弹性的制度才能不断地适应不断变化的经济运行和经济发展的需要。制度不是一个静态的体系，而是一个动态的过程。在这种意义上，制度也是历史的、具体的，而新古典经济学和新制度经济学将制度当作一个抽象静态和比较静态的变量的研究，只能构成一种形式完美却教条的经济学范式。一种非僵化的制度应该是一个能根据外在环境改变而不断调整自身的结构和功能的制度，即使在此时能适应经济运行和经济发展的制度在彼时未必能适应，在此地能适应经济发展需要的制度在彼地未必能适应。在这里，我们并非否认有一种固定形式的制度模式的存在，而是想指出，制度是具体的，它必须根据某地某国特定的社会、政治、文化、传统习俗等来设定最适合的制度形式；制度也是历史的，曾经很成功的制度形式，随着社会经济发展和国内国际环境的改变也应该相应变化。为什么制度是具体的和历史的呢？因为制度既是一种活动于其中的人与人之间的合约，也是一种做事的方式和游戏规则。就制度是一种合约来说，世界上从来就不存在永久的合同，随着社会历史的发展，合同总会到期中止或解除，即使财产权这个在西方被认为是神圣不可侵犯的东西，也在社会历史发展中不断地改变其形式、起作用的方式以及许多具体的内涵。从博弈论的观点来考察，制度的这种变化是由于参与博弈的主体会改变、博弈的支付效用值会改变，从而博弈的纳什均衡点也会不断地移动，并且有时会出现多个纳什均衡点。所以，在这种意义上，制度既是有形的也是无形的。就制度是一种做事方式和游戏规则来说，它既是众人商定的一种结果，也是政府不断地提供不同制度安排的结果。由于在社会历史发展中，参与博弈的各主体在竞争或博弈中的实力不断改变，就会引起做事方式和游戏规则不断变化，居于优势实力的参与者总是想改变博弈或竞争中的做事方式和游戏规则。从制度的需求方面来说，参与博弈各主体的实力是不断变化的，力量不等的参与者在商定这种做事方式和游戏规则时，最终形成的做事方式和游戏规则显然会随着参与者和竞争者实力的改变而改变。从制度供给方面说，政府参与其中的博弈，由于政府本身的能力在不同阶段不同的外在环境下也不同，其提供某项制度安排当然会考虑预期收益和预期成本，不论是否将政府作为一个参与其中的普通博弈者，各参与主体力量的改变显然也会改变政府提供的做事方式和游戏规则。

(二) 作为制度的政府模式与市场模式

对于计划经济的政府模式，人们诟病太多；对于政府主导型市场经济，人们心有余悸，并往往将其与计划经济的弊端联系在一起。

首先，计划经济失败是一种缺乏弹性的制度的失败。计划经济体制的致命弱点在于，政府对经济统得过多过死、经济体制僵化，一个僵化的经济体制就不能适应经济运行和经济发展变化的需要。在信息体制上，由于政府处于经济系统的顶端，其信息的来源是垂直的自下而上，这种信息传统渠道很难全面地搜集经济信息，更不用说中央政府决策所需要的信息量又特别巨大，所以计划经济的信息传输功能不佳，没有市场信息传输来得快捷和丰富。不仅如此，这种垂直信息传输由于受到各级政府权力干扰，中央政府所得信息也可能存在着虚假性，最重要的是，如果这种信息机制被政府官僚机构所垄断，则它会失去弹性，即它不能够随着市场的变化而做相应调整。在决策体制上，由于任何经济决策都事无巨细地由中央政府做出，那么这种决策的制定和实施都要花费巨大成本，由于受信息限制，经济决策的正确性受到怀疑，又由于缺乏有效的监督机制或者监督的成本过高，使得决策的执行往往在实践中会走样。虽然政府决策具有弹性，但如果这种决策是由一种官僚机构做出的，那么这种决策的弹性就可能消失而变成一种照章办事的僵化程序。在激励机制上，由于政府对于经济实施有选择激励需要花费成本，所以往往会导致收入分配上的“大锅饭”。但更重要的是，这种收入分配上的平均主义不能随着经济运行和经济发展的变化而相应进行变化，这就必然会产生一种僵化的分配制度，从而形成一种挫伤经济发展积极性的分配机制。以上的分析说明，虽然计划经济体制存在着一些缺陷，但其失败的最主要原因是作为制度的政府模式的僵化，正是由于这种僵化的政府模式，导致了信息传输和决策的制定和执行上的僵化。

其次，市场经济体制的所谓成功是一种有弹性制度的成功。解释市场经济的优势及其成功的业绩,不能从人的理性、人的自私性等人的本性及其特征出发,更不能将其理解为一种人人得其所、自由竞争的、具有和谐秩序的社会系统,市场经济的最大优势和成功之处在于其有弹性的制度功能,即市场经济不是一种僵硬的制度系统。市场经济的价格体系能够对任何商品的供给和需求做出有弹性的反映,它的信息传输机制灵敏而及时,它的激励机制直接而灵活,它的自我监督机制成本很低,它根据市场变化而做出决策的决策机制更是很好地适应了外在环境变化的需要。一种流行的观点将市场经济的优势归结为私有产权,而将计划经济的失败归结为公有产权,其实,这是一种误解。考察西方市场经济产生和发展过程,市场经济确实是建立在私有产权的基础之上的,但这并不代表市场经济的优势只是来源于其私有产权制度,虽然私有产权的激励功能使得参与市场活动的主体能够对市场的变化做出及时而灵敏的反映,并且这种追求效用最大化的经济人会在市场经济活动中自动达成均衡,而这种均衡据说就是最有效率的,但这并不是说公有产权注定缺乏激励功能,无论从理论和实践来看,没有证据证明,有激励的公有产权和在政府干预下的市场经济就意味着低效率。

实际上,市场经济的成功在于其制度功能有弹性,而传统计划经济的失败则在于其缺乏应有的制度功能弹性。如果政府干预的市场经济能够增强其制度弹性功能,则政府主导型市场经济不仅可能是有效率的,而且可能比自由竞争的市场经济更有效率,由此生发开来,政府干预的市场经济的优势和成功是具有现实可能性的。鉴于国际市场上的国家竞争背后是不同政府权力中心之间的竞争,这种不同于自由竞争的权力竞争更无从导致所谓的市场一般均衡,在这种意义上,政府提升国家竞争力不仅是客观需要,而且可能产生高于纯粹市场经济的效率和经济增长速度。显然,发展中国家政府提升国家竞争力必须要充分利用市场经济制度的弹性功能。西方国家以私有产权为基础的自由市场经济所产生的高效率和高经济增长的历史经验和教训是一笔值得借鉴的"财富"。

最后,政府主导与市场演进共生。从更一般的意义上说,政府主导与市场演进的关系涉及人类是主动地去改造世界、创造新世界,还是只能被动地适应自然的进化秩序的问题。如果将社会的自然演进秩序看作高于一切的法则,而人只是参与其中的自然法则的一个部分,那么遵循市场演进的秩序显然是明智之举;如果认为人类在自然法则面前并非无所作为,而且还能够利用自然法则为人类造福,那么政府主导的市场经济则是一种正确的选择。作为制度的市场具有一种天然地能够适应经济运行和经济发展变化的弹性功能,那么作为制度的政府主导型模式是否就一定缺乏弹性功能呢？显然不是，虽然政府主导型模式具有以上所谈论的政府干预经济所导致的种种弊端，但是一个具有创新性的政府是可以改变或者说通过改革来改变政府干预经济所导致的经济体制僵化状态。不仅如此，一个政府主导型模式还可以通过充分发挥市场经济制度的弹性功能优势，避免市场经济的功能弱点，并充分发挥政府在经济发展中的重要作用，来提升国家竞争力。所以，在发展中国家提升国家竞争力过程中，遵循政府主导和市场演进共生的路径是一种理性选择。

(三) 国家竞争力提升与有弹性的制度

发展中国家要想成功地提升国家竞争力，就必须具备一种有弹性的制度体系，而国家竞争力提升失败的一个主要原因就在于其僵化的政治经济体制。那么，如何全面地理解僵化的制度功能和有弹性的制度功能，这是一种需要加以澄清的问题。区分一种制度是僵化的还是有弹性的主要标准是看一种制度能否随着经济运行和经济发展等外部环境的变化而相应地做出变化，而不是看其在特定的时点能否适应经济运行和经济发展。如果一种制度在某一时点能够适应经济运行和经济发展的需要，却不能随着经济运行和经济发展等外在环境变化做出相应变化，那么这种制度不能算是一种有弹性的制度。更进一步说，即使一种制度在某一时期内是有弹性的并且能够适应经济运行和经济发展需要，但随着经济运行和经济发展等外在环境变化，它不能够相应地做出变化，从而变得不适应经济运行和经济发展需要了，那么从一个较长期来看，该种制度也不能算作有弹性的制度。换言之，一种有弹性的制度必须是一种能够不断地适应外在环境变化并且是有效率的制度，而一种僵化的制度则是一种在一个较长时期内不能随着外在环境变化做出变化的制度。

从这个标准出发，计划经济失败是由于其经济体制的僵化，但并不能由此推出，计划经济体制从来就是一种僵化而低效率的制度。实际上，无论是从苏联还从中国经济改革前的经济体制来看，计划经济体制都曾经在某个特定阶段(如工业化初期阶段)适应过经济运行和经济发展的需要，从而也是高效率的。只是随着经济运行和经济发展的变化，这种计划经济制度变得僵化了，不再适应新的经济运行和经济发展要求。日本的政府主导型经济模式也是如此。自 20 世纪 90 年代以来，日本经济衰退和国家竞争力水平下降的最主要的原因也在于其政治经济体制僵化或缺乏弹性。那么，一种政府干预经济的模式或制度能否通过自身的努力而实现随经济运行和经济发展变化而相应做出自己的变化呢？或者说，一种僵化的制度能否通过变革而变得有弹性呢？

答案是肯定的。在日本经济崛起时期,日本的政治经济制度是能够很快地适应经济运行和经济发展要求的,只是后来日本经济发展的外在环境改变了,这种政府主导型市场经济就变得不能适应经济发展的要求了,这不等于说政府主导型市场经济失败了。所谓现代的政府主导型市场经济,是指在经济发展的成熟时期,为了适应全球经济一体化和知识经济时代的要求,政府对经济干预主要通过隐性干预或间接控制的方式并且政府干预经济的意愿要建立在国际市场竞争要求上的一种市场经济。从这种意义上说,日本经济衰退和国家竞争力减弱的主要原因在于其未能及时调整政府主导型市场经济模式。只有在一种有弹性的制度体系下,一国才可能提升国家竞争力。

三、不协调的制度体系

(一) 制度体系的分类

国家竞争力制造失败的另一个重要原因在于一国存在分裂式的制度体系。一个制度体系包括经济制度、政治制度、文化制度和传统习俗制度等,所谓分裂的制度体系是指一国中存在着不同种类制度之间的不协调和相互对立的情况。一个能够推动国家竞争力提升的制度应该是不同种类制度之间相互配合、相互促进的制度体系。比如,一个集权式的政治制度是不可能与自由竞争市场经济制度对接的,一种封闭的传统习俗和文化也是很难与开放的市场经济相衔接的。在这里,实际上涉及市场经济制度与一国非经济制度的融合问题,即一种适合本国国情的成功的市场经济必须与该国政治制度、文化习俗制度相适应,否则再完美的市场经济也不能发挥其促进经济发展和提升国家竞争力的作用。诺斯认为,作为文化制度的意识形态是关于世界的一套信念,它是个人与其环境达成协议的一种节约费用的工具,它总是与个人对其所领会的关于世界公平的道德和伦理判定纠缠在一起的,而当个人的经验与其意识形态不一致时,他会改变意识形态上的看法(D.North,1981)。至于在经济制度与非经济制度的关系,新制度经济学认为,在人类历史过程中,价值观习惯和社会道德同意识形态一样都已经发生变迁并且正在发生变迁,所以当制度不均衡所带来的预期收益大到足以抵消潜在费用时,个人会努力接受新的价值观道德和习惯而不管这些规则看上去如何根深蒂固[①]。那么,按照新制度

① 林毅夫:《关于制度变迁的经济学理论:诱致性变迁与强制性变迁》,载[美]罗纳德·H.科斯著,《财产权利与制度变迁——产权学派与新制度学派译文集》,上海三联书店、上海人民出版社2014年版。

经济学的理论,非经济制度总是会随着经济制度的变迁而变迁,即只要预期收益大于预期成本,则非经济制度也会发生变化,实际上它是将非经济制度与经济制度看作同一回事,所以当然不存在所谓制度体系内部各种类制度的不协调或制度体系的分裂了。这种理论有以下三个缺陷:一是它将经济制度与非经济制度混为一谈,未能区分这两类制度的特征。虽然新制度经济学将制度区分为正式制度和非正式制度并承认它们有所不同但同样重要,但在分析思路和分析框架上还是采用同一种方法,即最终还是将经济制度与非经济制度同等看待。二是它未能区分约束两类制度变迁方式的因素有所不同。在新制度经济学看来,决定经济制度和非经济制度变迁的因素是相同的,即预期收益与预期成本的比较。实际上,决定经济制度变迁与非经济制度变迁的因素是根本不同的。三是这种理论是经济学帝国主义扩张的一种表现,即属于一种"经济学分析工具万能论"。

在马克思经济学看来,经济制度是生产关系的表现形式,政治制度则属于建立在经济基础之上的上层建筑形式,文化制度则是反映某种经济基础和上层建筑的意识形态形式。显然在这里,马克思的分析框架是以生产力与生产关系之间的相互作用,即生产力决定生产关系、生产关系对生产力具有反作用这条分析主线来展开制度分析的。在这种分析范式中,马克思将各种类型制度的现状和变迁的决定因素归于具有创新性和革命性的生产力的现状和发展变化,然后根据各类制度与生产力的关系将其区分为不同类型的制度,并且指出这些不同类型制度之间的相互关系。马克思制度经济学的科学之处在于,首先,它认为决定制度现状和制度变迁的根本原因在于生产力的扩张和发展,而不是预期收益与预期成本的比较。应该说,这两种观点具有统一性的一面,即马克思制度经济学揭示了制度变迁的根本动力,而新制度经济学关于制度变迁动力学的分析则是马克思制度变迁动力学的表现形式,因为只有当生产力与生产关系之间相互作用时,才有可能出现预期收益大于预期成本的所谓推动制度变迁的动力。两者的不统一之处在于,新制度经济学动力学仅仅将制度变迁的动力归结于经济原因,而马克思制度经济学则从更一般的意义上揭示了制度变迁的动力,即从总体上指出了制度变迁是一种生产力与生产关系之间的扩张能力与适应能力之间的关系,这就不仅包括经济原因,还有政治、文化、科技等原因。其次,新制度经济学未能将制度进行详细的区分,而是笼统地认为一切制度都是经济制度,都可以用预期成本和预期收益关系来解释其变迁的原因,这是一种典型的社会科学简单化的倾向。实际上,虽然经济基础在社会和经济发展中具有重要作用有时甚至是决定作用，但是政治活动规律和文化的演变路径显然不同于经济运行和经济发展，即它们的作用机制是有巨大差别的。最后，新制度经济学认为无论什么类型的其他制度，最终都会随着经济制度的改变而改变，它将各类制度之间的协调归结为非经济制度将随着预期收益与预期成本比较这个动力所推动的经济制度的变化而相应变化，从根本上否定了各类制度之间的差异性和互补性。

（二）互补性制度与国家竞争力

某个域流行的制度从其他域的参与人的角度看，只要他们将其看作参数，超出了自己的控制范围，就构成一种制度环境。从博弈论的观点来考察，某个域的参与人面对另外的域的制度参数做出的策略决策实际上也会对另外域的参与人的决策和制度产生反馈作用；反之亦然。因此，制度间共时性相互依赖可能会作为每个博弈域的均衡结果出现，特别在另外的域存在一种合适的制度时，本域只有一种制度富有生命力，这种制度间的相互依赖即为制度互补性。互补性制度的存在意味着富有活力的制度安排构成一个连贯的整体，任何单个制度在孤立情况下都不会轻易被改变或设计。除此之外，还存在一种历时性制度互补，即互补域之间的动态关系。互补域博弈形式中参数变化（如政策改革、组织设计、技术创新等）可能会作为中介促成和引发新制度的产生，或者导致整体制度安排的变化①。

这种制度之间的互补性既可以是经济制度内部的互补性，也可以是不同种类制度间的互补性，无论是制度的共时性互补还是制度的历时性互补，都是一国经济发展和竞争力提高不可或缺的制度性条件。相反，如果在一个制度体系内存在着分裂性的制度，则第一可能会产生残缺的市场制度。市场经济是一种统一开放的制度体系，它不仅包括市场体系内部各种具体制度之间的统一协调和开放，如商品市场和生产要素市场的统一协调和开放；还包括市场经济制度与政府制度、社会制度以及其他作为市场域以外的制度环境的协调。如果这些制度因素之间是相互分裂的，那么既不能充分发挥市场在整个社会资源配置中的基础性作用，也会使发展中国家的市场受到各种各样外在环境的制约而发育不良，这种市场也不会成为一个开放的公平竞争的市场，从而这种经济运行上的障碍显然会不利于社会经济发展和国家竞争力提高。第二可能会造成政府与经济的二元结构。政治制度与经济制度的分裂在发展中国家

① 青木昌彦：《比较制度分析》，上海远东出版社 2001 年版。

往往会产生政治制度严重阻碍经济体制改革和经济发展，当政治体制与经济体制不配套时，政府作为一个利益集团为了维护自身的利益会拒绝提供新的制度安排或者提供一些有利于政府利益集团自身利益而不利于推进经济改革与发展的制度安排，从而使政府权力寻租泛滥而最终葬送发展中国家的经济改革和经济发展，就更谈不上提升国家竞争力了。第三可能会导致市场与社会的冲突。市场制度与社会制度的冲突集中表现在公平与效率的矛盾上，市场经济的充分发展有利于提高经济效率、促进经济增长，但是市场经济的充分发展往往会产生收入分配差距的扩大和贫富差距的扩大，社会公平始终是一国社会发展所追求的目标，所以在发展中国家经常出现的困境是，先解决社会公平问题再解决经济增长问题，抑或是先解决经济增长问题再解决社会公平问题。即使公平与效率之间具有统一性的一面，但在社会经济发展的特定阶段，公平与效率的矛盾总是存在的。所以市场制度与社会制度的分离显然会阻碍一国经济发展，从而导致一国国家竞争力提升的失败。第四可能会带来传统与现代的分离。精神文化发展与经济发展关系的讨论已经超出这里的话题，但是市场经济必须要有一套与之相适应的文化精神，或者说经济制度、文化制度的协调是经济发展的一项必备条件。发展中国家经常出现的情形是，市场经济发展与该国传统文化精神的整合需要经历一个艰难的过程，不得不努力更新观念，尽快建立一种既具有本国文化特色又能充分发挥市场机制优势的文化制度，进而形成一种充分发挥本国文化精神作用的市场经济制度，这种制度体系应能够推动该国经济迅速发展和国家竞争力的迅速提升。

四、国家竞争力的要素结构

国家竞争力提升失败的主观原因在于政府在组合各种竞争力要素时的失误，即产生国家竞争力要素结构的失衡。国家竞争力要素包括动力要素、主体要素、杠杆要素、社会要素和外在环境要素，在这些诸多要素所构成的要素体系中，实际上存在着一个合理的要素结构比例，即存在某种竞争力要素结构比例关系使得国家竞争力提升速度最快。作为竞争力主体要素，政府的任务就是要通过对国家竞争力要素进行组合去追求能够产生最大国家竞争力的目标体系。

国家竞争力要素结构组合是一个政府发挥其主导作用的过程，也是一个政府不断试错的过程。如果动力要素不足，则会影响到一国生产力的扩张和科学技术的创新能力；如果杠杆要素不足，则直接表明一国缺乏国家竞争力；如果社会要素不足，则会由于社会与市场的冲突等原因而导致一国经济发展的停滞甚至崩溃，更无从谈论国家竞争力提升；如果外在环境要素不好，则会影响一国的外贸和金融体系，而且开放程度不够的话，会直接损害一国参与国际市场和提高国家竞争力。从这些分析看来，国家竞争力的各种要素客观上需要保持一定的比例关系，虽然这种比例关系很难用数量关系来表示，并且在一国经济发展的不同阶段和不同约束条件下，这种比例关系也不尽相同，但是一个具有创新性的政府应该在经济发展过程中尽量追求这种目标体系，或者说政府的要素组合目标应是一种无限逼近客观存在的最佳要素结构比例的目标体系。

那么，相伴产生的一个问题就是，在一国经济发展和国家竞争力提升过程中，如何才能保证政府所追求的目标正是客观上存在的国家竞争力要素结构目标体系，而不是政府利益集团自身的个体目标。这就需要进行政府主体自身改革，让政府真正成为大多数利益的代表者。在这种意义上，一国在经济发展和国家竞争力提高过程中，必须使经济竞争力与政治竞争力同步，即在经济制度变迁的同时进行政治制度的变革，这样才能产生一个真正能够代表多数人利益而不是只代表小利益集团利益的政府，这样才能产生一个追求客观存在的竞争力要素结构比例的目标体系，而不是追求政府利益集团自身目标的政府。

国家竞争力要素结构的失衡也会导致国家竞争力提升的失败。这种竞争力要素的失衡与僵化的制度体系和分裂的制度体系相联系。要素结构失衡会产生社会制度结构的僵化和政治制度的僵化，也会产生社会经济、政治制度的分离等，还会直接导致对生产力扩张和竞争力提升的压制，因为要素结构的失衡会使一国经济发展缺少应该具备的各种条件，如社会要素、外在环境要素和政府主体要素等。要素结构失衡会导致一国国家竞争力的动力要素缺乏。一国要想不断提升国家竞争力，就必须要不断解决好社会需求和科技创新力之间的矛盾，科技创新力的产生除了取决于科学技术本身的发展规律之外，其根本动力来源于社会需求的推动，如果竞争力要素结构失衡，则不是扼制了社会需求，就是出现技术制度变迁受到各种约束，从而压制了技术进步和创新。

从日本的经验来看，日本国家竞争力减退的一个重要原因也在于政府在组合国家竞争力要素上失误，即产生了国家竞争力要素结构的失衡。政府过分强调社会制度的稳定和文化传统的作用(如实行年功序列制和终身雇用制等)，而压制了部分企业的竞争力、产业竞争力这些国家竞争力要素。由于大部分财富掌握在老年人手中，也压制了社会需求。在新的全球经济一体化环境下,迅速提高出口、广泛指导审批要求和规章、对国内市场有选择性地保护、限制外国直接投资,松懈的反垄断执行力度等政策措施,不仅不利于科技创新特别是具有自主知识产权的技术创新,也不利于扩大对外开放,从而大大减弱了企业竞争力、产业竞争力和城市竞争力等。

日本政府在本国经济发展和国际竞争力提升过程中,未能将竞争力要素很好地组合起来,从而出现了经济衰退和国家竞争力的减弱。如果说,日本国家竞争力制造在最后一个时期的失败主要是由于其僵化的政治经济制度和分裂的制度体系的话,那么政府在组合国家竞争力要素结构时出现的失衡状态,则就是日本国家竞争力减退的直接原因。

第八节 社会主义国家在开放条件下如何发挥政府的作用

在一个封闭的国家内,一国政府权力中心居于绝对的垄断位置,虽然在这里也存在着现行政府与潜在政府之间的竞争,但是这属于垄断权力与非垄断权力之间的竞争,而不属于不同垄断权力之间的竞争,所以在一个封闭的国家内,政府竞争力问题总是没有被提到一个突出位置。尽管在一国范围内,政府竞争力是一个被搁置的话题,只有政府利益集团面临危机时才会浮出水面,但这不等于政府权力垄断地位就不面临着竞争,换言之,政府权力也受到潜在利益集团的竞争压力,这也可以解释为什么一个具有创新性的政府总是主动地去进行自身改革以适应外在环境变化的要求,除了自身的内在创新动力之外,外在环境压力的存在也是一个重要原因。虽然如此,在一国范围内,政府权力的竞争是一种垄断利益集团与非垄断利益集团间的竞争,特别在一国政府权力支持率高而受到拥戴时,政府竞争力就被遗忘和忽略了,所以在一个封闭国家的和平发展时期,政府竞争力研究是一个无人问津的课题。然而,这种状况在世界经济一体化过程中或者说在一个开放的社会已逐渐被打破。

第一,开放社会存在着多政府权力中心。在一个开放社会,一国政府权力就从一个垄断的利益集团变成一个多元竞争性的利益集团,在这里,竞争性政府之间的竞争一般不会出现一国政府权力取代另一国政府权力的结果,却会产生一国政府权力依附另一国政府权力的结局。虽然在世界多权力中心的格局下,也存在某一霸权国家在世界政治经济中居于支配地位的情形,但这种情况不同于垄断权力利益集团与非权力垄断利益集团间的关系，因为受不同国家国别限制，一国政府权力很难直接干预也不可能替代别国政府权力，这也是政府竞争力产生的基础。从经济意义上说，不同政府利益集团之间的竞争实际上是不同经济实体之间的竞争，不同政府权力之间的竞争处于不完全公正平等的世界经济环境中。在某种意义上，世界经济和国际市场上的游戏规则是由霸权国家或政府制定的，所以这种国际市场和世界经济的游戏规则是有利于霸权国家的，虽然发展中国家在某种意义上是被迫接受这种游戏规则的，但现代经济发展和现代文明的进化已不允许发展中国家有别的选择，发展中国家只能选择有不同特色的市场经济，而不能选择不接受市场经济的基本游戏规则。世界多权力中心之间这种经济领域的竞争将既不同于一国范围内垄断权力与非垄断权力之间的竞争，也不同于世界政治军事领域中垄断权力利益集团与垄断权力利益集团之间的竞争。所以，政府竞争力是一种政治和经济相结合的竞争力，这种竞争力的特殊性决定了提升国家竞争力方式的特殊性，即对于发展中国家来说，既要采用一种符合市场经济运行规则的竞争方式，也要采用一种符合政治科学理论和策略的竞争方式。这种竞争力的特殊性也决定了在分析国家竞争力问题时，不能只采用纯粹经济学的分析方法，而要采用一种综合分析方法，即采用宏观倡议分析法和微观战术分析法相结合的分析方法。

第二，国家竞争力的出现使得政府竞争力成为一个在国际经济中不可回避的问题。实际上，从世界范围来说，政府竞争力概念也经历了一个发展的过程。一开始，政府竞争力问题主要是通过军事斗争的形式出现的，军事斗争的获胜者成为居于垄断地位的政府权力利益集团，而失败者则成为一个消失或行将消失的竞争对手。一般来说，它属于一次博弈过程或非重复博弈过程，这是政府竞争力出现的第一个阶段。后来，政府竞争问题主要是通过政治斗争的形式出现的，一般来说，它属于重复博弈过程，但是这种斗争或博弈的结果不是一个政府权力中心取代另一个政府权力中心，而是一个政府权力中心依附于另一个政府权力中心，或者败者从此退出这种博弈并通过闭关锁国的方式来抵御胜者对自身利益的损害，这是政府竞争力发展的第二个阶段。政府竞争力发展的第三个阶段的基本特征是政府权力之间的竞争主要通过经济竞争的方式来实现，国家竞争力问题正式作为一个焦点问题出现。在这个阶段，世界经济一体化进程加快，经济运行和经济发展都处在一种全球经济的环境之中，经济发展和科技进步的趋势使得任何一个国家(无论是斗争的胜者还是败者)都无法退出这种竞争,只不过一些国家主动参与这种全球竞争,而另一些国家(主要是发展中国家)则被迫卷入这种全球竞争,经济全球化的出现和世界范围内多权力中心存在的事实是国家竞争力理论产生的现实基础。第三,政府权力之间的竞争属于不同垄断权力之间的竞争。这是认识政府竞争问题的一个性质基础,只有认清了政府间竞争的这种属性,才能正确地区分政府竞争力与企业竞争力,才能正确区分国家竞争力与企业竞争力、产业竞争力和城市竞争力等。一般来说,企业之间的竞争、产业之间的竞争以及城市之间的竞争很少属于不同垄断利益集团之间的竞争,即使是属于不同垄断利益集团之间的竞争也不可能通过权力形式显性干预这种竞争。企业竞争、产业竞争和城市竞争在总体上是基于自由竞争的游戏规则,而国家间竞争属于不同垄断利益集团间竞争(这种竞争在总体上是一种不完全的自由经济竞争),更属于一种基于权力的不平等、不自由的竞争规则。在一定意义上,国家竞争力的基本特征正是由于这种政府权力间竞争的特征所决定的。

政府间竞争不同于企业间竞争,正是由政府垄断权力在一个国家内部以及国家之间竞争的性质不同于企业市场竞争的性质所决定的。所以增加政府竞争力从而增强国家竞争力就应该采用不同于市场竞争的方式和策略,企业竞争力增强是由于其采用正确的企业决策并不断适应市场要求的结果,要积极参与市场竞争并遵守市场自由竞争游戏规则,在这种意义上,企业竞争力增强并非一个人为制造的过程;国家竞争力的增强(发展中国家)则有赖于政府制定和实施正确的经济发展倡议,并充分利用两个市场和两种资源,在这里,国家参与竞争的国际市场并非一个自由竞争的公正平等的市场,对国际市场游戏规则的遵守也涉及不同政府权力之间的较量,经济霸权和反经济霸权之间斗争、政治经济控制与反控制的斗争等都充分说明根本不存在所谓国际市场的一般均衡,也不存在世界经济一体化过程中全球资源通过自由市场竞争所导致的“帕累托最优”。正是在这种意义上,国家竞争力增强是一个政府制造过程。

政府或国家间竞争的这些特征决定了在提升国家竞争力过程中分为两个方面。要防止政府权力过于集中和权力寻租,以加强政府在国家竞争力提升中的积极主动作用和创新能力,通过制定和实施经济发展倡议来增强国家竞争力;政府要积极利用市场竞争机制的有效性,并主动参与世界经济和国际市场的竞争,通过利用市场自由竞争方式来增强国家竞争力,关键在于政府要不断地处理、利用和解决产生的矛盾来实现国家竞争力提升的目标。

一、政府能力的界定

政府能力实际上是指政府干预经济的可能性和现实力量，它包括政府的宏观经济调控能力、政府行政能力、政府的社会稳定能力、政府提供新的制度安排能力或制度创新能力等，一个具有很强政府能力的政府并非一定是集权式的政府，政府能力大小取决于政府干预经济所受的制约和政府权威性的基础。在全球经济背景下，政府治理模式一般有四种，即市场化政府模式、参与式政府模式、弹性化政府模式和解制式政府模式。在这四种政府治理模式中，很难抽象地比较出在哪一种政府模式中，政府能力比较大。每一种政府模式都必然存在于某国的具体社会政治经济环境中。一般说来，一个有强大能力的政府需要具备以下三个条件。

首先，社会稳定且政府支持率高。这是一国政府权威性产生的基础。社会的稳定使得一国政府能够有更多的时间和精力来从事经济管理和对经济实行旨在实现倡议目标的不同形式的干预。政府支持率是政府权威性产生的直接基础。正因为政府的支持率高，才能够使政府行政指令的下达做到"令行禁止"，政府的信誉和信任度能使政府在公众的心理预期中占有重要地位，从而也使得政府权威性大大增加。这也可以解释为什么集权型计划经济社会能够在短期内获得高速经济增长。一般说来，在集权经济社会，政府的支持率可能极高、社会秩序稳定、政府对未来的预期与公众对未来的预期相一致，公众的创造性和政府的创新性极大地推动着经济增长和经济发展。

其次，政府具有能够控制一定经济总量规模和较强经济实力。政府能力的大小很大程度上取决于其所拥有的经济基础，这包括两方面，一方面一国所拥有的经济总量规模巨大；另一方面政府通过国有经济和宏观经济政策等能够调动和动员大规模的社会经济总量。如果没有强大的经济实力，那么政府的能力是有限的，如果政府虽然有强大的经济实力，但没法调动这些经济实力，那么也不能说政府能力是强大的。需要强调的是，对于发展中国家来说，为了增强政府能力，国家掌握一定数量和质量的国有经济是必要的，国家适度控制国民经济的关键领域和关键行业也是必要的。这种控制也许不是表现在规模或数量上，而是表现在国家对整个国民经济控制力和国有经济的竞争力上。同样值得指出的是，政府能力的获得不能只是通过加强权力的集中和强调政府的权威上，如果不通过发展经济去增强政府能力，其结果只能导致政府权力的外强中干。在历史上，许多政府利益集团为了加强自身的能力和权威性，总是在政治结构的组合和意识形态的控制上做文章，结果政府能力逐渐衰微。只有在发展经济、增强经济基础上进行必要的政治体制和政府机构改革，才可以真正铸造有能力的政府。

最后，政府运行效率高且具有创新性。政府机构规模庞大、机构臃肿、权力寻租以及官僚主义盛行是政府在增强自身能力过程中出现的通病。所以，提高政府机构运行效率和增强政府的创新能力是一个长期而艰苦的任务。政治科学已经揭示了政治活动的一些基本规律，如(1) 公民资格的范围：它是排他的还是包容的；(2) 国家的职能：它的活动范围是有限的还是无限的；(3) 权威的来源：它来源于人民还是来源于政府；(4) 权威的结构：权力应当集中还是分散；(5) 国家的规模及其外部关系：什么样的政治单位更好？什么样的国际秩序是可取的？在政府机构的设置和运行规则等方面，要遵循政治活动和政府运行的基本规律，这是增强政府运行效率和创新能力的科学举措。然而，根据中国具体国情和正处于发展中国家经济快速发展的事实，中国政府的治理模式理应采用弹性化政府模式。应该说，这是一个具有挑战性的政府治理模式，它既有可能产生高效率和创新性的政府，也可能会产生一个权力过于集中而低效率的政府。在这里的一个关键问题是，如何进行政治体制改革和政府治理结构内部的改革。通过这种改革使得政府成为经济增长和经济发展的一个主要推动者。应该形成这样一种互动态势：政府能力与政府效率和创新性之间的互动，政府能力的提高能够促进政府效率的提高和创新性的增强，而政府效率提高和创新性的增强则有利于增强政府的能力。这样一种互动态势的形成又会促成另一种互动态势的出现，即在经济发展与政府能力之间形成一个互动的态势，经济发展有助于促进政府能力的提高，而政府能力的提高又会进一步促进和推动经济发展。显然，这两者之间的互动关系最有利于解决在发展中国家经济发展过程中出现的棘手问题——市场与社会的矛盾。以市场为取向的改革和经济发展很好地解决了发展中国家经济低效率的问题；而政府能力的增强则有利于解决经济发展中的社会问题，如收入分配差距的拉大、外部不经济、人口资源环境可持续发展等。必须指出的是，政府能力的增强未必会产生政府效率的提高和创新性的增强，加上弹性化政府模式的风险性，这些因素反而极易导致政府规模庞大机构臃肿和政府利益集团惯性增加。如何解决这些矛盾？一方面要利用市场化机制、民主参与管理的优势来改革政府机构，如垄断权的拍卖、政府采购的公开公平竞争、民主选举和通过竞争上岗等；另一方面，政府自身要不断改革，让其符合精简、统一、效能原则，与此同时，加大意识形态的投入，不断地对官员加强集体主义和爱国主义教育，促使政府长远和整体预期收益与公众预期收益相一致，集体主义、爱国主义文化精神和政府意识形态显然能够增强政府和公众的凝聚力，不断的机构改革和意识形态的统一是提高政府运行效率以及政府创新性的主要方面。

二、政府能力对国家竞争力要素的渗透功能

按照波特(Michael E. Porter)的国家竞争优势理论，可以将中国的国家竞争力要素进一步扩充和概括为以下几种：国家竞争力主体——政府能力，国家竞争力动力——社会需求和科技创新力矛盾，国家竞争力杠杆——城市竞争力、产业竞争力和企业竞争力，国家竞争力环境——开放竞争力。政府能力对国家竞争力要素的渗透主要表现在以下方面。

(一) 政府和社会需求与科技创新

从狭义上说，社会需求是一个经济的概念，它受人的欲望、支付能力等影响；从广义上说，社会需求是一个历史文化的概念，它受一定历史文化传统的制约。政府对于社会需求有重要影响，不仅可以通过宏观经济政策的调节影响人们的社会需求，还可以推介文化精神和推行某种意识形态来引导和影响人们社会需求的趋势和规模。一个有能力的政府既可以通过某种引导和干预限制社会需求，又可以通过某种引导和干预扩大社会需求范围、规模和基本趋势。显然这些措施不仅仅包括经济手段、行政手段、法律手段的干预，也应包括这些手段以及文化历史、意识形态等的渗透和引导。政府对科技创新的渗透表现为政府资助扶持科技创新、政府直接投资科技创新、政府为科技创新创造良好的社会文化和经济制度环境。科技创新具有很大风险性，尤其是一些原创性的科技创新，虽然对科学技术进步和创新具有重大意义，但其巨大的风险性却让众多私人企业望而却步，在这方面政府可以通过公共投资等形式加大资本、人才等的投入，从而在一国整体的科技创新上起着领头羊的作用。科技创新一般所需的投资量巨大，虽然可能通过资本积聚和资本集中等方式筹集巨额资本，但其巨大的风险性却阻碍着资本的积聚和集中。只有国家才有能力和意愿来推动社会科技进步和创新，从而推动整个社会经济发展和生产力的扩张。政府对于国家竞争力动力要素的渗透主要是通过不断调整社会需求和科技创新的矛盾来实现的。科学技术和生产力是一个积极的革命的因素，虽然从理论上说，社会需要是无限，但从另一个角度来看，社会需求总是受到一定社会、历史、文化等因素的制约，并且有支付能力的需求和某一特定社

会阶段的社会需求又是有限的。当一个社会的社会需求制约着科技进步和生产力扩张时,政府可以通过扩大和引导社会需求来推进科技进步和生产力的扩张。中国几千年封建社会中生产力和科学技术进步总是被束缚在某种“天花板”之下,造成这种现象的原因很多:从供给方面来说,封建等级制政府和社会经济制度是一个基本原因;另一个基本原因就在于中国封建社会政治、经济、文化环境所铸就的社会需求总是被控制在一定的范围内,社会需求的不足严重束缚科学技术进步和社会生产力扩张。当一个社会的科技进步和生产力发展严重制约着社会需求时,政府的任务就是大力发展生产力,以经济建设为中心,特别是通过科技创新来不断满足和进一步创造社会需求。政府对国家竞争力要素的渗透还表现为另一种互动关系——政府与科技创新动力之间的相互作用关系,一方面政府通过不断地调整社会需求和科技进步之间的关系来推动国家竞争力的提升;另一方面,社会需求和科技进步之间相互作用也不断地促使政府利益集团的改革和调整,从而使得政府利益集团不断地克服惯性、增强创新性。所以,虽然社会需求和科技创新力作为国家竞争力的动力,构成国家竞争力的最强有力的要素,但国家竞争力提升的关键仍在于政府如何调整和解决这种矛盾运动,所以政府能力才是国家竞争力的核心要素。

(二)政府与城市竞争力、产业竞争力和企业竞争力

政府与城市产业和企业之间的关系是一个经常被讨论的话题。实际上,这两者之间的关系并无一个可遵守的不变的一般性原则,特别是对于一个发展中国家来说,正确处理政府与城市产业和企业关系原则要根据其经济发展的不同阶段、不同社会政治、经济环境而做相应改变。在经济理论界,对于如何正确处理政府与经济关系,主要有两种基本观点。一种是国家干预主义观点或政府主导型观点,即政府在经济运行和经济发展中起着主导作用;另一种观点是经济自由主义观点即完全市场化观点,即政府也是经济人。在新制度经济学和博弈论看来,国家可以定义为政府作为一个博弈者的政治经济博弈的均衡状态,并以此为基础把国家分为自由民主主义、勾结、开发主义、社会民主协调主义、官僚制多元主义等多种类型。实际上,对于一个发展中国家来说,政府与城市、产业和企业之间的关系不存在一般性原则,必须具体问题具体分析。在经济市场化环境下,政府不宜直接干预经济运行和经济发展,而是为市场提供公平竞争的市场环境,充分发挥市场在资源配置中的基础性作用。在这里,需强调的是政府在发展中国家经济发展中的作用。政府与市场之间不仅是可以替代的,而且是可以互补的。依国家的形态和扮演的角色不同,政

府既可能抑制或代替市场的功能，也可以扩张和补充市场的作用。发展中国家在经济发展中发挥政府的作用，不是要取消市场作用，而是要充分发挥市场作用。政府在经济中的作用突出地表现在制定和实施经济发展倡议，而不是一味地将经济运行和经济发展全权交给市场的自发竞争。政府培育市场竞争是一个大家可以接受的观点，然而政府能否提升国家竞争力呢？回答是肯定的。政府提升国家竞争力不是一个神话，而是已经发生和正在发生的事实。如果说企业竞争力的主体是企业本身的话，那么国家竞争力的主体就是政府本身。国家竞争力和企业竞争力的一个基本区别就在于，企业可以在一个相对公平的竞争环境中进行竞争，可以站在同一起跑线上竞争，而国家与国家之间的经济竞争从来就不可能像企业那样在一个公正平等的环境中进行，国家与国家竞争的背后实际上是不同政府权力中心之间的竞争，而政府权力之间的竞争不可能在一种平等公正的环境中进行。从实践上看，中心国家与边缘国家、宗主国与附属国之间在世界范围的不平等分布已是一个常见的现象，发展中国家不断要求建立公正平等的国际经济、政治新秩序从另一种角度证明了国家与国家之间公正平等竞争神话的破灭。从城市竞争力上说，政府应在一个国家中有意支持或培育中心城市的国际竞争力；从区域竞争角度看，国家与国家之间的竞争也是城市与城市特别是国际经济中心城市之间的竞争。城市是生产要素交流和企业竞争场所，是一个市场中心，所以政府在提升城市竞争力方面要特别注意按市场经济的内在要求去支持经济发展。从产业竞争力方面来说，产业集群的优势决定了产业竞争力对于一个国家的重要作用，政府要不断地调整产业结构，重点支持一些支柱产业和对国民经济有关键意义的先导产业，同时也尽可能地保护一些幼稚的产业。必须指出的是，产业适度保护政策不是目的而是手段，其目的在于提升产业的综合竞争力，必须防止政府保护政策助长产业的依赖趋向，必须时时让产业接受国际市场的竞争，在市场经济竞争中，形成一国具有产业集群优势的产业竞争力。在企业竞争力方面，与产业竞争力相比，更要强调企业接受市场自由竞争的重要性，即使是大型的国有企业也不能例外，政府的过度保护只能损害企业竞争力的提高，政府要为企业竞争提供有利于本国企业发展和竞争力提高的市场环境。

(三) 政府与开放社会优势

开放社会优势的获得在很大程度上取决于政府制定和实施一种符合本国国情的正确的国际贸易政策和经济发展战略。首先，政府应该扩大对外开放，推进一国生产的社会化和国际化，充分利用国际分工的好处，利用国内国外两种资源和开辟国内国外两个市场。从根本上说，世界经济一体化或经济全球化是由于生产力不断扩张的结果，生产力不断发展日益提升了生产社会化程度，并进一步推动世界经济一体化进程。所以经济全球化是现代经济发展的一种必然趋势，那么政府在推动一国经济发展和国家竞争力提高时，应该不断地适应这种趋势，充分利用开放社会的优势。政府应该鼓励和引导企业积极参与国际市场竞争，国内企业特别是国有企业只有在国际市场上不断地成长壮大并与国外的企业展开竞争，才能一步一步提升企业的国际竞争水平。政府在推动其经济发展中积极利用两种资源和两个市场，才能将一国在国际经济竞争中的比较优势不断地转化成竞争优势，提升国家的竞争力水平。其次，政府在对外开放过程中，对自身经济发展采用适度保护政策，使国内的某些产业和企业获得良好的发展环境，然后参与国际竞争，最终获取更多的竞争优势。加入世界贸易组织并不意味着一国采用完全开放的自由竞争市场经济。实际上，世界经济一体化的过程中，从来就存在着贸易保护主义与贸易自由主义的斗争。由于发展中国家的一些产业和企业与发达国家相比还比较弱小，政府对其采用适度的保护政策是必要的。如果在对外开放过程中，发展中国家一开始就采用完全自由竞争的市场经济，便谈不上国家竞争力，这样做的结果不仅会出现“中心与外围”的国际经济分工格局，而且会使发展中国家成为发达国家转移低技术产业和高污染产业的基地，从而发展中国家完全丧失国家竞争力。最后，政府能力的提升与开放优势的获得形成一种互动的状态。随着一国对外开放程度的不断加深，经济全球化的趋势在客观上也要求一国政府职能的转变，以适应经济全球化的要求，即政府机构改革必须能够不断适应世界经济一体化和国际市场竞争的需要，从这种意义上说，经济全球化过程也推进着政府职能转变和政府能力的加强；反过来，政府职能转变和政府能力加强也会帮助一国在对外开放过程中获得更多的开放优势特别是国家竞争力优势。

三、政府能力对国家竞争力要素的组合创新功能

政府在提升国家竞争力上的作用还表现在政府对于国家竞争力要素的组合创新功能上，这种组合创新主要表现在：第一，确立国家竞争力要素的重点。在国家竞争力诸多要素中，不同的竞争力要素具有不同的功能，政府应该根据国家经济发展的不同阶段和不同的经济发展条件来确定何种国家竞争力要素应置于何种位置并发挥何种竞争性功能。在发展中国家经济发展的第一

阶段，应重点处理社会阶级关系并应用社会扩张力来推动经济发展，政府始终将调整和改善社会需求和科技创新力之间的关系作为重点，不断推动国家竞争力的增强。在发展中国家经济发展的第二阶段，政府应将重点放在提升城市化水平上，迅速解决一国经济发展中出现的“二元结构”，并继续以推动社会需求与科学技术创新能力之间矛盾解决作为最强有力的要素来提升国家竞争力，在此阶段，也应逐步扩大对外开放程度；在发展中国家的第三阶段，政府应该以产业竞争力特别是企业竞争力为重点，从而继续增强国家竞争动力，特别是推动科学技术创新，以提升一国的国家竞争力；在经济发展的第四阶段，政府应该以更多地获取开放社会优势为重点，在继续增强国家竞争力动力的同时，特别注意提升一国产业和企业的国际竞争力水平，并注意解决在经济全球化过程中社会扩张力出现的问题，特别是要解决好收入分配差距的拉大和其他市场与社会的冲突问题。第二，国家竞争力要素结构的合理化。在国家竞争力要素结构中，政府要始终以推动社会需求与科技创新力之间矛盾的解决为主线，以增强城市竞争力、产业竞争力和企业竞争力为杠杆，配合解决社会扩张力和获取对外开放优势，在整体上增强发展中国家的国家竞争力。在促进国家竞争力要素结构合理化过程中，要正确处理好各竞争要素之间的相互关系。在国家竞争力的各种要素之中，各国家竞争力要素都要以社会需求与科技创新力之间矛盾动力解决和提升企业竞争力为中心内容。实际上，这些竞争力要素也是一致的，企业竞争力的增强是国家竞争力动力的表现形式；而社会需求与科技创新力之间的相互作用则是促进其他竞争要素（包括企业竞争力）相互作用，并最终推动国家竞争力提升的动力；开放社会优势要素是提高国家竞争力的社会基础和外部环境；一国的国家竞争力正是通过城市竞争力、产业竞争力和企业竞争力来实现的。第三，国家竞争力要素的预期成本与预期收益比较。在运用各种国家竞争力要素过程中，也要计较每种竞争力要素的预期成本和预期收益以及整个国家竞争力要素的综合成本和收益。政府作为国家竞争力主体，在制造和推动国家竞争力水平过程中，要尽可能让每种竞争要素的预期收益大于预期成本，特别是国家竞争力要素的总体收益大于总体成本。在确定竞争力要素的预期成本和预期收益过程中，不仅要注意其短期收益与短期成本，还要特别注意竞争力要素的长期收益与长期成本；不仅要注意每种单个竞争要素的成本与收益，还要注意整体收益与整体成本。对于发展中国家来说，政府在制定和实施经济发展倡议的过程中，这种对于竞争力要素成本与收益的计较能够直接、有效率地推进国家竞争力提升。

政府在对国家竞争力要素组合的过程中,绝不能完全采用对经济显性或直接干预的方式,而是要充分利用和发挥市场机制的作用。虽然在世界经济和国际市场上,国家竞争力的背后是各国政府权力中心之间的较量,一国政府在世界经济和国际市场上的决策相当于一个跨国公司的决策,但是这种不同权力中心之间的较量却是通过世界经济和国际市场上的经济竞争来实现,因而政府在国家竞争力要素组合过程中必须遵守一些必要的国际市场上的游戏规则,并通过国际市场来配置世界范围内的经济资源,以求获得尽可能高的经济效率。在这里,一方面政府对经济干预的权力会受到种种国际市场游戏规则的限制;另一方面,各政府权力中心又尽可能通过政府权力对经济采取各种方式的干预,以求得在国际市场上尽可能多的比较优势和竞争优势。其中,我们之所以说像中国这样的发展中国家的国家竞争力是政府制造的,或者说政府能力是国家竞争的核心要素,主要有以下几个原因:

首先,自然形成的国家竞争力是不存在的。按照经济自由主义的观点,国际市场就如同一个国内市场,各个自利的经济主体在市场自由竞争过程中必然会导致一般市场均衡,从而产生经济资源配置的帕累托最优。比较优势理论和生产要素收益均等化理论所论证的这种抽象的市场一般均衡状态从来就没有存在过,更不用说国家的竞争优势和知识产权优势的形成和提升了。哈耶克等人从信息的不完备和人类理性的有限性等前提出发,论证经济自由主义是一种最有效率甚至是最符合人性的理论和主张,实际上,这种理论是一种“经济达尔文主义”,它将人在社会经济中的功能和作用等同于动物,更有甚者,进化博弈论者还用动物行为学和动物竞争中的进化博弈论来解释经济人在市场经济中的自发竞争。这些理论的一个致命弱点就是它没有看出如下事实和逻辑,即人所获得的信息虽然是不可能完备的,人在经济活动过程中的理性也是有界的,但人不同于动物的一个根本之点在于,人是有主观能动性的,人通过在实践中不断的试错和学习过程,不仅可以趋利避害,还可以主动解决经济运行和经济发展过程中的盲目性和自发性,甚至可以创造经济奇迹。特别是在国际市场上,不同政府权力中心支撑的国家经济体之间的竞争,更无可能产生所谓国际市场上的瓦尔拉斯一般均衡和所谓帕累托最优。对于一个像中国这样的发展中国家,国家竞争力的提升不可能通过国际市场的自发竞争来获得,而只能通过政府的积极努力,特别是发挥政府对国家竞争各要素的组合来实现。

其次,政府在国家竞争力中起主导作用。为什么像中国这样的发展中国家在经济发展中，要采用一种政府主导型市场经济，这除了发展中国家经济发展水平要在尽可能短的时间内迅速赶上发达国家这样一个主观愿望外，最主要的还是，在发展中国家与发达国家之间进行经济竞争的过程中，它们经济发展程度和阶段各不相同，世界政治经济秩序更有利于西方发达国家，自由竞争市场经济不仅能使发达国家获得更多的比较优势和竞争优势，而且这种经济运行方式和制度体系观念也是一种西方发达国家所努力灌输的宗教化的意识形态。在这种情形下，发展中国家显然谈不上提升国家竞争力水平，发展中国家只有充分发挥政府在经济发展和国际市场竞争中的作用，尽量制约和利用发达国家所预设的只是有利于发达国家经济发展的国际政治经济秩序，一步步重新建立新的国际经济新秩序。在世界经济一体化过程中，中国政府在经济发展中要发挥更大的作用，只是政府对经济干预的方式与以前有显著的不同，政府更多地为市场服务、为增强企业竞争力服务，而较少运用政府权力显性地干预经济运行和经济发展。国有经济的规模小了，但竞争力增强了，政府权力对经济的直接干预少了，但国家对整个国民经济宏观上的控制力加强了。这些都充分说明，像中国这样的发展中国家，国家竞争力的增强必须充分依靠政府发挥更大的作用。

最后，国家竞争力提升过程中政府与市场的作用不可偏废。当我们说正是政府提升了发展中国家的竞争力时，并不是排斥和低估市场在这个过程中的作用，恰恰相反，在经济市场化和经济全球化的背景下，不仅市场要在整个社会资源配置中起基础性作用，也应该在一国国家竞争力增强过程中起基础性作用。政府在制造国家竞争力的过程中要不断地替代、补充和扩展市场机制的作用。在解决政府失灵问题时，政府要引入市场化的竞争机制，更要注重政府利益集团自身的改革发展，以增强政府自身的创新力；在解决市场失灵问题时，政府要充分地发挥其主导作用，更要为完善市场制度基础、为市场创造平等公正的竞争环境服务。从国家竞争力的角度来看，政府的功能和作用不同于在市场机制运行中的功能和作用。在国内市场，政府为市场创造公正平等的竞争环境，以使市场自由竞争均衡导致资源配置的高效率。在国际市场，政府鼓励自由贸易和世界经济一体化，以获取更多的比较优势。然而在国家竞争力方面，政府的功能和作用不仅是利用这种市场自由竞争所导致的均衡效率和国家经济比较优势，更重要的是培育、推进和提升国家竞争力即增强国家竞争力优势。从国际政治经济的广阔视角看，各国经济实力在国际市场上较量的背后是政府权力中心的较量。在这种意义上，培育、推进和提升国家竞争力不仅是一种有意识或自觉的政府行为，而且政府能力也构成国家竞争力的关键和核心要素。

一、复习思考题

1. 马克思如何分析国际分工体系的形成？
2. 中国对外开放经历了哪些阶段？
3. 在中国对外开放中，“一带一路”倡议有何意义？
4. 如何理解经济全球化？
5. 试述社会主义国家实行对外开放的必然性和必要性。
6. 试区分权力显性干预与权力隐性干预的不同特点。
7. 公有产权如何与国际市场接轨？
8. 试评价普雷维什的“中心-外围”理论。
9. 试述社会主义国家对外开放的基本特征。
10. 试述在经济全球化条件下，国家利益之间竞争规则的特点。
11. 如何转变对外经济发展方式？
12. 怎样理解对外开放是社会主义国家必须长期坚持的一项基本国策？
13. 如何理解开放条件下的政府主导型市场经济？
14. 什么是国家竞争力要素？如何提升中国的国家竞争力？
15. 如何评价沃勒斯坦的“世界体系”理论？

二、课堂讨论题

1. 社会主义国家在经济全球化条件下的对外开放面临哪些新特点？
2. 社会主义国家政府对提升国家竞争力的作用有哪些？

主要参考文献

马克思:《资本论》,人民出版社 1975 年版。

马克思:《哥达纲领批判》,人民出版社 1997 年版。

马克思:《1844 年经济学哲学手稿》,人民出版社 1979 年版。

《马克思恩格斯选集》,第一至四卷,人民出版社 1996 年版。

马克思:《〈政治经济学批判〉序言》,《马克思恩格斯选集》第二卷,人民出版社 1995 年版。

列宁:《帝国主义是资本主义的最高阶段》,《列宁全集》第二十七卷,人民出版社 1990 年版。

恩格斯:《社会主义从空想到科学的发展》,人民出版社 1997 年版。

恩格斯:《法德农民问题》,《马克思恩格斯全集》第二十二卷,人民出版社 1965 年版。

列宁:《列宁论新经济政策》,人民出版社 2001 年版。

斯大林:《苏联社会主义经济问题》,人民出版社 1958 年版。

毛泽东:《论十大关系》,《毛泽东选集》第五卷,人民出版社 1977 年版。

《邓小平文选》第三卷,人民出版社 1993 年版。

《中共中央关于经济体制改革的决定》,人民出版社 1984 年版。

《中共中央关于建立社会主义市场经济体制若干问题的决定》,人民出版社 1993 年版。

吴树青、卫兴华、洪文达:《政治经济学(资本主义部分)》,中国经济出版社 1993 年版。

吴树青、谷书堂、吴宣恭:《政治经济学(社会主义部分)》,中国经济出版社 1993 年版。

蒋学模、张晖明:《高级政治经济学——社会主义总论》,复旦大学出版社 2001 年版。

陈云:《计划与市场问题》,《三中全会以来重要文献选编》,人民出版社 1982

年版。
顾准:《顾准文集》,贵州人民出版社 1994 年版。
孙冶方:《社会主义经济的若干理论问题(续集)(修订本)》,人民出版社 1983 年版。
于光远:《中国社会主义初级阶段的经济》,广东经济出版社 1998 年版。
薛暮桥:《中国社会主义经济问题研究》,广东经济出版社 1999 年版。
董辅礽:《中华人民共和国经济史》,经济科学出版社 1999 年版。
卓炯:《论社会主义商品经济》,广东人民出版社 1981 年版。
张卓元:《中国经济学 60 年(1949—2009)》,中国社会科学出版社 2009 年版。
刘国光:《社会主义市场经济理论问题》,中国社会科学出版社 2013 年版。
张薰华:《生产力与经济规律》,复旦大学出版社 1989 年版。
张薰华、俞健:《土地经济学》,上海人民出版社 1987 年版。
张薰华:《经济规律的探索——张薰华选集》,复旦大学出版社 2000 年版。
张薰华:《〈资本论〉脉络(第二版)》,复旦大学出版社 1999 年版。
洪远朋:《论利益:经济利益理论与实践研究文集》,复旦大学出版社 2014 年版。
洪远朋:《〈资本论〉教程简编》,复旦大学出版社 2006 年版。
洪远朋:《共享利益论》,上海人民出版社 2001 年版。
洪远朋、卢志强、陈波:《社会利益关系演进论——我国社会利益关系发展变化的轨迹》,复旦大学出版社 2006 年出版。
程恩富:《西方产权理论评析:兼论中国企业改革》,当代中国出版社 1997 年版。
程恩富:《经济理论与政策创新》,中国社会科学出版社 2013 年版。
程恩富:《国家主导型市场经济论——社会主义经济调节机制研究》,上海远东出版社 1995 年版。
程恩富:《当代中国经济理论探索》,上海财经大学出版社 2000 年版。
程恩富、冯金华、马艳:《现代政治经济学新编》,上海财经大学出版社 2008 年版。
程恩富、杨承训、徐则荣等:《中国特色社会主义经济制度研究》,经济科学出版社 2013 年版。
何玉长等:《新中国经济制度变迁与经济绩效》,中国物资出版社 2002 年版。
何玉长:《国有公司产权结构与治理结构》,上海财经大学出版社 1997 年版。

谢勇等：《论中国浅内陆省区域经济的发展》，人民出版社1996年版。
马艳、周扬波：《劳资利益论》，复旦大学出版社2009年版。
马艳：《风险利益论》，复旦大学出版社2002年版。
李新：《向市场经济过渡：俄罗斯与中国》，上海财经大学出版社2001年版。
张银杰：《公司治理：现代企业制度新论(第二版)》，上海财经大学出版社2012年版。
冒佩华：《收入分配的理性回归：以转型中的居民收入差距为例证》，内蒙古人民出版社2003年版。
伍装：《中国经济转型分析导论》，上海财经大学出版社2005年版。
伍装：《权力经济的发展逻辑》，上海财经大学出版社2005年版。
伍装：《国家经济政策秩序原理：秩序经济学引言》，上海财经大学出版社2006年版。
伍装：《转型经济学》，上海财经大学出版社2007年版。
伍装：《非线性发展论》，上海财经大学出版社2009年版。
伍装：《非正式制度论》，上海财经大学出版社2011年版。
张银杰：《社会主义经济理论》，上海财经大学出版社2010年版。
卫兴华、张宇：《社会主义经济理论(第三版)》，高等教育出版社2013年版。
卫兴华、洪银兴、李慧中、黄泰岩：《社会主义经济理论研究集萃》，经济科学出版社2008年版。
杨瑞龙：《社会主义经济理论》，中国人民大学出版社2008年版。
张宇：《过渡之路——中国渐进式改革的政治经济学分析》，中国社会科学出版社1997年版。
张宇、卢荻：《当代中国经济》，中国人民大学出版社2012年版。
张宇：《转型政治经济学》，中华书局2009年版。
张宇：《中国的转型模式：反思与创新》，经济科学出版社2006年版。
孟捷：《马克思主义经济学的创造性转化》，经济科学出版社2001年版。
林岗、张宇：《马克思主义与制度分析》，经济科学出版社2001年版。
伍柏麟：《中国市场化改革理论20年》，山西经济出版社1999年版。
雍文远：《社会必要产品论：社会主义政治经济学探索》，上海人民出版社1985年版。
蒋学模：《高级政治经济学——社会主义本体论》，复旦大学出版社2001年版。
吴敬琏：《当代中国经济改革：战略与实施》，上海远东出版社1999年版。

吴敬琏等著:《国有经济的战略性改组》,中国发展出版社 1998 年版。
厉以宁:《转型发展理论》,同心出版社 1996 年版。
谭崇台:《发展经济学的新发展》,武汉大学出版社 1999 年版。
马洪:《什么是社会主义市场经济》,中国发展出版社 1993 年版。
宋涛:《社会主义经济理论探索》,北京工业大学出版社 1994 年版。
周叔莲:《改革与探索: 社会主义经济体制研究》,中国社会科学出版社 2013 年版。
蒋一苇:《从企业本位论到经济民主论》,北京周报出版社 1988 年版。
谷书堂、宋则行:《政治经济学(社会主义部分)》,陕西人民出版社 1983 年版。
谷书堂:《社会主义经济学通论》,高等教育出版社 2006 年版。
林木西、柳欣:《政治经济学(社会主义部分)》,陕西人民出版社 2014 年版。
蒋家俊、吴宣恭:《社会主义政治经济学新编》,浙江人民出版社 1994 年版。
吴树青、逄锦聚、洪银兴等:《政治经济学》,高等教育出版社 2014 年版。
于祖尧:《中国经济转型时期个人收入分配研究》,经济科学出版社 1997 版。
张维达:《政治经济学》,高等教育出版社 2000 年版。
何炼成、李忠民:《中国特色社会主义经济问题研究》,人民出版社 2010 年版。
朱光华等著:《过渡经济中的混合所有制》,天津人民出版社 1999 年版。
陈宗胜:《收入差别、贫困及失业》,南开大学出版社 2000 年版。
林毅夫、蔡昉、李周:《充分信息与国有企业改革》,上海三联书店、上海人民出版社 1997 年版。
何干强:《当代中国社会主义经济》,中国经济出版社 2004 年版。
邹东涛:《社会主义市场经济学》,人民出版社 2004 年版。
白永秀、任保平:《中国市场经济理论与实践》,高等教育出版社 2011 年版。
白暴力:《财富劳动与价值: 经济学理论基础的重构》,中国经济出版社 2003 年版。
荣兆梓:《公有制实现形式多样化通论》,经济科学出版社 2001 年版。
于金富、赵建春、刘隽华:《社会主义经济问题纲要》,河南大学出版社 1998 年版。
朱方明:《社会主义经济理论》,四川大学出版社 2004 年版。
高鸿业、吴易风、杨德明:《中国经济体制改革和西方经济学研究》,中国经济出版社 1996 年版。
吴易风、丁冰等:《当代经济理论研究》,中国经济出版社 2008 年版。

吴易风、关雪凌等著:《产权理论与实践》,中国人民大学出版社 2010 年版。
胡代光、周安军:《当代国外学者论市场经济》,商务印书馆 1996 年版。
毛增余:《斯蒂格利茨与转轨经济学》,中国经济出版社 2005 年版。
高放:《社会主义的过去、现在和未来》,北京出版社 1982 年版。
张雷声、顾钰民:《社会主义经济理论与实践》,中国人民大学出版社 2007 年版。
陈文通:《社会主义初级阶段的基本经济制度研究》,中共中央党校出版社 2003 年版。
睢国余:《社会主义市场经济》,群众出版社 2001 年版。
林双林、李建民:《中国与俄罗斯经济改革比较》,中国社会科学出版社 2007 年版。
卢现祥、朱巧玲主编:《新制度经济学》,北京大学出版社 2007 年版。
金碚:《中国国有企业发展道路》,经济管理出版社 2013 年版。
吴家骏:《管理与改革: 中国企业问题研究》,中国社会科学出版社 2013 年版。
刘永佶:《经济中国: 国企改革》,中国经济出版社 2013 年版。
王克忠:《论商品型按劳分配》,复旦大学出版社 1992 年版。
张道根:《中国收入分配制度变迁》,江苏人民出版社 1999 年版。
魏礼群:《科学发展观和现代化建设》,人民出版社 2005 年版。
田晖:《社会主义市场经济理论》,同济大学出版社 2005 年版。
顾钰民:《社会主义市场经济论》,复旦大学出版社 2004 年版。
杨干忠:《社会主义市场经济概论》,中国人民大学出版社 2004 年版。
李丰才:《社会主义市场经济理论》,中国人民大学出版社 2010 年版。
季崇威:《论中国对外开放的战略和政策》,社会科学文献出版社 1995 年版。
刘赛力:《中国对外经济关系(修订版)》,中国人民大学出版社 2009 年版。
陈文敬、李钢、李健:《振兴之路: 中国对外开放 30 年》,中国经济出版社 2008 年版。
何维达:《全球化背景下的国家经济安全与发展》,机械工业出版社 2012 年版。
雷家骕:《国家经济安全: 理论与分析方法》,清华大学出版社 2011 版。
毛寿龙:《中国政府功能的经济分析》,中国广播电视出版社 1996 年版。
颜鹏飞:《中国社会经济形态大变革: 基于马克思和恩格斯的新发展观》,经济科学出版社 2009 年版。
陈其人:《帝国主义经济与政治概论》,复旦大学出版社 1986 年版。

李琮:《当代资本主义的新发展》,经济科学出版社 1998 年版。
王振中:《市场经济下的政府职能:政治经济学研究报告 10》,社会科学文献出版社 2009 年版。
王振中:《转变经济增长方式:政治经济学研究报告 8》,社会科学文献出版社 2007 年版。
厉无畏、王振:《转变经济增长方式研究》,学林出版社 2006 年版。
刘伟:《中国市场经济发展研究:市场化进程与经济增长和结构演进》,经济科学出版社 2009 年版。
文魁:《新格局与新秩序中的分配》,陕西人民出版社 1991 年版。
胡钧:《社会主义经济的结构、运行和管理》,山东人民出版社 1990 年版。
张绍焱:《中国社会主义市场经济学》,经济管理出版社 2012 年版。
刘诗白:《社会主义市场经济理论》,西南财经大学出版社 2004 年版。
杨培新:《我国经济体制改革的新思路》,生活·读书·新知三联书店 1988 年版。
张维迎:《企业理论与中国企业改革》,上海人民出版社 2015 年版。
林毅夫:《制度、技术与中国农业发展》,上海人民出版社 2005 年版。
林毅夫、蔡昉、李周:《中国的奇迹:发展战略与经济改革(增订版)》,上海人民出版社、上海三联书店 1999 年版。
蔡中兴等:《马克思主义经济思想流派》,上海人民出版社 1989 年版。
杨圣明:《社会主义市场经济基本理论问题研究》,经济科学出版社 2008 年版。
张五常:《经济解释》,商务印书馆 2000 年版。
郎咸平:《整合》,东方出版社 2004 年版。
吴敬琏、刘吉瑞:《论竞争性市场体制》,中国财政经济出版社 1991 年版。
盛洪:《中国的过渡经济学》,上海人民出版社 2006 年版。
樊纲:《渐进改革的政治经济学分析》,上海远东出版社 1996 年版。
张军:《双轨制经济学:中国的经济改革(1978—1992)》,上海人民出版社 2006 年版。
樊纲:《渐进之路——对经济改革的经济学分析》,中国社会科学出版社 1993 年版。
钱颖一:《现代经济学与中国经济改革》,中国人民大学出版社 2003 年版。
胡家勇:《转型经济学》,安徽人民出版社 2003 年版。
黄平、崔之元:《中国与全球化:华盛顿共识还是北京共识》,社会科学文献出版社 2005 年版。
吴敬琏:《国有经济的战略性改组》,中国发展出版社 1998 年版。
胡寄窗、谈敏:《新中国经济思想史纲要(1949—1989)》,上海财经大学出版社 1997 年版。
杨玉生:《社会主义市场经济理论史》,山东人民出版社 1999 年版。
陶大镛:《社会主义思想史略》,中国青年出版社 1985 年版。
史继红:《社会主义市场经济理论体系创新研究》,西南交通大学出版社 2009 年版。
张文元、尹莲英:《〈资本论〉与中国社会主义市场经济研究》,东南大学出版社 1996 年版。
陈元:《政府与市场之间》,中信出版社 2012 年版。
黄少安等:《产权理论比较与中国产权制度变革》,经济科学出版社 2012 年版。
彭五堂:《马克思主义产权理论研究》,上海财经大学出版社 2008 年版。
吴宣恭等著:《产权理论比较——马克思主义与西方现代产权学派》,经济科学出版社 2000 年版。
郑海航、戚聿东、吴冬梅等:《国有资产管理体制与国有控股公司研究》,经济管理出版社 2010 年版。
陈元:《国有资产管理体制改革研究》,中国财政经济出版社 2004 年版。
厉以宁:《股份制与现代市场经济》,江苏人民出版社 1994 年版。
陈宗胜:《经济发展中的收入分配》,上海三联书店、上海人民出版 1994 年版。
黄泰岩等:《初次收入分配理论与经验的国际研究》,经济科学出版社 2011 年版。
温铁军:《"三农"问题与制度变迁》,中国经济出版社 2009 年版。
梁漱溟:《往都市去还是到乡村来——中国工业化问题》,载罗荣渠主编,《从"西化"到现代化》,北京大学出版社 1990 年版。
费孝通:《乡土中国》,观察社 1948 年版。
卢荣善:《走出传统:中国三农发展论》,经济科学出版社 2006 年版。
洪银兴、高波等:《可持续发展经济学》,商务印书馆 2000 年版。
郭熙保:《发展经济学经典论著选》,中国经济出版社 1998 年版。
顾海良、张雷声:《20 世纪国外马克思主义经济思想史》,经济科学出版社 2006 年版。
吴光辉等:《社会主义经济增长理论》,重庆出版社 1990 年版。

郜若素(Ross Garnaut)、蔡昉、宋立刚:《中国经济增长与发展新模式》,社会科学文献出版社2014年版。
陈佳贵、金碚、黄速建:《中国国有企业的改革与发展研究》,经济管理出版社2000年版。
章迪诚:《中国国有企业改革编年史》,中国工人出版社2006年版。
马立行:《中国国有企业产权制度改革研究》,上海社会科学院出版社2010年版。
黄海嵩:《中国国有企业改革问题研究》,中国经济出版社2007年版。
乔均:《国有企业改革研究》,西南财经大学出版社2002年版。
卫兴华、洪银兴、刘伟、黄泰岩等:《新常态下的中国经济》,经济科学出版社2014年版。
余文烈、姜辉:《市场社会主义:历史、理论与模式》,经济日报出版社2008年版。
孙国茂:《宏观经济与资本市场》,山东人民出版社2001年版。
巴曙松:《中国货币政策有效性的经济学分析》,经济科学出版社2000年版。
张曙光主编:《市场化与宏观稳定》,社会科学文献出版社2002年版。
周冰等:《过渡性制度安排与平滑转型》,社会科学文献出版社2007年版。
钟玉文:《转型中国有企业产权演化的逻辑》,经济科学出版社2010年版。
安德烈·冈德·弗兰克:《依附性积累与不发达》,译林出版社1999年版。
阿兰·鲁格曼:《全球化的终结》,生活·读书·新知三联书店2001年版。
布鲁斯:《社会主义的所有制与政治体制》,华夏出版社1989年版。
斯蒂格利茨:《政府为什么干预经济》,中国物资出版社1998年版。
劳尔·普雷维什:《外围资本主义:危机与改造》,商务印书馆1990年版。
约翰·米尔斯:《一种批判的经济学史》,商务印书馆2005年版。
凯恩斯:《就业利息和货币通论》,商务印书馆1963年版。
亚当·斯密:《国民财富的性质和原因的研究》,商务印书馆1972年版。
克莱因:《凯恩斯的革命》,商务印书馆1962年版。
米尔顿·弗里德曼:《资本主义与自由》,商务印书馆1986年版。
罗伯特·索洛:《经济增长理论:一种解说》,上海三联书店1989年版。
布坎南:《自由、市场和国家》,北京经济学院出版社1988年版。
马丁·费尔德斯坦:《转变中的美国经济》,商务印书馆1990年版。
亚诺什·科尔内:《短缺经济学》,经济科学出版社1986年版。

科斯、阿尔钦、诺斯等:《财产权利与制度变迁——产权学派与新制度学派译文集》,上海三联书店、上海人民出版社 1994 年版。

科斯:《企业、市场与法律》,上海三联书店 1990 年版。

康芒斯:《制度经济学》,华夏出版社 2009 年版。

M.C.霍华德、J.E.金:《马克思主义经济学史:1929—1990》,中央编译出版社 2003 年版。

勃朗科·霍尔瓦特:《社会主义政治经济学:一种马克思主义的社会理论》,吉林人民出版社 2001 年版。

格泽戈尔兹·W.科勒德克:《从休克到治疗:后社会主义转轨的政治经济》,上海远东出版社 2000 年版。

理查德·R.纳尔逊、悉尼·G.温特:《经济变迁的演化理论》,商务印书馆 1997 年版。

马尔科姆·卢瑟福:《经济学中的制度——老制度主义和新制度主义》,中国社会科学出版社 1999 年版。

青木昌彦:《比较制度分析》,上海远东出版社 2001 年版。

诺思:《经济史中的结构与变迁》,上海三联书店、上海人民出版社 1994 年版。

马克斯·韦伯:《新教伦理与资本主义精神》,上海人民出版社 2018 年版。

托克维尔:《旧制度与大革命》,商务印书馆 1992 年版。

V.奥斯特洛姆、D.菲尼等:《制度分析与发展的反思》,商务印书馆 1992 年版。

詹姆·S.科尔曼:《社会理论的基础》,社会科学文献出版社 1999 年版。

路易·阿尔都塞等:《读〈资本论〉》,中央编译出版社 2001 年版。

小罗伯特·B.埃克伦德、罗伯特·F.赫伯特:《经济理论和方法史》,中国人民大学出版社 2001 年版。

熊彼特:《经济史分析》,商务印书馆 1991 年版。

霍布斯:《利维坦》,商务印书馆 1985 年版。

奥斯卡·兰格:《社会主义经济理论》,中国社会科学出版社 1981 年版。

弗·布鲁斯:《社会主义经济的运行问题》,中国社会科学出版社 1984 年版。

雅诺什·科尔奈:《社会主义体制》,中央编译出版社 2007 年版。

格·萨穆利:《社会主义经济制度的最初模式》,湖南人民出版社 1984 年版。

热若尔·罗兰:《转型与经济学》,北京大学出版社 2002 年版。

托马斯·皮凯蒂:《21 世纪资本论》,中信出版社 2014 年版。

亨利·威廉·斯皮格尔:《经济思想的成长》,中国社会科学出版社 1999 年版。

阿马蒂亚·森:《以自由看待发展》,中国人民大学出版社 2002 年版。
乔舒亚·库珀·雷默等:《中国形象:外国学者眼里的中国》,社会科学文献出版社 2006 年版。
迈克尔·波特:《国家竞争优势》,华夏出版社 2002 年版。
阿嘎瓦拉:《中国的崛起:威胁还是机遇?》,山西经济出版社 2004 年版。
冈纳·缪尔达尔:《亚洲的戏剧:南亚国家贫困问题研究》,首都经济贸易大学出版社 2001 年版。
劳伦·勃兰特、托马斯·罗斯基:《伟大的中国经济转型》,格致出版社、上海人民出版社 2009 年版。
马丁·L.威茨曼:《分享经济》,中国经济出版社 1986 年版。
曼库尔·奥尔森:《国家兴衰探源》,商务印书馆 1999 年版。
曼瑟尔·奥尔森:《集体行动的逻辑》,上海三联书店、上海人民出版社 1995 年版。
盖伊·彼得斯:《政府未来的治理模式》,中国人民大学出版社 2014 年版。
埃格特森:《新制度经济学》,商务印书馆 1996 年版。
巴里·克拉克:《政治经济学——比较的视点》,经济科学出版社 2001 年版。
哈耶克:《法律、立法与自由》,中国大百科全书出版社 2000 年版。
哈耶克:《致命的自负》,中国社会科学出版社 2000 年版。
卢梭:《论人类不平等的起源和基础》,商务印书馆 1962 年版。
速水佑次郎:《发展经济学——从贫困到富裕》,社会科学文献出版社 2003 年版。
卡莱斯基:《社会主义经济增长理论导论》,上海三联书店、上海人民出版社 1994 年版。
托达罗:《经济发展》,中国经济出版社 1999 年版。
卢梭:《社会契约论》,商务印书馆 2010 年版。
罗尔斯:《正义论》,中国社会科学出版社 1988 年版。
R.麦克法夸尔、费正清:《剑桥中华人民共和国史》,中国社会科学出版社 1998 年版。
艾伯特·赫希曼:《经济发展战略》,经济科学出版社 1991 年版。
沃勒斯坦:《现代世界体系》,高等教育出版社 1998 年版。
诺夫:《可行的社会主义经济学》,华夏出版社 1991 年版。
罗默:《社会主义的未来》,重庆出版社 1997 年版。

皮尔森:《新市场社会主义》,东方出版社 1999 年版。

斯蒂格利茨:《社会主义向何处去》,吉林人民出版社 2011 年版。

伊藤诚:《市场经济与社会主义》,中共中央党校出版社 1996 年版。

本·法因、劳伦斯·哈里斯:《重读〈资本论〉》,山东人民出版社 1993 年版。

刘易斯:《二元经济论》,北京经济学院出版社 1989 年版。

保罗·斯威齐:《资本主义发展论》,商务印书馆 1997 年版。

阿兰·鲁格曼:《全球化的终结》,生活·读书·新知三联书店 2001 年版。

Michael Parkin, 2003, *Macroeconomics 5th*, Addison-Wesely Publishing Company.

Naughton, *Growing Out of the Plan: Chinese Economic Reform 1978 - 1993*, New York: Cambridge University Press, 1994c.

Ruttan, V., 1978, Induced Institutional Change, in Binswanger, H., and Ruttan, V., eds, *Induced Innovation: Technology, Institutions, and Development*, John Hopkins University Press.

Schumpeter, J., 1950, *Capitalism, Socialism and Democracy*, Harper & Row, N. Y.

Kornai, J., 1992, *The Socialist System*, Princeton University Press, Princeton.

Kornai, J., 1980, *Economics of Shortage*, Horth-Holland, Amsterdam.

Commons, J. R., 1934, 1961, *Institutional Economics: Its Place in Political Economy*, Madison: University of Wisconsin Press.

Eggertsson, T., 1990, *Economic Behavior and Institutions*, Cambridge: Cambridge University Press.

Rawls, John, 1971, *A Theory of Justice*, Cambridge (Mass): Harvard University Press.

Chandler, Alfred D. Jr., 1977, *The Visible Hand: The Managemerial Revolution in American Business*, Cambridge Mass: Harvard University Press.

North. D. C., 1981, *Structure and Change in Economic History*, New York: Norton.

Brus, W. and K. Laski., 1989, *From Marx to the Market*, UK: Oxford University Press.

Wolfson, Murray, 1966, *A Reappraisal of Marxian Economics*, New York: Columbia University Press.

John Locke, 2007, *Two Treatises of Civil Government*, Book Jungle.

G. A. Cohen, 1978, *Karl Marx Theory of History: A Defense*. Princeton: Princeton University Press.

Sweezy, Paul M., 1942, *The Theory of Capitalist Development: Principle of Marxian Political Economy*. New York: Oxford University Press, Inc.

Bernstein, Eduard, 1965, *Evolutionary Socialism: A Criticcism and Affirmation*, New York: Schocken Books.

John E. Roemer, 1994, *A Future for Socialism*, Harvard University Press.

Gramsci, A., 1971, *Selections from the Prison Notebooks*, New York: International Publishers.

Fretwell, S. D., 1972: *Populations in a Seasonal Enviroment*, Princeton University Press.

Maynard Smith, J., 1982d, *Evolution and the Theory of Games*, Cambridge University Press.

Marshall, A., 1920, *Principles of Economics*, London: Macmillan.

Lakatos, I., 1978, *The Methodology of Scientific Research Programmes*, Cambridge: Cambridge University Press.

Hayek, F. A., 1948, *Individualism and Economic Order*, London: Routledge and Kegan Paul.

Alfred, S. Eichner, 1983, *Why Economics Is Not Yet A Science*, The Macmillan Press LTD.

Sen, A. K., Hart, K., Kanbur, R., Muellbauer, J., Williams, B., and(ed) Hawthorn, G., 1987, *The Standard of Living*, Cambridge: Cambridge University Press.

Mark Blaug, 1980, *The Methodology of Economics*, Cambrige: Cambrige University Press.

Myrdal, K. G., 1957, *The Rich Country and the Poor Country*, New York: Augustus. M. Kelley.

Malcom, Rutherford, 1994, *Institutiens in Economics: The Old and the New Institntionalism*, Cambriage: Cambridge University Press.

Needham, Joseph, 1954, *Science and Civilization in China*, Cambridge: Cambridge University Press.

Douglass C. North and Robert P. Thowmas, 1973, *The Rise of the Western World: A New Economic History*, Cambridge University Press.

Karl Wittfogel, 1981, *Oriental Despotism: A Comparative Study of Total Power*, New York: Random House.

Buchanan, James, M., 1987, *Economics: Between Predictie Science and Moral Philosophy*. College Station: Taxas A & M University Press.

Malcom, Rutherford, 1994, *Institutiens in Economics: The Old and the New Institntionalism*, Cambriage: Cambridge University Press.

Mancur Olson, 1980, *The Logic of Collective Actions: Public Goods and the Theory of Groups*, Harvard University Press, 1980.

Mancur Olson, 1980, *The Rise and Decline of Nations*, New Haven: Yale University Press.

Emmannuel A., 1972, *A Unequal Exchange*, New York: Monthly Review Press.

Needham, Joseph, 1954, *Science and Civilization in China*, Cambridge: Cambridge University Press.

Bardhan P., 1993, *On Tackling the Soft Budget Constraint in Market Socialism*. In: Bardhan P., Roemer J. E., ed. *Market Socialism: The Current Debate*. UK: Oxford University Press.

Mandel J., 1995, *Long Waves*. London: Verso.

Brus W., Laski K., 1989, *From Marx to the Market: Socialism in Search of Economic System*, Oxford: Clarendon Press.

Demsetz, H., 1982, *Economics, Legal and Political Dimensions of Competition*, Amsterdam North-Holland.

Schiller, Dan, 2000, *Digital Capitalism: Networking the Global Market System*, MIT Press.

Phelps, 1994, *The Modern Equilibrium Theory of Unemployment, Interest, and Asstets*, Harvard University Press.

Romer, David, 1996, *Advanced Macroeconomics*, McGraw Hill.

DanAwrey, 2012, *Complexity, Innovation, and the Regulation of Modern*

Financial Markets, 2 HARV. BUS. L. REV.

Adelman, I., Morris, C. T. 1973, *Economic Growth and Social Equality in Developing Countries*, Stanford University Press.

Romer, P., Oct., 1986, Increasing Returns, and Long-Run Growth, *Journal of Political Economy*. Lucas, R. , July, 1988, On the Mechanics of Economic Development, *Journal of Monetary Economic*.

Abramovitz, 1989, M. *Thinking about Growth*, Cambridge University Press.

Edward B. Barbier, 1998, *Natural Capital and the Economics of Environment and Development*, Edward Elgar.

Fernando E. Alvarez, Francisco J. Buera, and Robert E. Lucas, Jr., Idea Flows, *Economic Growth, and Trade*, NBER Working Paper, No. 19667, 2013.

Douglass C. North, May 1994, Economic Performance Through Time, *American Economic Review*.

Bown, Chad P., Rachel McCulloch, 2005, *U. S. Trade Policy Toward China: Discrimination and Its Implications*, *Electronic Journal*.

Gould, David M., Graeme L. Woodbridge, 1998, 14, The Political Economy of Retaliation, Liberalization and Trade Wars, *European Journal of Political Economy*.

Decoster, A., Loughrey, J., O'Donoghue, C., Verwerft, D., *Incidence and Welfare Effects of Indirect Taxes*, Working Paper, 2009.

Poterba, J. M., 79(2), Lifetime Incidence and the Distributional Burden of Excise Taxes, *The American Economic Review*, 1989.

Milanovic, B., 1999, *True World Income Distribution*, *1988 and 1993: First Calculations*, *Based on Household Surveys Alone*, World Bank Policy Research, Working Paper Series 2244.

Sidel, Robin, January 2, 2002, Volatile Markets Put a Damper on Deals, *Wall Street Journal*.

Weston, J. F., K. S. Chung and S. E. Hoag, 1990, *Mergers*, *Restructuring*, *and Corporate Control*, New Jersey: Prentice Hall, Inc.

Barro, R. J., 1997, *Determinants of Economic Growth: A Cross-Country*

Empirical Study, Cambridge, MA: MIT Press.

The World Bank, *China 2030: Building a Modern, Harmonious and Creative High-income Society*, Washington, 2012.

Edward Fullbrook, 30 March, 2017, Unemployment: Misinformation in Public Discourse and Its Contribution to Trump's Populist Appeal, *Real-world Economics Review*.

Richard, Baldwin, 2016, The Great Convergena: Information Technology and the New Globalization, Cambridge, US: Harvard University Press.

Arrow, Kenneth J. and Mordecai Kurz, 1970, *Public Investment, the Rate of Return, and Optimal Fiscal Policy*, Baltimore: Johns Hopkins Press.

Barro, Robert J., 1990, 98(5), Government Spending in a Simple Model of Endogenous Growth, *Journal of Political Economy*.

Park, Hyun, Apostolis Philippopoulos, 2002 6(2), Dynamics of Taxes, Public Services, and Endogenous Growth, *Macroeconomic Dynamics*.

Andersen, Bollerslev, 1997, 4, "Intraday periodicity and volatility persistence in financial markets", *Journal of Empirical Finance*.

Nielsen, Frederiksen, 2008, 15, Finite, Sample Accuracy and Choice of Sampling Frequency in Integrated Volatility Estimation, *Journal of Empirical Finance*.

Granger, C. W. J., 1998, 52, Extracting Information from Mega-panels and High-frequency Data, *Statistica Neerlandica*.

后　记

本书是在《社会主义经济理论》(上海财经大学出版社，2015 年 9 月)第一版基础上经过修改再版的，感谢上海财经大学教材建设资助计划、上海市理论经济学高峰Ⅱ学科建设计划、上海财经大学经济学院理论经济学高峰Ⅱ学科建设计划资助。

在修改再版此书的过程中，作者既注重把握社会主义经济理论内在逻辑的演变，又注重吸收社会主义经济理论的创新思想。

作为上海财经大学研究生精品课程教材，本书既有重点、难点问题的深入分析，又有最新热点理论的详细阐述；既注重课程内容的全面性，又注重理论分析框架的完整性。社会主义经济理论是一个开放的体系，在文献采集、引用和写作过程中，笔者力图反映社会主义经济理论研究的最新成果。

最后，感谢出版社编辑的辛勤工作。

伍装

2020 年 12 月 20 日

于上海财经大学经济学院

图书在版编目(CIP)数据

社会主义经济理论/伍装主编. —上海：复旦大学出版社，2021.7
(复旦博学. 经济学系列)
ISBN 978-7-309-15443-6

Ⅰ. ①社… Ⅱ. ①伍… Ⅲ. ①社会主义经济-经济理论-高等学校-教材 Ⅳ. ①F04

中国版本图书馆 CIP 数据核字(2020)第 250056 号

社会主义经济理论
SHEHUI ZHUYI JINGJI LILUN
伍　装　主编
责任编辑/张美芳

复旦大学出版社有限公司出版发行
上海市国权路 579 号　邮编：200433
网址：fupnet@fudanpress.com　http://www.fudanpress.com
门市零售：86-21-65102580　团体订购：86-21-65104505
出版部电话：86-21-65642845
常熟市华顺印刷有限公司

开本 787×960　1/16　印张 37　字数 625 千
2021 年 7 月第 1 版第 1 次印刷

ISBN 978-7-309-15443-6/F·2760
定价：59.00 元
